De Gaulle
y Churchill

FRANÇOIS KERSAUDY

De Gaulle y Churchill

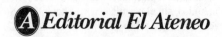
Editorial El Ateneo

Kersaudy, François
   De Gaulle y Churchill. – 1° ed., 1° reimp. – Buenos aires: El ateneo, 2011
   576 p.; 23 x 16 cm.

   ISBN 978-950-02-7462-3

I. Historia I.Título
CDD 940.53

Título original: *De Gaulle et Churchill*
© 2001, Editions Perrin

Derechos mundiales de edición en castellano
© 2011, Grupo ILHSA S.A. para su sello editorial El Ateneo
   Patagones 2463 – (C1282ACA) Buenos Aires – Argentina
   Tel.: (54 11) 4983 8200 – Fax: (54 11) 4308 4199
   E-mail: editorial@elateneo.com

1ª edición: mayo de 2004
1ª reimpresión: noviembre de 2011

ISBN 978-950-02-7462-3

Diseño de cubierta: Departamento de Arte de Editorial El Ateneo

Impreso en Verlap S.A.
Comandante Spurr 653, Avellaneda,
Provincia de Buenos Aires,
en el mes de noviembre de 2011

Queda hecho depósito que establece la ley 11.723
Libro de edición argentina

ÍNDICE

INTRODUCCIÓN

No fue un hombre común el que se convirtió en Primer Lord del Almirantazgo británico en octubre de 1911. Sus orígenes ilustres y la carrera de su padre, corta pero brillante, eran muy conocidos en la Gran Bretaña de esa época. También se sabía que se había formado como joven oficial en varias campañas militares en la India, en Sudán y en África del Sur, que era un brillante orador y un escritor talentoso y, finalmente, que tenía detrás de sí una década de actividad política como diputado —primero conservador, luego liberal— de la Cámara de los Comunes, subsecretario de Estado en las Colonias, presidente del *Board of Trade* y ministro del Interior. Pero todos los que conocían a Winston Spencer Churchill, o que colaboraron con él durante los primeros años de su carrera, sabían que reunía también varias cualidades bastante excepcionales: un alto grado de valor moral y físico, una energía ilimitada, una imaginación sorprendente duplicada por una memoria fenomenal, una consagración total al país y a sus instituciones y, finalmente, una pasión por los acontecimientos poco comunes y el fuerte deseo de participar en ellos algún día. En 1911, cuando la tensión no dejaba de crecer en Europa, era evidente que estos acontecimientos se estaban preparando y que el nuevo Primer Lord del Almirantazgo tendría la oportunidad de jugar un papel importante en ellos.

Una vez que entró al Almirantazgo, Winston Churchill no perdió el tiempo y preparó a la Marina para el conflicto que se anunciaba. Después de haber esperado hasta último momento que el conflicto fuera evitado, terminó por reconocer que era inevitable y, a partir de ese momento, actuó con una fogosidad y una decisión sorprendentes. El 28 de julio de 1914, sin aguardar la decisión del gabinete británico, ordenó que la primera escuadra se dirigiera a su puerto de guerra en el mar del Norte. Cinco días más tarde, Gran Bretaña estaba en guerra y los miembros del gobierno de Su Majestad se quedaron pasmados ante la imaginación y la impulsividad que había desplegado el Primer Lord en la ejecución de sus tareas (y las de otros). A partir de ahí, Winston Churchill peleó sin descanso hasta el fin de la guerra e, inclusive, algún tiempo después.

En octubre de 1914, el Primer Lord del Almirantazgo había tomado el mando de la defensa aérea del país y enviado a Francia tres escuadrillas de la aviación naval, un batallón de artillería y autos blindados. Atravesó la Mancha una media docena de veces para inspeccionar las líneas de defensa y fortalecer la moral de las tropas y, finalmente, desembarcó en una Anvers sitiada, desde donde envió al Primer Ministro un telegrama en el que le pedía permiso para renunciar al Almirantazgo y dirigir personalmente la defensa de Anvers.

Cuando volvió a Londres, Winston Churchill redobló sus esfuerzos para proporcionarle un carácter decididamente ofensivo a la estrategia británica. No bien un plan, un invento, una iniciativa nueva le parecían apropiados para que los Aliados tuvieran alguna ventaja en el campo de batalla, los aceptaba de inmediato y no se detenía hasta que se los adoptaba. En noviembre de 1914 organizó personalmente varias incursiones efectuadas por aviadores de la Marina sobre los hangares de Zeppelin en Friedrichshafen; unas semanas antes había insistido frente a sus colegas y responsables militares para que se construyeran "tractores que tuvieran pequeños refugios blindados y que estuvieran equipados con orugas".[1] Estos primeros tanques se construyeron en el Almirantazgo bajo su supervisión. Mientras tanto, también intervino a favor de un plan de ataque contra la isla alemana de Borkum, que rápidamente abandonó por un proyecto más audaz todavía, que consistía en forzar los Dardanelos para penetrar en el Mar Negro y tenderle una mano a Rusia. En este plan, Churchill vio el medio que venía buscando desde hacía tiempo para acortar una guerra atascada en el barro y en las trincheras del norte de Francia. Lamentablemente, los ataques navales contra las posiciones turcas en el estrecho de los Dardanelos y, luego, las operaciones de desembarco en la casi isla de Gallipoli fracasaron. Winston Churchill, que hizo todo lo necesario para asegurar el éxito de la operación, fue el responsable de su fracaso y se vio obligado a dimitir del Almirantazgo.

Relegado a una gloriosa prebenda, la Cancillería del Ducado de Lancaster, lo único que tuvo que hacer a partir de mayo de 1915 fue oponerse con su firma a las nominaciones de los magistrados locales. Sin embargo, no era posible mantenerlo alejado por mucho tiempo de la conducción de la guerra y enseguida comenzó a bombardear al Primer Ministro, a la *War Office* y a su sucesor en el Almirantazgo con innumerables memorandos sobre la consolidación del frente oriental, el mejoramiento de la producción de tanques, la creación de un cuerpo de aviación independiente, un nuevo ataque contra los Dardanelos e, incluso, "una ofensiva inmediata contra Turquía y Bulgaria, a cargo de una fuerza franco-británica reforzada por 150 mil rusos armados por Inglaterra con fusiles japoneses".[2]

Cuando supo que el gobierno británico, pese a todo, se aprestaba a evacuar los Dardanelos, renunció a la Cancillería y, en noviembre de 1915, volvió al frente francés, donde sirvió con el grado de comandante en los *Grenadier Guards*. Estuvo durante seis meses en las trincheras embarradas de Flandes, bajo el fuego incesante de los cañones alemanes y todos los que estaban con él concuerdan en que Churchill estaba fascinado por la guerra y despreciaba totalmente el peligro.[3] En la primavera de 1916 volvió a la Cámara de los Comunes para atacar la política de guerra del gobierno, porque la consideraba demasiado dubitativa. Pero los partidos políticos no lo apoyaron y el Parlamento tampoco y fue objeto de los ataques continuos de la prensa desde el fracaso de los Dardanelos. Tuvo que esperar catorce meses para ser nombrado ministro de Municiones en el gobierno de Lloyd George. En este puesto, nuevamente desplegó las impresionantes cualidades que se le conocían: no contento con llevar la producción de municiones y de equipamiento de guerra a un nivel sin precedentes, con organizar la construcción de tanques a gran escala, con recorrer sin cesar los campos de batalla y con enviar al Primer Ministro una catarata de consejos y de recomendaciones, el nuevo Ministro de Municiones comezó a crear intrépidos planes estratégicos con el objetivo de acelerar la derrota de Alemania. Si bien estos planes no siempre fueron tomados en serio por el gobierno de Su Majestad (lo que, en algunos casos, fue preferible), la extraordinaria energía y la iniciativa de Churchill siempre fueron una carta de triunfo decisiva que el gobierno de Lloyd George tuvo en sus manos hasta el final de la Gran Guerra.

Cuando volvió la paz, Churchill se convirtió en ministro de Guerra y Aire y dirigió la intervención británica contra los bolcheviques en Rusia. Luego, después de haber sido durante tres años ministro de las Colonias, se unió al Partido Conservador y se convirtió en ministro de Hacienda. Pero, después de 1929 entró en conflicto con su partido por la cuestión de la India, y en 1931 renunció al *Shadow Cabinet* conservador. A partir de ese momento, y hasta fines de los años treinta, Churchill fue un personaje solitario en el escenario político inglés. No obstante, la evolución de los acontecimientos en Europa le dio una nueva causa por la que volver al servicio: se trataba, nada más y nada menos, que de defender a Gran Bretaña y a toda la civilización europea del peligro mortal del nazismo alemán.

Es cierto que Churchill se dio cuenta mucho antes que sus compatriotas del peligro que le hacía correr al país la política de desarme que había llevado adelante el primer ministro Ramsay MacDonald, en un momento en que las ideologías totalitarias seguían haciéndose fuertes en Europa. El Primer Ministro había anunciado en la Cámara de los Comunes el 29 de junio de 1931 que se esforzaría por obtener una "reducción global" del nivel de los armamentos en Europa y que, luego, Gran Bretaña "llegaría todavía más lejos en el camino del desarme". Winston Churchill intervino de inmediato para señalar que Gran Bretaña ya era extremadamente vulnerable, con un ejército "reducido al mínimo", que sólo representaba una "fuerza de policía mejorada" y una aviación que constituía la octava parte de la de Francia.[4]

Sus ataques contra la política pacifista de MacDonald se hicieron más virulentos a medida que Adolf Hitler se aproximaba al poder absoluto. El 23 de marzo de 1933, Churchill declaró que, durante los cuatro últimos años, la política externa de Mac-Donald había "acercado considerablemente a Gran Bretaña a la guerra" al hacerla "más débil, más pobre y más vulnerable" y calificó a la Conferencia de Desarme de Ginebra como "comedia solemne y prolongada".[5] Ese mismo año, luego de que sir John Simon lanzara un llamado a favor de un acuerdo internacional sobre el desarme, Churchill respondió que Gran Bretaña ya se había desarmado "hasta el borde del abismo, ¡qué digo, hasta el abismo propiamente dicho!".[6] En julio de 1934 resumió todo esto en una frase tan elocuente como sarcástica: "Durante estos últimos años asistimos a un deterioro constante de las relaciones entre las naciones, a un progreso constante de la animosidad, a un crecimiento rápido y continuo de las reservas de armamentos (…) y todo esto a pesar de las interminables olas de elocuencia, de peroratas, de sentimientos elevados y de banquetes que marcaron nuestra época".[7]

A partir de ese momento, Churchill no dejó de apelar al gobierno para que reforzara las defensas de Gran Bretaña, para que duplicara y hasta reduplicara los efectivos de la aviación, para que creara un Ministerio de Defensa y un Ministerio de Aprovisionamiento, para que modernizara la flota, reforzara las alianzas de Gran Bretaña con el continente y apoyara la Sociedad de las Naciones. En muchos discursos y artículos denunció las purgas y las persecuciones raciales en Alemania, el rearme alemán, la remilitarización de la Renania, la anexión de Austria, la invasión a Checoslovaquia y la amenaza a Polonia. En artículos y discursos más numerosos aún, demostró que Alemania estaba rearmándose a una velocidad vertiginosa. En 1934 avisó a sus compatriotas y a su gobierno que la aviación alemana representaba dos terceras partes de la de Gran Bretaña; en 1935, que los alemanes estaban a la par de los ingleses; en 1936, que la aviación alemana ya había superado en un 50 por ciento a la *Royal Air Force* y, por fin, en 1938, que representaba exactamente el doble de la aviación inglesa. Mezclando con habilidad la elocuencia, la persuasión, la ironía y el sarcasmo, Churchill denunció sin descanso la lentitud del rearme británico y se dirigió con regularidad a los diputados y a la opinión pública. En un debate sobre los créditos de defensa, en noviembre de 1936, declaró en la Cámara de los Comunes: "En su discurso de la noche anterior, el Primer Lord del Almirantazgo nos dijo: 'Reexaminamos todo el tiempo la situación'. Nos aseguró que era totalmente fluida. Estoy seguro de que esto es verdad. Todo el mundo ve cuál es la situación; el gobierno no llega a decidirse o no puede llevar al Primer Ministro a decidirse. Así sigue su camino singular, decidido a ser indeciso, resuelto a la irresolución, firmemente comprometido a dejar que las cosas pasen, sólidamente partidario de la fluidez, poderosamente anclado en su impotencia".[8]

Pero fue todo en vano. Ramsay MacDonald se comprometió irrevocablemente con el pacifismo; su sucesor, Stanley Baldwin, temía que el rearme comprometiera la posición electoral del partido conservador y Neville Chamberlain creyó que era capaz de evitar la guerra si se entendía directamente con los dictadores. Fue así como los tres primeros ministros rechazaron todos los ataques en contra de sus políticas y negaron los errores pasados y las negligencias presentes, discutiendo las estadísticas de armamento que les eran desfavorables y presentando a Churchill como una especie de niño terrible que usaba palabras alarmistas, que tenía una elocuencia vacía y un carácter belicoso. Durante los años treinta, Churchill se mantuvo alejado del gobierno y en el Parlamento fue una figura solitaria cuyas convincentes diatribas eran seguidas con una mezcla de admiración, diversión e indiferencia por los colegas y por una opinión pública que todavía no había comprendido la gravedad del momento. Como señaló luego Philip Gedalla: "Las advertencias repetidas de Churchill se habían convertido en algo tan familiar como la voz del almuecín cuando anuncia la hora del rezo".[9]

Por más que esta travesía por el desierto haya constituido una dura prueba (el mayor Morton escribió que "parecía un chico al que se le había roto un juguete"),[10] hay que reconocer que no estaba totalmente desalentado ni completamente aislado. Por una parte, estaba convencido de haber comprendido claramente el sentido de los acontecimientos pasados y sus consecuencias futuras. Después de todo, en 1921 había advertido a sus compatriotas que "el espantoso rencor, el temor y el odio que separan actualmente a Francia y a Alemania, si no nos cuidamos, podrían implicar en el lapso de una generación la repetición del conflicto que acaba de terminar".[11] Y once años más tarde, en 1932, pronunció estas palabras, más proféticas todavía: "Todos estos grupos de fuertes jóvenes alemanes que recorren las calles y las rutas de Alemania con un deseo de sacrificarse por la madre patria (...) quieren armas y cuando las tengan, créanme, exigirán que se les restituyan los territorios y las colonias que han perdido y esto hará temblar hasta sus cimientos —y quizá destruya— a los países de los que he hablado y a otros países, de los que no he hablado".[12]

Churchill estaba seguro de haber comprendido los verdaderos objetivos de Hitler, con todas sus implicaciones; así como en 1915 no había dudado un solo instante de su capacidad para movilizar las energías de su país y dirigirlas al centro de la tempestad que se estaba armando. Por otra parte, había otros que compartían esta convicción y, a medida que pasaba el tiempo, una cantidad cada vez mayor de ciudadanos comenzó a contactar a esta personalidad aparentemente solitaria. Sin duda, el primero fue el mayor Morton, que había conocido a Churchill en la Primera Guerra Mundial. En ese momento, el Mayor trabajaba en el Centro de Informaciones Industriales, un organismo creado para supervisar el desarrollo industrial de Alemania. Morton le proporcionó a Churchill datos y estadísticas muy precisos sobre el estado del rearme alemán.[13] A partir de 1935, un funcionario del *Foreign Office*, Ralph Wigram, también le suministró todos los datos en relación con la producción aeronáutica alemana que llegaban a su ministerio, y que el gobierno se negaba a tomar en serio. Algunos meses más tarde, el almirante Chatfield, Primer Lord del Mar, inició una larga correspondencia con Churchill sobre las debilidades y los problemas de la *Royal Navy*.[14] A partir de mayo de 1936, el jefe de escuadrilla Tore Anderson, director de un centro de entrenamiento de la RAF, también le dio información y estadísticas sobre las graves insuficiencias de personal, de equipamiento y de entrenamiento en la aviación británica. Algunos meses más tarde, el general de brigada Hobart, Inspector General del *Royal Tank Corps*, pidió hablar con Churchill de cuestiones importantes y confidenciales. Evidentemente, él utilizaba todas estas informaciones para denunciar en la Cámara de los Comunes el abandono de la política del gobierno en materia de defensa.

Otras personalidades civiles y militares también le proporcionaron información de un modo menos confidencial y se esforzaron por poner sus talentos a su disposición. Así, por ejemplo, el nuevo ministro del Aire, sir Philip Cunliffe-Lister, en julio de 1935 le preguntó al Primer Ministro, Stanley Baldwin, si Churchill podía formar parte del subcomité de investigaciones sobre la defensa aérea.[15] Baldwin dio su acuerdo y Churchill quedó asociado a los trabajos del comité, lo que le permitió adquirir numerosa información sobre la defensa aérea (y sobre las debilidades inherentes a estos comités). Durante los años siguientes, varios altos funcionarios se esforzaron por demostrarle que el rearme se realizaba en condiciones satisfactorias. Por ejemplo, el jefe del Estado Mayor General le envió un memorándum sobre el programa de construcción de carros de asalto y el Ministro del Aire se ofreció a que visitara las nuevas instalaciones de radares.[16] Churchill siempre se mostró interesado, pero también encontró muchas lagunas: por ejemplo, no había en construcción ningún carro semipesado y las fábricas y las estaciones de radares no estaban convenientemente protegidas de los bombardeos aéreos. En todo caso, gracias a estas informaciones y a estas visitas, Churchill reunió muchos conocimientos sobre los recursos y el estado de las defensas de su país.

Hay otra razón por la cual no estaba tan aislado como parecía en su larga travesía por el desierto: sus adversarios políticos, incluidos los primeros ministros, que hicieron todo lo que pudieron durante once años para mantenerlo alejado del gobierno, nunca desconocieron sus innegables cualidades y siempre actuaron en consecuencia. Así, en 1929, el mayor Desmond Morton, al que Churchill le había pedido cierta información secreta sobre el estado de las defensas del país, fue a ver al primer ministro Ramsay MacDonald para preguntarle qué convenía hacer: "Dígale todo lo que quiera saber, téngalo al corriente de todo", le respondió el Primer Ministro y hasta le dio el permiso por escrito, que siempre fue refirmado por sus sucesores.[17] Si consideramos que estas informaciones confidenciales fueron utilizadas por Churchill para denunciar las fallas de su política, se entiende que una concesión de este tipo haya tenido que costarles muy caro; sin embargo, nunca fue anulada, por una sencilla razón: en Downing Street sabían muy bien quién era Churchill y se daban cuenta de que su colaboración representaba una ayuda inestimable en caso de que hubiera guerra. En noviembre de 1935, Stanley Baldwin le escribió a un amigo: "En el caso de que estalle una guerra (y nada permite decir que esto no vaya a suceder), tenemos que reservarlo para que sea nuestro Primer Ministro de Guerra". Incluso Chamberlain, que describió a Churchill[18] como a un "colega de trabajo con el que resulta muy difícil convivir",[19] no dudaba de que la guerra lo llevaría nuevamente al centro de la escena. "Cuanto más se acerca la guerra —escribió en el verano de 1939— más aumentan sus chances, y viceversa".[20]

Lamentablemente, Chamberlain creyó hasta último momento que la guerra podía evitarse. Incluso les dijo a sus amigos que "la entrada de Winston Churchill al gobierno equivaldría a una declaración de guerra a Berlín".[21] Y así, en el verano de 1939, Churchill, que tenía sesenta y cinco años, contemplaba con espanto y fascinación el peligro mortal que amenazaba la paz de Europa. Durante treinta y cinco años de carrera política adquirió una experiencia de gobierno más rica y más variada que cualquier otro Primer Ministro en toda la historia británica; durante treinta años, conoció con precisión el estado de los recursos y de las defensas de su país y consideró que era el único que poseía la energía, la imaginación y la audacia necesarias para galvanizarlos. Pero en el momento en que Hitler preparaba la invasión a Polonia, era tan sólo un diputado en la Cámara de los Comunes...

* * *

En octubre de 1912, un subteniente de veintidós años egresaba de la Academia Militar de Saint-Cyr. Uno de sus instructores escribió en su cuaderno: "Promedio en todo, salvo en su altura".[22] Éste fue un comentario muy poco perspicaz, porque no había nada promedio en Charles-André-Joseph-Marie de Gaulle. Sus instructores más objetivos y sus camaradas de promoción pudieron comprobar que tenía una cultura histórica muy amplia, una memoria extraordinaria y una pasión por la carrera militar. Además, su padre, el austero y erudito Henri de Gaulle, le había legado "una cierta idea de Francia", formada enteramente sobre la base del respeto y la devoción por las glorias pasadas y los intereses presentes de la madre patria. "En suma, no dudaba —escribió más tarde Charles de Gaulle— de que Francia tuviese que pasar por pruebas gigantescas, que el interés de la vida consistiera en rendirle, algún día, algún servicio y que yo tendría la oportunidad de hacerlo".[23]

En 1913, el subteniente de Gaulle se incorporó al 33º Regimiento de Infantería, con sede en Arras y comandado por el coronel Philippe Pétain, un oficial todavía desconocido cuyas concepciones bastante heréticas en materia de estrategia no parecían prometerle una buena carrera.*

El 2 de agosto de 1914, cuando estalló la Primera Guerra Mundial, de Gaulle fue promovido al grado de teniente y sirvió en el 1er Batallón del 33º Regimiento de Infantería. En los sangrientos campos de batalla de la Mosa, en las trincheras embarradas del frente de Champagne, entre las ruinas devastadas de Verdún, el teniente y, luego, capitán de Gaulle, luchó con coraje y fue herido tres veces. La tercera, el 2 de marzo de 1916, en Douaumont, cuando conducía a su compañía a carga de bayoneta. En Francia creyeron que estaba muerto y el general Pétain, que se había convertido mientras tanto en un personaje ilustre del ejército francés, le concedió la Legión de Honor póstuma, con una brillante dedicatoria.**

---

* La doctrina militar en vigencia antes de la Primera Guerra Mundial ponía el acento en el papel ofensivo de la infantería como factor esencial de la estrategia. El coronel Pétain no dejaba de plantear el papel crucial de las posiciones fortificadas y de las preparaciones de artillería en cualquier iniciativa estratégica.

** "El capitán de Gaulle, comandante de compañía con una gran reputación por su valor intelectual y moral, retiró a sus hombres en un asalto furioso y un cuerpo a cuerpo feroz, cuando su batallón sufrió un terrible bombardeo, fue diezmado y la compañía estaba cercada por todas partes. Ésta fue la única solución que juzgó compatible con su sentimiento del honor militar. Cayó en la contienda. Oficial sin par en todos los aspectos".[24]

Pero el capitán de Gaulle no había muerto: había sido capturado por los alemanes y estuvo hasta el fin de la guerra en un campo de prisioneros en Alemania.

Durante su prisión en Friedberg y, luego, en Ingolstadt, no se quedó sin hacer nada. Entre sus muchos intentos infructuosos de evasión, siguió atentamente la evolución de la guerra y dictó conferencias a sus compañeros de cautiverio sobre los últimos cambios en la estrategia militar.* Uno de ellos le llamó poderosamente la atención: la entrada en línea de los carros de combate en la primavera de 1917.

El armisticio de noviembre de 1918 puso fin al exilio involuntario del capitán de Gaulle. En mayo de 1919 combatió con el ejército polaco contra los soviéticos y luego enseñó táctica de infantería en la escuela de oficiales de Rembertow, cerca de Varsovia. A fines de 1921 fue llamado para regresar a Francia y se le encargó que enseñara historia militar en Saint-Cyr. En 1922 entró en la Escuela Superior de Guerra, en la que pasó inadvertido. Esto fue así porque la enseñanza se basaba casi exclusivamente en las lecciones de la Primera Guerra Mundial: luchar en posiciones preparadas de antemano con el apoyo masivo de la artillería y utilizando una estrategia casi únicamente defensiva. Ahora bien, de Gaulle no ocultaba su escepticismo en relación con estas teorías y esto no lo hacía nada popular entre los oficiales de la Escuela de Guerra. Por eso, cuando en 1924 egresó de la Escuela con notas brillantes, fue enviado lejos de París, al Estado Mayor del Ejército del Rin.

Sin embargo, este joven capitán, bastante poco común, gozó de una protección en el nivel más alto: la del vencedor de Verdún. Desde 1913, Philippe Pétain siempre admiró las notables capacidades de Charles de Gaulle, cuya actitud frente a las doctrinas perimidas de la Escuela de Guerra le recordaba su propia cruzada solitaria contra las peligrosas doctrinas vigentes antes de la Primera Guerra Mundial. Así, de Gaulle fue llamado

---

* Entre los prisioneros se hallaba el futuro mariscal del ejército soviético Tuktachevsky y el comandante Catroux, a los que encontraremos varias veces en este relato.

a Mayence en el otoño de 1925 y nombrado en el gabinete del Vicepresidente del Consejo Superior de la Guerra, que no era otro que el propio mariscal Pétain. Este puesto no era para nada una prebenda pero, al menos, le permitió acercarse a las instancias supremas de decisión militar. Luego asumió el comando del 19º Batallón de Cazadores en Trèves, sirvió durante dos años en el estado mayor del Levante y fue afectado a la Secretaría del Consejo Superior de la Defensa Nacional. En este puesto permaneció durante seis años y luego escribió en sus *Memorias*: "Entre 1932 y 1937, bajo catorce ministerios, en el campo de los estudios estuve en contacto con toda la actividad política, técnica y administrativa en relación con la defensa del país (…). Los trabajos que tenía que hacer, las deliberaciones a las que asistí, los contactos que tenía que mantener me mostraron la dimensión de nuestros recursos pero, también, la imperfección del Estado".[25]

Efectivamente, desde este punto de observación privilegiado, el subteniente-coronel de Gaulle vio muchas cosas inquietantes: una parálisis casi total en el gobierno, consecuencia de las debilidades constitucionales y de las intrigas parlamentarias; un ejército anacrónico, burocrático, fosilizado, cuyas doctrinas, entrenamiento y armamento no habían evolucionado desde 1870 y, menos todavía, desde 1918, y finalmente, un Estado Mayor que tenía una fe ciega en su estrategia de defensa y en la solidez de sus fortificaciones. Todo esto en el momento en que Adolf Hitler lanzaba a su país a un gigantesco rearme, con la intención declarada de pisotear el Tratado de Versalles. Era evidente que Francia se encaminaba a un peligro mortal, si no tomaba medidas inmediatas para restablecer el equilibrio de fuerzas. Pero ¿cómo lograrlo? Después de un largo período de meditación y de observación, el subteniente-coronel de Gaulle propuso una solución detallada que resumió en un libro titulado *Vers l'armée de métier*,[26] publicado en mayo de 1934.

Es un libro notable en muchos aspectos: escrito en un francés muy puro y clásico, empieza evocando la extremada vulnerabilidad de las fronteras del nordeste de Francia que, durante años, permitieron que el invasor alcanzara el centro del país por el camino más directo. "Este boquete en el cerco es la imperfección secular de la patria (…). En este bulevar mortal acabamos de enterrar a la tercera parte de nuestra juventud (…). Esta nación, tan mal protegida, ¿al menos está en guardia? Veinte siglos responden que no".[27]

El siglo xx no fue la excepción: Francia no podía ser defendida únicamente con fortificaciones; el sistema de reclutamiento masivo en momentos de peligro no se correspondía con las exigencias de la guerra moderna y la duración del servicio activo era cada vez menor (pasó de tres años a uno en menos de una década). La debilidad de las instituciones y la tendencia de los franceses a dividirse coronaban este edificio de por sí inestable. ¿Cuál era la solución?

"Un ejército profesional", respondía de Gaulle; un ejército de cien mil hombres jóvenes, competentes, dedicados a sus tareas. Y se trataba de una tarea exaltante: proporcionarle al ejército francés la movilidad y la fuerza de maniobra que había perdido en las trincheras de la Gran Guerra. El instrumento de esta estrategia decididamente ofensiva eran seis divisiones de un nuevo tipo, blindadas, con orugas y totalmente motorizadas, que constituirían la punta de lanza del ejército francés. Cada división estaría compuesta por tres brigadas: una de 500 carros blindados para conquistar el terreno, una de infantería motorizada para ocuparlo, una de artillería para cubrir las otras dos; la totalidad estaría secundada por un regimiento de reconocimiento y batallones de ingenieros, de transmisiones y de camuflajes. O sea, una formación de elite, compuesta por profesionales, con una gran movilidad, un poder de fuego devastador y la posibilidad de horadar cualquier frente en un ataque sorpresa. Ésta era la espada que defendería esta nación vulnerable en el momento del peligro. Era preciso que Francia la obtuviera sin demoras.*

---

* No hay nada realmente nuevo en esta propuesta. El coronel Estienne había hecho una muy parecida en 1914, al reclamar la construcción de cuatrocientos vehículos blindados en una época en la que el tanque no se había creado todavía. Después de la guerra, los generales Estienne y Domenec en Francia y el general Fuller y el capitán Liddell-Hart en Gran Bretaña perfeccionaron la doctrina de la guerra de los blindados. El general de Gaulle se inspiró en sus trabajos. Aparentemente, los alemanes también.

El subteniente-coronel de Gaulle no escatimaba ningún esfuerzo para que se adoptaran sus ideas y lo ayudaban en su empresa algunos amigos fieles, como el subteniente coronel Émile Mayer, el coronel Lucien Nachin y el abogado Jean Auburtin. También tenía bastantes aliados entre los diputados, entre quienes se encontraban Marcel Déat, Philippe Serre y Léo Lagrange, y el apoyo de algunos diarios de derecha y de izquierda, como *L'écho de Paris*, *Le Temps* y *Le Ordre*. Por otra parte, contaba con el respaldo activo de Paul Reynaud, ex ministro de Finanzas y político muy influyente, que había prometido defender su proyecto en la tribuna de la Cámara. Finalmente, el ministro de Guerra en esa época era el propio mariscal Pétain. Dado que contaba con la ayuda de todas estas personalidades, el proyecto de de Gaulle tendría que haberse impuesto.

No fue así. Por un lado, el mariscal Pétain, que tenía setenta y ocho años, ya no era accesible a las nuevas ideas; por otro, sus relaciones con de Gaulle ya no eran buenas y se degradarían aun más.* Paul Reynaud, por su parte, defendió el proyecto del ejército profesional ante la Cámara y el 15 de marzo presentó un proyecto de ley tendiente a la "creación inmediata de un cuerpo especializado de diez divisiones de línea (…) formado por militares contratados y que tendría que estar totalmente formado, a más tardar, el 15 de abril de 1940". Pero la izquierda rechazó el ejército profesional porque podría convertirse en el instrumento de un golpe de Estado de la derecha; la derecha estaba influenciada por la comisión del ejército y por las concepciones del Estado Mayor y el centro estaba preocupado por los gastos adicionales que todo eso implicaba. La propuesta de ley se rechazó y cayó rápidamente en el olvido.

Sin embargo, el Estado Mayor era el obstáculo más importante para la adopción del proyecto del ejército profesional. Estaba compuesto esencialmente por hombres de edad, para

---

*   En 1938, de Gaulle publicó un ensayo histórico, *La France et son armée*. Esta obra tiene algunas páginas que había escrito diez años antes para un libro a pedido que el mariscal Pétain quería hacer publicar a su nombre. En 1940, el mariscal Pétain seguía sin perdonarle esta "afrenta".

quienes el único tema de referencia seguía siendo la Gran Guerra, con sus frentes continuos, sus trincheras embarradas y sus lentas ofensivas de infantería bajo la cobertura masiva de la artillería. Estos hombres no tenían nada que hacer en el proyecto concebido por de Gaulle, que podría plantear una escisión en el seno del ejército, afectar la moral de la infantería, debilitar las defensas estáticas y —lo más grave, quizá— comprometer su propia carrera. Con respecto a los carros, consideraban que el ejército francés tenía bastantes y que se los usaba como correspondía, es decir, como acompañamiento de la infantería, como se hacía en 1918. Éstos eran los puntos de vista del general Weygand, que sucedió al mariscal Pétain en la conducción del ejército francés. Los compartían el sucesor de Weygand, el general Gamelin, y los diferentes ministros de Guerra. Pero si bien las concepciones del subteniente coronel de Gaulle no encontraron eco en el Estado Mayor, tampoco tuvieron impacto en la opinión pública: *Vers l'armée de métier* vendió por todo concepto 700 ejemplares. En Alemania, en cambio, el libro tuvo éxito.

Con una perseverancia asombrosa, de Gaulle no dejó de defender sus ideas y alertar a sus compatriotas durante los años siguientes. En el Parlamento, la prensa, la radio, los partidos, hizo todo lo necesario para aclarar las ideas al público y convencer a las autoridades antes de que fuese demasiado tarde. A fines de 1935, Alemania ya tenía una división blindada y se aprestaba a crear otras. A comienzos del año siguiente, Hitler volvió a ocupar la Renania, sin provocar la menor reacción del lado francés. Enseguida, Alemania tuvo tres divisiones blindadas, y la *Wehrmacht* y la *Luftwaffe* se desarrollaron a un ritmo vertiginoso; Austria fue anexada en la primavera de 1938 y Checoslovaquia se encontraba directamente amenazada. Pero en Francia se seguían negando a modernizar el ejército, que hacía guardia detrás del escudo ilusorio e incompleto de la línea Maginot. Sin embargo, poco después de la desastrosa conferencia de Munich, decidieron crear dos divisiones de carros. Pero se trataba de carros livianos: habría solamente cuatro batallones y el conjunto del proyecto tendría que ser sometido primero a "estudios complementarios". La aviación no se vio más favorecida y el general

Bergeret, subjefe del Estado Mayor, declaró: "Quiero que me cuelguen si somos capaces de hacer la guerra antes de 1942".[28]

A fines de 1937, de Gaulle fue promovido al rango de coronel y recibió el mando del Regimiento 507 de carros estacionados cerca de Metz. De allí siguió su correspondencia con los defensores de su proyecto y consideró la situación internacional con una inquietud cada vez mayor. Expresó sus ideas pesimistas sobre el futuro que, a veces, fueron extrañamente proféticas. Así, por ejemplo, en julio de 1937, le dijo a su cuñado, Jacques Vendroux: "Francia tendrá menos medios para defenderse porque estará sola para soportar el primer golpe; los ingleses no están listos; no estamos totalmente seguros de poder contar con los rusos; en cuanto a los norteamericanos, son siempre contemporizadores y primero serán espectadores, complacientes, es verdad; nuestro territorio será invadido una vez más; algunos días bastan para alcanzar París; luego habrá que ir para Bretaña o a los macizos montañosos, quizás a Argelia, y luchar durante largos meses para alcanzar, junto con nuestros aliados, una victoria final. Pero todo esto será al precio de muchos sacrificios".[29]

Pasaron los años. De Gaulle vio cómo Alemania aplicaba medidas que él había intentado adoptar en Francia y que sus compatriotas habían rechazado con pretextos fútiles. Sin embargo, el coronel siguió con su cruzada en favor del ejército blindado y se preparó para enfrentar el duro conflicto que se anunciaba. Parece que nunca dudó de que tendría un papel importante en él y, entre los que lo rodeaban, muchos compartían esta impresión. Por ejemplo, en 1927, el general Matter, director de la infantería, veía en él "un futuro generalísimo del ejército francés".[30] En cuanto a Weygand, Gamelin e incluso Daladier, ellos eran totalmente conscientes de las capacidades excepcionales del hombre cuyas teorías combatían. Finalmente, estaba el capitán Chauvin, que le había dicho a de Gaulle en 1924: "Mi querido (...) tengo la curiosa sensación de que usted tiene un gran destino". A lo que le respondió modestamente: "Sí, yo también".[31]

Es cierto que de Gaulle nunca subestimó sus propias capacidades. Recordemos su declaración: "En suma, no dudaba de que Francia tuviese que pasar por pruebas gigantescas, que el interés de la vida consistiera en rendirle, algún día, algún servicio y que yo tendría la oportunidad de hacerlo".[32] Pero en el verano de 1939, el coronel de Gaulle dirigía un regimiento de carros destinado a ser repartido entre varias formaciones de infantería y no parecía que tuviese los medios para hacer demasiado por su país.

1

FRANCOFILIA Y ANGLOFOBIA

Para entender bien el relato que sigue hay que saber que Winston Churchill también tuvo siempre "una cierta idea sobre Francia". Es verdad que su abuelo materno, Leonard Jerome, provenía de una familia hugonota que había emigrado a Norteamérica a comienzos del siglo XVIII y que su madre, Jennie, había experimentado en su adolescencia todos los fastos del Segundo Imperio y conservaba un recuerdo deslumbrante. Evidentemente, el vínculo de su hijo con Francia se remontaba a su infancia, y quizás, incluso, a los tiempos en que la niñera lo paseaba en coche por los *Shams Elizzie*, como él los llamaba entonces.[1] En todo caso, Winston no iba a olvidar nunca ese día del verano de 1883, en que había cruzado la Plaza de la Concordia en compañía de su padre. Sólo tenía nueve años, pero evocó ese episodio sesenta y tres años más tarde: "Yo era un niño observador y me di cuenta de que uno de los monumentos estaba cubierto con telas negras. Enseguida le pregunté a mi padre cuál era la razón y me contestó: 'Son los monumentos de las provincias de Francia. Durante la última guerra, los alemanes les quitaron dos a Francia, Alsacia y Lorena. Los franceses están muy afligidos y esperan recuperarlas algún día'. Me acuerdo muy bien que en ese momento me dije: 'Espero que las recuperen'".[2]

Cuando llegó a los treinta años, Winston Churchill no había mejorado para nada sus conocimientos de francés, que siguieron siendo bastante rudimentarios y que siempre estarían muy en deuda con su iniciativa personal. Pero conocía la historia de Francia tan bien como un francés. Como tenía un espíritu novelesco, admiraba sinceramente la contribución de Francia a las libertades y a la sabiduría humanas; admiraba todavía más a los héroes de la historia de Francia, en primer lugar a Juana de Arco y a Napoleón.

Pero, sobre todo, Churchill, joven ministro de la Corona, había asistido en el verano de 1907 a las maniobras del ejército francés. Por supuesto que ya había visto muchas maniobras en Inglaterra y en Alemania y que vería muchas otras luego, sin embargo, las que lo fascinaron fueron las del ejército francés. Cierto es que en esa oportunidad se encontró con varios oficiales franceses que luego serían célebres y que eran los hermosos días de la Entente Cordial. Pero hay algo más, y el mismo Churchill intentó explicarlo: "En esos tiempos los soldados llevaban chaquetas azules y pantalones rojos y las maniobras todavía se hacían en orden cerrado. Cuando, en lo más intenso de las maniobras, vi las grandes formaciones francesas que tomaban una posición al son de la *Marsellesa*, me pareció que esas valientes bayonetas que habían conquistado los Derechos Humanos sabrían también defenderlos y que las libertades de Europa serían mantenidas".[3] Winston Churchill siguió aludiendo a este episodio con frecuencia hasta el fin de su vida y no es casual que en junio de 1944 haya escrito: "*Desde 1907* (el subrayado es nuestro), en los buenos y en los malos tiempos, fui un amigo sincero de Francia (...)".[4]

Efectivamente, durante la crisis de Agadir en 1911, Francia no tuvo un amigo más seguro dentro del gobierno británico que el propio Churchill. En las vísperas de la guerra, como Primer Lord del Almirantazgo, se pronunció a favor de un estrechamiento de la alianza franco-británica. Pero, indiscutiblemente, la Gran Guerra selló para siempre el vínculo de Winston Churchill con Francia: el coraje y la tenacidad del soldado de infantería francés, las gloriosas y sangrientas victorias del Marne y de Verdún, la fraternidad de armas entre franceses y británicos en innumerables campos de batalla, todo eso no pudo dejar de inflamar su imaginación novelesca, tanto más cuanto que él mismo fue testigo de ello en los seis meses que pasó en el frente. Además, en esa oportunidad Churchill se codeó con muchas importantes personalidades francesas, entre las que estaba el general Foch, comandante supremo de los ejércitos aliados en 1918, al que describió de este modo: "Sus actitudes, su gran porte, sus gestos vigorosos y a menudo muy sugerentes, que no resultaban cómicos sólo por el poder de su expresión y, finalmente, la audacia de sus ideas cuando algo le llamaba la atención, todo esto me produjo una fuerte impresión. Ya sea que lanzara ejércitos o ideas, nunca dejaba de combatir... No era en absoluto un hombre tranquilo. Por el contrario, era impetuoso, apasionado, persuasivo, pero también clarividente y, sobre todo, indomable".[5]

Para Churchill, el general Foch representaba un aspecto de Francia: "Esa Francia cuya gracia y cultura, etiqueta y ceremonial extendieron sus beneficios por todo el mundo: el país de la caballería, de Versalles y, sobre todo, de Juana de Arco".[6] Pero Francia era también Clemenceau, el Tigre, al que Churchill admiraba más todavía: "Si un solo hombre, extraordinariamente grande, es capaz de encarnar a una nación, Clemenceau encarnaba a Francia. Nos gusta simbolizar a las naciones con animales —el león británico, el águila norteamericana, el águila rusa de dos cabezas, el gallo galo. Pero el viejo tigre, con su gorro extraño y elegante, con su bigote canoso y su mirada de fuego, sería para Francia una mascota mucho mejor que cualquier animal de corral. Parecía salido directamente de la Revolución Francesa en su momento más sublime".[7]

Primer Lord del Almirantazgo en 1915, comandante en 1916, ministro de Municiones en 1917, Churchill estableció con estos dos hombres relaciones privilegiadas y siguió visitándolos mucho tiempo después de la guerra. Cuando, más tarde, hablaba de Francia, siempre sería la de Juana de Arco, la de Napoleón, la de Foch y la de Clemenceau.

La Francia de entreguerras encontró en Churchill un defensor tan vigoroso como elocuente. Su sentido innato de la equidad le dio la convicción de que Francia, "pobre, mutilada y debilitada", tenía derecho pleno a una seguridad por la que había sacrificado cerca de dos millones de sus hijos. Ahora bien, Gran Bretaña y Estados Unidos la habían abandonado después del Tratado de Versalles. En julio de 1921, Churchill declaró a los primeros ministros del Imperio británico: "Es evidente (...) que tenemos deberes para con Francia, pues ella renunció a reivindicar posiciones estratégicas fuertes a lo largo del Rin, como sus mariscales le aconsejaban hacer (...). Le prometimos que si renunciaba a esas posiciones estratégicas, Inglaterra y Estados Unidos la ayudarían en caso de necesidad (...). Pero hay que reconocer que, a causa de la defección de Estados Unidos, el tratado prácticamente ha quedado invalidado y que Francia se encontró sin las garantías anglo-norteamericanas ni la frontera estratégica en el Rin. Por eso, un temor profundo se instaló en el corazón de los franceses, y eso es muy comprensible (...). Si se presentara un medio para apaciguar ese temor, creo que tendríamos que considerarlo cuidadosamente".[8]

Para Churchill, únicamente un tratado en el que Gran Bretaña se comprometiera a defender a Francia en caso de agresión sería capaz de tranquilizar los temores franceses. Y durante todo el período de entreguerras, tanto en el gobierno como en la oposición, en la Cámara de los Comunes y en los clubes conservadores, en sus discursos públicos y en su correspondencia privada, Churchill, incansablemente, se esforzó por reafirmar los lazos entre su país y Francia. El 4 de mayo de 1923, en un momento en que la ocupación del Rhur por Francia era muy impopular en Inglaterra, declaró: "No debemos permitir que nuestro afecto por esa gran nación que es Francia se vea alterado por una simple peripecia de la política francesa. No tenemos que darle la espalda ni a nuestros amigos ni a nuestro pasado".[9] A partir de 1924, Churchill fue ministro de Hacienda: condujo las negociaciones para establecer el monto de las deudas de guerra francesas con Inglaterra y presentó a los franceses condiciones sumamente moderadas. Lo explicó el 16 de septiembre de 1925 en una cena en el club conservador de Birmingham: "En este asunto no buscamos obtener la mayor cantidad de dinero posible. Hemos pensado que nuestro deber era tomar en consideración no sólo la capacidad de pago de nuestros deudores, sino también las circunstancias en las que estas deudas fueron contraídas".[10]

Hasta 1931, Churchill se pronunció a favor de una reconciliación entre Francia, Alemania e Inglaterra, en la que veía el único reaseguro contra una nueva guerra. En 1931 declaró: "Tenemos que usar nuestra influencia para reducir el antagonismo secular (...) que separa a Francia de Alemania".[11] Pero a medida que Hitler se acercaba al poder y que el partido laborista británico seguía pregonando una política de desarme a expensas de Francia, Churchill volvió a su preocupación original. "El interés de la paz en Europa —declaró— no obtendría ningún beneficio con el debilitamiento del ejército francés y Gran Bretaña, ningún interés al oponerse a Francia".[12]

Dos años más tarde, el 14 de marzo de 1933, repitió en la Cámara de los Comunes: "Si consideramos la atmósfera que reina actualmente en Europa, ¿podemos realmente esperar que Francia reduzca a la mitad su aviación, para luego amputar otra vez más la tercera parte? ¿Le darían un consejo de este tipo? Y si los escuchara y actuara de este modo, ¿se comprometerían a que nuestro país la socorriera en caso de guerra? (...) Hoy leí en los diarios que el Primer Ministro acababa de lanzar un ultimátum o un llamado presionando a Francia a que se desarmara. Sea el ejército o la aviación, están tomando riesgos injustificables al dar en el momento actual un consejo de este tipo a una nación amiga".[13] Lo mismo sucedió al año siguiente: "No puedo hacer otra cosa que recomendar la mayor prudencia al gobierno de Su Majestad cuando presiona al gobierno francés para que reduzca sus fuerzas en relación con las de Alemania. Además, estoy convencido de que Francia, que hoy es el Estado más pacífico de Europa, (...) no cometería nunca (...) un acto de agresión abierta contra Alemania, en violación de las disposiciones del tratado y contra la opinión de Gran Bretaña, con la que también mantiene relaciones amistosas".[14]

Durante los cinco años siguientes, Churchill desarrolló este tema. Los franceses eran "apasionados por la paz", "pacifistas hasta la médula", "liberales", "demócratas" y, además, aseguraba, "la seguridad de Inglaterra está ligada a la de Francia".[15] Este argumento explica, por otra parte, cómo podía conciliar su afecto por Francia con su gran patriotismo. Es porque había comprendido desde muy temprano que una Francia fuerte era indispensable para la seguridad de Inglaterra.[16] En una época en la que el esfuerzo de rearme británico era muy inferior al de

Alemania, Churchill sólo veía la salvación en una cooperación muy avanzada entre su país y Francia y se dedicó a convencer de esto a sus compatriotas con una notable elocuencia: "Francia y Gran Bretaña —declaró el 18 de noviembre de 1936— encontraron el camino de la libertad por senderos muy diferentes. Pero mientras hagan causa común, será muy peligroso provocarlas y muy difícil derribarlas. La alianza de los que encarnan la tradición y perpetúan la herencia de la flota de Nelson y de los ejércitos de Napoleón no será seguramente una presa fácil. Y si a estas virtudes marciales se agregan las concepciones soberanas de justicia y libertad, entonces, seguramente, será invencible".[17]

En marzo de 1938, mientras los nubarrones seguían acumulándose sobre Europa,[18] Churchill defendía su ideal cada vez con más fuerza: "Gran Bretaña y Francia tienen que hacer causa común para asegurar su protección. Allí reside la única seguridad para estos dos países. ¡Proclámenlo con fuerza, no lo conviertan en un misterio! (…) En esta etapa, no existe otra solución que no sea una alianza defensiva con Francia, que implique obligaciones bien precisas para ambos países y todo un conjunto de disposiciones en relación con la cooperación entre Estados Mayores".[19] Tres semanas más tarde, Churchill escribía en el *Daily Telegraph*: "Si Francia cayera, todo se desmoronaría. La hegemonía de los nazis en Europa e, incluso, en una parte del mundo, sin duda sería inevitable".[20]

En agosto de 1938 el gobierno británico anunció a los Comunes que se establecerían acuerdos de Estados Mayores con Francia para una defensa combinada.[21] En la primavera de 1939, después de muchas prórrogas, finalmente se firmó un acuerdo entre Gran Bretaña y Francia, que preveía una cooperación militar, naval y aérea más estrecha. Winston Churchill no ocultó su satisfacción y lo declaró con franqueza en la Cámara de los Comunes el 24 de marzo de 1939: "Algunos parecen decir que es muy generoso de nuestra parte ir en auxilio de Francia. Pero les aseguro que en el punto en el que estamos, necesitamos la ayuda de Francia tanto como Francia necesita la nuestra".[22]

Es verdad que Churchill tenía una fe indestructible en la fuerza del ejército francés y que siguió creyendo en su indiscutible "superioridad" durante mucho tiempo, aun cuando ya había dejado de ser indiscutible. Después de todo, era el ejército que había ganado la Gran Guerra, el ejército de Foch y de Clemenceau, ahora dirigido por el general Gamelin, un excelente oficial, que también era amigo de Churchill. Y, además, estaba la famosa línea Maginot, que parecía invulnerable. Por otra parte, Churchill, de algún modo, tomaba sus deseos por realidades: si la seguridad de Europa y la de Gran Bretaña estaban basadas en la fuerza del ejército francés, necesitaba que este ejército fuese el mejor de todos y, por consiguiente, lo era. Su fe en el ejército francés se reforzó en sus visitas a Francia: en septiembre de 1937 asistió a las maniobras del ejército francés y escribió a su esposa: "Durante todo el día acompañé al generalísimo Gamelin (…). Los oficiales del ejército francés me impresionaron por su seriedad y competencia. Se ve que la fuerza de la nación reside en su ejército".[23] Sir Basil Liddell-Hart, que se encontró con Churchill en esa época, escribió en su diario: "Winston afirmó de nuevo que el ejército francés era la única salvaguardia de Europa. Piensa que es mucho más fuerte de lo que cree el Estado Mayor británico. Según él, el Estado Mayor siempre subestimó a los franceses".[24]

En 1938, el ejército francés seguía siendo para Churchill "el mejor de Europa"[25] y su amigo, el mayor Morton, escribió luego: "Era su obsesión. Recuerdo que antes de la guerra, con permiso de las autoridades, yo le di informaciones completas sobre el estado lamentable del equipamiento (…) del ejército y de la aviación franceses y le señalé las consecuencias que sobrevendrían por esta causa. Y bien, no quería oír nada de esto y nos peleamos por este tema. Cuando, durante el invierno de 1938-39 predije —apoyándome en documentos y en cálculos— que, en caso de ataque de las fuerzas alemanas, Francia quedaría sumergida en menos de un mes, echaba espuma por la boca. Sin embargo, siempre aceptaba nuestras predicciones sobre el resto de los países del mundo que, al fin y al cabo, estaban basadas en elementos y en cálculos idénticos (…). La 'Gloria imperecedera de Francia' era una obsesión para él".[26] Sir Henry Channon también anotó en su diario, a propósito del sobrino de Winston Churchill: "Charlie Londonderry nos contó luego cómo se destruyó su futuro político (...) después que sostuvo en la mesa, en una discusión con Winston, que Francia estaba en un estado lamentable y que no se podía contar con ella. Winston, en su fanatismo francófilo, se encolerizó y no se lo perdonó en ese momento, y menos después...".[27]

Durante el período de entreguerras, Churchill mantuvo relaciones privilegiadas con muchos políticos franceses, entre los que estaban Édouard Herriot, Paul Reynaud, Pierre-Étienne Flandin, Paul-Boncour y Édouard Daladier. Tenía gran simpatía por Léon Blum y por Georges Mandel. Con todas estas personalidades mantenía regularmente correspondencia y, cuando estuvieron en la presidencia del Consejo, Flandin, Blum y Daladier le dieron periódicamente información sobre el estado de las fuerzas francesas y alemanas. Por otra parte, Churchill viajó a Francia con regularidad. Sir Eric Phipps describió una de sus visitas a París, en marzo de 1938, en un informe a lord Halifax: "La visita de Winston Churchill adquirió el aspecto de un torbellino. Le presentaron la mayoría de los aspectos de la vida política francesa durante las comidas y entre las comidas (...) Su francés es de lo más curioso y, a veces, francamente incomprensible. Por ejemplo, la otra noche quiso decir 'We must make good' y exclamó ante Blum y Boncour: 'Tenemos que hacerla buena' (¡ni siquiera dijo *bueno*!). Boncour se quedó boquiabierto y quizás lo haya tomado en un sentido inconveniente".[28]

Aunque Churchill se abstuvo intencionalmente de cualquier injerencia en la vida política francesa, no dejaba pasar la oportunidad de brindar algunos consejos. Así, en marzo de 1938, se esforzó por disuadir a Flandin de hacer caer al gobierno del Frente Popular.[29] En septiembre del mismo año, cuando Georges Mandel y Paul Reynaud renunciaron al gobierno Daladier, como protesta por su actitud frente a la crisis checoslovaca, Churchill viajó a París adrede para convencerlos de que retiraran las renuncias. En Francia algunos quedaron resentidos. Por ejemplo, el 2 de octubre, cuando Churchill volvió a Londres, sir Maurice Hankey escribió en su diario: "La visita relámpago de Churchill a Francia (...) y el hecho de que sólo se haya encontrado con miembros del gobierno francés como Mandel, que se oponen a la política de paz, fueron de lo más inconvenientes. Bonnet, el ministro de Asuntos Exteriores se quejó y preguntó qué diríamos si los principales hombres de Estado franceses actuaran del mismo modo. También se quejó de que Churchill y Spears lo llamen desde Londres para pedirle informes sobre la situación".[30]

Churchill asimismo, recababa información sobre cuestiones militares y les dio consejos a amigos franceses sobre este tema. Por otra parte, descubrió algunas fallas en el aparato militar francés y se las confió a Léon Blum en 1937. Éste contaría más tarde: "Me dijo: '¿Está contento con su aviación?'. Le respondí: 'Bueno, creo que sí, no anda mal'. Entonces me dijo: 'No es que yo crea saber; pero me parece que sus aparatos no valen lo mismo que los que se están construyendo en Alemania: tendría que seguir esto de cerca'".[31]

En marzo de 1938 volvió a París y le anunció a Léon Blum que "el obús de campaña en servicio en el ejército alemán es superior en alcance (...) y en poder de fuego al 75, inclusive modificado".[32]

En esta época, Churchill también mantuvo contactos con Paul Reynaud, que intentó convencerlo de la eficacia de las divisiones blindadas. En ese momento oyó hablar por primera vez del coronel de Gaulle y de sus teorías sobre el uso de las divisiones blindadas: "Me dijo —escribió— que un tal coronel de Gaulle había escrito un libro muy criticado sobre el poder ofensivo de los vehículos blindados modernos".[33] Pero Churchill no siguió la evolución de las doctrinas sobre la utilización del ejército blindado y esperaba que la próxima guerra se pareciera por completo a la anterior, sin olvidar las trincheras que, declaró, "se volverán a utilizar en cuanto empiecen las hostilidades en Europa".[34] Por otra parte, sus amigos, los generales Gamelin, Georges y Giraud no se tomaban en serio la nueva doctrina sobre la utilización de carros y Churchill confiaba en sus amigos. Así que no le dio importancia a las teorías del coronel de Gaulle y no expresó deseos de encontrarse con él.

Durante la primavera y el verano de 1939, aunque estaba un poco preocupado por la vulnerabilidad de la línea Maginot en el sector de las Ardenas,[35] mantuvo toda su confianza en el ejército francés. En mayo declaró que ese ejército "sin ser el más grande, es el mejor que existe en la actualidad".[36] En junio, le aseguró al periodista norteamericano Walter Lippmann que el ejército alemán no podría de ningún modo atravesar las defensas francesas.[37] Hasta mayo de 1940 mantuvo una confianza indestructible en la superioridad del ejército francés, en la capacidad de sus jefes y en el valor de sus soldados. Luego, los acontecimientos no le dieron la razón y, sin embargo, fueron los propios acontecimientos los que tuvieron que inclinarse ante las convicciones de Winston Churchill.

* * *

Las disposiciones de Charles de Gaulle hacia Inglaterra no eran de ningún modo comparables a las de Winston Churchill hacia Francia. Su padre, Henri de Gaulle, no era un anglófilo y para él, como para muchos de sus contemporáneos, la expresión "pérfida Albión" tenía un sentido muy claro. "¿Pérfida? —acostumbraba decir—, el adjetivo me parece apenas suficiente".[38] Charles de Gaulle, que le debía a su padre la mayor parte de su educación, no podía dejar de estar influido por esta actitud —y el hecho de que una de sus abuelas fuese irlandesa no ayudaba mucho. Por otra parte, su interés apasionado por la historia de Francia le mostraba frecuentemente a Gran Bretaña como el enemigo hereditario, cuyas victorias coincidían con demasiada frecuencia con los desastres franceses. Escribió en sus *Memorias*: "Nada me entristece más que nuestras debilidades y nuestros errores".[39] Y el primer ejemplo que daba era el de Fachoda, un incidente olvidado desde hacía tiempo en Inglaterra, pero que marcó profundamente a toda una generación de franceses. Por esa razón, y por algunas otras, una anglofobia aguda reinaba entre los oficiales franceses a comienzos del siglo XX.

Charles de Gaulle conocía mal Inglaterra. Nunca había ido y, si bien comprendía bastante el inglés, no lo hablaba fluidamente. Por supuesto que aprobó la Entente Cordial pero, a diferencia de Churchill, no quedó favorablemente impresionado por la fraternidad de armas entre ingleses y franceses durante la Primera Guerra Mundial. Después de todo, repetía frecuentemente, no había ingleses en la batalla del Marne y agregaba que los británicos se habían dispersado un tanto rápidamente cuando se produjeron las grandes ofensivas alemanas de 1918.[40] A todo esto, hay que agregar un elemento muy personal: cerca de un cuarto de siglo más tarde, de Gaulle escribió en una carta privada: "Una joven, que era casi mi novia, fue asesinada en Lille (…) por un obús inglés en 1917. (…) Puedo decir, confidencialmente, que ésta fue la causa de una de las penas personales más grandes de mi vida".[41] Acostumbrado desde hacía tiempo a las duras realidades de la guerra, de Gaulle seguramente no les guardó rencor a los británicos, pero su simpatía por ellos con certeza no se incrementó.

En lo que concierne al período inmediatamente posterior a la guerra, de Gaulle tenía la misma opinión que Churchill: Francia había sido abandonada por sus aliados. "De este modo —escribió más tarde—, la mala voluntad de las potencias anglosajonas, aprovechando la inconsistencia de nuestro régimen, nos llevaba a renunciar a las garantías y a las reparaciones que nos habían concedido a cambio del control del Reich y de la frontera del Rin".[42] Para de Gaulle, los principales responsables de esto fueron Lloyd George,[43] la pérfida Albión y Estados Unidos, con seguridad en ese orden. A veces postulaba intereses más maquiavélicos aún en los británicos. Por ejemplo, escribió que, entre las dos guerras, "Inglaterra trataba con miramientos a Alemania para que París la necesitara".[44] Finalmente, no tenemos que olvidar que Charles de Gaulle sirvió como oficial del Estado Mayor en el Levante que, en esa época, era un lugar de intrigas y el teatro de una confrontación larvada entre Francia y Gran Bretaña. Incluso se dice que, en esos tiempos, cualquier oficial con un puesto en el Levante se convertía obligatoriamente en un antiinglés. Y es verdad que el comandante de Gaulle volvió de allí con una gran desconfianza por la política y las intrigas de Gran Bretaña en el Cercano Oriente.

Obviamente, Charles de Gaulle no dudaba de que Gran Bretaña ayudaría a Francia en un momento de peligro, pero también creía que no haría nada por fuera de sus intereses. En 1934 escribió en su libro *Vers l'armée de métier*: "Si reconocemos la supremacía marítima de los británicos, a costa de inmensos sacrificios coloniales, si no hablamos de ciertas islas normandas y siempre que aceptemos una especie de control, se nos permite contar con la neutralidad inglesa, celosa en nuestros días prósperos pero benévola en nuestros malos momentos y que, inclusive, puede dar lugar a la alianza de intereses".[45] Pero mientras tanto, "la única encargada de contener al Reich era Francia".[46]

En el período entre las dos guerras de Gaulle no intentó establecer contactos más allá del Canal de la Mancha, ni siquiera en los casos en los que hubiese sido natural que lo hiciera. Por ejemplo, aunque admiraba mucho los escritos del capitán Liddell-Hart o del general Fuller, en los que se inspiró con frecuencia, nunca tuvo un encuentro con estos dos grandes teóricos del ejército blindado. Finalmente, mientras Churchill tenía el mayor de los respetos por el ejército francés, de Gaulle no tenía ninguna ilusión puesta en el británico. En julio de 1937 le dijo a su cuñado, Jacques Vendroux: "Francia tendrá tan pocos medios para defenderse que estará prácticamente sola para soportar el primer golpe; los ingleses no están listos...".[47]

A fines de los años treinta, el coronel de Gaulle no era realmente anglófobo; al menos, estaba lejos de ser tan anglófobo cuanto francófilo era Churchill. Pero no dejaba de alimentar una gran desconfianza por la política extranjera y colonial de Gran Bretaña. Charles de Gaulle estaba convencido de que un Estado era "el más frío de los monstruos fríos" y parece que veía en el Estado inglés un monstruo todavía más frío que los demás. Por supuesto que estas creencias influyeron en la actitud que tomó en los acontecimientos dramáticos que siguieron.

2

TEMPESTAD

Finalmente, el 15 de marzo de 1939, la invasión de los alemanes a Checoslovaquia persuadió a Neville Chamberlain de que Hitler no era un *gentleman*. A partir de ese momento, la sombra de la guerra se extendió a cada nueva iniciativa que se tomaba en Europa: garantías a Polonia, crisis de Dantzig, pacto germano-soviético, concentración de las tropas alemanas en la frontera polaca. Sin embargo, Chamberlain siguió convencido hasta el último momento de que se podía evitar la guerra y de que podría mantener lejos del poder a Winston Churchill. Pero, en el verano de 1939 la prensa inglesa sostenía otra cosa y la opinión pública también: todos pedían el regreso de Churchill. Cuando, por fin, Hitler atacó Polonia, a Chamberlain no le quedaron opciones: el 3 de septiembre Gran Bretaña declaró la guerra a Alemania y Churchill fue nombrado Primer Lord del Almirantazgo. Ese mismo día, también Francia entró en la guerra.

Al volver al puesto que había ocupado un cuarto de siglo antes, Churchill se puso a trabajar enseguida y, como en 1914, tenía algunas ideas personales sobre los medios para lograr la victoria: en primer lugar, tenía un plan bautizado "Catherine", cuyo objetivo era penetrar en el Báltico con la ayuda de navíos de guerra blindados y a prueba de torpedos. Otro preveía la interrupción del aprovisionamiento alemán de mineral de hierro. Agregó una multitud de planes y proyectos que sólo tenían una relación muy lejana con la guerra por mar, desde el remozamiento de los obuses pesados y la reorganización de la aviación, hasta la puesta a punto de máquinas especiales para perforar las trincheras. Pero el Primer Lord del Almirantazgo era ante todo un hombre de acción. A comienzos de noviembre se hallaba en Francia, donde se encontró con su homólogo Campinchi y con sus amigos Paul Reynaud, Léon Blum, Georges Mandel y Alexis Léger. Fue al este a inspeccionar las obras de defensa, visitó el cuartel general del cuerpo de expedicionarios británico,* se informó sobre la estrategia francesa y la moral de las tropas. De esta visita, Churchill se fue con la impresión de que el alto mando francés había apostado todo a una estrategia defensiva y que la moral de los soldados franceses era asombrosamente baja.

Esta impresión no carecía de fundamentos: los políticos y los generales franceses conservaban el recuerdo de las terribles matanzas de la Gran Guerra y habían perdido toda confianza en las capacidades ofensivas de su ejército. El 6 de septiembre, cuando el grueso del ejército alemán se encargaba de Polonia, el generalísimo Gamelin lanzó una ofensiva prudente y las tropas francesas ocuparon 8 kilómetros de territorio alemán. Pero el 12 de septiembre la ofensiva se interrumpió, se evacuaron los veinte pueblos ocupados y las tropas francesas volvieron a sus posiciones del otro lado de la frontera. Allí esperaron a pie firme un ataque alemán que tenía que parecerse al de Verdún y que pensaban detener del mismo modo que en 1916. El alto mando francés recibió, por supuesto, informes detallados de la victoria relámpago del ejército y de la aviación alemanes en Polonia, pero esto no influyó en las concepciones estratégicas del general Gamelin, que siguieron siendo obstinadamente defensivas y antediluvianas hasta mayo de 1940. Por otra parte, no había realmente un plan de operaciones contra Alemania, salvo esta simple receta que venía de la Gran Guerra: "Nos enterramos y los esperamos". Así, siete meses después de la declaración del conflicto, el norte de Francia seguía asombrosamente calmo y extraordinariamente vulnerable.

Desde su puesto de comando en el Bajo Rin, el coronel de

---

*   Comprendía cuatro divisiones estacionadas en la frontera franco-belga.

Gaulle observaba los acontecimientos con una consternación cada vez mayor. En ese momento comandaba la Brigada de Carros del Quinto Ejército Francés (unas docenas de carros ligeros destinados a acompañar la infantería). Ahí tampoco se tenían en cuenta las lecciones de la campaña de Polonia y, sin embargo, en enero de 1940, el coronel de Gaulle hizo llegar a las ochenta personalidades civiles y militares más importantes un informe en el que repetía sus anteriores argumentos: el enemigo iba a atacar con una poderosa fuerza blindada apoyada por la aviación y el ejército francés sería vencido, salvo que reuniera inmediatamente todos sus carros en varias divisiones blindadas autónomas, las únicas capaces de frenar la ofensiva alemana. Pero nadie prestó atención a las teorías del coronel de Gaulle, excepto los que no llegaban a imponerlas y los que estaban decididos a combatirlas. Inclusive intentó convencer a una delegación de parlamentarios británicos que había ido a visitar el frente. Cuando terminaron las maniobras, declaró: "Señores, esta guerra está perdida. Por lo tanto, hay que preparar otra y ganarla con la máquina".[1] Los parlamentarios ingleses, al igual que sus colegas franceses, se negaron a tomarlo en serio.

No obstante, para de Gaulle había una esperanza: el 21 de marzo el gobierno de Daladier fue derrocado y dos días más tarde Paul Reynaud fue nombrado con una mayoría muy débil.* Al nuevo presidente del Consejo le habría gustado nombrarlo secretario del Comité de Guerra, pero fue imposible por razones políticas** y de Gaulle, otra vez decepcionado, volvió al frente. Sin embargo, primero fue a visitar al general Gamelin, quien le informó que tenía la intención de crear dos nuevas divisiones blindadas. El mando de una de ellas, la Cuarta, se le confiaría al coronel de Gaulle. Podría haber sido una buena noticia, pero la Cuarta División Blindada era tan débil y estaba tan desprovista de autonomía como las otras tres. Además, recién iba a ser creada el 15 de mayo. De Gaulle no pudo hacer otra cosa que reto-

---

* Una voz...
** Daladier, que siguió siendo ministro de Guerra en el nuevo gobierno, se opuso formalmente al nombramiento del coronel de Gaulle y el apoyo de su partido era indispensable para el gobierno de Reynaud.

mar su puesto y esperar para ver cómo se desenvolvían los acontecimientos.

A pesar de las altas funciones que cumplía, Winston Churchill no tuvo más éxito que de Gaulle al intentar modificar la estrategia de su gobierno. Sus planes de operaciones más arriesgadas fueron rechazados uno tras otro. En algunos casos era preferible, por cierto, pero otros estaban mejor concebidos, como el minado de las vías navegables alemanas o la interrupción del aprovisionamiento de mineral de hierro al Reich con el minado de las aguas territoriales noruegas. Además, Churchill veía en este último plan, bautizado "Wilfred", el medio más seguro para obtener la victoria. Durante el invierno envió al Primer Ministro decenas de memorandos sobre este tema y arengó al Gabinete de Guerra en incontables ocasiones. Sin embargo, incluso en esta situación, Neville Chamberlain esperaba que la paz llegara antes de que la guerra empezara de una vez por todas. Por consiguiente, se opuso obstinadamente a cualquier operación demasiado marcial y el plan "Wilfred", actualizado en varias oportunidades, poco a poco fue perdiendo utilidad. Cuando finalmente se ejecutó, se dieron cuenta de que los alemanes, por su lado, habían tenido una iniciativa mucho más audaz y mejor organizada: el 9 de abril, en algunas horas, ocuparon la totalidad del litoral noruego, desde Oslo hasta Narvik.

Los británicos vieron cómo se armaba a las apuradas una expedición para ayudar a Noruega y expulsar a los alemanes. Pero durante la campaña que se inició, las tropas aliadas, poco entrenadas, inferiores en número y en armamento, mal apoyadas por la aviación, se vieron obligadas a evacuar el sur de Noruega a comienzos del mes de mayo. En el lado inglés, las intervenciones enérgicas y, con frecuencia, desordenadas del Primer Lord del Almirantazgo evidentemente agregaron confusión. Pero para los ingleses, civiles o militares, era evidente que el desastre de Noruega era imputable ante todo a las insuficiencias y a la desorganización del aparato militar y que sólo años de pacifismo y de negligencia podían explicar una derrota de tal magnitud. Ahora bien, un solo hombre había estado en el poder el tiempo suficiente como para ser el responsable: el Primer Ministro. Los días 7 y 8 de mayo, en la Cámara de los Comunes,

Neville Chamberlain fue violentamente atacado por los representantes de todos los partidos y, en el voto que cerró los debates, la mayoría del gobierno se vio reducida a 81 bancas (60 diputados conservadores se abstuvieron y 30 votaron con la oposición).

Chamberlain no se engañó con el significado de esta votación: se trataba de una apabullante reprobación de su política. A partir de ese momento quedó claro que únicamente un gobierno de unidad nacional, que agrupara a todos los partidos, podría dirigir Inglaterra durante un período de guerra. Pero, ¿aceptarían los laboristas y los liberales participar en un gobierno de Chamberlain? La respuesta parecía negativa. Por eso, el 9 de mayo, Winston Churchill y lord Halifax fueron convocados a Downing Street, donde el Primer Ministro les comunicó su intención de renunciar. Chamberlain prefería que lo sucediera Halifax, pero no ignoraba que eso plantearía problemas; Halifax también lo sabía y lo expresó; Churchill no dijo nada y fue designado por un acuerdo tácito. Al día siguiente, Chamberlain aconsejó al rey llamar a Churchill para que lo sucediera. Para Winston Churchill no fue un regalo: esa mañana los alemanes invadieron Bélgica y Holanda y empezó la guerra en serio.

El mismo Churchill describió sus sentimientos en la noche del día en que el rey le pidió que formara un gobierno: "Cuando iba a acostarme, hacia las 3 de la mañana, sentí un profundo alivio. Finalmente tenía el poder para dar directivas en todos los campos. Tenía la impresión de formar una unidad con el destino y me parecía que toda mi vida anterior sólo había sido una preparación para esta hora y esta prueba. (…) Me parecía que contaba con la experiencia y estaba seguro de que no iba a fracasar. A pesar de que estaba impaciente por que llegara la mañana siguiente, dormí bien y no necesité ningún sueño para tranquilizarme. La realidad vale más que los sueños".[2]

Pero, naturalmente, Churchill no pudo deshacerse de cierta aprensión, como le confió esa noche a su guardaespaldas, el inspector Thompson: "Espero que no sea demasiado tarde. Tengo mucho miedo de que así sea. Tenemos que hacer lo mejor que podamos".[3] Es verdad que la situación era muy grave. Gran Bretaña no estaba lista para la guerra y la mayor parte de su ejército, comandado por lord Gort, había entrado en Bélgica con el primer ejército francés para intentar poner a raya a la ofensiva alemana. El 12 de mayo los ejércitos aliados ocuparon posiciones defensivas a lo largo del Dyle y del Mosa, donde se enfrentaron a veintidós divisiones alemanas, tres de las cuales eran blindadas. Pero la partida se jugó más al sur: el 14 de mayo, después de haber atravesado las Ardenas y el Mosa, siete divisiones de Panzer arrollaron las posiciones francesas en Sedan y Dinant. Apoyadas por bombarderos en picada, seguidas por la infantería motorizada, devastaron las filas de los II° y IX° ejércitos franceses, que se replegaron en desorden. Más al norte, las divisiones francesas, belgas y británicas, que ya habían sido obligadas a combatir duramente, ahora se encontraban amenazadas en sus retaguardias por la ruptura del frente de Sedan. El 15 de mayo, a las 6 de la mañana, Daladier le avisó a Paul Reynaud: "Nuestras tropas se desbandan. Se vio a un general de cuerpo de ejército huir por la ruta. La batalla está perdida".[4] Una hora y media más tarde, en Londres, le anunciaron a Churchill que Paul Reynaud lo llamaba por teléfono. El presidente del Consejo ya había llamado el día anterior para pedir refuerzos de aviación, pero esta vez el tono era diferente. Churchill lo cuenta así en sus *Memorias*:

"El teléfono estaba en mi mesa de noche, Reynaud hablaba en inglés y parecía muy emocionado:

"—Nos derrotaron —me dijo.

"Como no contesté enseguida, repitió:

"—Nos derrotaron, hemos perdido la batalla.

"—Pero no puede haber pasado tan rápido —le respondí.

"Volvió a decir:

"—El frente está quebrado cerca de Sedan, pasan en masa con carros y vehículos blindados. (Éste era el sentido de sus palabras, no las palabras exactas que usó).

"Entonces le dije:

"—La experiencia muestra que, después de un cierto tiempo, una ofensiva se apaga por sí sola. Me acuerdo del 21 de marzo de 1918. En cinco o seis días van a verse obligados a detenerse para esperar suministros y ése va a ser el momento del contraataque. El mariscal Foch me enseñó esto.

"Sin duda, eso fue lo que siempre habíamos visto antes y lo que íbamos a volver a ver ahora. Sin embargo, el presidente del Consejo volvió a la frase con la que había empezado, con fundamentos, por cierto: 'Nos derrotaron, hemos perdido la batalla'. Entonces le dije que iba a ir a encontrarme con él".[5]

En la noche del 15 de mayo, las vanguardias alemanas llegaron a Montcornet después de abrir una brecha de cien kilómetros. En el norte, los holandeses capitularon, en tanto que en el centro, el Decimoprimer Ejército Francés prácticamente se desintegró en el oeste de Dinant. No obstante, Winston Churchill persistía en la experiencia de la Gran Guerra y en no ver en todo eso más que un revés temporario. En la mañana del 16 de mayo, el subsecretario de Estado de Asuntos Exteriores, sir Alexander Cadogan, anotó en su diario: "Reunión de gabinete esta mañana: las novedades de Francia son de lo más sombrías. Al final de cuentas, Dill nos expuso un plan de retirada para las tropas que están en Bélgica. Churchill se enojó y se puso todo colorado. Dijo que no podíamos no hacer nada, que esto podía poner en peligro a todo nuestro ejército. Luego, se levantó de un salto y declaró que se iba a Francia; era ridículo pensar que Francia podía ser conquistada por ciento veinte tanques. Agregó que partiría después del almuerzo y le pidió a Neville Chamberlain que se hiciera cargo".[6] De hecho, a las 3 de la tarde, Churchill volaba para París, acompañado por los generales Dill e Ismay. Acababa de pedir una reunión urgente del Consejo Supremo.

En cuanto aterrizaron en Bourget, Churchill e Ismay quedaron golpeados por el pesimismo que reinaba en todos los niveles: llegaron a decirles que los alemanes podían estar en París "como mucho en algunos días".[7] Al llegar al Quai d'Orsay, vieron que había fogatas en los jardines: estaban quemando los archivos. Reynaud, Daladier, Baudouin y el general Gamelin estaban presentes y Churchill notó que "sus rostros expresan un gran resentimiento".[8] El general Ismay recordó que "Churchill dominó el escenario en cuanto entró a actuar en la obra. No había intérprete y habló en francés durante toda la reunión. Su francés no siempre era correcto y a veces le costaba encontrar la palabra justa.

Pero nadie podía confundir el sentido de lo que decía. 'La situación parece bastante mala —empezó a decir— pero no es la primera vez que estamos juntos en una mano jugada y vamos a salir de ésta. ¿Cuál es la situación exactamente?'".[9] El general Gamelin fue invitado a responder y pintó un cuadro muy sombrío de la situación militar: los alemanes avanzaban sobre Amiens y Arras a una velocidad aterradora. Una vez que llegaran allí, podrían alcanzar la costa o avanzar hacia París. Sus columnas blindadas ya habían abierto una amplia brecha de este a oeste que, efectivamente, había partido en dos a los ejércitos aliados y la saliente que quedaba formada tenía un ancho de cincuenta kilómetros. Su conclusión fue que los ejércitos del norte, con seguridad, iban a tener que batirse en retirada.

"Cuando Gamelin terminó su triste relato —señaló el general Ismay— el Primer Ministro le dio una buena palmada en la espalda, que lo sobresaltó, y le dijo: 'Evidentemente, será la batalla de las Ardenas'.* (Como no sabía el equivalente en francés, pronunció *Boulge*.) 'Y bien, mi general, cuándo y por dónde vamos a contraatacar? ¿Por el norte o por el sur?' Gamelin, abatido, le respondió que no tenía los medios para hacerlo y que, de todos modos, sus tropas estaban en condiciones de inferioridad, tanto desde el punto de vista de los efectivos como del equipamiento, de la estrategia y de la moral".[10]

"Se detuvo —cuenta Churchill— y se produjo un largo silencio. Entonces pregunté:

"—¿Dónde están las reservas estratégicas? —Y seguí en francés, que uso indiferentemente, en todos los sentidos de la palabra:— ¿Dónde está la masa de maniobra?

"El general Gamelin se volvió hacia mí y, moviendo la cabeza y alzando los hombros, me respondió:

"—No hay ninguna.

"Se produjo un nuevo silencio prolongado. Afuera, de las fogatas prendidas en los jardines del Quai d'Orsay subían nubes de humo y por la ventana veía que venerables funcionarios empujaban carretillas con archivos hasta las llamas".[11]

---

*   De la saliente. [N. del T.: *Battle of Bulge*, en inglés.]

"No hay ninguna." Churchill se quedó sin palabras. "Tengo que confesar —escribió más tarde— que fue una de las sorpresas más grandes de mi vida."[12]

Sin embargo, el Primer Ministro no perdió de ningún modo su serenidad. Aseguraba que los alemanes no habían atravesado todavía el Moss; que sus unidades mecanizadas no podían estar en todas partes al mismo tiempo; que, sin duda, era prematuro ordenar una retirada en Bélgica y que, ciertamente, era preciso pasar al contraataque. El general Gamelin respondió que para eso sería preciso contar con fuerzas mecanizadas y con aviones de combate para proteger a la infantería. "Los franceses —dijo— empezaron la batalla con 650 aviones caza; les quedan sólo 150". Muchas veces, Gamelin y Reynaud pidieron más cazas y Churchill les respondió que Inglaterra tenía solamente treinta y nueve escuadrillas para asegurar su protección. Aunque la RAF ya había tenido graves pérdidas en Francia, el Gabinete de Guerra británico decidió esa mañana enviar cuatro escuadrillas de refuerzo. Con respecto a la ofensiva alemana en el norte, Churchill declaró que el problema era saber si iba a sofocarse. El general Dill agregó que, seguramente, a los alemanes les iba a faltar combustible, pero Daladier contestó que lo llevaban consigo".[13]

El general Gamelin volvía todo el tiempo al tema del apoyo aéreo. Si se podía detener a los blindados enemigos con una acción aérea, un ataque sobre los flancos del enemigo seguramente tendría posibilidades de éxito. Churchill seguía respondiendo en su francés improvisado que los cazas ingleses no podían usarse para eso. "Mi general, no podemos detener los carros con aviones caza. Necesitamos cañones... Pero si quiere limpiar el cielo, se lo pido a mi gabinete".[14]

De hecho, el Primer Ministro le pidió al Gabinete de Guerra británico que enviara a Francia diez escuadrillas suplementarias en lugar de cuatro. Cuando salieron de la conferencia, fue a la embajada de Gran Bretaña y envió el siguiente telegrama: "Estaría muy contento si el gabinete pudiera reunirse enseguida para examinar los siguientes hechos: situación grave en grado máximo... Considero que los próximos tres o cuatro días serán decisivos para París y, quizá, para el ejército francés. Mi opinión personal es que tendríamos que enviar mañana las escuadrillas de cazas que nos pidieron (o sea, seis más) y tratar de dominar el aire por encima de la saliente durante los próximos dos o tres días (...) para darle al ejército francés una última posibilidad de volver a encontrar su valentía y su energía. No quedaríamos en una buena posición ante la Historia si rechazáramos el pedido de los franceses y si, por eso, fueran derrotados. Insisto nuevamente en la gravedad mortal de la hora y repito la opinión sostenida más arriba. La respuesta debe llegar antes de medianoche para alentar a los franceses. Telefoneen a Ismay a la embajada en indostaní".[15]

En Londres, el enérgico telegrama provocó la decisión: a las 22.30 llegó la respuesta a París: "Sí". Entonces, Churchill decidió ir en persona a anunciar la buena nueva a Paul Reynaud. Era cerca de medianoche. El Presidente del Consejo quedó sorprendido por la visita intempestiva, pero radiante cuando se enteró de la noticia. Churchill lo convenció de que hiciera llamar a Daladier y Paul Reynaud lo hizo con algunas dudas. Tarde, por la noche, Reynaud, Daladier y Baudouin asistieron a una de las célebres arengas de Churchill. Paul Baudouin anotó lo siguiente: "Con una energía extraordinariamente vehemente, coronado como un volcán por el humo de sus cigarros, Churchill indica a su colega que si Francia es invadida y vencida, Inglaterra seguirá luchando mientras espera el auxilio total y estrecho de Estados Unidos. 'Vamos a hambrear a Alemania. Demoleremos sus ciudades. Quemaremos las cosechas y los bosques.' Hasta la una de la mañana va armando una visión apocalíptica de la guerra. Se ve al fondo de Canadá, dirigiendo, por sobre una Inglaterra arrasada por las bombas explosivas, por sobre una Francia cuyas ruinas ya estaban frías, la lucha en avión del Nuevo Mundo contra el Antiguo, dominado por Alemania. Está seguro de que Estados Unidos va a entrar en guerra. La impresión que produce en Paul Reynaud es muy fuerte. Le da confianza. Es el héroe de la lucha hasta el final".[16]

Es cierto que Paul Reynaud se sintió muy alentado. Incluso, el día siguiente se sintió lo suficientemente fuerte como para tomar una decisión que había diferido por mucho tiempo: relevó a Daladier de sus funciones y asumió él mismo el cargo de ministro de Guerra. También nombró a Georges Mandel como ministro del Interior, llamó al mariscal Pétain para ocupar la Vicepresidencia del Consejo y reemplazó al general Gamelin. ¿Quién podía sucederlo? El general Weygand, quizás. Claro que tenía setenta y tres años y no se caracterizaba por ser un genio militar. Pero había sido el jefe del Estado Mayor de Foch hacía un cuarto de siglo y eso podía dar aliento a las tropas, algo que necesitaban mucho. Además, no se veía otra solución. Por lo tanto, llamaron al general Weygand para que volviera de Siria.

¿Bastaba con esto para poner a raya el avance alemán? Por supuesto que no, pues Francia combatía con los generales y el ejército de la Gran Guerra. En Rethel, Saint-Quentin, Charleroi, los tanques alemanes barrían todo a su paso y las tropas aliadas estaban en plena retirada. Los tanques franceses acompañaban a la infantería, operaban en unidades pequeñas y no estaban equipados con radios; lanzaron varios contraataques, pero sufrieron fuertes pérdidas y enseguida se vieron envueltos en la retirada general. Así desaparecieron las Primera, Segunda y Tercera divisiones acorazadas. Quedó la Cuarta, que todavía no estaba constituida, pero que tenía un jefe: el coronel de Gaulle.

El 15 de mayo de Gaulle fue convocado al cuartel general para recibir instrucciones: se iba a formar un frente defensivo en el Aisne y Ailette para cerrar la ruta de París. La Cuarta División blindada tendría que operar en la región de Laon y contener al enemigo la mayor cantidad de tiempo posible, para permitir que se instalara el frente defensivo. De Gaulle tendría que operar solo y estaría subordinado directamente al general Georges.* Recibiría los tanques que necesitaba en cuanto fuera posible.

El coronel de Gaulle estaba lejos de imaginar que se pondrían a prueba sus teorías con tal grado de improvisación. Estableció su cuartel general cerca de Laon y en la mañana del 17 de mayo, después de haber recibido tres batallones de tanques, lanzó una ofensiva hacia el núcleo de rutas de Montcornet, en el nordeste de Laon. El 19 de mayo recibió otros dos escuadro-

---

* Comandante en jefe del frente nordeste.

nes de carros nuevos, sin ablandar, con un equipo poco entrenado y lanzó un segundo ataque en el Serré, en el norte de Laon. Estas dos operaciones fueron exitosas: tomaron a los alemanes por sorpresa y les infligieron fuertes pérdidas. El general Guderian, comandante de los carros alemanes, escribió más tarde: "El 19 de mayo, algunos de los carros de de Gaulle lograron penetrar hasta 1,5 km de nuestro puesto de comando avanzado y pasé algunas horas difíciles antes de que nuestros amenazadores visitantes cambiaran de dirección".[17] De hecho, la Cuarta División, cuyos efectivos reducidos eran bombardeados constantemente por la aviación, acababa de dar media vuelta. En su retaguardia, las defensas francesas se habían consolidado. Por otra parte, la Cuarta División fue llamada urgentemente a otro frente.

En el Somme la situación era muy grave. Las columnas alemanas, en lugar de seguir su ruta hacia el sur, viraron hacia el oeste y en ese momento amenazaban Amiens y Abbeville; en el norte, las tropas francesas, inglesas y belgas se encontraban prácticamente aisladas por el avance alemán y, sin embargo, no se había lanzado todavía ninguna ofensiva contra la cabeza de puente enemiga. El 19 de mayo, el general Gamelin ordenó a los ejércitos del norte que se abrieran camino hacia el sur y que atacaran las divisiones blindadas alemanas en el Somme. Pero la orden fue anulada por el general Weygand, que lo sucedió al día siguiente. Cuando, el 21 de mayo, el propio Weygand dio la orden de atacar, el frente aliado ya estaba en total descomposición: muchas unidades no recibieron la orden y otras no estaban en condiciones de ejecutarla. En cuanto a lord Gort, estaba considrando la retirada a Dunkerque.

En Londres, Churchill recibía informes confusos y contradictorios sobre el desenvolvimiento de las operaciones militares. Lo único que podía hacer era recomendarle a lord Gort que siguiera las directivas que emanaban del alto mando francés y que aconsejara y alentara a Weygand. Pero lord Gort no recibió ninguna orden del alto mando francés y Weygand no tenía en cuenta en absoluto las opiniones de los británicos. Por otra parte, el vínculo entre franceses y británicos era muy difícil y Churchill no dejaba de tronar en contra "del lazo que no ata". Volvió a París el

22 de mayo y en una nueva sesión del Consejo Supremo declaró que estaba de acuerdo con el plan Weygand para llevar a cabo una unión entre los ejércitos del sur y los del norte. Sin embargo, expresó su inquietud respecto de las carencias del comando francés en el norte,[18] ya que el general Billotte había muerto en un accidente y había sido reemplazado por el general Blanchard, pero las relaciones entre lord Gort y el general Blanchard no eran nada fáciles.

La ofensiva sobre los flancos del enemigo entre Amiens y Arrás se desarrollaba lentamente; los alemanes habían llegado a Abbeville, capturado Boulogne el 25 de mayo y rechazado un contraataque anglofrancés en el norte de Arrás. Mientras tanto, veinte divisiones francesas al mando del general Frère se agruparon detrás del Somme; entre ellas se hallaba la Cuarta División acorazada del general de Gaulle, que recorrió 180 kilómetros de este a oeste en menos de cinco días. El 25 de mayo recibió la orden de atacar una cabeza de puente alemana en el sur de Abbeville y al día siguiente, de Gaulle, nombrado temporalmente general, lanzó el ataque sobre Abbeville con ciento cuarenta carros y seis batallones de infantería. También esta vez logró atravesar las líneas enemigas y capturó 500 prisioneros. Pero una vez más, el éxito inicial no pudo ser aprovechado porque faltaron refuerzos de cobertura aérea. El 30 de mayo, la Cuarta División se retiró hacia el sur, para reagruparse cerca de Beauvais.

En ese momento, la campaña en el norte estaba virtualmente perdida. Por el oeste, el sur y el norte, las divisiones blindadas alemanas convergían hacia los ejércitos aliados reagrupados alrededor de Dunkerque. El 28 de mayo capituló el ejército belga. El día anterior, la *War Office* ordenó a lord Gort que "evacuara la mayor cantidad posible de hombres" y que abriera un camino hacia la costa; las tropas del general Blanchard, que no habían recibido las mismas órdenes, siguieron lentamente y cinco divisiones francesas fueron atrapadas cerca de Lille. El 30 de mayo, las divisiones británicas, severamente asoladas, alcanzaron el perímetro defensivo de Dunkerque y la mitad del Primer Ejército Francés logró alcanzarlas. Se montó una gigantesca operación naval para evacuar el conjunto de las tropas de Dunkerque. El mismo Churchill volvió a París el 31 de mayo para asistir a nueva reunión del Consejo Supremo. Mientras tanto, en el norte, los ejércitos aliados sostenían conjuntamente una lucha desesperada y el Primer Ministro quería evitar a toda costa un malentendido entre ingleses y franceses: "La evacuación, repetía sin cesar, debe hacerse codo a codo".[19]

A comienzos de junio, mientras la evacuación de Dunkerque estaba en su apogeo, los ejércitos aliados del frente sur se reagruparon detrás del Aisne y del Somme. ¿Qué sucedería si sus líneas fueran atravesadas? Habría que abandonar París. ¿Y luego? Existía un plan de evacuación a Tours y otro que preveía la constitución de un "reducto bretón". Pero todavía no era el fin, sino el comienzo del fin.

3

NAUFRAGIO

La primera semana de junio se terminó y en los campos de batalla del norte de Francia la sombra velada de la derrota envolvía inexorablemente a los ejércitos aliados. Es verdad que la evacuación de Dunkerque había sido un triunfo: 340 mil soldados franceses y británicos pudieron ser embarcados, pero tuvieron que dejar atrás la mayor parte de su material y de su armamento. El ejército francés ya había perdido la tercera parte de sus efectivos y el resto estaba terriblemente desorganizado. En cuanto a los británicos, en Francia tenían solamente dos divisiones muy maltrechas. El 6 de junio, cien divisiones alemanas atacaron el Somme y el Aisne. Más al oeste, Ruán y Le Havre estaban directamente amenazadas. Inglaterra se había vuelto extremadamente vulnerable: sólo la defendían 500 cañones, 450 tanques, 29 escuadrillas de caza y 3 divisiones de infantería. Había 14 divisiones que estaban "en período de instrucción" y que sólo contaban con fusiles y algunas ametralladoras.

En Londres, Winston Churchill se mantenía permanentemente informado sobre la situación en Francia. Durante todo el día y hasta tarde por la noche, desde su despacho, su tren e incluso desde su cama, mandaba cientos de notas y de directivas al Comité de los Jefes de Estado Mayor y a los diferentes ministerios. Se trataba de crear un nuevo ejército con los restos del antiguo, de transformar toda la isla en una fortaleza y de que cada inglés tuviese la moral de un combatiente. A través de sus constantes intervenciones, de sus incontables planes de operaciones defensivas y ofensivas y, finalmente —y sobre todo—, de sus notables discursos, Churchill logró galvanizar la energía de sus conciudadanos. El 4 de junio, el día siguiente a la evacuación final de Dunkerque, declaró en la Cámara de los Comunes: "Iremos hasta el fin. Lucharemos en Francia, lucharemos en los mares y en los océanos, lucharemos en el aire con una confianza y unos medios cada vez mayores. Defenderemos nuestra isla a cualquier precio. Lucharemos en las playas, lucharemos en los terrenos de aterrizaje, lucharemos en los campos y en las calles, lucharemos en las colinas. ¡No nos rendiremos nunca! Y si nuestra isla, o gran parte de ella, se viera conquistada y hambreada (algo que no creo ni por un minuto) entonces nuestro Imperio de ultramar, armado y protegido por la flota británica, seguirá la lucha hasta el día en que el Nuevo Mundo, con todos sus recursos y su poder, avance para ayudar al antiguo".[1]

Pero Churchill no se olvidaba tampoco de que tenía una obligación moral con Francia: "No quedaríamos en una buena posición ante la Historia si rechazáramos el pedido de los franceses y si, por eso, fueran derrotados", escribió al Gabinete de Guerra el 16 de mayo.[2] Desde ese momento, no cambió de opinión. Inclusive, antes de la evacuación de Dunkerque, dio órdenes para que se constituyera un nuevo cuerpo expedicionario británico y para que fuese enviado a Francia lo más rápidamente posible. También ordenó que dos escuadrillas de caza suplementarias permanecieran en Francia, con lo que sólo dejó veintisiete para asegurar la defensa de las veintisiete islas británicas.

Y sin embargo, Winston Churchill había perdido su inquebrantable confianza en el ejército francés[3] e, incluso, comenzó a dudar seriamente de las capacidades de sus jefes. Esto le costó mucho, porque Churchill adoraba Francia y detestaba reconocer que se había equivocado. Pero vio al generalísimo Gamelin, al que admiraba ilimitadamente, abandonar toda esperanza de vencer tan sólo seis días después del inicio de la ofensiva alemana.[4] Una semana más tarde no le quedaba otro remedio que admitir que el general Billotte "se había mostrado especialmente ineficaz",[5] y luego empezó a preocuparse por la "inexplicable falta de habilidad del general Blanchard".[6] A comienzos de junio se había escandalizado por la actitud del almirante Abrial en Dunkerque; se formó una pobre opinión del general Vuillemin,

comandante en jefe de la aviación francesa y quedó muy golpeado por el pesimismo y la incomprensión del general Weygand,
nuevo general en jefe de los ejércitos franceses. El viejo mariscal
Pétain le parecía la encarnación del derrotismo y hasta Paul
Reynaud parecía haber perdido la valentía, aunque todo el tiempo pidiera que le enviaran soldados y aviadores británicos. El 6
de junio por la mañana, Churchill telefoneó al general Spears,
que era su oficial de enlace y su representante personal ante el
alto mando francés: "¿Hay un verdadero plan de batalla? —preguntó—. ¿Qué harán los franceses si sus líneas son atravesadas?
¿Es serio el proyecto bretón? ¿Existe otra solución?". El general
Spears escribió: "Era evidente que su confianza en el comando
francés estaba muy quebrada (…) Estaba visiblemente decepcionado, perplejo y más bien descontento".[7] El día anterior,
Churchill le había escrito al Primer Ministro canadiense, Mac-
Kenzie King: "No sé si será posible mantener a Francia en la
guerra".[8]

El 5 de junio, aprovechando la degradación de la situación
militar, Paul Reynaud logró reorganizar su gobierno (y apartar
a Daladier). En su cuartel general, cerca de Beauvais, el general
de Gaulle se convencía cada vez más de que si se perdía esta
guerra, era posible ganar otra a partir del Imperio Francés. En
la mañana del 6 de junio se enteró de que Paul Reynaud acababa de nombrarlo subsecretario de Estado de la Defensa Nacional y que había sido convocado a París. Enseguida se puso en
camino.

Esa tarde, en la calle Saint-Dominique, de Gaulle tuvo una
larga entrevista con Paul Reynaud, a quien le expuso sus concepciones sobre la marcha de la guerra: "Sin renunciar a combatir
en el suelo de Europa el mayor tiempo posible, hay que decidir y
preparar la continuación de la lucha en el Imperio. Esto implica
una política adecuada: transporte de medios hacia África del
Norte, elección de jefes calificados para dirigir las operaciones,
mantenimiento de las relaciones estrechas con Inglaterra, por
más que les reprochemos algunas cosas. Propongo ocuparme de
las medidas que haya que implementar a tal efecto".[9]

Paul Reynaud dio su acuerdo, habló de la posibilidad de una
resistencia en Bretaña y luego le dijo al general: "Le pido que va-

ya a Londres lo más pronto posible. Durante las entrevistas que tuve el 26 y el 31 de mayo con el gobierno británico pude darle la impresión de que no excluíamos la perspectiva de un armisticio. Pero ahora, por el contrario, se trata de convencer a los ingleses de que resistiremos, suceda lo suceda, e inclusive en ultramar, si es preciso. Vea a Churchill y dígale que el cambio de mi Gabinete y su presencia son los signos de nuestra resolución".[10] De Gaulle también tuvo que intentar obtener del Primer Ministro una participación mayor de la RFA en las operaciones en Francia. Finalmente, pidió precisiones sobre los plazos necesarios para reequipar las unidades británicas que habían escapado de Dunkerque, para que así volvieran nuevamente al continente.[11] "Estaba feliz —escribió Paul Reynaud— de poder mostrarles a los ingleses un general con espíritu ofensivo."[12]

El 9 de junio por la mañana, el general de Gaulle fue a Londres, acompañado por su ayuda de campo, Geoffroy de Courchel y por Roland de Margerie, jefe del gabinete diplomático del presidente del Consejo. En cuanto llegaron a Londres, los tres hombres fueron conducidos al 10 de Downing Street. Allí, el general de Gaulle se encontró por primera vez con Winston Churchill.

El personaje que Churchill tenía ante sí esa mañana no se parecía en nada a los oficiales franceses que había conocido antes. Pero el hombre no le resultaba totalmente desconocido: sin duda se acordaba del coronel de Gaulle, del que Paul Reynaud le había dicho, en marzo de 1938, que "había escrito un libro muy criticado sobre el poder ofensivo de los vehículos blindados modernos".[13] Además, al Primer Ministro le habían informado sobre las recientes hazañas del general al frente de sus blindados, pues seguía muy de cerca la evolución de las batallas en Francia, y la noticia de un éxito en medio de todos los comunicados de derrotas no pudo haber escapado a su atención. Finalmente, el *Times* publicó dos días antes un artículo sobre el nuevo subsecretario de Estado de la Defensa Nacional: "Bastante agresivamente 'de derecha', hombre de teorías, apóstol casi fanático del uso masivo de máquinas blindadas, es también metódico y lúcido. Es, al mismo tiempo, un hombre de acción y un hombre de abstracciones".[14]

Hubo tantos elementos concretos como abstracciones en las palabras que intercambiaron ese día de Gaulle y Churchill. El gobierno francés, declaró el primero, estaba decidido a seguir la lucha desde África, si fuese necesario. Churchill recibió estas palabras con satisfacción, pero agregó que no creía más en la posibilidad de una victoria en Francia. No obstante, iban a enviar una división canadiense a Normandía y la Decimoquinta División escocesa permanecería en Francia, así como los restos de la brigada mecánica que había participado de los últimos combates. Pero el Primer Ministro no era capaz de decir en qué momento las unidades británicas que se habían salvado de Dunkerque iban a poder volver a la batalla[15] y, sobre todo, se negaba categóricamente a enviar nuevas escuadrillas de cazas.

Es evidente que el general de Gaulle quedó muy decepcionado con los resultados de este primer encuentro. Churchill había perdido visiblemente toda esperanza de ver al ejército francés triunfar sobre el invasor. Por el contrario, de Gaulle había quedado muy sorprendido con la personalidad del Primer Ministro: "La impresión que tuve reafirmó mi convicción de que Gran Bretaña, conducida por un luchador de este tipo, seguramente no se doblegaría. Churchill me pareció comprometido con la tarea más ruda, siempre que fuese grandiosa. La seguridad de su juicio, su gran cultura, el conocimiento que tenía de la mayoría de la gente, de los países, de los hombres implicados y, por fin, su pasión por los problemas propios de la guerra se desplegaban con comodidad. Por sobre todo, por su carácter, estaba hecho para actuar, arriesgarse, cumplir con su papel, decididamente y sin escrúpulos. En suma, lo vi muy instalado en su lugar de guía y de jefe. Éstas fueron mis primeras impresiones".[16]

Según el embajador Corbin, considerado "una fuente cercana al Primer Ministro", de Gaulle también produjo una impresión favorable en Churchill.[17] Efectivamente, esto es muy verosímil: a diferencia del resto de los oficiales superiores franceses con los que el Primer Ministro se había encontrado durante mayo, de Gaulle mostraba una asombrosa sangre fría y una imperturbabilidad total. Además, ni siquiera mencionó la posibilidad de una derrota o de un armisticio. De lo único que habló fue de continuar la guerra por todos los medios posibles, en Bretaña, en el Macizo Central, en la línea Maginot y hasta en el Imperio, si era necesario.

Sin embargo, de Gaulle ocupaba una posición subordinada. Habló en nombre de Paul Reynaud y Churchill sabía que el Presidente del Consejo francés oscilaba constantemente entre la firmeza y la irresolución. También sabía, por sus conversaciones telefónicas con el general Spears y los informes de su embajador, que el derrotismo arrasaba dentro del gobierno francés y que el constante deterioro de la situación militar lo favorecía: el enemigo acababa de llegar al Sena, al sur de París, y en ese momento amenazaba la capital y, además, el 11 de junio Mussolini había declarado la guerra a Francia. Churchill decidió viajar a París esa misma tarde para una nueva reunión del Consejo Supremo. El hecho de que la capital estuviese amenazada por el enemigo no lo disuadió de viajar, pero enseguida se supo que el propio gobierno francés estaba evacuando la capital y que el cuartel general de las fuerzas francesas se instalaba en Briare. Por lo tanto, decidió ir allí en la tarde del 11 de junio, para intentar convencer de su determinación a los dirigentes franceses.

Durante la tarde del 10 de junio, mientras se aprestaban a evacuar la capital, Paul Reynaud y el general de Gaulle tuvieron una entrevista tormentosa con el general Weygand, que se declaró totalmente a favor de una capitulación. A medianoche, de Gaulle y Reynaud salieron en auto hacia Orléans y llegaron allí en la madrugada del 11 de junio. Ahí se enteraron, sorprendidos, de que Winston Churchill aterrizaría en Briare esa tarde. Ambos dedujeron que el general Weygand había invitado al Primer Ministro por su propia autoridad y se sintieron ultrajados. Paul Reynaud decidió en ese mismo momento reemplazar al comandante en jefe y de Gaulle fue a visitar al general Huntziger, considerado el posible sucesor.[18] Luego se reunió con el Presidente del Consejo en Briare, más exactamente en el castillo de Muguet, en donde se mantuvo la improvisada reunión con los británicos.

Esa tarde, Churchill, acompañado por Eden, el general Ismay y el general John Dill, jefe del Estado Mayor General, aterrizó en un pequeño aeródromo de Briare: "Había algunos franceses y un coronel llegó enseguida en un auto. Yo tenía un aspecto confiado y una cara sonriente, considerados de rigor cuando las cosas no andan bien, pero el oficial tenía cara de enojado y era poco sensible a mis esfuerzos. Al instante comprendí hasta qué punto se había agravado la situación desde nuestra última estadía en París, una semana antes. Poco después nos llevaron al castillo donde encontramos a Reynaud, al mariscal Pétain, al general Weygand, y al general de aviación Vuillemin y a otros, entre los que se encontraba de Gaulle, que acababa de ser nombrado secretario de Estado de la Defensa Nacional. Muy cerca se encontraba el tren del cuartel general, en donde se alojaron algunos miembros de nuestra delegación. El castillo tenía un solo teléfono que estaba en el baño. Funcionaba sin parar, había que esperar mucho y había que repetir tanto que uno terminaba gritando".[19]

La conferencia empezó a las 19 y después de algunos intercambios de cortesía, Churchill tomó la palabra: "Churchill declara que vino a Francia para estudiar la situación militar y los mejores planes posibles para asegurar la continuidad de la lucha. Gran Bretaña continuará esta lucha en cualquier caso y nada la detendrá. Espera que se produzca un ataque alemán contra el Reino Unido que implique una estabilización en el frente francés. Como hipótesis, y a pesar de los daños que Alemania provoque en las islas británicas, el gobierno confía en el futuro y está resuelto a continuar. Se preocupa por el rearme de sus ejércitos. A partir de este momento, Inglaterra envía nuevas tropas a Francia. Una división de infantería se despliega en los alrededores de Mans. Los canadienses que desembarcan esta noche son tropas de excelencia, muy bien pertrechadas, provistas de 72 cañones. De este modo, las fuerzas inglesas llegarán a tener 4 divisiones (...). Además, podemos contar con la Primera División de cazas que llega de Narvik sin haber sufrido pérdidas, acompañada por algunos batallones de la Legión Extranjera y de cazas polacos. Estas unidades se utilizarán donde el comando francés decida. Si el ejército francés puede resistir hasta la primavera de 1941, entre 20 y 25 divisiones británicas se encontrarán nuevamente a su disposición, utilizables donde quieran, en cabezas de puente continentales, por ejemplo".[20]

Paul Reynaud agradeció al Primer Ministro y luego le pidió

al general Weygand que expusiera la situación militar. El generalísimo cumplió la orden y dibujó un cuadro bastante angustiante: el atacante era tres veces superior a las fuerzas francesas en cantidad; las últimas líneas de defensa en el bajo Sena, Oise, Ourcq y Marne ya habían sido atacadas y en algunos lugares, superadas. Los hombres estaban literalmente agotados y caían dormidos en sus posiciones. Estaban al filo de la navaja sin saber de qué lado iban a caer. No había ningún batallón de reserva y no se podía garantizar que las líneas siguieran resistiendo el día siguiente. Para terminar, dijo que el ejército francés luchaba sin desfallecer, pero que era dominado por un armamento superior. "En 1939 entramos en guerra con ligereza, sin sospechar el poderío del armamento alemán."[21]

Churchill había expresado su deseo de oír la opinión de su viejo amigo, el general Georges; Weygand lo hizo venir y Georges confirmó sus palabras: los ejércitos del nordeste habían perdido más de la tercera parte de sus divisiones, toda la caballería mecanizada y una buena parte de las divisiones acorazadas. No había refuerzos y se encontraban "literalmente en la cuerda floja" a disposición de un ataque del enemigo en algún punto del dispositivo.[22]

Churchill confiaba mucho en el general Georges y quedó golpeado por el pesimismo de su exposición. Pero el Primer Ministro había ido allí para fortalecer la energía de los dirigentes franceses y no se descorazonaba tan fácilmente. Durante las siguientes dos horas encontró una serie de argumentos a favor de la resistencia: "Durante la última guerra también hubo momentos en los que todo parecía perdido"; "Los ejércitos alemanes también tienen que estar agotados y su presión podría disminuir de aquí a 48 horas";[23] "Quizás sea posible preparar una contraofensiva británica en la región de Ruán"; "Si logramos ganar algunas semanas, podrían enviarse muchas tropas británicas a Cherburgo"; "Si la capital se defiende casa por casa, podría inmovilizar muchas divisiones enemigas"; "¿Qué pasa con la guerra de guerrillas?"; "Con seguridad existe un medio eficaz para luchar contra los tanques",[24] etcétera. En un momento dado, el general Weygand lo interrumpió para preguntarle qué haría si los alemanes lograban invadir Inglaterra. Churchill respondió que no había examinado la cuestión de cerca, pero que "en líneas generales, propondría dejarlos correr mientras durase la travesía y, luego, *golpear en la cabeza* a los que cayeran arrastrándose en la tierra".[25] Además, "a la RAF no le costará mucho quebrar el ataque de la aviación alemana en cuanto se desencadene", pero "pase lo que pase, seguiremos la lucha, siempre, *all the time, everywhere*, en todas partes, sin piedad, *no mercy*. Y luego, ¡la victoria!".[26] Y Eden escribió: "Churchill, inflamado por su impulso, se puso a hablar en francés. Cuando terminó una de esas parrafadas, Reynaud murmuró distraídamente: 'Traducción'".[27]

En el fondo, no importaba demasiado lo que decía, se trataba de un discurso extraordinario en cualquier lengua y nadie podía confundir el sentido de las palabras del Primer Ministro. Pero, en contra de todo sentido común, Weygand, Pétain, Georges y hasta Reynaud pusieron todo tipo de objeciones: el ejército francés no tenía ninguna reserva; no podía haber ninguna comparación entre esta guerra y la anterior; sería necesario que todas las escuadrillas de la RAF estuvieran en Francia para que fueran eficaces: el proyecto del reducto bretón era ilusorio porque allí no había fortificaciones ni recursos; no se trataba de resistir en París; en cuanto a una guerra de guerrillas, ¿no llevaría a la devastación del país?[28] Weygand y Reynaud querían que todas las escuadrillas británicas se lanzaran inmediatamente a la batalla. "Éste es el punto crucial —dijo Weygand—, pues estamos en el momento decisivo. Por lo tanto, es un error conservar una sola escuadrilla en Gran Bretaña." Pero Churchill respondió al instante: "No es el punto crucial y no es, tampoco, el momento decisivo. Ese momento llegará cuando Hitler lance su *Luftwaffe* contra Gran Bretaña. Si en ese momento logramos dominar el cielo y mantener abiertas las rutas marítimas —y lo lograremos, seguramente— entonces ganaremos para ustedes todo lo que se perdió". Poco antes de su partida hacia Briare, el mariscal del aire Dowding, comandante en jefe de los cazas británicos, le había advertido a Churchill que la defensa aérea de Gran Bretaña quedaría seriamente comprometida si se enviaban nuevas escuadrillas a Francia. Las 25 escuadrillas con base en Gran Bretaña constituían, por consiguiente, un mínimo vital y Churchill se negó categóricamente a ceder ante los pedidos de sus interlocutores franceses.

Cuando finalizó la conferencia, Churchill, visiblemente, no estaba satisfecho; no había logrado disipar el derrotismo instalado y el general Georges le dijo durante una breve entrevista que el ejército francés prácticamente había dejado de existir y que, según él, el armisticio era inevitable.[29] La suerte de la flota francesa también le preocupaba muchísimo, aun cuando el almirante Dralan, solemne, le había prometido que nunca se entregaría a Alemania. También de Gaulle estaba terriblemente decepcionado por los resultados de esa conferencia en la que no se había hablado ni una sola vez de la perspectiva de continuar la lucha desde África del Norte. No obstante, el discurso magistral de Churchill le causó admiración y ciertas sospechas: "Churchill parecía imperturbable, lleno de recursos, pero se mantuvo encerrado en una cordial reserva respecto de los franceses. Estaba seguro —y no quizás sin una oscura satisfacción— de la perspectiva terrible y magnífica de una Inglaterra que se quedaba sola en su isla y a la que él tendría que conducir en el esfuerzo por lograr su salvación".[30]

En cuanto a Churchill, notó la presencia del general en cuanto entró en el salón[31] y dirigió la mirada hacia él en varias oportunidades durante la conferencia. "El Primer Ministro —señaló Spears— parecía buscar algo que no había podido encontrar en las caras de los otros franceses. El hecho de que hubiese observado varias veces la expresión del general de Gaulle me hizo pensar que había encontrado lo que buscaba." Churchill debe haber descubierto que de Gaulle era tal como lo había descripto el general Spears: "Es el único de sus compatriotas que muestra un temperamento tranquilo, comparable al de los británicos. Un hombre de aspecto extraño, terriblemente alto; sentado a la mesa, dominaba a todo el mundo, como cuando entró. Sin mentón, con una larga nariz colgante, un tanto elefantiásica, con un bigote muy corto que apenas le hacía sombra sobre la boca pequeña con labios gruesos que hacían una pequeña mueca antes de hablar, con una frente alta, un tanto huidiza, un cráneo puntiagudo con cabello negro bastante ralo peinado con una raya impecable. Cuando estaba por hablar, su cabeza oscilaba ligeramente en un movimiento pendular, en busca de las palabras".[32]

Así fue. De Gaulle sólo intervino una vez durante los debates, para hablar de una cuestión técnica en relación con el uso de blindados ligeros. Pero en la cena que hubo después de la conferencia, se ubicó al lado de Churchill[33] (sin duda por indicación de Paul Reynaud) y las palabras que intercambiaron no dejaron ningún lugar al derrotismo. De Gaulle se pronunció claramente a favor de la guerrilla[34] y ambos estuvieron de acuerdo en decir que de ningún modo había que capitular. "Nuestra conversación —señaló el general— fortaleció la confianza que tenía en su voluntad. Él mismo se dio cuenta, sin duda, de que de Gaulle, aunque no contaba con muchos recursos, no dejaba de ser resuelto."[35]

Efectivamente, Churchill escribió en sus *Memorias*: "El general de Gaulle (...) era un hombre joven y enérgico y me había causado una impresión muy favorable".[36] Cuando volvió a Londres, en la tarde del 12 de junio, Churchill le escribió al presidente Roosevelt para describirle la situación: "La noche anterior y esta mañana estuve en el cuartel general francés, donde los generales Weygand y Georges me expusieron toda la gravedad de la situación (...). Lo que tenemos que saber es lo que sucederá si atraviesan el frente francés, si toman París y si el general Weygand le hace saber oficialmente a su gobierno que Francia no puede seguir lo que él denomina 'una resistencia organizada'. Temo que el viejo mariscal Pétain se disponga a prestar su nombre y su prestigio para obtener un tratado de paz para Francia. En cuanto a Reynaud, es partidario de seguir con la lucha y está secundado por un cierto general de Gaulle, que es joven y piensa que se puede hacer mucho. (...) Por lo tanto, llegó el momento de reforzar la posición de Paul Reynaud lo más que se pueda, para hacer que la balanza se incline en favor de una resistencia francesa lo más encarnizada y lo más prolongada posible".[37]

Es evidente que Churchill esperaba llevar al Presidente a comprometer en la batalla todo el peso de su prestigio en el momento en el que el comando militar francés empezara a vacilar de manera visible. Por otra parte, le parecía que había que intentar todo lo necesario para reforzar la moral de los franceses. Antes de irse de Briare, le dijo a Paul Reynaud: "En el caso de que la situación tomara un giro totalmente nuevo, tengo que pedirle que informe al gobierno británico antes de tomar cualquier decisión que pueda afectar el papel de Francia en la segunda fase de esta guerra. Los miembros del gobierno británico irán inmediatamente a donde se les indique para examinar la nueva situación con sus homólogos franceses".[38] Resulta sencillo comprender lo que Churchill comprendía por "una nueva situación" que, por otra parte, iba a presentarse mucho antes de lo que él creía.

En la tarde del 12 de junio, Paul Reynaud fue a Cangé, donde se iba a reunir el Consejo de Ministros. La reunión comenzó a las 19 , con un debate bastante confuso durante el cual Weygand, apoyado por el mariscal Pétain, insistió en que se pidiera inmediatamente el armisticio. Paul Reynaud, partidario de seguir la lucha en África del Norte, parecía tener el apoyo de la mayoría del gobierno. Después de todo, se había decidido en la reunión del Consejo Supremo del 28 de marzo que Gran Bretaña y Francia no negociarían ni armisticio ni paz de manera separada sin haberse consultado y haberse puesto de acuerdo previamente. A pesar de esto, varios ministros dudaban en pronunciarse y Paul Reynaud propuso que se pidiera a Churchill que volviera a Francia el día siguiente, para que pudiese exponer sus puntos de vista sobre la cuestión. Se aceptó esta propuesta.[39] Luego siguió una discusión más confusa todavía, sobre si el gobierno tenía que replegarse al "reducto bretón", y se separaron sin tomar ninguna decisión al respecto.

En la mañana del 13 de junio, Winston Churchill recibió el mensaje de Paul Reynaud invitándolo a viajar a Tours, donde se mantenía replegado el gobierno. A las 11 de la mañana, el Primer Ministro ya había partido hacia Francia a bordo de su Flamingo amarillo, escoltado por doce cazas *Hurricane*. Lo acompañaban lord Beaverbrook, lord Halifax, el general Ismay y sir Alexander Cadogan, subsecretario de Estado de Asuntos Exteriores. Era la quinta vez que Churchill iba a Francia desde el 10 de mayo. "Cuando sobrevolamos Tours, nos dimos cuenta de que el aeródromo había sido bombardeado violentamente la noche anterior, pero nuestro aparato y toda nuestra escolta pudieron aterrizar tranquilamente, a pesar de los cráteres de las bombas. Enseguida sentimos que la situación estaba cada vez más degradada. Nadie vino a recibirnos, nadie parecía esperarnos. Tomamos un auto del servicio del comando de la base, entramos en la ciudad y nos dirigimos a la Prefectura donde, decían, se había instalado el gobierno francés".[40]

Después de un largo rato, Paul Reynaud llegó a la Prefectura y se pudo iniciar la conferencia. El subsecretario de Asuntos Exteriores, Paul Baudouin, era el único otro francés presente, pero enseguida se unió Roland de Margerie. Del lado inglés, el general Spears se unió a las cinco personalidades presentes. Paul Reynaud abrió las conversaciones y, para asombro de sus interlocutores británicos, declaró que "en el Consejo de Ministros que se realizó ayer por la noche, el general Weygand dijo que la situación del ejército francés era desesperante y que había que pedir inmediatamente un armisticio". Y agregó: "La mayoría de los ministros rechazó este punto de vista (...) pero si París cae, lo que parece inevitable, habrá que plantear de nuevo esta cuestión".[41] Luego, el Presidente del Consejo leyó el texto de la carta dirigida al presidente Roosevelt el 10 de junio y declaró que tenía la intención de enviar otra, más perentoria aún. "Si la respuesta de Roosevelt no trae la seguridad de una ayuda inmediata, el gobierno no seguirá el combate (...) Entonces, la única alternativa será el armisticio o la paz."[42]

Los británicos escucharon estupefactos, sin llegar a comprender claramente si Paul Reynaud estaba expresando su opinión o la de su gobierno. El Presidente del Consejo no les facilitó la tarea cuando agregó: "El gobierno no perdió de vista que habíamos realizado un compromiso solemne que prohibía cualquier paz separada. Pero ¿cuál es la actitud del gobierno británico frente a la actual situación? Francia, como decía el general Weygand, fue sacrificada por completo. No le queda nada. Ante esta evidencia simple y terrible, sería una lamentable decepción para el gobierno y para el pueblo francés que Gran Bretaña se negara a comprender y a admitir que Francia es físicamente incapaz de continuar. ¿Acaso esperan que siga luchando si el único resultado va a ser que su población quede librada al despotismo alemán y a la corrupción nazi? ¿Debe quedar abandonada en manos de los especialistas en el aniquilamiento de las poblaciones conquistadas? ¿Gran Bretaña comprenderá la verdadera posición en la que se encuentra ahora Francia?".[43]

¿Paul Reynaud le estaba pidiendo realmente a los ingleses que desligaran a Francia de los compromisos del 28 de marzo? Si se recuerdan sus palabras del día anterior a favor de proseguir la lucha desde África del Norte, es una vuelta de tuerca asombrosa. Pero ninguno de sus interlocutores se engañaba respecto del sentido de la cuestión planteada por el Presidente del Consejo. Paul Baudouin señaló que Reynaud había declarado: "Ahora es materialmente imposible seguir esta lucha. ¿Gran Bretaña aceptaría desligar a Francia de su compromiso?".[44] A Paul Baudouin, partidario de la capitulación, le interesaba producir esta versión de las palabras de Reynaud. Pero todas las personalidades británicas presentes oyeron lo mismo. El general Ismay escribió: "Paul Reynaud (...) pidió que Gran Bretaña liberara a Francia de su compromiso, teniendo en cuenta los sacrificios por los que pasó y el carácter desesperado de la situación".[45] Del mismo modo, sir Alexander Cadogan: "(Reynaud) dijo que el ejército francés estaba despedazado y nos pidió que los liberásemos del compromiso de no firmar una paz separada".[46] Por su parte, Churchill apuntó: "Reynaud nos pidió que, en consideración de los sacrificios y los sufrimientos que padeció Francia, aceptáramos liberarlos de su compromiso de no firmar una paz separada".[47]

Para el Primer Ministro fue terriblemente penoso responder a este tipo de pedido. Él, gran amigo de Francia, acababa de oír que los intereses de su país y los de Francia no coincidían más y no podía aceptarlo: "Entiendo por completo lo que Francia ha soportado y lo que sigue sufriendo. Estoy profundamente conmovido y no subestimo las terribles desgracias que la agobian. A Inglaterra le llegará el turno en cualquier momento y está preparada para ello. (...) Si nuestro ejército no hubiese sido destruido en el norte, quizás habrían podido resistir, porque hubiésemos tenido un papel importante en la batalla defensiva que se inició el 5 de junio. Pero no podemos estar al lado de ustedes a causa del revés que sufrimos por haber aceptado la estrategia del alto mando en el norte". Luego su tono cambió: "El pueblo británico todavía no sufrió el impacto del ataque alemán, pero no desestima la fuerza. Esto, sin embargo, no le hace tener menos valor. Lejos de estar asustado, está impaciente por darle una reprimenda a Hitler. Tiene un solo pensamiento: ganar la guerra y destruir el hitlerismo".

"Winston —escribió el general Spears— se iba arrebatando, sus ojos lanzaban rayos, tenía los puños cerrados como si sostuvieran una espada pesada. El cuadro que pintaba lo hacía farfullar de rabia, literalmente: 'Tenemos que combatir, combatiremos y por eso tenemos que pedir a nuestros amigos que sigan la lucha'".[48] Hubo una breve pausa y luego siguió así: 'Es necesario que nos den tiempo. Les pedimos que sigan la lucha lo más que puedan, si no es en París, al menos detrás de París, en las provincias o en el Imperio. Pensamos que una resistencia de este tipo podría durar mucho tiempo, sobre todo si Francia puede contar con una promesa norteamericana de apoyo. Sin embargo, es posible que Hitler, por algún tiempo, siga siendo el dueño absoluto de los pueblos de Europa, pero esto no va a durar. No puede durar. Todas sus victorias no quebrantarán la fuerza natural de todas las naciones, grandes o pequeñas, que pueden encontrarse de un modo pasajero bajo su yugo. Si Francia, con su magnífica marina, con su Imperio, con lo que le queda de su ejército, enfrenta a Alemania con la gran guerrilla, la guerra de las comunicaciones; si la lucha continúa; si Alemania fracasa en la destrucción de Inglaterra, que es indispensable para ella, si es repelida en tres o cuatro meses, si el poderío actual de su ejército aéreo queda debilitado, quebrado, domado, entonces, después de meses de sufrimiento, llegará el momento en que el régimen hitleriano tiemble. Sobre todo si Estados Unidos le da una forma más directa a la ayuda que otorga a los aliados y si se decide a declarar la guerra a Alemania, es muy posible que el momento de la victoria no esté tan alejado como parece hoy. Pase lo que pase, el gobierno británico piensa continuar la guerra; estamos convencidos de que derrotaremos a Hitler y a su régimen; no cambiaremos nuestros objetivos de guerra; seguiremos persiguiendo la destrucción de este sistema; no escucharemos ninguna propuesta de paz que venga de él. De otro modo, sería un nuevo Munich y, luego, la ocupación de Praga. No, la guerra va a seguir. Sólo puede terminar con nuestra desaparición o nuestra victoria".[49]

El general Spears escribió: "Winston se calló y, mirando fijo a los ojos a Reynaud, agregó: 'Ésta es mi respuesta a su pregunta'".[50]

Entonces, Paul Reynaud señaló que el Primer Ministro no había respondido realmente su pregunta: "En la pregunta que hice recién no pregunté qué haría Inglaterra: el señor Churchill siempre me dijo que no cedería nunca y que la resolución del pueblo británico era indomable. Y estoy convencido de que este pueblo no cederá antes de haber sufrido como el pueblo francés ahora. Pero lo que pregunté es lo siguiente: si un gobierno francés (que yo no integraría) viniese a decirle al gobierno británico: 'Sabemos que van a continuar la guerra y, si pensáramos que, con el tiempo, tendríamos la oportunidad de rehacer Francia, estaríamos al lado de ustedes para continuar la lucha (...), pero Estados Unidos no puede tomar posición ahora, tantos meses antes de la elección presidencial y, además, Roosevelt puede morir. Por lo tanto, si bien es totalmente natural que Gran Bretaña continúe, dado que, hasta ahora no sufrió demasiado, nosotros, el gobierno francés, no pensamos que podamos abandonar a nuestro pueblo sin, al menos, hacerle entrever una luz al fondo del túnel y no vemos esta luz. Por consiguiente, nos vemos frente a un caso de conciencia: ¿tenemos que seguir sin esperanzas y tenemos que abandonar la tierra francesa? (Porque ahora es demasiado tarde para organizar el reducto bretón y el gobierno francés no podría mantenerse allí). Una vez que el ejército francés esté fuera de combate, no tendríamos medios para impedir que los alemanes ocupen la totalidad del territorio y sería muy grave, pues entonces Hitler podría crear en Francia un poder con pretensiones legales y el país quedaría librado a la propaganda más pérfida. Si un gobierno francés hipotético, razonando como acabo de hacerlo, juzgara que no tiene derecho a abandonar de este modo a Francia ante Alemania, entonces ¿el gobierno británico no consideraría que Francia, que sacrificó lo mejor y lo más bello de su juventud, estaría justificada si conservara el beneficio de la solidaridad franco-británica y, simultáneamente, Inglaterra la autorizara a firmar una paz separada? Ésta es la pregunta que hice'".[51]

Entonces, Churchill se vio obligado a explicar las cosas más claramente: "En ningún caso Gran Bretaña perderá su tiempo con reproches y recriminaciones. Pero esto no quiere decir, de ningún modo, que consienta una paz establecida en violación del acuerdo firmado tan recientemente". Y luego agregó, sin duda para atenuar la dureza de sus palabras: "Pensamos que lo primero que hay que hacer es exponer ante el presidente Roosevelt la situación tal como es actualmente y, luego, ver cuál será la respuesta (...). Por lo tanto, antes de plantear cuestiones decisivas, hay que recurrir a Roosevelt. El gobierno francés se hará cargo y nosotros lo apoyaremos a través de un telegrama. Esto es lo primero que hay que hacer antes de responder a la pregunta tan grave que planteó el señor Paul Reynaud".[52] Y concluyó, con lágrimas en los ojos: "Ya dije que nos abstendremos de hacer reproches y recriminaciones. La causa de Francia siempre nos será cara y, si ganamos la guerra, la restableceremos en todo su poderío y grandeza. Pero no es posible pedirle a Gran Bretaña que renuncie al compromiso solemne que une a ambos países". "Se calló —escribió Spears—, pero siguió mirando a Reynaud fija y duramente, esperando su respuesta."[53]

Paul Reynaud no insistió. Habló largamente de la necesidad de una intervención norteamericana. Después hubo un debate prolongado y bastante insignificante, pero Churchill, para reforzar su argumentación, avisó a sus interlocutores que si Francia era ocupada por Alemania, no sería protegida por el bloqueo británico. Y Paul Reynaud no habló ni una sola vez de la posibilidad de proseguir la lucha desde África del Norte.

Finalmente, Churchill expresó su deseo de hablar con sus colegas. "En el jardín", precisó. Se suspendió la sesión y todos los británicos dejaron el salón. Mientras se producía esta interrupción, el general de Gaulle llegaba a la Prefectura.

Había pasado la jornada del 12 de junio en el castillo de Beauvais, donde trabajó con el general Colson en el plan de transporte a África del Norte. Por la noche, tarde, fue a ver a Paul Reynaud y volvió a plantear la cuestión de África del Norte. Volvieron a verse al otro día por la mañana, mientras éste, sin duda bajo la influencia de su amante, la señora de Portes, y de Paul Baudouin, decidía transferir la sede del gobierno a Burdeos. De Gaulle insistió para que Paul Reynaud diera la orden, al menos al comandante en jefe, de preparar el repliegue hacia África del Norte y, hacia el mediodía, el Presidente del Consejo hizo cumplir la medida. Pero ni la noche del 12 de junio ni al otro día por la mañana, Paul Reynaud le dijo a de Gaulle que iba a mantener otra conferencia con Churchill esa tarde. Sin embargo, se lo informaron *in extremis*:

"Estaba en Beauvais a comienzos de la tarde, cuando de Margerie, jefe del Gabinete Diplomático de Paul Reynaud me llamó por teléfono. 'Se va a iniciar una conferencia dentro de muy poco tiempo en la Prefectura de Tours, entre el Presidente del Consejo y el señor W. Churchill, que acaba de llegar con varios de sus ministros. Le aviso a las apuradas, del mismo modo que me avisaron a mí. Aunque no lo hayan convocado, le sugiero que venga. Baudouin está trabajando y mi impresión no es nada buena.' Esto fue lo que me comunicó de Margerie.

"Iba hacia Tours y consideraba todo lo inquietante que tenía esa reunión imprevista de la que el Presidente del Consejo, con el que acababa de pasar varias horas, no había considerado conveniente hablarme. El patio y los pasillos de la Prefectura estaban llenos de una multitud de parlamentarios, funcionarios, periodistas, que acudían a recibir las noticias y que parecían el coro tumultuoso de una tragedia que se acercaba a su fin. Entré en la oficina en la que estaba Paul Reynaud, acompañado por Baudouin y Margerie. La conferencia se había suspendido. Pero Churchill y sus colegas volvieron en ese momento y de Margerie me señaló rápidamente que los ministros británicos se habían reunido en el parque y que iban a dar respuesta a la pregunta formulada por los franceses: 'A pesar del acuerdo del 28 de marzo de 1940, que excluye toda suspensión de armas de manera separada, ¿Inglaterra aceptaría que Francia preguntara al enemigo cuáles serían las condiciones de un armisticio?'".[54]

En el momento en que de Gaulle, sentado en el sillón de Alexander Cadogan, vio que todas las personalidades inglesas volvían a la habitación, se sintió víctima de un desprecio, porque los ministros británicos *no* dieron respuesta a la cuestión que se les había planteado. Tal como se vio, la respuesta la había dado Churchill y era muy explícita: no se trataba de liberar a Francia de sus compromisos. De Gaulle lo ignoraba y éste fue el origen del malentendido. En sus *Memorias*, el general describió lo que pasó de este modo: "Churchill se sentó. Lord Halifax, lord Beaverbrook, sir Alexander Cadogan y el general Spears, quienes lo acompañaban, ocuparon sus lugares. Hubo un momento de un silencio apabullante. El Primer Ministro tomó la palabra en francés. Con un tono parejo y triste, balanceando la cabeza, con el cigarro en la boca, empezó expresando su conmiseración, la de su gobierno y la de su pueblo por la suerte de la nación francesa. 'Nos damos perfecta cuenta de lo que le pasa a Francia. Entendemos que se sienten arrinconados. Nuestra amistad permanece intacta. En cualquier caso, estén seguros de que Inglaterra no se retirará de la lucha. Combatiremos hasta el final, no importa cómo, no importa dónde, incluso si nos dejan solos'.

"Cuando consideró la perspectiva de un armisticio entre franceses y alemanes, que yo pensaba que le haría pegar un salto, por el contrario, expresó una comprensión compasiva. Pero, de pronto, se pasó al tema de la flota y se mostró preciso y muy riguroso. Evidentemente, el gobierno inglés temía hasta tal punto que los alemanes capturaran la flota francesa, que se inclinó, mientras todavía era posible, a negociar su renunciamiento al acuerdo del 28 de marzo contra garantías respecto de la suerte de los buques. Ésta fue, de hecho, la conclusión que se desprendió de esta lamentable conferencia".[55]

Por una vez, el resumen que nos da el general de Gaulle no es totalmente exacto. Por una parte, no prestó atención a las primeras palabras de Churchill cuando se retomó la conferencia: "Nada en la conversación que acabo de tener con mis colaboradores ha modificado nuestro punto de vista. Lord Halifax y lord Beaverbrook dieron su aprobación a las declaraciones que hice hace un rato y tenemos todas las sospechas de que el Gabinete se alineará detrás de nuestra opinión".[56] El general de Gaulle no podía saber que Churchill aludía al rechazo a una paz por separado. Evidentemente, el hecho de que el Primer Ministro se expresara en una mezcla típicamente churchilliana de inglés y de francés escolar, con un cigarro apagado en la boca, no facilitó, sin lugar a duda, la comprensión. Pero si bien Churchill expresó una "comprensión compasiva", fue seguramente hacia las pruebas por las que atravesaba Francia y no por la perspectiva del armisticio. Finalmente, de Gaulle escribió: "Pero de pronto, se pasó al tema de la flota y se mostró preciso y muy riguroso"; y también aquí el general se equivocó. Churchill no abordó el problema de la flota francesa durante esa conferencia. La negociación por la flota y el acuerdo del 28 de marzo se plantearon recién unos días más tarde, en un contexto muy diferente.

Los prejuicios particulares que animaban a ambos hombres contribuyeron de manera importante a este malentendido. Por ejemplo, el afecto y la compasión de Churchill por Francia fueron interpretados como una aprobación a los derrotistas, y la desconfianza tenaz del general de Gaulle por Gran Bretaña le hizo ver un regateo donde no lo había. Sin embargo, cuatro años más tarde, de Gaulle le dijo al Primer Ministro canadiense, Mac-Kenzie King: "En ese momento tuve la impresión de que Gran Bretaña abandonaría a Francia en cuanto ella misma se viera amenazada".[57]

La conferencia finalizó a las 17.30, después de que Churchill insistiera una vez más en la necesidad de ponerse en contacto enseguida con el presidente Roosevelt. Convinieron en volver a encontrarse en cuanto recibieran una respuesta de aquél y Churchill agregó: "Hitler no puede ganar. Esperemos con paciencia su caída".[58]

Evidentemente, había quedado terriblemente decepcionado con la actitud de Paul Reynaud: el Presidente del Consejo se aferró sólo a la esperanza de una ayuda norteamericana y no habló ni una sola vez de seguir la guerra en África del Norte. Para Churchill, todas las frases solemnes de Reynaud no podían disimular que hubiese dado un paso hacia la capitulación. Desde el comienzo de la conferencia, el Primer Ministro parecía haber buscado una personalidad enérgica entre sus interlocutores franceses. Cuando se interrumpió la sesión, en el jardín de la Prefectura, le preguntó al general Spears qué pensaba de de Gaulle y éste le respondió que era un hombre "totalmente seguro".[59] Sin duda, el Primer Ministro se quedó con esta idea, si consideramos lo que sucedió después de la conferencia: "Cuando cruzaba el pasillo lleno de gente que llevaba al patio —escribió Churchill—, vi al general de Gaulle que estaba en la entrada, inmóvil y flemático. Al saludarlo le dije a media voz, en francés: 'El Hombre del Destino'. Ni se movió".[60]

El ayuda de campo del general, que estaba a su lado, no oyó estas palabras proféticas.[61] ¿Las escuchó de Gaulle? "No —diría más tarde; y:— No olviden que Churchill es un romántico".[62] Después de todo, Churchill había hablado a media voz y había cierta distancia entre la boca del Primer Ministro y la oreja del general. Pero, justamente, como Churchill era un "romántico", sin duda vio ante sí al modelo del héroe legendario, simple, reservado, impasible y resuelto en medio del pánico general. Con frecuencia, Winston Churchill tomó sus deseos como realidades y rara vez se equivocó.

En ese preciso instante, el general de Gaulle carecía por completo de humor romántico, como lo comprobó el general Spears: "Yo estaba en el vano de la puerta, de Gaulle apareció, me llevó aparte y me dijo que Baudouin estaba por contarle a quien quisiera escucharlo y, sobre todo, a los periodistas, que Churchill había mostrado una gran comprensión frente a la situación de Francia y que habría dicho (anoté las palabras exactas) que *Inglaterra comprendería si Francia firmaba un armisticio y una paz por separado*. '¿Churchill había dicho realmente eso?', me preguntó (…). Afirmé que, indudablemente, el Primer Ministro no había hecho una declaración de ese tipo cuando terminó la conferencia ya que, mientras duró, había declarado expresamente lo contrario. Cuando Paul Reynaud lanzó la idea, Churchill había dicho, en francés, 'Comprendo' (*I understand*) en el sentido de 'Comprendo lo que está diciendo' y no en el sentido de 'Estoy de acuerdo'.

"—Y bien, sin embargo, esto es lo que pretende Baudouin —respondió el general—. Hace correr la voz de que Francia ya está liberada de sus compromisos con Inglaterra. Es lamentable.

"—Voy a ver si puedo alcanzar al Primer Ministro antes de que tome su avión —dije.

"Después, corrí hacia mi auto para perseguir al grupo inglés. En el aeródromo, todos los aviones estaban por despegar;

como telón de fondo estaba el espectáculo lamentable de los hangares destruidos y de la pista de vuelo agujereada por las bombas. Puse al corriente a Churchill de las declaraciones de Baudouin y me confirmó categóricamente que nunca le había dado a nadie la menor indicación que pudiese tomarse como un consentimiento a que los franceses firmaran un armisticio por separado.

"—Cuando dije 'comprendo', quería decir *I understand. Understand* se dice '*comprendre*' en francés, ¿no? Bueno, una vez que uso la palabra adecuada en su lengua, no tendrían que imaginarse que quería darle un sentido totalmente diferente. Dígales que mi francés no es tan malo."[63]

"Comprendo", algo que Churchill dijo varias veces durante la conferencia para indicar que entendía las palabras de Paul Reynaud antes de que se las tradujeran. Parece que Paul Baudouin explotó muy bien el doble sentido del término. En cuanto a de Gaulle, consideraba que habían sido demasiado comprensivos en todo ese asunto.

Cuando terminó la conferencia de Tours, el general de Gaulle estaba muy amargado y no lo ocultaba: "Le preguntaba a Paul Reynaud, no sin vivacidad: '¿Es posible que conciban que Francia pida el armisticio?' 'Por supuesto que no', me contestó, 'pero hay que impresionar a los ingleses para lograr que nos brinden mayor ayuda'.* Evidentemente, no podía considerar válida esa respuesta. Después de separarnos, en medio del bullicio, en el patio de la Prefectura, volví aterrado a Beauvais mientras el Presidente del Consejo telegrafiaba al presidente Roosevelt para suplicarle que interviniera y para hacerle comprender que, si esto no se hacía, todo estaba perdido para noso-

---

* Es verdad que durante la reunión del Gabinete que se realizó dos horas más tarde, Paul Reynaud se declaró partidario de seguir la lucha. Se escribió mucho sobre su táctica: parecer dubitativo ante los aliados británicos y terriblemente resuelto ante sus colegas del Gabinete. Más allá de los méritos de esta actitud ambivalente, es evidente que no logró ni dar coraje a los partidarios de la resistencia, ni desalentar a los defensores de la capitulación.

tros (...). Me parecía que todo iba a terminar enseguida. Del mismo modo que una plaza sitiada está cerca de la rendición cuando el gobernador habla de ella, del mismo modo Francia corría hacia el armisticio, ya que el jefe de su gobierno lo consideraba oficialmente".[64]

De Gaulle pensaba en dimitir. Pero el ministro del Interior, Georges Mandel, intentó todo para disuadirlo: "...Recién estamos en los comienzos de la guerra mundial. ¡Tendrá importantes deberes que cumplir, general! Pero con la ventaja de ser, entre nosotros, un hombre intacto. Piense solamente en lo que hay que hacer por Francia y que, si es preciso, su actual función podría facilitarle las cosas".[65] De Gaulle, impresionado, se dejó convencer.

Al día siguiente, el 14 de junio, los alemanes entraron en París mientras el gobierno francés proseguía su retirada hacia Burdeos, adonde de Gaulle llegó al caer la tarde, "después de un sombrío viaje por una ruta llena de convoyes de refugiados". Fue a ver inmediatamente a Paul Reynaud y le declaró, sin ambages: "Desde hace tres días mido con qué rapidez rodamos hacia la capitulación. Le proporcioné mi modesta ayuda, pero era para hacer la guerra. Me niego a someterme a un armisticio. Si se quedan aquí, se sumergirán en la derrota. Hay que llegar a Argelia lo más rápidamente posible. ¿Se ha decidido? ¿Sí o no?". El Presidente del Consejo le respondió: "Me encontrará en Argelia".[66]

De Gaulle se fue de Burdeos a la noche y se dirigió hacia Bretaña, donde pasó la jornada del 15 de junio, primero en Rennes y, luego, en Brest. Desde ahí viajó a Inglaterra a bordo del contratorpedero *Milan*. Durante la travesía, estuvo taciturno y silencioso pero, en un momento dado, le preguntó al capitán del navío: "¿Estaría dispuesto a luchar con los colores británicos?". El capitán dijo que no y, poco después, de Gaulle agregó: "¿Cree que es sencillo, hoy, llamarse general de Gaulle?".[67]

Seguramente habría estado más taciturno todavía si se hubiese enterado de que, entre tanto, Paul Reynaud, nuevamente bajo la influencia de los derrotistas de su Gabinete, le había enviado a Churchill un telegrama en el que le pedía el acuerdo del gobierno británico a un pedido de Francia de las condiciones alemanas para un armisticio. Más aún, Reynaud había dejado traslucir que renunciaría si los británicos se negaban.

De Gaulle arribó a Londres en la madrugada del 16 de junio. Poco después de llegar al Hyde Park Hotel, recibió la visita de Jean Monnet y del embajador Corbin, quienes le informaron sobre el telegrama al gobierno británico. "Todavía no conocemos la respuesta de los ingleses. Tienen que darla esta mañana. Pero pensamos que van a aceptar, si hay garantías con respecto a la flota. O sea que nos acercamos a los últimos momentos. Tanto más cuanto que el Consejo de Ministros tiene que reunirse en Burdeos durante el día y que, según parece, esta reunión será decisiva", agregaron. Pero Corbin y Monnet también tenían una propuesta para hacerle al general: "Nos ha parecido que una especie de golpe de efecto podría añadir un elemento nuevo a la situación, podría cambiar el estado de ánimo y, en todo caso, fortalecer a Paul Reynaud en su intención de tomar el camino de Argelia. Por lo tanto, con sir Robert Vansittart, secretario permanente del *Foreign Office*, preparamos un proyecto que parece atractivo. Se trata de una propuesta de unión de Francia y de Inglaterra, que el gobierno de Londres dirigiría solemnemente al de Burdeos. Ambos países decidirían la fusión de sus poderes públicos, la unión de sus recursos y de sus pérdidas, en suma, la asociación total de sus respectivos destinos. Ante tal decisión, tomada en estas circunstancias, es posible que nuestros ministros quieran tomar distancia y, al menos, diferir la cesión. Pero sería preciso que el gobierno británico aceptara nuestro proyecto. Usted es el único que puede obtener esto de Churchill. Está previsto que almuerce con él enseguida. Será una ocasión inmejorable siempre y cuando usted apruebe la idea".[68]

De Gaulle examinó atentamente el texto que le presentaron. Tiempo después escribió en sus *Memorias*: "Me pareció que lo que tenía de grandioso excluía, de todos modos, una realización rápida. Era muy evidente que con un intercambio de notas no era posible fusionar a Inglaterra y a Francia, con sus instituciones, sus intereses, sus Imperios, aun cuando se supusiera que fuese algo deseable (…). Pero, en la oferta que el gobierno británico nos estaba dirigiendo había una manifestación de solidaridad que podría revestir una significación real. Sobre todo, yo pensé, como Corbin y Monnet, que el proyecto podía aportarle a Paul Reynaud, en la crisis terminal en la que había caído, un elemento de consuelo frente a sus ministros, un argumento de tenacidad. Por lo tanto, acepté hablar con Churchill para que lo considerara".[69] Mientras esperaba encontrarse con el Primer Ministro, de Gaulle se impuso como deber arreglar con las autoridades británicas competentes la cuestión del transporte hacia África del Norte.

Desde su regreso a Francia, Churchill no había renunciado de ningún modo a alentar a los franceses a tomar el camino de la resistencia. Por ejemplo, dio órdenes para que los refuerzos británicos siguieran desembarcando en Francia aun cuando era evidente que la batalla ya estaba perdida. Los jefes del Estado Mayor británico estaban inquietos y el general Ismay le preguntó al Primer Ministro: "¿Realmente hay que apurarse? ¿No podríamos retrasar discretamente la partida?". Pero Churchill no quería oír razones: "De ningún modo. La historia nos juzgaría con mucha severidad si tuviésemos que hacer eso".[70]

Pero el Primer Ministro también creía que los franceses necesitaban un aliento moral. En la noche del 13 de junio redactó un mensaje que el Gabinete británico le envió a Paul Reynaud y que terminaba con estas palabras: "Nunca abandonaremos la lucha antes de que Francia haya vuelto a encontrar su seguridad y toda su grandeza".[71] Los días 13, 14 y 15 de junio envió una seguidilla de telegramas al presidente Roosevelt, para recordarle que tan sólo la promesa de un apoyo activo de Estados Unidos permitiría que los franceses resistieran.[72]

Sin embargo, su atención estaba cada vez más monopolizada por los peligros que amenazaban a las islas británicas. Pues ahora Inglaterra soportaba bombardeos masivos, sus defensas eran extremadamente débiles y serían mucho más vulnerables si la flota francesa caía en manos de los alemanes. Éstas eran las preocupaciones de Churchill cuando, el 15 de junio, se le mencionó por primera vez del proyecto de unión franco-británica.

Como sabemos, Churchill tenía otras preocupaciones y no por ser francófilo dejaba de ser realista. Según el capitán Margesson, recibió el proyecto con el mayor de los escepticismos[73] (algo que él mismo confirmaría luego: "Mi primera reacción fue desfavorable. Puse muchas objeciones y no me mostré para nada convencido").[74] John Colville, uno de sus secretarios, agregó: "Churchill no le prestó mucha atención a la propuesta. Su preocupación esencial era que la flota francesa no cayera en manos de los alemanes si Francia capitulaba".[75]

Además, en su diario podemos leer, el día 15 de junio: "Llegamos a Chequers a las 21.30 horas, a tiempo para la cena. Ahí estaban Winston, Duncan y Dianda Sandys, Lindemann y yo. Fue una noche totalmente extraordinaria. Antes de pasar a la mesa, me informaron por teléfono de que la situación se degradaba rápidamente y que los franceses preparaban un nuevo pedido de autorización para firmar una paz separada, redactada, esta vez, en términos más explícitos. Le conté la novedad a Winston, que pareció muy afectado. El comienzo de la cena fue lúgubre; cada tanto, el Primer Ministro hablaba de una cuestión técnica con Lindemann, que comía tranquilamente su cena vegetariana. Los Sandys y yo estábamos en silencio, pues nuestros pocos esfuerzos por mantener una conversación habían resultado vanos. Sin embargo, el champán, el coñac y los cigarros hicieron su efecto y todos se volvieron más locuaces y hasta charlatanes. Winston, para levantar nuestro ánimo —y el propio— leyó los mensajes que había recibido de parte de los países del Commonwealth y las respuestas que les había enviado a ellos y a Roosevelt: 'Ahora, con seguridad vamos a tener una guerra sangrienta —dijo—, pero pienso que nuestro pueblo sabrá resistir los bombardeos. Los alemanes empiezan a sentir dolor. Pero igual es trágico que un par de cobardes hayan reducido a la nada nuestra victoria de la última guerra' (…). Winston y Duncan Sandys iban y venían por el jardín de rosas a la luz de la luna (…). Pasé la mayor parte de mi tiempo llamando por teléfono, buscando a Winston entre los rosales y escuchando sus comentarios sobre la guerra. No le dije que habíamos recibido informaciones más completas sobre la actitud de los franceses y que parecía que sucumbían. 'Díganles que nos dejen su flota y que no los olvidaremos nunca, pero que si se rinden sin consultarnos, no se lo perdonaremos nunca tampoco. ¡Los arrastraremos por el barro durante mil años!' Luego, como no quería que lo tomaran en serio, agregó: 'No lo haga enseguida, ¡eh!'. Se lo veía muy bien, recitaba poemas y hablaba mucho sobre el aspecto dramático de la situación".[76]

El almuerzo del Primer Ministro con el general de Gaulle era en Chequers el 16 de junio al mediodía. Pero esa mañana, Churchill finalmente recibió el texto exacto del telegrama de Paul Reynaud sobre el pedido de armisticio y, entonces, convocó al gabinete para las 10.15, para que pudieran redactar una respuesta. Por consiguiente, el almuerzo fue inmediatamente después, en el Carlton Club. Cuando terminó la reunión, enviaron el siguiente telegrama:

"Nuestro acuerdo proscribiendo cualquier negociación separada sobre un armisticio o la paz fue firmado con la República Francesa y no con un gobierno o con un hombre de Estado determinado. Este acuerdo compromete, por lo tanto, el honor de Francia. Sin embargo, CON UNA CONDICIÓN, PERO ÚNICAMENTE CON ESA CONDICIÓN, QUE LA FLOTA FRANCESA SE DIRIJA INMEDIATAMENTE HACIA PUERTOS INGLESES DURANTE LAS NEGOCIACIONES, el gobierno de Su Majestad otorga su total consentimiento a que los franceses den los pasos necesarios para conocer las condiciones de un armisticio para Francia. El gobierno de Su Majestad está resuelto a continuar la guerra y no se considera de ningún modo asociado a ese pedido de condiciones de armisticio".[77]

Cuando, finalmente, Churchill llegó al Carlton Club para almorzar con el general de Gaulle, el embajador Corbin, Jean Monnet, Anthony Eden y el general Dill, ya no pensaba más en la declaración de unión franco-británica. Sir John Colville recordó que "ni siquiera se había hablado de ese proyecto en Chequers y que Churchill, a quien le gustaba participar a los demás de lo que consideraba importante, obviamente se había olvidado de este asunto, o bien no lo había tomado en serio".[78]

Fue el cuarto encuentro entre Winston Churchill y el general de Gaulle. En el almuerzo, naturalmente, se conversó sobre la flota francesa, la primera preocupación del Ministro, y de Gaulle le declaró: "Pase lo que pase, la flota francesa no se entregará voluntariamente. El propio Pétain no estaría de acuer do con esto. Además, la flota es el feudo de Darlan y un señor feudal no entrega su feudo. Pero para estar seguros de que el enemigo no podrá poner las manos sobre nuestros barcos, tendríamos que seguir en guerra. Ahora bien, tengo que decirle que la actitud de ustedes en Tours me sorprendió y me molestó. Ahí pareció que hacían un buen negocio con nuestra alianza. Su resignación les sirve a los franceses que se inclinan por la capitulación. 'Ven cómo estamos forzados', dicen, 'hasta los ingleses nos dan su consentimiento'. No. Deben hacer algo totalmente distinto para darnos aliento en la crisis lamentable en la que estamos".

El general escribió: "En ese momento le presenté a Churchill el proyecto de unión de los dos pueblos. 'Lord Halifax me habló de él', me dijo, 'pero es muy difícil'. 'Sí', respondí, 'y su realización implicaría mucho tiempo. Pero su manifestación puede ser inmediata. En el punto en el que estamos, no deben descartar nada que pueda servir de apoyo a Francia y permita mantener nuestra alianza'".[79]

Presentado de este modo, el proyecto enseguida le pareció más atractivo al Primer Ministro. En el fondo, valía la pena intentar todo lo que pudiese alentar a los franceses para que siguieran combatiendo y Churchill no era un hombre que se negara a realizar un buen gesto —sobre todo si no lo comprometía demasiado—. "Después de algunas discusiones, el Primer Ministro estuvo de acuerdo conmigo", escribió el general.

Durante las horas siguientes, los dos hombres iniciaron una verdadera carrera contra el reloj para impedir que Paul Reynaud renunciara, que su gobierno capitulara y que el ejército francés depusiera las armas. Churchill convocó inmediatamente al Gabinete de Guerra y fue a Downing Street para presidir la reunión. De Gaulle lo acompañó, después de haber llamado por teléfono a Paul Reynaud para advertirle que antes de que llegara la tarde recibiría una declaración franco-británica. Éste recibió la noticia con entusiasmo, pero agregó que había que hacerlo rápidamente, ya que el gobierno tenía que reunirse antes de la tarde.[80]

La reunión del Gabinete británico empezó a las 15. De Gaulle y el embajador Corbin estaban en una pequeña habitación contigua al salón de sesiones. El general escribió: "La sesión del Gabinete británico duró dos horas, durante las cuales cada tanto salía algún ministro para precisar algún punto con nosotros, los franceses".[81] Ante sus colegas, Churchill se pronunció enérgicamente en favor del proyecto. "El texto del documento pasó de mano en mano y todos lo leyeron atentamente. Los problemas que planteaba saltaban a la vista pero, finalmente, pareció que el principio de una declaración de unión recibía la aprobación general. Declaré que en un comienzo me había opuesto a la idea, pero que en este momento crítico era importante que no pudieran acusarnos de falta de imaginación. Evidentemente, una declaración sensacional era necesaria para mantener a los franceses en la lucha", escribió.[82] "Durante ese tiempo —señaló John Colville en su diario— de Gaulle vino a pavonearse a la sala de sesiones, y Corbin también. La reunión de gabinete se convirtió en una especie de paseo, con Winston empezando un discurso en la sala de sesiones y terminándolo en otra habitación; todo el mundo se mostró deferente con de Gaulle e, incluso, se le dijo que sería el comandante en jefe. (Winston masculló 'ya lo arreglaré')".[83]

Poco antes de las 16, de Gaulle telefoneó una vez más a Paul Reynaud y después le comunicó al Gabinete británico las palabras del Presidente del Consejo. "A las 15.55 horas —escribió Churchill— supimos que el Consejo de Ministros francés se reuniría a las 17 para tomar una decisión sobre la prosecución de la lucha. Además, Reynaud le había informado a de Gaulle que, si antes de las 17 horas había una opinión favorable a la propuesta de unión, podría formar un frente."[84] Esta comunicación, unida a la influencia personal de Churchill, terminó por llevar a la decisión. El Gabinete, después de introducir varias enmiendas, llegó a la conclusión de que "el texto de la declaración, después de las enmiendas, no presenta ningún problema insuperable y conviene dar curso a esta propuesta, ya que puede permitir que los franceses decididos a luchar consoliden sus posiciones". Por otra parte, el Gabinete dio su acuerdo para que se transmitiera un mensaje telefónico a Reynaud, de modo de poder conocer el contenido de la declaración antes que el Consejo de Ministros, que debía reunirse a las 17. Finalmente, el Gabinete "invita al

Primer Ministro, al señor Attlee y a sir Archibald Sinclair a encontrarse con el señor Reynaud en cuanto sea posible, con el objetivo de determinar con él el proyecto de declaración y las cuestiones relacionadas con él".[85]

En la habitación contigua, la larga espera del general de Gaulle había terminado. "De pronto —escribió— entraron todos, con Churchill a la cabeza. '¡Estamos de acuerdo!', exclamaron. Efectivamente, salvo algunos detalles, el texto que trajeron era el mismo que les habíamos propuesto. Enseguida llamé por teléfono a Paul Reynaud y le dicté el documento. 'Es muy importante —dijo el Presidente del Consejo—. Voy a usar esto en la sesión que se va a hacer dentro de un rato.' En pocas palabras, le di toda la fuerza que pude. Churchill tomó el aparato: '¡Hola! Reynaud, de Gaulle tiene razón. Nuestra propuesta puede tener importantes consecuencias. ¡Hay que aguantar!'. Luego, escuché la respuesta que venía del otro lado: 'Entonces, hasta mañana, en Concarneau'."

En Downing Street reinaba un clima de alivio, de optimismo y de simpatía mutua. De Gaulle, que no creía realmente en este proyecto de unión, convenció a Churchill, que tampoco creía en él y ambos lograron que el gobierno británico y el Presidente del Consejo francés lo adoptaran. Ambos pensaban, con acierto, que habían reforzado considerablemente la posición de Reynaud, al haberle dado el medio para convencer a sus colegas del gobierno de la posibilidad material y moral de seguir la lucha. Poco antes de volver a Burdeos, el general tuvo una última conversación con Churchill. Jean Monnet también estaba presente y le pidió una vez más que enviara a Francia todas las escuadrillas de cazas para que pudieran "participar en la batalla final". Pero Churchill se negó de plano: "Le respondí que eso estaba fuera de cuestión —escribió—. En ese estado de los acontecimientos, retomaba los argumentos habituales: 'La batalla decisiva'; 'Es ahora o nunca'; 'Si Francia cae, todo cae', etcétera, pero no podía hacer nada para satisfacerlo en este punto. Mis dos visitantes se levantaron y fueron hacia la puerta. Monnet iba adelante. Cuando llegaron al umbral, de Gaulle, que hasta ese momento no había abierto la boca, dio media vuelta, dio dos o tres pasos en dirección a mí y me dijo en inglés: 'Creo que tienen razón'. Me pareció que, bajo esa actitud impasible, poseía una sorprendente sensibilidad para el dolor. En presencia de este hombre muy alto y flemático, no podía dejar de pensar: 'Éste es el condestable de Francia'. Esa tarde, se fue a Burdeos a bordo de un avión británico que había puesto a su disposición".[87]

En cuanto a de Gaulle, escribió: "Me despedí del Primer Ministro. Me había prestado un avión para volver enseguida a Burdeos. Convinimos en que el aparato quedaría a mi disposición en previsión de los acontecimientos que podrían llevarme a volver. Churchill tenía que tomar un tren para embarcar en un destructor y llegar a Concarneau. A las 21.30 aterricé en Burdeos".[88]

En el aeródromo lo esperaban dos colaboradores, Jean Auburtin y el coronel Humbert, quienes lo pusieron al tanto de los resultados del Consejo de Ministros: Paul Reynaud había renunciado y el mariscal Pétain había sido invitado a formar un nuevo gobierno. Evidentemente, Pétain iba a pedir el armisticio. Era el fin.*

Desde la conferencia de Tours, de Gaulle no se hizo más ilusiones en cuanto a la determinación de Paul Reynaud. Sin embargo, esperaba realmente que la declaración de unión permitiera que el presidente del Consejo les ganara la partida a los

---

*   Paul Reynaud había leído la declaración de unión al Consejo sañalando toda su importancia. Pero no tuvo una reacción favorable dentro del gobierno. Algunos ministros declararon que Francia se transformaría en una dominación británica, en tanto que la mayoría parecía considerar que la declaración era inútil. Paul Reynaud, muy decepcionado, propuso, sin embargo, que solamente capitulara el ejército y que el gobierno dejara Francia y siguiera la guerra. Weygand y Pétain se opusieron violentamente a esta solución. Por el contrario, una mayoría del Gabinete pareció aprobar la propuesta de Chautemps: preocuparse por las condiciones del armisticio presentadas por Alemania. Entonces, Reynaud declaró que si se trataba de seguir esa política, no podrían contar con él y que el presidente Lebrun tendría que llamar al mariscal Pétain para formar un nuevo gobierno. Cuando terminó el Consejo, a las 19, el gobierno de Reynaud había renunciado. Esa noche, cerca de las 22, el presidente Lebrun encargó a Pétain que formara un nuevo gobierno.

partidarios de la capitulación. La noticia de su renuncia debe de haber sido un golpe muy duro. No obstante, al general no lo tomó desprevenido. El 13 de junio le había confiado a su amigo Auburtin: "Cuanto más pienso en ello, más creo que la única solución es la retirada al Norte de África (…). Al reparo del mar, podremos reconstituir un material abundante que nos proporcionarán Inglaterra y Estados Unidos (…) En uno o dos años podremos disponer de una aplastante superioridad material (…). De ese modo, podremos conquistar la metrópolis a partir del Imperio (…). En cualquier caso, no firmaré nunca el armisticio. Sería algo contrario a los intereses y el honor franceses".[89] La última conversación del general y de Churchill fue sobre el avión que tendría que llevarlo a Burdeos: "Acordamos que el aparato quedaría a mi disposición por los acontecimientos que pudieran producirse".[90] Cuando de Gaulle se enteró de la renuncia de Paul Reynaud, no dudó un instante. Escribió: "Tomé enseguida mi decisión. Partiría al otro día".[91]

Esa noche, de Gaulle visitó a Paul Reynaud y lo encontró "aliviado de haberse liberado de esa carga insoportable".[92] Le hizo saber que había tomado la decisión de partir hacia Inglaterra y, más tarde, el Presidente del Consejo le hizo llegar cien mil francos, tomados de los fondos secretos. De Gaulle fue inmediatamente al hotel en el que estaba el embajador de Gran Bretaña, sir Ronald Campbell, y le anunció que se dirigiría a Londres. El general Spears, que también estaba presente, decidió acompañarlo y, poco antes de la medianoche, telefoneó a Churchill. No sabemos si el general de Gaulle realmente temía que lo arrestaran, como afirmó el general Spears, pero Churchill recordó que Spears "expresó inquietudes sobre la seguridad del general (…). Aparentemente, le habían avisado que, en el punto al que habían llegado las cosas, era mejor que de Gaulle se fuera de Francia". Y Churchill agregó: "Acepté con gusto".[93]

Al día siguiente, 17 de junio, a las 7 de la mañana, de Gaulle y su ayuda de campo, el subteniente Geoffroy de Courcel, fueron a buscar al general Spears; antes de partir hacia el aeropuerto, se detuvo en el cuartel general del Estado Mayor, en la calle Vital-Carles. Jean Mistler, que en ese momento era presidente de la Comisión de Asuntos Exteriores en la Cámara de Diputados, recordó haberlo visto en la oficina del general Laffont: "De Gaulle se sentó sobre el escritorio del general. Todavía lo veo, con los brazos levantados, decir (no con un tono profético, no con pasión, sino tranquilamente, como si fuese algo evidente) el 17 de junio de 1940: 'Los alemanes perdieron la guerra. Están perdidos y Francia tiene que seguir la lucha'".[94]

Obviamente, se trataba de una declaración un tanto asombrosa para mediados del mes de junio de 1940. Lo que pasaba era que, más allá de lo que pensara sobre el futuro, el general se negaba instintivamente a bajar los brazos. "Los vencidos —había declarado algunos días antes— son los que aceptan la derrota."[95] Y de Gaulle, que pensaba en el honor de Francia, en la tenacidad de Inglaterra y en los recursos de Estados Unidos, no aceptaba la derrota. Por eso, el 17 de junio a las 10 de la mañana voló a Inglaterra. Para probar que Francia no había perdido la guerra; solamente contaba con su fe y su resolución, pero en Inglaterra tenía un aliado todopoderoso: el Primer Ministro en persona.

El día anterior, a las 22, cuando estaba por tomar el tren para Southampton, Churchill se enteró de la renuncia de Paul Reynaud. A las 2.30, de que el mariscal Pétain iba a formar un gobierno e inmediatamente comprendió qué significaba eso para Francia, o sea que ya no había ninguna razón para que fuera a Concarneau. Pero Churchill no había abandonado la partida todavía. Esa noche decidió telefonear al mariscal Pétain. A las 2 de la madrugada, después de una espera interminable, lo encontró. El general Hollis, que estaba con Churchill, contó luego: "Nunca oí a Churchill expresarse tan violentamente. Pensaba que el viejo mariscal, insensible al resto de las cosas, quizás reaccionaría ante su actitud. Pero fue en vano".[96]

El 17 de junio por la mañana, Churchill ya no se hacía ninguna ilusión; ahora Gran Bretaña estaba sola. No hay que olvidar que él no conocía el miedo. Y, además, que era totalmente consciente de las enormes ventajas estratégicas que tenía Gran Bretaña por su condición de insularidad, el poder de su flota y el dominio de sus aviadores. Pero no lograba admitir que Francia —"su Francia"— de un día para el otro pudiera desaparecer del campo de la libertad en el que había ocupado siempre un lugar tan prominente. ¿Y el pueblo inglés? ¿Cómo reaccionaría cuando se enterara de que le faltaría su viejo aliado en el momento de mayor peligro? Es difícil imaginar un golpe más violento a la moral de un pueblo. Éstas eran las cosas en las que pensaba Winston Churchill en las primeras horas de la tarde, cuando de Gaulle y el general Spears llegaron a Downing Street, después de un agitado vuelo sobre la Mancha. "Winston —escribió el general Spears— estaba sentado en el jardín al sol y se levantó para saludar a su huésped; su sonrisa revelaba calidez y amistad".[97]

Era el quinto encuentro entre ellos; ninguno de los dos lo olvidará. La intuición de Churchill en Tours no había estado equivocada. En ese momento vio en la persona del general la imagen de la Francia no vencida que viene a darle la mano a Inglaterra; más tarde, Churchill evocaría siempre esta escena con lágrimas en los ojos. De Gaulle quería encarnar a una Francia potente todavía y encontró en Churchill al hombre que lo entendió cabalmente: "Este excepcional artista —escribió— era sin duda sensible al carácter dramático de mi dramática empresa".[98] Y agregó: "Náufrago de la desolación en las costas de Inglaterra, ¿qué habría podido hacer sin su socorro? Me lo dio enseguida".[99]

Indudablemente, Churchill le dio una mano firme y segura a de Gaulle. Si esto no hubiese sido así, todos los emprendimientos del general habrían sido vanos, como lo reconoció más tarde.[100] Cuando el Primer Ministro deje de ser un amigo, incluso cuando se convierta casi en un enemigo, de Gaulle no olvidará nunca que, en los días sombríos de 1940, Churchill le dio a Francia una ayuda decisiva.

4

LA CRUZ DE LORENA

En la madrugada del 18 de junio, en el campo aliado reinaba la mayor de las incertidumbres. Era evidente que Francia iba a capitular, pero todavía no lo había hecho. Inglaterra aún no había sido atacada, pero esto no podía tardar demasiado. Muchos franceses pensaban que Inglaterra en poco tiempo sería sometida por las hordas nazis y éste era un poderoso argumento a favor de la capitulación. Además, los ingleses tampoco creían que su país fuese a poder resistir indefinidamente los ataques bruscos y violentos de la Alemania nazi, pero veían en ello una razón más para luchar encarnizadamente.

En su segundo día de exilio en Inglaterra, el general de Gaulle no se dejó ganar por la incertidumbre ambiente. Conocía a los hombres de Burdeos y no dudaba de que capitularían, pero pudo medir la determinación de los británicos y estaba convencido de que la mantendrían. Por eso, el 17 de junio le pidió permiso a Churchill para hacer un llamamiento a Francia por radio. El Primer Ministro aceptó al instante;* compartía la opinión del general sobre el gobierno de Burdeos y era totalmente consciente del valor moral que tenía lo que estaba haciendo en el momento en que Francia estaba por desaparecer del campo aliado.

---

* Se convino que el llamamiento se haría cuando el gobierno de Burdeos hubiese pedido el armisticio. Se hizo en la tarde del 17 de junio.

Los miembros del *War Cabinet* todavía no habían tomado conciencia de la real situación francesa y se mostraban mucho menos comprensivos. En la mañana del 18 de junio, mientras Churchill estaba ausente, convinieron lo siguiente: "Dado que el general de Gaulle es considerado *persona non grata* para el actual gobierno francés, no es deseable que realice un llamamiento mientras subsista la posibilidad de que el gobierno francés tome iniciativas que concuerden con los intereses de la alianza".[1] Pero esa tarde, después de asegurarse de que contaba con el apoyo de Churchill, el general Spears hizo que el *War Cabinet* revisara su decisión. Spears se mostró persuasivo, el apoyo de Churchill fue decisivo y el informe de la reunión menciona solamente que "al consultarse nuevamente a los miembros del *War Cabinet*, uno por uno dieron su acuerdo".[2]

Esa misma tarde, a las 18, el general de Gaulle lanzó su llamamiento a Francia. Era un llamado a las armas; también un reproche explícito dirigido a los nuevos dirigentes que negociaban con el enemigo antes de que se hubiese perdido definitivamente la partida. Por sobre todo, era un acto de disidencia y de Gaulle lo sabía mejor que nadie: "A medida que las irrevocables palabras iban saliendo, sentía que se me terminaba una vida, la que había tenido dentro del marco de una Francia sólida y de un ejército indivisible. A los cuarenta y nueve años empezaba una aventura, como un hombre al que el destino había puesto fuera de todo lo previsible".[3]

Efectivamente, para él era un salto a lo desconocido y un drama personal. Desde un país amenazado por la invasión, un general de brigada (temporariamente) se levantaba contra la autoridad de un mariscal de Francia. De Gaulle no ocultó las dificultades de la tarea a los primeros hombres que respondieron a su llamamiento: "No tengo fondos ni tropas. No sé dónde está mi familia. Empezamos de cero".[4] Y, sin embargo, desde un pequeño departamento situado en el tercer piso de Saint Stephen's House, en las orillas del Támesis, el general de Gaulle inició la edificación de una Francia que no sería vencida. Los obstáculos eran muchos. Por ejemplo, durante varios días, el *Foreign Office* le impidió que hiciera nuevos llamamientos a Francia,[5] pues lord Halifax temía que Gran Bretaña comprometiera sus relaciones con el mariscal Pétain si apoyaba demasiado abiertamente a de Gaulle.*

Y también estaban las dudas sin fin del *Vansittart Committee*, que se había creado para "examinar y coordinar todos los planes relacionados con la resistencia en Francia"[6] pero que, finalmente, coordinó muy poco y no decidió absolutamente nada; las oleadas de derrotismo y las intrigas del gobierno de Burdeos, que sacaron de la Francia Libre a muchas personalidades como Paul Reynaud, el general Noguès, Georges Mandel, André Maurois, Jean Monnet, el general Mittelhauser, Marcel Peyrouton y a muchos otros; el escepticismo del *establishment* inglés, que dudaba en sostener un movimiento en el que no se encontraba ningún político francés tradicional y la enemistad activa de algunos franceses exiliados que consideraban que lo que estaba haciendo de Gaulle era un golpe de Estado fascista o un complot comunista; las dificultades enormes que tenía la Francia Libre para reclutar soldados, aviadores y marinos entre los vencedores de Narvik y los vencidos de Dunkerque, frente a la resuelta obstruc-

---

* Cuando de Gaulle recibió nuevamente el permiso para hablar por la BBC, fue con la condición expresa de que sometería de antemano el texto al Foreign Office. Pero sus funcionarios se dieron cuenta enseguida de que el adversario no era para nada fácil. Uno de ellos, lord Gladwyn, recordó que el 26 de junio, a las 20.30, de Gaulle tenía que dirigir un discurso importante a los franceses: "Eran las 19 y seguíamos sin ningún texto. Mi superior, sir Alexander Cadogan, se fue dejándome órdenes muy estrictas. Poco después llegó el texto. Me pareció muy bueno, pero tuve que reconocer que infringía varias de las órdenes que me habían dado. Hice un mínimo de correcciones —con gran riesgo para mí— y fui rápidamente hacia el hotel Rubens, donde me dijeron que el general no había terminado aún de cenar. Salió un poco antes de las 20, con un malhumor manifiesto y me dijo, mirándome de arriba abajo: '¿Usted quién es?'. Le expliqué que era un funcionario subalterno, pero como el texto había llegado tarde, tuve que hacerme cargo de proponer algunas 'ligeras modificaciones'. 'Démelas.' Hubo un silencio pesado y, luego, dijo: 'Las encuentro ridículas, perfectamente ri-dí-cu-las'. Tuve que decirle que ya eran las 20.05 y que el retraso no era por mi culpa y que, finalmente, si no aceptaba las modificaciones no podría pronunciar el discurso. Este ultimátum produjo su efecto (...). 'Bueno', dijo, 'acepto. Es ridículo, pero acepto'".[7]

ción del *War Office*, que a veces se parecía asombrosamente al sabotaje sistemático;[8] las intrigas antigaullistas y antiinglesas de la Misión Naval francesa en Londres que, según el MI.5 habrían justificado ampliamente el arresto de varios de sus miembros (sin embargo, tanto el Almirantazgo como el *War Office* se mostraron extrañamente resistentes a tomar las medidas que se imponían);[9] el *Intelligence Service*, que se puso a reclutar agentes entre los franceses que llegaron para unirse a de Gaulle[10] y, finalmente, el bombardeo de la flota francesa en Mers-el-Kébir que, a comienzos de julio, casi provocó la interrupción del reclutamiento en todas las filas de la Francia Libre.

Estos eran los obstáculos a los que se enfrentó el general de Gaulle en el momento en que Francia firmó el armisticio, mientras los alemanes ocupaban gran parte del país y el viejo mariscal se atribuía todo el poder en la zona libre. Por otra parte, de Gaulle vivía una tragedia personal: su madre estaba muy enferma y murió el 16 de julio. Algunos días antes, el general había sido citado a comparecer ante un tribunal militar francés por "crimen de rechazo de obediencia en presencia del enemigo y por delito de incitación a la desobediencia a militares".[11] Fue juzgado por rebeldía y condenado a muerte.

A pesar de todo esto, perseveró, porque tenía la inquebrantable convicción de que debía actuar en el interés de su patria. "Créame —le dijo a Christian Fouchet el 19 de junio—, nosotros estamos jugando con las cartas buenas, con las cartas de Francia. Siempre que se juega por Francia se tiene razón".[12] De hecho, a fines de julio, los esfuerzos del general ya habían producido algunos efectos: recorrieron los campos militares de Trentham Park, Aintree Haydock, St. Albans y Harrow Park y reagruparon a los soldados, aviadores y marinos franceses que esperaban para ser reembarcados a Francia; allí reclutaron a veteranos de Noruega y de Dunkerque, a la mayor parte de la Decimotercera Brigada de la Legión Extranjera, a doscientos cazas alpinos, a una compañía de tanques y a algunos elementos pertenecientes a unidades especializadas. Al poco tiempo se agregaron varias decenas de aviadores, cientos de marinos que habían salido de las unidades de combate y de la marina mercante, franceses del extranjero y voluntarios aislados que llegaban a escapar de Francia. A fines de julio, unos 7000 hombres llegaron a la Francia Libre; entre ellos había oficiales de gran valor, como el capitán Koenig, el capitán Rancourt, el comandante Pijeaud, el capitán de corbeta d'Argenlieu y el vicealmirante Muselier. Fueron los principales organizadores de las Fuerzas Francesas Libres.

En esa época, estas fuerzas eran reducidas, su equipamiento era insuficiente y el ánimo estaba bastante bajo. Pero ni el *War Office* ni el Almirantazgo británico parecían muy apurados por mejorar esa situación. En realidad, no tenían ninguna confianza en estos *Free French* y negaban que tuvieran alguna importancia política. Sin embargo, la Francia Libre en sus comienzos tuvo un fuerte apoyo: el del general Spears, que trabajó sin aliento para vencer las reticencias de la administración británica, los prejuicios del establishment y la mala voluntad del *War Office*. Por esto se ganó muchos enemigos entre sus compatriotas —más tarde, iba a tener más todavía entre los franceses libres—. Finalmente, a comienzos de julio llegó otro oficial a unirse a la Francia Libre: el capitán Dewavrin, quien con el nombre de 'Passy' organizó y comandó los servicios de información del general de Gaulle.

Como ningún político francés de renombre se trasladó a Inglaterra, de Gaulle fue el jefe solitario de un movimiento que rechazaba el armisticio y de una Francia que rechazaba la idea de la derrota. Por la fuerza de las cosas, se convirtió en un jefe político y militar, y cuando el profesor Cassin se convirtió en su consejero jurídico y quiso saber cuál era la situación del nuevo movimiento, le respondió con total simpleza: "Somos Francia".[13] En el verano de 1940 eran muy pocos los políticos ingleses que reconocían al movimiento del general de Gaulle como al verdadero representante de Francia, pero entre ellos estaba el Primer Ministro, Winston Churchill.

Desde el 18 de junio, Churchill fue cada vez más requerido por la degradación de la situación militar. Después del anuncio del general Pétain de las negociaciones del armisticio con Alemania, las unidades del ejército francés que todavía combatían comenzaron a disolverse y hubo que improvisar de urgencia la evacuación hacia Inglaterra de unos doscientos mil soldados aliados. A partir de ese momento no quedaron dudas de que todo el peso de la maquinaria de guerra nazi iba a dirigirse contra Inglaterra. Pero la isla estaba defendida solamente por algunas divisiones desorganizadas y mal armadas, 500 cañones de campaña, 450 tanques y 25 escuadrillas de aviación; parecía que la *Royal Navy*, que tenía demasiados compromisos, iba a estar desbordada. Churchill redobló los esfuerzos para movilizar todos los recursos de la isla, improvisar nuevos, inspeccionar los elementos del dispositivo de defensa, establecer planes de contraofensiva y galvanizar las energías del pueblo inglés. Sin embargo, ninguno de estos asuntos hizo que desatendiera los problemas franceses.

A Churchill no lo sorprendió el armisticio del 22 de junio, al que denunció vigorosamente al día siguiente: "El gobierno de Su Majestad considera que los términos del armisticio que acaba de firmarse, en violación de los acuerdos solemnemente establecidos entre los gobiernos aliados, colocan al gobierno de Burdeos en un estado de completa sujeción al enemigo y lo privan de toda libertad y de todo el derecho a representar a los ciudadanos franceses libres. En consecuencia, el gobierno de Su Majestad no puede considerar al gobierno de Burdeos como al de un país independiente".[14]

Desde hacía un tiempo, el Primer Ministro inglés buscaba un medio para atenuar el golpe psicológico que provocaría en sus compatriotas la capitulación de Francia.[15] El general de Gaulle se lo ofreció: se propuso constituir un Comité Nacional Francés para el que pidió reconocimiento del gobierno británico. El 23 de junio, ante el *War Cabinet*, Churchill defendió esta propuesta con la mayor energía: "El general de Gaulle es un excelente soldado y tiene una buena reputación y una fuerte personalidad. Sin duda es el hombre indicado para constituir este comité".[16] Esa noche, la BBC difundió el siguiente comunicado: "El gobierno de Su Majestad tomó nota del proyecto de formación de un Comité Nacional Francés provisorio, que representaría plenamente a los elementos franceses independientes resueltos a proseguir la guerra en cumplimiento de las obligaciones internacionales contraídas por Francia. El gobierno de Su Majestad declara que reconocerá un Comité Francés de este tipo y que se entenderá con él respecto de toda cuestión relativa a la prosecución de la guerra, mientras siga representando a los elementos franceses resueltos a luchar en contra del enemigo común".[17]

Pero las cosas no eran tan simples: en ese momento, tanto Churchill como de Gaulle seguían esperando que llegara a Inglaterra un político francés de renombre, decidido a hacerse cargo del movimiento. El Ministro había declarado a sus colegas del *War Cabinet*: "Antes de aprobar el proyecto de constitución de un Comité Nacional y de darle un reconocimiento oficial, habría que saber qué personalidades francesas están dispuestas a participar en él".[18] Pero el triste episodio del *Massilia* y el fracaso de la misión Duff Cooper* mostraron que esas personalidades no aparecerían. Entonces, a pesar de la hostilidad de los militares británicos, de la desaprobación del embajador Corbin y de las objeciones de lord Halifax,[19] Churchill decidió actuar. En la tarde del 27 de junio, convocó al general de Gaulle a Downing Street y le declaró: "Usted está solo, y bien, lo reconozco solamente a usted".[20] Un día después se difundió el siguiente comunicado: "El gobierno de Su Majestad reconoce al general de Gaulle como el jefe de todos los franceses libres, se encuentren donde se encuentren, que se unan a él en defensa de la causa aliada".[21]

Por limitado que haya sido este reconocimiento, finalmente otorgó una base legal para las relaciones del general de Gaulle con el gobierno británico y permitió la firma de acuerdos bilaterales entre los dos aliados. Para Churchill, este reconocimiento fue un acto de fe en un hombre solitario y una abstracción que se llamaba la Francia Libre; los acontecimientos posteriores de-

* El *Massilia* dejó Francia el 21 de junio con veinticuatro diputados, un senador y varios ministros a bordo, decididos a proseguir la guerra desde África del Norte. Entre ellos estaban Mandel, Daladier y Campinchi. El barco llegó a Casablanca el 24 de junio, pero sus pasajeros fueron detenidos y mantenidos a bordo durante varias semanas. Una misión británica conducida por Duff Cooper y por lord Gort llegó a Marruecos el 26 de junio, pero no pudo obtener la liberación de los prisioneros ni entrar en contacto con ellos. Finalmente, los pasajeros del *Massilia* fueron reenviados a Francia.

mostraron la sabiduría de esta decisión que, sin embargo, Churchill lamentó más de una vez en los cinco años futuros.

Pero en ese momento, Churchill tenía otras preocupaciones y una obsesión: la suerte de la flota francesa el día después del armisticio. En manos de Hitler, volvería terriblemente vulnerables a Gran Bretaña y su aprovisionamiento. Es verdad que el almirante Darlan, Paul Baudouin y el mismo mariscal Pétain habían asegurado a los ingleses que la flota nunca caería en manos de los alemanes. Pero también se les había asegurado que nunca firmarían un armisticio por separado, que cuatrocientos pilotos alemanes capturados serían enviados a Inglaterra y que se informaría previamente a los aliados de los términos del armisticio, y no se mantuvo ninguna de estas promesas. Además, el gobierno francés ya no era un gobierno libre y el artículo 8 del armisticio franco-alemán disponía que la flota francesa sería desarmada *bajo el control alemán o italiano*. Es verdad que esto iba acompañado de la promesa alemana de no utilizarla durante la guerra pero si, en ese estado de cosas, ya era muy difícil confiar en la palabra del gobierno francés, era imposible creer en la de Hitler.

Churchill tuvo que tomar una terrible decisión, si se considera el inmenso respeto que tenía por Francia y sus soldados. Más tarde escribió: "Una decisión odiosa, la más penosa y la más monstruosa que haya tenido que tomar".[22] Sin embargo, era una cuestión de vida o muerte, y el 3 de julio, la flota británica comandada por el vicealmirante Somerville, atacó la flota francesa en el fondeadero de la ensenada de Mers-el-Kébir. Muchos marinos franceses perdieron la vida ese día trágico.*

A Churchill no le preocupaba demasiado la reacción del mariscal Pétain, pero sí la de de Gaulle. De hecho, el general había reaccionado violentamente cuando se enteró de la noticia de la matanza de Mers-el-Kébir.[23] Pero cuando el general Spears lo visitó algunas horas más tarde, el jefe de la Francia Libre ya se

---

*   Al mismo tiempo, todos los navíos de guerra franceses refugiados en puertos británicos fueron tomados por sorpresa y los que estaban en el fondeadero de Alejandría, inmovilizados. En Dakar, el acorazado *Richelieu* fue torpedeado e inutilizado.

había tranquilizado. El siguiente es un relato de Spears: "Su calma era asombrosa, su objetividad sorprendente. Evidentemente, había reflexionado mucho. Lo que habíamos hecho, me dijo, era sin duda inevitable desde nuestro punto de vista. Sí, era inevitable, pero él tenía que decidir si iba a seguir colaborando con nosotros o si abandonaría y se iría a Canadá como un ciudadano común y corriente. Todavía no había tomado la decisión, pero lo hizo al día siguiente por la mañana. En ese momento fui a informarle al Primer Ministro de la magnífica dignidad de la que daba pruebas el general de Gaulle".[24]

Churchill estaba muy impresionado y lo estaría aún más cuando el general de Gaulle, después de haber reflexionado con madurez, pronunció, cinco días más tarde, el siguiente discurso: "En la liquidación momentánea de la fuerza francesa posterior a la capitulación, hubo un episodio particularmente cruel el 3 de julio. Estoy hablando, es evidente, del terrible cañoneo de Orán (…). Primero diré esto: no hay un francés que no se haya enterado con dolor y con enojo de que los barcos de la flota francesa fueron hundidos por nuestros aliados. Este dolor, esta rabia surgen de lo más profundo de nosotros mismos. No hay ninguna razón para que transijamos con ellos y, en lo que a mí respecta, voy a expresarlo abiertamente. De modo que me dirijo a los ingleses para invitarlos a ahorrarnos y a ahorrarse toda representación en esta odiosa tragedia como un éxito naval directo. Sería injusto e impropio (…). Luego, me dirijo a los franceses y les pido que consideren la profundidad de lo que sucede desde el punto de vista de la victoria y de la liberación. En virtud de un compromiso deshonroso, el gobierno de Burdeos consintió en dejar nuestros barcos librados a nuestros enemigos. No hay la menor duda de que, por principio y por necesidad, el enemigo los habría utilizado algún día en contra de Inglaterra o en contra de nuestro propio Imperio. ¡Y bien! Digo sin ambages que es mejor que hayan sido destruidos. Prefiero saber que el *Dunkerque*, nuestro hermoso, querido, poderoso *Dunkerque*, cayó en los mares de Mers-el-Kébir, que verlo un día conducido por alemanes para bombardear los puertos ingleses o Argelia, Casablanca, Dakar. Al llevar a este bombardeo fratricida, al intentar provocar contra los aliados traicionados la irritación de los franceses, el gobierno de Burdeos cumple su papel, su papel de sirviente.

"Al explotar el hecho para excitar a unos en contra de otros, al pueblo inglés y al pueblo francés, el enemigo cumple su papel, su papel de conquistador.

"Al considerar el drama como tal, quiero decir que es deplorable y detestable, pero al impedir que sus consecuencias sean la oposición moral entre ingleses y franceses, todos los hombres clarividentes de ambos pueblos cumplen su papel, su papel de patriotas. (...) En cuanto a los franceses que todavía son libres para actuar según el honor y el interés de Francia, declaro en su nombre que, de una vez por todas, tomaron su dura resolución. De una vez por todas tomaron la resolución de combatir".[25]

Para Churchill, este discurso probaba que el general de Gaulle era un aliado digno de confianza, algo que era indudable, y un gran amigo de Inglaterra, lo que podía ser una conclusión algo apresurada. Una vez más, tomaba sus deseos como realidades: la Francia de Vichy acababa de romper relaciones con Gran Bretaña después de Mers-el-Kébir, pero gracias al general de Gaulle, el indomable jefe de todos los franceses libres, los vínculos privilegiados con Francia se mantendrían a pesar de todo y la amistad seguiría intacta. Un francófilo como él necesitaba esta manera de ver las cosas; también era indispensable para la moral del pueblo inglés y Churchill, un propagandista genial, lo sabía mejor que nadie.

Sin embargo, a de Gaulle no le gustaba la publicidad. Al principio, inclusive, no dejaba que le tomaran fotos y le comunicó al general Spears: "No quiero que la prensa me convierta en una estrella de cine".[26] También dijo, con la mayor seriedad: "Churchill me lanza como a un jabón"[27] y tenía razón: el 18 de julio el gobierno inglés le encargó a un agente publicitario, Richmond Temple, que "hiciera que el mundo conociera el nombre del general de Gaulle, sobre todo Gran Bretaña y el Imperio Británico".[28] En Gran Bretaña no era necesario: ya lo conocían bien. La prensa había relatado las circunstancias de su llegada, publicado extractos de sus llamamientos a los franceses y descrito ampliamente sus esfuerzos por reconstituir un nuevo ejército francés en el exilio. Por otra parte, la aventura de este hombre solitario, que había negado la derrota y proseguía la lucha junto a Inglaterra, provocaba la admiración del pueblo inglés. Un francés, Robert Mengin, lo comprobó a fines del mes de julio: "¡Cómo! —le dijeron sus amigos ingleses—, ¿no es gaullista? Entonces, ¿es petainista? O sea que no está con nosotros. No puede estar con nosotros si no está con el general de Gaulle (...) ¿Sí? ¡Ah! ¡Pero qué complicados que son los franceses!".[29]

El mismo general de Gaulle no era insensible a la simpatía, la estima y la admiración para con su persona y su movimiento: "...No podríamos haber imaginado la generosa gentileza que el pueblo inglés nos demostraba en todas partes. Se creaba todo tipo de obra para ayudar a nuestros voluntarios. Era innumerable la gente que venía a poner a nuestra disposición su trabajo, su tiempo, su dinero. Cada vez que tenía que aparecer en público, era en medio de manifestaciones de reconocimiento. Cuando los diarios de Londres anunciaron que Vichy me había condenado a muerte y confiscado mis bienes, en Carlton Gardens gente anónima dejó joyas y varias docenas de viudas desconocidas enviaron sus alianzas de matrimonio para que ese oro sirviera al esfuerzo del general de Gaulle".[30]

Es cierto que el ejemplo venía de arriba: el rey Jorge VI, como todos los miembros de su familia, nunca dejó de manifestar su apoyo a los franceses libres y a su jefe. El 24 de agosto visitó personalmente al nuevo ejército francés. Cuatro días antes, Winston Churchill había pronunciado un discurso memorable en la Cámara de los Comunes: "Tenemos la mayor de las simpatías por el pueblo francés y la antigua fraternidad que nos ligaba a Francia no dejó de ningún modo de existir. Se encarna y se perpetúa gracias al general de Gaulle y a sus heroicos camaradas. Esos franceses libres fueron condenados a muerte por Vichy pero, tan seguro como que mañana saldrá el sol, llegará el día en que sus nombres serán glorificados y grabados sobre piedra en las calles y en los pueblos de una Francia que habrá recuperado su libertad y su gloria de antaño en una Europa liberada".[31]

Pero la acción de Churchill a favor del general de Gaulle no se limitó a un apoyo verbal ante el Parlamento. De Gaulle pudo reclutar hombres y comenzar a equiparlos gracias a la intervención estratégica del Primer Ministro ante sus generales y almirantes, que eran más reticentes. Durante todo el verano, Churchill se mantuvo informado de todo lo que concernía a Francia en general y a la Francia Libre en particular: si un funcionario del Ministerio de Aprovisionamiento no accedía lo suficientemente rápido a los deseos del general, si parecía que un departamento del *War Office* obstaculizaba los proyectos de los franceses libres, la furia del Primer Ministro se abatía sin piedad sobre el pobre responsable. A veces se necesitaba mucho menos para desencadenar una intervención de Churchill. Le escribió a lord Halifax: "No puedo resolverme a dejar que una gran cantidad de franceses influyentes, partidarios del gobierno de Pétain, lleven a cabo, en los medios militares y en los círculos franceses de este país, una campaña de propaganda activa y eficaz dirigida en contra del conjunto de la política de ayuda al general de Gaulle, política que hemos proclamado firme y públicamente".[32]

Y el 12 de julio le escribió al general Ismay: "Haga saber lo siguiente a los jefes del Estado Mayor: 'La política constante del gobierno de Su Majestad tiene como meta constituir fuertes contingentes de soldados, marinos y aviadores franceses, alentar a estos hombres para que combatan como voluntarios con nosotros, proveer sus necesidades, alentar su devoción a la bandera, etcétera, y a considerarlos como representantes de una Francia que prosigue la guerra. Los jefes del Estado Mayor tienen el deber de aplicar eficazmente esta política. (...) El 14 de julio se ofrecerá una oportunidad de ayudar a los franceses cuando coloquen una corona ante la estatua de Foch. Habrá que actuar para que esta ceremonia sea todo un éxito'".[33] También le escribió al Ministro de Información a comienzos de agosto: "Es importante que no se detengan las emisiones en francés del general de Gaulle y que volvamos a lanzar por todos los medios posibles nuestra propaganda francesa en África. Me dijeron que los belgas estarían dispuestos a ayudarnos en el Congo".[34] El 5 de agosto, declaró ante el *War Cabinet*: "Desde la defección del gobierno de Burdeos nos dedicamos a establecer, hasta en las zonas más alejadas del Imperio Francés, la administración de un gobierno francés favorable al gobierno de Su Majestad y hostil al de Alemania. El general de Gaulle y las Fuerzas Francesas Libres, actualmente en Gran Bretaña, tienen el mismo objetivo, de modo que es normal que los asistamos en su tarea por todos los medios".[35]

Para la misma época expresó al Secretario de Estado de Guerra: "Se ha vuelto extremadamente importante y urgente completar el equipamiento de los tres batallones, de la compañía de carros, del QG, etcétera (del general de Gaulle). Parece que se han tomado disposiciones a tal efecto, pero le agradecería si hace lo necesario para acelerar su implementación con todos los medios de que disponga y que me haga saber en qué medida mejoró la situación desde la comunicación de la nota del mayor Norton ayer".[36] Y el 18 de agosto escribió a Hugh Dalton, del *Ministry of Economic Warfare*:* "Actúe de modo que el general de Gaulle sea consultado sobre todos los volantes que lancemos en el futuro sobre Francia o en las colonias francesas".[37] Y a fines de agosto, al general Ismay: "Si la India francesa desea mantener relaciones comerciales con nosotros, es necesario que se alíe con el general de Gaulle. Si no, no habrá comercio. En un asunto como éste no hay que ser nada complaciente. Por favor, informe al Secretario de Estado en la India".[38] Es fácil imaginar la exasperación de todos los que recibían estas exhortaciones repetidamente. Y, sin embargo, no tenían elección: el general de Gaulle era un amigo del Primer Ministro y un amigo de Inglaterra, todo lo que se hiciera por él no era suficiente.

La intervención del Primer Ministro fue decisiva en un acontecimiento capital para el futuro de la Francia Libre. Inmediatamente después del reconocimiento del general de Gaulle como jefe de todos los franceses libres, se abrieron negociaciones franco-británicas para establecer un acuerdo sobre el reclutamiento, la organización y las condiciones de servicio de los voluntarios franceses en Gran Bretaña. Pero estas negociaciones eran extremadamente delicadas: la situación diplomática del general de Gaulle no tenía precedentes, sus exigencias no eran pocas y su voluntad de representar a Francia desconcerta-

---

* Ministerio Económico de la Guerra.

ba al *Foreign Office*. El general Spears, testigo privilegiado de estas tratativas, escribió: "El profesor Cassin, consejero jurídico del general de Gaulle, llevó a cabo las negociaciones sobre el texto de los acuerdos entre el gobierno de Su Majestad y el general de Gaulle, con una severidad exasperante, de modo que hasta los miembros del *Foreign Office* mejor dispuestos terminaron por cansarse de las manifestaciones de mal humor de nuestros invitados".[39]

Hubo que retomar las negociaciones en tres oportunidades y hubo seis protocolos de acuerdo. Y todo esto durante un mes. Pero, a fines de julio, se había terminado con los principales puntos: la fuerza de los voluntarios franceses, que "comprende unidades navales, terrestres, aéreas y elementos técnicos y científicos, será organizada y utilizada en contra de los enemigos comunes (...). Esta fuerza conservará, en la medida de lo posible, el carácter de una fuerza francesa en lo que concierne al personal, especialmente en lo relacionado con la disciplina, la lengua, los ascensos y las asignaciones (...). El gobierno de Su Majestad proporcionará a la fuerza francesa —en cuanto sea posible— el complemento material indispensable para dotar a sus unidades de un equipamiento equivalente al de las unidades británicas del mismo tipo".

Con respecto al general de Gaulle, declaró que "acepto las directivas generales del Comando Británico", pero que no dejaba de conservar "el comando supremo de la fuerza francesa". Había, también, una importante cláusula financiera: "Todos los gastos que impliquen la constitución y el mantenimiento de la fuerza francesa (...) estarán provisoriamente a cargo de los ministros interesados del gobierno de Su Majestad en el Reino Unido". Pero, por supuesto, no se trataba de ningún modo de caridad: "Los montos pagados serán considerados adelantos y contabilizados aparte".[40]

Sin embargo, persistía una dificultad que retrasó más la firma del acuerdo y que no carecía de importancia: después de la derrota de Francia, las Fuerzas Armadas británicas reclutaron muchos oficiales, soldados y técnicos franceses que pertenecían a las tres armas. Este procedimiento fue muy satisfactorio para los ministros ingleses que, en ese momento, le negaban al general de Gaulle cualquier derecho de fiscalización o autoridad sobre estos hombres y sobre los que se reclutaran. Como no hubo muchas posibilidades de discutir este tema, el Primer Ministro tuvo que arbitrar y decidió a favor del general de Gaulle. Se informó a los ministros británicos que era deseable que "los eventuales reclutados se unieran a sus respectivas fuerzas nacionales".[41]

Cuando finalmente se adoptó el texto definitivo del acuerdo franco-británico, se firmó en Downing Street y no en el *Foreign Office*, el 7 de agosto de 1940. Este documento y el intercambio de cartas que siguió a su rúbrica entraron en la historia con el nombre de "Acuerdos de Gaulle-Churchill".*

Durante todo el mes de julio y el comienzo del mes de agosto, mientras la batalla de Inglaterra causaba estragos en las costas del Canal de la Mancha y parecía inminente un desembarco alemán, el Primer Ministro inglés y el jefe de la Francia Libre se encontraron muchas veces y hablaron largamente sobre la evolución del conflicto. "De Gaulle —señaló su asistente Claude Bouchinet-Serreulles— tiene sus pequeñas y sus gran-

---

* Este intercambio epistolar fue muy importante y, con frecuencia, refleja las prevenciones de Gaulle sobre la política británica: "Por una parte, consideré la hipótesis de que las vicisitudes de la guerra llevarían a Inglaterra a una paz de compromiso y, por otra parte, consideré que los británicos podrían, por aventureros, ser tentados por tal o cual posesión de ultramar, de modo que insistí para que Gran Bretaña garantizara el restablecimiento de las fronteras de la metrópolis y del Imperio Francés."[42]

El 7 de agosto, Churchill le escribió al general: "...El gobierno de Su Majestad está resuelto a asegurar la restauración integral de la independencia y de la grandeza de Francia cuando las armas aliadas hayan logrado la victoria". Pero en otra carta del mismo día, precisó: "...La expresión 'restauración integral de la independencia y de la grandeza de Francia' no apunta de manera rigurosa a las fronteras territoriales. No hemos sido capaces de garantizar estas fronteras a ninguna de las naciones que combaten a nuestro lado; pero, por supuesto, haremos lo mejor que podamos". Esto despertó inmediatamente las sospechas del general, que respondió con bastante sequedad: "Tomo nota, Primer Ministro, de que ésta es la interpretación que el gobierno británico atribuye a estas expresiones. Espero que las circunstancias permitan que un día el gobierno británico considere estas cuestiones con menos reservas".[43]

des entradas en Downing Street, a donde lo invitan para entrevistas de carácter privado y personal. Churchill, que habla todo el tiempo en francés con de Gaulle, en una jerigonza bastante seductora y llena de imágenes, pero muy difícil de entender, está impresionado por la inteligencia de su interlocutor, la amplitud de sus concepciones estratégicas, la identidad de sus puntos de vista y sus modos de sentir".[44] Por otra parte, de Gaulle iba con regularidad a Chequers, residencia campestre en la que el Primer Ministro recibía a sus invitados. En esta atmósfera, menos formal que la de Londres, en lo que duraba un fin de semana, Winston Churchill podía mantener a sus huéspedes bajo el encanto de su notable personalidad. En estas ocasiones, el general nunca dejó de quedar impresionado por el extraordinario sentido de la historia y la feroz decisión de ese luchador convertido en estadista. En sus *Memorias* describió una de esas conversaciones con Churchill. A comienzos de agosto, una vez más, fue sobre la batalla de Inglaterra: "Todavía lo veo (...) tender los puños al cielo y gritar: '¡No van a venir!'. ¿Está tan apurado por ver sus ciudades destruidas?, le pregunté. '¿Comprende que el bombardeo de Oxford, de Coventry, de Canterbury provocará tal ola de indignación en Estados Unidos que tendrán que entrar en guerra?' Señalé mis dudas y le recordé que dos meses antes, la derrota de Francia no había hecho que Estados Unidos saliera de su neutralidad. '¡Porque Francia caía! —afirmó el Primer Ministro—. Tarde o temprano, los norteamericanos vendrán, pero siempre que nosotros no flaqueemos. Por eso no pienso en otra cosa que en la aviación de caza'. Y agregó: 'Vio que tuve razón cuando se la negué al final de la batalla de Francia. Si hoy estuviese demolida, todo estaría perdido para ustedes, y también para nosotros'. Pero, por el contrario —dije—, si se hubiese producido la intervención de sus cazas, se habría reanimado la alianza y, por el lado francés, habría implicado la prosecución de la guerra en el Mediterráneo. Entonces, ahora los británicos estarían menos amenazados y los norteamericanos más tentados de comprometerse en Europa y en África.

"Churchill y yo estuvimos modestamente de acuerdo en sacar esta conclusión banal pero definitiva de los acontecimientos que habían roto en pedazos a Occidente: a fin de cuentas, Inglaterra es una isla; Francia, el cabo de un continente, y América, otro mundo".[45]

Sin embargo, no hay que creer que el Primer Ministro británico y el jefe de la Francia Libre se reunían únicamente para hablar de los dramas del pasado y sacar conclusiones banales. En ese comienzo del mes de agosto examinaron un plan de operaciones que llevaba el nombre codificado de *Escipión* y que luego fue rebautizado *Amenaza,* un plan cuya importancia fue considerable y sus consecuencias, incalculables. Desde que el general de Gaulle formó el embrión de un nuevo ejército y de una nueva Francia, nunca había dejado de pensar en los medios para hacer que ambos entraran en la guerra. Al respecto, África le parecía, en principio, el mejor teatro de operaciones. En efecto, allí Francia poseía vastos territorios que había que defender de los alemanes y, también, de Vichy. Incluso de Inglaterra y de Estados Unidos, que podrían tentarse y tratar de "asegurárselos para su combate y su cuenta".[46] Además, constituían una excelente base para la Francia Libre, que así dejaría de ser un movimiento en el exilio para convertirse en una administración independiente y soberana, establecida en territorio nacional. En suma, África parecía el trampolín ideal para reconquistar Europa.

A decir verdad, primero de Gaulle había considerado una operación destinada a captar a África del Norte. Pero en julio, sobre todo después de Mers-el-Kébir, las condiciones reinantes allí no eran propicias para sus objetivos. En cambio, en África ecuatorial la situación era más favorable: con la asistencia de lord Lloyd, ministro de las Colonias, de Gaulle preparó una adhesión de Chad, de Camerún y del Congo. Estas operaciones las llevaron a cabo a fines del mes de agosto algunos hombres decididos como Hettier de Boislambert, Pleven, Parant, el capitán Hauteclocque* y el coronel Larminat.

Pero África occidental, con su gran base naval de Dakar, era de lejos el objetivo estratégico más importante. A fines del mes de

---

* El futuro general Leclerc.

julio, el general de Gaulle, con la asistencia del general Spears y del mayor Morton, concibió un plan de adhesión pacífica del bloque occidental africano y de su importante base naval: "Mi proyecto inicial —escribió— descartaba el ataque directo. Se trataba de desembarcar, a gran distancia de la plaza, una columna resuelta que progresaría hacia el objetivo incorporando de a poco los territorios por los que atravesara y los elementos con que se encontrara. De esta manera, podíamos esperar que las fuerzas de la Francia Libre, que aumentarían por contagio, abordaran Dakar por tierra. Pensaba que las tropas tenían que desembarcar en Konakry. Desde allí, podríamos marchar sobre la capital de África occidental utilizando una vía férrea y un ruta. Pero, para impedir que la escuadra de Dakar aniquilara la expedición, era necesario que ésta estuviese cubierta en el mar. O sea, que tenía que pedirle esto a la flota inglesa. Le confié este proyecto a Churchill en los últimos días de julio".[47]

Churchill era totalmente consciente de la importancia crucial de Dakar para la guerra británica. Si la base caía en manos de los alemanes, todas las comunicaciones marítimas entre Gran Bretaña y Oriente Medio, la India y Australia estarían a merced de la flota alemana. En cuanto a las colonias inglesas en el oeste africano, quedarían directamente amenazadas. Si, por el contrario, los propios británicos podían apoderarse de Dakar, la batalla atlántica tendría, evidentemente, un cariz totalmente diferente. Por otra parte, tenía otra razón para estar interesado en Dakar. Desde la evacuación de Dunkerque no había dejado de elucubrar planes de ataque sobre varios puntos del litoral europeo ocupado. Estos planes eran irrealizables, pero Churchill seguía creyendo que era preciso realizar una operación ofensiva para mantener la moral de sus compatriotas. A comienzos de julio, Churchill ya estaba interesado en Dakar. En un informe al *Foreign Office*, el Cónsul británico en Dakar había considerado que la flota británica tendría que realizar una demostración de fuerza en ese lugar, si era posible, antes del 10 de julio, y que una operación de este tipo podría provocar el efecto deseado sin derramar mucha sangre.[48] Por supuesto que el Primer Ministro enseguida se entusiasmó con esta idea, pero sus jefes de Estado Mayor no estaban para nada de acuerdo: "¡Operación militar impractica-ble!",[49] decretaron. Éste era el estado de la cuestión cuando de Gaulle sometió al Primer Ministro el plan *Escipión* para la captu-ra de Dakar.

Para Churchill, era un plan que le venía como anillo al de-do y que confirmaba sus propias opiniones sobre este asunto. Lo transmitió inmediatamente a los jefes del Estado Mayor y al *War Cabinet*, subrayando que lo aprobaba sin reservas y que "no quería objeciones técnicas de parte de los jefes del Estado Mayor".[50] Pero las plantearon, de todos modos, y no vinieron solamente de ellos. Después de una entrevista con de Gaulle, Spears y Morton, el almirante Dudley Pound, Primer Lord del Mar, anunció que la operación precisaría utilizar muchos ele-mentos de la *Royal Navy* durante un tiempo prolongado. Chur-chill respetaba enormemente los juicios del almirante Pound, pero cuando se trataba de estrategia no le faltaba imaginación y, el 6 de agosto, el general de Gaulle fue convocado a Downing Street.

"Como siempre —escribió de Gaulle— lo encontré en esa gran habitación de Downing Street que, por tradición, sirve co-mo despacho del Primer Ministro y como sala de reuniones del gobierno de Su Majestad. En la inmensa mesa que tiene ese cuar-to, había desplegado mapas ante los que iba y venía mientras ha-blaba animadamente.

"'Necesito —me dijo— que aseguremos conjuntamente Da-kar. Es capital para ustedes. Pues si tenemos éxito, aquí están los grandes medios franceses para entrar en la guerra. Es muy im-portante para nosotros. La posibilidad de usar Dakar como base nos facilitaría todo en la dura batalla del Atlántico. De modo que, después de haber conferenciado con el Almirantazgo y con los jefes del Estado Mayor, puedo decirle que estamos dispues-tos a cooperar con la expedición. Consideramos utilizar una es-cuadra considerable. Pero no podemos dejarla mucho tiempo en las costas de África. La necesidad de recuperarla para contribuir a la cobertura de Inglaterra y a nuestras operaciones en el Medi-terráneo exige que hagamos todo rápidamente. Por eso no sus-cribimos su proyecto de desembarco en Konakry, de lento avan-ce a través de la sabana, que nos obligaría a mantener durante meses nuestros barcos en esos parajes. Tengo otra cosa que proponerle.' Entonces, poniéndole color y tono pintoresco a sus palabras se puso a pintar el siguiente cuadro: 'Dakar se despierta una mañana, triste e insegura. Ahora bien, cuando sale el sol, sus habitantes ven que, a lo lejos, el mar está cubierto de barcos. ¡Una flota inmensa! ¡Cien naves de combate o de carga! Se acercan lentamente mientras dirigen por radio a la ciudad, a la Marina, a la guarnición, mensajes de amistad. Algunos izan el pabellón tricolor. Otros navegan con los colores británicos, holandeses, polacos, belgas. En esta escuadra aliada se destaca un inofensivo barquito que lleva la bandera blanca de los negociadores. Entra en el puerto y desembarcan los emisarios del general de Gaulle. Son conducidos hasta el gobernador. Lo que hay que hacer es que este personaje comprenda que si los deja desembarcar, la flota aliada se retirará y que, entre él y ustedes, no habrá nada más que arreglar que los términos de su cooperación. Si, por el contrario, quiere combatir, corre el riesgo de ser aplastado'. Y, desbordante de convicción, describía y actuaba las escenas de la vida futura, tal como las veían su deseo y su imaginación: 'Durante esta conversación entre el gobernador y sus representantes, aviones franceses libres y británicos sobrevuelan pacíficamente la ciudad, tirando volantes de propaganda. Los militares y los civiles, entre los que están trabajando los agentes de ustedes, discuten apasionadamente entre ellos las ventajas que ofrecería un acuerdo y los inconvenientes que plantearía, en cambio, una gran batalla con los que, después de todo, son los aliados de Francia. El gobierno siente que, si resiste, el terreno va a derrumbarse bajo sus pies. Verán que seguirán las negociaciones hasta llegar a términos satisfactorios. Quizás, mientras tanto, quiera, «por una cuestión de honor» tirar algunos cañonazos. Pero no va a ir más allá. Y a la noche, cenará con ustedes brindando por la victoria final'.*

---

* En este sentido, el juicio que Neville Chamberlain tenía sobre Winston Churchill en 1928 es de lo más interesante: "Sus decisiones no están nunca basadas en un conocimiento preciso de la cuestión, ni en un examen atento y prolongado de los pros y los contras. Lo que busca instintivamente es la idea general y, preferentemente, original, que pueda exponer-

"Despojé la concepción de Churchill de los ornamentos seductores que le agregaba su elocuencia y reconocí, después de haber reflexionado, que se apoyaba en datos sólidos. Ya que los ingleses no podían distraer por mucho tiempo hacia el ecuador sus medios navales importantes, lo único que tenía que considerar para convertirme en el dueño de Dakar era una operación directa. Ahora bien, a menos que fuese un ataque en regla, obligatoriamente tenía que implicar una mezcla de persuasión e intimidación (...). Mi conclusión fue que, si estábamos presentes, habría chances de que la operación tomara el sesgo de una alineación, aunque forzada, con la Francia Libre. Si, por el contrario, nos absteníamos, tarde o temprano, los ingleses querrían operar por cuenta propia. En ese caso, la plaza resistiría vigorosamente (...). Y aunque, finalmente, arrasada por los obuses, Dakar tuviese que rendirse a los británicos, con sus ruinas y sus desechos, era de temer que la operación dañara la soberanía francesa. Después de un breve lapso, volví a la casa de Churchill para decirle que aceptaba su sugerencia".[51]

A partir de ese momento, Churchill y de Gaulle tuvieron un plan en común, basado en una mezcla de persuasión e intimidación, que fue aceptado por los jefes de Estado Mayor el 7 de agosto, sin gran entusiasmo. Después, los servicios de planificación británicos pusieron a punto el detalle de las operaciones y, desde el comienzo, Churchill intervino entusiastamente en los trabajos. El 8 de agosto escribió al Comité de Jefes del Estado Mayor: "Parecería extremadamente importante para los intereses británicos que el general de Gaulle pueda tomar Dakar lo más pronto posible. Si sus emisarios nos informan que la ciudad puede ser tomada sin derramamiento de sangre, será mejor. En caso contrario, habrá que constituir una fuerza polaca y británica y darle toda la protección naval necesaria. Una vez que haya comenzado la operación, habrá que sostenerla hasta el final. Para darle un carácter francés, hay que utilizar a de Gaulle y, por supuesto,

---

se en muy grandes líneas. Realizable o no, buena o mala, lo seducirá siempre que tenga que recomendarla exitosamente a un auditorio entusiasta; cuando está bosquejando un proyecto, se entusiasma tan fogosamente que, con frecuencia, pierde el contacto con la realidad".[52]

después del éxito de la operación, se instalará su administración. Pero tenemos que alentarlo y darle el apoyo de las fuerzas que necesite. Los jefes del Estado Mayor tienen que establecer un plan para capturar Dakar. Para que esta operación llegue a buen puerto tienen que considerar la disponibilidad de:

"a) Las fuerzas del general de Gaulle y todos los barcos de guerra franceses que puedan reunirse;

"b) una fuerza naval británica de bastante envergadura como para dominar a los buques de guerra franceses en el sector y, al mismo tiempo, cubrir el desembarco;

"c) una brigada polaca convenientemente equipada;

"d) la brigada de *Royal Marines* que se mantiene en reserva para las islas del Atlántico, pero que podría usarse previamente para ayudar a de Gaulle a desembarcar o, si no, los comandos de sir Roger Keyes;

"e) un apoyo aéreo adecuado que opere a partir de portaaviones o de una colonia del oeste africano inglés (...).

"Una vez que hayamos tomado Dakar, no pensamos mantener allí fuerzas británicas. En cuanto se haya ubicado la administración del general de Gaulle, tendrá que mantenerse con una ayuda británica limitada a un aprovisionamiento moderado y, por supuesto, la protección contra cualquier operación naval que pueda llegar de la Francia ocupada (...). Es preciso poner en estado al *Richelieu* y mantenerlo con el pabellón francés (...). El tiempo es un factor crucial en este plan. Ya hemos perdido demasiado. Habrá que usar buques de transporte británicos cada vez que sea necesario y bastará con que naveguen con el pabellón francés (...). Saber si Francia nos va a declarar la guerra y si debemos correr este riesgo le corresponde al Gabinete".[53]

Esta nota decía: PARA UNA ACCIÓN INMEDIATA y, a partir del 10 de agosto, el subcomité de planificación de las tres armas tuvo un plan directivo, bautizado *Amenaza*, que fue aprobado por los jefes del Estado Mayor. Poco después, nombraron comandantes en jefe de la expedición al vicealmirante John Cunningham y al mayor general Irwin. El 12 de agosto, Churchill los invitó a Chequers, los arengó largamente y redactó sus instrucciones de puño y letra. Obviamente, los jefes del Estado Mayor y los responsables de las planificaciones no veían de buen grado las intervenciones repetidas e intempestivas del Primer Ministro. El mariscal de la RAF, sir John Slessor, en ese momento director de Planificación, escribió tiempo después: "Desde el comienzo, los servicios de planificación eran más bien hostiles a la operación *Amenaza*, pero WSC (Churchill) ejerció una presión muy severa sobre nosotros (y, en nuestra opinión, indebida): llegó a visitarnos en el comité para forzarnos a hacer lo que él quería. De hecho, todos estaban nerviosos y se enojaron más aún cuando les dijimos que la operación sólo podía ser exitosa con la cooperación franca y leal del enemigo, ¡lo que no nos parecía una base muy segura para establecer planes!".[54]

Efectivamente, en sus momentos iniciales, la operación *Amenaza* tuvo otros obstáculos, que no eran la reticencia de los responsables de la planificación. El general de Gaulle y el general Spears se dieron cuenta enseguida, y éste señaló: "Una vez que se fijaron las grandes líneas de la operación y los plazos de ejecución durante reuniones entre el general de Gaulle, yo mismo y los dos comandantes en jefe de la expedición (...), ni el general de Gaulle ni yo nos enteramos de la evolución de las tareas. Solamente recibimos las informaciones que el general necesitaba para poder dar las órdenes necesarias a sus tropas. El resto estaba en manos de los servicios de planificación".[55]

Pero había cosas peores: a medida que avanzaban los preparativos, las fuerzas británicas previstas para la operación se redujeron considerablemente: en lugar de la formidable Armada de cien buques imaginada por Churchill, a fin de cuentas, no había más que dos acorazados antiguos, cuatro cruceros, un portaaviones, algunos destructores y tres transportes de tropas con dos batallones de infantería de marina. El general de Gaulle sólo pudo reunir tres aviones, dos bous armados, cuatro cargueros y dos transatlánticos holandeses que podían transportar unos dos mil hombres, entre los cuales se contaba un batallón de la Legión y una compañía de soldados de infantería. En cuanto a la brigada polaca que iba a participar, desapareció sin razón aparente en los primeros momentos de la planificación.

La incertidumbre reinaba también en relación con la fecha prevista para iniciar la operación: "Esperábamos atacar el 8 de septiembre —escribió Churchill—, pero descubrimos que la fuerza principal tendría que tomar un relevo en Freetown para reaprovisionarse de combustible y reagruparse antes del asalto. El plan preveía que los transportes de tropas francesas, que navegaban a doce nudos, llegaran a Dakar en 16 días. Sin embargo, nos dimos cuenta de que los cargueros que transportaban el material pesado no podrían hacer más que 8 o 9 nudos y esto se supo demasiado tarde como para que un transbordo del material a buques más rápidos nos diera alguna ventaja. En total, nos pareció inevitable tener un retraso de 10 días respecto de la fecha fijada: cinco días por el error de cálculo de la velocidad de los buques, tres por problemas de carga imprevistos y dos para el reaprovisionamiento de combustible en Freetown. Decididamente, teníamos que conformarnos con el 18 de septiembre".[56] De hecho, a pesar de las reiteradas intervenciones del Primer Ministro, la fecha de ataque se trasladó al 19 de septiembre y hubo otros retrasos antes de la partida de la expedición.

Enseguida aparecieron muchos otros puntos débiles, algunos de los cuales hicieron recordar la desastrosa confusión que presidió la campaña de Noruega. Por ejemplo, todos, incluidos de Gaulle y Churchill, se pusieron de acuerdo en decir que la operación tenía que hacerse a través de la negociación y sin derramamiento de sangre. Es más, Churchill precisó a los jefes del Estado Mayor que "todo deberá desenvolverse en un ambiente de quermés".[57] Pero, por incompletos que hayan sido los informes sobre las condiciones políticas de Dakar, la actitud del gobernador, el general Boisson, comandante de la plaza, permitía pensar, al menos, que Dakar no se rendiría en el combate. Ahora bien, si como consecuencia del fracaso de las negociaciones se hacía necesario un ataque, los atacantes habrían perdido el beneficio de la sorpresa cuando se presentaran ante las defensas costeras de Dakar. Por otro lado, faltaba información sobre la naturaleza exacta de esas defensas: ¿cuántas baterías?, ¿qué calibres?, ¿qué posiciones tenían? Tampoco se sabía cuál era la topografía exacta de las playas de desembarco alrededor de Dakar; en cuanto a los informes sobre el estado del mar en esas playas, el contraalmirante Maund escribió: "El mar quizás esté malo y quizás no".[58] En todo caso, los informes que se dieron a los dos comandantes de la expedición eran de antes de la guerra —la Gran Guerra, por supuesto—. En junio de 1940 se habían recibido informes más recientes sobre los efectivos de la guarnición de Dakar, pero quedaron dentro de los archivos del *War Office* y no pudieron usarse.[59] Esto explica que los responsables de la planificación hayan subestimado tanto las defensas costeras y los efectivos de la guarnición de Dakar.

A todo esto hay que agregar una cierta debilidad en el nivel organizativo: las comunicaciones por radio entre los buques aliados que participaban de la expedición eran defectuosas; al personal de transmisión le faltaba entrenamiento; los comandantes de la expedición no conocían a sus hombres; éstos no tenían el entrenamiento necesario para efectuar operaciones de desembarco y, en el momento de la partida, se olvidaron muchas piezas del equipamiento. Además, poco antes de la partida hubo algunas indiscreciones bastante inquietantes: por ejemplo, en varios restaurantes de Londres y de Liverpool se oyó a oficiales franceses que brindaban diciendo: "¡Por Dakar!".[60] También hubo un oficial francés que habló demasiado con personas del sexo opuesto, lo que, por supuesto, preocupó a los ingleses.[61] Pero ellos mismos no eran demasiado reservados: sus oficiales reunieron información sobre Dakar en las agencias de viajes de Londres con una falta de discreción bastante asombrosa, mientras los trabajadores del puerto de Liverpool hablaban a quien quisiera escucharlos de los objetivos precisos de la expedición[62] y, en dos ocasiones, cajas destinadas a ser embarcadas se rompieron contra el suelo y liberaron cientos de volantes tricolores con la siguiente leyenda: "¡A los habitantes de Dakar y a los franceses de Dakar! ¡Únanse a nosotros para liberar a Francia!".[63]

A pesar de todos estos errores, el general de Gaulle siguió confiando en el éxito de la operación. Es verdad que el hecho de que Chad se uniera a la Francia Libre el 26 de agosto, Camerún al día siguiente y el Congo al subsiguiente, lo alentó. El 30 de agosto almorzó con el Primer Ministro en Downing Street y la atmósfera era decididamente optimista. Al día siguiente, finalmente la expedición partió desde Liverpool. El general de Gaulle, el general Spears y el capitán de fragata d'Argenlieu se ubicaron a bordo del transatlántico holandés *Westerland*. Antes de embarcarse, el general de Gaulle dejó una carta para el general Catroux, quien acababa de unirse a la Cruz de Lorena y que tenía que llegar en cualquier momento a Londres. Esta carta revela el estado de ánimo del jefe de la Francia Libre: "Cuando reciba esta carta, habré partido para Dakar con tropas, buques, aviones y el apoyo de los ingleses (...). Tengo plena confianza en la victoria final. Los ingleses se comprometieron con todo y, felizmente para nosotros y para ellos, Winston Churchill es íntegramente 'el hombre de la guerra'. La partida se juega entre Hitler y él".[64]

Pero las cosas no tardaron en arruinarse. Los barcos aliados recién llegaron a Freetown el 17 de septiembre y allí se enteraron de que una semana antes, seis cruceros franceses habían dejado Toulon y atravesado el estrecho de Gibraltar sin que la flota británica los hubiese interceptado. Luego, después de navegar a lo largo de la costa africana, llegaron sin problemas a Dakar el 14 de septiembre. Pero cinco días después, con el refuerzo de un séptimo crucero, el *Primauguet*, dejaron Dakar para tomar una ruta hacia el sur. Evidentemente, su misión consistía en que Camerún y el Congo volvieran a alinearse con el régimen de Vichy. Esta vez, sin embargo, fueron interceptados por la flota del almirante Cunningham, quien los obligó a dar marchar atrás. Para las dos colonias de África ecuatorial que acababan de unirse a la Francia Libre, fue una excelente noticia. Pero para la expedición aliada, un golpe muy duro, pues de los siete cruceros que dieron media vuelta, cinco volvieron a Dakar y reforzaron la base con oficiales, marinos y artilleros leales a Vichy. Cuando Churchill se enteró de la llegada de los cruceros, enseguida comprendió la amplitud del peligro: "No dudé de que había que abandonar la expedición", escribió más tarde. El 16 de septiembre, el *War Cabinet* estuvo de acuerdo con la opinión de Churchill y envió a los jefes de la expedición las siguientes instrucciones:

"El gobierno de Su Majestad decidió que la presencia de cruceros franceses en Dakar vuelve imposible la ejecución de la operación (...). La mejor solución para el general de Gaulle consistiría en desembarcar en Duala, para consolidar la situación en Camerún, en África ecuatorial y en Chad y extender su influencia hasta Libreville. Por el momento, la fracción inglesa de las tropas se quedará en Freetown. Este plan se aplicará inmediatamente, a menos que el general de Gaulle presente fuertes objeciones".[65]

Pero, efectivamente, de Gaulle tenía fuertes objeciones para formular y los dos comandantes de la expedición se le unieron. Los tres insistieron en proseguir con la operación y esta encarnizada resolución impresionó al Primer Ministro. En la tarde del 18 de septiembre, el *War Cabinet* dio su acuerdo. Pero cuando, en la mañana del 23 de septiembre, la escuadra anglo-francesa se presentó en Dakar, nada se asemejaba al imponente espectáculo que Winston Churchill había imaginado un mes y medio antes. Desde luego, todo estaba cubierto por una espesa bruma y los buques aliados no pudieron verse desde la costa. Sin embargo, el plan se puso en ejecución: a las 6 de la mañana, el general de Gaulle lanzó un llamamiento a los marinos, a los soldados y a los habitantes de Dakar. Dos pequeños aviones franceses *Luciole* despegaron del portaaviones *Ark Royal* y aterrizaron en el aeródromo local para desembarcar a emisarios. Otros aviones ingleses y franceses sobrevolaron la ciudad tirando volantes y banderines tricolores. En ese momento no hubo ninguna reacción por parte de la guarnición y parecía que la operación iba a ser un éxito.

De pronto, las baterías antiaéreas de Dakar abrieron fuego sobre los aviones aliados y los cañones del *Richelieu* le hicieron eco. Los tres oficiales franceses que habían bajado en el aeródromo de Dakar fueron arrestados. Mientras tanto, dos lanchas con la bandera tricolor y la bandera blanca penetraron en la rada; otros emisarios del general de Gaulle estaban a bordo, con el capitán de fragata d'Argenlieu al mando. Pero, en cuanto bajaron a tierra, amenazaron con arrestarlos y los obligaron a volver a embarcarse con un nutrido fuego. Ahí mismo, las baterías costeras y los cañones del *Richelieu* empezaron a bombardear a la escuadra aliada y el crucero *Cumberland* fue seriamente averiado. Los buques ingleses replicaron y se produjo un prolongado cañoneo.

Durante la tarde, se decidió intentar un desembarco en el pequeño puerto de Rufisque, pero ahí también la bruma dominaba todo y los primeros en desembarcar se encontraron con una resistencia feroz y, finalmente, abandonaron el intento. Durante los dos días siguientes, el cañoneo siguió intermitentemente y causó pérdidas de uno y otro lado sin que se llegara a un resultado decisivo. A causa del estado defectuoso del material de transmisiones, las comunicaciones entre los buques de la Francia Libre y las construcciones inglesas se hicieron cada vez más difíciles. En la noche del 25 de septiembre, el crucero británico *Resolution* fue seriamente averiado y la rendición de Dakar seguía siendo improbable. El general de Gaulle y el almirante Cunningham realizaron muchas consultas y decidieron abandonar la empresa: la escuadra aliada dirigió las proas hacia Freetown.

Es fácil imaginar el estado de ánimo del general de Gaulle durante los días subsiguientes. La derrota deja un gusto muy amargo y el jefe de la Francia Libre estaba muy cerca de abandonar definitivamente la partida. En la noche del 25 de septiembre, el general Spears escribió en su diario: "Está tan obnubilado por el temor de verse expuesto a reproches por haber atacado a franceses, que su juicio está totalmente alterado".[66] Efectivamente, de Gaulle consideró en ese momento muchas soluciones y parece que el suicidio fue una de ellas.[67] En otros momentos pensó en partir a Egipto con sus hombres, para combatir a los italianos y "borrar la impresión producida por Dakar".[68] El 1º de octubre, Spears anotó en su diario: "(de Gaulle) se preocupa mucho por la impresión que produjo Dakar y teme por Winston".[69]

Es cierto que el fracaso de Dakar produjo en el mundo una impresión desastrosa y, como podía esperarse, la propaganda alemana y la de Vichy explotaron a fondo este hecho. Pero la prensa británica era casi tan feroz como ellos en sus críticas: hasta fines de septiembre, el *Daily Mail*, el *Daily Herald*, el *Manchester Guardian*, el *New Statesman*, el *Daily Telegraph*, el *Times*, el *Observer* y el *Daily Mirror* le hicieron la guerra sin cuartel al gobierno, al general de Gaulle y a todos los responsables de la expedición. Por ejemplo, el *Daily Mirror* habló de "grosero error de cálculo", pero también, de "fuga desordenada", "retirada precipitada", "irrealidad", "medidas intermedias", y agregó: "Con

Dakar, sin duda, hemos tocado el fondo de la imbecilidad".[70] La prensa norteamericana retomó con mucho agrado buena parte de estas críticas virulentas e injustas, lo que repercutió en todo el mundo.

A pesar de todo esto, de Gaulle no estaba de ningún modo inquieto por el Primer Ministro o por él mismo, pues Churchill permanecía más combativo que nunca y no estaba para nada dispuesto a abandonar a un amigo en la desgracia. El 8 de octubre declaró en la Cámara de los Comunes: "No nos interesaba, ni a nosotros ni a de Gaulle, entrar en un conflicto sangriento o prolongado con los franceses de Vichy. No dudo de ningún modo de que el general de Gaulle haya tenido razón en creer que la mayoría de los franceses era favorable a la Francia Libre. Incluso diría que dio pruebas en esa oportunidad de un juicio muy seguro y que su comportamiento en estas circunstancias tan extraordinariamente difíciles no hizo otra cosa que incrementar la consideración que tenemos por él. El gobierno de Su Majestad no abandonará la causa del general de Gaulle antes de que ésta se fusione con la causa de Francia, lo que se producirá". Después de exponer las principales causas del fracaso de la expedición, Churchill tomó partido duramente en contra de sus detractores: "Con frecuencia la crítica es útil cuando es constructiva, rigurosa y está bien informada. Pero el tono que observamos en ciertos órganos de prensa —felizmente en pocos— cuando se refieren al episodio de Dakar, y a otras cuestiones más graves todavía, es tan áspero y tan venenoso que sería casi indecente si estuviese dirigido al enemigo".[71]

La prensa inglesa no **estaba** totalmente convencida de las explicaciones de Churchill, pero los contraataques mordaces del Primer Ministro tuvieron su efecto. Poco a poco, se acabaron las críticas contra de Gaulle, los ataques contra el gobierno desaparecieron y el interés se desvió hacia otros aspectos de la guerra. En África, el general de Gaulle fue fuertemente alentado por la enérgica intervención del Primer Ministro. Además, volvió a encontrarse con toda su combatividad y se dispuso a partir en una gira de inspección a África ecuatorial. Con el coronel Leclerc preparó la toma de Libreville y el alineamiento de todo Gabón, operación que fue coronada por el éxito un mes más tarde.

No por esto el fracaso de Dakar dejó de proporcionarle un duro golpe a la Francia Libre. Aniquiló cualquier esperanza de lograr la adhesión de África occidental y de África del Norte en un futuro previsible; disuadió a muchos franceses de unirse al general de Gaulle y alentó a muchos otros en su hostilidad hacia la Francia Libre. Por otra parte, muchos ingleses, que se habían enterado de que la indiscreción de los franceses había originado el fracaso de Dakar, concluyeron que los franceses libres no eran dignos de confianza. Esto no tenía justificación,* pero para muchos miembros del *War Office* o del Almirantazgo era un excelente pretexto para excluir a los franceses libres de la planificación de las operaciones futuras. Ahora bien, las repercusiones más importantes tuvieron lugar en Estados Unidos: el presidente Roosevelt, que se había apasionado con el intento,[72] quedó desagradablemente sorprendido por el cambio brusco de dirección. Su poca estima por el general de Gaulle,[73] al que consideraba una creación de los ingleses, se vio reforzada. En el futuro, el fracaso de Dakar le serviría de pretexto para pedir la exclusión de la Francia Libre de todas las operaciones aliadas en África y en otras partes.

---

* Efectivamente, Vichy no recibió ningún informe sobre la operación *Amenaza*. Como vimos, los cruceros de Vichy, cuya llegada intempestiva comprometió la operación, iban a reconquistar Camerún y el Congo y no a defender Dakar.

5

LA ALIANZA

Churchill había quedado muy decepcionado con el fracaso de Dakar y, sin embargo, como declaró en la Cámara de los Comunes el 8 de octubre, de ningún modo había perdido la confianza en de Gaulle. Más aún, quedó muy impresionado por la feroz determinación que había mostrado el jefe de la Francia Libre durante la operación. Por otra parte, a diferencia de muchos periodistas mal informados, Churchill conocía cuál era la verdadera razón del fracaso de Dakar: la intervención de la escuadra de Vichy, que pudo pasar sin problemas el estrecho de Gibraltar, como consecuencia de un grave error del Almirantazgo británico. Además, los rumores que decían que el general de Gaulle había impuesto la operación de Dakar al gobierno de Su Majestad carecían por completo de fundamentos y Winston Churchill lo sabía mejor que nadie. Si bien el revés de Dakar tuvo consecuencias desastrosas, no implicó ningún deterioro de las relaciones entre el Primer Ministro británico y el Jefe de la Francia Libre.

Churchill no escatimó esfuerzos para incrementar la influencia y la autoridad del general de Gaulle, pero se dio cuenta de que había creado una especie de ficción pues, finalmente, a pesar de su estatura y de su resolución, en ningún caso podía pretender representar al gobierno de Francia, ni hablar en nombre de toda Francia. Ahora bien, Churchill no lograba resolverse a perder todo contacto con esa Francia cautiva y con su gobierno servil. Por supuesto que tenía sus buenas razones para esto: la flota francesa y la mayor parte del Imperio habían quedado bajo la autoridad del gobierno de Vichy. El 25 de julio, escribió a su ministro de Asuntos Exteriores: "Querría provocar en Vichy una especie de conspiración, con la intención de que algunos miembros de este gobierno, quizás con la complicidad de los que quedarían, pasaran a África del Norte, para poder servir mejor a los intereses de Francia desde estas riberas, desde donde dispondrán de mayor libertad de acción. A tal efecto, estoy dispuesto a facilitarles suministros y varias otras ventajas".[1]

En Churchill, con frecuencia, el sentimiento se mezclaba con el pragmatismo, sobre todo cuando se trataba de Francia. Y Hugh Dalton, que se entrevistó con él el 3 de septiembre, escribió en su diario: "Churchill (…) está muy contrariado por las dificultades de comunicación con Francia. Me dijo: 'Ni siquiera puedo encontrar un norteamericano para llevar una carta al general Georges. Sería una carta muy corta. Le diría solamente, como Thiers: «¡Piensen siempre, nunca hablen!». Comprenderá. No necesito decir más'".[2]

Más allá de esta formulación, un tanto arriesgada, el general Georges seguramente habría comprendido la alusión. Pero ya no tenía la edad ni, por otra parte, la voluntad para participar en esta conspiración en la que pensaba el Primer Ministro. En cuanto a la posibilidad de proporcionar comestibles a Francia a cambio de un coletazo de independencia por parte de Vichy, ésta dio lugar a un diálogo prolongado entre el *Foreign Office* y el ministro de Asuntos Exteriores de Vichy, Paul Boudoin, por intermedio de la embajada de Gran Bretaña en Madrid. Pero Vichy no ofreció nada tangible a cambio de una moderación del bloqueo británico y, por sentimental que fuese, el Primer Ministro de Su Majestad no era un hombre de hacer concesiones sin pedir algo a cambio.

El general Catroux, que había llegado a Inglaterra el 17 de septiembre para unirse a la Francia Libre, se dio rápidamente cuenta de la asombrosa mezcla de sentimentalismo y pragmatismo del Primer Ministro: "Churchill —escribió— había hablado del general calurosamente y con gran reconocimiento, alababa su fuerza de carácter y su sentido del honor. Me había dicho que nunca olvidaría que había sido fiel a Gran Bretaña en el momento más crítico y que no había variado en este sentido, ni siquiera después del doloroso asunto de Mers-el-Kébir". Pero Churchill también le dijo a Catroux ese día: "En definitiva, en este momento, creo que usted sería más útil en Londres. El movimiento de la Francia Libre necesita una conducción y pienso que usted debería hacerse cargo de ella".[3]

Estas palabras pueden tener diferentes interpretaciones: lord Lloyd, con quien Catroux se entrevistó un poco después, le explicó que "la gratitud y el afecto de Winston Churchill por de Gaulle no estaban en juego, pero que el futuro del movimiento le preocupaba. Y él se había puesto en juego en eso (...). Había descontado que, bajo la acción del general, la Francia Libre sería rápidamente una fuerza y una realidad. Pero su esperanza no había sido satisfecha. No solamente los adherentes a la Francia Libre eran pocos, sino que no se veía en sus filas ninguna personalidad notoria de la política, de los ejércitos, de los medios intelectuales, que pudiera otorgarle relieve, peso y dinamismo al movimiento. Con lo cual, se podía concluir que la personalidad del general no era lo suficientemente fuerte y que su brillo no era lo suficientemente poderoso como para provocar el gran fenómeno de atracción que se esperaba. Otro que no fuera él, más conocido por el público y más familiar para los medios internacionales, podría, sin duda, lograrlo".[4]

Ésta era la interpretación de lord Lloyd y podemos pensar que refleja más sus propios puntos de vista que los del Primer Ministro. En cuanto a de Gaulle, a quien el general Catroux le contó esta conversación, dedujo que Churchill "quiere dividir para reinar".[5] De hecho, hay otra explicación, mucho más verosímil: la Francia Libre estaba desgarrada en esa época por discusiones intestinas y rivalidades personales; Churchill, que sabía todo lo que pasaba dentro del movimiento, simplemente pensó que la llegada del general Catroux podría poner orden mientras volvía el general de Gaulle. Después de todo, el Primer Ministro le había dicho a Catroux: "*En este momento,*[*] creo que usted sería más útil en Londres".[6] Algunos, sin embargo, dijeron que Churchill se estaba metiendo en lo que no le incumbía, pero ¡él siempre se había metido en lo que no le incumbía!

---

[*] El subrayado es nuestro.

Mientras tanto, en Madrid, la embajada de Gran Bretaña mantuvo contactos oficiosos con Vichy y el 13 de septiembre, el embajador, sir Samuel Hoare, transmitió al *Foreign Office* un mensaje de Paul Baudouin en el que proponía el establecimiento de un *modus vivendi* colonial.[7] Quince días más tarde, el Embajador transmitió un segundo mensaje de Vichy, en estos términos: "Si Gran Bretaña no quiere que el gobierno francés caiga por completo en manos de los alemanes, debe permitir que el abastecimiento proveniente de las colonias francesas pase por la Francia no ocupada. En el caso en que esto se autorice, el gobierno francés estaría dispuesto a establecer los arreglos necesarios en materia de control y garantizaría que ni este abastecimiento ni su equivalente en Francia fueran capturados por los alemanes. En el caso de que los alemanes intentasen hacerlo, el gobierno francés sería transferido a Marruecos y Francia se uniría nuevamente a Gran Bretaña en contra de Alemania".[8]

Esta vez, las autoridades británicas empezaron a mostrar algún interés y respondieron que estaban dispuestas a estudiar las propuestas de Vichy, pero agregaron: "De una vez por todas tienen que comprender que el gobierno de Su Majestad no puede retirar su apoyo al movimiento del general de Gaulle y que debe proporcionarle toda la ayuda que pida para mantener su autoridad en las colonias francesas que se unieron a su causa (...). Habría que precisar que el gobierno de Su Majestad le otorga la mayor importancia al ejército del bloqueo, que debe seguir operando en contra del enemigo. En este sentido, el gobierno sólo podría emprender una atemperación si estuviese absolutamente seguro de que el gobierno francés tendría la posibilidad y la voluntad de actuar independientemente de las órdenes alemanas o italianas en lo que respecta a los territorios de ultramar y que, además, estaría dispuesto a adoptar, en sus transacciones con el gobierno de Su Majestad, una actitud de cooperación que no ha mostrado hasta este momento".[9]

Este diálogo indirecto con Vichy no fue realizado sin que de Gaulle, que estaba en Lagos, lo supiera. Por el contrario, a través de telegramas, Churchill lo mantuvo al corriente de la evolución de las tratativas y el 3 de octubre le hizo llegar los siguientes comentarios:

"1. El general de Gaulle notó con gran interés que, por primera vez en una comunicación oficial, el gobierno de Vichy había considerado las circunstancias en las que la Francia oficial podría retomar la guerra al lado de Gran Bretaña.

"2. Dados los hechos producidos y la política del gobierno de Vichy, un camino de este tipo debe considerarse como el indicio de un desasosiego político que confina a la desesperación, más que como un franco reconocimiento de un error nacional e internacional desmesurado.

"3. En todo caso, es necesario subrayar el siguiente punto: aun cuando el gobierno de Vichy un día se trasladara, por completo o en parte, a África del Norte y proclamara que quiere retomar la lucha, no podría tener bastante autoridad y eficacia para dirigir la guerra. Después de haber soportado la ley del enemigo y de haber desarmado al Imperio, no le quedaría el prestigio necesario para conducir y entrenar a los que llamaría a las armas.

"4. Cualesquiera sean los arreglos que el gobierno británico pueda llegar a consentirle al gobierno de Vichy en relación con las relaciones económicas de Francia no ocupada con el Imperio Francés, no es posible dejar de considerar que implicarían una revitalización, al menos momentánea, de la influencia de Vichy sobre las colonias, influencia que, actualmente, está liquidada. Me parece que sería preferible proponerle al gobierno de Vichy un reabastecimiento directo a través de la asistencia de Estados Unidos, estableciendo un control. En este caso, y conforme a una propuesta anterior del general de Gaulle, sería útil que se considerara que las disposiciones de reabastecimiento fueran otorgadas a pedido del general de Gaulle".[10]

De hecho, las seguridades que Vichy ofreció después no satisficieron al gobierno británico, porque no permitían prever ningún cambio radical de la política francesa. Por lo tanto, el embajador de Gran Bretaña se encargó de hacerle saber a su homólogo francés que "aunque decepcionado por el tenor de la respuesta, el gobierno de Su Majestad está dispuesto a continuar con las conversaciones en la línea indicada por su última comunicación".[11]

Lord Halifax le informó a de Gaulle este nuevo intercambio

de mensajes y agregó: "Estamos desagradablemente impresionados, pero no sorprendidos, por la respuesta del gobierno de Vichy. Pero ya que parece que no quiere romper, intentaremos sacar el provecho que podamos de esta situación. Creemos que es bueno seguir el intercambio de puntos de vista con Vichy, con la esperanza de que crea que es bueno para ellos establecer acuerdos con nosotros, siempre que nos demos cuenta de que están bajo la bota alemana y que, hagan lo que hagan, no es un gobierno libre".[12]

Y era esto lo que apesadumbraba al primer ministro Winston Churchill. Además, acababa de enterarse, de una fuente bastante mal informada, que el gobierno de Vichy se aprestaba a poner la flota y el Imperio a disposición de Alemania. El 20 de octubre, le escribió al presidente Roosevelt: "Si le entregan la flota francesa de Toulon a Alemania, para nosotros sería un golpe demasiado severo. Sin ninguna duda, Señor Presidente, usted tomaría una sabia precaución si le expresara en términos más fuertes al Embajador de Francia la desaprobación con la que Estados Unidos recibiría una traición de este tenor a la causa de la democracia y de la libertad. La gente de Vichy tendría muy en cuenta una advertencia de este tipo".[13]

Churchill también le hizo llegar al mariscal Pétain un mensaje en el que, entre otras cosas, le decía: "No podemos entender por qué ninguno de los dirigentes franceses va a África para hacer causa común con nosotros". Pero en la noche del 20 de octubre, el Primer Ministro no estaba realmente convencido de que se hubiese intentado ya todo para disuadir al viejo mariscal de que no siguiera deslizándose más por la pendiente resbaladiza de la colaboración. ¿Qué pensaba el pueblo francés de todo esto? El tiempo pasaba y Churchill seguía con sus meditaciones: el general Ismay, que estaba presente esa noche, describió lo siguiente: "Estábamos solos en la *Howtree Room*, en Chequers, y acababan de dar las doce en el reloj. Churchill parecía cansado y yo estaba contento porque nos íbamos a acostar temprano cuando, de pronto, se levantó de un salto y exclamó: '¡Creo que lo lograré!'. Timbre, entrada de los secretarios, y se puso a dictar su primer discurso a los franceses. No tenía notas y, sin embargo, durante unas dos horas las palabras siguieron brotando lenta y continuamente. El resultado habría sido una proeza más allá de los criterios y las circunstancias, pero fue realmente un triunfo extraordinario de la inteligencia sobre la materia".[14]

Churchill, más modestamente, escribió: "Me tomé mucho trabajo en preparar un breve discurso, pues tenía que decirlo en francés. No me satisfizo la traducción literal que me habían mostrado antes y que no daba cuenta del espíritu de lo que yo podía decir en inglés y sentir en francés. Pero Dejean, que formaba parte del Estado Mayor de las Fuerzas Francesas Libres en Londres, me dio una versión mucho mejor y, después de haberla repetido muchas veces, la pronuncié en un subsuelo del Anexo, en medio del ruido de un ataque aéreo".[15]

El resultado de todos estos esfuerzos fue bastante impresionante. En la noche del 24 de octubre, los franceses que escuchaban la BBC quedaron estupefactos al recibir el siguiente discurso, pronunciado en francés, con entonación típicamente churchilliana:

"¡Franceses!

"Durante más de treinta años, en tiempos de paz y en tiempos de guerra, marché con ustedes y todavía lo hago hoy, por el mismo camino. Esta noche les hablo, en el seno mismo de sus hogares, donde esté y cualquiera sea su suerte. Repito la plegaria que rodeaba sus luises de oro: 'Que Dios proteja a Francia'. Aquí, en nuestro hogar, en Inglaterra, bajo el fuego de los alemanes, no nos olvidamos de los lazos y los vínculos que nos unen a Francia: seguimos luchando con firmeza y con el corazón templado, para que la libertad se restablezca en Europa, para que el pueblo sea tratado con justicia en todos los países, en una palabra, para que triunfe la causa que nos hizo desenvainar la espada. Cuando la gente honesta se encuentra desconcertada por los ataques y los golpes que le infligen los tunantes y los malvados, tiene que tener cuidado de no empezar a pelear entre sí. Esto es lo que el enemigo en común intenta provocar siempre y, naturalmente, cuando se mezcla la mala intención, suceden muchas cosas que le hacen el juego al enemigo (...). Aquí, en esta ciudad de Londres a la que *Herr* Hitler pretende reducir a cenizas y a la que sus aviones bombardean en este preciso momento, nuestra gente se defiende bien. Nuestra aviación hizo mucho más que enfrentar al enemigo. Esperamos la invasión que nos prometieron hace tiempo. (...) Pero, por supuesto, recién estamos en el comienzo. Hoy, en 1940, como siempre, dominamos los mares. En 1941, dominaremos los cielos. No olviden lo que esto quiere decir. *Herr* Hitler, con sus carros de asalto y sus otras armas mecánicas y, también, gracias a las intrigas de su quinta columna con los traidores, por ahora ha logrado conquistar la mayoría de las razas más hermosas de Europa, y su pequeño cómplice italiano, lleno de esperanza y apetito, sigue trotando temerosamente a su lado. Ambos quieren dividir a Francia y a su Imperio. Uno quiere el muslo, el otro el ala.

"No solamente el Imperio Francés será devorado por estos dos hombres viles, sino que una vez más el territorio de Alsacia-Lorena va a quedar bajo el yugo alemán, y Niza, la Saboya y la Córcega de Napoleón serán arrancadas del bello dominio de Francia. Pero Hitler no solamente piensa en robar territorio a otros pueblos y en quitarles algunos pedazos para tirárselos a sus perritos. Les digo la verdad, deben creerme. Este hombre malo, este monstruoso hijo del odio y de la derrota, está resuelto nada menos que a hacer desaparecer por completo la nación francesa, a disgregar su vida y, por consiguiente, a arruinar su futuro. Por todo tipo de medios hipócritas y feroces, se prepara para agotar para siempre las fuentes de la cultura y de la inspiración francesas en el mundo. Si es libre de actuar a su voluntad, toda Europa no será más que un boche en uniforme, ofrecida a la explotación, al pillaje, a la brutalidad de los gángsteres nazis. Les hablo así, francamente, perdónenme, pero no es momento de masticar las palabras (...)

"¡Franceses!

"Rearmen sus corazones antes de que sea demasiado tarde (...). Nunca creeré que el alma de Francia está muerta ni que su lugar entre las grandes naciones del mundo puede perderse para siempre. Todos los complots y todos los crímenes de *Herr* Hitler están atrayendo sobre su cabeza y sobre la de los que pertenecen a su régimen un castigo que muchos de nosotros veremos en vida. No habrá que esperar demasiado. La aventura todavía no terminó. Estamos sobre su pista y nuestros amigos del otro lado del océano Atlántico también lo están. Si *Herr* Hitler no puede destruirnos, nosotros estamos seguros de que lo destruiremos con toda su camarilla y sus trabajos. Por lo tanto, tengan confianza y esperanza. Todo se restablecerá.

"Ahora, nosotros, los británicos, ¿qué podemos pedirles hoy, en un momento tan amargo y tan duro? Lo que les pedimos, en medio de nuestros esfuerzos por lograr la victoria que compartiremos con ustedes, es que, si no pueden ayudarnos, al menos no sean un obstáculo. En efecto, deben reforzar el brazo que golpea por ustedes. Creemos que los franceses, estén donde estén, se sentirán con el corazón reconfortado y que la fiereza de su sangre se estremecerá en sus venas cada vez que tengamos un triunfo en los aires, en el mar o, más tarde —pero llegará—, en tierra. No olviden que no nos detendremos nunca, que no nos cansaremos nunca, que no cederemos y que nuestro pueblo y nuestro Imperio están dedicados a la tarea de curar a Europa de la pestilencia nazi y de salvar al mundo de una nueva barbarie. Entre los franceses, los que se encuentran en el Imperio colonial y los que viven en Francia, para decirlo de algún modo, no ocupada, pueden, sin duda, cada tanto, encontrar una oportunidad para actuar útilmente. No entro en detalles. Los oídos enemigos nos escuchan. A los otros, los que tienen afecto por los ingleses, con un solo movimiento, porque viven bajo una disciplina estricta, la opresión y el espionaje de los alemanes, les digo: cuando piensen en el futuro, recuerden las palabras de ese gran francés que fue Thiers. Las pronunció cerca de 1870 y eran sobre el futuro: 'Pensar siempre en él, no hablar nunca de él'.

"Bueno, buenas noches, que duerman bien, rearmen sus fuerzas para el alba, pues el alba llegará. Se alzará brillante para los bravos, suave para los fieles que hayan sufrido, gloriosa sobre la tumba de los héroes. ¡Viva Francia! Y viva, también, la marcha hacia adelante de los pueblos de todos los países que quieren reconquistar el patrimonio que les pertenece con pleno derecho".[16]

Los franceses que oyeron esta alocución no la olvidaron, como se vio cuatro años más tarde. En cuanto al mariscal Pétain, Churchill no tenía ninguna razón para preocuparse. Más allá de una lucidez un tanto alterada, el viejo mariscal no había perdido totalmente de vista los intereses de Francia. De hecho, esperaba obtener para su país las condiciones más favorables posibles, jugando un juego bastante complicado entre Inglaterra y Alemania. Y el mismo Hitler se dio cuenta de esto cuando se encontró con él tres días más tarde. Otro hombre, el profesor Louis Rougier, se percató de la estrategia del mariscal cuando lo visitó el 20 de septiembre, para pedirle permiso para ir a Inglaterra con la intención de obtener un alivio del bloqueo británico. Por sorpresivo que pueda parecer —al menos para los que no lo conocían—, el viejo mariscal consideró excelente la idea e hizo que le entregaran los correspondientes salvoconductos.

El profesor Rougier llegó a Londres el 22 de octubre y fue recibido dos días más tarde por el Primer Ministro, quien estaba muy preocupado por la dificultad para comunicarse con Francia, la ausencia total de reacción frente a sus llamados al levantamiento en África del Norte y los rumores que hablaban de un pacto inminente entre Alemania y Vichy. Por lo tanto, lo recibió calurosamente y discutieron sobre la posibilidad de un compromiso a cuyo término Vichy garantizaría que no intentaría retomar por la fuerza las colonias aliadas a de Gaulle y que no cedería al Eje ni los puertos de Provenza ni las bases de África del Norte y occidental. En cuanto a los británicos, se comprometerían a no tomar por la fuerza las colonias francesas fieles a Vichy. De hecho, era el "*statu quo* colonial" del que ya se había hablado en la correspondencia que pasaba por Madrid. Pero Churchill agregó que, si una colonia se aliaba espontáneamente a la Francia Libre, "no podremos desautorizar a de Gaulle, pues es el único oficial francés que vino a nosotros y que se ofreció a seguir luchando a nuestro lado". Finalmente, el Primer Ministro dejó entender que no se opondría a una atenuación del bloqueo, "en caso de que Francia resista a las amenazas alemanas y organice un centro de resistencia en África del Norte".[17] Pero, mientras tanto, en Francia, el mariscal Pétain se encontraba con Hitler en Montoire y empezaron a circular rumores alarmantes sobre los resultados de esa entrevista.

En la mañana del 25 de octubre, un informe proveniente de Madrid indicaba que Laval y el almirante Darlan se habían esforzado por obtener que la flota francesa y las bases de África del Norte fueran cedidas a los alemanes. Entonces, Churchill declaró en el Consejo de Gabinete: "Si la flota y las bases navales pasaran a ser controladas por los alemanes, nuestra propia flota podría enfrentar graves problemas y la situación podría volverse dramática".[18] Churchill les pidió al presidente Roosevelt y al rey Jorge VI que escribieran al mariscal para exhortarlo a resistir las exigencias alemanas; es más, llegó más lejos y envió a los jefes de Estado Mayor británicos la siguiente nota: "Los diarios hablan de rumores según los cuales Vichy podría ceder sus bases o una parte de ellas a Alemania y a Italia. Si esto sucediera, tendríamos que tomar medidas inmediatas. Que el comité de planificación interarmas establezca sin demoras un plan para la captura de Dakar. Se trataría de una operación importante y puramente británica (...). Me parece que un desembarco de 50 o 60 tanques fuera del alcance de los cañones de la fortaleza permitiría tomar la determinación rápidamente. Hay que tener en cuenta que sería absolutamente intolerable que Dakar se convirtiera en un punto de apoyo sólido para los submarinos alemanes. El factor tiempo reviste una importancia crucial y cuanto más rápido se establezca el plan, mejor será. Veremos más tarde los medios a utilizar y los detalles de ejecución".[19]

En otras palabras, el Primer Ministro volvió a recuperar su pasión por los ejercicios de estrategia teórica. Pero no fue la única reacción instintiva frente a los rumores que aparecían en la prensa en esa época. El 25 de octubre una noticia fuerte e inquietante, que provenía de Berna, fue publicada por la prensa londinense: se habría firmado un tratado de paz por separado entre Pétain y Hitler en Montoire. Cuando el profesor Rougier llegó al otro día a Downing Street para una entrevista con Churchill, lo encontró en un estado de furia apenas controlado: "Voy a enviar a la aviación británica a que bombardee Vichy —gritaba—, voy a hacer un *broadcast* al pueblo francés para decirle que perseguiré a su gobierno de traidores donde se encuentre".[20]

El profesor Rougier, que era menos impulsivo, o que conocía mejor al mariscal Pétain, logró convencerlo de que la noticia que venía de Berna no era más que un intento de intoxicación psicológica por parte de los alemanes. Finalmente, Churchill se calmó y se retomaron las discusiones. El resultado quedó consignado en un protocolo de acuerdo redactado dos días más tarde y corregido por el propio Churchill. En este documento se encuentran, además del famoso *modus vivendi colonial*, un compromiso por parte de Vichy de hundir voluntariamente a la flota francesa antes que dejarla caer en manos de los alemanes y de los italianos y de no entregar jamás al Eje los puertos de Provenza y las bases navales de África del Norte y occidental. A cambio, las autoridades británicas vigilarían que la BBC se abstuviera de cualquier ataque verbal contra el mariscal Pétain y podrían atenuar el bloqueo "si Francia, pasiva o activamente, ayudara a la victoria británica".[21]

Evidentemente, este documento refleja los puntos de vista de ambos interlocutores en cuanto a los términos de un acuerdo posible, pero no constituía de ningún modo un acuerdo que comprometiera a las partes y, mucho menos, un tratado entre Gran Bretaña y Vichy. Por el contrario, representaba significativamente las preocupaciones del mariscal Pétain en ese momento: para él, se trataba de mantener una situación balanceada entre Alemania y Gran Bretaña hasta nueva orden, y de obtener, en el intervalo, una atenuación del bloqueo británico, que podría ser provechoso para los franceses. También reflejaba los objetivos de Churchill: por eso estipuló que "si el gobierno francés cediera las bases aéreas y navales a los totalitarios, Gran Bretaña haría todo lo que estuviera en su poder para golpear al gobierno culpable de una traición tan vil". Lo mismo sucedía con los objetivos puramente "profilácticos"; pero Churchill agregó al margen del documento: "Si el general Weygand blandiera el estandarte de la rebelión en África del Norte, podría contar nuevamente con el apoyo incondicional de los gobiernos y de los pueblos del Imperio Británico y, también, con una parte de la ayuda que aporta Estados Unidos de América".[22]

Efectivamente, Churchill todavía esperaba ver que África del Norte tomara las armas en contra de Alemania y se uniera al campo aliado. Por eso, poco después envió un mensaje al general Weygand invitándolo a "blandir el estandarte de la rebelión en África del Norte" y a enviar a Gibraltar a un oficial para informar a los británicos de lo que necesitaba en materia de equipamiento para retomar la lucha en contra del Eje. Como podía esperarse, Weygand se negó con sequedad.[23]

El *Foreign Office* se encargó esencialmente de que el general de Gaulle no se enterara del tenor de las entrevistas del Primer Ministro con el profesor Rougier. Por el contrario, se le informaba regularmente del diálogo indirecto con Vichy, vía Madrid, de las ofertas a Weygand y de las tratativas de Vichy con Hitler. El 31 de octubre, lord Halifax escribió al general de Gaulle: "Seguimos sin saber lo que el gobierno de Vichy concedió en las conversaciones con Hitler (…). La situación sigue siendo oscura, pero parece que verdaderamente hay alguna posibilidad de que Vichy no haya tomado todavía ninguna decisión irremediable; al menos, la extensión de sus concesiones a Alemania sigue siendo indeterminada. Como deseamos evitar cualquier acto de provocación que pudiera hacer inclinar la balanza en nuestra contra, especialmente en lo que concierne a la cuestión primordial de la flota y de las bases navales y aéreas, evitaremos cualquier condena pública del gobierno de Vichy, porque vamos a suponer una traición mínima de su parte hasta que los mencionados rumores se verifiquen".[24]

El general de Gaulle, que acababa de crear el Consejo de Defensa del Imperio, empezó a sospechar de los voceros británicos ante Vichy y el 2 de noviembre le escribió al Primer Ministro: "El general de Gaulle y el Consejo de Defensa del Imperio Francés comprenden las razones que pueden llevar actualmente al gobierno británico a manejarse formalmente con el gobierno de Vichy hasta tanto no se haya probado que éste haya hecho concesiones nuevas a Alemania y a Italia, que pudieran influir desfavorablemente en la situación militar del Imperio Británico. (…) Sin embargo, el general de Gaulle y el Consejo de Defensa del Imperio Francés, en nombre de los franceses libres, consideran su deber observarle al gobierno británico que su política y su actitud frente a Vichy, por razones específicamente francesas, difieren de un modo bastante sensible de la política y actitud actuales del gobierno británico.

"Para los franceses libres, el hecho de que el gobierno de Vichy exista en las condiciones actuales representa un atentado sin justificación posible para el honor y los intereses de Francia. El general de Gaulle y el Consejo de Defensa del Imperio no hacen ninguna objeción a que el gobierno británico dirija estímulos a algunas autoridades francesas hasta ahora dóciles a Vichy, pero de las que no es imposible pensar que un día busquen liberarse, como los generales Noguès y Weygand (...). En todo caso, si se produjera un cambio en estas autoridades que las llevara a tomar contacto con el gobierno británico para solicitarle ayuda, el general de Gaulle y el Consejo de Defensa del Imperio estiman que no habría que concluir ningún acuerdo sin su participación directa y su consentimiento formal, cualesquiera sean las objeciones que, por razones personales, las autoridades francesas arrepentidas presenten".[25]

Ahora, Churchill se encontraba en una situación difícil: no sabía qué pensar de la posición de Vichy y, como acababa de escribirle a su ministro de Asuntos Exteriores: "Para nosotros sería mejor que Pétain hubiese aceptado francamente las condiciones más humillantes planteadas por Alemania —en cuyo caso, sin duda, el pueblo francés derrocaría a su gobierno— o que las hubiera rechazado de plano. Ahora nos encontramos con los inconvenientes de las dos situaciones, sin sus ventajas".[26] Por otro lado, de Gaulle, que seguía activamente con las operaciones en África, habría necesitado una ayuda activa de Inglaterra, pero Churchill estaba indeciso: "No estamos seguros de tomar parte mientras no sepamos más claramente en dónde estamos con Vichy".[27] Lamentablemente, a comienzos de noviembre la incertidumbre seguía siendo la misma. Acababan de enterarse de que Vichy intentaba que sus dos grandes buques de guerra, el *Richelieu* y el *Jean-Bart,* volvieran al Mediterráneo; para Inglaterra esto era una amenaza segura y Churchill tomó enseguida medidas para impedirlo. Por otra parte, se enteraron de que Laval y el almirante Darlan intentaban forzar a Vichy para que declarara la guerra a Gran Bretaña. En ese momento, Churchill pidió al presidente Roosevelt que enviara un nuevo mensaje, uno que pudiera intimidar al mariscal Pétain.

A pesar de todo, Vichy no era el único que preocupaba al *Foreign Office.* Pues, además de la carta más bien firme que escribió el 2 de noviembre al Primer Ministro, una semana más tarde el general de Gaulle lanzó su "Manifiesto de Brazzaville", que el *Foreign Office* recibió con asombro. De hecho, los diplomáticos británicos quedaron muy impresionados por este discurso, algunas de cuyas páginas parecen una declaración de guerra a Vichy y pidieron a la prensa inglesa que no lo publicara. Poco después, el *Foreign Office* se enteró de que el general de Gaulle había enviado al cónsul de Estados Unidos en Leopoldville un mensaje para el presidente Roosevelt en el que, primero, le hacía conocer la creación del Consejo de Defensa del Imperio y, luego, le hacía saber que disponía de suficientes efectivos como para asegurar la protección de las Antillas, de la Guyana francesa y de Saint-Pierre-et-Miquelon, en cooperación con la flota norteamericana, y que el Consejo de Defensa del Imperio asumiría la responsabilidad de la administración de estos territorios en el caso de que los norteamericanos decidieran ocuparlos. Agregaba que el Consejo de Defensa del Imperio también estaba dispuesto a negociar un acuerdo que permitiera que Estados Unidos utilizara las bases aéreas y navales francesas del hemisferio occidental.[28]

Esta iniciativa, tomada sin consultar en absoluto con las autoridades británicas, hizo que los honorables miembros del *Foreign Office* pegaran un salto. Por supuesto que de Gaulle evitó adrede informar previamente a los británicos, para mostrar que el Consejo de Defensa del Imperio era completamente independiente, y se reservó negociar con las grandes potencias sin rendir cuentas a nadie. Pero en el *Foreign Office*, sir Alexander Cadogan tomó muy mal todo esto y escribió en su diario: "Martes 5 de noviembre. Reunión con H. Strang, R. Campbell y Mack sobre nuestra actitud y nuestra política futura respecto de Vichy. Espero que podamos hacer pasar a de Gaulle a segundo plano. Creo que es un perdedor y algunos indicios permiten pensar que el Primer Ministro está perdiendo un poco de confianza en Spears (...). Viernes 8 de noviembre. Telegrama ridículo desde Brazzaville, que indica que ese hi... de de Gaulle 'intenta intimar a Weygand a que tome partido'. Es justamente lo que no hay que hacer en este momento. Redacté una respuesta y se la envié al Primer Ministro. (Creo que su confianza en de Gaulle —y en Spears— finalmente está quebrada)".[29]

Sir Alexander Cadogan al fin logró persuadir a Churchill de que enviara una carta al general de Gaulle para pedirle que volviera a Londres. Pero, contrariamente a lo que pensaba Cadogan, la confianza del Primer Ministro en el general de Gaulle no se había quebrado para nada, pues entendía perfectamente las razones de la actitud del general: "De Gaulle —escribió— naturalmente veía muy mal todas estas tratativas nuestras con Vichy. Pensaba que teníamos un deber de lealtad solamente con él. Para mejorar su imagen frente al pueblo francés, le parecía también indispensable adoptar frente a la 'pérfida Albión' una actitud orgullosa y altiva, aunque no era más que un exiliado, que vivía entre nosotros y que contaba con nuestra protección. Tenía que mostrarse intratable con los ingleses, para mostrar que los franceses no estaban en una venta de saldos frente a Inglaterra". Y agregó: "Podemos decir realmente que siguió esta política con perseverancia".[30]

En todo caso, el 10 de noviembre, el Primer Ministro envió a de Gaulle esta carta: "Tengo muchos deseos de tener un encuentro con usted. La situación entre Francia y Gran Bretaña cambió considerablemente desde su partida. Un movimiento muy fuerte a nuestro favor se está desarrollando a través de toda Francia, pues se dan cuenta de que no seremos vencidos y de que la guerra va a proseguir. Como sabemos, el gobierno de Vichy está sumamente inquieto por la enérgica presión que Estados Unidos ejerce sobre él. Por otra parte, Laval, y también Darlan (que aspira a la revancha), intentan obligar a Francia a declararnos la guerra y experimentan un placer maligno en provocar pequeños incidentes navales. Basamos nuestras esperanzas en Weygand en África y no deberíamos sobrestimar las felices consecuencias que implicaría que se aliara a nosotros. Nos esforzamos por lograr un *modus vivendi* con Vichy, para reducir al mínimo los riesgos de incidentes e incrementar su fuerza. Le declaramos claramente al gobierno del Mariscal que, si bombardea Gibraltar o comete algún acto de agresión, bombardearemos Vichy o cualquier otro lugar en el que se instale. Hasta ahora, no recibimos ninguna respuesta. Vea cuán importante es que esté aquí. Por lo tanto, espero que pueda arreglar el asunto de Libreville y vuelva a Inglaterra lo antes posible. Téngame al tanto de sus proyectos".[31]

El asunto de Libreville se arregló el 12 de noviembre y el general de Gaulle fue a Gabón tres días más tarde. Finalmente, el 17 de noviembre partió de África.

Llegó a Gran Bretaña en el momento en que el país salía victorioso de la gigantesca confrontación aérea con Alemania. Sin embargo, el general se encontró con ingleses tensos y melancólicos. También se dio cuenta de que, en su ausencia, la Francia Libre se había debilitado considerablemente por una serie de conflictos personales entre los hombres a los que había confiado la dirección antes de su partida: era evidente que se imponía una reorganización. Por otra parte, al retomar sus contactos con las principales personalidades británicas, aprovechó todas las ocasiones para explicarles que era inútil tratar con Vichy. Por ejemplo, le confió a Hugh Dalton que el mariscal Pétain "fue ganado por la senilidad, el pesimismo y la ambición: una combinación fatal".[32] Sir Alexander Cadogan también estaba presente cuando se reunieron de Gaulle y lord Halifax y anotó en su diario: "Conversábamos sobre Weygand, pero de Gaulle no quería oír hablar del asunto; tampoco de Noguès. Pensaba que era inútil tratar con Vichy. Sólo podíamos hacerles pequeñas concesiones que no harían más que retrasar sus 'grandes decisiones' y, mientras tanto, las tratativas con Vichy corrían el riesgo de ponernos en contra a la gran mayoría del pueblo francés".[33]

Ni lord Halifax estaba de acuerdo con esto ni tampoco el Primer Ministro. A pesar de las preocupaciones que le causaban la campaña de Libia y el ataque italiano contra Grecia, Churchill no perdió ocasión de hacer contactos con Francia, con lo que buscaba establecer un contrapeso a la influencia de los colaboracionistas y alentar a Vichy a que se opusiera lo más posible a las exigencias alemanas. Vía Madrid, hizo saber a las autoridades francesas que "las actividades del general de Gaulle en África central no amenazan de ningún modo la integridad del Imperio Francés; el gobierno británico espera que el gobierno francés no ayude a una oposición al general de Gaulle en esta región. En ese caso, las autoridades británicas habrían tenido que apoyar a de Gaulle y esto no dejaría de provocar entre las fuerzas británicas y las del gobierno de Vichy una confrontación que el gobierno de Su Majestad quiere evitar por completo".[34] Sin duda, este singular mensaje provocó cierta perplejidad en Vichy pero, finalmente, Londres recibió todas las seguridades que buscaba[35] y, a pesar de todo, se pudo mantener un *modus vivendi* precario.

De hecho, a Churchill lo mantenía al corriente de lo que sucedía en Vichy el encargado de Asuntos Canadienses, Dupuy, al que el Primer Ministro llamaba, "mi ventanita a Allier". Las informaciones que aportó este diplomático confirmaron en su conjunto las seguridades que había transmitido el profesor Rougier[36] y el arresto de Laval el 13 de diciembre pareció indicar que la política de Vichy se orientaba en una buena dirección. Sin embargo, Dupuy informó también algunas palabras del viejo mariscal que podían parecer incongruentes, contradictorias e, incluso, francamente inquietantes. A modo de ejemplo, el siguiente informe: "Cuando me preguntaron por la suerte reservada a las bases francesas en el Mediterráneo, respondí textualmente: 'Di la orden de defenderlas de cualquier atacante'. 'Entonces no la cederán nunca a los alemanes.' 'Depende —me contestó—. Si durante las negociaciones me ofrecen una compensación satisfactoria, podría ser que me viese obligado a hacerlo.' '¡Pero eso significaría tomar partido por Alemania y contra Inglaterra!', objeté. A lo que me respondió: 'Pasivamente sí, pero pasivamente'. Luego, agregó que lo deseable era una victoria de Inglaterra y que no haría nada que pudiera arruinar la causa aliada. Como le hice notar que esto parecía contradecir totalmente sus anteriores palabras, se limitó a repetir la distinción que hacía entre colaboración activa y colaboración pasiva. No pude enterarme de nada más. Sin embargo, agregó que, hasta ese momento, los alemanes no le habían hecho propuestas precisas".[37]

Todo esto no tenía nada de tranquilizador. Sin embargo, Churchill siguió creyendo que alguien en Francia —o en África del Norte— tomaría las armas contra el invasor y se uniría a los aliados. Para el Primer Ministro ese hombre podría ser el mismo general Weygand. Es verdad que éste ya había rechazado categóricamente todas las propuestas que se le habían hecho en ese sentido, pero la imaginación romántica de Churchill seguía pintándole un Weygand heroico, que blandía el estandarte de la rebelión y que abría por completo a los aliados las puertas de África del Norte. El 21 de diciembre, Dupuy le presentó a Churchill un resumen detallado de su estadía en Vichy y un compatriota, J.-L. Ralston, que asistió a esa entrevista, anotó en su diario: "Churchill pareció tomar en cuenta las impresiones de Dupuy. Declaró que estaba dispuesto a aportar su ayuda y que quería que esto se supiera. Sin embargo, sería necesario que se le informara con bastante anticipación, porque se necesitarían varias semanas para aportar la ayuda requerida. No tenía intención, dijo, de penetrar por la fuerza en un puerto de África del Norte. Necesitaríamos ser bien recibidos (...). Tenemos que ayudar a Weygand a mantener a los alemanes fuera de África".[38] "Con respecto a de Gaulle —sigue escribiendo Ralston— Dupuy piensa que habría que decirle que no ejerza sus actividades a expensas de los franceses y que se conforme con pelear con los italianos." Pero el Primer Ministro recibió muy mal esta propuesta: "Churchill respondió que no tenía ninguna intención de 'maniatar' a sus amigos y, de ese modo, crearse enemigos, con la esperanza de que sus enemigos un día se convertirían en sus amigos".[39]

Todo esto reflejaba perfectamente la actitud y la mentalidad del Primer Ministro; por más ganas que tuviera de asegurarse la cooperación pasiva y activa de Vichy, no se olvidaría de sus obligaciones con la Francia Libre. Durante este período, el general de Gaulle fue recibido con frecuencia en Chequers. En estas visitas ambos charlaban de la evolución de la guerra, de las lecciones de la historia, del futuro de Alemania e, inclusive, de sus propios problemas políticos. "Usted sabe —dijo el Primer Ministro— lo que es una coalición. ¡Y bien! El gabinete británico lo es."[40] De Gaulle siempre volvía de esos fines de semana muy impresionado por la fértil imaginación, el sentido de la historia y la energía desbordante de su anfitrión. "¡Qué gran artista!", repetía frecuentemente. En cuanto a Churchill, también estaba impresionado por el alcance de los puntos de vista, la imperturbabilidad y la vasta cultura de este singular general. Mal conspirador como siempre, Churchill terminó por poner a su invitado al corriente de las reuniones que había mantenido con el profesor Rougier.[41]

Cuando terminaba el año 1940, los dos hombres tenían razones para estar satisfechos con la acción que habían llevado a cabo conjuntamente desde los sombríos días de junio de 1940. Si bien Francia había quedado sumergida por las hordas nazis, Gran Bretaña resistía victoriosamente y el alma de Francia, encarnada por el general de Gaulle, seguía la lucha a su lado. Mucho más aún, este símbolo era lo que acercaba a ambos dirigentes apasionados por la historia y conscientes de la inmensa influencia que puede ejercer un ideal sobre el espíritu de los hombres. Pero cuando el año 1941 todavía tenía muy pocas horas, se produjo un grave incidente que puso duramente a prueba los lazos de amistad que unían al general de Gaulle y a Winston Churchill: el vicealmirante Muselier, jefe de las Fuerzas Navales de la Francia Libre, acababa de ser arrestado y encarcelado por las autoridades británicas.

Todo sucedió muy rápidamente, quizás demasiado rápidamente. El *Intelligence Service* entró en posesión de cuatro documentos que provenían del consulado de Vichy en Londres y que parecían indicar que el vicealmirante Muselier había, simplemente, traicionado a la Francia Libre. Aparentemente había sido quien le había hecho llegar a Vichy, a través de la embajada de Brasil, los planes de la expedición a Dakar. Otro documento parecía probar que Muselier estaba por entregar a las autoridades de Vichy el submarino *Surcouf;* y un tercero, que había recibido dos mil libras para sabotear el reclutamiento del personal de las Fuerzas Navales de la Francia Libre.[42] La noche del 31 de diciembre al 1º de enero le presentaron al Primer Ministro las pruebas en contra de Muselier y su reacción no se hizo esperar. Sir Alexander Cadogan escribió en su diario: "Por supuesto que el Primer Ministro quiere atraparlo enseguida. Le hice notar que eso podía tener fastidiosas repercusiones en el movimiento de de Gaulle y sugerí que empezáramos por consultar al general que, en ese momento, se encontraba en el campo. A. Eden estuvo de acuerdo conmigo (…). H. H. [Hopkinson] telefoneó para decir que el Primer Ministro le había dado la orden a Morton de que detuviera inmediatamente a Muselier y compañía. Respondí que, antes, el Primer Ministro debería hablar con A. [Eden]. A. llamó por teléfono un poco más tarde. El Primer Ministro insiste. Digo que estoy de acuerdo, con la condición de que sea consciente de lo que eso implica".[43] Fue así como el vicealmirante Muselier fue sacado de la cama poco antes del alba y conducido a la cárcel. Varios de sus hombres también fueron arrestados. Para hacer bien las cosas, Churchill evaluó la posibilidad de declarar la guerra a Brasil.[44]

Anthony Eden, que acababa de reemplazar a lord Halifax como ministro de Asuntos Exteriores, tuvo que encargarse de poner al general de Gaulle al corriente de lo que había sucedido. El general recibió la novedad con incredulidad y se indignó por el modo en que los ingleses habían manejado el asunto. Dos días más tarde, exigió la liberación inmediata del vicealmirante y el 5 de enero transmitió un memorándum al general Spears en el que demostraba que todos los documentos que lo incriminaban eran falsos. En ese momento, el desafortunado Muselier todavía estaba en prisión, era tratado como un criminal notorio y perseguido por la rabia del Primer Ministro. El 4 de enero, sir Alexander Cadogan había escrito en su diario: "Alexander* me telefoneó esta mañana para decirme que habría que suavizar un poco las condiciones de detención de Muselier. Le respondí que estaba de acuerdo y que me habría gustado que estuviese en manos del Almirantazgo. Pero cuando se dio cuenta de que el Primer Ministro había intervenido en este asunto, empezó a dar marcha atrás y dijo que había que ser muy prudentes. Le dije que estaba dispuesto a hacerme cargo de la responsabilidad de mejorar las condiciones de detención de Muselier, pero me di cuenta enseguida de que Alexander se había comunicado telefónicamente con el Primer Ministro para preguntarle si el Almirantazgo podía encargarse de Muselier y que le había respondido '¡No!'. Es increíble hasta qué punto esta gente teme al Primer Ministro. (Yo también le temo, porque es impulsivo y no se puede contar con él.) Después, cuando el almirante Dickens vino a verme, le dije que no podía hacer nada más. Muselier había sido transferido de Pentoville a Brixton, lo que ya era mejor y telefoneé a A. Maxwell para pe-

---

* A. V. Alexander, Primer Lord del Almirantazgo.

dirle que se fijara en que Muselier fuese tratado allí lo mejor posible".[45]

El 8 de enero, cuando el general de Gaulle acababa de intimar a los ingleses a que liberaran al vicealmirante —sin lo cual las relaciones entre la Francia Libre y Gran Bretaña se romperían inmediatamente— se le anunció que todo el asunto no era otra cosa que un lamentable malentendido, que los documentos, efectivamente, eran falsos y que los culpables habían confesado: eran dos hombres que habían entrado en los servicios de seguridad de la Francia Libre con la recomendación de los británicos. Éstos, Howard y Collin, tenían quejas personales contra el vicealmirante y habían pensado que lo comprometerían si redactaban documentos falsos con el membrete del Consulado francés en Londres. Por lo tanto, lo único que quedaba por hacer era liberar al vicealmirante Muselier con todas las excusas del gobierno de Su Majestad. El Primer Ministro en persona presentó sus excusas a de Gaulle al día siguiente.

El encuentro prometía ser agitado. Después de todo, de Gaulle era el ofendido y Churchill le había dicho a Eden: "¿Siempre que me equivoco estoy furioso?"[46] Pero las cosas no eran tan dramáticas como parecían: el general de Gaulle no era un hombre que buscara peleas con los ingleses cuando el honor de Francia ya no estaba en juego; además, personalmente consideraba al almirante como "un insoportable entrometido".[47] Churchill era incapaz de enojarse con de Gaulle en ese momento; luego será incapaz de no hacerlo, pero no nos anticipemos: el encuentro del 9 de enero, en todo caso, fue un modelo de discreción y buenos modales.

"El Primer Ministro empezó declarando que estaba totalmente enervado por lo que había sucedido. El comandante Howard y el ayudante Collin reconocieron que habían falsificado los documentos. El general de Gaulle respondió que se daba cuenta de lo pesada que era la tarea del Primer Ministro y del gobierno de Su Majestad. Por supuesto que habría sido mejor que se lo consultara antes de hacer los arrestos. Siempre había sospechado de Howard y de Collin. Sin embargo, dada la importancia de los intereses en juego, no tenía de ningún modo la intención de seguir con este asunto. Al Primer Ministro le hubiese gustado consultar al general de Gaulle antes de proceder a realizar los arrestos. Pero el general no estaba en Londres y el almirante Muselier y sus compañeros podían escapar (...). El Primer Ministro preguntó si el general tenía propuestas que realizar con respecto al modo de proseguir el asunto con Howard y Collin. De Gaulle respondió que no le interesaba para nada lo que sucediera con ellos (...). Esperaba que la confianza más completa reinara en el futuro y que se realizaran consultas previas entre el gobierno de Su Majestad y él mismo cuando sucedieran cosas de este tipo. El Primer Ministro se declaró de acuerdo. Le habría gustado que el general de Gaulle lo hubiera participado antes de sus sospechas respecto de Howard y Collin. Para concluir, declaró que la actitud del general de Gaulle en este asunto, como en todos los demás, daba la sensación de una amistad y una camaradería que apreciaba muchísimo. No le quedó más que preguntarle al general si daría por terminado el lamentable incidente. El general de Gaulle respondió que estaba dispuesto a hacerlo".[48]

Sin duda, de Gaulle perdonó, pero no olvidó. "No oculto que este lamentable incidente mostró la precariedad de nuestra situación en relación con nuestros aliados y no dejó de influir en mi filosofía de cómo debían ser, definitivamente, nuestras relaciones con el Estado británico."[49] En otras palabras, empezó a mirar con mala cara las actividades de la burocracia británica y del *Intelligence Service*.* Efectivamente, seguía convencido de que los servicios de informaciones británicos habían introducido a Howard y a Collin en Carlton Gardens —lo que es inexacto—[50] y dio la orden de echar sin aviso previo a todos los británicos que trabajaban para la Francia Libre, incluidas las mujeres que hacían la limpieza. Se necesitó toda la batería de la diplomacia franco-británica para dar marcha atrás con esta orden.

No obstante, la atención del jefe de la Francia Libre y del Primer Ministro de Su Majestad enseguida quedó acaparada por hechos de una importancia muy diferente. En estos comienzos de 1941, las líneas de aprovisionamiento marítimas de Gran Bretaña fueron directamente amenazadas por los ataques de los sub-

* El 6 de enero, de Gaulle le escribió a su esposa: "Los ingleses son aliados valientes y sólidos, pero muy cansadores".[51]

marinos alemanes: había empezado la batalla del Atlántico. Por otra parte, los ataques aéreos ininterrumpidos del enemigo en el Mediterráneo obligaron a los ingleses a cambiar la ruta de sus convoyes al Cabo; en los desiertos de Tripolitania, las tropas aliadas se enfrentaron al *Afrika Korps* de Rommel; finalmente, la situación en los Balcanes era en extremo preocupante y los británicos tuvieron que enviar tropas de Oriente Medio para defender a Grecia. En medio de todo esto, el Primer Ministro no dejaba de aconsejar, supervisar y aguijonear a los responsables civiles y militares.

Durante este tiempo, los franceses libres combatían al lado de sus aliados en Sudán, en Egipto, en Etiopía y en Eritrea. El 1° de marzo, una columna motorizada de la Francia Libre, que había partido de Chad, ocupó el oasis de Kufra, en el sur de Libia. De Gaulle, por su parte, se esforzaba por llevar a Djibouti y a la Somalia francesa a la órbita de la Francia Libre. Pero quedó demostrado que era imposible la alianza pacífica de la colonia y, por falta de medios de transporte, se vio obligado a postergar la "Operación María" que preveía que tres batallones de las Fuerzas Francesas Libres, bajo la dirección del general Legentilhomme, tomaran Djibouti. Quedaba la solución del bloqueo para forzar a la colonia a rendirse, pero esto no podía hacerse sin la ayuda de Gran Bretaña. Las autoridades británicas en Oriente Medio, por otra parte, no querían ni oír hablar de bloqueo y el *Foreign Office* tampoco, de modo que Djibouti siguió siendo aprovisionada sin grandes dificultades.

De hecho, el general de Gaulle sospechaba —equivocadamente— que detrás de este rechazo a cooperar se escondía un siniestro complot británico para apoderarse de la colonia después de la guerra. Por el contrario, lo que sí es verdad es que Londres intentó, como en el pasado, establecer arreglos con Vichy, y de Gaulle se dio cuenta una vez más cuando le prestó atención a otro potencial teatro de operaciones: el Levante.

También ahí los franceses libres habían apostado a una adhesión pacífica de Siria y del Líbano. En noviembre de 1940, el general Catroux había tomado contacto con el embajador Puaux, alto comisionado en el Levante, y con el general Fougère, comandante en jefe. Pero estas iniciativas no habían llevado a nada y, a fines de diciembre, Puaux había sido reemplazado por el general Dentz, un partidario encarnizado de Vichy, en tanto que el comando de las tropas pasaba al general de Verdilhac. Poco después, todos los elementos gaullistas del Levante fueron perseguidos y encarcelados y vieron cómo desaparecía de un solo golpe toda esperanza de adhesión pacífica de Siria y del Líbano. Sin embargo, para consternación del general de Gaulle, los británicos seguían manteniendo excelentes relaciones con la administración francesa en el Levante. A comienzos de febrero de 1941, el buque francés *La Providence*, que tenía que llevar a Francia a doscientos oficiales y soldados culpables de haber intentado unirse a los Aliados, recibió de los británicos la autorización para encaminarse directamente de Beirut a Marsella, sin detenerse en Haifa. Cuando el general de Gaulle protestó ante el *Foreign Office*, recibió esta respuesta, de una ingenuidad que desarma a cualquiera: "El general Dentz nos garantizó que no había a bordo ningún partidario de la Francia Libre".

Peor aún, de Gaulle no tardó en darse cuenta de que el Levante ni siquiera había sido sometido a un bloqueo. El aprovisionamiento procedente de Francia llegaba sin dificultades a Siria y al Líbano, mientras, en sentido inverso, la lana, el algodón y hasta la seda —muy útil para confeccionar paracaídas— se encaminaban hacia Francia y, con frecuencia, llegaban a Alemania. Las autoridades británicas de El Cairo y de Palestina informaron a de Gaulle que un bloqueo "haría sufrir a la población del Levante y haría que la opinión de los países vecinos se levantara en nuestra contra y en contra de la Francia Libre".[53] De Gaulle protestó y el general Spears, que se había convertido en jefe de la misión británica ante los franceses libres, lo imitó. "Para de Gaulle y para mí —escribió— esta actitud constituía una verdadera tragedia".[54]

Pero la tragedia estaba lejos de terminar: a comienzos de febrero se enteraron de que dos agentes alemanes, von Hintig y Roser, habían ido a Damasco en un viaje de negocios y habían entrado en contacto con varias personalidades sirias bastante poco conocidas en el mundo de los negocios. En Vichy, en ese mismo mes, el almirante Darlan, antibritánico notorio, fue nombrado vicepresidente del Consejo, ministro de Asuntos Exteriores y del Interior. Sin embargo, todo esto no provocó el menor cambio en la actitud británica frente a la administración francesa en el Levante. Es verdad que el Cónsul General de Gran Bretaña en Beirut estaba casado con una francesa y que el general Dentz lo trataba demasiado bien.[55] Por otra parte, el Comandante en Jefe británico en Oriente Medio, que ya estaba bastante absorbido por las campañas de Libia y de Abisinia y, además, estaba obligado a enviar refuerzos a Grecia, prefería mantener al Levante en un cómodo *modus vivendi*. Pero el general de Gaulle empezó a preguntarse seriamente si en Oriente Medio los británicos tenían francamente la intención de colaborar con la Francia Libre en contra de Vichy.

A mediados de abril, cuando había amenazas de rebeliones en Irak, las tropas británicas se batían en retirada ante los ejércitos alemanes en Grecia y la *Luftwaffe* empezó a atacar el canal de Suez, surgió el temor de que los alemanes intentaran muy rápidamente apoderarse de los aeródromos sirios. Esto no escapó a algunos oficiales británicos, entre los que estaba el Mariscal del Aire, sir Arthur Longmore, pero cuando, durante una conferencia en El Cairo, el 15 de abril, el general de Gaulle apuró al general Wavel para que diera su acuerdo a un plan de invasión de Siria a manos de las Fuerzas Francesas Libres y le pidió apoyo material con tanques, medios de transporte y cobertura aérea, el Comandante en Jefe británico en Oriente Medio rechazó todo de plano. De Gaulle y el general Spears llamaron a Anthony Eden quien, aunque temía un poco las consecuencias de una operación de este tipo en las relaciones entre Londres y Vichy, lanzó la bola al campo de los militares y escribió una carta a los jefes del Estado Mayor: "Si podemos juntar una fuerza suficiente como para estar seguros de triunfar, estoy dispuesto a arriesgar una degradación de nuestras relaciones con Vichy".[56] Los jefes del Estado Mayor respondieron que "una acción de los franceses libres en contra de la administración de Vichy en Siria está por completo fuera de cuestión pues, en este momento, el general Wavell no tiene ni los tanques ni los aviones necesarios y, si los tuviera, los afectaría a otros teatros de operaciones en los que son más necesarios".[57] Después de esto, los jefes del Estado Mayor enviaron la cuestión al *Foreign Office* y sugirieron que "se encuentre una solución diplomática para este problema". Finalmente, el *Foreign Office* le encargó al Cónsul General de Gran Bretaña en Beirut que le avisara al general Dentz que era posible temer una operación aerotransportada alemana en contra de Siria, a lo que el general respondió, el 29 de abril, que tenía orden de oponerse con la fuerza a cualquier agresión.[58] Los franceses libres se enteraron, sin embargo, de que poco tiempo antes había declarado que obedecería todas las órdenes procedentes de Vichy, sin excepciones, pero que los ingleses sin duda habían creído que se trataba de una humorada. Para coronar todo esto, los mismos ingleses acababan de firmar un tratado comercial con el general Dentz, que le aseguraba al Levante administrado por Vichy un aprovisionamiento regular. También había negociaciones en curso para concluir un tratado comercial análogo con Djibouti, cuyo bloqueo el general de Gaulle había solicitado en vano hacía varios meses.

Al comienzo del mes de mayo de 1941, las autoridades civiles y militares británicas en el Levante estaban más decididas que nunca a tratar a los hombres de Vichy como honorables *gentlemen*. Por consiguiente, recibieron un golpe muy fuerte cuando estalló la rebelión antibritánica en Irak. Efectivamente, su jefe, Rashid Ali, pidió ayuda a Hitler y los alemanes negociaron inmediatamente con el almirante Darlan un acuerdo en cuyos términos la mayor parte del material de guerra depositado en Siria sería enviado a los insurgentes iraquíes y, además, la *Luftwaffe* sería autorizada a usar los aeródromos sirios. El general Dentz recibió órdenes en consecuencia y, para consternación de los británicos, obedeció sin discutir. Así que, a partir del 12 de mayo, aviones de transporte alemanes empezaron a aterrizar en los aeródromos sirios.

En Brazzaville, el general de Gaulle estaba furioso. Si se había llegado a ese punto, era únicamente a causa de las negligencias del mando británico. Pero seguía sin ser escuchado cuando el general Catroux le hizo saber que, a pesar de los últimos acontecimientos, el Comando en Jefe británico había rechazado una vez más su plan de atacar a Siria. "Una intervención en Siria —declaró el general Wavell— implicaría una dispersión de nuestras fuerzas y, por lo tanto, una derrota. Es mejor perder Siria que arriesgarse a que nos derroten en otros teatros de operaciones, porque no tendremos a nuestra disposición las fuerzas suficientes".[59] El 9 de mayo de Gaulle recibió el siguiente telegrama del general Spears: "A causa de los recientes acontecimientos, va a ser imposible asegurar el transporte de las tropas francesas libres antes de un mes, por lo menos. Esto quiere decir que no se considera ninguna operación por su parte en la actualidad (…). El Comandante en Jefe me encarga decirle que, aunque a él personalmente le encantaría verlo, no ve la necesidad de que venga a El Cairo ahora o en breve. Incluso sería desventajoso que lo hiciera. El Embajador comparte este punto de vista".[60]

Es verdad que el general Wavell ahora estaba obligado a enviar tropas a Irak y que no le quedaban efectivos para lanzar una ofensiva en Siria. Pero de Gaulle sólo veía una cosa: el monumental error estratégico y político que representaría abandonar Siria en manos alemanas. Además, el general estaba bastante mal dispuesto con los ingleses en esa época: durante las semanas que siguieron al caso Muselier, con frecuencia despotricó en contra de los ingleses en general y del *Intelligence Service* en particular.[61] Después de esto, la política británica frente a Vichy, Djibouti y Siria sólo hizo que crecieran sus sospechas y su exasperación.* En el mes de abril, en una visita de inspección a Chad, le preguntó al gobernador Lapie:

---

* Durante todo este período, el general Spears siguió defendiendo enérgicamente la causa de la Francia Libre y condenando formalmente la política de Gran Bretaña hacia Vichy. En un memorándum titulado *Los franceses libres, Vichy y nosotros*, Spears escribió: "Nuestros laboriosos esfuerzos para engañar al gobierno de Vichy podrían hacer pensar en los de una persona bien intencionada que quisiera darle lechuga a un conejo, mientras lo persigue un armiño que entró en su jaula. Como mínimo, es lechuga echada a perder, porque aun cuando el conejo fuera agradecido —lo que no parece para nada verosímil— a pesar de todo seguiría estando a merced del armiño. Pues bien, Vichy está por completo a merced de los alemanes. ¿Cómo podemos dudarlo? Nuestra complacencia no podrá cambiar nada en esto, no más que los esfuerzos conciliatorios desplegados por Vichy (…). Mientras tanto, gracias a Vichy, el Imperio Francés ayuda poderosamente a los alemanes. Toneladas de aprovisionamiento procedente de las colonias desembarcan en Marsella, son juntadas y dis-

"*De Gaulle*: ¿Tiene ingleses aquí?

"*Lapie*: Sí, mi general.

"*De Gaulle*: ¿Cuántos?

"*Lapie*: Diecisiete.

"*De Gaulle*: Son demasiados".

Poco después, el gobernador Lapie recibió un telegrama donde se le ordenaba expulsarlos.[62]

Ese mes, el Embajador de Su Majestad en El Cairo se encontró varias veces con de Gaulle y escribió en su diario que el general "parece inclinado a criticar lo que considera como una falta

---

tribuidas según las indicaciones de la comisión de armisticio, mientras nosotros seguimos ofreciéndole pacientemente lechuga al conejo de Vichy y el armiño alemán le permite, cada tanto, comer un poquito, porque piensa que, finalmente, va a ser más comestible así".[63]

En otra esquela, el general Spears escribió: "Si mantenemos al general Weygand, que obligatoriamente será considerado responsable de la derrota de Francia, al menos parcialmente, sólo podemos hacerlo en detrimento del general de Gaulle. Me parece que tendríamos que elegir de una vez por todas entre los dos. Pero si elegimos a de Gaulle, hay que aportarle un apoyo sin fisuras. Si siente que seguimos siendo fieles al ideal de una Francia libre, podemos contar con su lealtad (...). Será un aliado leal, siempre que nosotros también sigamos siendo fieles al ideal que defendíamos cuando vino a unir su suerte a la nuestra".[64]

En abril de 1941, el general Spears seguía confesándole a de Gaulle su sincera admiración por él. Así se lo escribió a un miembro de la misión Spears en Londres: "Realmente admiré mucho al general de Gaulle durante este viaje. Nunca deja de trabajar, siempre mantiene su sangre fría, nunca pierde de vista su objetivo y demostró ser asombrosamente hábil en el campo militar".[65]

El general Catroux no era tan bien considerado por Spears: "Puede dar consejos muy sensatos, con un tono pontificador que le da todavía más peso. El hecho de que nunca se declare en desacuerdo con las autoridades civiles y militares británicas lo volvió muy popular entre nuestros compatriotas. Por el contrario, es incapaz de organizar nada. Su Estado Mayor es absolutamente risible: está compuesto por funcionarios que encontraron refugio en oficinas somnolientas desde donde no sale ningún plan ni ninguna medida concreta. Estoy convencido de que de Gaulle tiene razón cuando sostiene que, si bien el nombre de Catroux constituye un triunfo importante para el movimiento, es imposible confiarle tareas importantes o difíciles".[66]

de decisión en la política británica en relación con Siria, etcétera". El 15 de abril, sir Miles Lampson agregaba: "De Gaulle afirmó, con un tono bastante agresivo, que tuvimos dos ocasiones de tomar Siria pero que nos dejamos sobrepasar en ambas (…). En relación con Vichy, declaró que el gobierno británico tendría que haber perdido toda ilusión desde hace tiempo, después de lo que había sucedido".[67]

Sin embargo, cuando el general recibió el telegrama del 9 de mayo, donde se le informaba del nuevo rechazo británico a sus planes de ataque a Siria, consideró que había llegado el momento de tomar algunas medidas de represalia. El 12 de mayo le escribió al general Catroux: "Dada la política negativa que nuestros aliados británicos han creído tener que adoptar en Oriente respecto de nosotros, considero que la presencia en El Cairo de una personalidad tan importante como usted y de un Alto Comisionado para representar a la Francia Libre no se justifica más (…). Le solicito que abandone El Cairo en cuanto sea posible (…). Por favor, informe a los británicos de El Cairo de esta decisión. No hay ninguna razón para que disimule la razón de su partida (…). Nadie lo reemplazará en sus actuales funciones".[68]

El día anterior, el general de Gaulle había convocado al Cónsul General de Gran Bretaña en Brazzaville y le había hablado sin ambages. Después, éste envió al *Foreign Office* el siguiente informe: "Me parece que de Gaulle está terriblemente cansado. Habló de los tiempos en los que, en Francia, habían desdeñado sus advertencias y lo habían convocado recién poco antes del armisticio, cuando ya era demasiado tarde. Tiene la impresión de no haber sido lo más convincente explicando a Gran Bretaña lo que era la Francia Libre. En muchos medios sólo se interesan por la cantidad de unidades que puede comprometer en las batallas. Materialmente, esto cuenta muy poco, y si Gran Bretaña le dispensa tan poca importancia al aspecto moral del movimiento, en lugar de ayudarlo a crecer por todos los medios posibles, lo debilita a través de sus complacencias con Vichy y, entonces, él tendrá que determinar cuál será su deber esencial para con Francia, de la que se considera el garante. Agregó que ésta era su absoluta responsabilidad y que el peso se le estaba convirtiendo en algo insoportable. Luego declaró que no lograba comprender la actitud del gobierno de Su Majestad con Pétain y Weygand, cuyo egoísmo, traición, decadencia moral y falta de dignidad le parecían tan notorios que nadie podía ignorarlos. Después expresó todo el respeto y amistad que sentía por el Primer Ministro, uno de los hombres que se daba cuenta de la importancia moral de su movimiento".[69]

El Primer Ministro no solamente se daba cuenta de la importancia moral de la Francia Libre, sino de que era inútil tratar con Vichy. Los primeros pasos que se habían dado con el general Weygand y el mariscal Pétain fueron rechazados uno tras otro y Churchill empezó a perder la paciencia. El 12 de febrero escribió al *Foreign Office*: "Le hicimos a Weygand ofertas importantes que no tuvieron ninguna respuesta. Es evidente que únicamente las fuerzas en movimiento por la presión de los nazis sobre Vichy podrán hacerlo salir de su inmovilidad. Por el momento, no tenemos que seguir apareciendo en una posición demandante. Weygand no tiene que recibir ningún aprovisionamiento hasta que no haya respondido por alguna vía al telegrama que le envié. Hasta ahora esta gente no ha mostrado ningún signo de nobleza o de coraje y van a tener que ajustarse el cinturón hasta que terminen por entrar en razones".* [70]

Hay que reconocer que el temperamento de Churchill tenía algo de infantil: cuanto más lo decepcionaba Vichy, más atraído se sentía por de Gaulle y, naturalmente, todo el mundo tenía que seguir sus pasos. Cuatro días más tarde le escribió al ministro de Guerra Económica: "Estoy de acuerdo con los volantes publicados conjuntamente (destinados a la propaganda en Francia y Bélgica), pero todo está subordinado a la existencia de un vínculo estrecho entre ustedes y el Ministerio de Información, por una parte, y de Gaulle, por otra. No tenemos que refrenar mucho a de Gaulle. Nunca recibimos la menor señal de favoritismo o de cortesía por parte de Vichy y el movimiento de la Francia Libre sigue siendo la base de nuestra política. Estoy seguro de que si usted llega a un acuerdo con de

* Los que tomaron el relevo con Vichy fueron los norteamericanos, pero sin mejor suerte que los ingleses.

Gaulle y los suyos, todo marchará bien. Estimo que, de lejos, es el mejor francés actualmente en la arena y deseo que lo cuidemos lo más posible".[71]

Y, al día siguiente, cuando se enteró de la nominación del general Darlan como vicepresidente del Consejo y ministro de Asuntos Exteriores, escribió al *Foreign Office*: "Considero estos acontecimientos con aprensión y desconfianza. No hemos tenido más que quejas de Vichy. Desde nuestro punto de vista, hubiese sido preferible tenerlo a Laval más que a Darlan, que es un hombre peligroso, agrio, ambicioso, pero sin la etiqueta odiosa que se le pega al nombre de Laval. Pienso que ahora es importante ponerse firme con esta gente e imponer el bloqueo cada vez que tengamos buques disponibles. Durante este lapso, tendríamos que dejar de tratar fríamente al general de Gaulle y al movimiento de los franceses libres, los únicos que hicieron algo por nosotros y con los que asumimos compromisos solemnes".[72]

Y seis días más tarde, sobre el mismo tema le escribió a sir Alexander Cadogan: "Todo esto muestra que tendríamos que brindar un apoyo cada vez mayor al general de Gaulle (...). Tendríamos que discutir pacientemente con los norteamericanos para persuadirlos de no enviar reaprovisionamiento a la Francia no ocupada o a África del Norte (...). Estoy convencido de que Darlan es un pillo ambicioso. Cuando quede desenmascarado y la debilidad de Weygand salga a la luz, el crédito del general de Gaulle quedará reforzado".[73]

La luna de miel prosiguió durante todo el mes de febrero y comienzos de marzo. Antes de irse a África y a Oriente Medio, de Gaulle fue invitado una vez más a pasar un fin de semana en Chequers. Escribió en sus *Memorias*: "El 9 de marzo, al alba, Churchill vino a despertarme para decirme, bailando literalmente de alegría, que el Congreso norteamericano había votado el *Lease-Lend Bill*, en discusión desde hacía semanas. Esto nos tranquilizaba, no solamente porque los que luchaban ahora estaban seguros de que recibirían de Estados Unidos el material necesario para el combate, sino también porque se convertiría, según Roosevelt, en 'el arsenal de la democracia' y, en este sentido, Norteamérica estaba dando un paso gigante hacia la guerra. Entonces, como sin duda quería aprovechar su buen humor, Churchill formuló la segunda comunicación: 'Sé —dijo— que tiene sus recelos con Spears como jefe de nuestras relaciones con usted. Sin embargo, le pido que todavía lo mantenga y que lo lleve con usted a Oriente. Me estaría haciendo un favor personal'. No podía negarme y nos despedimos en ese momento".[74]

Mientras estuvo en Brazzaville y en El Cairo, de Gaulle también recibió muchas señales de apoyo por parte del Primer Ministro. Por ejemplo, el 4 de abril recibió un telegrama que decía: "Le agradecemos mucho el apoyo de las fuerzas francesas libres en la victoriosa campaña de África. Sin el desastre de Burdeos, todo el Mediterráneo sería ahora un lago anglo-francés y la ribera africana sería libre y habría entrado en la batalla por la causa de la libertad. Usted, que nunca dudó ni falló en el servicio a la causa común, posee la confianza plena del gobierno de Su Majestad, a la que hay que agregar la confianza de millones de franceses y francesas que tienen esperanza en el porvenir de Francia y del Imperio Francés".[75]

De hecho, el telegrama había sido enmendado por el *Foreign Office* antes de su envío. Al general de Gaulle le habría gustado más la versión original: en lugar de "sin el desastre de Burdeos", Churchill había escrito: "sin la traición de Burdeos".[76]

Podemos preguntarnos por qué de Gaulle, que contaba con el apoyo total del Primer Ministro, no lograba obtener la cooperación de los británicos cuando buscaba actuar en Somalia o en Siria. Más asombroso aún es que Churchill le había escrito el 22 de abril: "Leo siempre sus telegramas con la mayor atención y hago todo lo que está a mi alcance por ayudarlo".[77] Sin embargo, la respuesta a esta pregunta es muy sencilla: en Gran Bretaña, como en los teatros de operaciones externos, Churchill no ejercía una autoridad absoluta sobre los ministros y los generales y no lograba imponer siempre sus puntos de vista sobre algunas cuestiones. Por ejemplo, en esa época, el *Foreign Office* seguía conservando las buenas relaciones con Vichy y el *War Office* quería tener los menores compromisos posibles con de Gaulle. Por otra parte, el alto mando británico en Oriente Medio seguía una estrategia que dejaba poco lugar a las consideraciones políticas —y menos aún a la Francia Libre—. Por eso las repetidas solicitudes del Primer Ministro al *Foreign Offi-*

ce para que diera preferencia al general de Gaulle por sobre Vichy y las instrucciones al *War Office* para que cooperara más estrechamente con la Francia Libre fueron prácticamente letra muerta. Lo mismo pasaba con los telegramas que enviaba al general Wavell, donde le ordenaba que apoyara a de Gaulle en el Levante y en otros lados. Así, el 1º de abril, Wavell recibió del Primer Ministro este telegrama: "Consideramos que tiene que seguir lo más fielmente posible la línea de conducta trazada en el telegrama de los jefes del Estado Mayor del 25 de marzo y aportarle todas las modificaciones que consideren pertinentes como consecuencia de las conversaciones con el general de Gaulle. En especial, las primeras medidas en la Somalia francesa deben ser tomadas por autoridades de la Francia Libre y no hay que dudar en utilizar a fondo el arma del bloqueo. No se preocupe por las susceptibilidades de Weygand y de Vichy. Nosotros nos encargamos. Espero que en este asunto, y en todos los del mismo tenor, pueda apoyar sin restricciones al general de Gaulle, con quien el gobierno de Su Majestad asumió compromisos solemnes que él mantiene en tanto jefe del movimiento de la Francia Libre".[78]

Como sabemos, no se hizo nada de todo esto, y como la atención de Churchill tuvo que concentrarse en la retirada de Grecia y en la amenaza alemana en Creta, las cosas quedaron ahí, hasta que los acontecimientos de Irak introdujeron un elemento decisivo.

La rebelión que estalló en Irak a comienzos de mayo le dio una perspectiva totalmente nueva a este asunto. Para Churchill, y para de Gaulle también, era evidente que Siria sería el próximo blanco de Alemania en su esfuerzo por ayudar a los rebeldes iraquíes. Por consiguiente, estaba por estallar una crisis grave, pero nadie podía enfrentarse al Primer Ministro en tiempos de crisis pues, en esos casos, Churchill se apoderaba del asunto, intervenía en todos los niveles, imponía sus ideas, ignoraba las objeciones, movilizaba al Gabinete de Guerra, intimidaba a los diplomáticos, arengaba a los generales y a los jefes del Estado Mayor. Y esto fue lo que pasó también esta vez: el 8 de mayo escribió al general Ismay: "La opinión de los jefes del Estado Mayor sobre los asuntos en Siria debe llegarme a tiempo para la reunión de Gabinete de esta mañana. Hay que hacer todo lo necesario para impedir que los alemanes lleguen a Siria con débiles efectivos luego de usar a este país como base de avanzada para dominar por aire a Irak y a Persia. Tanto peor si el general Wavell está descontento con esta maniobra de diversión en el flanco este (...). Tenemos que aportar toda nuestra ayuda, sin preocuparnos por lo que pase con Vichy. Le agradecería al Estado Mayor que me mostrara cuál es el esfuerzo máximo que podemos dar".[79]

Y al día siguiente, una vez que logró arrancar la aprobación del Comité de Defensa, telegrafió al general Wavell: "Seguramente se dará cuenta del grave peligro que existe en que algunos millares de alemanes transportados por aire se apoderen de Siria. Las informaciones que nos llegan, nos llevan a creer que el almirante Darlan, sin duda, estableció negociaciones para ayudarlos a entrar. Dado que, evidentemente, usted considera que le faltan medios, no queda otra cosa que hacer que poner los medios de transporte necesarios a disposición del general Catroux y dejarlo actuar con las fuerzas francesas libres lo mejor que pueda, en el momento en que lo considere oportuno y con el apoyo de la RAF, encargada de evitar los aterrizajes alemanes. Todo lo que pueda hacer al respecto será bienvenido".[80]

El general Wavell todavía dudaba de actuar, pero las presiones se intensificaban cada día más. El Gabinete de Guerra y los jefes del Estado Mayor, visiblemente influidos por el mensaje del general de Gaulle, que anunciaba la retirada de Catroux de Oriente Medio, y por las intervenciones de Churchill, le ordenaron que "reuniera una fuerza lo más importante posible, sin que la seguridad del desierto de Libia se viese afectada" y "que se preparara para entrar en Siria en cuanto pudiera".[81] Al mismo tiempo, recibió la orden de asegurar el transporte de las fuerzas francesas libres hasta posiciones cercanas a la frontera y de aportarles toda la ayuda posible, especialmente en cobertura aérea, en cuanto los generales Catroux y Legentilhomme hubiesen decidido que había llegado el momento de actuar.[82] Ese día, de Gaulle recibió un telegrama de Londres en el que se le informaban las instrucciones a Wavell y, al mismo tiempo, un mensaje del Primer Ministro: "La cuestión de Djibouti fue discutida en una reunión del Comité de Defensa que mantuvimos esta tarde. Allí decidimos:

"1º: Mantener el bloqueo completo de Djibouti.

"2º: Pedirle que no retire al general Catroux de Palestina. ¿Quizás ya está actuando allí?

"3º: Invitarlo cordialmente a dirigirse a El Cairo, si usted determina que es compatible con la seguridad de los territorios franceses libres".[83]

El general de Gaulle recibió este mensaje con sorpresa y satisfacción y se dio cuenta de que había una sola persona en Inglaterra que podía haber provocado este giro. Entonces, le telegrafió a Churchill:

"1º: *Thank you*. (Gracias.)

"2º: *Catroux remains in Palestine*. (Catroux permanece en Palestina.)

"3º: *I shall go to Cairo soon*. (Pronto iré a El Cairo.)

"4º: *You will win the war*.[84] (Usted ganará la guerra.)"

Para señalar mejor su satisfacción, el general escribió en inglés: fue la primera y la última vez.

A partir de ese momento, todo pasó muy rápidamente. Por más que el general Wavell echara pestes, protestara y hasta telegrafiara al Jefe del Estado Mayor imperial para amenazar con su renuncia si los dirigentes británicos seguían dejándose influir por de Gaulle, no pasó nada. El 21 de marzo, Wavell le declaró al Embajador de Gran Bretaña, sir Miles Lampson que "acababa de pasar una mala noche, pues lo habían sacado de la cama a primeras horas de la mañana para que leyera dos telegramas, uno enviado por el Primer Ministro, en el que le pedía que apoyara a cualquier precio la avanzada de los franceses libres en Siria, el otro de de Gaulle, que le 'ordenaba' que hiciera lo mismo".[85] El telegrama del Primer Ministro no tenía ninguna ambigüedad: "Se equivoca cuando supone que la estrategia expuesta en este mensaje fue influenciada por las opiniones de los jefes de la Francia Libre. Es por completo el resultado del punto de vista adoptado por los que aquí tienen la dirección suprema de la guerra y de la diplomacia en todos los teatros de operaciones. Consideramos que si los alemanes pueden tomar Siria e

Irak con algunos aviones dispersos, 'turistas' y levantamientos locales, no tenemos que dudar en correr riesgos militares en pequeña escala y en exponernos al peligro de ver cómo la situación política empeora en caso de fracasar. Por supuesto que tomamos la absoluta responsabilidad de esta decisión y, en caso de que no esté dispuesto a darle continuidad, haremos lo necesario para responder a cualquier deseo que formule de ser liberado del comando".[86]

El general Wavell dedujo que era mejor obedecer y se dispuso a reunir los efectivos necesarios para ayudar a los franceses libres a penetrar lo más rápidamente posible en Siria. El general Henry Maitland Wilson comandó las unidades británicas. Por supuesto que Wavell hizo su tarea sin ningún entusiasmo e, inclusive, declaró ante el general Spears: "No tengo la intención de dejarme forzar".[87] Pero Churchill siguió bombardeándolo con telegramas cada vez más elocuentes, estimulantes, imperativos, enfurecidos e inquisidores. Por ejemplo, el del 3 de junio: "Por favor, dígame por telegrama cuáles son exactamente las fuerzas terrestres y aéreas que está usando en Siria. ¿Qué hace con los polacos? Parece importante desplegar y utilizar desde el comienzo la mayor cantidad de fuerzas aéreas posibles, hasta los viejos aparatos pueden cumplir algún papel, como lo hicieron tan bien en Irak".[88]

Mientras tanto, en Palestina los franceses libres preparaban afiebradamente la gran operación. Catroux y de Gaulle esperaban que el ejército francés de Siria se opusiera con la fuerza a la llegada de los aviones alemanes a los aeródromos sirios y que recibieran como aliadas a las fuerzas francesas libres. Pero el 21 de mayo, el coronel Collet, que acababa de pasarse a la Francia Libre, les hizo saber que las tropas francesas de Siria no tenían la intención de ofrecer resistencia a los alemanes y que, por el contrario, lucharían contra las fuerzas francesas libres y los británicos. Además, ya ocupaban posiciones defensivas a lo largo de la frontera siria. Por lo tanto, con el corazón hecho pedazos, los franceses libres se prepararon para una lucha fratricida.

Finalmente, el 8 de junio se abrió la campaña de Siria. El día anterior, el general de Gaulle recibió del Primer Ministro un telegrama afectuoso: "Le quiero enviar mis mejores deseos para el éxito de nuestra empresa común en el Levante. Espero que considere que se ha hecho todo lo posible por apoyar las armas de la Francia Libre (...). Todos nuestros pensamientos están con ustedes y con los soldados de la Francia Libre. En este momento, en que Vichy nuevamente toca el fondo de la ignominia, la lealtad y el coraje de los franceses libres salvan la gloria de Francia".[89] Ese mismo día, el general de Gaulle le respondió: "Le agradezco profundamente sus pensamientos hacia mis tropas. Pase lo que pase, los franceses libres están decididos a combatir para vencer con usted, como aliados fieles y resueltos".[90] En ese momento preciso, ni de Gaulle ni Churchill podían sospechar que Siria y el Líbano iban a envenenar sus relaciones mutuas hasta el fin de la guerra y un poco después también.*

*   A partir de este momento, existieron algunos signos precursores: para que los franceses libres fuesen bien recibidos por las poblaciones locales, de Gaulle, por recomendación de los ingleses, prometió la independencia de Siria y del Líbano, que siempre habían estado bajo el mando francés. El gobierno británico insistió en dar su garantía a esta promesa, pero el general de Gaulle consideró que era incompatible con la soberanía de Francia. Por otra parte, los ingleses creyeron haber comprendido que esta independencia se acordaría de inmediato, en tanto que de Gaulle no tenía de ningún modo la intención de otorgarla antes del fin de la guerra. A esto se agregó que los ingleses siguieron en esta región una política pro árabe, de la que de Gaulle desconfiaba mucho.

6

PRIMER ENFRENTAMIENTO

La campaña de Siria empezó mal. Las fuerzas francesas libres, dirigidas por el general Legentilhomme, contaban sólo con 6000 hombres, 8 cañones, 10 tanques y 24 aviones. Por el lado británico, el general Maitland 'Jumbo' Wilson sólo disponía de una división australiana, una brigada de caballería y dos brigadas de infantería, apoyadas por unos 60 aviones —como mucho, treinta mil hombres—, a las órdenes del general Dentz. La primera semana de la ofensiva estuvo signada por violentos combates que causaron grandes pérdidas en ambos lados sin resultados decisivos. Las fuerzas francesas libres se atascaron frente a Damasco, los australianos fueron obligados a combatir duramente a lo largo de la ruta costera y las tropas inglesas quedaron severamente maltrechas cerca de Kuneira, a manos de una fuerza muy superior en cantidad. Después de dos semanas de campaña, los Aliados, que habían recibido refuerzos, tomaron ventaja y el 21 de junio, después de intensos combates, finalmente capturaron Damasco. Mientras tanto, tres brigadas inglesas e indias provenientes de Irak abrieron un nuevo frente al este y al sur del país. A comienzos de julio, mientras Damur, Homs y Alepo estaban directamente amenazadas y la caída del ejército de Vichy parecía inminente, el general Dentz decidió solicitar un cese del fuego.

Lo menos que podemos decir es que el general de Gaulle no quedó muy favorablemente impresionado con el comportamiento de sus aliados británicos durante esta campaña. No pudieron proporcionarle tanques ni aviones,[1] ellos mismos no tenían tanques pesados tanques medianos,[2] su avanzada fue sumamente lenta, los desbordaron varias veces y la insuficiencia de sus efectivos estimuló mucho la resistencia del enemigo. Además, el general de Gaulle quedó disgustado por la actitud del alto mando británico y, sobre todo, por la del general Maitland Wilson, al que consideraba un incapaz.[3] Y, sin embargo, no fue en el momento de la campaña, sino después del armisticio con el que terminó, cuando estalló una violenta disputa entre de Gaulle y el gobierno de Su Majestad: una pelea de consecuencias incalculables.

El 18 de junio, el gobierno de Vichy solicitó al cónsul general de los Estados Unidos en Beirut que averiguara con los británicos y los gaullistas cuáles eran las condiciones para un cese de las hostilidades. Al otro día, en un encuentro en El Cairo con el Embajador de Gran Bretaña, sir Miles Lampson, en presencia de los generales Wavell y Catroux, el jefe de los franceses libres expuso sus condiciones para un acuerdo de armisticio. Después de una larga discusión, el acuerdo se realizó en los siguientes términos, que inmediatamente fueron comunicados al *Foreign Office*:

"1º: (...) La representación de Francia en el Levante quedará asegurada por las autoridades francesas libres, en el marco de la promesa de independencia que han realizado a Siria y al Líbano, a la que se asoció Gran Bretaña.

"2º: Los Aliados no tienen ningún resentimiento de ningún tipo con los franceses de Siria y están dispuestos a acordar una amnistía total (...). No levantan ningún acta de acusación contra ningún jefe, ninguna autoridad ni ninguna tropa de Siria (...).

"3º: Los Aliados deben tomar medidas para impedir que el material de guerra en Siria pueda usarse contra ellos. Por consiguiente, deberá entregárseles.

"4º: En cuanto a las tropas francesas, debe otorgárseles todas las facilidades para que se unan a las fuerzas aliadas en la lucha contra el Eje. Al respecto, los Aliados se reservan el derecho a tomar todas las disposiciones necesarias para que cada hombre sea libre de decidir y para que se expliquen de manera completa a cada individuo las condiciones y las posibilidades que se le ofrecen. Todos los miembros de las fuerzas combatientes que no consientan en unirse a la causa aliada serán repatriados con sus familias si las circunstancias lo permiten y en cuanto lo permitan (…).

"El representante del general de Gaulle tendría que participar de las negociaciones. Las respuestas dirigidas a Beirut tendrían que entregarse en su nombre y en nombre de los comandantes en jefe".[4]

Sin embargo, cuando al otro día el general de Gaulle recibió una copia de las condiciones de armisticio enviadas a Washington para que las transmitieran a Beirut, se dio cuenta de que, en una cantidad de puntos importantes, el *Foreign Office* no había considerado sus recomendaciones. Por ejemplo, el texto enviado a Washington estipulaba que las "negociaciones para el cese de las hostilidades las realizará el general Wilson, representante de los Comandantes en Jefe, y las autoridades de Vichy en Siria".[5] Quiere decir que ni siquiera se mencionaba la participación de los franceses libres en las negociaciones. Además, no se decía en ningún lado que las autoridades de la Francia Libre representarían a Francia en el Levante. El general de Gaulle escribió en sus *Memorias*: "Por otra parte, no se mencionaban las precauciones que yo quería tomar para impedir que los militares y funcionarios del Levante fuesen repatriados masivamente y con autoridad cuando, justamente, yo quería quedarme con la mayor cantidad posible. Entonces, le envié a Eden una protesta formal y le avisé que, en lo que a mí concernía, me atenía a las condiciones aceptadas el 19 de junio y que no reconocía otras".* [6]

El general Spears recordaba que de Gaulle estaba "fuera de sí" y registró el siguiente diálogo:

---

* Aparentemente, en Londres simplemente se habían olvidado de los franceses libres y del general de Gaulle, como escribió Somerville-Smith, de la misión Spears, a su jefe el 5 de julio: "Le dije a Morton que un simple empleado de la misión Spears habría agregado algo para indicar que nuestras condiciones se presentaban con el acuerdo total del general de Gaulle. Morton encontró tan buena la idea que le habló de ella al comité. ¡Y el comité recomendó que, en el futuro, no se olvidaran del general de Gaulle!".[7]

"De Gaulle: Creo que nunca voy a poder entenderme con los ingleses. Lo único que les interesa son sus intereses y no tienen ninguna consideración por las necesidades de los demás. ¿Creen que deseo la victoria de Inglaterra? Pues no, lo único que me interesa es la victoria de Francia.

"Spears: Pero es lo mismo.

"De Gaulle: De ningún modo. Para mí no es lo mismo".[8]

A comienzos de julio, cuando la campaña en Siria estaba terminando, el general de Gaulle se encontró en una situación más desagradable todavía. Sin embargo, logró imponer la presencia del general Catroux en las negociaciones de armisticio. También le escribió a Churchill el 28 de junio: "Si, para satisfacción de Vichy, Berlín y Roma, nuestra acción común en Siria y en el Líbano parece tener como resultado menguar allí la posición de Francia e introducir tendencias y una acción propiamente británicas, estoy convencido de que el efecto sobre la opinión de mi país sería desastroso. Tengo que agregar que nuestro propio esfuerzo, que consiste en mantener moral y materialmente la resistencia francesa al lado de Inglaterra, contra nuestros enemigos, quedaría gravemente comprometido".[9]

Sin embargo, nada cambió. El 10 de julio, el general Dentz pidió, finalmente, un cese del fuego y los plenipotenciarios se reunieron en Saint-Jean d'Acre tres días más tarde. Los británicos estaban representados por el general Wilson, que había recibido instrucciones del capitán Oliver Lyttelton, nuevo ministro de Estado británico en El Cairo. La delegación de Vichy estaba encabezada por el general de Verdilhac, adjunto del general Dentz, y la Francia Libre por el general Catroux, uno de los más discretos en esta oportunidad.

Cuando, el 14 de julio, se hicieron públicos los términos del armisticio, en principio se vio que los intereses de la diplomacia y del alto mando británicos se habían salvaguardado plenamente y que los hombres de Vichy habían sido tratados con la mayor generosidad: en efecto, se les acordaron "todos los honores de guerra", entre los que se encontraba el derecho a conservar las armas individuales. Se los reagruparía a las órdenes de sus jefes y los que no quisieran unirse a los Aliados serían repatriados con sus unidades. Todo esto excluía una elección realmente libre entre Vichy y la Francia Libre. Además, su material sería remitido a los ingleses. Las "tropas especiales" del Levante, compuestas por voluntarios sirios y libaneses quedarían pura y simplemente bajo el mando británico. Por último, sólo se mencionaba una vez a la Francia Libre y esta mención no hacía otra cosa que agravar las cosas. Efectivamente, el general Wilson, sin siquiera haber consultado al ministro de Estado Lyttelton, firmó con el general de Verdilhac un protocolo secreto, en términos del cual no se autorizaría ningún contacto entre los franceses libres y los franceses de Vichy.[10]

De más está decir que los términos del armisticio de Saint-Jean d'Acre fueron un fracaso rotundo para la Francia Libre. El propio general Spears estuvo de acuerdo en que eran "totalmente absurdos"[11] y el ministro de Estado, Oliver Lyttelton, escribió: "Cuando considero los términos de este armisticio, admito que tendríamos que haberles dado a los franceses libres el lugar que se les había negado".[12] En Brazzaville, el general de Gaulle reaccionó violentamente: ese acuerdo entre Vichy y Gran Bretaña parecía justificar los peores temores y los viejos recelos con respecto a la política británica; veía en ellos un descuido absoluto de los intereses de la Francia Libre, una indulgencia criminal para con Vichy y la intención manifiesta de los británicos de suplantar a Francia en Oriente Medio. "Efectivamente —comprobaba—, el texto del acuerdo equivalía a una transmisión pura y simple de Siria y del Líbano a los británicos."[13] El 16 de julio expresó su descontento en una declaración a la prensa. En sus *Memorias* escribió: "Antes de haber sabido los detalles y basándome en las indicaciones, naturalmente endulzadas, que daba la radio de Londres, dije que rechazaba la convención de Saint-Jean d'Acre. Después me fui a El Cairo y en cada punto de mi ruta les marqué a los gobernadores y a los jefes militares ingleses hasta qué punto este asunto era serio. Lo hice en Kartum con el general sir Arthur Huddleston, excelente y amistoso gobernador general de Sudán, en Kampala con el Gobernador, en Uadi-Haifa con el Administrador del Círculo, de modo que me precedieran telegramas alarmantes. El 21 de julio tomé contacto con Oliver Lyttelton, ministro de Estado del gobierno inglés".[14]

La reacción del general de Gaulle frente a la desafortunada

iniciativa de los militares británicos tomó una forma que dentro de poco nos va a parecer familiar: intimidar y molestar a las autoridades británicas por medio de violentas diatribas y ultimátum amenazadores cada vez que atacaban los derechos de la Francia Libre. Una de las primeras víctimas de esta verdadera guerra psicológica fue el nuevo ministro de Estado en El Cairo, Oliver Lyttelton.

A decir verdad, tampoco el Ministro de Estado estaba satisfecho con las disposiciones del armisticio de Saint-Jean d'Acre, sobre todo después de que le informaron del protocolo secreto que lo completaba. El general Spears escribió al respecto: "Estaba muy preocupado y muy molesto por tener que enfrentar al general de Gaulle en condiciones tan desfavorables".[15] El 21 de julio a las 10 de la mañana, el general de Gaulle se presentó en la oficina del general Lyttelton. Señaló que el Ministro de Estado británico lo recibió "con alguna molestia" y se encargó de evitar los estallidos y "de parecer glacial".[16] De hecho, Oliver Lyttelton comprobó que el general "estaba blanco de la rabia contenida", y agregó: "Me saludó muy fríamente y se lanzó a denunciar violentamente la actitud británica".[17]

Las palabras del general de Gaulle no pudieron sorprender al Ministro de Estado: el armisticio firmado con Vichy era inaceptable y no podría comprometer a la Francia Libre; los británicos se esforzaban por establecer su autoridad en Siria y en el Líbano aun cuando esa autoridad pertenecía a la Francia Libre. El rápido y masivo repatriamiento de las tropas de Vichy significaba además un golpe muy severo para la Francia Libre y, finalmente, la conducta de Gran Bretaña en todo este asunto era "incompatible con el honor y los intereses de Francia". La respuesta de Lyttelton fue que el general Catroux, que había asistido a las negociaciones, había aprobado los términos del armisticio y, en lo concerniente al protocolo secreto, observó que, en colaboración con el general Spears, ya había tomado las medidas necesarias para hacerlo anular. Pero no esperaba para nada lo que siguió, pues de Gaulle le entregó una nota que terminaba con estas palabras: "la Francia Libre, es decir, Francia, no consiente más en ponerse a las órdenes del mando militar británico para que ejerza el comando de las tropas francesas en Oriente. El general de Gaulle y el Consejo de Defensa del Imperio Francés retoman la plena y entera disposición de todas las fuerzas francesas en el Levante a partir del 24 de julio de 1941 al mediodía".[18]

"Quedé pasmado —escribió Lyttelton— pero la expresión diplomática 'sin valor' me vino a la mente y respondí: 'General, me veo obligado a considerar este documento como no recibido y no puedo aceptarlo'."[19]

En un informe enviado a Churchill al día siguiente del encuentro, el Ministro de Estado precisaba: "Le pedí al general de Gaulle que tomara el documento que, de hecho, era un ultimátum que lo único que iba a hacer era poner fin a la alianza entre la Francia Libre y Gran Bretaña. Entonces me respondió muy brutalmente que, si quería, podía considerarlo un ultimátum. Lo único que había hecho era enunciar hechos y yo era libre de interpretarlos como quisiera. Le hice notar que éramos responsables desde el punto de vista militar del frente de Siria, donde el enemigo podía atacarnos y que, en su calidad de soldado, tenía que darse cuenta de que no podíamos aceptar ese documento en la forma en que había sido presentado (...). Para tener alguna posibilidad de aceptarlo, debía estar acompañado manifiestamente de otro documento que estableciera las bases de nuestra colaboración militar. Respondió, desenvuelto, que no podía haber ninguna duda en cuanto a su voluntad de colaborar con el alto mando británico. En ese momento preciso declaró, con un tono brusco e hiriente, que no tenía ninguna confianza en el alto mando británico, que había llevado esta campaña de un modo dilatorio y torpe. Estaba totalmente dispuesto a realizar sugerencias ulteriores en cuanto a la instauración de una colaboración militar compatible con la entera soberanía de Francia y de Siria. Le repetí que mientras el documento me fuera entregado de manera aislada no podía aceptarlo".[20]

Lyttelton notó que la discusión "degeneraba en lo que las mujeres llaman una escena".[21] Esto duró hasta las 12.30, cuando el Ministro de Estado propuso posponer la discusión y retomarla a las 18.

Esa tarde, de Gaulle volvió un poco mejor dispuesto y Oliver Lyttelton, sin duda más aliviado, aceptó de entrada varias concesiones: el general Dentz y varios oficiales de Vichy serían separados de sus hombres y, si fuese necesario, enviados a Palestina; en cuanto al gobierno británico, se abstendría de intervenir en los asuntos políticos y administrativos de Siria y "protegerá los intereses históricos de Francia en Siria".[22] El general de Gaulle terminó por proponer un nuevo acuerdo sobre "la aplicación" de la convención del armisticio "que corrigiera en la práctica los vicios del texto". También propuso que la competencia del mando británico en Siria y en el Líbano quedara limitada "a las operaciones militares contra el enemigo común". El Ministro de Estado prometió "reflexionar".[23]

El 22 de julio, Oliver Lyttelton aceptó y al día siguiente se negoció "un acuerdo interpretativo" entre la delegación británica y una delegación de la Francia Libre: ese día, el embajador de Gran Bretaña, sir Miles Lampson, anotó en su diario: "Vuelta a la embajada donde O. Lyttelton, de Gaulle y los demás seguían encerrados en mi despacho (...). Se peleaban por una ridícula historia de formulación en un documento que habían establecido en conjunto, aparentemente una 'interpretación' de la convención firmada con Vichy".[24]

De hecho, era más una corrección que una interpretación: las autoridades de la Francia Libre estarían autorizadas a tomar contacto con las tropas de Vichy y a "explicar su punto de vista al personal"; ahora se reconocía que el material de guerra tenía que ir para la Francia Libre y que las "tropas especiales" del Levante se integrarían a las fuerzas francesas libres y no a las británicas.[25] La obstinación del general de Gaulle y sus ataques de rabia dieron resultado, pero el jefe de la Francia Libre se granjeó un enemigo mortal: el general Spears, que quedó escandalizado por la manera como de Gaulle trató al ministro Lyttelton durante la entrevista del 21 de julio. Para Spears, de algún modo, era una revelación y, a partir de ese momento, y para gran sorpresa del embajador Miles Lampson, puso tanta energía en combatir a de Gaulle como la había puesto hasta ese momento en apoyarlo. De Gaulle no fue informado enseguida de este viraje brusco —que, además, no se había formalizado más allá de lo conveniente—. En todo caso, el jefe de la Francia Libre estaba muy satisfecho con el resultado de sus tratativas y esa noche telegrafió a la delegación francesa en Londres: "Finalmente, el cambio de la orientación británica es favorable. La crisis fue álgida y no ha terminado por completo". [26]

Y faltaba mucho. Durante las siguientes semanas, más allá de la buena voluntad evidente del capitán Lyttelton, los militares británicos no tuvieron para nada en cuenta el acuerdo interpretativo del 24 de julio. El general Dentz siguió al mando de sus tropas, que se concentraron en la región de Trípoli y quedaron totalmente aisladas hasta que se embarcaron. Fueron las autoridades inglesas las que impidieron que los franceses libres las contactaran, alegando que "temían desórdenes". En Djezireh, en Palmira, en Alepo y en Orán, los representantes de la Francia Libre veían cómo sus acciones eran contraatacadas por iniciativas británicas bastante poco afortunadas. Algunas eran el resultado de una política deliberada del *War Office* y del *Colonial Office* —sostenidas con alguna reticencia por el *Foreign Office*— pero la gran mayoría se debía a la torpeza o al celo intempestivo de oficiales británicos subalternos. Por ejemplo, una brigada inglesa se había establecido en la montaña druza y había tomado a los escuadrones druzos bajo su autoridad y, mientras tanto, el mando británico requisaba la "Casa de Francia", residencia del delegado de la Francia Libre en Sueida, e izaba la *Union Jack*, después de haber bajado el pabellón tricolor.[27] Otra vez, el general Catroux, delegado general de la Francia Libre y comandante en jefe en el Levante, volvió a su cuartel general y se encontró con un centinela australiano que no lo dejaba entrar; también en este caso la bandera francesa había sido reemplazada por la *Union Jack*.[28] Parecía que el alto mando británico daba el ejemplo: el general Wilson había amenazado con proclamar la ley marcial y hacerse cargo de todos los poderes en el Levante, y este ejemplo era fielmente seguido en las bases: por ejemplo, un oficial británico se negó a ir a una fiesta que ofrecía el general de Gaulle alegando que eso podía comprometer las relaciones con las autoridades de Vichy.[29]

Por curioso que pueda parecer, los oficiales británicos simpatizaban mucho más con los franceses de Vichy, contra los que acababan de combatir, que con los franceses libres, que habían luchado a su lado. Los oficiales de Vichy, incluido el general Dentz, eran tratados con extremada cortesía y llevaban una gran vida en Beirut. Mientras tanto, las tropas de Vichy saboteaban sus armas y su equipamiento antes de entregarlo a los ingleses. Y se embarcaron hacia Francia sin ningún control por parte de los británicos. En cuanto a la Comisión del Armisticio, directamente no tenía en consideración a los franceses libres y, hasta el 7 de agosto, las autoridades militares británicas declaraban que ignoraban todo sobre "acuerdos interpretativos" entre Lyttelton y de Gaulle.

Los británicos terminaron por darse cuenta de la extraordinaria inconsciencia y de la ceguera asombrosa que habían caracterizado su política cuando se enteraron de que 52 de sus oficiales, capturados durante la campaña de Siria, habían sido enviados a Francia por orden del general Dentz pocas horas antes de que pidiera el armisticio. Ante esta noticia, el Ministro de Estado reaccionó violentamente y dio la orden de arrestar a Dentz y de mantenerlo encarcelado hasta que volvieran los oficiales británicos. Con este incidente, Lyttelton también se dio cuenta de que Vichy no respetaba totalmente las condiciones del armisticio y en un encuentro con el general de Gaulle en Beirut, el 7 de agosto, le prometió que haría lo necesario para que los franceses libres finalmente tuvieran la posibilidad de entrar en contacto con los soldados de Vichy. Lamentablemente, ya era tarde: la Francia Libre sólo pudo reclutar 127 oficiales y 6000 suboficiales y soldados, pero la gran mayoría de los oficiales, soldados y funcionarios de Vichy, cerca de 25 mil hombres, se había embarcado hacia Francia por propia voluntad o por la fuerza.[30]

Por supuesto que todas estas equivocaciones de la administración británica provocaron la rabia del general de Gaulle. Tronaba en contra de todos los ingleses del Levante y le daba un lugar especial al general Wilson, al *War Office*, al "grupo de arabizantes fanáticos sostenidos por el *Colonial Office*" y, por supuesto, a su oveja negra, la *"Intelligence"*. Equivocado o no, y en general más equivocado que con razón, sospechaba que todos estaban en connivencia para humillar a Francia y suplantarla en el Levante. Durante el verano puso en marcha todo el arsenal de la guerra psicológica para obligar a los ingleses a respetar los derechos soberanos de Francia en el Levante. Al hacerlo, aterrorizó a sus partidarios de Beirut, de El Cairo y de Londres, que consi deraban que era imprescindible una colaboración estrecha con los británicos para la supervivencia de la Francia Libre. Pero el general de Gaulle no se preocupaba y golpeaba una y otra vez, sin temor y no sin rabia.

Así fue como replicó al armisticio de Saint-Jean d'Acre con un verdadero ultimátum, que le permitió obtener el "acuerdo interpretativo" del 24 de julio. Más tarde, cuando el general Wilson amenazó con proclamar la ley marcial, anunció que una medida de ese tipo constituiría una usurpación de los derechos de Francia e implicaría una ruptura inmediata con Inglaterra. El general no daba marcha atrás ni siquiera ante la perspectiva de una confrontación armada para defender la soberanía francesa: a fines de julio, un desprendimiento de las Fuerzas Francesas libres bajo el mando del coronel Monclar fue enviado a Sueida para retomar la posesión de la "Casa de Francia" y recuperar los escuadrones druzos. Cuando el mando de la brigada británica en Sueida amenazó con oponerse por la fuerza de las armas, los franceses libres se declararon dispuestos a luchar y, por supuesto, las fuerzas británicas recibieron la orden de retirarse.[31]

Es verdad que el general de Gaulle pudo hacer uso de una diplomacia más convencional, de una manera no demasiado convencional. Durante el verano, le envió a Churchill varios telegramas tan firmes como respetuosos. El 21 de julio le escribió sobre el tema del armisticio de Saint-Jean d'Acre: "Me veo obligado a decirle que yo y todos los franceses libres consideramos esta convención opuesta en su fondo a los intereses militares y políticos de la Francia Libre, es decir, de Francia, y en su forma, extremadamente penosa para nuestra dignidad (...). Espero que usted sienta personalmente que esta actitud británica, en un asunto que es vital para nosotros, agrava considerablemente mis dificultades y que tendrá consecuencias que considero deplorables para la tarea que he iniciado".[32] Con el ministro de Asuntos Exteriores, Anthony Eden, se mostró también firme, pero un poco menos respetuoso. El 1º de agosto le pidió al profesor Cassin que fuese a ver a Eden y le dijera que "la intromisión de Inglaterra nos lleva a complicaciones muy graves y que las dudosas ventajas que la política inglesa podría sacar en el Levante de este olvido de los derechos de Francia son mediocres en relación con los inconvenientes mayores que surgirían de una disputa entre la Francia Libre e Inglaterra".[33] Frente a los otros ministros británicos adoptó un tono francamente tajante y lleno de sarcasmo. El 17 de agosto le envió la siguiente nota al general Spears, para que se la transmitiera a los ministros que estuvieran implicados: "Decidí hacer venir al Levante a la compañía de paracaidistas de la Francia Libre, actualmente en Gran Bretaña. Si las autoridades británicas se niegan a proporcionar a esta compañía el equipamiento especial, lo deploraré, pero no modificaré mi decisión: la compañía vendrá sin su equipamiento. En cuanto al transporte, será difícil que los ingleses lo objeten a causa del tonelaje que los británicos usan con pabellón francés y con el que se benefician directa y principalmente. En mi opinión, sería bueno que el Ministro del Aire británico y el *War Office* renunciaran a creer que están más calificados que yo para ocuparse de los asuntos que conciernen a las fuerzas francesas libres".[34]

Pero el general de Gaulle consideraba que su aliada más segura era la opinión pública, en Francia, en Gran Bretaña y en Estados Unidos. Por eso se dedicó ante todo a utilizar el arma de la prensa y de la radio para atacar los errores y los excesos de la política británica en el Levante. El 16 de julio denunció desde Brazzaville el armisticio y también allí concedió una entrevista al corresponsal del *Chicago Daily News*, George Weller, a fines de agosto. Esta entrevista provocó el efecto de una bomba en Inglaterra, algo nada asombroso si consideramos el tenor de las palabras del general: "No quiero mantener el secreto más tiempo. Le propuse a Estados Unidos que usara los puertos del África francesa libre como bases navales en contra de Hitler. Las ofrecí como un contrato a largo plazo, algo parecido al arreglo por el que los británicos ofrecieron sus bases en el Atlántico a Estados Unidos. Pero no pedí destructores a cambio. Solamente le pedí a Estados Unidos que las utilizara como un contrapeso de Dakar y para impedir que Hitler penetre más en África, lo que hará, en cuanto pueda retirar sus fuerzas del frente ruso".

El periodista norteamericano le había preguntado por qué, en su opinión, Londres todavía no había roto ·definitivamente con Vichy y reconocido al "gobierno de la Francia Libre", y respondió: "Inglaterra tiene miedo de la flota francesa. De hecho, Inglaterra acordó con Hitler una especie de negocio durante la guerra, en el que Vichy sirve de intermediario. Vichy le sirve a Hitler porque mantiene al pueblo francés en estado de sujeción y vende a Alemania pedazos del Imperio Francés. Pero no olviden que Vichy también sirve a Inglaterra, porque se niega a entregar la flota francesa a los alemanes. Como Alemania, Inglaterra explota a Vichy. La única diferencia está en el fin que persiguen. Asistimos a un intercambio mutuo provechoso entre dos potencias hostiles, que permite que el gobierno de Vichy exista mientras Inglaterra y Alemania salgan ganando".[35]

El gobierno británico siguió de lejos el desarrollo de la campaña de Siria y sus prolongaciones. Después de todo, el Levante no era una escenario de guerra muy importante y el capitán Lyttelton, ministro de Estado en El Cairo, se encargaba de los problemas políticos. Además, existía un completo acuerdo en el gobierno sobre la política que había que seguir en el Levante: ante todo, había que obtener la independencia de Siria y del Líbano. Eden escribió después: "El Primer Ministro y yo éramos formales: no había que darle a la población árabe la impresión de que había pasado de un dueño francés a otro".[36] ¿Por qué? Porque, para muchos políticos británicos, los árabes eran mucho más importantes que los franceses libres y, como decía en ese momento un miembro del *War Cabinet*: "Podríamos llegar a un acuerdo conjunto con los países árabes y a un arreglo de la cuestión de Palestina".[37]

Hay que reconocer que Churchill no siguió los acontecimientos del Levante mucho más de cerca que sus colegas del gobierno. Lo que pasaba era que su atención estaba totalmente absorbida por la operación *Balleaxe*, un esfuerzo supremo para derrotar a Rommel en Libia. Churchill escribió: "La dramática evacuación de Grecia, los intermedios de Irak y de Siria, los combates encarnizados en Creta, todo palidecía ante ese rayo de esperanza que era para nosotros —con justicia— la perspectiva de una victoria en el desierto de Libia".[38] Pero la victoria no les sonrió a los británicos esta vez y la atención de Churchill se volcó enseguida hacia un acontecimiento más importante todavía: el ataque de Alemania a la Unión Soviética. Por eso no intervino personalmente en la campaña de Siria y los telegramas que de Gaulle le dirigía muchas veces quedaron sin respuesta. También por eso se sorprendió por la grave crisis que sobrevino al armisticio de Saint-Jean d'Acre.

En realidad, los ministros británicos no prestaron atención a las negociaciones que llevaron a ese armisticio. El Gabinete de Guerra envió, por supuesto, algunas instrucciones al ministro de Estado Lyttelton, quien las transmitió al general Wilson por teléfono. Pero después, el general Wilson condujo solo las negociaciones y los resultados a los que llegó el 14 de julio no dejaron de sorprender a Londres, aunque menos que el protocolo secreto que prohibía cualquier contacto entre las tropas de Vichy y los franceses libres. Por eso, Maurice Dejean, después de haberse entrevistado con Eden y con el mayor Morton, le escribió al general de Gaulle: "Nuestros interlocutores (…) no nos ocultaron que estaban muy mal informados sobre las negociaciones y que estaban molestos por los resultados a los que se había llegado y por las dificultades que no iban a faltar".[39] De hecho, un memorándum interno presentado al Gabinete británico llevaba la siguiente mención: "Nuestras autoridades militares en el lugar dieron pruebas de una generosidad excesiva en las negociaciones del armisticio e hicieron numerosas concesiones que, indudablemente, el gobierno de Su Majestad no hubiese aprobado si se lo hubiera consultado previamente".[40]

Pero el gobierno de Su Majestad se sorprendió aún más, y quedó todavía más impresionado, por la reacción del general de Gaulle en la convención del armisticio, por sus declaraciones del 16 de julio a la prensa de Brazzaville, por el ultimátum presentado cinco días más tarde, al entrevistarse con Lyttelton y, finalmente, y sobre todo, por su actitud con Lyttelton durante esta entrevista, que el Ministro de Estado describió al otro día, en el informe a Churchill, del siguiente modo: "De Gaulle (…) estaba totalmente en contra de todo lo que fuera inglés. Parecía que no había dormido en toda la noche y no pude hacerlo entrar en razones en ningún punto". Y terminaba con estas palabras: "Le he enviado este largo informe porque de ningún modo salimos del paso, porque existe manifiestamente una gran cantidad de puntos sobre los cuales podría estallar de nuevo la controversia y porque si el general de Gaulle no duerme de nuevo una noche, corremos el riesgo de encontrarnos mañana frente a exigencias de lo más inesperadas. Después de nuestra primera conversación de ayer, Spears y yo estábamos convencidos de que era inevitable una ruptura completa y de que no podríamos salvaguardar nuestros imperativos militares fundamentales mientras el general de Gaulle siguiera siendo el jefe de los franceses libres. Todavía es posible que estos temores sean fundados (...). Si éste es el modo en que hay que ejercer la diplomacia, me alegro de haber elegido otra carrera".[41]

Este informe desencadenó una reacción inmediata en Londres. El profesor Cassin escribió: "El Primer Ministro envió al cuartel general a uno de sus familiares con la misión de plantearme, fuera de cualquier problema concreto, la siguiente pregunta: '¿De Gaulle todavía es un general o se convirtió en un político?'".[42]

Es que Winston Churchill había quedado muy afectado por la actitud del general de Gaulle. Después de todo, el jefe de los franceses libres había hecho público su desacuerdo con sus aliados, no había tenido miramientos respecto de los militares británicos, había dado pruebas de una anglofobia segura y, peor aún, se había peleado seriamente con Lyttelton, que era un gran amigo del Primer Ministro. Por más que Churchill haya omitido por completo este episodio en sus *Memorias*, la siguiente nota dirigida al *Foreign Office* indudablemente expresa del mejor modo sus pensamientos de ese momento: "De Gaulle tenía, sin duda, algunas razones para estar indignado (...), pero prácticamente arruinó todo con las palabras nada moderadas y anglófobas que mantuvo ante Lyttelton y en privado".[43] Para él, la reacción violenta del general de Gaulle borró por completo los pesados errores británicos que la habían provocado. Este asombroso prejuicio, junto con los métodos gaullianos de "tipo psicológico" contra los ingleses, fueron el origen de la mayor parte de las disputas entre el Primer Ministro y el jefe de los franceses libres. Por otra parte, estaba por estallar la primera de estas querellas.

Como ya vimos, el general de Gaulle consideraba que lo único que había hecho era reaccionar ante la provocación y forzar a los británicos a respetar los derechos soberanos de la Francia Libre, "es decir, de Francia". Pero Churchill no veía, o no quería ver, cuáles eran las razones de la hostilidad del general. En cuanto al jefe de la Francia Libre, parece que no se preguntó nunca si un contacto directo y franco con el Primer Ministro no hubiese permitido solucionar mejor las cosas que las declaraciones incendiarias y los ultimátum que dirigía constantemente a los oficiales y los funcionarios británicos. Indiscutiblemente, de Gaulle estaba muy satisfecho con los resultados de sus esfuerzos en defensa de la dignidad de Francia, pero a medida que avanzaba el verano, los informes que daban cuenta de sus estados de humor, de las iniciativas y de las declaraciones "anglófobas" del general se acumularon en la oficina del Primer Ministro con una regularidad desconcertante y el inmenso capital de estima que Churchill tenía por de Gaulle empezó a disminuir seriamente.

Después de haber concluido el "acuerdo interpretativo" con Lyttelton, el general de Gaulle fue a Siria y se le informó al Primer Ministro que "se condujo allí con extremada arrogancia, al no considerar el espíritu —a veces, ni la letra— de los acuerdos que acababa de firmar".[44] A comienzos del mes de agosto se recibió el siguiente informe del jefe de la misión británica en Brazzaville:

"Durante su reciente estadía aquí, el general de Gaulle expresó sentimientos antibritánicos más violentos que los habituales (…). Abiertamente dijo:

"1º A un oficial de las fuerzas francesas: 'Desconfíe de los británicos'.

"2º 'La mayoría de los soldados y de los funcionarios ingleses no se interesan por la Francia Libre, cuya importancia son incapaces de apreciar'.

"3º 'Otros funcionarios y hombres de Estado lo único que hacen es utilizar a los franceses libres que, por consiguiente, deben velar celosamente por sus propios intereses'.

"4º Señalamientos muy descorteses sobre la manera en que se condujo la campaña de Siria. 'Si él (de Gaulle) hubiese dirigido las operaciones, todo se habría terminado en quince días'.

"5° 'Todavía queda una luz de esperanza. Su influencia está creciendo. Probablemente haya sido su actitud, más que ninguna otra cosa, lo que determinó la retirada del general Wavell'.

"6° 'Los norteamericanos van a entrar enseguida en la guerra y los franceses libres obtendrán la salvación de ellos'".[45]

El 20 de agosto, el *Foreign Office* recibió una carta de un oficial de marina británico desde El Cairo: "Toda la gente importante entre los franceses libres parece antiinglesa (incluido) el general de Gaulle quien, cuando pasa por aquí, no duda en expresar sus sentimientos y critica ampliamente el esfuerzo de guerra de Gran Bretaña y lo esencial de la política británica".[46]

También se recibieron otros documentos, entre los que estaba la nota del general de Gaulle sobre los paracaidistas[47] y una en la que se señalaba que "había restituido una gran cantidad de funcionarios de Vichy que eran abiertamente antiingleses y que se habían atraído la desconfianza y la antipatía de las poblaciones locales, todo porque al general le gustaba más emplear franceses dudosos que británicos dignos de confianza".[48] También se informaba que de Gaulle había dicho en privado que muchos problemas habían podido encontrar solución gracias a su firmeza frente al Ministro de Estado, "que le había permitido obtener el 90% de lo que deseaba". Y, para ponerle un broche, a fin de mes se enteraron de que poco antes de irse de Oriente Medio le había prohibido al general Catroux que se comunicara con Lyttelton en su ausencia.[49]

El coronel Passy, jefe de los servicios secretos de la Francia Libre, inmediatamente sintió los efectos de la crisis que se anunciaba: el *Intelligence Service* y el SOE* prácticamente suspendieron sus relaciones con su organización. El 6 de agosto, lord Leathers le confió a Jacques Bingen, director de la Marina Mercante, que "el gobierno de Su Majestad estaba cada vez más nervioso al comprobar cuán 'reacio' estaba el general de Gaulle y que estaba buscando un reemplazante".[50] El Primer Ministro de Canadá, MacKenzie King, de visita en Londres, anotó en su diario: "Comprobé que (Churchill) empezaba a cansarse de la actitud del ge-

---

* Special Operations Executive.

neral de Gaulle. Lord Bessborough lo pintó como 'una especie de Juana de Arco masculino'. Alguien dijo que tendría que cuidarse de que los ingleses no lo quemaran. Al Primer Ministro le parece evidente que intenta hacer demasiado".[51]

Es verdad que las últimas declaraciones del general de Gaulle afectaron mucho al Primer Ministro. Desde junio de 1940 era su amigo y los amigos de Churchill no podían equivocarse. A diferencia del jefe de la Francia Libre, Winston Churchill no logró nunca separar por completo la política de los sentimientos. Sin embargo, tenía que admitir que eran palabras "demasiado ingratas" y que denotaban un cierto grado de anglofobia. Churchill no era rencoroso por naturaleza y sin duda habría olvidado rápidamente las "palabras ingratas", pero no logró olvidar la anglofobia que parecían indicar, que quedó grabada en su mente hasta el fin de la guerra. Para ser justos, hay que reconocer que el general de Gaulle nunca hizo nada para disipar las sospechas del Primer Ministro en este punto, sospechas que, por otra parte, no carecían de fundamento. En ese momento, Churchill estaba cada vez más inquieto y le pidió a Maurice Dejean y a otras personalidades de la Francia Libre que intervinieran para que de Gaulle volviera a Inglaterra. Según él, esto debería poner término a la cruzada antiinglesa del general. Dejean y el profesor Cassin hicieron todo lo que pudieron y Churchill se alivió cuando, finalmente, el general anunció que tenía la intención de volver a Inglaterra. Sin embargo, esto fue un tanto prematuro, pues en el camino de regreso se detuvo en Brazzaville y le concedió al periodista norteamericano George Weller la entrevista que conocemos.

El 27 de agosto Churchill recibió algunos extractos: según parece, de Gaulle le había ofrecido a Estados Unidos el uso de bases navales en África y había declarado que Inglaterra "había hecho un negocio con Hitler por el tiempo de duración de la guerra".[52] Esta vez fue demasiado. Churchill le escribió inmediatamente a Eden: "Si esta entrevista es auténtica, es evidente que ha perdido la cabeza. Sería un alivio y nos simplificaría mucho las cosas en el futuro".[53]

Al otro día, todavía rumiaba las afrentas que había soportado y en el Consejo de Gabinete declaró que la actitud del general de Gaulle durante las últimas semanas había sido de "lo más preocupante" y que "hizo una cantidad de declaraciones extravagantes en una entrevista que otorgó en Brazzaville".[54] Como pensaba que era evidente que se imponía la aplicación de medidas de represalia, le pidió a Desmond Morton que informara "toda forma de apoyo al general de Gaulle que pueda diferirse eficazmente a causa de la situación actual". Pero, como la francofilia de Churchill y su respeto por el ejército francés seguían vigentes, enseguida agregó: "Sin que esto tenga repercusiones sobre la retribución y el bienestar de los soldados".[55] El mayor Morton hizo algunas sugerencias, pero Churchill tenía sus ideas personales sobre la cuestión y el 30 de agosto dio las siguientes directivas por teléfono al mayor Morton:

"1º Nadie debe ir a ver al general de Gaulle.

"2º Ninguna autoridad británica debe entrar en relaciones con él cuando llegue.

"3º Si pide ver a A. Cadogan, éste no puede recibirlo.

"4º En caso de necesidad, se le puede hacer saber que estalló una crisis grave y que el Primer Ministro se está ocupando de ella personalmente.

"5º Nadie puede encontrarse tampoco con subordinados del general de Gaulle." [56]

Cuando Morton objetó que ya había recibido al profesor Cassin, Churchill le respondió secamente que no habría debido hacerlo y agregó que de Gaulle "si es necesario, tendrá que cocinarse en su propio jugo durante una semana".[57]

Ahora era evidente que se produciría un enfrentamiento de primer orden en cuanto el general volviera. Sin embargo, de ambos lados, algunos hombres intentaban prevenir la tempestad que se anunciaba. Por ejemplo, Maurice Dejean fue a visitar al mayor Morton y luego de haber deplorado fuertemente la declaración del general de Gaulle agregó: "No tiene ninguna experiencia en la política. Habría que volver a educarlo y hacerle comprender que no tiene que hacer este tipo de declaraciones (...). Sería muy lamentable que dejara de ser el jefe del movimiento, sobre todo por la situación en Francia, donde la Resistencia se cristalizó alrededor de su nombre (...). Sería erróneo creer que el general de Gaulle es anglófobo. Un francés anglófobo en este momento es un traidor a su país y el general es un hombre inteligente (...). Además, controla África ecuatorial francesa, lo cual es muy importante desde el punto de vista de las comunicaciones".[58]

Del lado británico, Anthony Eden desplegó la misma actividad febril. Le escribió al Primer Ministro: "Quizás nos demos cuenta de que de Gaulle está loco. En ese caso, habría que tratarlo en consecuencia. Pero si manifiesta algún arrepentimiento, espero que usted no subestime su capacidad para traerlo al buen camino. Tiene por usted un real y profundo respeto que no testimonia por ninguno de nuestros mandos militares. Si no llegamos a entendernos con él, se puede crear una mayor confusión en el espíritu del pueblo francés. Fuera de Francia, de Gaulle tiene poca importancia; en Francia, una importancia considerable como punto de unión contra Vichy. Supongo que usted también está pensando en otra complicación posible: África ecuatorial francesa".[59]

Mientras tanto, el general de Gaulle volaba tranquilamente hacia Inglaterra. De hecho, seguía considerándose ofendido y el 29 de agosto, durante el trayecto Freetown-Bathurst, confió a un compañero de viaje que estaba resuelto a "poner los pies en el plato" en cuanto llegara a Londres.[60]

Una pregunta que podríamos hacernos es cómo llegó la entrevista con el periodista norteamericano George Weller a Estados Unidos, sin que la censura francesa de Brazzaville la detuviera. François Coulet, jefe de Gabinete del general de Gaulle lo explicó con estas palabras: "Indudablemente, el periodista norteamericano había hecho agregados y su prosa, sometida al visado de Bréal, director de Información de Brazzaville, lo había inquietado y fue a hablar con el jefe de Gabinete.* Éste, que vivía desde hacía varios días en un clima de gran tensión, que oía a de Gaulle hablar de este tema con mucha rabia y que compartía por completo los juicios de su jefe, no se imaginaba que pudiese entrar dentro de sus atribuciones atenuar las expresiones y no se atrevió, algunas horas antes del retorno

---

*   François Coulet.

a Londres, a golpear la puerta de la oficina contigua y, con la entrevista en la mano, enfrentar al irritado general. Así fue como el texto partió tal como estaba para la agencia norteamericana".[61]

Durante la última etapa de su viaje hacia Inglaterra, el general de Gaulle recibió un telegrama de René Pleven y del profesor Cassin. Éste, decodificado en el avión, describía "con emoción" el efecto que produjo en las autoridades británicas la noticia de la entrevista. Cuando lo leyó, el general le dijo a su jefe de gabinete directamente: "Usted es un tonto". Y François Coulet escribió después: "Con sólo ver las caras demudadas de los miembros del Comité Nacional en *Poole Quay* uno confirmaba sus sentimientos. Y esto bastó, además, para que de Gaulle volviera a su humor habitual y dejara de ser riguroso con su colaborador".[62]

En cuanto llegó a Londres, el general sintió todo el peso del desagrado de las autoridades británicas. Ese día, Churchill informó a su Gabinete que "a causa de la actitud preocupante del general de Gaulle durante las últimas semanas, solicitamos a los ministros que traten todos los pedidos presentados por los franceses libres con lentitud y circunspección hasta nueva orden". Para comenzar, se tomaron todas las medidas para impedir que hablara por la BBC aquella noche.[63]

Al día siguiente, Churchill le envió una carta gélida que terminaba con estas palabras: "Hasta que reciba todas las explicaciones que usted juzgue conveniente darme, me es imposible decidir si nuestro encuentro podría ser útil en algún sentido".[64] En cuanto a las directivas del Primer Ministro, se siguieron a pie juntillas. El periodista A.-J. Liebling señaló que el general de Gaulle "se paseaba por las calles vecinas a Carlton Gardens, su cuartel general, pero para las autoridades oficiales estaba ausente. Ni la prensa francesa ni la británica tenían derecho a mencionar su regreso a Londres".[65] Hervé Alphand, que acababa de llegar de Nueva York, anotó en su diario: "Todos los ingleses con los que me encuentro desde hace cinco días critican violenta y abiertamente al general y a sus colaboradores. Frederick Leith-Ross, gran dueño del bloqueo, me dijo que el general no es 'juicioso'".[66] Los amigos ingleses de M. Liebling le dijeron lo mismo: "En cuanto se haya reconciliado con el Primer Ministro todo volverá al orden, pero se portó muy mal".* [67]

Pero al general de Gaulle no lo impresionaba el ostracismo al que lo habían condenado. Sabía por experiencia que no podía durar indefinidamente. Por otra parte, él también podía tomar algunas medidas de represalia: así, cuando vio que no podía acceder a la BBC, ordenó a los franceses libres que suspendieran toda participación en la programación de la emisora. Además, tenía algunos contactos oficiosos con el entorno del Primer Ministro. El 2 de septiembre recibió al mayor Morton, al que le confió que "si bien es verdad que he sido tratado con gran generosidad por el Primer Ministro, los ministros y otros personajes de alto rango" su acción había sido gravemente limitada por una cantidad de funcionarios británicos en Siria;[68] después, el general enumeró las quejas que tenía de los funcionarios británicos en general y de los generales Wilson y Spears en particular.[69] Con respecto a la famosa nota sobre los paracaidistas de la Francia Libre, el mayor Morton informó que de Gaulle "respondió, con un candor que desarmaba a cualquiera, que lamentaba haberla enviado, pero que tenía mucha rabia en esa época".[70] Al otro día, envió al Primer Ministro una carta personal en la que expuso todas sus quejas, pero sin dejar de agregar que "mantenía una excelente impresión de sus relaciones con el Ministro de Estado británico en El Cairo".[71]

Churchill, que nunca fue tenazmente rencoroso, terminó por ceder y le hizo saber que lo recibiría el 12 de septiembre. Hervé Alphand, que almorzaba con de Gaulle en ese momento, señaló que éste, "muy calmo, muy seguro de sí mismo, espera tranquilamente la explicación que Churchill le prometió para la semana próxima".[72]

Mientras esperaba el día de la entrevista, Winston Churchill no estaba ni calmo ni tranquilo. Se informó del estado exacto del movimiento de los franceses libres, de la "representatividad" del general de Gaulle y del modo de hacer que "controlara mejor" su propio movimiento. También le pidió al *Foreign Office*

---

*   "He has been a very naughty boy".

que le remitiera una lista con todas las quejas británicas contra el general de Gaulle —lista que no era nada corta—.[73] Finalmente, declaró en la Cámara de los Comunes, después de haber reconocido "la posición privilegiada de Francia en Siria": "Tengo que subrayar especialmente que, para nosotros (...), Siria debe ser devuelta a los sirios, para que puedan asumir lo más pronto posible su independencia y su soberanía. No queremos que este proceso (...) se difiera hasta el fin de la guerra (...). No se trata de ningún modo, ni siquiera porque estamos en tiempos de guerra, de una simple sustitución de los intereses de Vichy por los de la Francia Libre".[74]

Por fin llegó el 12 de septiembre, día de la esperada explicación.*

El general tenía que llegar al número 10 de Downing Street a las tres de la tarde y sir John Colville, en ese momento secretario de Churchill, señaló en sus *Memorias*: "A las tres menos cinco oí el timbre y entré al despacho. El señor Churchill me hizo saber que cuando el general de Gaulle entrara, él se levantaría y se inclinaría ligeramente, pero que no le daría la mano. Con un gesto le mostraría al general una silla enfrente de él, al otro lado de la mesa. Sin duda, para marcar mejor todavía su desaprobación, me anunció que no le hablaría en francés, sino que usaría un intérprete. 'Y usted será el intérprete', me dijo. El general llegó a las tres en punto. Churchill, sentado en el centro de la larga mesa del gabinete se levantó, inclinó ligeramente la cabeza y mostró con un gesto la silla frente a él. De Gaulle no parecía para nada turbado. Fue hasta su silla, se sentó, miró fijamente al Primer Ministro y no dijo nada.

"'*General de Gaulle, I have asked you to come here this afternoon...*'

"Churchill se interrumpió y me miró ferozmente. 'Mi general', empecé, 'lo he invitado a venir esta tarde...'

"'No dije *Mi general* —interrumpió el primer ministro— y no dije que lo había invitado.' Las frases que siguieron las in-

---

* En sus *Memorias*, por error, el general de Gaulle dice que se produjo el 15 de septiembre.

terpreté lo mejor que pude, a pesar de las frecuentes interrupciones.

"Luego fue el turno del general de Gaulle. Después de la primera oración se dio vuelta hacia mí y empecé a interpretar: 'No, no, protestó, no es para nada el sentido de lo que estaba diciendo'. Y sin embargo, era eso lo que había dicho.

"Entonces, Churchill me dijo que si no podía hacerlo mejor, tendría que haber manifestado interés por buscar a otro que pudiera reemplazarme. Así que me fui, totalmente confundido, y llamé por teléfono a Nicolas Lawford, al *Foreign Office*. Su francés era perfecto. Llegó rápidamente y lo introduje en la sala, donde nadie había pronunciado ni una palabra desde que me había ido. Pero en poco tiempo, casi nada, volvió a salir, rojo de confusión, declarando que se había encontrado con dos locos: le habían dicho que su francés no era bueno y que tendrían que arreglárselas sin intérprete".[75]

Habría sido penoso terminar con una pelea provocada por un intérprete. El siguiente resumen de la conversación está, evidentemente, atenuado, pero igual da una idea de la violencia de los primeros intercambios:

"El Primer Ministro declara que lo afligió asistir a la degradación de la actitud del general de Gaulle para con el gobierno de Su Majestad. Ahora le parece que no está más con un amigo. Recibió una carta del general sobre una reciente entrevista con la prensa. Por supuesto, una persona cuyas declaraciones tienen peso está frecuentemente a merced de periodistas poco escrupulosos; pero dejando todo eso de lado, el Primer Ministro recibió muchos testimonios según los cuales, en sus recientes desplazamientos, el general de Gaulle no dejó de utilizar palabras hostiles sobre Inglaterra. Esto es sumamente grave y el Primer Ministro está muy afectado por la cantidad de testimonios que le hicieron llegar.

"El general de Gaulle responde que no es posible afirmar seriamente que él es un enemigo de Gran Bretaña. Su posición actual y sus antecedentes lo vuelven inconcebible. Sin embargo, debe decir que algunos acontecimientos recientes, especialmente en Siria, lo quebraron profundamente y lo llevaron a tener dudas en cuanto a la actitud de muchas autoridades británicas sobre su movimiento y sobre él mismo. Estos hechos, a los que se agregaron las grandes dificultades de su propia posición, su aislamiento y, sin duda, su temperamento personal, lo llevaron a hacer declaraciones que deben de haber resonado de un modo desagradable en los oídos de los ingleses. Desea expresar al respecto sus sinceras disculpas.

"El Primer Ministro declara que antes de la llegada del general de Gaulle a Egipto se había esforzado por explicar a todos los interesados que contaba con su confianza y que su intención era cooperar con él. Se había hecho todo para barrer con todos los obstáculos. Por supuesto que se cometieron errores del lado británico y quiere creer que el general de Gaulle quedó contrariado por ello. En cierta medida, estas dificultades son inevitables, pero el general se volvió cada vez más hostil y no se puso en contacto con el Primer Ministro.

"El general de Gaulle le recuerda al Primer Ministro su telegrama del 28 de junio, en el que le hacía saber que una ruptura con Inglaterra, por Siria, tendría graves consecuencias para la Francia Libre. Cuando llegó a Siria se dio cuenta de que muchas de las autoridades británicas del lugar no tenían ninguna idea de lo que representaba la Francia Libre. Se encontró rodeado por militares y administradores que parecían tener como única preocupación la reducción del papel de la Francia Libre en Siria. Sus representantes tuvieron que soportar incontables humillaciones y los acuerdos que había alcanzado con el Ministro de Estado, aparentemente mutuamente satisfactorios, fueron letra muerta durante quince días. En tiempos normales, dificultades de este tipo se hubiesen solucionado en un instante por la vía diplomática. Pero cuando Francia está vencida y humillada, los esfuerzos para defenderla fracasarán con seguridad si se la trata de este modo.

"El Primer Ministro explica la actitud de Gran Bretaña en Siria. Gran Bretaña no persigue ninguna ambición en ese país y no tiene el menor deseo de suplantar allí a Francia. Su única meta es la derrota de Hitler, ahí y en todas partes, y nada debe ser un obstáculo para ella. Siria es una parte importante del mundo árabe y del dispositivo militar para la defensa de Egipto. No se puede permitir una reiteración de los acontecimientos de

Siria, cuyas repercusiones en los países vecinos comprometerían la posición militar británica. El resultado es que tienen que llevar la voz cantante en Siria en todo lo que concierne a los esfuerzos de guerra. Ésta es, repitió, la única razón de la presencia británica en ese lugar. Esta posición en el mundo árabe no puede asegurarse manifiestamente, salvo que muchas de las funciones que antes ejercía Francia en Siria se transfieran a los propios sirios. Esto es esencial. Los árabes no ven cuál es el interés de echar a los franceses de Vichy para volver a caer en la dependencia de los franceses libres. Quieren su independencia, y Gran Bretaña se la había prometido. Una vez más, Gran Bretaña no busca ninguna ventaja y no persigue ninguna ambición colonial en Siria.

"El general de Gaulle declara que de ningún modo sospecha que los británicos tengan intereses en Siria. Aunque la política francesa y británica no sean la misma en el mundo árabe, en Siria o en otras partes, no puede haber ningún desacuerdo en cuanto a los principios expuestos por el Primer Ministro, y él mismo les prometió la independencia a los sirios. Además, siempre reconoció que la autoridad militar británica tenía que prevalecer en última instancia en esa región. No se trata de una cuestión de principios —sobre los que no hay ningún desacuerdo—, sino de una cuestión de métodos: y ahí, sostiene que los franceses libres sufrieron en Siria humillaciones repetidas e inútiles.

"El Primer Ministro responde que le daría vergüenza utilizar la fuerza británica, que es preponderante en Siria, para cualquier otro fin que el de la derrota de Hitler. Pero para preservar el grado de seguridad necesaria, no dudaría en usar todas las fuerzas de que dispone contra cualquiera, si sabe que esto servirá a la causa común.

"El general de Gaulle declara que es normal y útil que las fuerzas británicas —cuya aplastante superioridad en relación con las fuerzas de la Francia Libre no discute— se usen cada vez que puedan contribuir a la derrota del enemigo común.

"El Primer Ministro responde que ahora parece que las cosas se han arreglado en Siria y que las relaciones entre el general Catroux y las autoridades militares británicas son satisfactorias.

Le asegura que es plenamente consciente de la importancia que tiene tratar a la Francia Libre en Siria de manera tal que la nación francesa pueda darse cuenta de que el general de Gaulle es el custodio de sus intereses en Siria y que son más importantes que los de otros países europeos.

"El general de Gaulle declara que, según sus informaciones, la necesidad de la campaña de Siria fue bien comprendida en Francia y que en esa ocasión no tuvo ninguna manifestación de sentimientos hostiles hacia Gran Bretaña o la Francia Libre.

"El Primer Ministro declara que habría deseado evitar que los acontecimientos de Siria empañaran la imagen del general de Gaulle ante los ojos del pueblo francés. La política británica no apuntaba de ningún modo a minimizar la contribución de los franceses libres en la campaña de Siria.

"El general de Gaulle espera que el Primer Ministro haya recibido, además de informes nada agradables, algunos ecos de la admiración profunda y sincera que expresó en varias oportunidades durante las últimas semanas por las fuerzas del Imperio Británico.

"El Primer Ministro pasa luego a la cuestión de la dirección del movimiento de la Francia Libre. Llegó a la conclusión de que sería conveniente que se creara un consejo en su debida forma, que contribuyera efectivamente a elaborar la política del movimiento presidido por el general de Gaulle, en tanto jefe reconocido de todos los franceses libres.

"El general de Gaulle está de acuerdo en que sería ventajoso que hubiese en torno de él un agrupamiento análogo a un gobierno. Reflexionó mucho sobre la cuestión, pero existen algunas dificultades (...). La creación de un consejo representativo implicaría obligatoriamente problemas políticos y la cohesión dentro de su movimiento podría resentirse. De todos modos, va a examinar la cuestión cuidadosamente.

"El Primer Ministro declara que tiene una meta doble: primero alentar a los partidarios del general de Gaulle en Francia y, por consiguiente, no hacer nada que pueda disminuir su estatura de jefe de la resistencia al enemigo. Y, al mismo tiempo, mejorar las relaciones entre el gobierno de Su Majestad y el movimiento de la Francia Libre, al darle una base más amplia. Cree que esta segunda meta se alcanzará gracias a la creación de un consejo con el que el gobierno de Su Majestad pueda tratar. Está feliz de escuchar que el general de Gaulle tiene la intención de examinar este asunto.

"En conclusión, el Primer Ministro le solicita al general de Gaulle que mida hasta qué punto es importante que no se sospeche que alimenta puntos de vista hostiles hacia Gran Bretaña o puntos de vista que luego puedan ser considerados hostiles. Le gustaría darle un consejo al general, porque algunas personalidades británicas ya consideran que es hostil a Gran Bretaña y que adoptó algunas ideas fascistas poco compatibles con una colaboración en un interés común.

"El general de Gaulle asegura que tomará totalmente en consideración las opiniones del Primer Ministro. Dadas sus recientes declaraciones y algunas que piensa hacer, no cree que puedan seguir acusándolo de alimentar ideas autoritarias. Le solicita que entienda que los jefes y los miembros del movimiento de los franceses libres obligatoriamente tienen un carácter difícil, ya que si no, no estarían donde están. Si bien este carácter difícil a veces afecta su actitud frente a su gran aliado (...), su lealtad para con Gran Bretaña sigue sin quiebres".[76]

El secretario de Churchill, que no podía sospechar cuál era el giro que había tomado la reunión, empezó a sentirse inquieto: "Pasó una hora y empecé a temer que se hubiese cometido un acto violento. Intenté escuchar a través de la puerta, pero (...) recientemente se habían instalado puertas dobles y no pude oír nada. Deambulaba por el pasillo, me probé el kepis del general de Gaulle y me di cuenta sorprendido de que su cabeza era muy pequeña. Luego me esforcé por concentrarme en los papeles que tenía ante mí. Terminé por decidir que mi deber era irrumpir en la oficina, quizás con el pretexto de llevar un mensaje, pues temía que se hubiese cometido lo irreparable. ¿Quizás se habían estrangulado? En ese momento oí el timbre: cuando entré los encontré sentados lado a lado y con la mayor amabilidad reflejada en sus miradas. Indudablemente por una cuestión táctica, de Gaulle estaba fumando uno de los cigarros del Primer Ministro. Se hablaban en francés, un placer al que a

Churchill le costaba resistirse y algo que siempre encantaba a su auditorio".[77]

En todo caso, las últimas palabras que intercambiaron el jefe de la Francia Libre y el Primer Ministro fueron de lo más amables: cuando lo acompañó, Churchill le aseguró a de Gaulle que "sería feliz de volver a verlo en el futuro" y que "si el Ministro de Estado volviera a Inglaterra, se podría organizar una *réunion à trois*".* [78]

Cuando salieron de la entrevista, que había terminado bien después de empezar mal, ambos estaban satisfechos. ¿Churchill no había prometido que Gran Bretaña seguiría respetando los acuerdos de El Cairo sobre Siria y que haría todo lo que pudiera para apoyar a la Francia Libre y a su jefe? En cuanto a de Gaulle, ¿no había aceptado estudiar la posibilidad de crear un consejo representativo y democrático? Es verdad que no se trataba de grandes concesiones, pero no importaba demasiado. La entrevista permitió disipar muchos malentendidos, atenuar algunos prejuicios, adormecer algunas sospechas y restablecer la confianza y la comprensión entre ambos dirigentes. En el fondo, Winston Churchill tenía una admiración sin límites por ese hombre solitario e inflexible que no dejaba de desafiar la derrota. Y de Gaulle sentía que Churchill era uno de los que comprendían realmente el sentido de su misión como jefe de los franceses libres. Por lo tanto, podríamos concluir que, a partir de ese momento, los dos hombres mantendrían relaciones más francas y cordiales. Pero ello sería un gran error.

* En francés en el original.

7

LOS "DENOMINADOS FRANCESES LIBRES"

Hacia el final de la entrevista del 12 de septiembre, Winston Churchill se tomó el trabajo de darle al general de Gaulle un consejo "desinteresado": "Sería conveniente que la Francia Libre creara un consejo en su debida forma que contribuyera efectivamente a elaborar la política del movimiento presidido por el general de Gaulle en tanto jefe reconocido de todos los franceses libres". En la base de esta formulación diplomática y pasablemente ampulosa había una motivación que no era completamente desinteresada: recordemos que durante las semanas anteriores a la entrevista del 12 de septiembre, Churchill buscaba febrilmente la manera de poner freno a los desbordes antibritánicos del general de Gaulle. En este sentido, la creación de un consejo capaz de controlar la política y los impulsos del general le parecía el mejor medio para lograrlo. Es verdad que éste tenía una concepción bastante monárquica de la autoridad, pero eso no era muy importante: lo único que quería Churchill era una monarquía constitucional.

Evidentemente, eran los franceses los que tenían que asegurar la delicada tarea de "diluir" la autoridad del general. Y, después de todo, en Londres había una buena cantidad de franceses que desaprobaban las recientes declaraciones antibritánicas del general y su concepción autocrática del poder. Así, el 9 de septiembre, Desmond Morton escribió al Primer Ministro: "Me entero de que los miembros del cuartel general de los franceses libres empiezan a cansarse casi tanto como nosotros del carácter intratable y de la falta de ponderación de su jefe. Algunos franceses libres y algunos otros franceses de buena voluntad que no participan del movimiento se preguntan seriamente cuáles son los medios para crear un consejo que sea capaz de controlar las acciones políticas del general. Temo que no puedan hacer otra cosa que preguntas".[1]

La última oración no era nada alentadora, pero Churchill justamente acababa de oír hablar de uno de esos valientes franceses: el 1º de septiembre había recibido el siguiente informe: "Según el almirante Dickens, Muselier (…) piensa que de Gaulle sufre de megalomanía (…) y considera que el jefe debe cambiar y que, si no, habrá que cambiar de jefe".[2] El almirante Muselier no era un desconocido para Churchill, que lo había mandado a prisión nueve meses antes.[3] Pero bueno, ése había sido un error lamentable y, además, lo pasado, pisado. Evidentemente no se trataba de que el almirante Muselier tomara el lugar del general de Gaulle. Desde el punto de vista político, los ingleses consideraban al almirante como un "peso pluma" y, por otra parte, Churchill tenía una serie de obligaciones para con de Gaulle, escritas y morales. Pero si Muselier sólo buscaba obtener una democratización de la autoridad dentro de la Francia Libre no había nada que decir al respecto. El omnipresente Desmond Morton recibió la instrucción de "mezclarse con el grupo de Muselier" y de "mantener al corriente al Primer Ministro"[4] y, sin duda, también de dar algunos consejos de moderación, en caso de que la oposición degenerara en un movimiento subversivo.

El mayor Morton se enteró enseguida de que Muselier tenía apoyo dentro de la Francia Libre: dos miembros del Estado Mayor del Almirante, Morel y Schaeffer, le confiaron: "Los Estados Mayores de la Marina y del Aire, el personal civil y una buena cantidad de miembros de la Oficina Militar llegaron a la conclusión de que de Gaulle, si bien sigue siendo útil como figura simbólica y sin duda apreciada como jefe militar —aunque esto todavía está por demostrarse—, no puede seguir impunemente en el camino que se ha trazado. Por supuesto que es honesto, pero de un fanatismo que confina al desequilibrio. No tiene nada de un administrador o de un diplomático y como político parece inclinado al fascismo. Los miembros del cuartel general de la Francia Libre, salvo algunos incondicionales, que están sobre todo en la oficina militar, están resueltos a torcerle el brazo al general para crear un consejo".[5]

Al enterarse de que el Primer Ministro acababa justamente de aconsejarle al general de Gaulle que estableciera un consejo y que había aceptado pensar en ello, los partidarios de una democratización de la Francia Libre vieron que llegaba su hora. Consideraron completamente natural que dentro del nuevo consejo la democracia fuese ejercida por ¡por ellos mismos! De Gaulle les prestaría el nombre. El 19 de septiembre, los "hombres clave" de la conspiración almorzaron juntos en un salón privado del hotel Savoy. Allí estaban el almirante Muselier, Moret, Schaeffer y Labarthe, editor del diario *France Libre*. También estaba presente el mayor Morton como observador y Maurice Dejean, sin duda con la misma tarea. Por último, estaba el anfitrión, lord Bessborough, que luego confió que "nunca hubiese creído que se necesitaba tanto coñac para hacer una revolución".[6]

Se trataba de una revolución. Muselier anunció a sus amigos que el día anterior le había enviado una nota al general de Gaulle, que no era otra cosa que una intimación para formar en el menor lapso posible un "comité ejecutivo". No se podría tomar ninguna decisión ni hacer ninguna declaración sin que este comité hubiese otorgado su acuerdo previo. Por supuesto que el presidente sería el almirante Muselier. De hecho, durante el almuerzo se produjo otra versión de este esquema optimista, que no era sensiblemente diferente de la primera: el general de Gaulle sería, de algún modo, el "presidente honorario" del comité, en tanto que el almirante Muselier sería su presidente en ejercicio.[7] En ambos proyectos se encontraban hombres del almirante en puestos clave: Labarthe en la dirección política, Moret en la Marina, en los servicios técnicos y, si existía la posibilidad, en la "coordinación de los servicios secretos". Para colmo, el almirante Muselier se encargaría de la Defensa Nacional, de la Marina Mercante y del armamento.[8]

Durante este almuerzo de negocios, el almirante le confió a sus amigos que "si de Gaulle no acepta este esquema, él, Muselier, informará a las autoridades británicas que se encuentra a su entera disposición con 'su' flota para continuar la lucha, pero independientemente del general de Gaulle".[9] Se ignora si esta frase se pronunció antes o después del coñac, pero constituía una amenaza explícita de secesión. En ese momento, los "conjurados" se separaron de lord Bessborough y del mayor Morton y se fueron a la casa del almirante Muselier, donde redactaron un proyecto de decreto que sería sometido a la firma del general de Gaulle. Obviamente, el almirante Muselier descontaba el apoyo total de las autoridades británicas, a las que, por otra parte, quería presentar el plan para "su aprobación".[10]

Esa noche, Desmond Morton le hizo a Churchill un resumen detallado de las "conversaciones del Savoy" y el Primer Ministro se declaró encantado. Ese consejo, le aseguró a Morton, podría indudablemente "ejercer un control permanente de los actos y las declaraciones políticas del general de Gaulle". El general "seguiría dirigiendo la parte militar del movimiento y de este modo será fácil tenerle respeto". Evidentemente, "si los disidentes van demasiado lejos, él (el Primer Ministro) quizás se vea obligado a intervenir (...) para impedir que todo esto no degenere en una crisis grave. Pero espera que se muestren razonables y que la discusión pueda dirimirse sin que haya que intervenir". Desmond Morton luego reveló estas palabras tan típicas del Primer Ministro: "En un segundo momento, una vez que el consejo haya sido creado y que las dificultades actuales se hayan resuelto, se podría, quizás dentro de unos meses, darle al general de Gaulle una señal especial a su favor, que sería beneficiosa para el esfuerzo de la guerra y que mejoraría las relaciones mutuas".[11]

Mientras tanto, en Carlton Gardens, el objeto de todas las atenciones se disponía a pasar a la acción. Efectivamente, de Gaulle decidió formar un "comité nacional", pero no se parecía en nada al que planeaba el almirante Muselier. Además, el general no desdeñó honrar con una respuesta la nota del 18 de septiembre y, tampoco, el "proyecto de decreto" del día siguiente. Cuando, finalmente, Muselier y Labarthe lo visitaron el 21 de septiembre por la noche, les hizo saber sin ambages que el presidente del nuevo comité no sería otro que él mismo. Por otra parte, si bien estaba totalmente dispuesto a hacer entrar a Muselier y a Labarthe en el comité, no quería que Moret reemplazara a Passy como jefe de los servicios secretos. Sobre este tema, Muselier y Labarthe declararon que no podrían aceptar una solución que dejara al general de Gaulle como único jefe del movimiento y a Passy como el único jefe de los servicios secretos y se negaron de plano a formar parte del comité nacional.[12]

El almirante Muselier también pensaba hacer que de Gaulle se arrepintiera. Al día siguiente por la mañana telefoneó a Maurice Dejean, que dirigía el gabinete político del general y le preguntó si de Gaulle había cedido a sus exigencias. Dejean le respondió que el general se disponía a hacer pública la composición de un comité nacional que no integrarían ni Moret, ni Labarthe ni Muselier. En ese momento, el almirante, enojado, declaró que si las cosas eran así, entonces la Marina "se volvía independiente y seguía la guerra".[13] Naturalmente, Dejean relató estas palabras al general. Según Muselier, se había limitado a decir: "En estas condiciones, no quiero tener nada en común con ese comité y la Marina seguirá haciendo la guerra. Su único papel será militar, en estrecho vínculo con el Almirantazgo británico y no se mezclará en cuestiones políticas".[14] En otras palabras, Dejean habría malinterpretado lo dicho. Lamentablemente, es difícil acordar con esta versión de los hechos, porque después de su conversación telefónica con Dejean, Muselier, efectivamente, anunció a los responsables del Almirantazgo británico que ponía "su" flota a su disposición,[15] lo que, por supuesto, le causó algunas dificultades a Whitehall.

Cuando Dejean le refirió las palabras de Muselier, el general de Gaulle explotó y al día siguiente le envió al almirante un ultimátum:

"Usted se apartó de sus derechos y de sus deberes al haber notificado la decisión de separarse de la Francia Libre y de separar a la Marina, a sus órdenes. Este hecho convierte a sus acciones en un abuso intolerable del mando militar que le he confiado sobre una fuerza francesa libre cuyos oficiales y hombres están comprometidos como franceses libres y unidos a mi autoridad por un contrato de compromiso. Además, está dañando la unión en un movimiento en el que la unión hace toda la fuerza, en un movimiento en el que, en presencia del enemigo y en la situación en la que se encuentra Francia, representa, quizás, la única posibilidad de salvación de la Patria. En resumen, por indisciplina, usted destruye un elemento de la fuerza militar francesa, al lanzar una agitación y una división a las que no podrá sobrevivir.

"No dejaré que lo haga.

"Dados los servicios prestados y las influencias molestas que algunos elementos no combatientes de la emigración han podido ejercer sobre usted, le doy veinticuatro horas para que vuelva al buen sentido y al deber.

"Esperaré su respuesta hasta mañana, 24 de septiembre, a las 16 horas. Una vez pasado este plazo, tomaré las medidas necesarias para que no pueda hacer daño y para que su conducta se conozca públicamente, es decir, quede estigmatizada.

"Tengo que agregar que en este lamentable asunto me aseguré el apoyo de nuestros aliados en el lugar en el que nos encontramos y que me han reconocido como jefe de los franceses libres.

"Lo saludo".[16]

Esa tarde, el general de Gaulle visitó a Churchill y le hizo saber que anunciaría a la prensa la creación de un comité nacional con ocho o nueve miembros. Muselier no formaría parte, precisó. Es más, sería relevado de sus funciones, pues el almirante, por razones de ambición personal, había sido desleal con él. Churchill empezó a preocuparse seriamente. Era evidente que las cosas no andaban como se había previsto y se veía venir la "grave crisis" que tanto temía. Por lo tanto, lo que quería hacer era limitar los daños: "No podemos dejar que se produzca una escisión abierta dentro de la Francia Libre en este momento", le respondió al general de Gaulle y le pidió que difiriera toda nueva iniciativa durante, al menos, veinticuatro horas, para permitir que intervinieran mediadores. El general consideró manifiestamente que estaba en una posición de fuerza y aceptó diferir el anuncio de la creación del comité nacional.[17]

Los mediadores se pusieron a trabajar enseguida. Esa misma noche, a las 23, Churchill examinó la cuestión con el Primer Lord del Almirantazgo, el Ministro de Asuntos Exteriores y, por supuesto, el mayor Morton. Rápidamente llegaron a la conclusión de que Muselier tenía que escribirle al general de Gaulle y "presentarle las cosas de modo que no pueda mantener sus acusaciones de deslealtad motivada por la ambición personal".[18] El 24 de septiembre convencieron a Muselier, quien, mientras tanto, se había puesto bajo la protección del Almirantazgo británico, de que escribiera que "sus pensamientos habían sido mal traducidos o interpretados" y que le pidiera al general de Gaulle que considerara nula la comunicación telefónica con Maurice Dejean.[19] Esa misma tarde, el general convocó a Muselier y tuvieron un encuentro al que de Gaulle calificó como "totalmente satisfactorio" en una conversación con Eden. El Ministro de Asuntos Exteriores de Su Majestad dedujo que todo se había arreglado y no ocultó su alivio. ¡Pero no era así! El encuentro sólo había sido "totalmente satisfactorio" para de Gaulle: durante la tarde, Somerville-Smith, de la Misión Spears, se encontró con Muselier, quien le confió que "lejos de mostrarse conciliador, de Gaulle había declarado que Muselier había sido desleal con él y que no podían seguir trabajando juntos".[20]

O sea que la mediación había fracasado. Somerville-Smith informó enseguida al mayor Morton, quien le avisó inmediatamente a Strang y éste, a Eden. El aparato de la mediación volvió a ponerse en marcha: de Gaulle y Muselier fueron "invitados" al *Foreign Office*; el general se entrevistó durante varias horas con Eden, en tanto que el almirante conferenciaba en una habitación contigua con el Primer Lord del Almirantazgo y el subsecretario de Estado Cadogan iba de un lado al otro. Al final, el Primer Lord del Almirantazgo le hizo saber a Muselier que, de acuerdo con los intereses de los esfuerzos de la guerra, tendría que "ceder ante de Gaulle". Por otra parte, Eden logró convencer al general de que retirara sus acusaciones y de que nombrara a Muselier comisario en la Marina. Después de muchas dudas y de múltiples recriminaciones, el general y el almirante se dejaron convencer. El 25 de septiembre, el general de Gaulle anunció la composición de su comité * y Muselier formó parte

---

* Los principales miembros: Pleven (Economía, Finanzas, Colonias), Cassin (Justicia e Instrucción Pública), Dejean (Asuntos Exteriores), Legentilhomme (Guerra), Valin (Aire), Diethelm (Acción en la Metrópolis, Trabajo, Información). El general Catroux y el almirante d'Argenlieu fueron nombrados comisarios sin departamento.

de él.* En cuanto al resto, por supuesto que el que había ganado era de Gaulle: Moret y Labarthe quedaron fuera del comité, él era el presidente y los comisarios estaban subordinados a él, que tenía todos los poderes para decretar. Es difícil ver en qué sentido la creación de este comité debilitó el control del general sobre su movimiento. Tanto en el *Foreign Office* como en el Almirantazgo se consolaban, a pesar de todo, pensando que se había evitado *in extremis* una escisión mayor dentro de la Francia Libre: era lo único que pedían Eden y Alexandre.

No es posible decir lo mismo de Churchill, quien estaba amargamente decepcionado. Al día siguiente le escribió a Eden: "Todo esto es muy desagradable. Queríamos obligar a de Gaulle a aceptar un consejo conveniente y lo único que logramos fue obligar a Muselier y compañía a que se inclinaran ante él. Me había parecido comprender que usted intentaría obtener un gobierno que estuviese de acuerdo con nuestros deseos. Es evidente que todo este asunto va a exigir la mayor vigilancia de nuestra parte y que en el futuro inmediato tendremos que tratar a de Gaulle con más severidad de lo que hubiese deseado".[21] En ese momento Churchill tenía la sensación de haber sido estafado, ¡y tenía razón!

El que estaba satisfecho era de Gaulle: había formado un comité que era una especie de gobierno sin tener ese nombre y esto reforzaba el prestigio de la Francia Libre. En cuanto a Muselier, sin ninguna duda era un marino competente y todavía podía rendir grandes servicios al movimiento y, para de Gaulle, esto era lo esencial. Por supuesto que el general sospechaba que el Almirantazgo británico había "alentado a Muselier en su acto de indisciplina"[22] pero, curiosamente, aunque más tarde acusará a Winston Churchill de los hechos más graves, nunca sospechó cuál había sido el papel que el Primer Ministro había tenido en este segundo asunto Muselier.

Poco a poco, las relaciones franco-británicas volvieron a la

---

* Es interesante señalar que, en sus *Memorias*, el general de Gaulle no dice una palabra sobre la mediación británica. Indudablemente consideró que era incompatible con la soberanía de la Francia Libre y, por lo tanto, indigna de que quedara registrada en la historia.

normalidad. Churchill temía un nuevo acceso de anglofobia por parte del general de Gaulle y dio órdenes muy estrictas para que no pudiese salir de Inglaterra. Pero como no tenía ninguna intención de hacerlo, el general francés nunca se enteró, lo que, por supuesto, fue preferible. Únicamente supo que el *Intelligence Service* y el SOE persistían en querer reclutar en sus filas a los franceses que intentaban unirse a la Francia Libre. Como represalia, el general ordenó a Passy que "advirtiera inmediatamente a los servicios británicos que cesamos toda relación de cualquier naturaleza con ellos hasta que sean devueltos los franceses en cuestión".[23]

No era la primera orden de este tipo que recibían los servicios secretos de la Francia Libre, pero como sólo podían operar con una importante asistencia técnica de sus homólogos ingleses, la orden se seguía de manera imperfecta. Así, y excepto algunas explosiones menores en Carlton Gardens y en Downing Street, el año 1941 parecía terminar amigablemente para las relaciones franco-británicas. Eso es lo que habría pasado si en Terranova no hubiesen existido dos islas minúsculas, sin gran importancia pero muy francesas: Saint-Pierre y Miquelon.

El asunto de Saint-Pierre y Miquelon en su origen fue un problema totalmente secundario que tomó, por accidente, una importancia desmesurada. En septiembre de 1940, cuando navegaba hacia Dakar, el general de Gaulle había previsto organizar un "cambio de administración espontáneo" en Saint-Pierre y Miquelon y en la Guyana francesa.[24] De hecho, la gran mayoría de los 5000 habitantes de Saint-Pierre y Miquelon no tenía la menor simpatía por Vichy y, en febrero de 1941, el general de Gaulle le escribió a un diplomático francés que la liberación de estas islas sería "algo muy sencillo". Sin embargo, agregó que se precisaría "asegurar la cooperación de la flota británica y la aprobación tácita de Washington".[25] Las autoridades británicas no veían ningún inconveniente en que se llevara a cabo esta operación: en Saint-Pierre había una poderosa estación de radio que difundía hacia América propaganda de Vichy y que podría servir fácilmente para transmitir a los submarinos alemanes la posición de los convoyes aliados en el Atlántico. Para Inglaterra, por lo tanto, era deseable que esas islas pasaran lo más rápidamente posible al control de los Aliados. Pero, dada su posición geográfica, era preciso contar con la aprobación del gobierno canadiense y, por supuesto, con el permiso de las autoridades norteamericanas. Esto fue lo que Anthony Eden le contestó al general de Gaulle cuando, en el otoño de 1941, éste le confió su intención de obtener la adhesión de las islas.[26] Enseguida se obtuvo la aprobación del gobierno de Canadá, pero había que conseguir la de Washington.

Desde el comienzo de la guerra el general de Gaulle había tenido grandes esperanzas en Estados Unidos. Como Churchill, estaba convencido de que los norteamericanos terminarían por entrar en la guerra y que su intervención sería decisiva. A diferencia de Churchill, también pensaba que podría usar a Estados Unidos como un contrapeso de la influencia británica. Por eso envió varias misiones a Washington,[27] se ofreció varias veces a cooperar con el Departamento de Estado[28] e, incluso, propuso acordar a Estados Unidos la libre utilización de todas las bases navales de la Francia Libre en África.[29] Pero todas sus propuestas quedaron sin respuesta.

Para el presidente Roosevelt, de Gaulle no era más "que un general francés entre otros" y desde los acontecimientos de 1940 no tenía respeto por los franceses en general y por los generales franceses en particular. Por otra parte, visto desde Washington, este general parecía una creación de los ingleses que había fracasado en Dakar y del cual se decía que tenía tendencias fascistas: algo más que suficiente para descalificarlo como interlocutor de Estados Unidos. Pero la verdadera razón del ostracismo que se le impuso a de Gaulle era la política de Washington en relación con Vichy. Desde el otoño de 1940 el presidente Roosevelt, el secretario de Estado Cordell Hull y el subsecretario de Estado Sumner Welles no dejaron de hacer ningún esfuerzo por mantener buenas relaciones con el gobierno del mariscal Pétain. Esperaban obtener varios resultados: alentar al viejo mariscal para "que remontara la pendiente", como lo dijo elegantemente Adolph Berle,[30] mantener a la flota francesa fuera del alcance de Alemania y, quizás, convencer a Vichy de que un día retomara la lucha en África del Norte.

Por todas estas razones, el presidente Roosevelt envió al almirante Leahy en su representación a Vichy y a Robert Murphy a que se ocupara de los intereses norteamericanos en Argelia. Mucho tiempo después de que Churchill hubiese renunciado a ver al mariscal Pétain como alguien que se resistía activamente a los alemanes y al general Weygand "blandir el estandarte de la rebelión" en África del Norte, los norteamericanos seguían cortejando a Vichy con una paciencia ejemplar. Incluso levantaron parcialmente el bloqueo de las costas y permitieron que África del Norte recibiera una gran cantidad de productos norteamericanos. Pero no lograron nada: el mariscal Pétain vacilaba entre la resistencia y la colaboración para, luego, caer nuevamente en la senilidad. En abril de 1941, el almirante Darlan accedió al poder y llevó una política pro alemana. Siete meses más tarde se anunciaba que el general Weygand, en quien los norteamericanos tenían depositadas tantas esperanzas, había sido convocado nuevamente desde África del Norte. Durante este período, muchos agentes alemanes iban y venían libremente entre Marruecos, Argelia y Túnez. Y, sin embargo, el Secretario de Estado norteamericano seguía manteniendo una política conciliatoria con Vichy, con una paciencia y una determinación dignas de mejor suerte.

El 7 de diciembre de 1941 la guerra golpeó a las puertas de América del Norte: para Churchill finalizaba una larga lucha solitaria. En cuanto a de Gaulle, enseguida percibió el alcance del acontecimiento: "Y bien —le dijo a Billotte— esta guerra se terminó (...). Por supuesto que seguirá habiendo operaciones, batallas y combates, pero la guerra se terminó, ya que ahora sabemos cuál va a ser la salida. En esta guerra industrial, nada puede resistir el poder de la industria norteamericana". Y agregó estas palabras proféticas: "De ahora en más, los ingleses no harán nada sin el acuerdo de Roosevelt".*[31]

---

*   Las palabras que dijo el general ese día ante Passy fueron más proféticas todavía: "Ahora se ganó definitivamente la guerra. Y el futuro nos prepara dos fases: la primera será la salvación de Alemania por parte de los Aliados y la segunda temo que sea una gran guerra entre los rusos y los norteamericanos (...) y los norteamericanos corren el riesgo de perderla si no saben tomar a tiempo las medidas necesarias".[32]

En todo caso, por el momento de Gaulle estaba firmemente resuelto a captar todas las posesiones francesas del hemisferio americano. A comienzos de diciembre, el almirante Muselier partió para Canadá, donde tenía que inspeccionar ciertas unidades navales de la Francia Libre, pero también estaba encargado de una misión secreta de gran importancia: la adhesión de Saint-Pierre y Miquelon.

Como Muselier dudaba de iniciar la operación sin el consentimiento explícito de los ingleses, el general de Gaulle le escribió a Churchill para preguntarle si las autoridades británicas tendrían alguna objeción en brindarle "este pequeño apoyo".[33] Churchill consultó al *Foreign Office*, que respondió: "No vemos ningún inconveniente en que se ejecute la operación que propone el almirante Muselier. De hecho, estamos a favor". Los jefes del Estado Mayor, a los que también se había consultado, consideraban que había que "autorizar al almirante Muselier a que incorporase a Saint-Pierre y Miquelon a la Francia Libre sin informar de esto a nadie previamente".[34] El 15 de diciembre Churchill aceptó "sacarle el bozal a Muselier",[35] pero le pidió al general de Gaulle que difiriera la orden de ejecución treinta y seis horas, para que los diplomáticos británicos pudieran asegurarse de que esta acción "no iba a ser considerada molesta por el gobierno de Estados Unidos".[36]

Ahora Estados Unidos estaba en guerra con Japón y con Hitler. Pero, por curioso que esto pueda parecer, ni siquiera Pearl Harbor cambió la política norteamericana respecto de Vichy. Poco después del 7 de diciembre, el gobierno norteamericano firmó con el almirante Robert, alto comisario de Vichy para las Antillas, la Guyana y Saint-Pierre, un acuerdo que preveía el mantenimiento del *statu quo* en todas las posesiones francesas del hemisferio occidental. Además, Roosevelt se ocupó de informarle personalmente al mariscal Pétain que Estados Unidos seguiría respetando la convención de La Habana. En cuanto a la estación de radio de la isla de Saint-Pierre, fue objeto de negociaciones entre Estados Unidos y Canadá: se convino que los canadienses enviarían operadores de radio a Saint-Pierre, para supervisar las transmisiones y asegurarse de que no fueran hostiles a la causa aliada. En caso de que el gobernador de la isla se negara, siempre se podrían plantear amenazas económicas. De modo que los acontecimientos se estaban produciendo del mejor modo (para los intereses norteamericanos) cuando, el 16 de diciembre, el Departamento de Estado recibió un mensaje del *Foreign Office* informándolo del plan de adhesión de los franceses libres y en el que se precisaba que el gobierno de Su Majestad no veía inconvenientes en que se instrumentara, pero que quería asegurarse de que "su ejecución no molestara al gobierno de Estados Unidos".[37]

La cuestión no era superflua: Roosevelt se declaró categóricamente en contra de la operación[38] y se informó de inmediato al *Foreign Office*. Por otra parte, el Presidente le recordó a Sumner Welles que era "partidario de una acción canadiense" en Saint-Pierre y que las autoridades canadienses lo sabían.[39] Pero por razones de política interna —los canadienses franceses estaban casi todos a favor de de Gaulle y en contra de Vichy— y porque el envío de personal canadiense a Saint-Pierre "corría el riesgo de provocar la hostilidad de los habitantes",[40] el gobierno de Ottawa no intervino. Además, no era cuestión de iniciar ninguna acción sin consultar antes a los ingleses. Tres días más tarde, el proyecto estaba enterrado.

Mientras tanto, el *Foreign Office* recibió la respuesta categórica del presidente Roosevelt. En la mañana del 17 de diciembre, Strang se la informó a Maurice Dejean y agregó que era de la más alta importancia que todas las órdenes dadas para esta operación fuesen informadas. Dejean, después de haberse comunicado con el general de Gaulle, le confirmó al *Foreign Office* que "no se dará ninguna orden para esta operación".[41] Con lo que el *Foreign Office* consideró terminado el asunto.

Fue un error. Durante la conversación con Maurice Dejean en el *Foreign Office*, Strang mencionó al pasar que "acababa de enterarse de que los gobiernos norteamericano y canadiense habían examinado un plan para enviar personal canadiense para que se hiciera cargo de la estación emisora y que el gobierno norteamericano había dado su aprobación".[42] Después de haber aceptado renunciar a la operación y de haber autorizado a Dejean a darle al *Foreign Office* las seguridades necesarias, el general de Gaulle meditó mucho sobre estas informaciones que había proporcionado Strang.* ¿Creyó realmente que los canadienses emprenderían esa operación? ¿Sólo se informó? ¿Simplemente estaba buscando un pretexto para proceder a la adhesión de Saint-Pierre y Miquelon? En todo caso, más tarde escribió: "Pero, en cuanto se habló de una intervención extranjera en un territorio francés, no podía permitirme ninguna duda. Le di al almirante Muselier la orden de lograr enseguida la adhesión de Saint-Pierre y Miquelon".** 43

El general juzgó que era inútil informar de esto a los ingleses o a los norteamericanos y la víspera de Navidad, el almirante Muselier desembarcó en Saint-Pierre con un destacamento de soldados de infantería de marina de la Francia Libre. Fueron recibidos con gran entusiasmo y en un plebiscito que se organizó poco después, el noventa por ciento de la población se pronunció a favor de la adhesión a la Francia Libre.

Churchill llegó a Washington el 22 de diciembre para entrevistarse con el Presidente sobre varias cuestiones extremadamente importantes: la organización de la gran alianza anglonorteamericana, la redacción de una "Declaración de Naciones

---

* A pedido de Maurice Dejean, unas horas más tarde se remitió a de Gaulle un resumen escrito de la comunicación de Strang. Indudablemente este documento fue la base de sus reflexiones.

** La orden del 18 de diciembre estaba redactada en estos términos: "Como lo había solicitado, hemos consultado a los gobiernos británico y norteamericano. Sabemos de fuente segura que los canadienses tienen la intención de destruir la estación de radio de Saint-Pierre. En estas condiciones, le ordeno proceder a la adhesión de Saint-Pierre y Miquelon por sus propios medios y sin decir nada a los extranjeros. Tomo la entera responsabilidad de esta operación, indispensable para que Francia conserve estas posesiones francesas". Se ignora cómo de Gaulle pudo enterarse de que las autoridades canadienses se disponían a destruir la estación de radio. Al otro día, en un telegrama dirigido a la delegación francesa en Washington, escribió: "El gobierno canadiense estaría intentando asegurarse, sea amigablemente, sea por la fuerza, el control de la estación de radio de Saint-Pierre y Miquelon". El 27 de diciembre encontramos: "Teníamos la prueba de que Canadá se estaba preparando para ocupar Saint-Pierre y Miquelon".44 Todo esto es inexacto, pero de Gaulle no podía saberlo en ese momento.

Unidas", la puesta a punto de un plan de operaciones para Europa y África del Norte y, por supuesto, el examen de la situación en el Pacífico, que era muy crítica. Las entrevistas del Primer Ministro con el presidente Roosevelt y el secretario de Estado Cordell Hull se desarrollaron en una atmósfera muy cordial y celebraron la víspera de Navidad en la Casa Blanca, en compañía del Primer Ministro canadiense. Pero al día siguiente, Roosevelt y su secretario de Estado recibieron el siguiente telegrama, enviado por Muselier al Almirantazgo británico: "Tengo el honor de informar que, ejecutando la orden recibida recientemente del general de Gaulle, y a pedido de los habitantes, me dirigí esta mañana a la isla de Saint-Pierre y logré la adhesión de la población a la Francia Libre y a la causa aliada. Recepción entusiasta".[45]

El asunto no era muy importante y al principio ni Roosevelt ni Churchill le prestaron demasiada atención. Sin embargo, el secretario de Estado Cordell Hull no pensaba lo mismo: "Por poco importantes que sean las islas —escribió más tarde—, su ocupación por la fuerza por los franceses libres nos causaba un gran problema (...) y podía comprometer seriamente nuestras relaciones con el gobierno del mariscal Pétain".[46] Era difícil ser más franco y el Secretario de Estado expresó su indignación al hacer publicar el siguiente comunicado: "Nuestros primeros informes muestran que la acción emprendida en Saint-Pierre y Miquelon por los *denominados**navíos franceses libres fue una acción arbitraria, ejecutada en contradicción con los acuerdos de todas las partes en cuestión y en ausencia de toda información y de todo consentimiento previo del gobierno de Estados Unidos. El gobierno de Estados Unidos le preguntó al gobierno canadiense qué medidas pensaba adoptar para restaurar el *statu quo* en las islas".[47]

La respuesta a la última pregunta no se hizo esperar: el Primer Ministro canadiense hizo saber que no estaba dispuesto a restablecer la autoridad de Vichy en Saint-Pierre dado que la "opinión pública de Canadá está tan aliviada como entusiasma-

---

* El subrayado es nuestro.

da por la acción del general de Gaulle".[48] Por otra parte, la propia opinión pública norteamericana también estaba entusiasmada con esta acción que, después de todo, había sido ejecutada por un aliado de Estados Unidos en detrimento del enemigo en común. Por lo tanto, la opinión pública y la prensa norteamericanas reaccionaron muy violentamente ante las declaraciones del Secretario de Estado sobre el tema de los "denominados franceses libres". Durante las siguientes semanas, el infortunado Cordell Hull recibió carradas de cartas con injurias provenientes de los cuatro puntos cardinales de Estados Unidos y dirigidas al "denominado Secretario de Estado", "denominado Departamento de Estado", etcétera. Hull se tomó muy mal todo el asunto y reconoció que le costó dormir durante muchos meses. Pero no dejó de persistir en su política y se esforzó por convencer a Churchill de apoyarlo para forzar a los franceses libres a que evacuaran Saint-Pierre y Miquelon: "Acusé directamente al general de Gaulle de ser alguien que mete la pata, que había actuado contrariando los deseos claramente expresados por Inglaterra, Canadá y Estados Unidos y le pedí al Primer Ministro que lo indujera a retirar las tropas de Saint-Pierre y Miquelon, mientras los canadienses y los norteamericanos se encargaban de supervisar la radio de Saint-Pierre".[49]

Churchill no estaba totalmente de acuerdo y le contestó al Secretario de Estado que "si presentaba esa exigencia, se verían afectadas sus relaciones con la Francia Libre".[50] Por otra parte, el Primer Ministro no llegaba a tomar en serio este asunto: "Hull —escribió en sus *Memorias*— le daba demasiada importancia a este asunto que, finalmente, era menor".[51] El presidente Roosevelt, aunque apoyaba con sus palabras al Secretario de Estado, se desinteresaba manifiestamente del tema: "Durante nuestras conversaciones cotidianas —escribió Churchill—, me pareció que el Presidente no le daba gran importancia. Después de todo, otras preocupaciones nos asaltaban o nos acechaban en ese momento".[52] Por otra parte, aun cuando Churchill quisiera tomar alguna iniciativa para serle agradable a Hull, el telegrama que recibió el 29 de diciembre del *Foreign Office* bastaba ampliamente para disuadirlo. Sustancialmente, decía que el general de Gaulle se negaba a convocar a sus hombres de Saint-Pierre y Miquelon y que si se emprendía una acción para contradecirlo, "esto provocaría una tempestad de todos los diablos y nos costaría mucho encontrarle una justificación pública".[53]

Era la primera vez que el *Foreign Office* le hacía saber a Churchill que tomar una medida en contra de de Gaulle sería inaceptable para la opinión pública inglesa y no iba a ser la última. Por su parte, de Gaulle le envió un telegrama personal: "Tengo todas las razones para temer que la actual actitud del *State Departement* en Washington, en relación con, respectivamente, los franceses libres y Vichy, le haga mucho mal al espíritu de lucha en Francia y en otras partes. Temo la engañosa impresión que va producir en la opinión, en las fuerzas y en los territorios franceses libres, como en la Francia todavía no liberada, esta especie de preferencia otorgada públicamente por el gobierno de Estados Unidos a los responsables de la capitulación y a los culpables de la colaboración. No me parece bien que, en la guerra, el premio se otorgue a los apóstoles del deshonor. Le digo esto porque sé que usted siente lo mismo y que es el único que puede decirlo como se debe".[54]

Era indudable. En Ottawa, el 30 de diciembre, en una sesión del Parlamento canadiense, Churchill estigmatizó a los hombres de Burdeos y a los de Vichy que "están postrados a los pies del vencedor", y agregó: "Ahora no hay ningún lugar para los diletantes, los débiles, los emboscados y los cobardes". Finalmente, cuando el Primer Ministro tuvo que hablar de Francia y de los combatientes de la Francia Libre, su francofilia adoptó libre curso y se volvió francamente lírica: "Pero hay franceses que se niegan a doblegarse y que siguen luchando junto a los aliados, a las órdenes del general de Gaulle. La gente de Vichy los condenó a muerte, pero sus nombres son respetados y serán cada vez más respetados por nueve de cada diez franceses en ese feliz y sonriente país de Francia. Y en todas partes, en Francia ocupada y no ocupada (porque su suerte es idéntica), esta gente honesta, este gran pueblo, la nación francesa, se levanta. La esperanza vuelve a encenderse en el corazón de una raza guerrera (...). En todas partes vemos cómo despunta el día y se extiende la luz, todavía rojiza, pero clara. Nunca dejaremos de creer que Francia ocupará de nuevo un lugar de nación libre y que retomará por duros senderos su lugar en la gran cohorte de las naciones liberadoras y victoriosas".[55]

El propio general de Gaulle no podría haberlo dicho mejor. Al día siguiente se hizo eco de las palabras del Primer Ministro en un discurso pronunciado en la BBC: "Hacemos nuestras estas palabras pronunciadas por el gran Churchill: 'No hay ningún lugar en esta guerra para los diletantes, los débiles, los emboscados y los cobardes".[56] Ese mismo día le envió a Churchill el siguiente telegrama: "Lo que dijo ayer ante el Parlamento canadiense sobre Francia fue directo al corazón de toda la nación francesa". Y agregó: "Desde el fondo de su desgracia, la vieja Francia espera primero en la vieja Inglaterra".[57] A lo que Churchill respondió al otro día: "Recibí su telegrama. Puede estar seguro de que defendí fuertemente su causa ante nuestros amigos de Estados Unidos. Su acción, que violó un acuerdo sobre Saint-Pierre y Miquelon, desencadenó una tempestad que habría podido ser seria si no hubiese estado allí para hablar con el Presidente. Indiscutiblemente, el resultado de sus actividades aquí fue volver más difíciles las cosas con los Estados Unidos e impedir, de hecho, que se produjeran ciertos acontecimientos. Sigo haciendo lo mejor para todos nuestros intereses".[58]

Esto tampoco generaba dudas. El 1º de enero de 1942, Churchill, nuevamente en Washington, almorzó "en familia" con el Presidente y J. P. Lash, que también estaba presente, remarcó las siguientes palabras: "'Hitler me pareció terriblemente inquieto en su discurso de fin de año', señaló Churchill, 'hasta llegó a invocar al Todopoderoso'". Quizás haya sido esta mención al Todopoderoso lo que lo haya hecho pensar en de Gaulle: "'Son amables con Vichy', dijo Churchill riendo. 'Y bien, nosotros lo somos con el general de Gaulle'". Dejó entender que se trataba de una buena división de papeles. "Hay que dejar que Hull y Halifax se ocupen de este asunto",[59] respondió el Presidente.

Cordell Hull se ocupaba activamente y estaba más obstinado que nunca. La prensa norteamericana lo arrastró por el barro, el discurso de Churchill en Ottawa le había dejado un gusto amargo y el Presidente no lo había apoyado en todo el asunto. Pero, igualmente, el Secretario de Estado redactó un proyecto de declaración sobre Saint-Pierre y Miquelon que sometió a la firma de Churchill y de Roosevelt. Pero el primero se negó a hacerlo y Roosevelt, a insistirle que lo hiciera. Y el Presidente señaló el 1º de enero: "Le dije al Secretario de Estado que me parecía inoportuno volver a tratar este asunto, que el almirante francés se negaba a abandonar Saint-Pierre y que no podíamos permitirnos enviar una expedición para expulsarlo a los cañonazos". Pero Cordell Hull no se desalentaba y el 8 de enero sometió al Presidente un nuevo proyecto de declaración que "haría que la evacuación de las fuerzas francesas libres de las islas pareciera aceptable al general de Gaulle. Estados Unidos, Gran Bretaña y Canadá ejercerían conjuntamente la vigilancia de las islas, que serían neutrales y quedarían desmilitarizadas. Canadá y Estados Unidos enviarían personal para supervisar la emisora de radio. El gobernador se retiraría durante la duración de la guerra y un consejo consultivo lo sucedería. Todas las fuerzas armadas serían convocadas nuevamente. Finalmente, Canadá y Estados Unidos proporcionarían ayuda económica a Saint-Pierre y Miquelon".[60]

El Presidente aceptó esta solución y Vichy también. Churchill se declaró de acuerdo, siempre y cuando el general de Gaulle lo aceptara. Pero, mientras tanto, Cordell Hull amenazó con renunciar si no se lo apoyaba con más firmeza; por razones de política interna, Roosevelt no podía separarse de su Secretario de Estado[61] y, por lo tanto, ejerció una fuerte presión sobre Churchill, a quien llegó a decirle que "podría enviar al acorazado *Arkansas* para obligar a las fuerzas libres francesas a evacuar estas minúsculas islas o bien establecer un bloqueo para hambrearlas".[62] Además, el mismo Cordell Hull dejó entender que, en su opinión, los británicos habían aprobado y apoyado secretamente la empresa de los franceses libres, con lo que habían tenido un papel doble frente a los norteamericanos. Todo esto puso a Churchill en una situación sumamente molesta y, para evitar que peligraran sus relaciones privilegiadas con Estados Unidos, intentó lograr que de Gaulle aceptara el último plan norteamericano. Una vez más, Eden fue el intermediario entre las dos partes y el 13 de enero recibió el siguiente telegrama del Primer Ministro: "Dígale a de Gaulle que nos hemos puesto de acuerdo sobre esta política y que va a ser necesario que la acepte. Se equivocó por completo al faltar a su palabra (...). Tiene que darle órdenes a Muselier y que éste las ejecute (...). Preséntele esto como quiera, pero tiene que aceptar (...). Aquí están dispuestos a recurrir a la fuerza. Es intolerable que el curso de nuestros amplios proyectos se vea trabado por este asunto y con seguridad no intervendré para preservar a de Gaulle o a los otros franceses libres de las consecuencias de sus actos".[63]

Pero de Gaulle no se dejó intimidar por estos argumentos, como se lo hizo comprender claramente a Eden cuando le presentó el plan norteamericano. El general escribió: "Eden vino a verme una y otra vez el 14 de enero y me insistió en que aceptáramos que las islas fueran neutrales, independientes en su administración del comité nacional y con un control en el lugar por parte de funcionarios aliados. Como me negué a una solución de ese tipo, me anunció que Estados Unidos pensaba enviar a Saint-Pierre un crucero y dos destructores. '¿Qué va a hacer en ese caso?', me dijo. 'Los buques aliados —le respondí— se detendrán en el límite de las aguas territoriales francesas y el almirante norteamericano irá a almorzar a lo de Muselier, que estará, por supuesto, encantado'. '¿Y si el crucero sobrepasa el límite?' 'Nuestra gente hará las intimaciones que correspondan.' '¿Si va más allá?' 'Sería muy lamentable pues, entonces, tendrán que disparar.' Entonces Eden levantó los brazos hacia el cielo. 'Entiendo que se alarme —concluí sonriendo— pero confío en las democracias'".[64] De hecho, el general de Gaulle hizo una contrapropuesta: el almirante Muselier sería convocado y la flota se retiraría. Pero a estas cláusulas oficiales se anexaron otras tres secretas: el almirante se quedaría efectivamente en las islas, pero sólo sería uno de los miembros del consejo consultivo. El consejo quedaría al mando de la autoridad del comité nacional de la Francia Libre y los infantes de marina permanecerían en las islas.[65]

Esa tarde, Eden anotó la reacción de Churchill a las contrapropuestas del general de Gaulle: "El Primer Ministro estaba muy enojado. Consideraba que su propuesta inicial era perfectamente equitativa y razonable (...). No pensaba que Estados Unidos fuera a aceptar el nuevo proyecto. No podía hacerse responsable, pero lo sometería al Presidente si yo se lo aconsejaba (…). Temía que esto provocara una explosión. De hecho, las cláusulas secretas llevaban a anular las que se publicarían. Según él, mis encuentros con de Gaulle habían sido, lamentablemente, un fracaso". Pero al día siguiente agregó: "Nueva conversación telefónica con el Primer Ministro a la una de la madrugada (…). Todavía no había visto al Presidente, pero se disponía a hacerlo. Después de haber reflexionado, aparentemente consideró que las nuevas propuestas no eran tan malas".[66] Pero cuando salió de la entrevista con el Presidente, Churchill había vuelto a cambiar de opinión: "Las contrapropuestas del general de Gaulle son totalmente inaceptables". Evidentemente, Roosevelt ejercía una influencia muy importante sobre Churchill.*

En cuanto regresó a Inglaterra, el Primer Ministro se esforzó por que de Gaulle renunciara a las cláusulas secretas. Pero mientras tanto, los miembros de su gabinete le hicieron saber en varias oportunidades que la opinión pública inglesa estaba encantada con la operación de Saint-Pierre y Miquelon y que cualquier coerción que se ejerciera sobre el general de Gaulle sería muy mal recibida. O sea que el asunto se había vuelto delicado y, por lo tanto, necesitaba tacto.

Al volver a Londres, Churchill convocó al general, quien luego describió el encuentro en una carta al almirante Muselier: "Churchill estaba muy nervioso, evidentemente bajo el peso de muchas preocupaciones. Insistió fuertemente en que aceptáramos la publicación en Washington, en nombre de los gobiernos norteamericano, inglés y canadiense, de un comunicado con el siguiente texto:

"a) Las islas son francesas y seguirán siendo francesas.

"b) El administrador de Vichy será retirado. La administración la ejercerá el consejo consultivo.

"c) El consejo consultivo aceptará la designación de funcionarios canadienses y norteamericanos para asistirlo en la explotación de la estación de telegrafía sin cables en interés común de los Aliados.

---

* Salvo en ciertos campos que Churchill consideraba esenciales, como la integridad del Imperio Británico.

"d) El comité nacional francés ha informado al gobierno de Su Majestad en el Reino Unido que no tenía intención de mantener sus buques en Saint-Pierre y Miquelon y que éstos retomarían próximamente sus funciones normales, es decir, atacar al enemigo donde se encuentre.

"e) Los gobiernos canadiense y norteamericano están de acuerdo en comprometerse con la continuación de la asistencia económica a las islas y los respectivos cónsules de estos países conferenciarán con las autoridades locales en cuanto a la naturaleza de la asistencia.

"Durante la discusión, Churchill, al que asistía Eden, precisó que una vez que se hubiese publicado el comunicado, nadie se ocuparía más de lo que sucediera en las islas y que, por consiguiente, Savary podría mantener la dirección efectiva y los infantes de marina locales se mantendrían como defensa. Los hombres que se hubiesen alistado naturalmente podrían volver a unirse a las fuerzas francesas libres. En una palabra —y ésta había sido la expresión utilizada por Eden— nuestras concesiones serían aparentes, pero las realidades serían nuestras (...). En suma, se trataba de salvar el rostro de Cordel Hull y del *State Departement*".[67]

De hecho, el resumen del general de Gaulle no era para nada exhaustivo, pues durante esta entrevista hubo muchos dichos violentos entre él y el Primer Ministro. Churchill le señaló al general que "no tenía derecho a llevar a cabo esa operación en territorios tan poco importantes sin considerar los intereses de la única gran alianza que permitiría liberar a Francia". También se produjo este amargo intercambio:

"De Gaulle le preguntó al Primer Ministro si el estatus que se proponía significaba que las islas seguirían perteneciendo a Francia.

"El Primer Ministro respondió que no sabía lo que de Gaulle entendía por 'Francia'. Estaba la Francia representada por el movimiento relativamente modesto del general de Gaulle y la Francia de Vichy y, además, la Francia de los pobres habitantes de los territorios ocupados.

"De Gaulle declaró que la solución que se proponía contradecía el acuerdo del 7 de agosto de 1940.

"El Primer Ministro respondió que habría esperado que al firmar este acuerdo el general de Gaulle pudiera lograr la adhesión de una gran cantidad de franceses. Pero que esa esperanza era vana y que el acuerdo en su forma actual era provechoso únicamente para el general de Gaulle, sin que el gobierno de Su Majestad sacara ningún provecho de él".[68]

Indudablemente, las cosas se podrían haber presentado de un modo más delicado, pero Churchill terminó por volver a sus buenos sentimientos, Eden por mostrarse persuasivo y de Gaulle, finalmente, se dejó convencer. O sea que se salvaría al Secretario de Estado norteamericano. Por otra parte, en ese momento la agitación volvió a Estados Unidos y el comunicado tan difícilmente elaborado ni siquiera fue publicado. Las islas de Saint-Pierre y Miquelon siguieron perteneciendo a la Francia Libre y nadie se preocupó más por ellas.

Durante las siguientes semanas las relaciones entre Estados Unidos y los franceses libres se distendieron progresivamente, sin exceso de cordialidad por ninguna de las partes. Pero las relaciones franco-británicas no mejoraron en nada y el principal responsable de ese estado de cosas no fue otro que el valiente jefe de los marinos de la Francia Libre, el fogoso partidario de un gaullismo democrático y el héroe de Saint-Pierre y Miquelon: el almirante Muselier en persona.

El almirante volvió a Inglaterra el 28 de febrero. Los franceses libres y su jefe le reservaron una recepción triunfal y el general de Gaulle le confió el mando de una nueva operación: la adhesión de Madagascar. Pero el almirante Muselier tenía otros proyectos: no estaba satisfecho con la forma en que la Marina había sido tratada en su ausencia, había recibido muchos telegramas "alarmistas" de sus consejeros Moret y Schaeffer, acusaba a de Gaulle de haber comprometido sus relaciones con los norteamericanos durante el asunto de Saint-Pierre y Miquelon, tronaba en contra de las "tendencias dictatoriales" del general; en suma, volvía a las intrigas. El 3 de marzo, para asombro de sus colegas, el almirante Muselier renunció al comité nacional. El general de Gaulle le aceptó la renuncia y se disponía a nombrar un sucesor cuando Muselier le hizo saber que quería seguir siendo comandante en jefe de las Fuerzas Navales de la Francia

Libre. En otras palabras, el almirante quería una secesión y llevarse "su" flota con él. Quizás el lector se pregunte en este momento si no había visto esto antes: sí, estamos frente a la tercera y última historia con Muselier.

Esta vez, el almirante también contó con el apoyo y el aliento de muchos franceses antigaullistas: Moret, Labarthe, Comert, el Almirantazgo, A. V. Alexander, que estaba descontento con los "métodos arbitrarios del general de Gaulle y, especialmente, con la manera dictatorial con que trata a los miembros de las fuerzas navales francesas".[69] Esta vez lo siguieron el conjunto del *War Cabinet*, que tomó la siguiente resolución tres días después de la renuncia de Muselier: "Tenemos que insistir para que el almirante Muselier conserve su puesto como comandante en jefe de los franceses libres. Si el general de Gaulle se niega, tomaremos las medidas necesarias para imponer esta solución".[70] No era la primera vez que un problema puramente interno de la Francia Libre amenazaba con degenerar en una discusión franco-británica, y no sería la última.

Anthony Eden, que ya era un veterano de los dos primeros problemas con Muselier, se encargó de exponerle al general de Gaulle los puntos de vista del *War Cabinet* —tarea ingrata—. De Gaulle respondió que "se preguntaba si Eden se daba cuenta de la gravedad de la situación" y agregó que "en tanto jefe de la Francia Libre, no podría tolerar que su posición quedara debilitada por las intrigas de Muselier". El diálogo que se produjo luego no fue nada ameno:

"El Secretario de Estado preguntó cuáles eran las intenciones del general respecto de Muselier.

"El general de Gaulle respondió que el almirante ya no tenía veinte años, que era un hombre cansado y que se drogaba. También que estaba desequilibrado moralmente. Por lo tanto, tenía la intención de ponerlo en reposo y de confiarle al almirante Auboyneau el comisariado de la Marina. Consiguientemente, el almirante Muselier podía ser sacado de algunas operaciones o enviado a una gira de inspección. Pero el general de Gaulle le pidió al Secretario de Estado que no le pidiera que hiciera lo que no podía hacer.

"El Secretario de Estado declaró que el hecho de que justo

en medio de la guerra el *War Cabinet* pasara tres cuartos de hora discutiendo este asunto constituía una prueba de cuán seriamente lo consideraban.

"El general de Gaulle no piensa que el Almirantazgo británico haya considerado con la suficiente altura este asunto. Considera que siente afecto por el almirante Muselier porque está acostumbrado a tratar con él.

"El Secretario de Estado repite que se trata de mucho más que eso. Propone no aceptar inmediatamente la respuesta del general, hacerle saber que las consecuencias serían graves y que el gobierno de Su Majestad podría tener que llegar a tomar determinadas medidas. Eden se hizo cargo de diferir estas comunicaciones durante cuarenta y ocho horas para que el general tuviese un plazo para reflexionar.

"El general de Gaulle respondió que ya había reflexionado y que no sería necesaria una nueva entrevista con el Secretario de Estado. Para él, este asunto estaba definitivamente terminado".[71]

Según René Pleven, el general volvió de este encuentro "totalmente agitado" y convocó inmediatamente al comité nacional.[72] Es indudable que la intervención británica contaminó las cosas y reafirmó la resolución del general. El comportamiento del mariscal Muselier hizo el resto: cuando recibió la orden de tomarse treinta días de descanso y de no presentarse en el Estado Mayor de la Marina durante ese lapso, se negó a obedecer y, entonces, se le prohibió desplazarse durante treinta días. En conformidad con el acuerdo de jurisdicción firmado un año antes con las autoridades británicas, el general de Gaulle le solicitó el 11 de marzo al gobierno de Su Majestad que asegurara la ejecución de esta medida. Como no hubo ninguna reacción inmediata, el general de Gaulle suspendió todo contacto con las autoridades británicas y el 18 de marzo se retiró al campo. Ante Bouchinet-Serreulles, vociferaba: "No les basta con haber quemado una vez a Juana de Arco, quieren volver a hacerlo. Quizá consideren que no soy agradable en mis relaciones. Pero si hubiese sido agradable hoy estaría en el Estado Mayor de Pétain (…). Saldremos fortalecidos de esta crisis o no saldremos. Que los ingleses se hagan cargo de sus responsabilidades, como lo hacemos nosotros. Si no quieren saber nada de esto, me instalaré aquí y escribiré mis memorias. ¿Acaso no es un lugar cómodo?".[73] Para el caso en que el *War Cabinet* tomara medidas en su contra, el general de Gaulle dejó una especie de testamento secreto para sus compañeros. Si lo obligaban a renunciar a proseguir con lo que había iniciado y no podía explicar él mismo lo que había sucedido, tendrían que leérselo al pueblo francés.[74]

Pero las cosas no iban a llegar hasta ese punto: el 16 de marzo, durante la reunión del *War Cabinet*, el Primer Lord del Almirantazgo insistió en que "el asunto se trate con firmeza", pero Eden declaró que estaba en desacuerdo: "El almirante está totalmente equivocado y no tenemos posibilidades de lograr que sea repuesto en sus funciones, salvo que sea al precio de la renuncia del general de Gaulle".[75]

Por evidentes motivos políticos nadie deseaba que esto sucediera y la razón terminó por triunfar dentro del *War Cabinet*. El Primer Lord del Almirantazgo abandonó la partida, se elaboró una solución de compromiso y el 23 de marzo de Gaulle se enteró de que el gobierno de Su Majestad no insistiría más para que Muselier siguiera al frente de las fuerzas navales de la Francia Libre. Además, las autoridades británicas vigilarían que el almirante no entrara en contacto con las fuerzas navales francesas durante un período de treinta días. El gobierno de Su Majestad expresó, sin embargo, la esperanza de que el almirante Muselier "recibiera enseguida un destino conveniente" y todo terminó allí. De Gaulle había ganado; el Almirantazgo inglés, perdido; una vez más, Eden había evitado un desastre; el almirante Muselier desaparecía de la escena* y Winston Churchill llegó a preguntarse si alguna vez llegaría a "diluir" la autoridad del intratable jefe de los franceses libres.

---

* Un mes más tarde, el general de Gaulle le solicitó al almirante Muselier que realizara una gira de inspección en África y en el Levante. Pero éste se negó y le notificó que su colaboración con la Francia Libre había terminado. Lo veremos reaparecer en África del Norte, más antigaullista que nunca.

8

PÉRFIDA ALBIÓN

Estamos en la tercera primavera de la guerra y el Eje seguía con su ofensiva. En Libia y en Rusia, la Wehrmacht se preparaba una vez más para pasar al ataque y en el este, los victoriosos ejércitos japoneses sumergían al Sudeste asiático y amenazaban a la India y a Australia. La poderosa maquinaria de guerra norteamericana era lenta para ponerse en marcha e Inglaterra había sufrido severas derrotas, como la caída de Singapur, indudablemente la más humillante de todas. Durante este tiempo, la sombra de la tiranía se extendía sobre toda la Europa ocupada, disipada de tanto en tanto por la llama frágil pero firme de la resistencia patriótica. En Francia, esta resistencia tenía un símbolo, la Cruz de Lorena, y se expresaba a través de la voz grave, lenta y resuelta de Charles de Gaulle.

El jefe solitario de la Francia Libre estaba más decidido que nunca a reanimar la llama de la Resistencia francesa. A comienzos de 1942, un emisario secreto, Jean Moulin, había sido lanzado con paracaídas en Francia. Su misión consistía en unificar los diversos movimientos de resistencia bajo una sola autoridad: la del general de Gaulle. Pero fuera de Francia, de Gaulle seguía obstinadamente con una tarea no menos ardua y mucho más ingrata: lograr que todas las colonias y las posesiones francesas de ultramar entraran en la guerra, sin parecer un mercenario a sueldo de los ingleses; enviar a los soldados de la Francia Libre a todos los teatros de operaciones, para obligar a los Aliados a reconocer que era un socio y un cobeligerante. Si bien había fracasado en Dakar y en Djibouti, había triunfado en África ecuatorial, en el Levante y en Saint-Pierre. Cada una de las veces, sin embargo, había chocado con la incomprensión, la reticencia, la mala voluntad, la oposición pasiva y activa de sus aliados anglosajones, para quienes Francia había dejado de contar y la Francia Libre no era otra cosa que un simple peón en el amplio tablero del conflicto mundial.

Por consiguiente, vemos cómo el general de Gaulle llevaba una guerra pública contra Vichy y Alemania, pero también una guerra privada contra el Almirantazgo británico, el *War Office*, el Ministerio del Aire, el *Colonial Office*, el *Intelligence Service*, el *Foreign Office*, el Primer Ministro, el Presidente de Estados Unidos y el Departamento de Estado. Estos choques periódicos con las autoridades aliadas en casi todos los eslabones de la jerarquía sacudieron muy bruscamente la cooperación franco-británica.* Todo esto provocó que el general se volviera intratable, que sospechara exageradamente y que fuese a menudo injusto con sus aliados británicos. En esta época, Pierre Brossolette le dijo a Edmond Michelet: "Con regularidad tenemos que recordarle al general que el enemigo número uno es el alemán pues, si cediera a su primera inclinación, sería el inglés".[1]

Es verdad que de Gaulle había acusado varias veces a Churchill de haber traicionado a la Francia Libre,[2] de intentar utilizarla para sus propios fines y de estar a remolque del presidente Roosevelt. Pero, entre dos ataques de rabia, seguía mostrando un gran respeto y una admiración sin límites por el Primer Ministro. El respeto y la admiración eran recíprocos, y las quejas también. Durante la primavera de 1942, Churchill siguió reprochándole al general que "hubiese faltado a su palabra" en

---

*   El coronel Passy describió más tarde las repercusiones de los frecuentes choques entre de Gaulle y Churchill en los servicios secretos: "Cada vez, los servicios técnicos entraban en huelga, los aviones se descomponían, los barcos entraban en cala seca (...) y, durante semanas, podíamos determinar con una precisión infalible la naturaleza exacta del clima político que reinaba entre el comité nacional y el gobierno de Su Majestad en la persona de sus jefes (...). Siempre terminábamos por usar los medios mínimos para que la máquina siguiera marchando a velocidad lenta".[3]

el episodio de Saint-Pierre y Miquelon, que dirigiera la Francia Libre con "métodos autocráticos", que promoviera sus intereses personales en detrimento del efecto de guerra aliado, que pusiera en peligro la alianza anglo-norteamericana y, por supuesto, que tuviera "palabras anglófobas". Todo esto explica por qué el Primer Ministro mantuvo su orden de no dejar en ningún caso que el general de Gaulle se fuera de Gran Bretaña. En cambio, esto no explica verdaderamente por qué los franceses libres no participaron de la operación que se desencadenó en Madagascar el 5 de mayo de 1942.

Por razones estratégicas y psicológicas era de suma importancia lograr la adhesión de la isla de Madagascar a la Cruz de Lorena. A fines de 1941 el general de Gaulle había planteado esta cuestión en sus entrevistas con el Primer Ministro y los jefes del Estado Mayor. En febrero y, luego, en abril de 1942, les sometió planes de operaciones detallados que preveían un desembarco de las Fuerzas Armadas de la Francia Libre con apoyo aéreo y naval de los británicos. Pero el *War Office* y Downing Street lo único que hicieron fue acusar recepción de la propuesta. No era que el Primer Ministro y los jefes del Estado Mayor desconocieran la importancia estratégica de Madagascar —sobre todo después de la caída de Singapur—, pero los precedentes de Dakar y de la campaña de Siria parecían demostrar la vulnerabilidad de las expediciones franco-británicas. Para los generales ingleses, la participación de los franceses libres provocaba una resistencia violenta por parte de las tropas de Vichy y parecía que Churchill compartía este modo de ver las cosas. "Cuando nos acordábamos de Dakar —escribió— no podíamos complicar la operación con la participación de los franceses libres".[4] En Whitehall y en Downing Street se elaboraron los planes para una operación totalmente británica y Churchill no esperaba ninguna resistencia seria por parte de Annet, el gobernador general de Madagascar, quizás porque una vez lo había encontrado en un tren y le había parecido encantador.

En la madrugada del 5 de mayo empezó la operación *Ironclad*, que se encontró desde el comienzo con una resistencia pertinaz. El objetivo inmediato, Diego Suárez, estuvo en manos de los británicos en la mañana del 7 de mayo, pero no se hizo ningún intento de ocupar Majunga, Tamatave y el resto de la isla. Finalmente, el almirante Syfret, comandante de la expedición, recibió la orden de encontrar un *modus vivendi* con las autoridades de Vichy de Tananarive.*

El 5 de mayo a las tres de la madrugada, una agencia de prensa informó telefónicamente al general de Gaulle el desembarco. Su primera reacción fue terriblemente violenta y Churchill recibió *in absentia* todas las acusaciones que describimos antes (y algunas otras). Al día siguiente envió al *Foreign Office* una protesta en términos más diplomáticos y durante varios días se negó a ver a Eden. Cuando, finalmente, aceptó visitarlo, el 11 de mayo, mantuvieron una entrevista glacial:

Eden: ¿Y?

De Gaulle: Pero... no tengo nada que decirle.

Eden: Entonces empiezo yo. Tenemos que hablar de Madagascar. No está contento, ¿no? Reconozco que hubiese podido avisarle, pero temíamos que en ese caso quisiera participar de la operación. De modo que preferimos que no pudieran reprocharnos que llevábamos a los franceses a luchar contra otros franceses.

De Gaulle: Tomo estas razones por lo que valen.

Eden: Lamento mucho que no haya venido a verme el lunes, hubiésemos podido hacer un comunicado conjunto en el que habríamos dicho que participaría de la administración de la isla.

De Gaulle: No tenía ninguna razón para venir, no sabía nada. Además, ahora ¿saben que van a hacer en Madagascar? ¿Están decididos a tomar toda la isla? (...) Si decidiesen esto, mantengo mi oferta de una colaboración militar (...). Ni siquiera sabemos cuáles son las condiciones del armisticio firmado con la gente de Vichy.

---

* El almirante Syfret primero había recibido la orden de encontrar un *casus belli* con las autoridades locales. Cuando pidió confirmación de esta orden recibió un segundo telegrama que le ordenaba encontrar un *modus vivendi*. Cuando se le pidieron cuentas al autor del primer telegrama, el oficial exclamó, indignado: "¿Por qué tendría que saber francés?".[5]

Eden volvió muchas veces al hecho de que el comité nacional no se había declarado públicamente de acuerdo con la acción de los británicos en Madagascar.

De Gaulle: ¿Cómo podemos declarar que estamos de acuerdo si no conocemos sus intenciones y si ni siquiera saben qué van a hacer?

Eden: Según los informes que llegaron a Londres, la ocupación de Madagascar habría sido muy bien recibida por el pueblo francés.

De Gaulle: Soy escéptico. Sé lo que sucede en Francia a través de los emisarios que van y vienen. Sé que cuando en Francia se tiene el sentimiento de que el gobierno británico y el comité nacional no están de acuerdo, no es al gobierno británico al que aprueban. Comprenda la difícil situación en la que me pone. Nos apoya a medias. Los norteamericanos hacen todo lo posible para terminar con nosotros, impiden que nos desarrollemos. Si las condiciones actuales permanecen, un día u otro nos desmembraremos. Si es lo que están buscando, es mejor decirlo; pero tengan en cuenta las consecuencias. Con nosotros, se desmembrará Francia.

Eden protestó y dijo que el gobierno británico estaba muy preocupado por Francia y que no tenía ninguna intención de abandonarla.

De Gaulle: Si es así, ¿por qué adoptan con nosotros una actitud que perturba nuestras filas? Los encuentro por donde paso. En Siria, por ejemplo, nos han creado graves dificultades.

Eden: Las dificultades no provienen solamente de nosotros, muchas veces de ustedes.

De Gaulle: ¡Pero son ustedes quienes las buscan![6]

Evidentemente, se separaron sin ponerse de acuerdo. En cuanto de Gaulle, se informó de las condiciones que los británicos le ofrecían al gobernador general Annet y vio que no eran buenas para la Francia Libre: si el gobernador colaboraba con los ingleses, sería mantenido en sus funciones y no se le pediría que Madagascar entrara en la guerra junto a los Aliados. Esto se parecía mucho a las negociaciones de los norteamericanos con el almirante Robert en Martinica y el general de Gaulle no ocultaba que eso había sido para él una simple y pura traición a su movimiento. Durante las semanas siguientes le costó disimular su rabia y consideró varias medidas de represalia: un repliegue sobre África ecuatorial, denunciar públicamente a los ingleses y a los norteamericanos, la suspensión de todo tipo de cooperación con el gobierno británico, etc. A sus colaboradores les costó mucho disuadirlo.*[7]

Churchill estaba cada vez más preocupado por la evolución de la situación en Madagascar. Efectivamente, las negociaciones con el gobernador general Annet no llegaron a ningún punto (y esto sucedió en un momento en que los japoneses estaban en las puertas de la India y los alemanes se disponían a pasar a la ofensiva en Libia). Pero en medio de todas estas preocupaciones, el Primer Ministro encontró tiempo para llevar a cabo una especie de *vendetta* personal contra el general de Gaulle. Eden y Peake le hicieron saber que el general quería hacer una visita de inspección a los territorios africanos, pero Churchill se negó de plano: de Gaulle no podía partir de Inglaterra. El 27 de mayo, Eden volvió a la carga: "Convencí a de Gaulle de que difiriera su viaje a África. Pero temo que si seguimos con esta idea aumentaremos sus sospechas respecto de nosotros. (...) Convendrá, espero, en que en interés de nuestras futuras relaciones con él sería mejor dejarlo partir. Estos últimos tiempos su conducta mejoró un poco".[8] Pero el Primer Ministro le respondió tres días más tarde: "No estoy de acuerdo. Una vez que sea libre, este individuo no va a dar marcha atrás en lo que sea necesario para perjudicar a Inglaterra"[9].

Eden tradujo estas palabras llenas de odio al lenguaje diplomático y le sugirió al general de Gaulle que "su ausencia de Londres sería inoportuna", en la medida en que el gobierno de Su Majestad podría tener que consultarlo "en este momento crítico de la guerra". El general simuló sentirse halagado y aceptó diferir su partida por seis semanas. Fortalecido con este éxito, Eden volvió a arremeter con el Primer Ministro y terminó por convencerlo de

---

*   En un comunicado del 13 de mayo los ingleses anunciaron que el comité nacional francés podría "tener el papel que le correspondía" en la administración de Madagascar. Sin embargo, es evidente que el general de Gaulle no tenía ninguna confianza en esta promesa.

que recibiera a de Gaulle. La entrevista se produjo cinco días después y prometía ser agitada: entre tanto, de Gaulle se enteró de que los ingleses y los norteamericanos preparaban en el mayor de los secretos una operación contra Dakar y Níger y que los franceses nuevamente quedarían excluidos. Peor aún, sospechaba que los ingleses querían entregarle Madagascar a Vichy.[10] El general estaba fuera de sí y empezó a pensar en retirarse a la Unión Soviética y llevarse con él a toda la Francia Libre.*

El 10 de junio, a las 17.30, de Gaulle y Churchill se encontraron en Downing Street y, una vez más, nada sucedió como podía preverse: "El Primer Ministro felicita al general de Gaulle por la magnífica conducta de las tropas francesas en Bir Hakeim.** 'Es uno de los hechos de armas más bellos de esta guerra', dijo. Sobre la batalla, Churchill indicó que duraría sin duda mucho tiempo. 'Es verdad', dijo, 'sobre todo para los rusos, que se sienten más aliviados'. Churchill no parece inquieto por el resultado del combate, ya que el ejército británico dispone de muchos medios en esa región.

"Luego Churchill aborda la cuestión de Madagascar: 'Sé —dijo— que se han sentido ofendidos porque iniciamos esta operación sin ustedes. Pensábamos, equivocados o no, que quizás nos encontraríamos con menos resistencia si nos presentábamos solos. También tuvimos que considerar las opiniones de los norteamericanos. Quisimos, en la mayor medida posible, evitar las complicaciones. Lo que más nos importaba era apoderarnos de Diego Suárez para impedir que los japoneses se instalaran allí. Pero no tenemos ninguna mala idea ni ningún objetivo político en Madagascar. No quiero Madagascar y, además, ni siquiera sabemos qué haremos allí. Es una isla 'muy ancha', no nos gustaría vernos obligados a ir demasiado lejos.

---

* De hecho, el 6 de junio le pidió al embajador de la Unión Soviética, Bogomolov, que preguntara a su gobierno si aceptaría recibir al general de Gaulle y a su movimiento en ese país.

** En Bir Hakeim, entre el 27 de mayo y el 11 de junio, una división ligera de la Francia Libre, dirigida por el general Koenig, rechazó los ataques alemanes e italianos y, de este modo, permitió que los británicos, seriamente arrollados por la primera ofensiva alemana, restablecieran su frente.

"El general señala que sería peligroso no asegurar el control de toda la isla. Agrega que el método que siguieron los británicos en este asunto puso al comité nacional en un lugar difícil en relación con Francia y en relación con las tropas y las poblaciones de las colonias. 'Lo que queremos es que Madagascar adhiera a la Francia Libre y entre en la guerra.'

"Lo entiendo —dijo Churchill—. Pero entonces se necesitaría una nueva operación. Todavía no nos decidimos en este tema. Nuestra política actual parece inquietarlo, sin embargo, no tenemos ninguna mala intención.'

"Convenga —contestó el general— en que las apariencias no son siempre muy claras. Hacen arreglos en el lugar con los agentes de Vichy. Quizás tengan proyectos del mismo tipo, ustedes o los norteamericanos, con respecto a Dakar o al meandro del Níger. Sería peligroso usar al pueblo francés o abusar de él de este modo. En este momento, es verdad, el pueblo francés tiene otras preocupaciones y quizás Madagascar no le interese mucho. Pero más tarde todo esto saldrá a la superficie. Si queremos mantener la amistad franco-británica, es necesario, a partir de ahora, cuidarnos de evitar todo lo que pudiera perturbarla de un modo duradero. La guerra actual no es una guerra colonial. Es una guerra moral y una guerra mundial. No hay colonia, por hermosa que sea, que valga para Gran Bretaña lo que vale la amistad con Francia'.

"No tenemos ningún objetivo en el Imperio Francés —repitió Churchill—. Quiero una Francia grande con un gran ejército. Eso es indispensable para la paz, para el orden y para la seguridad en Europa. Desde hace treinta años nunca tuve otra política en relación con Francia. Sigo fiel a esa política'.

"Lo sé —respondió el general de Gaulle—. Siempre ha mantenido esta política. Tuvo el mérito de seguir siendo fiel a ella en el momento del armisticio. Fue casi el único en seguir jugando con las cartas de Francia. En ese momento, dio pruebas de una gran previsión. La carta de Francia se llamó la carta de Gaulle y usted jugó con ella. Nuestros nombres están atados a esta política. Si usted renunciara a ella, sería tan malo para ustedes como para nosotros y tanto más cuanto que en este momento esa política comienza a tener éxito. La Francia Libre se convirtió en el símbolo y el alma de la resistencia. Sigo siendo fiel a usted.[11] Tengo muchas dificultades y le pido que me ayude a superarlas. Estoy de acuerdo en que, en su conjunto, usted está muy bien dispuesto hacia nosotros. Pero hay graves excepciones. Por otra parte, la política norteamericana con respecto a nosotros es atroz: tiende a frenarnos. Por ejemplo, en el *Memorial Day*, el gobierno norteamericano invitó a los representantes militares de Vichy pero no a nuestros oficiales. Para los norteamericanos, los franceses de Bir Hakeim no son combatientes'.

"'Sí —aceptó Churchill—, los norteamericanos no quieren renunciar a su política con respecto a Vichy. Se imaginan que Vichy será tan martirizada un día por los alemanes que retomará la guerra al lado de los Aliados. Piensan que ellos impidieron que Laval y Darlan entregaran la flota a los alemanes. Después de todo, esta política quizás sea útil. Por ejemplo, en el caso de Madagascar, el gobierno norteamericano hizo que Tuck le dijera a Laval que si Francia le hacía la guerra a Gran Bretaña, estaría obligada a hacérsela al mismo tiempo a Norteamérica'.

"El general señala que, suceda lo que suceda, Vichy no entregaría la flota y no haría la guerra con Alemania. La razón es muy sencilla y los norteamericanos no tienen nada que ver con ella: el pueblo francés no desea esto. En Siria, por ejemplo, las operaciones duraron cuarenta y ocho días, sin embargo, Vichy no entró en la guerra. Todo el problema consiste en mantener la voluntad de resistencia del pueblo francés y resucitar su voluntad guerrera. Y eso no se va a lograr ridiculizando a los franceses que combaten. Desde esta perspectiva, el episodio Weygand es especialmente significativo. Toda la política con Estados Unidos que llevó a cabo Weygand tuvo como resultado adormecer en África del Norte la vigilancia de los franceses y paralizar por completo las veleidades de lucha.

"Churchill no lo discute.

"El Primer Ministro británico comprueba, con placer, que Francia se está recuperando y que se reagrupa en torno del general de Gaulle.

"El general indica que la organización de la resistencia interior progresaría más aún si los servicios ingleses los ayudaran mejor.

"'Creía —dijo Churchill— que colaboraban con ustedes en condiciones satisfactorias'.

"'Sí y no —respondió el general—, quizás podrían actuar más rápido y poner a nuestra disposición más medios'.

"Luego se aludió al asunto Muselier:

"'A ustedes también les pasa que tienen que desplazar a un almirante y darle otro mando'.

"Churchill sonrió y no insistió.

"'Todas estas historias —dijo— no tienen gran importancia. Lo que es grande y lo que importa es la guerra. Estaremos en Francia posiblemente el año próximo. En todo caso, estaremos ahí juntos. Todavía tenemos que superar importantes obstáculos, pero estoy seguro de que ganaremos. Somos cada vez más fuertes. En 1943 y en 1944 lo seremos más aún. Construiremos tal cantidad de aviones, de buques, de tanques, que ganaremos la guerra. Si tienen dificultades, piensen que yo también las tengo. Las he tenido con los australianos que tenían miedo de ser invadidos. Querían que les enviara buques y no los tenía'.

"Luego, la conversación trató sobre Rusia.

"'Lo que es curioso —declaró Churchill— es que los alemanes no se apuren con su gran ofensiva: todavía no se ve ninguna concentración de tropas. En cuanto a Japón, no irá mucho más lejos. Perdió muchos barcos'.

"Cuando se despidió del general, Churchill declaró: 'Tenemos que volver a vernos'. Y le aconsejó que agrandara su comité. Le prometió enviar una carta personal a Léger. 'No lo abandonaré —concluyó— puede contar conmigo.'

"Churchill acompañó al general hasta la puerta de Downing Street y le indicó que daría un comunicado sobre el encuentro".* [12]

Esta entrevista tuvo un efecto sedante en el indomable jefe

---

*   Durante las conversaciones, Churchill tuvo que hacerle la siguiente pregunta a de Gaulle: "Sé que encarna las esperanzas y las aspiraciones de una gran cantidad de franceses. ¿Pero cree que puede decir que usted es Francia?". Y el general respondió: "En las actuales circunstancias, no existe nadie ni ninguna organización que pueda pretender representar realmente a toda Francia".[13]

de los franceses libres. Durante las siguientes semanas, envió varios telegramas tranquilizadores al general Catroux y parecía haberse convencido de que los ingleses no se interesaban por Níger, que los norteamericanos no iban a tomar Dakar y que no se impediría a sabiendas que el representante de la Francia Libre llegara a Madagascar, que los oficiales británicos de la isla no estaban en contra de de Gaulle y a favor de Vichy y que el general Spears, que acababa de ser nombrado ministro en el Levante, no trabajaba allí en detrimento de los intereses franceses. En todo caso, el general daba la impresión de que creía todo esto, lo que no es exactamente lo mismo. Pero Eden estaba dispuesto a conformarse y lo recibió en varias oportunidades para alentarlo en estas buenas disposiciones. También hizo muchas concesiones y pidió a los jefes del Estado Mayor que le mostraran la extensión del esfuerzo de guerra británico y que le pidieran consejos sobre algunos asuntos militares.* Para asombro de los ingleses y de los franceses, todo esto ejerció los mejores efectos sobre de Gaulle: las denuncias en contra de Inglaterra, públicas y privadas, cesaron de un día para el otro y el general tenía solamente alabanzas para el Primer Ministro y hasta se lo escuchó expresar su compasión por las dificultades del ejército británico en Libia.[14]

Eden aprovechó todo esto para convencer a Churchill de adoptar una nueva actitud frente al general. Era una empresa ar-

---

* El 24 de junio, el Ministro de Estado en El Cairo informó al *Foreign Office* las siguientes palabras, que habían sido pronunciadas por el general Catroux: "Está convencido de que el general de Gaulle se mostraría más razonable y sería más fácil de tratar si los ministros británicos pudieran recibirlo regularmente y brindarle más información. También sugirió que se le preguntara su opinión cada vez que esto fuese posible. Hay que considerar siempre las disposiciones del general, un hombre muy vanidoso, y pueden estar seguros de que un tratamiento de este tipo será eficaz".[15]
El 17 de junio, Charles Peake, representante británico ante el comité nacional, también había señalado en su informe: "El general de Gaulle a menudo expresó el deseo de ayudarnos y de aconsejarnos de todas las maneras posibles y pasó muchas noches juntando información y tomando notas, por si se las pedían".[16]

dua y arriesgada, pero después de un mes de esfuerzos Churchill terminó por ceder: el 28 de julio se le informó a de Gaulle que el gobierno de Su Majestad no veía inconvenientes en que se dirigiera a África. Poco antes de su partida, fue nuevamente a visitar al Primer Ministro.

—¡Y bien! —dijo Churchill—. Se va para África.

—No estoy enojado por irme al Levante. Spears está muy agitado y nos causa dificultades.

—Spears —siguió Churchill— tiene muchos enemigos. Pero tiene un amigo: el Primer Ministro. Cuando esté allí, véalo, intente arreglar el incidente con Catroux. Voy a telegrafiarle y recomendarle que escuche lo que tenga para decirle. Se dice —agregó— que esta independencia de los Estados del Levante no es una realidad y que los pobladores no están contentos.

—Están tan satisfechos en Siria y en el Líbano —contestó el general— como en Irak, en Palestina o en Egipto. En el Levante tenemos que tratar con gobiernos que nunca han gobernado. Sería peligroso abandonarlos sin ninguna guía, librarlos a sí mismos y dejarlos que hagan sus aprendizajes en estos momentos.

La conversación siguió sobre Madagascar.

—Si no hicimos la operación con ustedes —indicó Churchill— fue porque no queríamos mezclar dos cosas: conciliación y fuerza. No dio resultados en Dakar.

—Habríamos entrado en Dakar —observó el general— si los británicos no hubiesen dejado que los cruceros de Darlan pasaran Gibraltar.

Churchill no lo contradijo.

—En lo que concierne a Madagascar —prosiguió el general—, si nos hubiesen dejado desembarcar en Majunga, mientras operaban en Diego Suárez, el asunto se habría terminado hace rato. Habríamos marchado sobre Tananarive y todo se habría arreglado. En su lugar, perdieron el tiempo en conversaciones con los representantes de Vichy.

—¡Qué malo es ese gobernador! —dijo Churchill.

—¿Lo asombra? —replicó el general—. Cuando tratan con Vichy, tratan con Hitler. Y me parece que Hitler no tiene ninguna buena intención para con nosotros. Hitler es malo.[17]

—Su situación —dijo Churchill— fue difícil en estos últimos tiempos. Nuestras relaciones no siempre fueron de lo mejor. Hubo equivocaciones de ambas partes. En el futuro, hay que ponernos a trabajar en conjunto. Haga el viaje que proyecta y vuelva pronto. Si tiene alguna dificultad, diríjase directamente a mí: hágame llegar sus telegramas a través de sir Miles Lampson.[18]

Después de haber intercambiado algunas consideraciones generales sobre el pasado,* el Primer Ministro y el general de Gaulle se separaron en los mejores términos. Poco tiempo después, de Gaulle voló hacia África y el Levante. Siria y el Líbano eran lo que más lo preocupaban: "Spears está muy agitado —le había confiado a Churchill— y nos causa dificultades". Sin embargo, era una simplificación abusiva, pues los problemas de Francia en el Levante no se limitaban a los hechos y perjuicios del famoso general Edward Spears.

Cuando, en la mañana del 8 de junio de 1941, las tropas británicas y los franceses libres habían entrado en el Levante, el general Catroux, como delegado general y plenipotenciario, había proclamado lo siguiente: "¡Sirios y libaneses! En nombre de Francia (…) y en nombre de su jefe, el general de Gaulle, vengo a poner fin al régimen de mandato y los proclamo libres e independientes". Pero, como el general Gouraud veinte años antes, de Gaulle y Catroux tenían una concepción bastante restrictiva de la palabra "independiente", como se evidenció en cuanto el general Catroux proclamó oficialmente la independencia de Siria en septiembre de 1941 y la del Líbano dos meses más tarde. Efectivamente, el delegado general francés siguió gobernando por decreto, los gobiernos de ambos países estaban en una posi-

---

*   El siguiente pasaje es totalmente característico:
—En Estados Unidos —dijo Churchill— me han colocado en una situación muy enojosa cuando se ocuparon de Saint-Pierre y Miquelon. En lo que respecta a nosotros, no veo inconveniente en que se ocupen de Saint-Pierre y Miquelon, Dakar y hasta de París. Pero me han puesto en una posición muy delicada. Roosevelt y Cordell Hull se imaginaron que estaba al corriente de sus proyectos. Todo esto es muy molesto.
—Sí —contestó el general— pero a pesar de todo la opinión norteamericana reaccionó a favor de la Francia combatiente.

ción subordinada, las tropas y la policía local siguieron bajo el control francés, del mismo modo que la economía, los servicios públicos y las comunicaciones. Para el general de Gaulle, los Estados del Levante no podrían acceder a la independencia completa sino hasta después de la guerra, cuando Francia pusiera a disposición de la Sociedad de las Naciones su mandato. Y además, era preciso que Siria y el Líbano firmaran un tratado previo que acordara una posición privilegiada a Francia en el Levante (una posición tan privilegiada que limitará una vez más la independencia de los dos Estados: los regímenes pasaban pero Francia seguía allí).

Desde el punto de vista del derecho internacional, el general de Gaulle tenía indiscutiblemente razón. Como la Francia Libre no tenía ningún estatus internacional no podía hacerse cargo de poner fin al mandato. Desde el punto de vista político, también tenía razón: Vichy habría explotado a ultranza cualquier tipo de abandono que la Francia Libre hiciera de los derechos tradicionales de Francia en el Levante. Pero estas sutilezas diplomáticas y políticas estaban totalmente fuera del alcance de los pobladores de Siria y del Líbano. Durante las últimas dos décadas, los sucesivos gobiernos franceses les habían impuesto una autoridad no compartida, sacando provecho de las múltiples divisiones raciales y confesionales de siempre en esa región.* A comienzos de 1942, la población del Levante tenía totalmente claro que la política de la Francia Libre respecto de ellas no era otra cosa que la continuación exacta de las administraciones precedentes y esto provocaba un profundo resentimiento. Los jefes de gobierno de los Estados, Naccache y el sheik Taj ad-Din, fueron nombrados por el propio Catroux mientras la gran mayoría de los políticos locales exigía un gobierno y una asamblea elegidos democrática-

---

* Entre las principales razas del Levante se encuentran: árabes, turcos, griegos, asirios, circasianos, caldeos, kurdos, judíos, persas, armenios, europeos. Las religiones son: sunitas, chiítas, druzos, aluitas, ismaelianos, maronitas, griegos ortodoxos, griegos católicos, sirios ortodoxos, sirios católicos, nestorianos, protestantes, caldeos católicos, judíos, armenios católicos, armenios gregorianos, católicos romanos, ortodoxos rusos, etcétera.

mente. Pero el delegado de la Francia Libre se negaba categóricamente a esto: en realidad, los sentimientos de la gente del lugar eran tales que si hubiese habido elecciones en el Levante, con seguridad la mayoría habría sido para un gobierno y una asamblea hostiles a la administración francesa, que no dejarían de reclamar la abolición del mandato y se negarían a firmar un tratado con Francia.

Hay que reconocer que la creciente impopularidad de los franceses en el Levante complicaba seriamente la situación: a menudo se veían obligados a poner personalidades de dudosa calaña al frente de las administraciones locales, porque no encontraban otros que aceptaran cooperar con las autoridades francesas. Por otra parte, a la Francia Libre le faltaban funcionarios y el personal de Vichy con frecuencia se mantenía en sus funciones y, por consiguiente, no incrementaba para nada el prestigio de los franceses libres entre las poblaciones locales. Finalmente, estaba también la presencia británica en el Levante: un ejército completo, omnipresente, exigente, ocupando mucho lugar y molestando a las autoridades de la Francia Libre. El general Catroux y sus adjuntos sospechaban que los oficiales británicos querían expulsar a los franceses del Levante y no siempre se equivocaban: desde el subteniente hasta el jefe del Estado Mayor, los oficiales de Su Majestad entendían mal y soportaban peor aún la presencia de esta ínfima minoría de franceses libres, cuya insignificancia militar no parecía justificar su preponderancia política. De manera que se repitieron algunas iniciativas deplorables que se habían producido ya en la campaña de Siria con las consecuencias que es posible imaginar.

Sin embargo, los franceses libres y su jefe se quejaban mucho menos de los soldados británicos que de los "elementos panárabes". Con este calificativo que, evidentemente, es de los menos halagüeños de la terminología gaulliana, se agrupan a algunas de las principales ovejas negras del general: la Legión árabe de sir John Glubb, llamado "el pachá Glubb", el *Colonial Office*, el *Intelligence Service*, el *War Office*, la Oficina Árabe, el Alto Comisionado en Palestina y un conjunto disparatado de oficiales, políticos, consejeros especiales, agentes egipcios e iraquíes, a los que había que agregar algunos personajes perturbadores de diversa índole. A primera vista, toda esta gente tenía poco en común, pero los franceses libres de Beirut, Damasco y Londres estaban convencidos de que se habían unido para suplantar a los franceses en el Levante. En realidad, esto no era para nada seguro: si bien ninguno tenía una simpatía exagerada por los franceses libres y si bien algunos trabajaban contra los intereses de la administración francesa en el Levante, nada indica que hubiese una acción concertada para expulsar a los franceses de Siria y del Líbano. Una acción de este tipo hubiese sido totalmente contraria a la política del gobierno británico, tal como la expresaba el *Foreign Office* y la aplicaba el embajador de Gran Bretaña en El Cairo, el Ministro de Estado y, por supuesto, el nuevo ministro de Su Majestad en el Levante, sir Edward Spears.

De Burdeos a Damasco pasando por Londres, Dakar y El Cairo, el jefe de la misión Spears no dejó de acompañar al general de Gaulle y de ayudarlo en la medida de sus posibilidades. Pero desde un cierto tórrido día de julio de 1941,[19] el aliado de la primera hora se transformó en un resuelto adversario. A fines de 1941, los franceses libres hasta sospechaban que había intervenido ante diversos ministerios británicos para que obstaculizaran las demandas del general de Gaulle y las sospechas eran fundadas.[20] También se le reprochaba al nuevo Ministro de Gran Bretaña su incesante intervención en los asuntos internos sirios, libaneses y franceses, su incitación a la gente del lugar a que se liberara de la tutela francesa y, finalmente, su reclamo a viva voz de la realización de elecciones libres y el otorgamiento de una independencia real a ambos Estados del Levante.

Al exigir elecciones y una independencia efectiva en Siria y en el Líbano, el general Spears no hacía otra cosa que seguir las instrucciones de su Primer Ministro. Efectivamente, igual que en el verano de 1941, y por las mismas razones, Winston Churchill no podía aceptar una simple continuación del mandato en el Levante, aun cuando estuviera adornado con un simulacro de independencia. Gran Bretaña tenía que "hacer todo lo posible para satisfacer las aspiraciones y controlar las susceptibilidades de los árabes",[21] pues la insatisfacción en la población del lugar "podría comprometer el buen desarrollo de las operaciones militares"[22]. Por otra parte, Inglaterra había dado garantías a la promesa de independencia de la Francia Libre a la población del Levante en junio de 1941, había reconocido dos Estados "soberanos" en febrero de 1942 y, por lo tanto, su prestigio estaba comprometido. Por eso el Ministro de Estado, el Embajador de Gran Bretaña en El Cairo, el general Spears y el propio Primer Ministro ejercieron las presiones más fuertes sobre de Gaulle para que organizara elecciones en el Levante y para que delegara sus poderes en los gobiernos locales. Por supuesto que esta presión fue mal recibida por los franceses libres en general y por de Gaulle en particular.

Pero el general Spears no solamente tenía instrucciones de favorecer el acceso a la independencia de los Estados del Levante, también tenía que "preservar la fachada de la autoridad francesa"[23] y "apoyar sin reservas a los franceses libres". Spears ejecutó esta instrucción aun cuando algunas veces haya tenido sus reservas. Así, por ejemplo, podemos ver cómo se negó a apoyar un movimiento sirio nacionalista y antifrancés a comienzos de 1942[24] y, también, pidió la retirada del Levante de tres "seudos Lawrence de Arabia", Glubb, de Goury y Buss, al alegar que "su acción, lo único que puede hacer es que la gente del lugar apoye a Inglaterra en detrimento de la Francia Libre".[25] Los franceses libres no habían podido creer lo que veían sus ojos; para ellos, el nombre de Spears era sinónimo de agitación antifrancesa en el Levante.[26]

Pero este problema tenía un tercer aspecto: mientras durara la guerra, los Estados del Levante estarían sometidos a la autoridad militar británica. Ahora bien, los británicos también querían controlar todas las cuestiones administrativas civiles relacionadas, de cerca o de lejos, con la seguridad, el orden público, las comunicaciones, etcétera. Además, eran los únicos que podían proporcionar a los Estados del Levante el aprovisionamiento de productos alimentarios y de materias primas que necesitaban. Como, por otra parte, la administración francesa del lugar carecía absolutamente de eficacia y de medios, pero seguía siendo muy puntillosa en cuestiones de soberanía, la mayoría de las iniciativas francesas, británicas y franco-británicas en el Levante terminaron rápidamente y provocaron interminables recriminaciones de una y otra parte. Por ejemplo, los franceses acusaban a los ingleses de inmiscuirse en sus asuntos y de complotar en su contra, en tanto que los ingleses acusaban a los franceses de ser incompetentes y anglófobos. La Oficina de Cereales, la línea de ferrocarril Haifa-Trípoli y el armamento de las tropas locales produjeron enfrentamientos franco-británicos, y no fueron los únicos.

Pero los ingleses y los franceses libres no estaban solos en el Levante y las relaciones con las poblaciones autóctonas de Siria y del Líbano daban lugar a frecuentes disputas entre la autoridad con mandato francés y la autoridad militar inglesa. Cuando estallaban levantamientos en el Hauran o en el Éufrates (algo nada raro), los franceses libres pensaban que se trataba de la obra de "agentes provocadores sobornados por Londres". Catroux autorizó, primero, la formación de unidades locales suplentes bajo el mando británico, pero luego el general de Gaulle lo prohibió y, finalmente, ambos lo denunciaron como un complot de Londres para inmiscuirse en el ejército sirio. También había rumores que decían que los ingleses tendrían la intención de ocupar el sur del Líbano, para unirlo a Palestina. Según otros, divulgados interminablemente por los franceses libres, los ingleses estaban a favor de la expansión árabe en el Líbano, con lo que amenazaban los intereses cristianos en el país. Los franceses libres también acusaban a los ingleses de apoyar algunos movimientos antrifranceses, como el "Bloque Nacional", y los ingleses a los franceses de apoyar a algunos bandidos notorios, con el pretexto de que eran pro franceses. En cuanto a los franceses, reclutaban entre la población local algunos agentes antiingleses muy poco recomendables, que rápidamente se convertían en antifranceses y a los que, entonces, denunciaban como espías ingleses. Las "tropas especiales", bajo el mando francés, realizaron varias exacciones en regiones aisladas de Siria, lo que desencadenó nuevos levantamientos que, enseguida, se consideraron errores de los ingleses. Los franceses libres también estaban exasperados por el considerable despliegue de las fuerzas británicas en el Levante y, más todavía, por la presencia de oficiales políticos de la Misión Spears. Por lo tanto, hacían esfuerzos por complicar sus tareas y los denunciaban invariablemente como agentes del *Intelligence Service*. Por otra parte, muchos funcionarios de Vichy conservaron su lugar en las administraciones locales, pero eran antiingleses y, también, hostiles a los franceses libres. Los ingleses confeccionaron largas listas de estos funcionarios* y exigieron su retiro. Pero como lo hicieron con poco tacto, los franceses se ofendieron y lo consideraron un nuevo atentado a su soberanía. Además, algunos miembros de los gobiernos sirio y libanés, indudablemente cansados de ejercer solamente un poder teórico, fueron a quejarse a los ingleses: más allá de la actitud que tomaron estos últimos, inmediatamente se interpretó que era un complot en contra de los franceses. Como, por otra parte, el nuevo Ministro de Su Majestad en el Levante trataba al Presidente libanés, Alfred Naccache, con una falta de respeto evidente, la minoría pro francesa del Líbano se declaró escandalizada (para no hablar de las autoridades de la Francia Libre). Finalmente, innumerables cuestiones de importancia menor, como la destrucción de las cosechas de hachís o la persecución de los jesuitas partidarios de la Francia Libre por los jesuitas partidarios de Vichy, degeneraron frecuentemente en conflictos franco-británicos.[27]

Todo esto no habría llegado demasiado lejos si el delegado general de la Francia Libre y el Ministro de Gran Bretaña en el Levante hubiesen mantenido buenas relaciones. Lamentablemente, esto no pasó. En apariencias corteses, el general Catroux y el general Spears se entendían de la peor manera posible. Es que, a pesar de su título, el delegado general de la Francia Libre era más un diplomático que un administrador y el Ministro de Gran Bretaña no tenía nada de diplomático, salvo el título. Catroux acusaba a Spears de intrigar y de inmiscuirse todo el tiempo en los asuntos administrativos puramente franceses, en tanto

---

* En una de estas listas, establecida por la misión Spears en enero de 1942, se encuentran los nombres de cincuenta funcionarios franceses con puestos en el Levante, acompañados por una de las siguientes menciones: "antiinglés", "favorable a Vichy", "dudoso", "muy insatisfactorio", "poco seguro", "muy poco seguro o quizás peor", "contra la Francia Libre", "ineficaz" e, incluso, "nervioso". En esta lista, David, delegado francés en el Líbano, está descrito como "abiertamente favorable a Vichy".[28]

que Spears le reprochaba su irresponsabilidad y su incompetencia. Las cosas se complicaron más porque las señoras Spears y Catroux se llevaban muy mal,[29] y porque la señora Catroux no tenía la menor simpatía por de Gaulle (sin duda porque éste no dudaba en increpar severamente a su marido cuando no se mostraba lo suficientemente firme con los ingleses).

Por consiguiente, el incidente más insignificante que afectó las relaciones franco-británicas en el Levante era tomado por una de las partes y agrandado desmesuradamente, para, al fin, aterrizar en el despacho del general de Gaulle o en el de Winston Churchill y convertirse, ya sea en un caso de "violación flagrante de la soberanía francesa, un insulto a Francia y un nuevo Fachoda", o bien, "una nueva prueba de la insoportable anglofobia que anima a este individuo dañino".

Esta larga digresión puede parecer superflua, pero no lo es, pues el encadenamiento y las repercusiones de los acontecimientos del Levante formaron, a la larga, una especie de caldero maloliente que no dejó de hervir y que desbordó en varias oportunidades. De este caldero infernal surgió casi la totalidad de los conflictos que opusieron al jefe de la Francia Libre y al Primer Ministro de Su Majestad hasta el final de la guerra.

Este largo paréntesis también le dio al general de Gaulle tiempo para ir a El Cairo, donde su avión aterrizó en la mañana del 7 de agosto. Allí se encontró con Churchill, que estaba en camino hacia Moscú, y almorzaron juntos en el aeropuerto. El general registró lo esencial de la conversación: "'Vine —me dijo— para reorganizar el comando. Al mismo tiempo, veré en qué punto están nuestras disputas sobre Siria. Luego, iré a Moscú. O sea que mi viaje es importante y me causa algunas preocupaciones.' 'Evidentemente —respondí—, son temas muy graves. El primero sólo le concierne a usted. En cuanto al segundo, que me concierne, y al tercero, que le corresponde sobre todo a Stalin, al que, sin duda, va a anunciarle que el segundo frente no se abrirá este año, comprendo sus aprehensiones. Pero las superará con facilidad, desde el momento en que su conciencia no tiene nada que reprocharle.' 'Sepa —gruñó Churchill— que mi conciencia es una buena hija con la que siempre me las arreglo.'"[30]

Al día siguiente, de Gaulle visitó al ministro de Estado, que ahora era Casey, y las discusiones comenzaron por nada. Como se podía esperar, Casey declaró como preámbulo que había que organizar elecciones en el Levante. El general "intratable e intransigente",[31] respondió que de ningún modo y agregó: "Es verdad que en esta región del mundo ahora ustedes son mucho más fuertes que nosotros. A causa de nuestro debilitamiento y dadas las crisis sucesivas en Madagascar, en África del Norte y en la metrópolis, que un día van a agregarse a la que debatimos ahora, están en posición de obligarnos a dejar el Levante. Pero no lo lograrán, salvo que exciten la xenofobia de los árabes y abusen de su fuerza frente a sus aliados. Para ustedes, en Oriente, el resultado será una posición cada vez más inestable y, para el pueblo francés, un imborrable perjuicio".[32] Casey señaló que, en efecto, "el general (...) nos acusó de intentar expulsar a los franceses de Siria y del Líbano y de muchas más cosas todavía. La discusión degeneró en un intercambio de aullidos, en francés, el general, en inglés, yo".[33]

Dicho de otro modo, todo terminó con una horrible pelea. Lamentable, porque Casey, que buscaba un relajamiento de la tensión en Siria y en el Líbano, justamente acababa de persuadir a Churchill de que hiciera regresar al general Spears del Levante. Pero cuando se enteró de la pelea que acababa de enfrentar a de Gaulle y al Ministro de Estado, se puso totalmente furioso y cambió de parecer con lo de Spears (como lo descubrió el general Catroux una noche, mientras cenaba con el Primer Ministro).

"Churchill —cuenta Catroux— me dijo con un tono regañón:

"—De Gaulle es insoportable. Maltrató al Ministro de Estado.

"Lo interrumpí:

"—Usted se queja de de Gaulle. Nosotros de Spears. Sé que esto no le va a gustar porque es su amigo.

"—Sí, es mi amigo. —Churchill dijo esto con un tono ronco.

"—Es su amigo, ¡y bien! Promuévalo, envíelo a otra parte, hágalo entrar en la Cámara de los Lores y las cosas se van a tranquilizar entre nosotros. Sabe muy bien que soy un buen aliado y que no me falta espíritu de conciliación.

"—Es mi amigo".[34]

Y punto. El general Spears se quedó en el Levante, el general de Gaulle siguió insistiendo en maltratar a los representantes y funcionarios británicos, para defender los derechos soberanos de Francia en el Levante, y Churchill siguió recibiendo informes tan circunstanciales como alarmantes sobre las amenazas que profería el general en los temas que concernían a Su Majestad. El 14 de agosto recibió un telegrama de de Gaulle en un tono nada ameno: "Las intervenciones constantes de los representantes del gobierno británico en la política interna y administrativa de los Estados del Levante e, incluso, en las relaciones entre estos Estados y el representante, son incompatibles con el desinterés político británico en Siria y en el Líbano, con el respeto por la posición de Francia y con el régimen de mandato".[35]

El 23 de agosto, a su regreso de la Unión Soviética, el Primer Ministro hizo una nueva escala en El Cairo, donde almorzó con Cadogan, Alanbrooke y Spears. Éste notó que Churchill estaba "de excelente humor" y que no tenía ninguna intención de iniciar una nueva querella con el general para lograr elecciones en el Levante. Después de todo, declaró, no era más que "un minúsculo episodio en la gran historia de la guerra" y le recordó a Spears las palabras de Talleyrand: "¡Que no haya demasiado celo!".[36] Sin embargo, el Primer Ministro empezó a sentir los primeros síntomas de una crisis de gaullofobia aguda, que iría agravándose con cada nuevo informe sobre las últimas iniciativas del general, y le confió a Spears: "Conmigo, de Gaulle es totalmente sumiso, pero lo que es odioso es su insoportable grosería con todas las personalidades de rango inferior". Al evocar los acuerdos Lyttelton-de Gaulle, el Primer Ministro agregó: "Si en el futuro el general de Gaulle persistiera en actitudes de este tipo, tendríamos que considerar denunciar todos los acuerdos establecidos con él hasta ese día".[37]

Por supuesto que de Gaulle persistió, pues estaba convencido de que sus dificultades en el Levante se debían únicamente a las intrusiones y a la injerencia de los británicos. Por otra parte, el asunto de Madagascar seguía en suspenso y el general ahora sospechaba que los ingleses y los norteamericanos preparaban una amplia operación contra África occidental o África del Norte, operación de la que la Francia Libre quedaría nuevamente excluida. Por consiguiente, de Gaulle no veía ninguna razón para un arreglo con Gran Bretaña y la situación resultante era asombrosamente parecida a la del mes de agosto de 1941: Churchill se enteraba de que el general de Gaulle multiplicaba las declaraciones antibritánicas y que había sido "odiosamente grosero" con el Cónsul de Gran Bretaña en Alepo, al decirle que no "se mezclara en los asuntos franceses".[38] Esta vez, no había periodista norteamericano para reproducir las declaraciones incendiarias del general, pero Gwynn, el cónsul general de Estados Unidos en Beirut, jugó exactamente el mismo papel: mantuvo un encuentro con de Gaulle durante el cual el general denunció violentamente a los ingleses y llegó a amenazar con "declararles la guerra".[*] [39]

El Departamento de Estado norteamericano transmitió a Londres el informe de Gwynn, que fue comunicado al *War Cabinet*. El general Spears y Casey se encargaron de agregar más información y, como el año anterior para esa misma época, instantáneamente se le solicitó de Gaulle que interrumpiera su viaje y que volviera a Inglaterra. Sólo que ahora el general consideraba que no había apuro y le respondió educadamente a Churchill que estaba demasiado ocupado para volver.[40]

Como en septiembre de 1941, Churchill leyó los últimos informes sobre las declaraciones intempestivas del general. Estaba fuera de sí y la negativa a volver a Inglaterra sólo agravó las cosas. Pero esta vez, las consecuencias del asunto de Madagascar volvieron más delicada la situación. Después de cuatro meses de vanas negociaciones con las autoridades francesas de Madagascar, el gobierno de Su Majestad finalmente se decidió a ocupar la

---

[*]   Para quedar bien, el general de Gaulle informó poco después al Ministro de Estado y al Comandante en Jefe británico que las tropas francesas tenían más efectivos que las británicas en el Levante y que, por lo tanto, proponía asegurar el mando militar en Siria y en el Líbano a partir del 10 de septiembre. Al principio esto causó pánico en el *War Office* y en el cuartel general adjunto en El Cairo, tanto más cuanto que nadie sabía exactamente cuántas tropas británicas había en el Levante.

islá por completo. Lo que necesitaban era que los franceses libres participaran de la administración de la isla; sin lo cual Gran Bretaña sería acusada de tener objetivos colonialistas sobre una parte del Imperio Francés. Además, las autoridades británicas habían hecho promesas explícitas al respecto y les era imposible no honrarlas.[41]

Esto es lo que Eden quiso que comprendiera el Primer Ministro. Pero él mismo estaba obligado a admitir que era imposible que los británicos cedieran la administración de Madagascar al general de Gaulle en ese estado agudo de la discusión que los oponía sobre el tema del Levante. Por lo tanto, se le hizo entender al general que su regreso a Londres permitiría retomar las negociaciones sobre el Levante y, por consiguiente, la cesión de Madagascar a la Francia Libre.

El gobierno de Su Majestad tenía otra razón para desear un pronto regreso del general de Gaulle a Inglaterra. Se trataba de una operación secreta (tan secreta que no podía ser revelada en ese momento pero, aparentemente, estaba implicada una parte del Imperio Francés, los norteamericanos tendrían un papel esencial y los franceses libres estarían totalmente excluidos de ella). Por eso es sencillo comprender el dilema ante el cual se encontraban las autoridades británicas: si de Gaulle estaba fuera de Inglaterra cuando la operación se desencadenara, con seguridad era capaz de denunciar públicamente la empresa aliada y si, en ese momento, la Francia Combatiente no estaba en posesión de Madagascar, sería más difícil justificar la política británica frente al Imperio Francés. Pero no se podía hacer concesiones con Madagascar en plena crisis del Levante y no habría negociaciones sobre el Levante mientras el general de Gaulle no volviera a Inglaterra.

Pero de Gaulle, con más sospechas que nunca, veía las cosas de un modo muy diferente. Dedujo que la "pérfida Albión" no consentiría en instalar a la Francia Combatiente en Madagascar, salvo al precio de despojarla del Levante. Además, sus servicios secretos y su Comisario de Asuntos Exteriores le habían hecho llegar algunas informaciones sobre la operación ultrasecreta que se menciona antes.[42] Aunque todavía no conocía la fecha exacta de la expedición ni su objetivo preciso, sabía que se trataba de África del Norte y comprendía perfectamente que su presencia en el extranjero el día D sería algo molesto para las autoridades británicas. Por eso no se apuraba para nada en responder a la "invitación" del gobierno británico. Después de una larga gira por África ecuatorial francesa, volvió a Inglaterra el 25 de septiembre con la intención declarada de "eliminar el absceso de raíz".[43]

El general estaba convencido de que una vez que hubiese pasado la primera tormenta lograría entenderse con Churchill y obtendría un acuerdo bueno para los intereses de Francia. Además, no dudaba ni un instante de que el derecho estaba de su lado, como le escribió a René Pleven el 5 de septiembre: "La maniobra inglesa tiende a acusarnos de todos los errores al invocar mi actitud personal. Pero las equivocaciones están del lado de los que, con usurpaciones abusivas, me fuerzan a tener esta actitud. Estoy seguro de que voy a lograr el arrepentimiento de nuestros aliados por el bien común".[44] Como, además, Churchill estaba escandalizado por el comportamiento del general y firmemente resuelto a que tuviera que replegarse, el encuentro no tenía un buen augurio. Oliver Harvey tomó las siguientes notas: "Esperamos que las habituales explosiones estén seguidas por la habitual reconciliación".[45] Finalmente, en la tarde del 30 de septiembre, de Gaulle fue a Downing Street* acompañado por René Pleven. Del lado inglés estaban Eden y el mayor Morton. El encuentro empezó a las 17.50.

Churchill empezó agradeciendo al general por haber respondido a su invitación y haber ido a Londres. El general escribiría luego: "Tomé este cumplido con un humor igual al que lo había inspirado".[46] Pero el humor no tardó en desaparecer:

Churchill: El Ministro de Asuntos Exteriores y yo mismo le hemos pedido al general de Gaulle antes de su partida que evitara todo estallido durante su estadía en Siria, pero es evidente que no lo logró. Es absolutamente esencial que nos entendamos claramente sobre la situación que se generó.

---

*   En sus *Memorias*, el general de Gaulle sitúa, equivocadamente, la entrevista el 29 de septiembre.

De Gaulle: Esperaba encontrar en Siria algunas dificultades en las relaciones franco-británicas, pero éstas superaron mis expectativas (...). Y, sin embargo, todas estas disputas tenían su razón de ser. Crearon la impresión, carente de fundamentos, espero, de una deplorable rivalidad franco-británica.

Churchill: No se trata de rivalidad. No tenemos ninguna ambición en Siria. No tenemos allí ningún interés particular, salvo ganar la guerra y preservar nuestros intereses comerciales previos a la guerra que, finalmente, son bastante reducidos. Pero tomamos compromisos con el pueblo sirio con el consentimiento del general Catroux. Estamos decididos a respetar el espíritu y la letra. No podríamos aceptar que nuestra posición militar en Oriente Medio se viera amenazada porque no hemos respetado nuestros compromisos.

De Gaulle respondió que la Francia Combatiente, por una parte, tenía responsabilidades respecto de los sirios y los libaneses y, por otra, responsabilidades militares en el Levante, que tenía que ejercer sin compartirlas con nadie. Citó dos casos en los que el general Spears maltrató y amenazó al presidente del Líbano, Alfred Naccache, y subrayó que los ingleses buscaban poner en peligro la independencia de ambos Estados. Naturalmente, Churchill tomó las palabras al vuelo:

Churchill: Hay un buen medio para hacer más efectiva la independencia de Siria y del Líbano. Organizar elecciones. Tendría que haber elecciones. La gente tiene que tener la posibilidad de expresar su opinión y, en cuanto a nosotros, no tenemos que tener ninguna inquietud con respecto a eventuales insurrecciones que comprometan nuestra seguridad militar.

De Gaulle: No se trata de las insurrecciones. Siria y el Líbano están más tranquilos que cualquier otra parte del Cercano Oriente, más tranquilos que Irak, por ejemplo. Es cierto que hay que hacer elecciones, pero tendrán que ser elecciones reales (...). La gente del lugar, con quienes estuve en estrecho contacto, no reclama elecciones. El momento no es propicio, hay que esperar que la situación lo permita.

Eden: Y, sin embargo, hubo elecciones en Egipto.

De Gaulle: Allí la situación es muy diferente. Es un país con una larga tradición democrática con un solo partido político fuerte. Es un país unido, donde no hay que temer dificultades políticas. Siria tiene muchas razas y religiones. Los alauitas y los habitantes de Deir-es-Zor no tienen demasiado en común con los de Damasco. Ni la Francia Combatiente ni los gobiernos de Damasco y de Beirut están listos para asumir la responsabilidad de organizar elecciones y los dos gobiernos renunciarían si se los forzara.

Churchill: En nuestra opinión, habría que anunciar inmediatamente elecciones que se llevarían a cabo antes de fin de año. No entiendo por qué estas elecciones plantean problemas si la población local es tan favorable a la Francia Combatiente como usted dice.

De Gaulle: Habría choques entre las diferentes facciones de la población y no entre la gente y la Francia Combatiente.

Churchill: Con respecto al problema del mando militar en la región, creo saber que el general de Gaulle ha declarado que ahora hay más soldados franceses que británicos en el Levante y que el comando militar en los dos Estados debería estar en manos de la Francia Combatiente.

De Gaulle: No llego a comprender por qué los franceses no asumirían el mando militar en Siria si sus tropas son mayoritarias allí. Después de todo, el general Catroux o el general Larminat son oficiales competentes, ¿no?

Churchill: El general no parece darse cuenta de la verdadera relación de fuerzas en el Cercano Oriente. No puedo aceptar sus cifras y Gran Bretaña no puede transferir el mando a los franceses. Por el contrario, debe tomar medidas útiles para conservarlo y para evitar cualquier desorden que pueda provocar choques con la población local.

De Gaulle: No puede haber tales choques entre la población local y los franceses libres. El Primer Ministro planteó dos cuestiones: con respecto a las elecciones, el mandato sobre el Levante pertenece a la Francia Combatiente y, sin embargo, son los británicos los que exigen elecciones. Luego, con respecto al mando, el Primer Ministro acaba de decir que Gran Bretaña lo conservaría bajo cualquier circunstancia.

Churchill: Compruebo que ahora vamos a tener que abandonar la cuestión de Siria sin llegar a ningún acuerdo.

Eden: La Francia Combatiente se queja todo el tiempo de que Gran Bretaña interviene en los asuntos internos de Siria. Pero, obligatoriamente tiene que tener un papel en estos asuntos, ya que coordina las cuestiones de aprovisionamiento, financiamiento y mano de obra en Oriente Medio (...). Y, sin embargo, encontró una obstrucción sistemática por parte de los franceses que paralizó todas las transacciones varias veces.

Churchill: El general de Gaulle no parece darse cuenta de la situación. La carga que soporta Gran Bretaña se ha vuelto mucho más pesada. Primero, la gente del lugar estaba en contra de los franceses. Luego, el general de Gaulle se esforzó constantemente por promover su propia posición en el lugar sin considerar de ningún modo los intereses de la lucha en común. El general sostiene que todo va muy bien en la región. Lamentablemente, no es así.

De Gaulle: No tengo ninguna intención de crear dificultades a Gran Bretaña, de volver más pesado su trabajo en Oriente Medio (...). En mi opinión, lo que compromete la situación es la actitud de los representantes británicos que se encuentran en el lugar. Más que discutir fórmulas, lo mejor sería tomar medidas para mejorar las relaciones allí.

Churchill: Parece evidente que no podemos ponernos para nada de acuerdo en la cuestión siria. Lo lamento. Gran Bretaña tiene que esforzarse por controlar lo que considera necesario para la guerra en esta parte del mundo. El general comprenderá, sin duda, que a causa de esta situación totalmente deplorable en Siria (que se agravó mucho durante su visita) no estamos muy apurados por correr el riesgo de tener dificultades de este tipo en otros importantes teatros de guerra, como en Madagascar, por ejemplo.

De Gaulle: Propuse el año pasado unir a Madagascar a la causa aliada. Hubiese podido hacerlo si hubiera contado solamente con el apoyo aéreo de los británicos. Pero mi propuesta nunca tuvo una respuesta. Vi a Eden y al general Brooke, pero seguí sin recibir ninguna respuesta. Luego me enteré por los diarios de que las tropas británicas habían desembarcado en Diego Suárez. Vi a Eden. Nos pusimos de acuerdo sobre un comunicado que estipulara que el comité nacional tendría el papel de administrar la isla. Pero, a pesar de ese comunicado del 13 de mayo, los británicos luego negociaron con Vichy por intermedio del gobernador general Annet. No logro saber si ustedes prefieren tratar con Vichy o con la Francia Combatiente. Ahora que ocuparon Tananarive, como habrían debido hacerlo hace mucho (el Primer Ministro intervino para precisar que las tropas británicas tenían otras tareas en ese momento), ahora que están en Tananarive, llegó el momento de cumplir con sus compromisos. Pretenden que no pueden hacerlo en virtud de la situación en Siria. Éste es un asunto muy grave y que pone en cuestión la cooperación entre Francia e Inglaterra.

Churchill: Entre el general de Gaulle e Inglaterra.[47]

En ese momento, la conversación se volvió muy enconada y Churchill gritó, furioso:

Churchill: Dice que usted es Francia. ¡Usted no es Francia! ¡No lo reconozco como Francia![48]

De Gaulle: ¿Por qué discute estas cuestiones conmigo si no soy Francia?

Churchill: Todo esto estaba consignado por escrito. Usted no es Francia. Usted es la Francia Combatiente.

De Gaulle: Entonces, ¿por qué discute conmigo cuestiones relativas a Francia?

Churchill: Nuestra conversación es sobre el papel de la Francia Combatiente en la actualidad y sobre los diferentes teatros de guerra.

De Gaulle: Actúo en nombre de Francia. Combato al lado de Inglaterra, pero no por cuenta de Inglaterra. Hablo en nombre de Francia y soy responsable ante ella (...). El pueblo francés está convencido de que hablo por Francia y me apoyará mientras siga creyéndolo.

Churchill: Nuestro problema consiste en distinguir qué encarna justamente a Francia. Siempre intento hacerme una idea de qué es Francia. Hay otras partes y otros aspectos de Francia que podrían adquirir más importancia. En la medida en que el general de Gaulle represente la voluntad de lucha y los sentimientos de la mayoría de los franceses, estamos felices de trabajar con él. Pero en Madagascar nos habríamos enfrentado con dificultades mucho más importantes si la invasión hubiese sido ejecutada por tropas gaullistas. Ahora logramos tomar la mayor parte de la isla. En el estado actual de la guerra, no podemos correr el riesgo de crear desórdenes en Madagascar al imponer a los representantes del general de Gaulle a la población local (...). No obstante, estoy muy dispuesto a ver a los representantes de la Francia Combatiente en Madagascar si tuvieran sentimientos amistosos. Pero no sería oportuno crear graves dificultades militares en este momento. Además, tenemos razones para temer que nos traten tan duramente en Madagascar como lo hicieron en Siria.

De Gaulle: Si Inglaterra ataca a los franceses en Madagascar como lo hizo en Siria, no podría, evidentemente, aceptarlo.

Churchill: Todo esto es muy lamentable. Esperaba que pudiésemos luchar lado a lado. Pero mis esperanzas han sido vanas porque usted es tan combativo que, no contento con luchar contra Alemania, Italia y Japón, quiere también luchar en contra de Inglaterra y de Estados Unidos.

De Gaulle: Lo tomo como una broma, pero no de muy buen gusto. Si hay un hombre del que los ingleses no pueden quejarse, ése soy yo. Ahora, en todo caso, las cosas tienen que seguir su curso.

Churchill: Parece que no hemos podido acercar nuestros puntos de vista. No logró ganar la confianza de los norteamericanos que esperaban poder colaborar con usted. No comprendo por qué no intentó disminuir las dificultades.

Eden: A los otros Aliados no les resulta tan difícil.

Churchill: De hecho, no tienen peor enemigo que ustedes mismos. Esperaba poder trabajar con ustedes, pero poco a poco esta esperanza se redujo a la nada. Soportamos un peso muy grande a causa de Francia. Las cosas no pueden continuar así.

De Gaulle: No tenemos nada que pedir. Lo hecho hecho está y estoy dispuesto a seguir por el mismo camino. Pero no puedo aceptar ningún debilitamiento de las posiciones de Francia en ninguna parte del mundo y tampoco la neutralización de Francia por parte de los franceses o de sus aliados (...). Tengo que ser intransigente, de otro modo, no contaría más en Francia. No se trata solamente de mi deber, también es una necesidad política. Si representara a la Francia de ayer o a la de mañana, quizás podría actuar de otro modo; en todo caso, mis responsabilidades superan los medios de que dispongo. Me atacan por una u otra razón, en lugar de darme la oportunidad de cooperar. No creé las dificultades en Siria: ustedes han enviado hombres que crearon dificultades.

Pleven: Todos los franceses ven los acontecimientos de Madagascar del mismo modo.

Eden: ¿Qué espera de nosotros la Francia Combatiente? Nos crea más dificultades que el resto de nuestros aliados. Sus archivos en el *Foreign Office* son mucho más voluminosos que los de todos los otros países aliados juntos. Esperan lograr sus fines empleando modales fuertes con nosotros y con los norteamericanos. Pero en ambos casos, es el peor método que pueden emplear.

De Gaulle: No utilicé modales fuertes con los norteamericanos. El Departamento de Estado, que mantiene relaciones con algunos medios de emigrados, creyó conveniente adoptar una cierta línea de conducta. No puedo hacer nada al respecto.

Churchill: Perdió muchas oportunidades. Quizás su posición no esté irremediablemente comprometida, pero cometió grandes errores.

De Gaulle: Evidentemente cometí errores. Todo el mundo lo hace. Pero mi objetivo era que Francia entrara en guerra al lado de Gran Bretaña. Lamentablemente, me han aislado y me mantienen apartado. No hemos colaborado. Cuando Diego Suárez fue ocupada, los franceses quedaron irritados y humillados. Hay que ponerse en su lugar.

Churchill: En realidad, los que nos golpean son los franceses y lo soportamos con una paciencia muy grande, pero no ilimitada.

Eden: Después de lo que vimos en Siria, ¿qué espera la Francia Combatiente de nosotros en Madagascar?

De Gaulle: En todos los lugares en los que me detuve durante mi viaje, las primeras preguntas que me hicieron los franceses estaban relacionadas con la suerte de Madagascar. Quieren que la Francia Combatiente haga que la isla entre en la guerra.

Eden: No es sorprendente. Estábamos dispuestos a considerar esta cuestión y a discutirla. Pero no teníamos ninguna gana de encontrarnos en Madagascar con un nuevo "asunto Siria".

Churchill: Tengo que decirle francamente que tenemos muchas dificultades para trabajar con ustedes. Han manifestado una hostilidad muy marcada. Han sembrado el desorden por donde han pasado. Ahora, la situación es crítica. Esto me entristece, pues tengo una gran admiración por su personalidad y por su acción pasada. Pero no puedo considerarlo un camarada o un amigo. Parece que usted quiere consolidar su posición frente a los franceses empleando malos modales con nosotros. Intentó hacer lo mismo con los norteamericanos. Esto es muy grave.

De Gaulle: Todo esto es muy triste. Me dijeron que doy la impresión de querer hacerme un nombre en Francia mostrándome hostil con Inglaterra. Los franceses de Francia se sorprenderían mucho si oyeran esto. Debo mi reputación en Francia al hecho de que quise continuar la lucha al lado de ustedes. Y sigo queriéndolo (...). Pero justamente por eso (...) tenemos que darle al pueblo francés la sensación de que la Francia Combatiente es tratada como una verdadera aliada y no como una creación de los ingleses.

Churchill: ¿Tiene algo que proponer? No estamos avanzando demasiado.

De Gaulle: No tengo nada que proponer. En Siria se manifestó una determinada situación que podría mejorarse fácilmente. En Madagascar también estamos frente a una situación determinada y ciertos compromisos que, en mi opinión, podrían cumplirse sin problemas.

Churchill: Pienso que cometieron un grave error al rechazar la amistad que les habíamos ofrecido y al interrumpir una colaboración que podría haberles sido muy útil. Ahora las cosas tienen que seguir su curso. Habríamos podido hacer mucho. Pero obstaculizaron una asociación más estrecha entre nosotros.

Eden: No nos interesa administrar Madagascar. Esperábamos que la Francia Combatiente se esforzara por mostrarse conciliadora con respecto a Siria, pero se ha negado a hacerlo.

Churchill: Las cosas no pueden quedar así. No podemos seguir cargando con toda la responsabilidad mientras les servimos de plataforma. No nos han ayudado para nada. En lugar de hacerle la guerra a Alemania, le han hecho la guerra a Inglaterra. Es un grave error. No han mostrado la menor inclinación a ayudarnos y han sido el principal obstáculo para una colaboración efectiva con Gran Bretaña y Estados Unidos.

De Gaulle: Esto tendrá sus correspondientes consecuencias.[49]

Es evidente que la disputa sobre el Levante dominó y contaminó todo el encuentro y que se separaron al borde de la ruptura. Churchill estaba casi apopléjico, pero igualmente le dijo a Eden que estaba "desolado por el general, un verdadero idiota".[50] Hasta Eden estaba escandalizado y dijo más tarde que "nunca había visto tanta grosería desde Ribbentrop".[51] Una vez más, la Francia Libre iba a sentir toda la furia del Primer Ministro y el pesado aparato de la obstrucción sistemática se levantaba inexorablemente ante el general de Gaulle y su movimiento. Los telegramas cifrados que iban y venían desde la Francia Combatiente, desde o hacia África, del Levante o del Pacífico se interrumpieron sin ninguna explicación, en tanto que toda la cooperación entre los servicios secretos franceses y el *Intelligence Service* cesó bruscamente a partir del 1º de octubre.

Ese día, durante las sesiones especiales del comité nacional, el general de Gaulle informó sobre su entrevista con Churchill y declaró a sus comisarios: "Si creen que mi presencia al frente del comité nacional es perjudicial para Francia, su deber es decírmelo y me retiraré".[52] Por supuesto que esta propuesta fue rechazada unánimemente y una vigorosa contraofensiva se puso rápidamente en marcha. El 2 de octubre, el *Foreign Office* recibió una nota que declaraba que el comité nacional "se solidarizaba por completo con su Presidente".[53] El mismo día, el almirante Auboyneau visitó al almirante Dickens y le hizo saber que "dado que el gobierno británico aparentemente rompió sus relaciones con de Gaulle, tiene el deber de avisarle que la Marina francesa permanece al lado del general y que no dejará de seguirlo". Agregó que "la Francia Combatiente no se unió a los ingleses para ver cómo Inglaterra se apoderaba de los territorios franceses y los administraba".[54] Gaston Palewski, por su parte, visitó a Morton y a Harvey y les hizo saber que "el general se considera ultrajado como consecuencia de la conversación que mantuvo con el Primer Ministro y Eden el 30 de septiembre".[55]

Una vez más, el general de Gaulle pensó en replegarse a
África ecuatorial con el conjunto de su movimiento, mientras
Churchill se preguntaba si había llegado el momento de romper
de una vez por todas con él. El 8 de octubre, Gladwyn Jebb le
confió al diputado Harold Nicolson que la disputa entre de Gaulle y Churchill era "muy grave", que las relaciones estaban "prácticamente rotas" y que "se corría el riesgo de que la situación em-
peorara".[56] Nunca la ruptura entre el Primer Ministro y el jefe de
la Francia Combatiente estuvo tan cercana como en ese otoño
de 1942.

Para de Gaulle, por supuesto, el error era únicamente de
Churchill: "¡Pobre Churchill! Nos traiciona y nos odia porque
nos ha traicionado".[57] "De Gaulle —señaló Bouchinet-Serreulles— recorre de lado a lado su despacho como un león enjaula-
do. A lo largo de la jornada va rumiando su odio contra esos incapaces que pretenden dirigir la coalición aliada, esos Churchill,
esos Roosevelt, estrategas aficionados".[58]

Churchill, por su parte, lanzaba largas parrafadas en contra
del general. Al terminar una de éstas, Harold Nicols le respondió: "Señor Primer Ministro, con seguridad tiene razón. Pero todo esto no tiene ninguna importancia, ya que el general de Gaulle es un gran hombre". Churchill explotó: "¡Un gran hombre! Es
arrogante, egoísta, se considera el centro del universo, es…Tiene
razón, ¡es un gran hombre!".[59]

9

EL "EXPEDIENTE PROVISORIO"

Tanto del lado francés como del británico algunos hombres se dedicaron a retomar el diálogo que se había interrumpido tan brutalmente en la tarde del 30 de septiembre: Anthony Eden, Alexander Cadogan, Desmond Morton y Charles Peake desplegaron por turno prodigios de diplomacia; del lado francés los ayudaron Gaston Palewski, discreto y eficaz; André Philip, inspirado y ardiente y, finalmente, Maurice Dejean, flemático y resueltamente anglófilo. Su tarea no era fácil, por el carácter del general, que nunca dejaba de sospechar, y por el temperamento sumamente combativo del Primer Ministro. Además, se trataba mucho menos de una disputa personal que de una confrontación en el más alto nivel entre dos Estados, dos imperios, dos mentalidades y dos intereses nacionales.

Maurice Dejean puso todos sus esfuerzos en resolver este conflicto a través de la vía diplomática. Tomó el mal de raíz e inició negociaciones con el *Foreign Office* sobre el delicado asunto sirio. Se trataba de una empresa complicada y no carente de peligro, pues el aspecto psicológico de esta disputa escapaba ampliamente a la competencia de los diplomáticos. De hecho, Maurice Dejean fracasó muy cerca de la meta: había elaborado un proyecto de acuerdo con los británicos* y fue desautorizado a úl-

---

* Este proyecto de acuerdo preveía consultas bilaterales permanentes sobre todos los asuntos de Oriente Medio y el establecimiento de un comité mixto y de comisiones paritarias locales en el Levante. Los franceses también se comprometían a convocar a elecciones en el Líbano y en

timo momento por el general de Gaulle y obligado a dimitir el 20 de octubre.

Por lo tanto, la iniciativa diplomática había fracasado y una reconciliación entre Churchill y de Gaulle parecía más alejada y más problemática que nunca. Pero en las relaciones entre ambos hombres los sentimientos se mezclaban con la política y, una vez más, nada de lo que fuera a suceder formaba parte de lo previsible. Churchill, que tenía rabietas pasajeras, tomó la iniciativa de una reconciliación y el 30 de octubre* el general Morton se presentó en Carlton Gardens con una rama de olivo en la mano. Su entrevista con el general de Gaulle fue de lo más cordial: "El mayor Morton vino a visitar al general de Gaulle para traerle las felicitaciones del Primer Ministro por las hazañas llevadas a cabo recientemente por el submarino *Junon* en el Mar del Norte y por las tropas francesas en el frente egipcio. Le anunció que éstas acababan de sufrir importantes pérdidas y que se calculaban 700 muertos y heridos.

"El Primer Ministro me hablaba de usted hace un rato —agregó el mayor Morton—, y me repetía la inmensa admiración que tiene por su persona y por la obra que lleva a cabo desde hace dos años y medio'.

"El general de Gaulle le pidió al mayor Morton que transmitiera al regreso sus felicitaciones a Churchill por los grandes éxitos que actualmente obtenían las tropas británicas en Egipto

---

Siria a comienzos de 1943. Evidentemente, el general de Gaulle siempre estuvo al corriente de estas negociaciones y no se había opuesto a ellas. Pero el general Catroux, que fue consultado a mediados de octubre, denunció formalmente el proyecto de acuerdo. Entonces, de Gaulle lo declaró inaceptable y Dejean objetó que estaba moralmente comprometido por las negociaciones con los británicos, frente a lo cual el general de Gaulle le pidió que presentara la renuncia.[1] El 27 de octubre, Eden escribió a Alexander Cadogan: "Siempre cargaré con la destitución de Dejean y no me importa que los franceses lo sepan".[2] Poco después, Maurice Dejean fue nombrado embajador ante los gobiernos aliados en el exilio y René Pleven se convirtió en Comisario de Asuntos Exteriores temporariamente.

* La fecha del 23 de octubre, que figura en las *Memorias* del general de Gaulle es inexacta.

y le asegurara que conservaba la admiración por el Primer Ministro y por la tarea que llevaba a cabo desde que estaba en el poder.

"El mayor Morton le dijo al general que, al hojear en los últimos días los juicios del Comité de Guerra británico desde hacía dos años y medio, había observado que los consejos del general de Gaulle respecto de la política frente a Francia habían sido fielmente seguidos por el gobierno británico hasta el asunto de Dakar. Luego, comprobó que no había sucedido lo mismo y quería saber cuál era la razón, según el general.

"El general de Gaulle reconoció que, efectivamente, hasta el asunto de Dakar se habían tenido en cuenta sus opiniones, salvo, subrayó, en relación con Mers-el-Kébir, reserva que el mayor Morton aceptó sin problemas. En cuanto a lo que sucedió después, pensaba en dos causas: una era una razón profunda; la otra, inmediata. Después de Dakar, el gobierno británico había cambiado su política. Se había acercado a Vichy y no había dejado de establecer componendas con él. La otra razón era Siria. Desde junio de 1941, Francia y Gran Bretaña se encontraron nuevamente en un terreno en el que siempre habían tenido conflictos. Estas dos razones habían comprometido seriamente el buen entendimiento entre el Comité Nacional Francés y el gobierno británico.

"El mayor Morton deploraba que las relaciones no hubiesen sido de mayor confianza y expresó el deseo de que se hicieran todos los esfuerzos, de ambos lados, para que evolucionaran en un sentido más favorable".[3]

Cuando, al otro día, Charles Peake visitó al nuevo Comisario Interino de Asuntos Exteriores para "hacerle algunas reconvenciones sobre Siria", oyó decir que el general de Gaulle había quedado "muy emocionado con lo que le había dicho el mayor Morton", que "estaba encantado de que el Primer Ministro hubiese tenido un gesto de este tipo y que consideraba que la situación había mejorado considerablemente".[4] Estas palabras fueron acogidas con alegría tanto en el *Foreign Office* como en Downing Street y bastaron para que las negociaciones sobre Madagascar adoptaran una nueva perspectiva. El 6 de noviembre, el día anterior al armisticio que se firmó en la isla, Eden ("todo azúcar y miel", como escribió de Gaulle) le propuso al jefe de la Francia Libre que hicieran un comunicado en común en el que se anunciaría que el general Legentilhomme, designado Alto Comisionado para el océano Índico, partiría de inmediato para Madagascar. De Gaulle también recibió del Primer Ministro una agradable invitación para almorzar el 8 de noviembre. Pero como es imaginable, el cambio de Churchill no se debía para nada a razones sentimentales.

A fines de julio de 1942, después de muy laboriosas discusiones en el nivel de los jefes del Estado Mayor, Churchill terminó por persuadir a Roosevelt de abandonar la operación *Sledgehammer*, que preveía para el otoño un desembarco en Francia, con el establecimiento de una cabeza de puente en Cherburgo. Por otra parte, Roosevelt había aceptado el principio de la operación *Torch*: un desembarco anglo-norteamericano en África del Norte, que se efectuaría a fines del mes de octubre. Ecos de este plan de operaciones ultrasecreto llegaron a oídos del general de Gaulle en el verano de 1942, desde Gibraltar, Tánger e, incluso, Vichy.[5] Pero Churchill había dado órdenes muy estrictas de que no se informara a los franceses libres.[6] Además, no había muchas opciones: la operación tenía que desarrollarse bajo el mando norteamericano y Churchill había aceptado en esta oportunidad ser "el fiel lugarteniente de Roosevelt",[7] de manera que el presidente norteamericano tenía más de una razón para excluir a la Francia Combatiente de la operación *Torch*.

La primera razón era puramente personal: a Roosevelt nunca le había gustado de Gaulle. Había desconfiado de él desde Dakar y lo detestaba desde Saint-Pierre y Miquelon. Sus consejeros más cercanos lo alentaban fuertemente en este sentido. Entre ellos, el almirante Leahy —quien había vuelto hacía poco de Vichy—, el subsecretario de Estado Sumner Welles y, por supuesto, el secretario de Estado Cordell Hull, que había conservado un odio implacable por de Gaulle después de la víspera de Navidad de 1941. En Washington, además, el experto más escuchado sobre asuntos franceses era Alexis Léger, secretario general del Quai d'Orsay antes de la guerra y, desde entonces, un enemigo irreductible del general de Gaulle. Todos estos hombres presentaban al jefe de la Francia Combatiente como un fascista, un aventurero y un aprendiz de dictador, y el presidente Roosevelt los escuchaba complacientemente.[8]

La segunda razón se deducía de un modo manifiesto de la política norteamericana en relación con Vichy. Es verdad que el regreso al poder de Pierre Laval hizo que el presidente Roosevelt se volviera más prudente en las negociaciones con Vichy (sin duda en virtud de consideraciones menos morales que electorales), pero Estados Unidos, a pesar de todo, conservó en Vichy y en África del Norte contactos que mostraron ser muy preciosos en el momento de la operación *Torch*. Para el Presidente, esta operación justificaría por entero el conjunto de su política francesa. Después de todo, le había permitido instalar una gran cantidad de cónsules, vicecónsules y otro personal en el norte de África. Todos estos agentes, tanto los activos como los no experimentados, se encargaban de preparar en el terreno la operación *Torch*, bajo la dirección del cónsul Robert Murphy. Para el presidente Roosevelt, además, los norteamericanos eran tan populares en Vichy que el desembarco se realizaría, sin lugar a dudas, sin oposición (siempre que los ingleses no se dejaran ver demasiado y los franceses libres, para nada). Para tener mayor seguridad, Roosevelt tenía la intención de hacerle llegar una carta personal al mariscal Pétain el día del desembarco. La carta, que comenzaba así: "Mi viejo amigo", estaba redactada con las palabras más cálidas, a tal punto que hasta Churchill estaba preocupado y le pidió al Presidente que la atenuara un poco.[9]

Pero Roosevelt también había decidido excluir por completo a la Francia Combatiente de la operación *Torch* porque contaba con otra categoría de franceses para que le abrieran las puertas de África del Norte. Primero contactó al general Weygand, en quien los norteamericanos mantenían todavía las ilusiones, incluso después de su regreso desde África del Norte. Pero cuando Robert Murphy lo visitó en Cannes el 17 de julio, Weygand le respondió: "A mi edad uno no se convierte en un rebelde".[10] El almirante Darlan, cuya posición en Vichy se había convertido en mucho más que incómoda desde el regreso de Laval, dio a entender que podría ayudar a los norteamericanos en su empresa, siempre que se le confiara el mando supremo de la operación. Pero lo consideraban demasiado peligroso, demasiado comprometido y, sobre todo, demasiado comprometedor, como para que eso pudiera tomarse en cuenta. Finalmente, quedaba un solo hombre, en el que Roosevelt ponía todas sus esperanzas: el general Giraud.

El general Henri-Honoré Giraud tenía sesenta y tres años, era alto, vigoroso, enérgico y para nada intelectual. Los alemanes lo habían capturado en 1940, pero se había escapado de la fortaleza de Koenigstein en abril de 1942 y había logrado volver a Vichy. Ahí había tomado contacto con los norteamericanos y, después de una larga conversación con Robert Murphy, aceptó participar de la operación *Torch* (siempre que se excluyera a los gaullistas y a los ingleses).[11] Además, exigió el mando de la expedición y creyó haber comprendido que se lo habían acordado: por lo tanto, se llevó a cabo el acuerdo y, a fines de octubre, Roosevelt estaba convencido de que el general Giraud (nombre en código: *King Pin*) le daría las llaves de Argelia, Marruecos y Túnez y llevaría a todos los franceses del norte de África a cooperar con los Aliados.

Esto era lo que pasaba con el aspecto político de la operación. El militar había sido preparado minuciosamente por los norteamericanos, con la ayuda de los jefes del Estado Mayor y de los servicios de informaciones británicos. Finalmente, el mando de la expedición fue confiado a un general poco conocido pero muy competente: Dwight D. Eisenhower. El desembarco se había previsto para fines de octubre y Roosevelt le dijo al general Marshall: "Intente hacerlo antes de las elecciones".[12] Pero las elecciones legislativas norteamericanas se fijaron para el 3 de noviembre y, por diferentes razones, el día del desembarco, para el 8. "No importa —dijo Roosevelt—, esto mostrará que no tenemos segundas intenciones políticas".

A fin del mes de octubre, Winston Churchill estaba totalmente satisfecho con el avance de los preparativos. El general Clark señaló que estaba "tan apasionado como un aficionado a las novelas policiales". El mismo Churchill dijo: "No se olviden que los apoyaremos en lo que hagan".[13] A pesar de todo, se aprestaban a desembarcar en el África del Norte francesa y a Churchill le hubiese gustado que de Gaulle lo supiera al menos el día anterior. Pero Roosevelt se negó categóricamente y fue su opinión la que prevaleció. Sin embargo, Churchill nunca pudo deshacerse de un cierto sentimentalismo en relación con los asuntos franceses y, además, se sentía un tanto culpable: "Era plenamente consciente —escribió en sus *Memorias*— de los vínculos que nos unían al general de Gaulle y de la gravedad de la afrenta que le infligiríamos al negarle deliberadamente cualquier participación en este proyecto (...). Para atenuar un poco la afrenta a su persona y a su movimiento, hice que le devolvieran la administración de Madagascar".[14]

Efectivamente, Churchill le confió a Eden que éste sería un "consuelo para el general de Gaulle, como compensación por el efecto y la decepción que le causarán la operación *Torch* y la entrada en el escenario de Giraud".[15] Pero, como siempre, Churchill no se dejaba guiar únicamente por sus sentimientos. Lo que en realidad pasaba era que en Downing Street temían las reacciones de de Gaulle cuando se enterara de la noticia del desembarco en África del Norte y pensaban que sería bueno que, en el momento de la disputa pública, que sin lugar a dudas se produciría, pudieran mostrarle a la opinión pública británica que el gobierno de Su Majestad siempre había respetado escrupulosamente sus compromisos con el general de Gaulle. Por eso Anthony Eden, "todo azúcar y miel", llegó el 6 de noviembre para anunciarle al general que Madagascar pasaría a estar bajo la autoridad de la Francia Libre. También por esta razón le transmitió una invitación para almorzar con el Primer Ministro el 8 de noviembre, un día que prometía ser especialmente movido.

En las primeras horas del 8 de noviembre un poderoso ejército anfibio, apoyado por fuerzas navales y aéreas de importancia, desembarcó en siete puntos de la costa argelina y marroquí. A partir de ahí, sin embargo, nada de lo que ocurrió había sido previsto. Las guarniciones francesas no quedaron para nada impresionadas por los uniformes norteamericanos y los asaltantes se enfrentaron a una fuerte oposición, tanto en Argel como en Orán y en Casablanca. Pero hubo algo peor: poco después del desembarco, los norteamericanos se dieron cuenta de que el almirante Darlan en persona se encontraba en Argel, a donde había ido a visitar a su hijo enfermo. El almirante manejaba todas las fuerzas francesas de África del Norte y no mostraba ningún apuro en colaborar con los norteamericanos.* Y algo peor todavía: el general Giraud, que se había ido de Francia en el mayor de los secretos, había sido llevado a Gibraltar en un submarino el día anterior al desembarco. Pero cuando se enteró de que no tendría el mando supremo de la expedición, se negó pura y simplemente a formar parte de ella.[16] Después de largas conversaciones, surgió que el general Giraud tenía su propio plan de operaciones, bautizado "Plan L", que preveía nada menos que ¡la liberación inmediata de Francia!** Entonces, en Gibraltar se empantanaron en ociosas discusiones mientras en Argel, en la tarde del 8 de noviembre, la resistencia seguía, el general Giraud no llegaba y los norteamericanos se encontraron frente a frente con el almirante Darlan.

Ese mismo día, a las 6 de la mañana, el jefe del Estado Mayor, el coronel Billotte, despertó al general de Gaulle y le anunció que se acababa de producir el desembarco. De este modo, después de Mers-el-Kébir y de Madagascar, una vez más la Francia Libre se encontraba ante los hechos concluidos. De Gaulle, en pijamas, tronaba: "¡Y bien! Espero que la gente de Vichy los eche al mar. No se entra en Francia a través de una fractura".[17] Pero a las 11 ya se había tranquilizado y Charles Peake, que había llegado para aclarar las cosas y para evaluar la fuerza de la tormenta que iba a estallar cuando llegara a Downing Street, realizó un informe alentador: la atmósfera "no es tan mala como se temía" y "siempre que logremos tener un clima distendido desde el co-

---

* El almirante Darlan había sido capturado por un grupo de jóvenes gaullistas que pasaron a la acción en el momento del desembarco. Pero los norteamericanos tardaron demasiado en copar Argel y el almirante fue liberado al alba por la policía francesa que, luego, arrestó a los gaullistas y al general Juin, que se había unido a los Aliados.
** Morgenthau anotó en su diario: "El presidente me dijo que habían tenido todo tipo de problemas con Giraud en Gibraltar, porque quería dirigir a los ingleses, a los norteamericanos y a los franceses libres. Tantos, que hubo que decirle que lo enviarían nuevamente a Francia".[18]

mienzo del encuentro, podemos esperar que el general de Gaulle esté bien dispuesto y que el almuerzo se desenvuelva de un modo satisfactorio".[19]

A mediodía, el general de Gaulle llegó a Downing Street y entró directamente en tema: "Durante la conversación —remarcó el general— el Primer Ministro me prodigó señales de amistad sin ocultarme, sin embargo, que se sentía un tanto molesto. Me dijo que si bien la flota y la aviación inglesas cumplían un papel esencial en la operación, las tropas británicas sólo actuaban como apoyo. Por el momento, Gran Bretaña tuvo que dejar en manos de Estados Unidos la responsabilidad total. Eisenhower tenía el mando. Pero los norteamericanos exigían la exclusión de los franceses libres. 'Nosotros —declaró Churchill— nos vimos obligados a aceptar. Sin embargo, esté seguro de que no renunciamos de ningún modo a los acuerdos que tenemos con ustedes. Les prometimos nuestro apoyo en junio de 1940. A pesar de los incidentes que se produjeron, queremos continuar en este sentido. Por otra parte, a medida que se vayan desenvolviendo los hechos, los ingleses tendremos que entrar en línea. Entonces, tendremos la palabra. Y será para apoyarlos'. Y Churchill agregó, con signos de emoción: 'Han estado con nosotros en los peores momentos de la guerra. No los abandonaremos cuando el horizonte empieza a aclarar'.

"Entonces, los ministros ingleses me expusieron que los norteamericanos estaban desembarcando en varios puntos de Marruecos, en Orán y en Argel. La operación era dolorosa, sobre todo en Casablanca, donde las fuerzas francesas resistían con mucha fuerza. El general Giraud se había embarcado en la Costa Azul en un submarino británico que lo había llevado a Gibraltar. Los norteamericanos contaban con él para que se hiciera cargo del mando de las tropas francesas de África del Norte y que revirtiera la situación. Pero su éxito ya parecía dudoso. '¿Sabe', me dijo Churchill, 'que Darlan está en Argel?'.

"Respondí sustancialmente así a las explicaciones de mis interlocutores: 'El hecho de que los norteamericanos aborden África donde ustedes, ingleses, y nosotros, franceses, luchamos desde hace más de dos años es, por sí mismo, muy satisfactorio. También lo veo como una posibilidad de que Francia recupere un ejército y, quizás, una flota que combatirán para su liberación. El general Giraud es un gran soldado. Mis deseos lo acompañan en su intento. Es lamentable que los Aliados le hayan impedido que se pusiera de acuerdo conmigo, pues habría podido proporcionarle otros apoyos, más que deseos. Pero tarde o temprano nos entenderemos y será mucho mejor cuanto menos se mezclen los Aliados. En cuanto a la operación que se desarrolla actualmente, no me sorprende que sea dura. En Argelia y en Marruecos hay muchos elementos militares que nos combatieron el año pasado en Siria y que ustedes dejaron partir a pesar de mis prevenciones. Por otra parte, los norteamericanos quisieron que en África del Norte se enfrentaran Vichy y de Gaulle. Nunca dejé de creer que, si esto sucedía, tendrían que pagarlo. De hecho, lo están pagando y, por supuesto, los franceses también tenemos que pagar. Sin embargo, dados los sentimientos del fondo del alma de los soldados, creo que la batalla no será larga. Pero, por breve que sea, los alemanes van a acudir'.

"Entonces, les expresé a Churchill y a Eden mi asombro al comprobar que el plan de los aliados no tenía como objetivo, ante todo, a Bizerte. Pues evidentemente los alemanes y los italianos iban a llegar a Túnez por ahí. Salvo que los norteamericanos quisieran arriesgarse a abordarlo directamente, si me lo hubiesen pedido, allí se habría podido desembarcar con la división Koenig. Los ministros ingleses lo admitieron, aunque siguieron repitiendo que la operación estaba bajo la responsabilidad de los norteamericanos. 'No entiendo muy bien —dije— que ustedes, ingleses, transmitan de este modo el poder a otros en un asunto que interesa en primer término a Europa'.

"Churchill me preguntó cómo preveía la continuación de las relaciones entre la Francia Combatiente y las autoridades de África del Norte. Le respondí que, para mí, sólo se trataba de formar una unidad. Esto implicaba que pudiesen establecerse relaciones lo más pronto posible. Y, también, que en Argel el régimen y las personalidades más importantes de Vichy fueran apartadas de la escena, pues la Resistencia no admitía de ningún modo que se mantuvieran allí. Si, por ejemplo, Darlan iba a gobernar en África del Norte, no habría acuerdo posible. 'Pase lo que pase —dije finalmente—, nada importa más que la terminación de la batalla. En cuanto al resto, se verá'".[20]

Churchill estaba manifiestamente fascinado con lo que estaba escuchando. Según las minutas de la reunión, respondió: "El general Giraud tiene en este momento un papel puramente militar. El gobierno británico espera que se evite toda división entre los franceses que quieren continuar la lucha junto a los Aliados y estima que no habrá que intervenir en las cuestiones personales, que tienen que arreglarse entre franceses. Pero hay un punto sobre el que el gobierno británico tiene una posición sumamente firme: el general de Gaulle y el Comité Nacional Francés son las únicas autoridades reconocidas por él para organizar y reunir a todos los franceses que quieren ayudar a la causa de las Naciones Unidas. El gobierno británico está dispuesto, por lo tanto, a seguir prestando todo su apoyo a la Francia Combatiente y el Primer Ministro lo expresó con un entusiasmo especial, principalmente por el gran apego que siente por el general de Gaulle.

"El general de Gaulle le respondió al Primer Ministro que su objetivo siempre había sido que la mayor cantidad de franceses y de territorios franceses entraran en la lucha junto a los Aliados, que la Francia Combatiente sólo deseaba acoger a todos los que quisieran retomar el combate, que las cuestiones de nombres y de personas importaban poco y que sólo le afectaba el interés de la patria. Como pensaba que los Aliados no tenían como objetivo los territorios franceses en África del Norte, por lo tanto, esperaba que los franceses les dieran la mejor de las recepciones a las tropas aliadas que iban a liberarlos. Éste era el sentido que iba a darle a su alocución por la radio de Londres de esa noche".[21]

Evidentemente, Churchill no esperaba que de Gaulle demostrara tal comprensión. Asombrado, describió con animación la próxima derrota de Rommel, inevitable después de El-Alamein. "Empiezan los buenos tiempos", exclamaba en francés y, luego, con lágrimas en los ojos: "No olvidaré nunca a los que no me abandonaron en junio de 1940, cuando estaba solo. Lo verán, descenderemos juntos por los Campos Elíseos".[22]

Cuando el encuentro terminó, Churchill, que esperaba el

enfrentamiento de rigor, se encontraba absolutamente aliviado y desbordante de reconocimiento por el general de Gaulle. Al día siguiente, telegrafió al general Spears diciéndole que el apoyo de la Francia Combatiente y la colaboración con ella seguían siendo el fundamento de la política británica hacia Francia.[23] Y pensar que menos de seis semanas antes el Primer Ministro consideraba romper definitivamente con el general de Gaulle.

El general salió de Downing Street "sonriendo".[24] ¿Acaso Churchill no le había asegurado que, a pesar de la lamentable iniciativa del presidente Roosevelt, Gran Bretaña seguiría apoyando a la Francia Libre hasta el fin? Además, aparentemente el proyecto norteamericano, que consistía en dividir el campo francés al introducir a Giraud en África del Norte, estaba condenado al fracaso. Giraud era un buen general y, sin duda, se lo podría llevar a colaborar con la Francia Combatiente. De este modo, África del Norte francesa podría enseguida retomar la guerra bajo la bandera de la Cruz de Lorena. Esa noche, en la BBC, el general de Gaulle se dirigió a los franceses:

"Los aliados de Francia están intentando que África del Norte francesa se comprometa con la guerra de liberación. Empiezan a desembarcar grandes fuerzas. Se trata de que nuestra Argelia, nuestro Marruecos, nuestro Túnez se conviertan en el punto de partida de la liberación de Francia. Nuestros aliados norteamericanos están al frente de esta empresa (...). Jefes franceses, soldados, marinos, aviadores, funcionarios, colonos franceses de África del Norte, ¡levántense! ¡Ayuden a nuestros aliados! ¡Únanse a ellos sin reservas! La Francia que combate se lo pide. No se preocupen por los nombres ni por las fórmulas. Sólo una cosa cuenta: la salvación de la patria. Todos los que tengan el valor para ponerse de pie, a pesar del enemigo y de la traición, de antemano son aprobados, acogidos, aclamados por todos los franceses combatientes. Desprecien los gritos de los traidores que querrán persuadirlos de que nuestros aliados quieren apoderarse de nuestro Imperio. ¡Vamos! ¡Éste es el gran momento! ¡Ésta es la hora del sentido común y de la valentía! Por todas partes el enemigo vacila y se doblega. ¡Franceses de África del Norte! Si por ustedes entramos en línea, de un lado al otro del Mediterráneo, la guerra será ganada gracias a Francia".[25]

Manifiesto dirigido por Charles de
Gaulle a todos los franceses al inicio
de la guerra (1940).

Winston Churchill a bordo del navío de guerra inglés
Príncipe de Gales (1941).
Library of Congress, Prints & Photographs Division.

Franklin D. Roosevelt, Charles de Gaulle y Winston Churchill en Casablanca (1943).
Universidad de San Diego, USA.

Charles de Gaulle pasa revista a un grupo de voluntarias francesas en Londres (1944).
Los hombres de la historia, Centro Editor de América latina.

Charles de Gaulle y la reina de Inglaterra en una visita a un hogar de convalecientes de la marina francesa en Londres (1944).
Los hombres de la historia. Centro Editor de América latina.

Winston Churchill y Harry Truman (1945).

Winston Churchill y el General
Eisenhower en el "Día D" (1944).

Library of Congreso, Prints & Photographs Division.

Conferencia de Yalta:
Winston Churchill,
Franklin D. Roosevelt y
José Stalin (1945).

*Library of Congress, Prints &
Photographs Division.*

Winston Churchill y Charles De Gaulle en Marruecos (1944). *Churchill Society, Londres.*

Desembarco en Normandía (1944).

Tropas norteamericanas
pasando por el Arco de Triunfo
luego de la liberación de París
(1944).

Los dos líderes en las ceremonias de la liberación de París (1944). *Photothèque Groupe Presses de la Cité.*

Juntos, Churchill y De Gaulle, desfilan por los Campos Elíseos celebrando la liberación de París (1944).
Photo Parimage/Len Sirman Press.

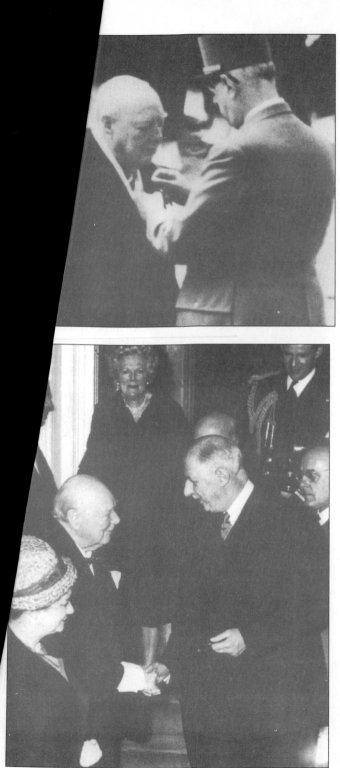

Noviembre de 1958.
Sir Winston Churchill
recibe de manos del
General De Gaulle
la Cruz de la Liberación.

Agence Intercontinentale/
Photothèque Groupe
Presses de la Cité.

Abril de 1960.
Sir Winston Churchill da la
bienvenida a su casa al
general De Gaulle que
lo visita.

Keystone/Photothèque Groupe
Presses de la Cité.

Pero los acontecimientos de África del Norte tomaron un sesgo nuevo e inesperado. El almirante Darlan estaba en poder de los norteamericanos y los combates habían cesado en Argel, pero en el resto de los lugares, las fuerzas francesas fieles a Vichy oponían una resistencia encarnizada a los norteamericanos. El almirante Darlan era el único que podía ordenar un cese del fuego. Efectivamente, el general Mark Clark, que representaba a Eisenhower en África del Norte, se dio cuenta rápidamente de que nadie entre los franceses estaba dispuesto a obedecer al general Giraud que, finalmente, había llegado a Argel el 9 de noviembre. Y, sin embargo, era preciso a cualquier precio que las hostilidades cesaran en Argelia y en Marruecos, porque los alemanes se habían repuesto y empezaban a encaminar sus tropas hacia Túnez, con la complicidad de las autoridades locales. Por lo tanto, para los norteamericanos la situación era muy grave. Pero el general Clark era un hombre de acción y, como él mismo lo dijo, "no sabía nada de política".[26] En la mañana del 10, llegó a un acuerdo con Darlan: el almirante podría ejercer el poder en África del Norte "en nombre del mariscal" y, a cambio, ordenaría un cese del fuego general en Argelia y en Marruecos. Eisenhower, que llegó ese día a Argel, ratificó el acuerdo. Después de todo, la solución de Giraud había fracasado y el acuerdo con Darlan permitiría salvar muchas vidas norteamericanas. "Soy solamente un soldado —dijo Eisenhower—. No entiendo nada de diplomacia".[27]

El Departamento de Estado entendía un poco más, pero se mantuvo totalmente apartado de las negociaciones. En cuanto al presidente Roosevelt, no sabía nada. Para él, Darlan, Giraud y de Gaulle no eran otra cosa que "tres *prime donne*", y el mejor medio de solucionar todo este asunto era "dejarlas solas en una habitación y confiar el gobierno de los territorios ocupados al que logre salir".[28] Pero, como esto no podía hacerse, la solución que propusieron los generales Clark y Eisenhower le pareció totalmente aceptable. Es verdad que el almirante Darlan había colaborado con Hitler durante más de un año, que había declarado públicamente que los alemanes eran "mucho más generosos que los ingleses", que había abandonado la Indochina francesa a los japoneses, que había autorizado a los alemanes a que usaran los aeropuertos franceses en Siria, que había permitido que el *Afrika Korps* de Rommel se aprovisionara en Túnez, que seis meses antes había declarado: "Llegará el día en que Inglaterra pague". Y, además, ¿no era el hombre más detestado en Francia después de Laval? ¿No había ordenado a sus tropas que abrieran fuego sobre los norteamericanos hacía solamente dos días? En suma, ¿no era un colaborador, un enemigo declarado, un traidor?

Desde Washington, evidentemente las cosas no se veían con tanta claridad y Eisenhower recibió la luz verde: tres días más tarde, Darlan era el "Alto Comisario para África del Norte", con el apoyo de los norteamericanos y, siempre, "en nombre del mariscal".* Inmediatamente fue reconocido por los generales Noguès, Châtel y Bergeret, por el gobernador Boisson e, inclusive, por el general Giraud, que recibió el comando en jefe del Ejército a guisa de premio consuelo.

La noticia de la toma del poder del almirante Darlan en África del Norte, con los auspicios de Norteamérica, fue recibida en Londres con incredulidad y consternación. Los franceses libres quedaron anonadados; de Gaulle, enfurecido; Churchill, asqueado: "Darlan tendría que ser fusilado", se indignaba el Primer Ministro.[29] Pero antes de que se desencadenara la operación *Torch*, Churchill le había prometido al presidente Roosevelt apoyarlo en cualquier circunstancia y se encontró en una situación muy embarazosa. El 16 de noviembre, el general de Gaulle almorzó en Downing Street y señaló que "Churchill aparenta estar de muy buen humor, aunque preocupado. Eden parece perturbado".

"El Primer Ministro le dice al general que comprende perfectamente sus sentimientos y que los comparte. Pero observa que actualmente están en la batalla y que lo que cuenta es, ante todo, echar al enemigo de Túnez. La autoridad militar aliada tuvo que tomar medidas prácticas con este fin en África del Norte, para asegurar el apoyo de las tropas francesas. 'En cuanto a la

---

* Por supuesto que todo esto era pura ficción. Mientras tanto, el Mariscal había desaprobado públicamente a Darlan. Vichy lo denunció por traidor y los alemanes invadieron la zona libre.

posición del gobierno británico —agrega Churchill— sigue siendo la que era y todos los compromisos contraídos por él con ustedes siguen en vigencia. Las disposiciones que tomó el general Eisenhower son en su esencia temporarias y no comprometen en nada el futuro'. Churchill mostró como prueba el telegrama que acababa de enviarle a Roosevelt y que le leyó al general. Sustancialmente decía:

"Recibí su respuesta y deduzco que las medidas tomadas por el general Eisenhower tienen un carácter únicamente militar y temporario.

"Estoy de acuerdo con que Eisenhower tome las medidas que considere apropiadas para ayudar al éxito de la operación militar, con las reservas estipuladas en el párrafo 1.

"El general de Gaulle le dice al Primer Ministro que toma conocimiento de la posición británica, pero que quiere hacerle conocer la suya: 'No estamos más en el siglo XVIII —declara—, cuando Federico le pagaba a gente de la corte de Viena para tomar Silesia, ni en la época del Renacimiento, cuando se utilizaban esbirros de Milán o espadachines de Florencia. Y, además, después no se los elegía como jefes de los pueblos liberados. Estamos haciendo la guerra con la sangre y el alma de los pueblos. Esto dicen los telegramas que recibo de Francia. Muestran que Francia cayó en el estupor. Piense en las consecuencias incalculables que podría haber si concluyera que la liberación, tal como la entienden los Aliados, es Darlan. Quizás ganarían la guerra en el plano militar, pero la perderían moralmente y habría un solo vencedor: Stalin'.

"Churchill repitió que los acontecimientos actuales no permitían hacer juicios previos sobre el futuro.

"El general de Gaulle observó que, en todo caso, su deber era que Francia supiera que él no admitía estas combinaciones. Por eso el Comité Nacional había preparado un comunicado y le solicitaba que le permitiera disponer de la BBC para difundirlo.

"Churchill contestó que entendía perfectamente la preocupación del general, que en su lugar tendría la misma inquietud por hacer conocer públicamente su posición pero que, sin embargo, esperaría un poco. En todo caso, el general de Gaulle era libre de hacer publicar su comunicado por la BBC cuando le pareciera bien. Él mismo telegrafiaría a Roosevelt para decirle que, en las presentes circunstancias, lo menos importante era permitir que el general de Gaulle dispusiera de medios para hacer conocer su posición.

"El general de Gaulle dijo que el tema de la radio era una estafa moral a la que había que ponerle fin, una estafa que tendía a confundir a Darlan y a los franceses combatientes. La radio norteamericana hacía preceder los llamamientos de Darlan con la frase 'Honor y Patria' y la BBC se hacía eco de esta estafa al retransmitir la programación de la radio norteamericana. El general de Gaulle, dándose vuelta hacia Eden, declaró que no comprendía que la radio británica pudiera ser cómplice de esta deshonestidad.

"Antes de que de Gaulle y Churchill pasaran a la mesa, Eden, que no asistió al almuerzo, llevó aparte al general y le dijo que estaba muy enojado e inquieto por lo que estaba pasando.

"'No es un asunto limpio', le respondió de Gaulle, 'y lamento que lo ensucie un poco'.

"Durante el almuerzo, la emoción y la inquietud de los invitados, en especial de las damas, hablaban a las largas de los sentimientos de todos. Ni siquiera la señora de Churchill lograba cambiar el clima.

"Luego, Churchill llevó a de Gaulle a su despacho, en donde quedaron frente a frente.

"Le declaró que su posición era magnífica. Darlan no tenía futuro. Giraud estaba liquidado políticamente. 'Usted es el honor —le dijo—. Usted es el camino recto. Será el único que quede. No choque frontalmente con los norteamericanos. Es inútil y no ganará nada. Sea paciente y vendrán a usted, pues no tienen alternativa'.

"Luego, se las tomó con Darlan. Decía que no encontraba palabras para calificarlo y para expresar su disgusto.

"El general de Gaulle le expresó que lo sorprendía ver cómo el gobierno británico se ponía a remolque de los norteamericanos. 'No lo comprendo —le dijo—. Está haciendo la guerra desde el primer día. Inclusive podemos decir que, personalmente, usted es esta guerra. Sus ejércitos triunfan en Libia. Y se ponen a la zaga de los Estados Unidos cuando todavía nunca un soldado norteamericano se encontró con un soldado alemán. Deben tomar la dirección moral de esta guerra. La opinión pública europea los apoyará'".[30]

Sobre este momento, el general observó: "Esta salida golpeó a Churchill. Vi cómo se movía en su silla".[31]

"Churchill hizo que de Gaulle se diera cuenta de que había tomado este camino cuando en su discurso en el Guildhall había elogiado al general y a los patriotas que, en Francia, lo seguían por legiones y, al mismo tiempo, había dejado entender que Giraud sólo sobresalía por sus evasiones.

"El general de Gaulle respondió que le agradecía al Primer Ministro la delicada atención, pero que creía que tenía una posición de orden general muy importante y que tenía que adoptarla sin tardanzas.

"Agregó que ahora se veía cómo los norteamericanos tenían tratos con la gente de Vichy y que habían cambiado de máscara para la ocasión. Pero Vichy representaba muchas cosas y todas estaban en contra de Inglaterra. Cuanto más tolerara el juego norteamericano, más riesgos corría de dejar que se desarrollaran en muchos lugares fuerzas que, un día, podrían volverse en su contra".[32]

El encuentro terminó del mejor de los modos: "Churchill le pidió al general que siguiera en contacto estrecho con él y que fuese a verlo cuando quisiera, todos los días, si así lo deseaba".[33] Y, al día siguiente, el Primer Ministro le escribió al presidente Roosevelt: "Estoy obligado a señalarle que el acuerdo con Darlan levantó profunda agitación en la opinión pública. Cuanto más pienso en él, más me convenzo de que puede tratarse de un expediente provisorio, justificado únicamente por las necesidades del combate. No hay que subestimar el grave perjuicio político que puede aportar a nuestra causa, no solamente en Francia, sino en toda Europa, si damos la impresión de que estamos dispuestos a entendernos con los *quisling* locales. Darlan tiene un pasado odioso. Él fue el que inculcó a la Marina francesa su espíritu malvado, al colocar a sus criaturas en todos los puestos de mando. Ayer nomás, marinos franceses eran enviados a la muerte ante los buques norteamericanos en Casablanca y, hoy, ese mismo Darlan cambia de casaca por sed de poder y deseos de quedarse en ese lugar. La gran masa de la gente del pueblo, cuya fidelidad simple y franca hace nuestra fuerza, no comprendería la firma de un acuerdo permanente con Darlan o la constitución de un gobierno presidido por él en África del Norte".[34]

Era verdad que la gran masa de la gente del pueblo no comprendía y el presidente Roosevelt ya había podido darse cuenta, porque había recibido un verdadero diluvio de protestas. Roosevelt, un político consumado, se dedicó a desarmar estas críticas y declaró en una conferencia de prensa: "Acepté las disposiciones políticas tomadas provisoriamente por el general Eisenhower en África del Norte y del Oeste. Entiendo perfectamente y apruebo a los que en Estados Unidos, en Gran Bretaña y en otros países de las Naciones Unidas estiman que, a causa de los acontecimientos de los últimos dos años, ningún acuerdo definitivo debe concluirse con el almirante Darlan (...). Pero el acuerdo temporario estipulado para África del Norte y del Oeste es solamente un expediente provisorio, justificado únicamente por las necesidades de la batalla. Este acuerdo temporario permitió alcanzar dos objetivos militares: el primero consistía en ahorrar vidas norteamericanas, inglesas y, también, francesas; el segundo, en ganar tiempo, lo que es vital. Este acuerdo temporario nos ha permitido evitar una reconquista sistemática en Argelia y en Marruecos, que habría podido durar un mes o dos. Este plazo habría retardado la concentración de nuestros medios para un ataque en dirección de Túnez y, también, así lo esperamos, de Trípoli. La proclamación del almirante Darlan nos ayudó a evitar este período de reconquista sistemática. El acuerdo temporario establecido con el almirante Darlan se aplica solamente a la situación local tal como se presenta actualmente, sin ninguna excepción".[35]

O sea, cuatro "temporarios" y dos "provisorios" en seis oraciones. Pero el presidente Roosevelt no dio detalles. En privado, declaró claramente que utilizaría a Darlan todo el tiempo que lo necesitara y, para justificar su política, citó "un viejo proverbio búlgaro", que no tardó en convertirse en un "viejo proverbio romano" y, luego, en un "proverbio serbio" y, finalmente, en "un viejo proverbio ortodoxo en uso en los Balcanes". Según Roosevelt, el proverbio decía: "Se puede marchar con el diablo hasta que se atraviesa el puente", que enseguida se convirtió en: "Para atravesar el puente se puede marchar con el diablo" y, luego, "Se puede atravesar un curso de agua en la espalda del diablo hasta que se haya llegado a la otra orilla" y, finalmente, cuando Roosevelt habló de esto con Morgenthau: "Se puede marchar con el diablo hasta el puente, pero después hay que dejarlo detrás".[36] Sean cuales fueren las verdaderas palabras del proverbio, o la posición exacta del diablo en el puente, es evidente que Roosevelt tenía la intención de seguir colaborando con los hombres de Vichy en África del Norte mientras esto no le resultara demasiado costoso para su imagen política en Estados Unidos. Un acuerdo con todos los requisitos se firmó el 22 de noviembre entre el general Clark y el almirante Darlan. El expediente provisorio amenazaba con eternizarse...

Esta asociación *contra natura* con uno de los principales artesanos de la colaboración provocó en Gran Bretaña una indignación cada vez mayor: la prensa protestó enérgicamente, el Parlamento estaba agitado, los gobiernos en el exilio en Londres se quejaban con amargura, el SOE informó que la noticia del acuerdo con Darlan había "provocado violentas reacciones en todas nuestras redes clandestinas en territorio ocupado y, especialmente, en Francia, donde tuvo el efecto de una bomba".[37] En la BBC y en el *Political Warfare Executive*, renunció la casi totalidad del personal empleado en las secciones francesas[38] e, inclusive, dentro del gobierno británico varios ministros se declararon abiertamente hostiles a la política del presidente Roosevelt en África del Norte. Anthony Eden era uno de ellos y no dejó oportunidad sin hacerlo saber.

Churchill siguió fiel a su promesa de apoyar al presidente Roosevelt contra viento y marea. Además, ¿cómo se iba a ganar la guerra sin una colaboración íntima entre Gran Bretaña y Estados Unidos? Churchill, convencido, siguió siendo "el ardiente y segundo emprendedor" del Presidente.[39] Por lo tanto, rechazó con fuerza las críticas a la política norafricana de Roosevelt y esto terminó por crear en él un estado que intentó definir en sus *Memorias*: "Me daba cuenta de que la opinión pública se levantaba en contra de mí. Me resultaba penoso comprobar que el éxito de nuestra inmensa operación y la victoria de El-Alamein se habían visto eclipsados por lo que parecía ser una tratativa innoble y sórdida con uno de nuestros peores enemigos. Me parecía que esta actitud no era razonable, pues no consideraba las dificultades de la lucha y de la vida de nuestros soldados. Cuanto más fuertes eran las críticas, más rabia me daba y en algunos casos me parecieron desproporcionadas".[40]

Aunque Churchill no quería admitirlo, su reacción a las críticas planteadas contra la política norteamericana también tomaron una forma inesperada, lo alejaron cada vez más del general de Gaulle y lo acercaron al almirante Darlan. Por ejemplo, el 26 de noviembre le declaró a Eden que "Darlan hizo más por nosotros que de Gaulle".[41] Dos días más tarde, Oliver Harve escribió en su diario que "el Primer Ministro es cada vez más favorable a Darlan".[42] Si consideramos que, en el pasado, Churchill había tratado al almirante de perverso, miserable, canalla, traidor, renegado y que acababa de declarar, solamente quince días antes, que Darlan "tendría que ser fusilado", tenemos que concluir que el Primer Ministro no era muy constante en sus juicios. Pero lo más sorprendente sigue siendo, sin duda, el discurso que pronunció en una sesión secreta del Parlamento menos de dos semanas más tarde.

Este discurso fue considerado como uno de los mejores que pronunció Churchill y es fácil comprender por qué: es una brillante exposición de los obstáculos con los que se enfrentó la operación *Torch* en sus comienzos, un extraordinario retrato del mariscal Pétain, que Churchill pronunció *peteñe*, al que describió como un derrotista incorregible y antediluviano y, finalmente, una apología bastante marcada del almirante Darlan, que hizo que más de un parlamentario se sobresaltara. Pero, por razones evidentes, nadie quiso nunca publicar lo que Churchill dijo de de Gaulle durante esa sesión. Si recordamos las cálidas palabras del Primer Ministro sobre el jefe de la Francia Libre, dichas menos de un mes antes, no podemos dejar de sorprendernos por el tenor de las siguientes:

"Ahora tengo que decir algunas palabras sobre el general de Gaulle. En 1940, actuando en nombre del gobierno de Su Majestad, lo reconocí explícitamente como jefe de todos los franceses libres que se unirían a él para sostener la causa aliada.

Desde ese momento, hemos respetado escrupulosamente todos nuestros compromisos hacia él y hemos hecho todo lo que pudimos para ayudarlo. Hemos financiado su movimiento. Lo hemos ayudado con sus emprendimientos, pero nunca lo hemos reconocido como el representante de Francia. Nunca hemos admitido que él y sus seguidores puedan tener el monopolio del futuro de Francia por haber sido clarividentes y valientes en el momento de la capitulación. Yo mismo viví durante treinta y cinco años en estrecha relación espiritual con una abstracción que se llama Francia (...) y no sigo creyendo que se trate de una ilusión. No puedo creer que de Gaulle encarne a Francia. Francia es algo más grande, más complejo, más imponente que todas estas expresiones aisladas. Intenté, en la medida de lo posible, colaborar con el general de Gaulle, considerando los innumerables problemas con los que se enfrentaba, su carácter difícil y su estrechez de miras. Para sostener a su movimiento durante la ocupación de África del Norte francesa por los norteamericanos y para consolarlo, a él y a sus amigos, por haber sido apartados de esta empresa, hemos aceptado que el general Legentilhomme, designado por él, fuese proclamado Alto Comisario para Madagascar (aunque esto no significara más que agregar otras dificultades a las que teníamos para pacificar esta gran isla que, por curioso que pueda parecer, es muy favorable a Darlan). Ahora nos esforzamos por unir Djibouti a la Francia Libre. Por eso considero que hemos sido siempre fieles a nuestros compromisos con el general de Gaulle y seguiremos en este camino hasta el final. Sin embargo, se equivocan si creen que el general de Gaulle es un amigo indefectible de Inglaterra. Por el contrario, creo que forma parte de esos buenos franceses cuyo corazón está marcado desde hace mucho tiempo por siglos de guerra contra Inglaterra. En el momento del regreso de Siria, en el verano de 1941, pasó por las colonias francesas de África central y occidental, donde se volvió el apóstol de la anglofobia. El 25 de agosto de 1941 otorgó una entrevista al corresponsal del *Chicago Daily News*, en Brazzaville, en la que dejó entender que Inglaterra codiciaba las colonias africanas de Francia y agregó que 'Inglaterra tiene miedo de la flota francesa. De hecho, Inglaterra estableció con Hitler una especie de comercio durante la duración de la guerra, en el que Vichy sirve de intermediario". Explicó que Vichy servía a Hitler al mantener al pueblo francés en estado de sujeción y también a Inglaterra al negarse a entregar la flota francesa a los alemanes. Eran palabras muy ingratas, pero nos abstuvimos de tomar cualquier tipo de posición pública sobre el tema.

"Este año, una vez más, en el mes de julio, el general de Gaulle expresó su deseo de visitar Siria. Antes de que otorgara mi acuerdo para ese viaje, que hubiese podido impedir sin ninguna dificultad, el general había prometido que se portaría bien. Pero en cuanto llegó a El Cairo, empezó a jugar a los matamoros y, en Siria, no dejó de provocar disturbios entre los militares británicos y la administración civil de la Francia Libre, al anunciar que Francia tenía la intención de administrar Siria (...), aunque nos habíamos puesto de acuerdo para que los sirios pudiesen gozar un día de su independencia después de la guerra y, si era posible, durante la guerra.

"Sigo manteniendo buenas relaciones personales con el general de Gaulle y lo ayudo en la medida de mis posibilidades. Me siento obligado a hacerlo, porque se levantó contra los hombres de Burdeos y su rendición deshonrosa en un momento en que Francia había perdido toda voluntad de resistencia. Sin embargo, no les recomendaría que basaran todas sus esperanzas y su confianza en este hombre y, menos aún, que creyeran que ahora nuestro deber sería confiarle los destinos de Francia, por más que tengamos el poder para hacerlo. Al igual que el Presidente (...) nos esforzamos por considerar la voluntad de la nación francesa por completo, más que las manifestaciones aisladas de esta voluntad, por honorables que sean".[43]

El general de Gaulle nunca oyó hablar de esta diatriba plagada de venganza y, evidentemente, fue preferible. Pero no dejó de notar un cambio muy claro en la actitud de Churchill durante las últimas semanas, como le confió a Trygve Lie, ministro de Asuntos Exteriores de Noruega. Éste anotó en su informe: "De Gaulle también estaba descontento con Churchill. Mencionó que lo había visto cuatro veces después del acuerdo con Darlan y que cada una de ellas el Primer Ministro se había mostrado un poco más sumiso con los norteamericanos".[44]

En realidad, el general de Gaulle no pudo perdonarles que hubiesen establecido una administración de Vichy en África del Norte. Durante sus alocuciones difundidas por radio no dejaba de repetir que la Francia Combatiente, garante del honor de Francia, no podía tener tratos con un colaborador y un traidor notorio. Por otra parte, a pesar del antagonismo de Roosevelt y del apoyo cada vez más vacilante de Churchill, no le faltaban aliados en su cruzada contra el "expediente provisorio": recibió muchos telegramas de las organizaciones de la resistencia francesa, que afirmaban su juramento de fidelidad a de Gaulle y su irreductible oposición al almirante Darlan. Contaba con el apoyo total de todos los gobiernos en el exilio en Londres, que lo que más temían era ver a los norteamericanos colaborar con Mussert, Degrelle, Nedic y otros *quislings* después de la liberación de sus propios países. Además, de Gaulle podía contar con el apoyo discreto pero sumamente activo de Anthony Eden, que entendía mejor que Churchill las consecuencias políticas, morales y psicológicas de la iniciativa norteamericana. El apoyo y la comprensión del Ministro de Asuntos Exteriores británico representaron una carta de triunfo inestimable para la Francia Combatiente hasta el final de la guerra. Por último, contaba con otro apoyo que era menos discreto pero no por eso menos eficaz: el de la prensa británica, que seguía denunciando violentamente el acuerdo con Darlan. A mediados de diciembre, hasta el *Times* salió a la palestra y señaló las "graves inquietudes que provocan el pasado de Darlan y sus ambiciones actuales".[45]

La campaña de prensa en contra del "expediente provisorio" empezó a tener difusión también del otro lado del Atlántico, especialmente cuando se enteraron de que los gaullistas y los judíos eran nuevamente perseguidos en África del Norte y que sucedía lo mismo con los oficiales franceses que habían ayudado a los Aliados en el desembarco. Los hombres de Vichy, los colaboradores, los oficiales antibritánicos y antinorteamericanos volvieron a sus funciones, en tanto que una gran cantidad de agentes alemanes e italianos atravesaban sin problemas las fronteras argelinas y marroquíes. En Estados Unidos, la prensa y los adversarios del Presidente comentaban todo esto sin indulgencia y Roosevelt empezó a preocuparse. Evidentemente, sus declaraciones tranquilizadoras sobre el "expediente provisorio" no tuvieron el efecto esperado, mucho menos aún porque el general Darlan, aparentemente, ahora estaba en el candelero en Argelia y en Marruecos. Es verdad que Roosevelt había declarado "privadamente" que pronto iba a deshacerse de él, mientras públicamente hacía saber que "estaba dispuesto a recibir al general de Gaulle en caso de que fuera a Washington". Pero se necesitaba mucho más que eso para tranquilizar la tormenta política que se había desatado en Washington a fines de 1942.

Para ese entonces, la posición del almirante Darlan en África del Norte no era tan sólida como parecía. El mariscal Pétain lo había desautorizado, los gaullistas lo atacaban, los giraudistas lo detestaban, los ingleses lo despreciaban, los norteamericanos lo habían calificado como "expediente provisorio" y muchas facciones de Argelia complotaban en su contra. Entre éstas, se encontraban los monárquicos reunidos en torno del Conde de París, que pensaba que podría subir al trono si el almirante Darlan desaparecía. Éste estaba en contacto con varias facciones en Argelia, especialmente el clero y los gaullistas. Un emisario de la Francia Combatiente, el general d'Astier de La Vigerie, aterrizó el 20 de diciembre en Argel, en donde tuvo una reunión tempestuosa con el almirante Darlan y, paralelamente, tomó contacto con otros medios, especialmente los monárquicos y el clero.

Cuatro días más tarde, el general d'Astier se fue de Argel y volvió a Londres, donde el general de Gaulle estaba cada vez más exasperado por el giro de los acontecimientos en África del Norte. En algunos momentos, hasta cedía al desaliento. Seis días antes le había confiado a Charles Peake que pensaba en renunciar y en disolver el movimiento de la Francia Combatiente.[46] Es difícil decir si el general hablaba en serio, pero el 24 de diciembre la cuestión ya había perdido toda importancia: ese día se enteró de que el almirante Darlan había sido asesinado en Argel a manos de un joven llamado Fernand Bonnier de la Chapelle.

10

CASAMIENTO A LA FUERZA

Pocos atentados fueron recibidos con tanta indignación pública (y tanto alivio secreto) como el asesinato del almirante Darlan la víspera de la Navidad de 1942. El presidente Roosevelt,
que inmediatamente condenó el atentado, vio en él, a pesar de
todo, una solución muy aceptable para el delicado problema del
expediente provisorio. Por supuesto que no se trataba de que el
Conde de París tomara el lugar del almirante Darlan. ¿Qué di-
rían los electores norteamericanos si el presidente de Estados
Unidos contribuía a restaurar la monarquía en Francia? En cambio, cuando se enteró de que el general Giraud había sido nombrado Alto Comisario y Comandante en Jefe civil y militar para el
África francesa por un consejo imperial formado por Boisson,
Châtel, Noguès y Bergeret, el presidente Roosevelt estuvo muy
satisfecho. A diferencia de Darlan, Giraud no se había comprometido con los alemanes; además, era un excelente soldado, no
se interesaba para nada en la política y no tenía ningún vínculo
con el general de Gaulle. Asimismo, su nominación al puesto de
comandante en jefe civil y militar no se debía totalmente al azar.
Churchill escribió luego que "las autoridades norteamericanas
ejercieron una presión indirecta pero decisiva para que el general Giraud accediera al poder político supremo (...) en África del
Norte".[1] Además, si las poblaciones de África del Norte necesitaban administradores competentes, el presidente Roosevelt se
preocuparía por conseguírselos. Así, Marcel Peyrouton, embajador de Vichy en la Argentina, fue presentado por el Departamento de Estado para ejercer las funciones de gobernador general

de Argelia. Era verdad que había sido ministro del Interior de Vichy, pero el Presidente no se fijaba en esos detalles. Por otra parte, contaba con poner un poco de orden en los asuntos franceses a mediados de enero, cuando se encontró con Churchill en Casablanca.

Detrás de una máscara de indignación virtuosa, Winston Churchill estaba tan satisfecho como Roosevelt con el giro que habían tomado los acontecimientos. Como había tomado partido por el Presidente cuando se realizó el acuerdo con Darlan, también tuvo que soportar las incontables críticas contra la política norteamericana en África del Norte. Pero ahora, como escribió en sus *Memorias*, "el asesinato de Darlan, por criminal que haya sido, le ahorra a los Aliados la dificultad de seguir cooperando con él y les deja todas las ventajas que el almirante pudo procurar durante las horas cruciales del desembarco aliado".[2] Churchill también estaba conforme con la nominación del general Giraud como sucesor de Darlan. Finalmente, había llegado la oportunidad de realizar la unidad entre franceses de Londres y franceses de África del Norte y de formar "un núcleo francés, sólido y unido",[3] que, indudablemente, sería menos intransigente que el Comité de Londres y su irascible presidente. Por otra parte, Churchill, con placer, había recibido la noticia de que el general de Gaulle estaba dispuesto a entenderse con el general Giraud, lo que parecía eliminar el último obstáculo para una unión de los franceses.

Aunque calificó al asesinato de Darlan como "crimen odioso",[4] el general de Gaulle tampoco estaba descontento con el giro de los acontecimientos, ya que se había eliminado el principal obstáculo para establecer una autoridad francesa unificada. Asimismo, estaba totalmente dispuesto a confiarle al general Giraud el mando del conjunto de las fuerzas francesas en combate. El 25 de diciembre le envió un telegrama que finalizaba con estas palabras: "Le propongo, mi general, encontrarnos lo antes posible en territorio francés, ya sea en Argelia, ya sea en Chad. Estudiaremos los medios que permitan agrupar, bajo un poder central provisorio, a todas las fuerzas francesas del interior y del exterior del país y a todos los territorios franceses capaces de luchar por la liberación y la salvación de Francia".[5]

El general de Gaulle no desconocía que Giraud era sostenido por Roosevelt y que éste no tenía ninguna simpatía por la
Francia Combatiente. Pero, justamente, el 26 de diciembre, de
Gaulle tenía que estar en Washington, donde mantendría una
entrevista con el presidente Roosevelt, de la que esperaba obtener los mejores resultados.

Sin embargo, nada se produciría como se previó. De Gaulle no pudo irse de Inglaterra en la fecha fijada, "a causa del mal
tiempo", y el 27 de diciembre recibió una nota de Washington
en la que se le informaba que el presidente Roosevelt le pedía
que atrasara el viaje. El general Giraud no le respondió el telegrama que le había enviado y el 27 de diciembre tuvo con Churchill una entrevista que le dejó una penosa impresión, como le
confió luego a Soustelle. Churchill le dijo, sin vueltas, que no se
opondría en ningún caso a la política norteamericana, inclusive
si Washington le entregaba toda África del Norte únicamente a
Giraud.[6] Finalmente, cuando éste se decidió a responderle, el 29
de diciembre, su contestación fue de lo más decepcionante: "A
causa de la emoción profunda que ha causado en los medios civiles y militares de África del Norte el reciente asesinato, el clima
actual no es favorable para un encuentro entre nosotros".[7]

El general de Gaulle no se hacía ilusiones. La actitud de
Roosevelt, las declaraciones de Churchill, la respuesta de Giraud buscaban excluir a la Francia Combatiente de África del
Norte, con el aporte de los norteamericanos y la connivencia de
los ingleses. La reacción del general no se hizo esperar: apeló a
la opinión pública. Después de una primera alocución difundida
por radio el 28 de diciembre, el 2 de enero de 1943 hizo público
el siguiente comunicado: "La confusión interna no deja de crecer en África del Norte y en el África occidental francesa. La razón de esta confusión es que la autoridad francesa ya no tiene
base allí desde el derrumbamiento de Vichy, ya que la gran fuerza nacional de ardor y de experiencia que constituye la Francia
Combatiente y que ya ha llevado a la guerra y a la República a
una gran parte del Imperio, no está oficialmente presente en estos territorios franceses (....). El remedio para esta confusión es
el establecimiento en África del Norte y en el África occidental
francesa, como en todos los otros territorios franceses de ultra-

mar, un poder central provisorio y ampliado, cuyo fundamento sea la unión nacional, inspirado en la guerra y en la liberación, con las leyes de la República, hasta que la nación haya hecho conocer su voluntad. Ésta es la tradición de la democracia francesa. (…) El 25 de diciembre, de acuerdo con el Comité Nacional y con el Consejo de Defensa del Imperio, propuse al general Giraud que nos encontráramos inmediatamente en territorio francés para estudiar los medios que permitan lograr esta meta. Efectivamente, creo que la situación de Francia y la situación general de la guerra no permiten ningún retraso".[8]

Este comunicado, que muestra los esfuerzos del general de Gaulle para lograr la unidad y la actitud dilatoria del general Giraud, molestó mucho al gobierno británico. Churchill intentó vanamente diferir su publicación. Sir Alexander Cadogan logró que se le hiciera una pequeña modificación: "La Francia Combatiente (…) fue apartada de estos territorios franceses" quedó reemplazado por: "La Francia Combatiente (…) no está representada oficialmente en esos territorios franceses". Pero incluso en su forma atenuada, el comunicado tuvo el efecto de una bomba y desencadenó una serie de reacciones, tanto en Gran Bretaña como en Estados Unidos.

El presidente Roosevelt y el Departamento de Estado descontaban que la desaparición de Darlan pondría fin a la violenta campaña de prensa que, desde mediados de noviembre de 1942, no había dejado de denunciar el maquiavelismo y la inmoralidad de la política norteamericana en África del Norte. ¡Pero no! Las declaraciones públicas y privadas del general de Gaulle de después del 25 de diciembre fueron publicadas por la prensa británica y enseguida retomadas por la norteamericana, con lo que se generó a ambos lados del Atlántico una inmensa corriente de simpatía hacia el general y su *gallant Fighting French* y, simultáneamente, un verdadero maremoto de indignación contra la política norafricana del presidente Roosevelt. Y el Departamento de Estado empezó a recibir un verdadero diluvio de cartas con insultos, que superó de lejos todo lo que se había podido ver cuando se produjo el problema de Saint-Pierre y Miquelon.

Esta vez también fue el secretario de Estado Cordell Hull

quien reaccionó con más violencia ante la avalancha de críticas. Tomó la ofensiva y acusó directamente al gobierno de Su Majestad de alentar, es más, de inspirar los ataques contra Washington que aparecían en la prensa británica. El 5 de enero redactó el siguiente informe, en su habitual estilo farragoso: "En ausencia de lord Halifax, visité a sir Ronald Campbell el 31 de diciembre y le dije que muchos de los que formamos parte del gobierno empezamos a preocuparnos seriamente por las consecuencias de lo que parece ser la política británica en cuestiones tales como el asunto Darlan y por la manera en que éste es explotado por la radio y la prensa británicas, así como por personalidades del gobierno británico que se asocian a la publicidad de de Gaulle. Declaré que este tipo de propaganda apuntaba directamente a levantar a la opinión pública en contra del gobierno de los Estados Unidos y que era perjudicial y provocaba el resentimiento de mucha gente allí, que se interesaba más por las operaciones que tenían como objetivo echar al Eje de África que a las mezquindades de las rivalidades políticas personales entre los franceses".[9]

El *Foreign Office* recibió el 7 de enero un segundo mensaje, que aparentemente indicaba que el juicio de Hull empezaba a alterarse un poco: "Le dije a lord Halifax (…) que toda esta fanfarria sobre las aspiraciones políticas de de Gaulle llegaba en un momento en que la batalla por el control de una gran parte de África y del Mediterráneo occidental era cada vez mayor y que sacaba a los mandos norteamericano y francés de sus tareas, al obligarlos a retirarse para restablecer la calma y discutir sus aspiraciones políticas. Concluí diciéndole que si los ingleses se obstinaban en sostener las empresas de de Gaulle, cuya meta era establecer su supremacía política en detrimento de la buena marcha de las operaciones en África, esto no dejaría de crear divergencias entre nuestros dos países".[10]

El presidente Roosevelt también estaba inquieto por estas violentas campañas de prensa en su contra pero, como político consumado, se preocupaba sobre todo por el mal que podían causarle a su reputación de demócrata. Y aunque no tenía de ningún modo la intención de contribuir a una reconciliación entre franceses, llegó a pensar que ya no era posible seguir excluyendo por completo al general de Gaulle de África del Norte. Entonces, le pidió a Robert Murphy que concibiera una especie de plan de fusión que permitiera asociar al general a la administración de África del Norte, atribuyéndole, por supuesto, una función subordinada. Mientras tanto, Cordell Hull siguió visitando a diplomáticos británicos para dar libre curso a su indignación: "Mantengo —declaró el 7 de enero a sir Ronald Campbell— que cuando la política partidaria más desvergonzada constituye un obstáculo tan manifiesto al buen desarrollo de la campaña de África del Norte, es hora de que el gobierno británico comience a comprometerse seriamente".[11]

Winston Churchill se encontraba en ese momento ante una situación sumamente delicada: por un lado, daba una importancia crucial a mantener relaciones privilegiadas con Estados Unidos, y no le disgustaba ver que de Gaulle desaparecía de la escena; pero las cosas no eran tan simples: en 1940, Churchill se comprometió a apoyar al general, y no podía violar sus propios compromisos. Además, se agregaban otros problemas más delicados aún: el asunto Darlan había aumentado considerablemente el prestigio del general, que tenía en Francia un gran apoyo; en Gran Bretaña, la mayoría de la opinión pública, para no mencionar la opinión parlamentaria, también apoyaba al general de Gaulle. Toda medida tomada en contra de él debilitaría, por ende, la resistencia en Francia, pero también la posición del Primer Ministro. No se trataba para nada de amordazar a la prensa, aunque el *Foreign Office* hizo todo lo que su poder le permitía para impedir intervenciones demasiado favorables a de Gaulle en el Parlamento.[12] En suma, la situación en África del Norte se había vuelto muy preocupante a fines del mes de enero. Todos los funcionarios fieles a Vichy habían vuelto a sus funciones, los colaboradores habían regresado, los gaullistas estaban en la cárcel, el tristemente famoso Servicio de Orden Legionario mantenía a la población en vilo, la legislación de Vichy seguía vigente y se mantenían las comunicaciones con Vichy. En Inglaterra, la prensa se alborotó y criticó cada vez más abiertamente al gobierno británico, que toleraba ese estado de cosas y encubría la política norteamericana.

Frente a esta situación, Churchill no tenía opción: con el

consejo de Eden, siguió pidiendo que en África del Norte se estableciera una autoridad única, constituida por el Comité de Londres y la administración Giraud. Así se lo escribió a Eden: "Es importante que ahora privemos por completo a los franceses de cualquier forma de representación nacional".[13] Churchill y Eden, por lo tanto, se esforzaron por promover una entrevista entre de Gaulle y Giraud y se le pidió a Harold Macmillan, que acababa de ser nombrado ministro residente ante el Cuartel General aliado en Argel, que hiciera lo propio. A partir de ese momento, el gobierno de Su Majestad sólo pudo asegurar a la prensa, la opinión pública y el Parlamento británicos que no dejaba de lado ningún empeño por promover la unión de los movimientos franceses en África del Norte y que, al mismo tiempo, seguía esforzándose por atenuar la gaullofobia crónica del secretario de Estado norteamericano Cordell Hull. El 8 de enero, Anthony Eden convocó al Encargado de Asuntos Norteamericanos para informarle sobre la respuesta británica a los dos telegramas de Hull. Eden escribió luego:

"Le dije que estos dos telegramas tenían una cierta cantidad de puntos a los que me oponía y que temía que Hull no hubiese comprendido los sentimientos de la opinión pública británica sobre estos delicados asuntos franceses. No entendía a qué aludía Hull cuando hablaba de personalidades del gobierno británico asociadas a la publicidad de de Gaulle. Estas personalidades no existían. Es más, pasábamos la mayor parte de nuestro tiempo intentando moderar las actividades publicitarias del general. Los alegatos de Hull que sostienen que estaríamos asociados a algún tipo de propaganda que apunte a poner a la opinión en contra del gobierno de Estados Unidos son todavía menos verosímiles. (...) Respecto del segundo telegrama (...) le dije que me parecía que el general Eisenhower había vuelto del frente a causa del asesinato de Darlan y no para discutir las aspiraciones políticas del general de Gaulle. De todos modos (...) teníamos un solo objetivo en esta cuestión francesa: hacer todo lo posible por unir a los franceses para que participaran de la lucha en contra del Eje. No estábamos especialmente a favor de de Gaulle y no insistíamos más para que el papel dirigente le fuese devuelto en caso de reunificación de las diversas facciones francesas. No pondríamos dificultades para aceptar al jefe que fuese designado por los franceses libres o por los franceses de África del Norte. En cuanto al resto, habíamos hecho de todo para que la prensa no siguiera haciendo ruido con esto (...). Pero la tarea no siempre había sido sencilla. El pueblo inglés no quería ni a Darlan ni a Vichy y el gobierno no podía modificar ese estado de ánimo. La única manera de solucionar las cosas consistía en ponerse de acuerdo con una política bien establecida para salir de este embrollo francés".[14]

Por lo tanto, era claro que esta cuestión se discutiría en Casablanca, donde Churchill y Roosevelt iban a encontrarse en el mayor de los secretos con sus Estados Mayores, para discutir sus próximas iniciativas estratégicas.

Roosevelt llegó a Casablanca el 14 de enero, un día después que Churchill. La conferencia se iba a realizar en la Colina de Anfa, que estaba tomada por completo por el ejército norteamericano. Los Estados Mayores se reunirían en un hotel moderno, en tanto que elegantes casas rodeadas de jardines tropicales habían sido puestas a disposición del Primer Ministro y del Presidente. De hecho, Roosevelt no había ido a Casablanca para discutir la política francesa: le había pedido a Robert Murphy que conversara con Harold Macmillan para establecer un proyecto de acuerdo antes del comienzo de la conferencia, mientras él se ocupaba de cuestiones más importantes. El general Eisenhower, que se entrevistó con Roosevelt el día de su llegada, escribió en sus *Memorias*: "Se lo veía optimista y lleno de ánimo, casi jovial y concluí que este estado de ánimo se debía a la atmósfera de aventura que planeaba por sobre el conjunto de la conferencia de Casablanca. Como había logrado liberarse por algunos días de las cargas del gobierno, parecía encontrar una energía moral extraordinaria en el hecho de haber podido evadirse secretamente de Washington para venir a participar de un encuentro histórico en un territorio en el que, apenas dos meses antes, todavía se estaba luchando. Aunque admitía la gravedad de los problemas que la guerra planteaba a los Aliados, sus intervenciones, en general, estaban dedicadas al futuro lejano, a las tareas de la posguerra, entre las que estaban las colonias y los territorios liberados. Sobre todo, se preguntaba si Francia podría volver a recuperar su antiguo prestigio y su poder en Europa y, en este punto, se mostraba muy pesimista. Por consiguiente, estaba preocupado por los medios para asegurar el control de algunos puntos estratégicos del Imperio Francés, que Francia, pensaba, no sería capaz de conservar".[15]

El informe de Robert Murphy confirmó ampliamente las impresiones del general Eisenhower: "El presidente Roosevelt dio el tono de la conferencia cuando expresó en varias oportunidades su contento por haber logrado sustraerse un tiempo de las obligaciones políticas constantes de Washington. Su humor era el de un escolar de vacaciones, lo que explica la manera casi frívola en que abordó ciertos problemas difíciles que había que tratar. En ese barrio de hadas de Casablanca, con su clima lánguido y su atmósfera exótica, se trataban dos problemas mundiales a la vez: en una gran sala de banquetes del hotel Anfa, los jefes militares ingleses y norteamericanos discutían sobre estrategia militar global (...)".[16]

El segundo proyecto en discusión no era totalmente un problema mundial, sino una amenaza para el futuro. En las primeras entrevistas entre Churchill, Murphy y Macmillan, el presidente Roosevelt se enteró de que en Inglaterra la prensa, el Parlamento y la opinión pública seguían indignándose en voz alta por las consecuencias del asunto Darlan y por la prisión de los gaullistas en África del Norte. Pero hubo más todavía: Roosevelt hizo que le mostraran los últimos extractos de la prensa norteamericana y casi todos se referían a su política norafricana con un tono de lo más sarcástico. Peor aún, algunos cronistas, que habían sostenido firmemente su política liberal en el pasado, en este asunto se habían convertido en sus más feroces detractores. Roosevelt comprendió de inmediato el peligro y, como no le quedaba otro remedio, tuvo que resignarse a discutir sobre política francesa con Churchill en el marco de su suntuosa residencia requisada. Al mismo tiempo, le envió a Cordel Hull el siguiente telegrama: "Esperaba que pudiéramos evitar las discusiones políticas en este momento, pero me di cuenta en cuanto llegué de que los diarios norteamericanos e ingleses habían hecho una verdadera montaña de un montículo, de modo que no volveré a Washington antes de haber solucionado este asunto".[17]

En efecto, el presidente Roosevelt quería encontrar una solución para el espinoso problema de la unidad francesa (una solución que pudiera satisfacer a los franceses o, en todo caso, calmar a la opinión pública norteamericana. Pero, como vimos, el humor del Presidente era el de un "escolar de vacaciones" y abordó este delicado asunto con una ligereza que lindaba con la frivolidad. Le propuso esta solución a Churchill: "Llamaremos a Giraud, el esposo, y lo haré venir a Argel. Usted hará que la esposa, de Gaulle, venga y arreglaremos un casamiento a la fuerza".* [18] Todo esto tenía una simplicidad asombrosa: bastaba con que los dos franceses se encontraran, que los convencieran de unirse y Roosevelt y Churchill, como benévolos emprendedores, lograrían que se acallaran todas las críticas.

El Primer Ministro de Su Majestad quedó un tanto sorprendido. Sin duda presentía que el problema era un tanto más complicado o, quizás, se acordaba de que el general de Gaulle nunca veía con placer que los anglosajones se inmiscuyeran en los problemas franceses. Asimismo, la perspectiva de tener que apadrinar a la "esposa" no lo entusiasmaba para nada. Los norteamericanos siempre habían sobrestimado la influencia que podía ejercer en de Gaulle. Por otro lado, Roosevelt no comprendería que se negara a hacer venir al general y, además, ¿acaso de Gaulle no había dicho que quería encontrarse con Giraud? Finalmente, Roosevelt sabía ser persuasivo, y Churchill, en la madrugada de su segunda jornada de discusiones con el Presidente, mascullaba ante su ayuda de campo, el inspector Thompson: "¡Vamos a tener que casar a estos dos de un modo o de otro!".[19] Y al día siguiente, 16 de enero, le envió al general de Gaulle el siguiente telegrama: "Me gustaría que viniese aquí en el primer avión disponible (que nosotros pondremos a su disposición). Efectivamente, tengo la posibilidad de organizar una entrevista entre usted y Giraud en condiciones de completa discreción y con las mejores perspectivas. Sería útil que trajera a Catroux, pues Giraud querrá tener consigo a alguien, posiblemente a Bergeret. Sin embargo, las conversaciones serían entre los dos fran-

---

*   En inglés: *shotgun wedding.*

ceses principales, salvo que se considere conveniente proceder de otro modo. Giraud estará acá el domingo y espero que el clima le permita llegar el lunes".[20]

El "esposo", Giraud, llegó a Anfa el 17 de enero. Primero fue a visitar al presidente Roosevelt, con el que tuvo una entrevista cordial.[*] El Presidente le dijo que le gustaría que estuviera al mando de la organización militar, "con de Gaulle como adjunto y una tercera persona como jefe político en África del Norte francesa".[21] Una hora más tarde, Giraud también visitó a Churchill en la residencia vecina y la conversación que mantuvieron nos proporciona una perspectiva interesante de las preocupaciones del Primer Ministro en ese momento:

Churchill: ¡Qué contento estoy de volver a verlo! Cuánto camino recorrido desde Metz.[**] No ha cambiado para nada.

Giraud: Usted tampoco, señor Primer Ministro.

Churchill: Es verdad, soy sólido. Y, sin embargo, es duro. Pero el whisky conserva. ¿Quiere un whisky?

Churchill habla de la flota francesa en Alejandría y, luego, de Mers-el-Kébir.

Churchill: Dejemos esto. El pasado es el pasado. Pasemos al futuro. ¿Recibió algo de de Gaulle?

Giraud: Nada.

Churchill: Yo tampoco. Me asombra. Tendría que estar aquí. Le proporcioné todos los medios para que venga. Pone mala cara por cualquier cosa. No está en una buena posición su camarada de Gaulle, ¿lo conoce?

Giraud: Estuvo a mis órdenes en Metz.

Churchill: ¿Se llevaban bien juntos?

Giraud: No estábamos mal.

Churchill: Es un tipo que se las trae. Nunca olvidaré que es el primer extranjero, para no decir el único, que no estaba deses-

---

[*] El general Giraud le pidió a Roosevelt que proporcionara armas y material para equipar un ejército de trescientos mil hombres y el Presidente aceptó. Giraud no impresionó muy bien a Roosevelt: "Tengo mucho miedo de que nos estemos apoyando en una planta podrida. Es un administrador ruin, será un jefe ruin".[22]

[**] Churchill se había encontrado con Giraud en Metz antes de la guerra.

perado en Inglaterra en junio de 1940. Deseo fervientemente, por el bien de Francia, y por el nuestro también, que lleguen a un acuerdo. Dejaría Londres, se instalaría en Argel a su lado. Sería perfecto.

Giraud: Evidentemente.

Churchill: Para esto es preciso que llegue. Voy a telegrafiarle que usted ya está aquí. No debe tardar mucho. Mientras tanto, puede arreglar las cuestiones militares con el Estado Mayor. Venga a ver mis mapas.[23]

En Londres, el 16 de enero, de Gaulle seguía sin saber que Churchill no estaba en Inglaterra. Esperaba recibir una nueva invitación para ir a Washington. En cuanto a la respuesta de Giraud a su segundo telegrama, era tan poco satisfactoria como la primera. Con el pretexto de "compromisos anteriores", el general Giraud se excusaba por no poder encontrarse con de Gaulle antes de fines de enero. Pero éste sentía que estaba en una posición de fuerza: los acontecimientos de noviembre de 1942 acababan de disipar el mito de la independencia de Vichy, el *Foreign Office* apoyaba cada vez más a la Francia Combatiente, la Resistencia francesa estaba en contacto estrecho con él, la opinión pública de África del Norte estaba cada vez más de acuerdo con él y el general Giraud tenía una reputación sólidamente establecida de incompetencia política. Únicamente él podía representar a la República y al espíritu de la Resistencia francesa. La única solución posible era, por lo tanto, constituir en Argel un Comité Nacional ampliado con de Gaulle como presidente y que Giraud fuera comandante en jefe del Ejército. No había otro camino. "Los norteamericanos —declaró el general Hervé Alphand— se darán cuenta de esto dentro de 15 días".[24] Pero siguió sin llegar ninguna carta del presidente Roosevelt y, en cambio, Anthony Eden le pidió que fuera a verlo el 17 de enero.

La entrevista tuvo lugar en el *Foreign Office* al mediodía, en presencia de sir Alexander Cadogan. Eden declaró que tenía una comunicación altamente confidencial que hacerle de parte del Primer Ministro, que se encontraba en África del Norte. Después le dio el telegrama de Churchill invitándolo a Casablanca. Anotó en su informe:

"Leyó el telegrama en silencio, hasta que llegó al nombre del general Bergeret, después de lo cual exclamó: '¡Ah! Hasta a ése quieren llevar...', o algo parecido. Cuando terminó de leer, no expresó la menor satisfacción. Declaró que habría deseado encontrarse con el general Giraud inmediatamente después del asesinato del almirante Darlan, pero que se había negado. Ahora, el momento elegido no era el mejor. No estaba tampoco muy entusiasmado con la idea de encontrarse con el general Giraud bajo los auspicios de los dos grandes aliados. Tendría que hacer demasiadas concesiones y sabía que no tenía que hacerlas."

Entonces, Eden le expuso al general las ventajas de la entrevista y agregó que "al Primer Ministro le costó mucho organizarla".

"El general de Gaulle —sigue Eden en su informe— me dijo que comprendía perfectamente que la iniciativa pudiera proceder del Primer Ministro, pero que, por otro lado, nuestros intereses y los suyos no eran obligatoriamente idénticos. Nunca habíamos querido comprender que la verdadera fuerza en Francia actualmente es la Francia Combatiente. Fuera de ella, lo único que había era Vichy. El general Giraud, que estaba suspendido en algún lado entre las dos, no representaba nada. Sir A. Cadogan y yo no estuvimos de acuerdo con estas declaraciones y le preguntamos si estaba dispuesto, sí o no, a entenderse con el general Giraud. Respondió que estaba dispuesto a encontrarse con él en Fort-Lamy para una entrevista a solas (...). Según de Gaulle, Giraud tenía que unirse a la Francia Combatiente (...). Hice que notara que el Primer Ministro y el Presidente de Estados Unidos se habían puesto de acuerdo para organizar este encuentro y que me parecía inconcebible que él, de Gaulle, pudiera negarse a tomar parte. No dudaba de que el Primer Ministro le había explicado al Presidente la situación del general de Gaulle y ahora tenía la oportunidad de exponerla, que era lo que esperaba hacer en su viaje a Estados Unidos.

"El general de Gaulle respondió que eso era totalmente diferente. Si el Presidente quería verlo, podía ir a verlo a Estados Unidos. Pero, ¿cómo iban a invitarlo a que se encontrara con alguien en suelo francés? (...) Señaló que si la victoria era para los hombres de Vichy, Francia no habrá ganado nada en esta guerra.

Insistió en el hecho de que el general Giraud no representaba gran cosa y repitió que para él sería muy incómodo que lo llevaran a conversar con Giraud en presencia de dos hombres de Estados extranjeros (...). A final, el general prometió reflexionar y volver a verme esa tarde o hacerme llegar su respuesta a las 15.30 horas".[25]

No pasó mucho tiempo para que se decidiera. Escribió luego en sus *Memorias*: "Mi reacción fue desfavorable. Sin duda. ¿Eden me estaba dando a entender que también Roosevelt estaba en Marruecos, donde los jefes aliados mantenían una conferencia para establecer planes comunes? Pero, entonces, ¿por qué Churchill no me lo decía? ¿Por qué no le daba otro objeto a la invitación que el encuentro con Giraud? ¿Por qué esta invitación me la hacían solamente a mi nombre? Si tenía que ir a Anfa para figurar en una competencia con el título de "protegido" de los británicos, mientras los norteamericanos se encargaban del suyo, sería una comedia inconveniente, casi peligrosa".[26]

Sin haber consultado al Comité, de Gaulle volvió al *Foreign Office* a las 17 y comunicó a Eden un mensaje para el Primer Ministro: era un rechazo cortés, pero firme.

"Su mensaje, que me ha entregado este mediodía Eden, es para mí bastante inesperado. Como usted sabe, telegrafié muchas veces a Giraud desde Navidad para presionarlo para que nos encontráramos. Aunque la situación en un sentido hace que un entendimiento sea menos fácil ahora, me encontraré de buena gana con Giraud en territorio francés, donde quiera y cuando lo desee, con todo el secreto deseable. Le envío un oficial para sus vínculos directos. Aprecié mucho los sentimientos de su mensaje y le agradezco fuertemente. Permítame decirle, sin embargo, que el clima de areópago aliado en torno de las conversaciones de Gaulle-Giraud y, por otra parte, las condiciones súbitas en las que me han propuesto estas conversaciones no me parecen las mejores para un acuerdo eficaz. En mi opinión, entrevistas simples y directas entre jefes franceses serían las apropiadas para lograr un arreglo verdaderamente útil. Me interesa asegurarle, una vez más, que el Comité Nacional Francés no separa para nada el interés supremo de Francia del de la guerra de las Naciones Unidas. Por esa razón, en mi opinión, un cambio rápido y completo de la situación interna de África del Norte francesa es necesaria en condiciones acordes con el esfuerzo máximo para la guerra y para el logro de nuestros principios. He telegrafiado nuevamente a Giraud para renovar, una vez más, mi propuesta de un encuentro inmediato, propuesta para la cual no recibí, hasta el presente, ninguna respuesta precisa".[27]

En Anfa recibieron este telegrama en la mañana del 18 de enero. Churchill estaba mortificado. La negativa del general ya era lo suficientemente incómoda en sí misma, pero recibida en presencia de Roosevelt tomaba la apariencia de una afrenta personal. El hecho de que el Presidente pareciera considerar todo esto como una especie de jovial competencia para organizar un "casamiento a la fuerza" no ayudaba a arreglar las cosas. El día anterior, efectivamente, Roosevelt le había enviado el siguiente mensaje a Eden: "Traje al esposo. ¿Dónde está la esposa?".[28] Ahora, Roosevelt parecía tomarse en broma el rechazo del general y Robert Murphy escribió que "un poco le gustaba la derrota de Churchill".[29] Dejó entender que Churchill era un "mal padre", incapaz de hacerse respetar por su "hijo mal criado" y esta imagen parecía divertirlo enormemente. Por el contrario, Churchill no encontraba nada cómico en la situación y estaba furioso. Pero ni el Presidente ni el Primer Ministro habían examinado realmente las razones del rechazo de de Gaulle. Y esto era así porque la discusión se situaba en un plano mucho menos elevado:

Roosevelt: Tiene que hacer que su hijo mal criado venga.

Churchill: De Gaulle está subido a la parra. No logro que se mueva de Londres. El complejo de Juana de Arco, entiende...[30]

Y, también:

Roosevelt: ¿Quién paga los alimentos de de Gaulle?

Churchill: Nosotros, por supuesto.

Roosevelt: ¿Por qué no cortarle los víveres? Quizás venga.[31]

Churchill volvió a meditar a su residencia y Roosevelt, que no dejaba de machacar con sus bromas cuando las consideraba buenas, le envió a Cordell Hull el siguiente telegrama:

"Llevamos al esposo, Giraud, que no estaba totalmente dispuesto a casarse y ciertamente no en los términos que le habíamos impuesto. Sin embargo, nuestros amigos no pudieron hacer que venga la esposa, la caprichosa "lady de Gaulle". Está celosa de nuestros proyectos, no quiere vernos y no parece para nada dispuesta a compartir la cama con Giraud. En estas condiciones, haremos lo mejor que podamos y creo que saldrá algo bueno de todo esto. Giraud me da la impresión de un hombre que quiere luchar y que no se interesa para nada por las cuestiones políticas".[32]

Efectivamente, el general Giraud había visitado al Presidente ese mismo día a las 18 y Churchill se les había unido poco después. El primero escribió en sus *Memorias*: "En ese momento entró Churchill. (...) Tiró su sombrero sobre el sillón y, renegando, declaró que el general de Gaulle planteaba dificultades para venir, no sabía con qué pretexto. Telegrafiaría a Londres para que no se admitiera esta actitud y para decir que tendría que elegir entre venir aquí y los subsidios que el tesoro inglés le entregaba al Comité Nacional. Si se negaba a ir a Casablanca, el acuerdo inicial que se había establecido en junio de 1940 entre él y el gobierno de Su Majestad se anularía. Roosevelt aprobó esta actitud".[33]

Churchill volvió a su residencia y se puso a escribir la siguiente instrucción para Eden:

"Envíe de mi parte el siguiente telegrama al general de Gaulle, si lo considera oportuno. 'Estoy autorizado a declarar que la invitación que se le hizo para que viniera aquí emanaba del Presidente de Estados Unidos y de mí. Todavía no le hablé de su negativa al general Giraud, que sólo vino con dos oficiales del Estado Mayor y que está esperando aquí. Las consecuencias de este rechazo, si usted sigue manteniéndolo, serían, en mi opinión, muy desfavorables, tanto para usted como para su movimiento. En primer término, estamos tomando disposiciones para África del Norte que nos hubiese gustado mucho consultar con usted, pero que, si no es posible hacerlo, serán estipuladas en su ausencia. Una vez que se hayan decidido, serán apoyadas por Gran Bretaña y Estados Unidos. Creo que su negativa a venir a la reunión propuesta será universalmente censurada por la opinión pública y constituirá una respuesta perentoria para cualquier reclamo de su parte. Por supuesto que ya no podrá recurrir a Estados Unidos si rechaza ahora la invitación del Presidente. Todos mis esfuerzos para eliminar las dificultades que surgieron entre Norteamérica y su movimiento habrán fracasado definitivamente. Seguramente no seguirá siendo posible que los retome mientras usted siga al frente de ese movimiento. El gobierno de Su Majestad también tendrá que rever su posición en relación con aquél mientras siga siendo su jefe. Si, sabiendo todo esto, sigue rechazando nuevamente esta oportunidad única, intentaremos seguir nuestro camino sin usted, lo mejor que podamos. La puerta todavía está abierta'. Le dejo toda la libertad para que introduzca las modificaciones que le parezcan necesarias a este mensaje, siempre que no alteren su carácter de grave. La dificultad es que no podemos apelar directamente al Comité Nacional Francés, a causa del secreto que rodea a nuestras deliberaciones. Hay días en los que lucho por de Gaulle y tomo todas las disposiciones posibles para lograr una reconciliación duradera entre los franceses. Si rechaza la posibilidad que hoy le ofrecemos, estimo que su reemplazo al frente del movimiento de la Francia Libre se volverá una condición esencial para el apoyo del gobierno de Su Majestad en el futuro. Espero que le transmita esto en la medida en que lo juzgue conveniente. Tendrá que tratarlo con bastante rudeza, pero es por su bien".[34]

En Londres, Anthony Eden recibió este telegrama en la mañana del 19 de enero. Convocó al Gabinete para las 17 y lo leyó. El conjunto del Gabinete estuvo de acuerdo en considerar que de Gaulle contaba con un gran apoyo de la prensa y de la opinión pública inglesas y que cualquier intento por forzarlo sería muy mal recibido en el país. También se comprobó que cualquier ruptura con de Gaulle causaría un golpe mortal a la Resistencia francesa.[35] Por lo tanto, el Gabinete decidió moderar el tono del mensaje y se hicieron los siguientes reemplazos: "estamos tomando disposiciones para África del Norte que nos hubiese gustado mucho consultar con usted", que parecía poco caballeroso, por "nos hubiese gustado que participara de nuestras conversaciones", que parecía más democrático; se suprimió "el gobierno de Su Majestad también tendrá que rever su posición en relación con aquél mientras siga siendo su jefe", que era demasiado amenazador y el fin del mensaje, fue reemplazado por una fórmula diplomática más clásica: "Si, sabiendo todo esto, rechaza esta oportunidad única, las consecuencias serán extremadamente graves para el futuro del movimiento de la Francia Combatiente".[36]

Anthony Eden solicitó enseguida al general que fuera al *Foreign Office*, pero de Gaulle respondió que tenía otros compromisos. Poco después de las 18, René Pleven visitó a lord Strang y le confió que el general esperaba que el tono de la nueva nota del Primer Ministro fuese muy duro y temía que no pudiera contenerse cuando se enterara.[37] Entonces, Eden hizo que le llevaran el telegrama de Churchill en su versión moderada.

El general "sin darse cuenta de lo que el mensaje tenía de amenazador y quien, después de muchas experiencias", ya no "se impresionaba mucho más",[38] decidió que la comunicación era lo bastante seria como para transmitírsela al Comité Nacional. En la reunión que se realizó al día siguiente no manifestó ningún entusiasmo ante la idea de ir a Anfa, en donde se lo "sometería a todo tipo de presiones" y no podría "ni siquiera hablar con Giraud a solas".[39] Sin embargo, varios miembros del Comité, especialmente Catroux y Pleven, se pronunciaron enérgicamente a favor de este viaje y, finalmente, la totalidad del Comité terminó por recomendarle que aceptara la invitación, aun cuando más no fuera para "oír las sugerencias que hagan".[40] En la tarde del 20 de enero, de Gaulle terminó por aceptar, no sin la mayor de las reticencias. "Iré a Marruecos —le confió a Soustelle— para dar lugar a la invitación de Roosevelt. No iré allí solamente por Churchill".[41]

A las cinco de la tarde, de Gaulle fue a la casa de Anthony Eden, le hizo saber que aceptaba ir a Anfa y le dio el siguiente mensaje para el Primer Ministro: "Me parece, por su segundo mensaje, que su presencia y la del presidente Roosevelt allí tienen el objetivo de realizar algunos arreglos en relación con África del Norte francesa con el general Giraud. Quieren proponerme que forme parte de las discusiones, pero agregan que los arreglos, eventualmente, se establecerían sin mi participación. Hasta ahora toda empresa aliada en África del Norte francesa fue decidida, preparada y ejecutada sin ninguna participación oficial de la Francia Combatiente y sin que yo haya podido dispo-

ner de información de los acontecimientos directa y objetivamente. (…) Las decisiones tomadas respecto de África del Norte
y África occidental y, por otra parte, el mantenimiento en estas
regiones de una autoridad que procede de Vichy, llevaron a una
situación interna que, me parece, no satisface plenamente a los
Aliados y que, les puedo asegurar, no satisface para nada a Francia. En este momento, el presidente Roosevelt y usted me piden
que participe de improviso en entrevistas sobre este tema, cuyos
programa y condiciones desconozco y en las que me llevan a discutir de pronto con ustedes acerca de problemas que comprometen evidentemente el futuro del Imperio Francés y el de Francia.
Sin embargo, reconozco que, a pesar de estas cuestiones formales, por graves que sean, la situación general de la guerra y el estado en que se encuentra provisionalmente Francia no me permiten negarme a encontrarme con el Presidente de Estados
Unidos y con el Primer Ministro de Su Majestad británica. Por lo
tanto, acepto ir a su reunión. Me acompañarán el general Catroux y el almirante d'Argenlieu".[42]

El 21 de enero, en Anfa, la conferencia finalizó y los jefes del
Estado Mayor se pusieron de acuerdo en la nueva estrategia a seguir: después de la liberación de Túnez, el objetivo siguiente sería
Sicilia. Los norteamericanos habrían preferido un desembarco
en Francia en 1943, pero finalmente se inclinaron ante los estrategas británicos. Churchill, además, tenía otra razón para estar
contento: esa noche, en la residencia del Presidente, Elliot Roosevelt estaba hablándole a su padre cuando el Primer Ministro
hizo su entrada. El hijo del presidente señaló lo siguiente: "Winston Churchill entró saltando. 'Quiero decirle algo sobre de Gaulle, anunció con una gran sonrisa… Parece que finalmente vamos a hacer que venga para participar de nuestras discusiones'.
Franklin Roosevelt no dijo nada durante un momento y, luego, se
dirigió a su dormitorio: 'Felicitaciones, Winston. Estaba seguro
de que lo lograría'".[43]

El 22 de enero a las 11 de la mañana el avión del general de
Gaulle aterrizó en Fedala, cerca de Casablanca. El general estaba acompañado por Catroux, d'Argenlieu, Palewski y Hettier de
Bosilambert. En el aeropuerto fueron recibidos secretamente
por el coronel Linarès, Codrington y el general norteamericano

Wilbur, al que de Gaulle había conocido en la Escuela Superior de Guerra. Las primeras impresiones del general fueron claramente desfavorables: no había guardia de honor y por todas partes se veían centinelas norteamericanos. Lo condujeron a Anfa en un automóvil norteamericano, lo alojaron en una residencia requisada por los norteamericanos, en la que el servicio lo brindaban soldados norteamericanos y todo el sector estaba rodeado por alambre de púa y vigilado por guardias norteamericanos (todo esto en territorio francés). "En resumen —escribió el general— era una situación de cautiverio". Peor aún, "una especie de secuestro".[44]

O sea que de Gaulle estaba de un humor insoportablemente atroz cuando fue al almuerzo que dio en su honor el general Giraud. Las primeras palabras que le dirigió fueron sarcásticas: "Buen día, mi general. Veo que los norteamericanos lo tratan bien".[45] Dicho lo cual, explotó: "¡Le propuse cuatro veces que nos viéramos y tenemos que encontrarnos en este recinto rodeado de alambre de púas en medio de extranjeros! ¿No siente que es odioso desde el punto de vista nacional?".[46]

El general de Gaulle escribió que la comida, a pesar de todo, se desenvolvió en un clima cordial. En todo caso, había empezado mal: cuando se enteró de que la casa estaba vigilada por centinelas norteamericanos, de Gaulle se negó a sentarse a la mesa si no eran reemplazados por soldados franceses.[47] Después de la comida, ya no hubo más cordialidad. Giraud declaró en varias ocasiones que era solidario con los "procónsules" Noguès, Boisson, Peyrouton y Bergeret y que estaba resuelto a combatir a los alemanes, pero que no tenía nada en contra del régimen de Vichy.[48] En cuanto a de Gaulle, directamente declaró que había venido en contra de su voluntad y que se negaba a discutir bajo la égida de los anglosajones y tuvo, también, algunas palabras duras para Churchill y Roosevelt.[49] Se separaron muy fríamente, sin quedar en una nueva cita y el general de Gaulle volvió a su residencia.

Al caer la tarde, de Gaulle, que se había quedado en su casa calculadamente, recibió la visita de Macmillan, quien terminó por convencerlo de que visitara a Churchill, que vivía en una de las residencias vecinas. Churchill resumió en tres palabras la entrevista: "Una entrevista glacial".[50] De Gaulle fue más elocuente: "Cuando abordé al Primer Ministro, le dije con vivacidad que si hubiese sabido que iba a estar encarcelado en tierra francesa por las bayonetas norteamericanas no habría venido. 'Es un país ocupado', exclamó.[51] Y, a su vez, explotó: 'Le hice comprender claramente —escribió— que si persistía en ser un obstáculo, no dudaríamos en romper definitivamente con él'.[52] Lo que, expresado en francés churchilleano, dio exactamente esto: '¡Si usted me obstaclea, lo liquidaré!'.

"Cuando ambos nos tranquilizamos —prosigue el general— abordamos el fondo de las cosas. El Primer Ministro me explicó que se había puesto de acuerdo con el Presidente sobre un proyecto de solución al problema del Imperio Francés. Los generales Giraud y de Gaulle estarían conjuntamente en la presidencia de un comité dirigente en el que ellos y los demás miembros serían iguales en todos los aspectos. Pero Giraud ejercería el mando militar supremo a causa de que Estados Unidos, que iba a proporcionar el material para el ejército francés reunificado, sólo quería arreglar la cuestión con él. 'Sin duda —siguió Churchill— mi amigo, el general Georges, podría ser el tercer Presidente.' En cuanto a Noguès, Boisson, Peyrouton y Bergeret, conservarían sus puestos y entrarían al comité. 'Los norteamericanos, efectivamente, los habían adoptado y querían que confiáramos en ellos.'

"Le respondí que esa solución podía parecer adecuada en el nivel (muy estimable, por cierto) de los sargentos mayores norteamericanos, pero que no imaginaba que se la hubiera tomado en serio. En cuanto a mí, estaba obligado a considerar lo que quedaba de la soberanía de Francia. Tenía, y él no podía ponerlo en duda, la más alta consideración por él y por Roosevelt, pero no les reconocía ningún tipo de cualidad para resolver la cuestión de los poderes en el Imperio Francés. Los Aliados, fuera de mí y contra mí, habían instaurado un sistema que funcionaba en Argel. Como, aparentemente, encontraron una solución mediocre, ahora proyectaban ahogar a la Francia Combatiente. Pero ella no se prestaría a ese juego. Si tenía que desaparecer, era preferible que lo hiciera con honor.

"Churchill no pareció darse cuenta del costado moral del

problema. 'Vea', dijo, 'lo que pasa con mi propio gobierno. Cuando lo formé, hace mucho, fui designado por haber luchado largamente contra el espíritu de Munich e hice entrar a todos los munichenses notorios. ¡Y bien! Marcharon a fondo, hasta tal punto que hoy no se diferencian del resto'. 'Si habla así —respondí— es porque perdió de vista lo que ha sucedido con Francia. En cuanto a mí, no soy un político que intenta armar un Gabinete y encontrar una mayoría entre parlamentarios'. El Primer Ministro me suplicó, sin embargo, que reflexionara sobre el proyecto que me acababa de exponer. 'Esta noche —agregó— tendrá una conferencia con el Presidente de Estados Unidos y verá que, en esta cuestión, él y yo somos solidarios'".[53]

Lord Moran, el médico de Churchill, describió en su diario el final de la entrevista: "Cuando salieron finalmente del saloncito de nuestra residencia, el Primer Ministro se quedó un rato en la entrada para contemplar al francés que atravesaba el jardín a grandes pasos, el porte altivo. Luego, Winston se dio vuelta hacia nosotros y dijo con una sonrisa cómplice: 'Su país abandonó la lucha, él no es otra cosa que un refugiado y si le retiramos nuestro apoyo, es un hombre terminado. Y bien, ¡mírenlo! Parece Stalin, con doscientas divisiones detrás de él. No lo traté con consideración. Simplemente le dije claramente que si no se mostraba más cooperativo, lo dejaríamos caer'. '¿Y cómo lo tomó?', le pregunté. '¡Oh!', respondió el Primer Ministro, 'no me prestó atención para nada. Mis lances y mis amenazas no produjeron la menor reacción'".[54]

Esa noche, el presidente Roosevelt dio una cena en honor del sultán de Marruecos, pero Churchill no estaba en su mejor forma en esa ocasión: "Estaba ceñudo —escribió Hopkins— y parecía que se aburría terriblemente". La total ausencia de alcohol en la cena quizás haya tenido algo que ver. Después de la comida, Churchill le anunció a Roosevelt que "le había hecho la vida difícil a de Gaulle".[55] Le sugirió que lo viera al día siguiente por la mañana pero, de acuerdo con los consejos de Hopkins, el Presidente decidió verlo esa misma noche, como había previsto.

De modo que, esa noche tarde, de Gaulle se encontró por primera vez con el presidente Roosevelt. Harry Hopkins señaló que el general "llegó con un aspecto frío y severo".[56] Elliot

Roosevelt, que también estaba presente, agregó: "Entró a grandes pasos (...) y nos dio la impresión de que su cráneo angosto estaba rodeado de rayos".[57] El Presidente, vestido de blanco y sentado en un largo sillón, era todo sonrisas y le pidió a de Gaulle que se sentara a su lado.[58] El general escribió luego: "Esa noche nos congraciamos, nos portamos con corrección, de común acuerdo, y mantuvimos una cierta imprecisión sobre los temas franceses. Él trazó con un punteado liviano el mismo bosquejo que, con un trazo grueso, me había dibujado Churchill y me dejó entender con suavidad que esta solución se impondría porque él mismo lo había resuelto".[59] Y agregó: "se mostró apurado por que congeniáramos; para convencerme, más que argumentos usó el encanto, pero estaba atado a la decisión que había tomado".[60]

Ésta fue también la impresión del hijo del Presidente, que dio cuenta de las siguientes palabras: "'Estoy seguro de que llegaremos a ayudar a su gran país a que se una a nuestro destino —dijo mi padre mientras usaba todo su encanto. Su interlocutor se conformó con emitir un gruñido por respuesta—. Y le aseguro que mi país tendrá el honor de participar de esta empresa', agregó mi padre. 'Estoy feliz de escucharle decir eso', respondió el francés con un tono helado".[61]

Pero eran todas banalidades. Elliot Roosevelt ya no estaba cuando empezaron las discusiones serias, pues el Presidente quiso entrevistarse con de Gaulle a solas (lo que no impidió que uno de los ayudas de campo del Presidente, el capitán Mac Crea, tomara algunas notas, "a partir de un punto de observación bastante poco cómodo, una rendija en una puerta entreabierta".[62] El Presidente empezó diciendo que todo el objeto de sus discusiones con Churchill era organizar la continuación de la guerra y ponerse de acuerdo sobre la elección de nuevos teatros de operaciones. Enseguida se refirió a la situación política en África del Norte y declaró, con el tono más serio del mundo, que "suponía que la colaboración del general Eisenhower con el almirante Darlan había causado algún asombro al general de Gaulle". Sin embargo, él, Roosevelt, "había aprobado por completo la decisión del general Eisenhower en este asunto, y las cosas evolucionaban en un buen sentido cuando el almirante murió de ese lamentable modo". En relación con el ejercicio de la soberanía en África del Norte, "ningún candidato al poder tiene el derecho de pretender que representa por sí solo la soberanía de Francia. (...) Las naciones aliadas que combaten actualmente en territorio francés lo hacen para la liberación de Francia y, de algún modo, ejercen un mandato político por cuenta del pueblo francés". En otras palabras, Francia era comparada a un niño de corta edad que necesitaba absolutamente un tutor. "Lo único que podría salvar a Francia, concluyó el Presidente, es la unión de todos los buenos y leales servidores para vencer al enemigo y una vez que se haya terminado la guerra, la Francia victoriosa podrá nuevamente ejercer su soberanía política sobre la metrópolis y sobre el Imperio".[63]

Desde su punto de observación improvisado, detrás de la puerta entreabierta, el capitán Mac Crea tenía algunas dificultades para seguir la conversación. "El general de Gaulle hablaba demasiado bajo como para que pudiera entender algo, confesó y, por lo tanto, no pude dar cuenta de ninguna de sus palabras". De hecho, de Gaulle, delicada pero firmemente, indicó al Presidente que "la voluntad nacional ya había fijado su elección de que, más tarde o más temprano, el poder que se instalaría en el Imperio y, luego, en la metrópolis, sería el que Francia quisiera".[64]

Pero muchos otros testigos también asistieron a esa conversación "cara a cara", como señaló Harry Hopkins: "En el medio de la conferencia, me di cuenta de que todos los miembros del servicio secreto afectados a la protección del Presidente estaban detrás de la cortina encima de la galería de la sala y detrás de las puertas que daban acceso a la habitación. También vi que uno de ellos tenía una ametralladora. (...) Cuando me fui del salón, salí para hablar con la gente del servicio secreto, para descubrir qué sucedía. Los encontré armados hasta los dientes, con aproximadamente una docena de ametralladoras. Les pregunté por qué y me contestaron que habían considerado que era preciso tomar todas las precauciones necesarias para que no le sucediera nada al Presidente. No se había armado todo ese circo cuando Giraud se había encontrado con el Presidente y esto reflejaba muy bien la atmósfera que rodeaba a de Gaulle en Casablanca. El espectáculo del servicio secreto en armas me pareció una tontería mayor y ni una obra de Gilbert y Sullivan hubiese podido igualarlo. El pobre general de Gaulle, que quizás no supiera nada de esto, estuvo amenazado por armas de fuego durante toda su visita".* [65]

Pero el Presidente de Estados Unidos y el jefe de la Francia Combatiente se cuidaron mucho de evitar cualquier explosión y al cabo de una media hora se separaron, satisfechos y distendidos. En el camino de regreso, de Gaulle le confió a Hettier de Boislambert: "Hoy me encontré con un gran estadista. Creo que nos hemos entendido y comprendido bien".[66]

No pasó nada parecido en la segunda entrevista que reunió a de Gaulle y Giraud al día siguiente por la mañana. Éste, como podía preverse, se pronunció a favor de la solución anglo-norteamericana y repitió que la política no le interesaba. De Gaulle intentó explicarle que se había comprometido políticamente al afirmar que era fiel al Mariscal y convencerlo de que se uniera a la Francia Combatiente. Pero Giraud exigía el poder supremo y pedía que fuese la Francia Combatiente la que se uniera a él. Al final de cuentas, se pusieron de acuerdo solamente en establecer una unión entre ambos movimientos y se separaron en un clima gélido.

En este momento, era evidente que Churchill y Roosevelt habían fracasado en sus esfuerzos por reunir a las dos facciones opuestas. Pero también había que recordar que éste no era el objetivo del presidente Roosevelt. Solamente quería darles a todos (y, sobre todo, a la opinión pública norteamericana) la *impresión* de que había logrado reconciliar a Giraud y a de Gaulle, reduciendo en la misma maniobra al silencio a sus numerosos detractores, en Estados Unidos y en otras partes. Ahora bien, para esto bastaba con un comunicado juiciosamente establecido y firmado por los dos generales franceses. Roosevelt pasó una parte de la noche redactándolo, con la ayuda de Murphy y de Churchill. Éste habría preferido una verdadera reconciliación entre los dos

---

* "Poor General de Gaulle (...) was covered by guns...". En la versión francesa del libro (*Le Mémorial de Roosevelt*), se encuentra una traducción sorprendente de este pasaje: "El pobre general de Gaulle (...) fue *protegido por* armas de fuego".[67]

generales, pero parecía imposible y, por otra parte, Churchill tenía una opinión pública a la que había que tranquilizar. Por lo tanto, se dedicaron al comunicado. Terminaron por ponerse de acuerdo con el siguiente texto: de Gaulle y Giraud se proclamaban de acuerdo con "los principios de las Naciones Unidas" y anunciaban su intención de formar en común un comité para administrar el Imperio Francés en la guerra. Ambos generales serían copresidentes.[68] Este proyecto de comunicado fue sometido a Giraud y a de Gaulle. Giraud aceptó de entrada, quedaba por convencer a de Gaulle.

El general estaba de muy mal humor. Acababa de enterarse de que Roosevelt, el día anterior, había tenido con el sultán de Marruecos "un lenguaje impropio que encuadraba mal con el protectorado francés". También, que en los encuentros con Giraud, Churchill había fijado arbitrariamente el valor de la libra esterlina en África del Norte en 250 francos, en lugar de los 176 francos anteriores. Asimismo, se decía que Churchill y Roosevelt se habían puesto de acuerdo para reconocer al general Giraud "el derecho y el deber de actuar como el administrador de los intereses franceses militares, económicos y financieros".* Para coronar el edificio, acababan de comunicarle que la conferencia finalizaría en veinticuatro horas y en ningún momento se lo había consultado ni informado sobre planes futuros de operaciones.

El jefe de la Francia Combatiente seguía rumiando todas estas "afrentas" cuando Robert Murphy y Harold Macmillan vinieron a someterle el proyecto de comunicado que se había formulado durante la noche. En sus *Memorias* escribió: "Indudablemente la fórmula era demasiado vaga como para comprometernos a gran cosa. Pero tenía el triple inconveniente de que provenía de los Aliados, dejaba entender que renunciaba a lo que no fuera simplemente la administración del Imperio y, finalmente, permitía creer que el acuerdo se había realizado ya, lo cual no era cierto. Después de haberme enterado de la opinión unánimemente negativa de mis compañeros, respondí a

---

* Lejos de aprobar esta fórmula, Churchill ni siquiera la vio. Cuando la conoció, a principios de febrero, la hizo modificar sustancialmente.

los mensajeros que la ampliación del poder nacional francés no podría ser el resultado de una intervención extranjera, por alta y amistosa que fuera. Sin embargo, acepté volver a ver al Presidente y al Primer Ministro antes de la separación prevista para el mediodía".[69]

Churchill también estaba de muy mal humor: de Gaulle se había negado a ir a Anfa y, cuando finalmente lo había hecho, se negó a entenderse con Giraud y, luego, rechazó el plan anglo-norteamericano de reconciliación entre franceses y ahora incluso se negaba a firmar un comunicado destinado a atenuar los efectos de todos sus rechazos. Él, el Primer Ministro de Su Majestad, había sido literalmente ridiculizado ante el Presidente de Estados Unidos por un hombre que, según la opinión de todo el mundo, tenía obligaciones con él y había sido creado por él. El comportamiento del general no tenía excusas. Para Churchill, el hecho de que Gaulle pudiese tener razón no era más que una circunstancia agravante. El Primer Ministro no sólo estaba de mal humor; estaba fuera de sí.

La visita de despedida que el jefe de la Francia Libre le hizo a Churchill fue de lo más animada. Churchill prefirió no decir nada en sus *Memorias* y de Gaulle escribió: "Mi encuentro con Churchill tuvo un carácter terriblemente duro. Durante toda la guerra, fue el más áspero de nuestros encuentros. En una escena vehemente, el Primer Ministro me dirigió reproches amargos en los que sólo pude ver cómo buscaba una coartada para el mal momento por el que estaba pasando. Me anunció que cuando volviera a Londres me acusaría públicamente de haber impedido el acuerdo, que levantaría en mi contra a la opinión de su país y que apelaría a la de Francia".[70] Churchill agregó que si de Gaulle no firmaba el comunicado "lo denunciaría ante los Comunes y por la radio". A lo que le replicó que "era libre de deshonrarlo".[71] "Me limité a responderle —escribió— que mi amistad por él y mi ligazón con la alianza inglesa hacían que deplorara la actitud que había tomado. Para satisfacer a cualquier precio a Estados Unidos se casaba con una causa inaceptable para Francia, inquietante para Europa y lamentable para Inglaterra".[72] Y ahí mismo, de Gaulle fue a visitar al Presidente a la residencia vecina.

Mientras tanto, Harry Hopkins, después de haber visto a Macmillan, le anunció al Presidente que de Gaulle se negaba a firmar el comunicado. "No se mostró para nada satisfecho —escribió Hopkins—, pero le recomendé en ese mismo momento que no lo desaprobara, incluso si esto no llevaba a nada. Estaba convencido (y sigo estándolo) de que Giraud y de Gaulle querían trabajar juntos. Por lo tanto, le pedí al Presidente que se mostrara conciliador y que no tratara demasiado duramente a de Gaulle. Si tiene que ser maltratado, le dije, que se encargue Churchill, ya que son los ingleses los que financian el movimiento de la Francia Libre. Le dije al Presidente que, en mi opinión, lograríamos obtener un acuerdo de ambos generales con una declaración común y una foto en la que estarían juntos. Giraud llegó a las 11.30 horas. En ese momento, de Gaulle estaba con Churchill. Giraud quería tener una confirmación de las promesas que se le habían hecho sobre las entregas a su ejército, pero el Presidente lo remitió a Eisenhower. La conferencia fue buena. Giraud aceptó colaborar con de Gaulle. Giraud salió. De Gaulle y su comitiva entraron, de Gaulle estaba tranquilo y seguro de sí (me gustó), pero nada de comunicado en común y quería que Giraud estuviese a sus órdenes. El Presidente explicó sus puntos de vista en términos demasiado enérgicos y exhortó vivamente a de Gaulle a que se entendiera con Giraud, para ganar la guerra y liberar a Francia".

"El Presidente me expresó —escribió de Gaulle— la pena que tenía cuando comprobaba que el acuerdo de los franceses todavía era inseguro y que él no había logrado que yo aceptara el texto de un comunicado. 'En los asuntos humanos —dijo— hay que ofrecerle teatro al público. Su encuentro con el general Giraud en la misma conferencia en la que estamos Churchill y yo es una noticia. Si esta noticia es acompañada por una declaración común de los jefes franceses, aun cuando sea solamente un acuerdo teórico, produciría el efecto dramático que estamos buscando'. 'Déjeme actuar —respondí—. Habrá un comunicado, aunque quizás no sea el de ustedes'".[74]

"En ese momento —señaló Hopkins— el servicio secreto me llamó por teléfono para avisarme que Churchill estaba llegando. Estaba despidiéndose de Giraud. Churchill entró e hice volver a Giraud convencido de que, si podían encontrarse los cuatro, podríamos llegar a un acuerdo. Era el mediodía, hora en la que había que dar la conferencia de prensa. El Presidente se sorprendió de ver a Giraud, pero no lo demostró."[75]

Y de Gaulle sigue: "Entonces, entraron Churchill, el general Giraud y su comitiva. O sea, una multitud de jefes militares y de funcionarios aliados. Mientras todo el mundo se reunía alrededor del Presidente, Churchill reiteró en voz alta su diatriba y sus amenazas en mi contra, con la evidente intención de halagar el amor propio un poco caído del presidente Roosevelt".[76]

Robert Murphy también estaba presente y también refirió la diatriba del Primer Ministro: "Churchill, al que la terquedad del general de Gaulle ponía furioso, agitaba el dedo ante el general. En su francés inimitable, con la dentadura postiza que se movía furiosamente, gritaba: 'Mi general, no hay que obstaclear (sic) la guerra'".[77]

El Presidente, escribió de Gaulle, "hacía como que no lo veía pero, por contraste, adoptó un tono más amable para hacerme el último pedido: '¿Aceptaría, al menos', me dijo, 'que le sacaran una foto conmigo, con el Primer Ministro británico y con el general Giraud?'. 'Por supuesto —respondí— porque tengo a ese soldado en la mayor de las estimas'. '¿Llegaría —exclamó el Presidente— a estrechar la mano del general Giraud en nuestra presencia y ante el objetivo?' Mi respuesta fue: '*I shall do that for you*'. Entonces, Roosevelt, encantado, se hizo llevar al jardín, en donde ya estaban preparadas cuatro sillas a las que apuntaban una cantidad de cámaras y en donde estaban, alineados, con la lapicera en la mano, varias filas de reporteros".[78]

Y Hopkins anotó en su diario: "No sé quién quedó más estupefacto, los fotógrafos o de Gaulle, cuando salieron los cuatro o, mejor dicho, los tres, ya que al Presidente lo llevaron hasta su sillón. Confieso que formaban un grupo bastante solemne. Las cámaras se pusieron a rodar. El Presidente le pidió a de Gaulle y a Giraud que se dieran la mano. Se levantaron y lo hicieron. Como algunos no habían podido registrar la escena, volvieron a hacerlo. Luego, los franceses y sus comitivas se fueron. Churchill y el Presidente quedaron sentados bajo el cálido sol de África (a miles de leguas de sus países) hablando de la guerra con los corresponsales de prensa".[79]

En esta ocasión, Roosevelt hizo su famosa declaración de "rendición sin condiciones". Pero el general de Gaulle ya había vuelto a su residencia. Antes de volar hacia Londres, redactó un comunicado que comenzaba de este modo: "Nos hemos visto. Hemos charlado". De todos modos, hubo un elemento concreto: se estableció una unión permanente entre los dos generales. Finalmente, ambos tenían fe en la victoria de Francia y en el triunfo de las "libertades humanas".[80] A pesar del lamentable "asunto Juana de Arco",* de Gaulle volvió a Londres convencido de haber impresionado al Presidente. Poco después de su regreso, le escribió al general Leclerc: "Mis conversaciones con Roosevelt fueron buenas. Tengo la impresión de que descubrió qué es la

---

*   Durante la primera entrevista del 22 de enero, Roosevelt le había declarado a de Gaulle que no podía reconocerlo como el único jefe político de Francia porque no había sido elegido por el pueblo francés. A lo que de Gaulle le respondió que Juana de Arco había obtenido su legitimidad de su acción, cuando había tomado las armas en contra del invasor.
El 24 de enero por la mañana, cuando Macmillan le informó a Roosevelt que de Gaulle le había propuesto a Giraud que fuese Foch y que él sería Clemenceau, el Presidente exclamó: "¡Ayer quería ser Juana de Arco y ahora quiere ser Clemenceau!".[81] Roosevelt le contó luego a Hull que de Gaulle le había dicho: "Soy Juana de Arco, soy Clemenceau". Y luego le confió al embajador Bullitt que le había dicho a de Gaulle: "General, usted dijo el otro día que era Juana de Arco y ahora que es Clemenceau. ¿Cuál de los dos es?". A lo que de Gaulle habría respondido: "Ambos".[82] Luego, el Presidente contó que le contestó: "Hay que elegir, no puede ser los dos al mismo tiempo".[83] Cuando la historia llegó a los oídos del vicecónsul Kenneth Pendar, fue amplificada nuevamente: "El presidente Roosevelt confió a de Gaulle que Francia está en una situación militar tan crítica que necesita un general del temple de Napoleón. 'Pero yo soy ese hombre', dijo modestamente de Gaulle. Después, el Presidente, disimulando mal su asombro, declaró que Francia estaba con tan poca vitalidad política que necesitaría a un Clemenceau. De Gaulle se levantó con dignidad y dijo: 'Yo soy ese hombre'".[84] Cuando la prensa se apoderó de la historia, de Gaulle se convirtió en Luis XIV, Foch, Bayard, etcétera. Antes de irse de Anfa, el general oyó algunas de las primeras versiones, que no le causaron ninguna gracia.

Francia Combatiente. Esto puede tener importantes consecuencias".[85] Quizás el general de Gaulle se estuviese haciendo ilusiones (quizá las mismas que se había hecho el presidente Roosevelt cuando se imaginó que haber armado esa escena en Anfa contribuiría a la solución del problema de la unidad francesa). En efecto, parecía que el Presidente hubiese quedado atrapado en la ilusión que él mismo había creado y que pensaba que había encontrado el medio para dominar al general de Gaulle.[86]

Churchill no se hacía ninguna ilusión al respecto. Si bien la conferencia de Anfa había sido un gran éxito para los estrategas británicos, en cambio había sido un gran fracaso para el Primer Ministro. Su intervención personal en los asuntos franceses había terminado con una derrota diplomática cuyo recuerdo iba a quedar grabado por mucho tiempo en su memoria. Cuando salieron de la conferencia, Churchill y Roosevelt fueron a Marrakesh. Esa noche, durante la cena, el vicecónsul norteamericano, Kenneth Pendar, preguntó por el general de Gaulle. "Churchill pareció contrariado —escribió Pendar—, y me dio una respuesta típicamente churchilliana: 'No hablemos de ése. Lo llamamos Juana de Arco y buscamos obispos para quemarlo'".[87] Pero también esta vez, si bien Churchill estaba terriblemente enojado con de Gaulle, no perdía por eso de vista los intereses vitales de Francia y por eso se quejaba con amargura de él ante el vicecónsul norteamericano: "Bueno, Harry, cuando vuelva, haga que todo el mundo comprenda que es importante enviar armas aquí lo más rápidamente posible. Es el único modo de reforzar a los franceses".[88] Churchill no dejaba de hablar de Francia con lágrimas en los ojos y le confió a su médico particular, dos días más tarde: "De Gaulle es el alma de este ejército. Quizás sea el último sobreviviente de una raza guerrera".[89]

En el fondo, Churchill siempre tuvo la misma admiración por de Gaulle, pero también empezó a detestarlo seriamente. Es verdad que el Primer Ministro no era rencoroso, pero en este caso, hizo una excepción. En cuanto a de Gaulle, volvió a Londres "escandalizado por cómo lo había tratado el Primer Ministro".[90] O sea que las relaciones entre la Francia Combatiente y su aliado británico iban a ser muy agitadas durante los meses futuros.

11

LOS CAMINOS DE LA UNIDAD

Durante los primeros meses de 1943, el viento de la guerra cambió lenta pero inexorablemente, en contra de las fuerzas del Eje. En el Pacífico, los japoneses perdieron la iniciativa después de Midway y de Guadalcanal; en África del Norte, las tropas británicas tomaron Trípoli y, en Rusia, el mariscal Paulus acababa de capitular en Stalingrado. El general de Gaulle nunca había dudado de que los Aliados terminarían por ganar la guerra; es más, lo había anunciado en junio de 1940. Pero para de Gaulle esto no era suficiente: también Francia tenía que salir victoriosa. En febrero de 1943, este objetivo parecía más lejano que nunca: en la Francia ocupada se acababan de crear la Milicia y el STO; fuera de Francia, los ingleses lo sostenían con reticencias y los norteamericanos lo combatían abiertamente; África del Norte estaba ocupada por los norteamericanos, gobernada por los hombres de Vichy y representada por un general apolítico, que habían puesto los norteamericanos, y por los hombres de Vichy (mientras todos se ponían de acuerdo en apartar a los gaullistas de África del Norte).

Para de Gaulle, éstas eran sólo peripecias. Lo que contaba era la opinión pública francesa y estaba convencido de que estaba sólidamente a su favor. Todos los movimientos de resistencia, desde la derecha hasta los comunistas, acababan de comunicar que rechazaban a Vichy, ignoraban a Giraud y apoyaban a de Gaulle. Inclusive en África del Norte, la mayoría de la opinión pública se había vuelto violentamente gaullista y cuando los buques franceses que provenían de Argelia o de Marruecos hacían un descanso en puertos ingleses o norteamericanos, cientos de marinos desertaban para unirse a la Francia Combatiente. A mediados de febrero, de Gaulle se disponía a enviar a Jean Moulin a Francia para una nueva misión: crear un consejo de resistencia unificada para el conjunto del país. Éste, presidido por Jean Moulin, tendría la tarea de formar el núcleo de una entidad política que representara a la Francia que resistía y, en el futuro, a la Francia liberada. Si contaba con esta base, de Gaulle no dudaba de que terminaría triunfando y actuó en consecuencia.

En Londres, el 9 de febrero, el general dio una conferencia de prensa. En relación con África del Norte declaró: "Lo que queremos y lo que Francia quiere, no es un acuerdo entre dos generales. Esto no importa. Con frecuencia se presentó el grave problema de África del Norte como si fuese resorte de la rivalidad personal entre dos generales. Creo que es una broma de mal gusto. La cuestión es infinitamente más grave. Se trata de la unión del Imperio que pertenece a Francia, para la liberación de Francia, con los objetivos que Francia ha elegido. Éstos son los que la voluntad de la nación fijó el 3 de septiembre de 1939. (...) Les diré francamente que una de las cosas más complicadas en todo esto es que la Francia Combatiente fue mantenida apartada de la concepción, la preparación y la ejecución de todo este asunto. Creo que, en Francia, todo el mundo quedó muy asombrado por esto".[1]

Luego se refirió a la entrevista de Anfa y declaró: "Aproveché esa oportunidad para decirle (a Roosevelt) que apreciaba en él a un gran estadista y al hombre que tenía la meta más elevada en esta guerra y —agregó— un hombre que es un poco místico, o sea, una gran cualidad para conducir la guerra de ideales que estamos llevando a cabo".[2] Churchill no se benefició con esta cordialidad tan poco habitual. Después de haber hablado largamente de sus conversaciones con el presidente Roosevelt, de Gaulle simplemente agregó: "En cuanto a Churchill, hace dos años que hacemos conjuntamente una guerra que no es fácil, no creo que hubiese sido útil hablar con él de cosas que debía saber".[3]

El Primer Ministro de Su Majestad y el jefe de la Francia

Combatiente no habían cambiado una sola palabra desde Anfa y era obvio que de Gaulle no había olvidado cuál había sido el papel de Churchill durante la conferencia. En ese momento, el general estaba pensando en hacer una visita a las tropas francesas que estaban en el Levante, en Tripolitania y en África ecuatorial y encontrarse en Trípoli con el general Eisenhower. Por lo tanto, solicitó al gobierno británico que pusiera a su disposición un avión que lo llevara a El Cairo a comienzos de marzo.

De Gaulle no dudaba de la hostilidad persistente del Primer Ministro por él y aunque le hubiesen informado que no era así, no habría habido una gran diferencia. En todo caso, Churchill no había olvidado, ni perdonado, la afrenta que había recibido en Anfa ante Roosevelt. El 9 de febrero, Oliver Harvey anotó en su diario: "El Primer Ministro volvió todavía más antigaullista que antes de su partida. Está indignado por la lentitud de de Gaulle en aceptar venir a Casablanca, mientras él había hecho todo lo posible para que le resultara aceptable a los norteamericanos. Ahora habla de romper con él. Anthony Eden intentó que razonara, como siempre y, una vez más, Attlee no lo ayudó para nada. Lo único que hace es mover la cabeza aprobando cada vez que el Primer Ministro dice una tontería".[4] Pero Eden tenía un aliado muy bien ubicado: el 9 de febrero, el rey Jorge VI escribió en su diario: "Recibí al Primer Ministro a almorzar. Está furioso con de Gaulle porque rechazó la invitación de Roosevelt para encontrarse con él y Giraud (…). Le aconsejé a Winston que fuese paciente con de Gaulle y con el Comité Nacional de la Francia Libre (…). Le dije que comprendía la actitud de de Gaulle y la de nuestro pueblo, que es hostil a la idea de unirse a los franceses que colaboraron con los alemanes".[5]

Churchill, que tenía una devoción sin límites por su rey, estaba con la mejor de las disposiciones cuando se encontró con el Comisario Francés de Asuntos Exteriores esa tarde, lo que no impidió que le dijera a Massigli lo que realmente pensaba: "Me sigo considerando unido por mis obligaciones al general de Gaulle y las honraré mientras el general honre las suyas. Me doy cuenta de que en Francia cuenta con un apoyo muy importante, pero en gran parte se debe al que nosotros le dimos. En todo caso, no estoy más dispuesto a tratar solamente con de Gaulle mientras pretenda ejercer la autoridad suprema sobre el movimiento de la Francia Libre. Sólo trataré con él como portavoz del Comité Nacional. Por lo tanto, Massigli tendrá que hacer lo necesario para que el Comité Nacional ejerza un control sobre el general y para que éste no hable en su nombre. No es cuestión de que el general se vuelva un dictador en este país".[6]

Como podemos imaginarnos, los esfuerzos de Churchill en este sentido no produjeron más efecto que en el otoño de 1941. Pero el Primer Ministro no pudo dejar de intervenir en los asuntos franceses: en un telegrama a Macmillan, ministro residente en Argel, pidió que "traten de aprovechar todas las oportunidades para intentar obtener que Pierre-Étienne Flandin sea asociado a la administración de África del Norte francesa". El señor Flandin era un amigo personal del Primer Ministro, pero también había sido ministro de Asuntos Exteriores en el gobierno de Vichy. Anthony Eden, que imaginaba sin dificultades el efecto que esto produciría en los franceses libres en general y, en particular, en de Gaulle, se hizo cargo de detener el telegrama. Churchill gruñó, se enfureció, enrojeció hasta el alba, pero terminó diciéndole al día siguiente a Eden: "Quizás sea mejor no haber enviado ese telegrama".[7]

Mientras tanto, el gobierno británico había recibido una notificación de los proyectos de viaje del general de Gaulle y Churchill reaccionó violentamente: "Si el general va a Oriente Medio y a África, otra vez va a hacer discursos antiingleses y le va a crear todo tipo de dificultades a los Aliados". El 23 de enero, Churchill le escribió al rey Jorge VI: "La irrupción de de Gaulle o de sus agentes en esta región, especialmente si somos nosotros quienes los introducimos, sólo nos provocará problemas. Si no se llegó a un acuerdo satisfactorio entre las dos facciones francesas, fue por su culpa. La brusquedad con la que rechazó la invitación del Presidente (y la mía) para ir a Casablanca a negociar el acuerdo de manera amigable, prácticamente lo descalificó, a él y a su Comité, frente a los norteamericanos".[8] Churchill parecía pensar que de Gaulle quería ir a Argel para desafiar al general Giraud —y no era así— pero, a juzgar por la última parte de la carta, lo que no podía olvidar era la humillación de Anfa. Por lo tanto, el Primer Ministro opuso a la solicitud del general de Gaulle un rechazo abrupto, que el *Foreign Office* tradujo sugiriendo discretamente a Massigli que le solicitarían al general que difiriera un poco su viaje. No hubo una reacción inmediata por parte de los franceses, pero Churchill, que empezaba a conocer el carácter del general, temía que respondiera a la negativa con un discurso vengativo en contra del gobierno británico. Tomó la delantera y le ordenó al *Foreign Office* que preparara un documento titulado: "Instrucciones a la prensa y a la BBC en caso de ruptura con el general de Gaulle".[9] Como es posible imaginar, se trataba de una acusación en contra del general, basada en una larga lista de "malas acciones" pasadas.

La reacción del general de Gaulle se hizo esperar y Churchill se enervó. El 28 de febrero, Oliver Harvey anotó en su diario: "El viejo está de nuevo enojado con de Gaulle. Quiere impedirle, si es necesario por la fuerza, que se vaya del país hacia Siria y África. Dice que es nuestro 'enemigo'. (...) En 1940, siempre estaba haciendo algo más por de Gaulle. Ahora que creció y que se volvió independiente, está furioso y quiere romper con él. El Primer Ministro se porta como un padre irrazonable ante un hijo descarriado".[10]

Aunque Massigli le presentó la respuesta inglesa como una simple puesta al día por razones técnicas, el general terminó impacientándose. Peor aún, empezó a sospechar: el 2 de marzo convocó a Charles Peake y exigió que le hicieran saber en veinticuatro horas si podía abandonar Inglaterra o si estaba prisionero. Agregó que, si era así, las consecuencias iban a ser sumamente graves.[11] Para el Gabinete británico, que se iba a reunir al otro día, esto se parecía demasiado a un ultimátum y llegó rápidamente a la conclusión de que "no es para nada deseable que el general pueda irse de Inglaterra en el momento actual". Esa noche, Charles Peake escribió a Massigli: "Tengo la instrucción de hacerle saber que, en opinión del gobierno de Su Majestad, el momento presente no ha sido muy bien elegido para una visita tan extensa como la planificada. (...) Por estas razones y por otras, ya le indiqué al general que el gobierno de Su Majestad no juzga de acuerdo con los intereses del conjunto de las Naciones Unidas que se emprenda este viaje ahora. Este gobierno, por lo tanto, lamenta no poder, por el momento, acordar los medios pedidos por el general de Gaulle".[12]

Cuando lo leyó, el general exclamó: "Entonces, ¡estoy preso!", y se fue desde Londres a Hampstead. Desde ahí telefoneó a Charles Peake y le dijo: "Cuide personalmente que el monstruo de Hampstead no se le escape".[13]

Pero los problemas del general de Gaulle no terminaron allí. Molestos por la defección de los marineros franceses que abandonaban sus barcos en los puertos norteamericanos para unirse a la Francia Combatiente, irritados por la propaganda gaullista y heridos en carne viva por las críticas de la prensa al Departamento de Estado, Cordell Hull y Roosevelt de nuevo expresaron su descontento. A comienzos de febrero, Eden recibió una nota bastante seca del Departamento de Estado: "El Presidente —le escribió Hull— manifestó alguna irritación al comprobar cómo siguieron las acciones de propaganda que surgen del cuartel general de de Gaulle en Londres. Sabe que el Primer Ministro estará de acuerdo con él y espera que puedan tomar nuevas medidas para solucionar esto". Entonces, Eden convocó al encargado de Asuntos Norteamericanos, Freeman Matthews, para comunicarle su respuesta: "No tenemos ningún medio para cerrar Carlton Gardens y, por otra parte, estoy seguro de que una medida de este tipo sería inoportuna".[14] Pero la conferencia de prensa que dio el general de Gaulle el 9 de febrero provocó nuevos movimientos en Washington y llevó al Presidente a enviarle una carta personal a Churchill. Dejando de lado las numerosas alusiones favorables a su persona, Roosevelt sólo consideró las críticas a la política norteamericana en África del Norte. Pero, sobre todo, dejó entender a Churchill que se había mostrado incapaz de restringir las actividades del general.

Para el Primer Ministro todo esto era muy molesto. Tenía que reconocer que nunca había tenido demasiada influencia sobre el general y, en cuanto a censurar sus discursos, esto provocaría inevitablemente una confrontación que todos querían evitar. A pesar de su animosidad cada vez mayor, Churchill, una vez más, tuvo que tener en cuenta el apoyo con el que de Gaulle contaba en Francia y en Gran Bretaña, así como las obligaciones contraídas en el verano de 1940 (que, por otra parte, empezaba a lamentar seriamente). Churchill, que realmente quería ayudar a Francia, una vez más se encontraba entre la opinión pública, que le reprochaba que no ayudaba lo suficiente a de Gaulle y el Presidente de Estados Unidos, que le reprochaba que lo apoyaba en detrimento de los intereses norteamericanos. Y el Primer Ministro terminó por responderle a Roosevelt: "Tampoco a nosotros nos ha gustado lo que de Gaulle dijo en su conferencia de prensa del 9 de febrero". Y agregó: "Estoy ejerciendo una fuerte presión para que de Gaulle quede 'diluido' dentro de su comité".[15]

Pero sus esfuerzos para "diluir" al general siempre terminaron fracasando y esta vez pasó lo mismo. Sin embargo, los norteamericanos mantuvieron la presión, como Eden pudo comprobar cuando fue a Washington en marzo. En efecto, se entrevistó con el secretario de Estado Cordell Hull al que, visiblemente, lo afectaba una gaullofobia aguda. Después, escribió en su informe: "Hull me hizo llegar sus quejas, que se pueden resumir principalmente así: mientras el objetivo de su política era mantener buenas relaciones con Vichy —objetivo que había recibido la aprobación del gobierno de Su Majestad— se había enfrentado a los ataques por parte de los periódicos británicos y de la Francia Combatiente y, de hecho, había tenido que arrastrarse por el barro. Le expliqué una vez más que si bien nos había parecido deseable que los norteamericanos estuvieran representados en Vichy, por el contrario, el pueblo británico no tenía ni simpatía ni consideración por Pétain y Vichy. Y nadie podía cambiar nada en eso".[16]

Hull señaló: "Bien o mal, Eden intentó justificar la posición británica al referirse al apoyo de Inglaterra al general de Gaulle. Le contesté que éste había sido compensado por la importante ayuda que Estados Unidos había aportado a Gran Bretaña y al conjunto de la causa aliada, gracias a su política con Vichy".[17] Y el 22 de marzo volvió a la carga: "Hablé otra vez con Eden de la cuestión de África del Norte y de la situación del movimiento de de Gaulle. (...) Le hice notar que nuestra política siempre había sido rechazar la constitución de una autoridad política suprema que se le impusiera al pueblo francés en el momento actual. No se trataba de crear o de reconocer un gobierno provisorio y las actividades políticas deberían confinarse al mínimo indispensable".[18]

Ésta no era la opinión del gobierno británico, que prefería tratar con una autoridad francesa única y el *Foreign Office*, con el apoyo total del Primer Ministro, se puso activamente a favorecer su creación. Pero para el gobierno norteamericano era mucho más cómodo tratar por separado con las autoridades francesas locales, en Martinica, en el Pacífico, en África del Norte o en Vichy. Por otra parte, el Departamento de Estado deseaba que las fuerzas aliadas que un día desembarcaran en Francia se encargaran de la administración de los territorios franceses liberados. Pero los británicos se oponían a esto por evidentes razones políticas y Eden se encargó de hacérselo saber a sus interlocutores. Además, había otros temas de desacuerdo en las conversaciones con el presidente Roosevelt: "Después de mi entrevista con Hull —señaló Eden— cené a solas con el Presidente y Harry Hopkins. Roosevelt me expuso con alegría sus puntos de vista sobre los problemas europeos. Según él, Gran Bretaña, Estados Unidos y Rusia tendrían que conservar el conjunto del armamento en Europa después de la guerra. Las pequeñas potencias no tendrían nada más peligroso que fusiles. No parecía darse cuenta de la dificultad para desarmar a países neutros, pero no tomé la propuesta en serio e hice solamente unos pocos comentarios. (...) En relación con el futuro de Alemania, el Presidente parecía considerar el desmembramiento como la única solución verdaderamente satisfactoria. Convino en que, cuando se presentara la ocasión, tendríamos que alentar las tendencias separatistas que se manifestarían dentro de Alemania y dejó entender que se necesitaría un largo período de 'apoderamiento' del país. Lo más sorprendente es que también consideraba que las tres potencias tenían que apoderarse de toda Europa. Le señalé que los ex países ocupados seguramente querrían poner su propia casa en orden y que me parecía que había que apoyarlos en este sentido. Tendríamos bastante trabajo con Alemania. Roosevelt enseguida se preocupó por el futuro de Bélgica y explicó el proyecto que le había expuesto a Lyttelton algunos meses antes. Consistía en la creación de un Estado denominado 'Valonia' que comprendería la parte valona de Bélgica, Luxemburgo, Alsacia-Lorena y una parte del norte de Francia. (...) Expresé (espero) mi escepticismo y el Presidente no volvió a hablar de este tema".[19]

Eden se fue de Washington el 30 de marzo. Durante una conferencia de prensa que dio ese día, el presidente Roosevelt realizó el balance de sus entrevistas: "Para hablar en cifras, diría que hasta ahora (...) estamos de acuerdo en aproximadamente un 95%".[20] El 5 por ciento restante se refería a Francia.

Más allá de sus sentimientos por de Gaulle, Churchill seguía siendo un francófilo encarnizado. El 30 de marzo le escribió a Eden: "Esta propuesta, que consiste en ubicar a Francia detrás de China en las cuestiones relacionadas con Europa y en someter a una Europa desarmada a la dominación de cuatro potencias, no dejará de provocar controversias ardientes. Estoy seguro de que escuchó cortésmente estas ideas y de que no las alentó para nada. Hizo muy bien en protestar por Francia".[21]

El general de Gaulle, que ignoraba todos estos grandiosos proyectos del Presidente en relación con el futuro de Francia, esperaba una invitación para ir a Estados Unidos que seguía sin llegar. También estaba apurado por ir a África del Norte, donde el general Catroux estaba negociando con Giraud. Éste le estaba dando a su régimen una apariencia más democrática e, inclusive, había abolido una parte de la legislación de Vichy, que seguía aplicándose en África del Norte. Después de esto, la Francia Combatiente y de Gaulle se vieron sometidos a fuertes presiones por parte de la prensa, del gobierno británico, de Macmillan y del cardenal Spellman. Todos le pedían que se sometiera al general Giraud y que aceptara el plan establecido en Anfa. El 26 de febrero de Gaulle le envió a Giraud un memorándum en el que enumeraba las condiciones indispensables para poder lograr la unidad: considerar nulo y no sucedido el armisticio de 1940; restablecer la legalidad republicana en África del Norte; que ciertos administradores de Vichy dimitieran y, finalmente, la constitución de un poder central con todos los atributos de un gobierno y una asamblea consultiva que representara a la Resistencia francesa. A fines de marzo, el general de Gaulle seguía sin respuesta a su memorándum y las negociaciones entre Catroux y Giraud parecían haber llegado a un punto muerto. De Gaulle les pidió una vez más a las autoridades británicas que le prestaran un avión para poder ir a África y, esta vez, pusieron a su disposición un *Liberator*. Pero el 30 de marzo, súbitamente, el avión se descompuso y, por supuesto, se necesitaron varios días para repararlo. El gobierno de Su Majestad seguía dudando en dejar que el general se fuera de Inglaterra. Pero había un elemento nuevo: el Primer Ministro acababa de aceptar ver al general de Gaulle.

Este brusco cambio se debió en gran parte a los esfuerzos persistentes del Comisario Francés de Asuntos Exteriores: el 23 de marzo Massigli vio a Charles Peake y utilizó todos sus talentos de diplomático para convencerlo. Peake anotó en su informe: "(Massigli) piensa que (…) el general de Gaulle querrá partir para Argel el 31 de marzo. Luego me preguntó si el Primer Ministro consentiría en recibirlo antes de su partida. Respondí que si él hacía el pedido, no dejaría de transmitirlo, pero que me parecía poco probable que el Primer Ministro consintiera. (…) Esto se explicaba por el comportamiento anterior del general. Massigli no discutía que era extremadamente difícil y frustrante tratar con el general de Gaulle, pero como se dirigía a mí como amigo, me pedía que hiciera todo lo que estuviese en mi poder para persuadir al Primer Ministro de que viera al general antes de su partida. Es verdad, agregó, que el gobierno británico hizo del general de Gaulle lo que es hoy, pero no es posible dar marcha atrás, hay que reconocer que, objetivamente, hoy tiene una posición dominante en Francia metropolitana y una tendencia a que sea así en otras partes. Considera su deber prevenirme personalmente, y con la mayor confidencialidad, de lo peligroso que sería que el general fuese a África del Norte con la impresión de que el Primer Ministro está enojado con él (…). Por eso, seguramente, sería muy útil, aun cuando más no sea por razones tácticas, que el Primer Ministro le dijera una palabra amable antes de que se fuera. Como seguramente lo sé, el general tiene una tendencia al rencor y a machacar sin cesar ofensas imaginarias. ¿Acaso no sería oportuno para el interés de las relaciones franco-británicas que no tuviera ningún pretexto para una conducta de este tipo? Después de todo, el Primer Ministro es una persona tan magnánima y con tales miras que ciertamente no sería sordo ante un pedido de este tipo si se le transmitiera. Por otra parte, el general de Gaulle tiene una profunda admiración por el Ministro y una palabra amable de su parte sería recibida como lo mejor del mundo".[22]

Churchill nunca pudo resistirse a este tipo de argumentos y aceptó recibirlo el 30 de marzo. Pero ese día se dio cuenta de que el general no había pedido la entrevista y se negó a acordarla antes de que lo hiciera. Por supuesto que de Gaulle se negó a pedir nada, pero Charles Peake y Massigli intervinieron una vez más y crearon un flujo artístico, redondeando los ángulos y el general de Gaulle finalmente fue recibido en Downing Street el 2 de abril, en presencia de Massigli y Cadogan.

Era la primera vez que se encontraban desde la conferencia de Anfa, y esta vez, nuevamente, los primeros intercambios no fueron nada amenos: "Finalmente —dijo de Gaulle—, soy un prisionero. ¡Pronto me va a mandar a la isla de Man!". A lo que Churchill respondió en su mejor francés: "No, mi general, para usted, tan distinguido, siempre está la *Tower of London*".[23] El Primer Ministro declaró enseguida que el avión que había pedido de Gaulle estaba a su disposición, pero que le parecía mejor que partiera después de que Eden hubiese vuelto de Estados Unidos. ¿Acaso el general Catroux no tenía que ir a Londres para hacer un informe? Churchill le recordó al general de Gaulle que la situación se había vuelto desventajosa para él a causa de su negativa a ir a Casablanca y agregó: "La preocupación dominante de los norteamericanos es que reine el orden en África del Norte. Si el acuerdo no se realizara o si estallaran revueltas, Estados Unidos apoyaría al general Giraud y el gobierno británico no podría hacer gran cosa para apoyar a la Francia Combatiente".

De Gaulle respondió que "comprendía muy bien la importancia presente y hasta futura del hecho de que los Aliados apoyaran una organización francesa u otra, pero que ése no era el problema. La Francia Combatiente pensaba que la decisión era un asunto francés y creía que por más que los franceses ahora expresaran sus sentimientos, ya habían elegido.

"*Churchill*: (…) Sería enervante y grave que se produjeran

incidentes serios durante su viaje. Hay que tratar de arreglar las cosas amistosamente.

"A de Gaulle le preocupaba asegurarle que no partía a Argel para iniciar una batalla. Por el contrario, iba con el deseo de lograr la unión, si era verdaderamente posible. Le interesaba volver a decirle que no tenía ninguna queja sobre la persona de Giraud. Sus reservas y preocupaciones concernían a los que se agitaban detrás de Giraud.

"Churchill preguntó si había que telegrafiar al general Eisenhower para decirle que el general de Gaulle llegaría con el deseo de ver cómo se realizaba la unión entre todos los franceses que querían echar a los alemanes de Francia.

"De Gaulle respondió que el Primer Ministro no podía tener ninguna duda al respecto.

"Churchill explicó que la preocupación mayor del general Eisenhower era que el país estuviera tranquilo. (...) Convenía apoyarse en la administración que ya existía. En especial, y salvo excepciones, había que evitar los cambios en los rangos de funcionarios medios y subalternos.

"De Gaulle interrumpió para observar que no se trataba de eso.

"Churchill desearía que no hubiese demostraciones ni manifestaciones antes del acuerdo, para que todo se produjera bajo el signo de la concordia.

"De Gaulle también lo deseaba, pero era difícil lograr que la gente no manifestara todos sus sentimientos.

"Churchill señaló que Argelia era una zona de operaciones militares. Los norteamericanos consideraban que serían deplorables las colisiones y revueltas.

"De Gaulle estaba sorprendido por el lugar que tenía la cuestión del orden en las preocupaciones del general Eisenhower. En Casablanca, Murphy decía que no había gaullistas en Argelia.

"A Churchill le preocupaba que al general no le quedaran dudas sobre su pensamiento. Estaba convencido de que, en el interés de Europa y, sobre todo, de Inglaterra, se necesitaba una Francia fuerte. El Primer Ministro era un europeo, un buen europeo (al menos, esperaba que así fuera). En su concepción de Europa, una Francia fuerte era un elemento indispensable, incluso si en diversos puntos no estaba de acuerdo con Gran Bretaña. El Primer Ministro nuevamente solicitó al general de Gaulle que confiara en su declaración y que recordara los momentos difíciles.

"De Gaulle contestó que, precisamente, porque pensaba de Inglaterra y del Primer Ministro lo que éste acababa de decir, desde el armisticio francés hizo la guerra junto a Gran Bretaña.

"Churchill estaba por explotar esta sensible calidez del clima y abordó la cuestión de los procónsules: 'Está el caso de Peyrouton, el de Noguès (…) el de Boisson. Boisson me parece muy capaz, ayudó mucho a los aliados'.

"De Gaulle observó que lo único que importaba era saber si el gobernador Boisson había servido a Francia.

"El Primer Ministro no insistió.

""hurchill repite que Francia está en peligro mientras no se realice la unidad. Luego hace alusión al proyecto de viaje al Imperio que había formulado antes el general.

"De Gaulle responde que ese proyecto no está para nada abandonado y que, si la unidad se realiza, sería muy ventajoso que pudiera recorrer los diversos territorios del Imperio.

"Churchill admite que la cuestión se planteará en ese momento en condiciones diferentes.

"Después de haber reafirmado que estaba convencido de la necesidad de un acuerdo con el general Giraud y de prometer que iba a telegrafiar al general Eisenhower y a Macmillan, 'que, ciertamente, le aportará al general de Gaulle toda la ayuda posible', el Primer Ministro declaró, como conclusión, que 'nunca dejó de ser y que sigue siendo un amigo de Francia'".[24]

La entrevista terminó del mejor modo, pero de Gaulle no estaba realmente satisfecho. "Como quería que Churchill develara sus proyectos",[25] cuando salió de Downing Street hizo saber que seguía teniendo la intención de ir a Argel y sin aceptar ninguna condición previa. Pero dos días más tarde, el *Foreign Office* le transmitió a de Gaulle un mensaje del general Eisenhower en el que le decía que "le agradecería que retrasara su partida hasta que él estime que las negociaciones para un acuerdo progresaron lo suficiente como para permitir un rápido logro. En efecto, la inminencia de la batalla de Túnez no volvía para nada deseable la aparición simultánea de una crisis política prolongada". A modo de conclusión, el mensaje precisaba que el general Eisenhower "no querría de ningún modo poner al general de Gaulle en una situación incómoda y estaba convencido de que él haría lo mismo". Este mensaje estaba acompañado por una nota de Churchill: "La razón invocada parece determinante en este momento. Estoy convencido de que, como soldado, el general de Gaulle apreciará su alcance. Se prepara una batalla muy grande. Eisenhower y Giraud tienen que poder dedicar todas las atenciones a la operación".[26]

El 7 de abril, el Primer Ministro hizo saber oficialmente que, siguiendo el ejemplo del general Eisenhower, siempre consideró inoportuna una visita del general de Gaulle durante el desarrollo de la batalla de Túnez, que requería toda la atención del comando aliado.[27] Podríamos creer que el asunto se terminaría allí, pero no fue así: el general de Gaulle, después de un violento acceso de furia y de algunas invectivas muy bien elegidas en relación con la política norteamericana, se enteró por el almirante Stark de que este mensaje no provenía realmente del general Eisenhower, sino del "mando aliado". Dos días más tarde, Tixier lo confirmó y telegrafió a Washington: "Me enteré de fuente bien informada que el telegrama del general Eisenhower se debió a una iniciativa británica".* [28]

La conclusión del general fue que Churchill había montado todo este asunto para impedir que se fuera de Inglaterra y, una vez más, las relaciones se volvieron sumamente tensas. El 6 de abril, Hugh Dalton anotó estas palabras del Primer Ministro: "De Gaulle, si bien tiene cualidades innegables, también está to-

---

*   Churchill le había pedido a Macmillan que averiguara qué pensaba el general Eisenhower de una visita del general de Gaulle a África del Norte en el momento en que la campaña de Túnez iba a entrar en su fase decisiva. Pero Eisenhower no estaba y el cuartel general simplemente había respondido que "una crisis política (…) podría poner en peligro las comunicaciones". Macmillan lo transmitió a Londres como un pedido del general Eisenhower de "no complicar la situación hasta (…) el fin de las operaciones militares". Sobre la base de este telegrama, el *Foreign Office* compuso el mensaje a de Gaulle.

talmente insensato y es muy antiinglés". A lo que le siguió un largo párrafo sobre Casablanca y, luego: "Si alguna vez de Gaulle toma el poder en Francia, intentará hacerse popular siendo antiinglés. Si ahora va a Argel, puede volar a Brazzaville o a Siria y provocar muchos daños".[29] Todo esto era, evidentemente, bastante irracional. Un mes antes Churchill le había negado el permiso para ir a Brazzaville y a Siria porque después podía ir a Argel y crear problemas allí.

En Argel, mientras tanto, las negociaciones seguían entre Giraud y Catroux, mientras algunos de los colaboradores del general, entre los que estaba Catroux, lo presionaban para que aceptara el predominio político y militar del general Giraud. Pero el 9 de abril, Catroux volvió a Londres con la respuesta de Giraud al memorándum del 23 de febrero. El "Comandante en Jefe civil y militar" proponía establecer un "consejo de territorios de ultramar", sin ningún poder político. El Comandante en Jefe, que sería Giraud, no estaría subordinado a este consejo, sino al alto mando Aliado. Todo esto no era satisfactorio y, el 15 de abril, el Comité Nacional aprobó por unanimidad la respuesta del general de Gaulle, que pidió una vez más la formación de un Comité Ejecutivo con poderes reales, la subordinación del comandante en jefe al Comité y la renuncia de los hombres de Vichy que habían colaborado con el Eje.

Sin embargo, la influencia del general Giraud empezaba a declinar seriamente. En África del Norte, una cada vez mayor cantidad de soldados desertaban para unirse a las filas de la Francia Combatiente, en tanto que en Argel se organizaron gigantescas manifestaciones para reclamar la llegada del general de Gaulle. El 26 de abril, Peyrouton, gobernador general de Argelia, le confió al general Catroux que renunciaría a sus funciones y pediría unirse a las filas del ejército en cuanto llegara el general de Gaulle. En Francia, la estatura del general de Gaulle aumentaba día a día y algunos hombres clave de la Resistencia y del Ejército se unían a su movimiento. Esto reforzó especialmente la posición del jefe de la Francia Combatiente en el momento en que se entrevistó con un emisario de Giraud, el general Bouscat: "Si el acuerdo no se hace, peor. Toda Francia está conmigo (...). Mi gente la ocupa efectivamente y la organiza. Mis agrupaciones de resistencia y de combate están por todas partes y se refuerzan cada día. ¡Que Giraud preste atención! Incluso victorioso, si va a Francia sin mí, lo recibirán a tiros de fusil. (…) Francia es gaullista, terriblemente gaullista. No puede cambiar (…). Él no puede olvidar que estamos solos entre extranjeros. Mañana pueden convertirse en enemigos. Giraud es un siervo de los norteamericanos. Prepara la segura servidumbre de Francia y se encamina hacia grandes desilusiones".[30]

El general Giraud todavía no había aceptado su derrota. El 27 de abril le escribió a de Gaulle que renunciaba al predominio, pero quería conservar el poder civil y el militar, persistía en exigir un consejo sin poderes reales y proponía que la primera reunión se hiciera en Argel, en Biskra o "en un edificio del aeropuerto norteamericano" en Marrakesh. Para de Gaulle, todo esto era inaceptable y al día siguiente declaró al general Bouscat: "Giraud no quiere comprender. Quiere ser simultáneamente el jefe de gobierno y el comandante en jefe. Eso no".[31] Cuatro días más tarde, de Gaulle le repetía a Bouscat que "quería ir a Argel y nada más que a Argel", y agregó: "¿Por qué no quieren que vaya a Argel? ¿Por temor a las manifestaciones? ¿Por qué temen que las multitudes griten: 'Viva de Gaulle'? ¿Y después? Si esperan, será peor (…). Vea, mantengo mis tres exigencias: la de mi viaje a Argel, primero y, también, la exclusión de Peyrouton, Noguès y Boisson. No puedo trabajar con los hombres que colaboraron con Vichy. No quiero su muerte. Que renuncien y luego veremos. Peyrouton es el menos peligroso; quiere ir al Ejército y está bien. Un poco más tarde lo utilizaremos. Por el momento no es posible".[32]

Agregó que estaba dispuesto a compartir la autoridad gubernamental con Giraud. "Es mucho —exclamó—. Porque, ¿quién es Giraud? ¿Qué representa? Nada. No tiene a nadie detrás de él. (…) Podría ser muy simple: llego en avión a CasaBlanca. Voy al Palacio de Verano. En la ruta, la multitud me aclama. ¿Qué puedo hacer? Nos mostramos juntos en un balcón con Giraud. La unión se hizo. Ya está".[33]

A fines del mes de abril, esta visión todavía parecía un tanto optimista; pero Giraud seguía negándose a comprender. Churchill, al que Eden y Macmillan habían informado sobre los acontecimientos en África del Norte, reconocía que de Gaulle había ganado la primera mano. Fue lo que le dijo cuando lo recibió el 30 de abril, después de haberle prometido a Eden que "iba a ser amable con él".[34] Esta vez, le pidió que fuese a Argel sin demoras y agregó que se pronunciaría a favor de cualquier acuerdo que confiriera a de Gaulle y a Giraud un poder igual en África del Norte. Luego intervino una vez más a favor de Peyrouton, Noguès y Boisson (sin mejores resultados que antes). Una "conversación satisfactoria", señaló el general de Gaulle.[35] Pero Churchill era muy vulnerable a la influencia norteamericana y, justamente, fue a Washington para encontrarse con el presidente Roosevelt, que no tenía ninguna simpatía por de Gaulle, y con el secretario de Estado Cordell Hull, más gaullófobo que nunca. El 4 de mayo, el Primer Ministro partió hacia Estados Unidos.

Churchill no era el único que pensaba que de Gaulle había ganado la primera mano en su lucha por el poder supremo en África del Norte. El presidente Roosevelt, que había seguido con atención el giro que habían tomado los acontecimientos, llegó a la misma conclusión. El 8 de mayo le mostró a Cordell Hull un memorándum que iba a someter a Churchill. Entre otras cosas se puede leer: "En este asunto francés, las cosas llegaron a un punto en el que tenemos que tomar una posición definitiva para influir en el desenvolvimiento de la controversia".[36] En otras palabras, Churchill iba a verse sometido a las mismas influencias antigaullistas que Eden en marzo, con dos diferencias importantes: las presiones serían más pesadas y Churchill era más vulnerable a la influencia norteamericana que su Ministro de Asuntos Exteriores.

En cuanto llegó a Washington, le declaró al embajador de Gran Bretaña, lord Halifax, que "apostaba a que él, Winston, mostraría más imaginación que Hull para cubrir de injurias a de Gaulle".[37] De hecho, el Primer Ministro acababa de encontrar el memorándum del Presidente, demoledor para el general de Gaulle: "Lo lamento, pero me parece que la conducta de la esposa es cada vez peor. Su actitud es prácticamente intolerable (…). Evidentemente, de Gaulle utiliza su servicio de propaganda para crear disensos entre las diversas facciones, incluidos los árabes y los judíos. (...) Quizás sea honesto, pero tiene una obsesión mesiánica. Además, se imagina que el pueblo de Francia está sólidamente detrás de él. En realidad, lo dudo. (...) Por eso sus continuas intrigas me molestan cada vez más. Para mí, el Comité Nacional Francés tendría que reorganizarse, para excluir a algunos de sus elementos inaceptables, como Philip, y para que entren hombres fuertes como Monnet y algunos otros, provenientes de la administración Giraud en África del Norte y, quizás, otros de Madagascar, etcétera. Además, me parece que cuando entremos en Francia propiamente dicha, tendremos que considerar que es una ocupación militar, organizada por generales ingleses y norteamericanos. (...) Si lo consideramos así, me parece que nosotros dos tendríamos que discutir a fondo este desagradable asunto y poner a punto una política común. Podríamos considerar la creación de un comité francés completamente nuevo, cuya composición tendrá que ser aprobada por usted y por mí. En mi opinión, en ningún caso tendría que ejercer las funciones de un gobierno provisorio, pero podría tener un papel consultivo. Giraud tendría que ser nombrado comandante en jefe del Ejército y de la Marina franceses y, por supuesto, tendría sede en el comité nacional consultivo. Pienso que se portó muy bien desde nuestra entrevista en Casablanca. No sé qué hacer con de Gaulle. Quizás quiera nombrarlo gobernador en Madagascar".[38]

Churchill escuchó complacientemente, pero desde sus primeras entrevistas, Roosevelt se dio cuenta de que su interlocutor estaba muy reticente a comprometerse con lo que le estaban proponiendo. Finalmente, le pidió que hablara de este asunto con Cordell Hull porque esperaba, indudablemente, que sería más convincente. Por lo tanto, Hull fue a visitarlo el 13 de mayo, y escribió en sus *Memorias*: "Churchill me dijo que el Presidente le había sugerido que hablara conmigo de la cuestión de de Gaulle. Me señaló que no buscaba de ningún modo impulsar a de Gaulle, pero que había oído decir que era la ayuda británica lo que permitía que el general hiciera todo lo que nos molestaba. Eden y él mismo habían tenido las peores dificultades con de Gaulle, y teníamos que entender que en ningún caso intentaban promocionar sus intereses. Pero en cuanto a nosotros, no tendríamos que hacer que Giraud se peleara con de Gaulle, aunque más no fuera porque el general era considerado el símbolo de la resistencia francesa y porque los ingleses no podían deshacerse de él a pesar de su carácter difícil y de sus métodos muy discutibles.

"Respondí que el elemento importante de este asunto (...) era que si esta cuestión de de Gaulle tenía que seguir como antes, eso no dejaría de provocar serias divergencias entre nuestros dos gobiernos.

"Churchill respondió que, por una parte, estaba personalmente hastiado del general de Gaulle y que, por otra, los británicos no lo ayudaban tanto como yo creía.

"Dejé entender que los británicos tenían medios para retirarle el apoyo a de Gaulle, de una vez o progresivamente, según las necesidades.

"No pude convencer al Primer Ministro sobre este punto, y siguió pidiendo que nuestro gobierno se abstuviera de sostener a Giraud al punto de dejar que éste se comprometiera en una querella con de Gaulle y los británicos. Respondí que esto sucedería fatalmente a causa de la política británica en relación con de Gaulle. La conversación terminó sin que hubiésemos podido ponernos de acuerdo".[39]

Sin embargo, las autoridades norteamericanas ejercieron una presión diaria sobre el Primer Ministro, que terminó por dejar su impronta. El 22 de mayo, durante un almuerzo en la embajada de Gran Bretaña en honor del presidente Roosevelt y de MacKenzie King, Churchill declaró que "cuidó a de Gaulle como cuando se cría un cachorro", pero que éste ahora "mordía la mano que le daba de comer". También se quejó del orgullo desmesurado del general de Gaulle.[40]

Henry Wallace, que asistió al almuerzo, anotó en su diario: "Churchill habló muy desdeñosamente de la vanidad, de la mezquindad y de la incivilidad de de Gaulle, cuando dijo que el cachorro al que había criado terminó por ladrarle y morderlo". El resto de la conversación no fue menos interesante: "Churchill declaró que, según él, se necesitarían tres organizaciones regionales y una organización suprema. Estados Unidos, el Imperio Británico y Rusia ejercerían un papel preponderante. Estados Unidos sería miembro de la organización regional para América y para el Pacífico. Gran Bretaña sería miembro de las tres organizaciones. Estados Unidos podría participar o no de la organización para Europa. "En cuanto a los puntos de vista de Churchill sobre la Europa de la posguerra, también eran especiales: 'Una confederación del Danubio que integre la Baviera. Prusia formaría una entidad separada con 40 millones de habitantes. Francia sería una nación fuerte, aunque no lo merezca. Los países escandinavos formarían un bloque'. No tenía ideas particulares sobre cómo tratar a Suiza o a los Países Bajos".[41]

Roosevelt tenía algunas ideas personales sobre la manera de tratar al general de Gaulle y siguió transmitiéndole al Primer Ministro documentos que lo incriminaban (que se los hacía llegar Cordell Hull). Entre otros, se encontraba un informe del embajador Winant en Londres, que indicaba que el general Cochet, recientemente llegado a Francia, le habría confiado a dos franceses, Roger Cambon y Pierre Comert, que "se había quedado estupefacto al oír que el general decía en privado que no tenía más confianza en los anglosajones y que, en el futuro, su política se apoyaría en Rusia (...) y, quizás, en Alemania".[42] Robert Murphy también envió de Argel un informe edificante: el general Catroux le habría mostrado un telegrama del general de Gaulle en el que éste expresaba toda su desconfianza respecto de la política norteamericana, que consistía, según él, en oponerse a la unidad francesa y a la edificación de una Francia fuerte.[43] El presidente Roosevelt estaba muy indignado porque eso era exacto.

Churchill terminó por ceder. El 21 de mayo envió a Eden y a Attlee el siguiente telegrama:

"Debo advertirles solemnemente que la cuestión del general de Gaulle ha tomado aquí un sesgo sumamente grave. No pasa un día sin que el Presidente me hable de ella. Por más que lo haga amistosamente y a veces bromeando, estoy seguro de que el asunto lo tiene mal (...). Si el problema no se encara seriamente, estamos frente a un gran peligro. Les envío junto con esto un informe marcado con una A, que el Presidente había preparado para que viera a mi llegada. También hay uno que le dio el Departamento de Estado, marcado con una B. A esto se agrega un documento marcado con una C, y un informe de los servicios secretos, marcado con una D, que el Presidente me proporcionó un día o dos más tarde, así como otros telegramas marcados E, F, G y H, respectivamente. De hecho, no pasa un día sin que me comunique uno o varios de estos documentos agotadores. Podría enviar otros, pero se lo evito. Además, les remití por correo aéreo un informe de los servicios secretos norteamericanos escrito por Hoover (no el ex presidente), que explicita las ofertas que se hicieron a marinos del *Richelieu* para que se pasaran con de Gaulle, lo que causó mucha molestia en Estados Unidos. Lo importante de este asunto es que el Presidente considera que todo esto se hace gracias a los fondos británicos que se le dan a de Gaulle y solamente por cortesía se abstiene de decirnos que en el estado actual de nuestras relaciones financieras con Estados Unidos, en un sentido, son fondos norteamericanos.

"Estoy convencido de que tenemos que hacer que todo esto se detenga. De Gaulle dejó pasar por completo su oportunidad en África del Norte. En lo que a mí respecta, sólo le interesa su propia carrera, que está basada en la vana pretensión de erigirse en juez de la conducta de cada francés después de la derrota militar. Solicito a mis colegas que examinen urgentemente si tendríamos que eliminar a de Gaulle en tanto fuerza política y explicar esta decisión ante el Parlamento y ante Francia. En ese caso, le diríamos al Comité Nacional Francés que dejaremos de tener relaciones con él o de darle dinero mientras de Gaulle siga formando parte de él. Por supuesto que seguiremos retribuyendo a los soldados y a los marinos que prestan servicios en la actualidad. Estaría dispuesto a defender esta política en el Parlamento y a mostrarle a todo el mundo que el movimiento de resistencia en Francia, que está en el corazón de la mística gaullista, no se identifica más con este hombre vanidoso y malintencionado. (…)

"Los otros argumentos en contra de la persona de de Gaulle son los siguientes: detesta a Inglaterra, dijo muchas cosas anglófobas en todos los lugares en los que estuvo. Nunca participó personalmente de una batalla desde que se fue de Francia y tomó las precauciones de que su mujer saliera antes*. Ahora se alía con el movimiento comunista de Francia, en tanto que antes pretendía ser el único amparo en su contra. El Presidente, incluso, me dio a entender que Giraud corría el riesgo de ser asesinado por los gaullistas. Es verdad que no me dio ninguna prueba que apoyara esta aserción. Les pido que sometan todo esto al Gabinete lo más pronto posible. Mientras tanto, y hasta que regrese, los desplazamientos del general de Gaulle y la propaganda escrita y radial de la Francia Libre tendrán que controlarse estrictamente. (...) Cuando considero el interés absolutamente vital que representa para nosotros el mantenimiento de buenas relaciones con Estados Unidos, me parece que no podemos dejar que este engañador y este aguafiestas siga con sus nefastas actividades. Estaría muy contento si recibiera la opinión de ustedes antes de partir. Por favor, examinen también los documentos X e Y, que el Presidente acaba de hacerme llegar".[44]

Algunas horas más tarde, Churchill le envió a Eden un segundo telegrama: "Acabo de encontrarme con Léger. Estaba muy bien, tanto física como moralmente. Me declaró que nunca podría trabajar con de Gaulle y que no tenía ninguna intención de ir a Inglaterra mientras sigamos apoyando a de Gaulle. Por otra parte, está totalmente de acuerdo con el movimiento gaullista y considera que una vez que nos hayamos quitado de encima a de Gaulle, constituiría una esperanza seria para Francia. No quiere ir a África, porque eso significaría participar de una empresa divisoria, pero lo haría si se estableciera un acuerdo entre Giraud y el Comité Nacional Francés, sin de Gaulle. De hecho, sus opiniones coinciden con las mías. Estoy cada vez más convencido de que tengo que escribirle una carta a de Gaulle para decirle que, a causa de su conducta, no podemos seguir reconociendo la validez de las cartas que hemos intercambiado, pero que, por supuesto, seguiremos colaborando estrechamente con el Comité Nacional Francés, esforzándonos por promover la unión más amplia posible entre todos los franceses que deseen combatir a

---

*   Era un argumento de mala fe: la señora de Gaulle llegó a Inglaterra el 19 de junio de 1940 (o sea, dos días después que su marido) y Churchill lo sabía perfectamente.

Alemania. Si pudiéramos introducir a Herriot y a Léger en un Comité del que de Gaulle estuviera excluido, sería posible constituir, con Giraud, un agrupamiento fuerte que representaría perfectamente a Francia durante el período de la guerra. Estoy convencido de que las cosas no pueden seguir como antes…".[45]

Finalmente, en un tercer telegrama, Churchill juntó todos los documentos "demoledores" que le había mandado Roosevelt.

En Londres, mientras tanto, de Gaulle no sospechaba para nada lo que se estaba urdiendo en su contra. Por el contrario, esperaba con alguna impaciencia los resultados de las negociaciones del general Catroux en Argel. El 4 de mayo declaró sin ambages, en un discurso pronunciado en Grosvenor House, que "había que terminar con esto".[46] Sin embargo, a mediados de mayo, el general tenía todas las razones para ser optimista: en África del Norte, las tropas francesas desertaban del ejército del general Giraud por regimientos enteros para unirse a las filas de la Francia Combatiente. Por otra parte, el general de Gaulle acababa de recibir un telegrama de Jean Moulin que, desde París, anunciaba el Consejo Nacional de la Resistencia y le dirigía el siguiente mensaje al jefe de la Francia Combatiente: "Todos los movimientos, todos los partidos de la Resistencia, de la zona norte y de la zona sur, el día anterior a la partida del general de Gaulle para Argelia renuevan ante él y ante el Comité Nacional, la seguridad de su adhesión total a los principios que encarnan y que no abandonarán. Todos los movimientos, todos los partidos declaran formalmente que el encuentro previsto debe hacerse en la sede del gobierno general de Argelia, de día y entre franceses. Afirman, además, que los problemas políticos no deben ser excluidos de las conversaciones, que el pueblo de Francia no admitirá nunca la subordinación del general de Gaulle al general Giraud, sino que reclama que rápidamente se instale un gobierno provisorio en Argel, bajo la presidencia del general de Gaulle y que el general Giraud sea el jefe militar. El general de Gaulle seguirá siendo el único jefe de la Resistencia francesa sean cuales fueren los resultados de las negociaciones".* [47]

---

* Jean Moulin fue arrestado por la Gestapo el 27 de mayo.

La posición del general era mucho más sólida. El mismo Giraud no podía ignorarlo y el 17 de mayo le pidió a de Gaulle que "viniera inmediatamente a Argel para formar con él el poder central francés". Esta vez, se trataba de formar un Comité Ejecutivo que dispusiera del poder supremo, compuesto al comienzo por seis miembros, dos propuestos por de Gaulle y dos por Giraud, y presidido por ambos generales por turno. En ese momento no hubo más dudas: de Gaulle fue a Argel.

Los miembros del gobierno británico quedaron muy impresionados por la declaración del Consejo Nacional de la Resistencia y más bien aliviados con el cambio de Giraud. Después de siete meses de discusiones y de conflictos, la unión entre las dos facciones rivales estaba por fin a la vista. Por eso es posible imaginar la sorpresa y la consternación de Anthony Eden y de Clement Attlee cuando recibieron de Washington los tres telegramas de Churchill que dejaban prever una ruptura pura y simple con el general de Gaulle. El Gabinete de Guerra fue convocado de inmediato y se reunió en la noche del 23 de mayo. El resumen de esta reunión fue seco pero edificante:

"El Gabinete de Guerra se reunió para examinar tres telegramas del Primer Ministro (*Pencils* nº 166, 167 y 181) sobre las relaciones entre el general de Gaulle y el general Giraud. (...) El Gabinete de Guerra ha sido informado del estado actual de las negociaciones entre el general de Gaulle y el general Giraud. El general Giraud invitó al general de Gaulle a ir a Argel y puso dos condiciones que de Gaulle aceptará sin lugar a duda.

"El Gabinete de Guerra tiene muchas dificultades para comprender cómo se podría romper con el general de Gaulle en el momento en que, finalmente, se podrá lograr un acuerdo con el general Giraud. Si el general de Gaulle pusiese dificultades una vez concluido el acuerdo, estaríamos en mejores condiciones de exigir su retirada en caso en que lo necesitáramos.

"Luego el Gabinete de Guerra fue informado de algunas cuestiones específicas a considerar antes de cualquier decisión de ruptura con el general de Gaulle. A saber:

"La Francia Combatiente cuenta con ochenta mil soldados, que están en diversos puntos del mundo. Si rompiésemos con el general de Gaulle en este momento, tendríamos dificultades especialmente graves en África ecuatorial (donde los soldados son salvajemente gaullistas), en Siria y en el norte de Palestina.

"El Primer Lord del Almirantazgo declaró que la Marina de la Francia Combatiente está integrada por 4 submarinos de lo más eficaces, 15 destructores, corbetas y aviones, con 47 oficiales y 6000 suboficiales y marinos. El Almirantazgo considera que una ruptura con el general de Gaulle no dejaría de causar algunas dificultades e inconvenientes temporarios.

....

"5) El Viceprimer Ministro declara que si llegáramos a tomar medidas en contra del general de Gaulle, muchos franceses que ahora son hostiles a él no dejarían de unírsele. El nombre de Gaulle es considerado como el símbolo de la República.

"6) También queremos observar que si tuviésemos que romper con el general de Gaulle durante la visita del Primer Ministro a Estados Unidos o inmediatamente después de ésta, todo el mundo deduciría que hemos cedido a la presión norteamericana.

....

"8) También hay que considerar el efecto sobre nuestra opinión pública.

"Luego el Gabinete de Guerra examinó tres proyectos de telegrama preparados por el *Foreign Office* para el Primer Ministro. Se incorporaron muchas enmiendas para reflejar las opiniones expresadas durante la discusión (...).

"Después de esto, el Gabinete aprobó los tres proyectos de telegrama con las formas enmendadas y autorizó su expedición".[48]

Eden anotó ese día en su diario: "Consejo de Gabinete a las 9 de la noche. El tema es de Gaulle y la propuesta de Winston de romper con él ahora mismo. Todo el mundo está en contra y lo dice sin miedo porque el Primer Ministro está ausente".[49] Así, tarde por la noche del 23 de mayo, Churchill recibió tres telegramas de Londres. El primero, *Alcove n° 370*, decía:

"Sus telegramas fueron examinados por el Gabinete y lo que sigue expresa la totalidad de nuestras opiniones:

"Lamentamos que hayan llegado a Washington tal cantidad de informes norteamericanos sin que el embajador haya hablado de ellos a nuestro Ministro de Asuntos Exteriores. Ignorábamos que el problema con de Gaulle hubiese llegado a tal grado de contaminación en los últimos tiempos. Nos damos perfectamente cuenta de las dificultades que de Gaulle nos ha creado y también de que usted se ve sometido a una presión intensa por parte de los norteamericanos. Sin embargo, consideramos que la política recomendada hace tan poco tiempo por usted no es practicable y esto, por las siguientes razones.

"Si juzgamos el estado actual de las negociaciones entre Giraud y de Gaulle, la unión está más cerca de lo que nunca estuvo. De Gaulle ha sido invitado a Argel por Giraud. Éste puso dos condiciones que de Gaulle va a aceptar, sin duda. Esperamos que de Gaulle nos pida los medios de transporte necesarios. Durante los últimos cuatro meses, la política del gobierno de Su Majestad y la del gobierno de Estados Unidos fue lograr que los dos generales se entendieran y esta política recibió en Anfa el aval del Presidente y el suyo. Si, como pensamos, esta política tenía buenos fundamentos en ese momento, nos parece que los tiene más hoy, ya que los dos generales están a punto de llevar a cabo la unión por la que antes los presionábamos.

"Sabemos que, en ningún caso, los miembros del actual Comité Nacional Francés se quedarán en el lugar si apartamos al general de Gaulle. Lo mismo sucederá, sin duda, con las fuerzas combatientes de la Francia Libre (...).

"Si de Gaulle es apartado de los asuntos públicos en este momento, en el que parece inminente la unión de los dos movimientos franceses, ¿no corremos el riesgo de convertirlo en un mártir y de ser acusados por los gaullistas y por los giraudistas de intervenir intempestivamente en asuntos puramente franceses y de estar tratando a Francia como a un protectorado anglo-norteamericano? Si la respuesta es afirmativa, nuestras relaciones con Francia se verían más gravemente comprometidas que con el mantenimiento de la situación presente, por poco satisfactoria que sea.

"Al igual que el presidente y Hull, somos plenamente conscientes del carácter insatisfactorio de la situación actual, pero a causa de la evolución reciente de los acontecimientos descrita a comienzos del párrafo 2, nos parece que no es el momento de intervenir tomando las medidas radicales que propone el Presidente (...).

"Le enviamos por telegrama separado nuestros comentarios sobre los diversos documentos. Éstos contienen pocas cosas que no supiéramos y no se puede decir que hayan sido escritos por observadores objetivos".[50]

En un segundo telegrama se examinaban sin complacencia los diversos documentos comunicados por el presidente Roosevelt. Algunos fueron rectificados, otros discutidos y ninguno fue tomado realmente en serio.[51] En el tercer telegrama, *Alcove 372*, se encontraba la siguiente conclusión: "Nos parece necesario que recordemos esto. El resultado es que, fuera de los obstáculos políticos que se oponen a la iniciativa propuesta por el Presidente, una ruptura brutal con de Gaulle implicaría pesadas consecuencias en una cierta cantidad de terrenos en los que los norteamericanos ni siquiera deben de haber pensado. (…) Lamentamos no poder hacer otra cosa, pero estamos convencidos de que los norteamericanos están equivocados y que proponen una línea de conducta que aquí no se comprendería, lo que podría tener consecuencias enojosas para las relaciones anglo-norteamericanas. Esperamos que pueda diferir cualquier decisión sobre este asunto hasta su regreso".[52]

La respuesta no era nada ambigua y tuvo el efecto deseado sobre el Primer Ministro, que respondió al otro día por la mañana: "No sabía que de Gaulle estaba por encontrarse con Giraud. Efectivamente, hay que esperar los resultados de este encuentro. Les había prevenido sobre los peligros que su apoyo al general de Gaulle hacía correr a la unidad anglo-norteamericana. Hemos sido tratados aquí con la mayor generosidad (…) y estamos por llegar a un acuerdo sobre el conjunto de los problemas estratégicos que satisface plenamente al Estado Mayor. (…) También hemos recibido una ayuda irreemplazable en muchos otros campos y para mí sería terriblemente penoso tener que romper esta armonía por un francés que es enemigo declarado de Gran Bretaña y que podría llevar a la guerra civil a Francia".[53]

Las cosas quedaron en este punto y en sus *Memorias* Churchill prefirió pasar muy rápido este episodio: "En este punto faltó muy poco para que rompiéramos definitivamente con ese hombre imposible. Sin embargo, a fuerza de tiempo y de paciencia, terminamos por encontrar soluciones aceptables".[54]

En Londres, el general de Gaulle se disponía a partir para África del Norte. El 25 de mayo le escribió al general Giraud: "Cuento con llegar a Argel a fin de semana y me felicito por haber colaborado con usted sirviendo a Francia".[55] En cuanto al resto, de Gaulle escribió más tarde: "Antes de irme de Inglaterra le escribí a Jorge VI para decirle cuán reconocido estaba a él mismo, a su gobierno y a su pueblo por el recibimiento que me habían hecho en los días trágicos de 1940 y la hospitalidad que les habían dispensado desde ese momento a la Francia Libre y a su jefe. Cuando quise visitar a Churchill, me enteré de que se había ido 'con destino desconocido'. Entonces, fui a despedirme de Eden. El encuentro fue amistoso. '¿Qué piensa de nosotros?', me preguntó el ministro inglés. 'No hay nada más amable que su pueblo. De su política, no siempre pienso lo mismo'. Cuando hablamos de todos los asuntos que el gobierno británico había tratado conmigo, me dijo con buen humor: '¿Sabe que nos ha causado más dificultades que todos nuestros aliados de Europa?'. 'No lo dudo —respondí sonriendo—. Francia es una gran potencia'".[56]

Pero las dificultades no se habían terminado y Churchill lo sabía mejor que cualquier otra persona. Cuando se fue de Estados Unidos, volvió de inmediato a Londres, pero aterrizó secretamente en Argel. Allí, inspeccionó los preparativos de la operación *Husky* para el desembarco en Sicilia e intentó convencer al general Eisenhower y a Marshall de la necesidad de un desembarco ulterior en la península itálica. Pero Churchill tenía otra razón para estar en Argel. Efectivamente, la unión entre de Gaulle y Giraud sería una especie de acontecimiento histórico y al Primer Ministro lo atraían irresistiblemente los acontecimientos históricos. Además, de algún modo quería preparar el terreno y alentar a su viejo amigo, el general Georges, al que esperaba ver entrar de nuevo en el Comité*. Finalmente, se reservaba para intervenir personalmente o para ordenar una intervención arma-

---

*   Por orden de Churchill, el general Georges había sido conducido fuera de Francia, en el mayor de los secretos, diez días antes.

da, en caso de que las cosas no marcharan bien entre Giraud y de Gaulle. Pero Churchill se acordaba de su fracaso de Anfa y no tenía más una confianza ilimitada en sus talentos diplomáticos, por eso le envió el siguiente telegrama a Attlee el 29 de mayo: "Me parece importante que Eden venga a pasar unos días aquí. Está mucho mejor calificado que yo para ser el padrino de la boda Giraud-de Gaulle. Tiene que darse cuenta de qué clima hay y quedar en contacto con los actores de lo que puede convertirse en un drama serio".[57]

Esa noche, Churchill tuvo una larga entrevista con el almirante Cunningham, Harold Macmillan y Robert Murphy. Éste le envió un resumen detallado de esta conversación, cuya versión censurada fue publicada ulteriormente en la recopilación *Foreign Relations of the United States*. La versión no censurada es: "Hemos discutido los pormenores y los intríngulis de este asunto francés. Eden llegará mañana al mediodía. El Primer Ministro nos ha dicho que estaba acá para inspeccionar las tropas y la Marina británicas y para contribuir a un arreglo satisfactorio del asunto francés. Dijo que era necesario que en esta oportunidad se expresara la solidaridad anglo-norteamericana. Atacó a de Gaulle más vehementemente todavía que en Anfa y declaró que era antibritánico y antinorteamericano y que se podía contar con él para hacerse el idiota. Dijo que el Presidente había invitado a Giraud a Estados Unidos y que le gustaría que supiesen que, en su opinión, sería un error que se ausentara a comienzos de junio pues (…), repitió esto varias veces (…), le parecía que de Gaulle era capaz de armar un golpe de Estado. Agregó que no se hacía la menor ilusión en cuanto a la sed de poder personal que animaba al general de Gaulle.

"Él tenía la intención de actuar de modo que el gobierno británico anulara todos los acuerdos con el Comité Nacional Francés, que sería transferido por completo a Argel (…). Después de esto ambos tendríamos que ocuparnos de la organización central establecida en África del Norte, lo que nos dejaría libres para concluir todos los acuerdos financieros, políticos y de préstamo y arriendo que nos parecieran deseables. El Primer Ministro agregó que el general de Gaulle sólo sería autorizado a usar la BBC.

"Discutimos en detalle la formación del nuevo Comité Ejecutivo Francés (...). El Primer Ministro declaró que había decidido y ayudado al general Georges a que se fuera de Francia y que pensaba que su contribución no sería para nada desdeñable. En todo caso, lo conocía desde hacía muchos años y aseguraba que representaba una cierta continuidad en las relaciones franco-británicas, cuyo mantenimiento era deseable. Al Primer Ministro también le gustaría que persuadieran a Léger a que fuera a Argel. Respondí que, si era necesario, le daríamos nuestro apoyo si consideraba entrar al Comité Ejecutivo. Por otra parte, yo pensaba que, al cabo de varios días, el general de Gaulle y sus partidarios iban a empezar a ponerse agresivos. El Primer Ministro me dijo que estaba convencido de que así sería. Le pregunté qué pensaba de los acuerdos Clark-Darlan del 22 de noviembre, que servían de base legal para nuestra acción en la región. Me respondió que, en su opinión, no había que tocarlos, y que no se debía hacer ninguna concesión durante varias semanas, al menos hasta que supiéramos si de Gaulle 'se iba a hacer el idiota o no'. Repitió que teníamos que constituir un frente unido para enfrentar la situación".[58]

Ese día, Churchill también habló de de Gaulle con su viejo amigo Georges: "Le di 25 millones de libras esterlinas y dijo sobre los ingleses y sobre Estados Unidos las peores cosas. Si vuelve a Londres sin haberse entendido con la gente de aquí, su posición cambiará".[59]

El 30 de mayo, de Gaulle aterrizó en el aeropuerto Bufarik, cerca de Argel...

12

RECONOCIMIENTO

El 30 de mayo de 1943, la recepción al general de Gaulle en el aeropuerto de Bufarik fue muy diferente de la de Anfa de cuatro meses antes. El general Giraud estaba presente, soldados franceses rindieron honores, una orquesta tocó la *Marsellesa*, los delegados norteamericanos y británicos estaban ubicados *detrás* de los franceses y lo condujeron a Argel en un auto *francés*. El gran almuerzo que se dio en su honor en el Palacio de Verano se desarrolló sin problemas y esa misma tarde se organizaron gigantescas manifestaciones populares a favor de la Francia Combatiente y su jefe. Pero al otro día comenzaron las discusiones serias en el liceo Fromentin y el clima cambió por completo.

Esa mañana, las dos delegaciones se sentaron frente a frente; a Giraud lo asistían Jean Monnet y el general Georges; de Gaulle tenía con él a Massigli, a André Philip y al general Catroux. Enseguida convinieron que los siete hombres presentes constituían un comité gubernamental que luego sería ampliado. Una vez que se resolvió esto, el general de Gaulle declaró que, para iniciar el trabajo serio, había que ponerse de acuerdo en dos condiciones esenciales: por una parte, que el mando militar fuese nombrado por el comité gubernamental y quedara subordinado a él y, por otra, que ciertos hombres de Vichy fuesen relevados de sus funciones inmediatamente; en este caso, el general Noguès, el gobernador general Boisson y Marcel Peyrouton. El general Giraud se negó con indignación y se separaron sin llegar a un acuerdo.

Durante los dos días siguientes la posición del general de Gaulle parecía sumamente precaria. Estaba solo en Argel con un puñado de hombres, rodeado de una atmósfera de conspiración y acusado por Giraud de querer instaurar un régimen totalitario. Además, inmediatamente se enteró de que se habían concentrado fuerzas blindadas en los alrededores de Argel, que el general Giraud había ordenado el arresto de todos los soldados de la Francia Combatiente que estuvieran en África del Norte, que todos los sectores clave de Argel estaban protegidos por la tropa y la policía y que el nuevo jefe de policía de Argel no era otra persona que el almirante Muselier en persona.

Pero de Gaulle no se dejaba intimidar y, finalmente, Giraud tuvo que ceder. El 3 de junio, las dos delegaciones se reunieron de nuevo y una vez que se decidió la exclusión de Boisson, Peyrouton y Noguès, acordaron constituir el "Comité Francés de Liberación Nacional". De Gaulle y Giraud eran los copresidentes; Catroux, Monnet, Massigli, Georges y Philip, los cinco primeros miembros. El comité "ejerce la soberanía francesa" y "dirige el esfuerzo francés en la guerra en todas sus formas y lugares".[1] Después de siete meses de negociaciones, finalmente se había logrado la unidad francesa.

Poco después de su llegada a Argel, de Gaulle se enteró de que el mismo Churchill había arribado en absoluto secreto algunos días antes y que Anthony Eden iba a unírsele. Esto no podía dejar de despertar las sospechas del general, más aún porque Churchill estaba informado de la evolución de las negociaciones entre franceses por el general Georges. Como había defendido a Giraud en los debates, de Gaulle intuía algunas maquinaciones urdidas en su contra por el Primer Ministro. Pero no era así y cuando, finalmente, se constituyó el nuevo comité, los dos copresidentes y los cinco comisarios recibieron una invitación a almorzar en la casa de Churchill para el 6 de junio. De Gaulle aceptó sin el menor entusiasmo, pero aceptó, y la conversación entre ambos fue muy interesante. El general dio cuenta de ella con estas palabras: "Cuando le señalé que su presencia en esos días y en estas condiciones para nosotros era insólita, protestó y dijo que no tenía ninguna intención de mezclarse en los asuntos franceses. 'Sin embargo —agregó— la situación militar impone que el gobierno de Su Majestad tenga en cuenta lo que sucede en esta zona esencial de comunicación que constituye África del Norte. Si se hubiesen producido trastornos brutales, por ejemplo, si de un solo golpe usted hubiese devorado a Giraud, tendríamos que haber tomado medidas'".[2] De Gaulle afirmó que no entraba de ningún modo en sus planes y se separaron en los mejores términos.

Cuando partió de África del Norte, Churchill le escribió al presidente Roosevelt: "El conjunto del comité francés vino a almorzar el miércoles y todo el mundo estuvo muy amable. El general Georges, al que hice salir de Francia hace un mes y que es mi amigo personal, le aportó un apoyo inestimable a Giraud. Si de Gaulle se muestra violento o irracional, quedará en minoría (…) y, quizás, totalmente aislado. Estamos frente a un comité con una dirección colegiada con el que creo que podremos colaborar sin temor. Considero que su formación marca el fin de mis relaciones oficiales con de Gaulle en tanto jefe de la Francia Combatiente, tal como se definieron en las cartas que intercambié con él en 1940 y en otros documentos posteriores. Me propongo transferir estas relaciones, financieras o de otro tipo, al comité en su conjunto".[3]

Durante más de una semana, Eden estuvo en contacto cotidiano con el Primer Ministro, lo que explica en gran medida la actitud indulgente de éste hacia el general de Gaulle. Además, como se había quedado discretamente entre bastidores durante las negociaciones y luego había recibido a almorzar a los miembros del nuevo comité, Churchill se sentía un poco el padrino de una Francia que renacía.[4] Por otra parte, parecía evidente que este nuevo comité, con miembros como Giraud, Georges y Catroux, sería un interlocutor mucho más sencillo que el general de Gaulle. Por consiguiente, Churchill volvió a Inglaterra con la satisfacción del deber cumplido y estaba dispuesto a examinar con benevolencia la propuesta que acababa de hacerle su Ministro de Asuntos Exteriores: reconocer oficialmente al Comité Francés de Liberación Nacional.

En realidad, la unión entre las dos facciones rivales a la que se había llegado en Argel era de lo más precaria, pues el espinoso problema de las relaciones entre el nuevo Comité y el mando militar todavía no se había resuelto y enseguida estalló una nueva crisis. Efectivamente, el general de Gaulle pidió que el Alto Mando y el Comisariado de la Defensa Nacional fuesen dos organismos distintos y que el primero se subordinara al segundo. El general Giraud se oponía y, más aún, quería acumular las funciones de comandante en jefe y de comisario de la Defensa Nacional, al mismo tiempo que copresidente del Comité. Para de Gaulle eso era contrario a las tradiciones francesas, en el buen sentido, y al acuerdo que Giraud había firmado. La discusión siguió durante cerca de dos semanas: de Gaulle amenazó con renunciar al comité, Giraud se escudaba en el apoyo norteamericano, Churchill y Roosevelt intrigaban a través de sus representantes en el lugar y a ambos lados del Atlántico la prensa pedía que se pusiera término a las rivalidades.

La prensa británica no ocultaba sus simpatías por el general de Gaulle y Churchill empezó a inquietarse seriamente. A mediados de junio, por otra parte, la gaullofobia latente del Primer Ministro había vuelto a aparecer, fuertemente alentada por los telegramas del presidente Roosevelt. Peor aun, Churchill acababa de enterarse de que en Argel "su" comité de siete hombres ahora tenía catorce y, por lo tanto, la mayoría era partidaria del general de Gaulle. A partir de ahí, todos los antiguos rencores que Churchill rumiaba desde el verano de 1941 volvieron en masa y el Primer Ministro volvió a lanzarse a una nueva cruzada antigaullista.

En Argel, Harold Macmillan sintió inmediatamente los efectos de la borrasca: Churchill le envió un montón de telegramas en los que le ordenaba que fuera muy firme con el Comité —para gran encono de Eden, que odiaba que se metieran con los asuntos de su ministerio—. Pero esto no era todo: el 12 de junio la prensa británica recibió la siguiente circular secreta: "El Primer Ministro está un tanto preocupado por el prejuicio a favor de de Gaulle que se expresa en los comunicados de prensa que provienen de Argel y en la manera en que se los presenta aquí. De Gaulle debe todo a la ayuda y al apoyo británicos, pero no puede ser considerado un amigo leal de nuestro país. Sembró una corriente de anglofobia en todos los lugares por los que pasó. (...) Se esforzó por incrementar su prestigio en Francia mostrándose intratable con los ingleses y, ahora, con los norteamericanos. Se inclina por el fascismo y por la dictadura. En algunos momentos se presenta como si fuera el único recurso contra el comunismo y, en otros, publicita el apoyo que le dan los comunistas. Sin embargo, a pesar de estas quejas bien fundamentadas, siempre lo hemos tratado con la mayor equidad, a causa de la mística de su nombre en Francia y, esto, gracias a los medios de publicidad que pusimos a su disposición. Seguimos esperando que un día inicie una cooperación leal con el nuevo Comité. Hasta ahora, se esforzó por asumir su dirección. Si lo lograra, tendría graves enfrentamientos con Estados Unidos. Tenemos que cuidarnos de que estas divergencias no se extiendan a las relaciones entre Gran Bretaña y Estados Unidos. El Presidente, que es el mejor amigo y el más sincero que Gran Bretaña y Europa hayan tenido nunca, tiene opiniones bien asentadas sobre la cuestión (...).

"Por consiguiente, sería deseable que los diarios británicos dieran pruebas de sangre fría y de imparcialidad cuando se ocupan de estas discusiones entre franceses y que hagan lo mejor que puedan para impedir que sean perjudiciales para la buena conducción de la guerra".[5]

El Primer Ministro en persona firmó este documento.

Durante los días siguientes, la prensa británica no parecía influida por los consejos de Churchill. Sin embargo, en el *Observer* del 13 de junio se encuentra el siguiente comentario: "Los despachos que llegaron de Argel la noche anterior parecen indicar que el general de Gaulle continúa en una posición segura y que sigue afirmando que si el general Giraud es nombrado Comandante en jefe del ejército, él debe ser ministro de Defensa y tenerlo a sus órdenes. Si estos despachos son exactos, se puede decir que de Gaulle se muestra un tanto sagaz. En Londres, la opinión no es favorable a él. Se lo apoyó con la mayor generosidad. Pero ahora, incluso los que fueron más tolerantes y más comprensivos con él empiezan a perder la paciencia. Si sigue mostrándose intransigente y se niega a cooperar con nosotros de manera responsable, pronto se encontrará con que todos sus amigos lo abandonarán. La paciencia de los norteamericanos ya casi se agotó y nadie permitirá que las relaciones anglo-norteamericanas se vean perturbadas por un personaje que nunca mostró más cordialidad que la necesaria por ambos países. Tenemos otros medios para cumplir nuestras obligaciones con el pueblo de Francia".[6]

El estilo de este pasaje y las ideas que expresa pueden parecer familiares. De hecho, el artículo no estaba firmado y esto tiene una explicación: había sido escrito por *Winston Churchill en persona*.[7] El 15 de junio, sir Alexander Cadogan anotó en su diario: "Las negociaciones entre de Gaulle y Giraud parecen estar en un callejón sin salida. El Primer Ministro retomó su crisis de antigaullismo".[8]

Pero esta vez, como otras, el antigaullismo del Primer Ministro tenía sus límites. Desde que el asunto Darlan había movilizado a la opinión pública, a la prensa, al partido laborista y a la mayoría del gobierno a favor del general de Gaulle, se había vuelto manifiestamente imposible deshacerse de él. Por otra parte, no había nadie que pudiera reemplazarlo. La Resistencia francesa lo sabía, el *Foreign Office* lo sabía, de Gaulle lo sabía, Churchill lo sabía, y de Gaulle sabía que Churchill sabía.

El presidente Roosevelt no lo sabía todavía. Había apostado a Pétain, a Weygand, a Giraud, a Darlan, a Giraud nuevamente y todavía no había renunciado a imponer sus puntos de vista en los asuntos franceses. Al respecto, sin embargo, las últimas noticias que llegaban de Argel eran bastante deprimentes: el Comité finalmente se había creado, en tanto que Roosevelt había hecho todo lo posible para impedir su constitución; los "procónsules" de Vichy habían renunciado a sus puestos, incluido Marcel Peyrouton, que había sido enviado a Argel por los norteamericanos; el general Giraud se aferraba desesperadamente a la copresidencia del Comité y al mando del Ejército, pero jugaba en contra de de Gaulle una partida que parecía destinado a perder. Por otra parte, el Comité de Argel se aprestaba a reemplazar al gobernador general Boisson al frente de África occidental. Finalmente, el Comité, que tenía siete miembros suplementarios, ahora estaba dominado por los gaullistas: esto fue un hecho a partir del 8 de junio, pero en Washington lo notaron recién ocho días después.

Para Roosevelt, todo esto era inaceptable: decidió actuar inmediatamente y no era partidario de las medidas intermedias. El 17 de junio le escribió a Churchill: "Estoy harto de este de Gaulle y las intrigas políticas y personales secretas del Comité durante estos últimos días muestran que no podemos trabajar con él. En tiempos de paz, esto no habría tenido gran importancia, pero ahora estoy absolutamente convencido de que ha causado y sigue causando inconvenientes mayores a nuestro esfuerzo de guerra y que constituye una gran amenaza para nosotros. Estoy de acuerdo con usted en que no ama ni a los ingleses ni a los norteamericanos y en que está dispuesto a dejarnos atrás en cuanto pueda. Tenemos que separarnos de de Gaulle, primero porque se mostró desleal e indigno de la confianza de nuestros dos gobiernos y, luego, porque estos últimos tiempos se interesó mucho más por las intrigas políticas que por la prosecución de la guerra y estas intrigas se producían sin que nosotros lo supiéramos y en detrimento de nuestros intereses militares. (...) La guerra tiene tal importancia, nuestras empresas militares son tan serias y arriesgadas, que no podemos permitirnos que de Gaulle nos amenace.

"Todo esto puede expresarse en un lenguaje que nos convenga a ambos. Pero, por sobre todas las cosas, querría que la ruptura se realice en condiciones y por razones que sean idénticas para los dos gobiernos (...). En todos los casos, la primera medida a tomar tendría que ser el aplazamiento de cualquier reunión del Comité Francés en África del Norte (...). ¿Podría pedirle a Macmillan que coopere con Eisenhower para obtener el informe de toda nueva sesión del Comité? Me gustaría conocer su opinión lo más pronto posible".[9]

Ese día, Roosevelt también le envió varios telegramas al general Eisenhower: "Para su información personal —escribió en el primero— sepa que no permitiré en este momento que el ejército francés de África sea dirigido por el general de Gaulle, ya sea personalmente o por medio de sus partidarios en cualquier tipo de comité. Esto se aplica al campo de las operaciones y al del entrenamiento y aprovisionamiento".[10] En el segundo telegrama se lee: "Quiero que se entienda bien que no aprobaremos en ningún caso la retirada de Dakar del gobernador general Boisson. (...) Dakar tiene una importancia tan vital para la protección del

Atlántico Sur y de América del Sur que me vería obligado a enviar tropas norteamericanas si de Gaulle intentara realizar cambios intempestivos. (...) Lo autorizo a informar a Giraud y a de Gaulle de mi decisión".[11] Finalmente, en el tercero dice: "Para su información muy secreta: tiene que saber que quizás rompamos con de Gaulle en los próximos días".[12]

Para completar el dispositivo y preparar a la opinión pública norteamericana para esta ruptura, el Presidente hizo lanzar en todo Estados Unidos una campaña de prensa para presentar al general de Gaulle con los colores más negros. Como a los norteamericanos no les gusta hacer las cosas por la mitad, de Gaulle era descripto al mismo tiempo como un fascista y un comunista (financiado por Stalin). La verosimilitud sufrió un poco, pero nadie se detuvo en esos detalles.

Sin embargo, fue un gran fracaso y hasta se volvió en contra de su inspirador. El 19 de junio, Eisenhower le hizo saber al general de Gaulle que el Presidente exigía que Giraud se mantuviera en el puesto de comandante en jefe, lo que provocó una explosión de indignación dentro del Comité de Argel. La mayoría de sus miembros consideró que se trataba de una violación flagrante de la soberanía francesa y conminó al general Giraud a someterse al Comité o a renunciar. Al mismo tiempo, se creó un "Comité Militar", bajo la presidencia del general de Gaulle.* Roosevelt no tuvo más posibilidades con el gobernador general Boisson: había exigido que siguiera en su puesto, pero enseguida se enteró de que el mismo Boisson había decidido renunciar. En cuanto a la campaña de prensa, desencadenó al instante una violenta reacción de la prensa inglesa y norteamericana que nuevamente denunció la política norafricana del presidente Roosevelt. Finalmente, por razones que ya conocemos, Churchill se negó a romper con el general de Gaulle y con su Comité y Roosevelt, por razones electorales, no podía hacerse cargo solo de una ruptura unilateral.

---

* El Alto Mando francés siguió dividido. Giraud era comandante en jefe para África del Norte y África occidental y de Gaulle, comandante de todas las otras fuerzas del Imperio. Evidentemente, se trataba de una solución temporaria.

Churchill rechazó la propuesta del Presidente, pero lamentándolo. De hecho, el rechazo se debía en gran parte a los esfuerzos incansables de Eden, secundado por Cadogan, Harvey y Macmillan. Durante todo el mes de junio, Churchill y Eden se opusieron violentamente en relación con los asuntos franceses en interminables discusiones que, invariablemente, terminaban a la madrugada. Churchill gruñía, amenazaba, fulminaba, se ponía vehemente, pero cada vez, Eden pasaba victorioso la prueba.

A comienzos de julio, el Ministro de Asuntos Exteriores británico se lanzó a una empresa más difícil todavía: persuadir a Churchill de que reconociera al Comité de Argel y obtener que Roosevelt también lo hiciera. Eden estaba convencido de que las relaciones de su país con Francia tendrían una importancia excepcional después de la guerra y que había que preparar el futuro. Pero Churchill se negaba a ver más allá de la guerra y seguía enojado con de Gaulle. Algunos extractos del diario de Eden bastan para darse una idea de la gran dificultad de esta tarea:

"*8 de julio*: La reunión del Comité de Defensa se abrió con una violenta disputa sobre los franceses. La respuesta de Roosevelt llevó a Churchill a decir que por nada del mundo reconocería al Comité, a lo que siguió una parrafada en contra de de Gaulle. Contraataqué diciendo que los norteamericanos hicieron mal las cosas desde el comienzo del asunto francés y que al tratar al general de Gaulle como lo hacen, no tardarán en convertirlo en un héroe nacional. Alec C... (Cadogan) me apoyó y se oyó decir que 'frecuentemente se había equivocado'. Una acotación agitada y más bien risible.

"*12 de julio*: Cena con el Primer Ministro, en compañía de Stimson y de los Winant. Stimson se fue poco después de la cena y tuvimos una controversia encarnizada pero amistosa sobre los franceses (...) hasta las dos de la mañana. Volví a decirle a Winston todo lo que pensaba. Mantiene que no se podía permitir que de Gaulle dominara el comité y que vería cómo evolucionaban las cosas antes de acordar el reconocimiento. Admitió que si teníamos que romper por esta cuestión, yo contaría con el apoyo de buena parte de la opinión pública, pero me avisó que, en ese caso, lucharía hasta el final. Le dije que no tenía la intención de renunciar. Convinimos en consignar nuestras ideas por escrito.

"*13 de julio*: Según lo convenido, envié mi ayudamemoria a Winston a la hora del almuerzo. Me sorprendió recibir una carta de él, bastante formal. Fui a verlo a las 19 horas y le pregunté por la razón. Me respondió que no le habían gustado mis notas y que pensaba que nos encaminábamos hacia una ruptura".[13]

Por supuesto que no hubo ruptura y que Eden se mantuvo sin problemas, sólidamente apoyado por el Gabinete y el Parlamento. Además, enseguida se supo que lord Halifax, en Washington, y el general Eisenhower, en Argel, se habían pronunciado a favor de un reconocimiento inmediato del Comité Francés de Liberación Nacional.[14] Finalmente, el 19 de julio, Churchill cedió y ofreció a Eden telegrafiar personalmente al Presidente para incitarlo a que reconociera al Comité. Al día siguiente, el Ministro de Asuntos Exteriores anotó en su diario:

"*20 de julio*: Después de la cena pasé por el 10 de Downing Street, a pedido de Winston. Me mostró el mensaje sobre el reconocimiento, que se disponía a enviar al Presidente. Lo encontré perfecto. Me hizo notar que había adoptado totalmente mis puntos de vista, a lo que le respondí que sería más exacto decir que les pediría a los norteamericanos que miraran las cosas de frente".[15]

El telegrama para el Presidente estaba concebido en los siguientes términos: "Soy objeto de una presión considerable por parte del *Foreign Office,* de mis colegas del Gabinete y también de la fuerza de las circunstancias para 'reconocer' el Comité Nacional de la Liberación de Argel. ¿Qué significa esta palabra, reconocimiento? Podemos reconocer a un hombre como emperador o como almacenero. El reconocimiento no tiene sentido si no está acompañado por una fórmula que lo defina. Hasta la partida de de Gaulle hacia África del Noroeste y la constitución del presente Comité, sólo nos relacionábamos con el general y su antiguo Comité. El 8 de junio declaré en el Parlamento: 'La formación de este Comité, con su responsabilidad colectiva, sustituye la situación creada a partir de la correspondencia intercambiada en 1940 entre el general de Gaulle y yo.

Todas nuestras tratativas, financieras y de otro tipo, se establecerán a partir de ahora con este Comité considerado en su conjunto'. Fui feliz al hacerlo, porque prefería tratar con el Comité colectivamente que con el general de Gaulle solo. De hecho, intento desde hace largos meses incitar y obligar a de Gaulle a 'diluirse en una comisión'. Me parece que esta meta se alcanzó en gran medida a través de las disposiciones actuales. Macmillan nos aseguró en varias ocasiones que el Comité estaba adquiriendo una autoridad colectiva y que de Gaulle no era para nada el dueño. (…) Recomienda con fuerza una medida de reconocimiento. Señala que Eisenhower y Murphy están de acuerdo con este punto (…).

"Por lo tanto, llegué a un punto en que tengo que hacer este gesto, ya que Gran Bretaña y los intereses anglo-franceses están en juego. Si lo hago, Rusia sin duda acordará el reconocimiento y temo que esto los ponga en una situación embarazosa.

"Por lo tanto, cuento con que me haga saber: a) si puede suscribir nuestra fórmula o algo análogo; o b) si ve inconvenientes en que el gobierno de Su Majestad tome solo esta medida".[16]

Churchill reprodujo este telegrama en sus *Memorias*, pero prefirió omitir el último párrafo que decía: "Como usted sabe, siempre pensé que había que obligar a de Gaulle a insertarse en un equipo. No lo quiero, como no lo quiere usted, pero prefiero que esté en un Comité y no que se pavonee haciéndose el Juana de Arco o el Clemenceau. Por lo tanto, manténgame informado de lo que va a hacer, pues intento ante todo alinear mi conducta con la suya; las ventajas de una acción común en este asunto son especialmente evidentes".[17]

El presidente Roosevelt entendió perfectamente el interés de una acción común, pero no veía ninguna ventaja en reconocer al Comité de Argel, tal como se puede observar claramente en su respuesta:

"Creo que no tendríamos que utilizar la palabra 'reconocimiento', porque el sentido sería deformado de manera de hacer creer que reconoceremos al Comité como gobierno de Francia en cuanto desembarquemos en tierra francesa. Quizás la palabra 'consentimiento' provisional de las autoridades civiles del Comité a escala local en varias colonias expresaría con mayor exactitud mi pensamiento. Pero tenemos que reservarnos el derecho a continuar tratando directamente con las autoridades francesas locales en cada colonia cada vez que esto sirva para la causa aliada. Martinica es un buen ejemplo".[18]

Para Eden, esta respuesta era muy decepcionante y llegó en un momento en que el gobierno británico tenía graves preocupaciones: en Sicilia, la batalla arrasaba y la situación militar en el Sudeste asiático era preocupante; además, la amenaza de las armas secretas alemanas era más fuerte cada día. Pero el Ministro de Asuntos Exteriores no se dejó impresionar y siguió insistiendo ante Churchill para que se reconociera al Comité. Como conocía las prevenciones del Primer Ministro en relación con el general,* presentó este reconocimiento como el mejor medio para reforzar el Comité y para alentarlo a que enfrentara al general. Churchill no era insensible a este argumento y, por otra parte, le resultaba cada vez más difícil resistir las presiones que ejercían la opinión pública y la prensa a favor de un reconocimiento rápido del Comité. Los representantes de Canadá, Australia, África del Sur y los de los gobiernos en el exilio unieron sus voces al coro, pero las presiones más fuertes se ejercieron en el Parlamento. En la sesión del 14 de julio, se pudo escuchar lo siguiente:

"El señor Martin pregunta al Ministro de Asuntos Exteriores si el Comité Francés de Liberación Nacional ya ha sido reconocido".

Eden respondió con alguna dificultad, y Martin retomó:

"¿Tiene el gobierno de Su Majestad la intención de proceder al reconocimiento lo más pronto posible?"[19]

La pregunta no obtuvo respuesta y volvió la semana siguiente:

---

*   El 15 de julio de 1943, Churchill escribió a lord Halifax: "Estoy muy acostumbrado desde hace tiempo a la conducta de de Gaulle y, si gana, será en detrimento de Francia y, luego, de Inglaterra". Pero, como siempre, la admiración se mezclaba con la antipatía. El 23 de julio le escribió a Macmillan: "¿Por qué no se muestra como un patriota y olvida su vanidad y su ambición personal? Así podría encontrar amigos que reconocerían lo que tiene de bueno".[20]

"El señor Boothby le pregunta al Ministro de Asuntos Exteriores si el gobierno de Su Majestad tiene la intención de reconocer *de facto* al Comité Francés de Liberación".

Eden respondió que el gobierno mantenía conversaciones con otros gobiernos aliados sobre este reconocimiento.

"¿No es deseable acordarles este estatus lo más rápidamente posible?",[21] preguntó Boothby.

Y el 21 de julio:

"El señor Ivor Thomas pregunta al gobierno de Su Majestad si ahora es capaz de anunciar si el CFLN fue reconocido como garante de todos los intereses franceses. ¿Se da cuenta de que todos los gobiernos en el exilio ya han acordado este reconocimiento, y puede explicar las razones del retraso del Reino Unido?"

"Estamos realizando consultas con otros gobiernos aliados sobre este tema",[22] respondió Eden.

Y el 4 de agosto:

"El señor Boothby le pregunta al Ministro de Asuntos Exteriores si el gobierno de Su Majestad ahora va a acordarle al CFLN un reconocimiento *de facto* (...) dados los acuerdos que acaban de negociar los generales de Gaulle y Giraud".

"El señor Hammersley pregunta si el gobierno de Su Majestad, teniendo en cuenta los acuerdos concluidos recientemente, ahora tiene la intención de reconocer al CFLN".

"El gobierno de Su Majestad está manteniendo consultas con los principales gobiernos aliados sobre este reconocimiento. No puedo decir más por el momento", fue la respuesta de Eden.

"¿Mi honorable colega puede decirnos en qué momento podrá hacer una declaración sobre este tema?", insistió Boothby.

"No puedo",[23] respondió el Ministro.

Todo esto explica muy bien por qué Churchill y Eden tenían muy presente esta cuestión cuando llegaron a Québec, a mediados del mes de agosto, para participar de la conferencia *Quadrant* con sus homólogos norteamericanos y los jefes del Estado Mayor aliados. En esta conferencia se pasó revista a la totalidad de la estrategia aliada y se tomaron varias decisiones de importancia con respecto a la prosecución de las operaciones en Italia, la creación de un comando supremo para el Sudeste asiático, la preparación de una ofensiva en Birmania, los primeros bosquejos del plan *Overlord* y un proyecto ultrasecreto que tenía como nombre codificado *Tube Alloys*.* Pero Churchill y Eden, al convertirse en los defensores de los intereses franceses, también propusieron varias veces la delicada cuestión del reconocimiento del CFLN.

En cuanto llegó a Québec, Churchill tuvo una entrevista prolongada con el primer ministro canadiense, MacKenzie King, que anotó en su diario: "Churchill subrayó la gran antipatía que tenía el Presidente por el general de Gaulle. Agregó que él también lo detestaba cordialmente, aunque era un hombre de una gran valentía. Incluso llegó a decir que de Gaulle formaba parte de los franceses que odiaban a Inglaterra y que sería capaz de unirse a Alemania para atacarla un día. (...) Volvió varias veces sobre las actividades malditas del general de Gaulle y sobre la inquietud que había provocado en varios países".[24] Después, le confió a MacKenzie King que esperaba convencer al Presidente de que reconociera al Comité de Argel y le pidió al Primer Ministro canadiense que lo ayudara en este emprendimiento.

En las primeras conversaciones con Hull y Roosevelt, Churchill se dio cuenta de que su tarea sería de lo más ardua, pues ni el Presidente ni el Secretario de Estado estaban dispuestos a utilizar la palabra "reconocimiento". Pero a partir del 20 de agosto, Eden se lanzó a la batalla y escribió en su diario: "*20 de agosto*: Todavía trabajo después del almuerzo y luego dos horas de entrevista con el viejo Hull. Se trató sobre todo del reconocimiento del Comité francés. Mis argumentos no produjeron ningún efecto y hasta levantamos un poco la temperatura cuando dije que, en lo que a nosotros concierne, estábamos a 30 kilómetros de Francia y quería que estuviera reforzada lo mejor posible. El reconocimiento sólo constituía el primer pequeño paso en esa dirección. Respondió acusándo-

---

*   La puesta a punto de la bomba atómica.

nos de apoyar a de Gaulle financieramente y dejó entender que nuestro dinero había servido para que lo atacaran desde hacía tiempo".[25]

El Secretario de Estado volvió a contar las viejas historias, inclusive la de Saint-Pierre y Miquelon. Predijo que "el Comité de Argel tendrá una existencia efímera y se destruirá a sí mismo", y agregó que "esto permitirá justificar la política que (Estados Unidos) llevó hasta este momento y que, por razones electorales, era muy importante".[26] Y ese día, Eden escribió, como conclusión: "Es un hombre duro, pero lo aflige una alergia incurable a los franceses libres. Al final de cuentas, propuse que cada uno siguiera su propia política".[27]

Las discusiones entre los dos responsables de los asuntos exteriores se retomaron el 22 de agosto:

"Eden trajo a cuenta la cuestión de las relaciones con el Comité Francés de Liberación Nacional (...). Durante la entrevista señaló que, en 1940, de Gaulle había sido el único amigo de Inglaterra, a lo que el Secretario de Estado le respondió subrayando los objetivos y las realizaciones pasadas del gobierno norteamericano, entre otras, el hecho de haber impedido que la flota francesa y las bases francesas en África del Norte cayeran en manos de los alemanes, la acción del almirante Leahy, que permitió sostener la moral de la población francesa, el apoyo moral que se le brindó a Inglaterra mucho antes de que Estados Unidos entrara en la guerra y la ayuda proporcionada en el marco del préstamo otorgado. Finalmente, Hull le mostró a Eden un proyecto de declaración, pero éste sostuvo que, a su entender, el Primer Ministro no podría aceptar una que no tuviera la palabra 'reconocimiento'.

"Hacia el final de la entrevista, Eden planteó que los dos gobiernos posiblemente estuvieran obligados a elegir cada uno su manera de formular y hacer declaraciones separadas.

"El Secretario de Estado remarcó que este modo de actuar, incluso si se realizaba simultáneamente, sería interpretado como una divergencia de puntos de vista entre los dos países.

"Eden declaró que era consciente de ello y que lamentaría mucho que eso sucediera.

"El Secretario de Estado respondió que lamentaría mucho

que hubiese que llegar a ese punto, pero que si los ingleses estaban dispuestos a asumir el riesgo, él también lo haría".[28]

Ese día, Churchill y Roosevelt debatieron la misma cuestión y, con frecuencia, en los mismos términos:

"Churchill declara que todos los elementos liberales del mundo, incluidos los gobiernos en el exilio y el gobierno soviético,* piden que se tome inmediatamente la decisión de reconocer plenamente al Comité.

"El Presidente estima que hay que pensar en el futuro de Francia y que éste no se garantizaría si se permitiera que el grupo actual, que comprende el Comité Francés, se encargara por completo de la liberación de Francia".[29]

Para terminar, los dos estadistas llegaron exactamente a la misma conclusión que sus Ministros de Asuntos Exteriores y, esa noche, Churchill escribió a Attlee: "Hull se opone obstinadamente a que usemos la palabra 'reconocimiento' para el Comité Francés. Por lo tanto, nos pusimos de acuerdo para que los norteamericanos publiquen su documento, nosotros el nuestro, los canadienses el suyo, después de haber consultado a Rusia y a los otros interesados. Eden se ocupa de la cuestión. Le señalé al Presidente en los términos más categóricos que seguramente tendrán mala prensa, pero me dijo que prefería reservarse un *ancla de vigilia* contra las actuaciones de de Gaulle. Nuestra posición es, por supuesto, diferente, pues no estamos haciendo más por el Comité de lo que hicimos por de Gaulle cuando estaba solo y libre de cualquier control".[30]

El 24 de agosto, último día de la conferencia, no se había llegado a un acuerdo, y Cordell Hull escribió en su diario: "El Presidente declaró que se negaba a darle a de Gaulle los medios para que tuviera una entrada triunfal en Francia y que tomara el poder. En cuanto a mí, estoy dispuesto a tratar con un Comité Francés para todos los territorios que controla efectivamente y nada más. El Presidente me ha apoyado totalmente. Le propuse a Eden apostarle una cena a que en unos meses, cuanto mucho, habría revisado por completo sus pensamientos sobre el Comité Francés. Eden

---

*   *Sic*, el gobierno soviético entraba dentro de los "elementos liberales" del mundo.

se negó a apostar. Después del fin de la conferencia, el Presidente dijo que hubiese podido obtener mucho más de Churchill en este asunto si no hubiese estado presente Eden".[31]

Es realmente así, pero ya no había nada que hacer y los dos gobiernos presentaron comunicados por separado. El 27 de agosto se presentó la declaración británica: "El gobierno de Su Majestad en el Reino Unido reconoce desde este momento al Comité Francés de Liberación Nacional como el administrador de los territorios franceses de ultramar que reconocen su autoridad y como sucesor del ex Comité Nacional Francés en lo que respecta a la administración de los territorios del Levante. El gobierno de Su Majestad en el Reino Unido también reconoce al Comité como órgano calificado para asegurar la conducta del esfuerzo de guerra francés en el marco de la cooperación interaliada".[32] La declaración norteamericana, naturalmente, tenía un alcance más limitado,* pero el hecho de que se hubiese formulado y que tuviera la palabra "reconocer" puede considerarse como un éxito nada desdeñable de la diplomacia británica. Sin embargo, como se verá en el futuro, todo esto no cambió para nada la actitud de Roosevelt hacia el Comité de Argel, en general, y hacia el general de Gaulle en particular.

En Argelia, se tomó la declaración británica como lo que era: un reconocimiento *de facto* del Comité, que no era esencialmente diferente de lo que se había acordado personalmente con de Gaulle en junio de 1940. El reconocimiento norteamericano era más restrictivo, lo que no sorprendió para nada al general de Gaulle. En el verano, había visto cómo el presidente

---

* Algunos pasajes esenciales del comunicado norteamericano publicado el 27 de agosto decían así: "El gobierno de Estados Unidos tomó nota con simpatía del deseo expresado por el Comité de ser considerado el órgano calificado para asegurar la administración y la defensa de los intereses franceses. Sin embargo, en la medida en que sea posible hacer derecho a esta reivindicación, será objeto de un examen caso por caso. Con estas reservas, el gobierno de Estados Unidos reconoce al Comité Francés de Liberación Nacional como administrador de los territorios franceses de ultramar que reconocen su autoridad. Esta declaración no constituye de ningún modo un reconocimiento de un gobierno de Francia o del Imperio Francés por el gobierno de Estados Unidos".

Roosevelt redoblaba los esfuerzos para asegurar el predominio del general Giraud dentro del Comité.* Por ejemplo, a comienzos de julio, Giraud fue a Washington y fue recibido en la Casa Blanca. Pero una vez más, las intrigas del Presidente se volvieron en su contra: durante la visita de Giraud declaró muchas veces que Francia había dejado de existir provisoriamente y se cuidaba muy bien de hacer cualquier tipo de alusión al Comité de Argel. Estas declaraciones provocaron la indignación de la prensa y de la opinión pública norteamericanas y le hicieron un gran daño al general Giraud. Roosevelt, por lo tanto, empezó a buscar otra personalidad francesa que pudiera oponerse al general de Gaulle. Así, durante el otoño, los norteamericanos se contactaron con el viejo jefe radical Édouard Herriot y con el infortunado presidente Lebrun. Pero los dos se negaron a dejar Francia y Roosevelt tuvo que volver al general Giraud, cuya posición era de lo más precaria. Éste terminó por ser víctima de la hostilidad persistente del presidente Roosevelt por el general de Gaulle y, también, hay que reconocerlo, de su asombrosa falta de aptitud para la política.

A comienzos de septiembre, el general de Gaulle seguía descontento con el carácter bicéfalo de la dirección del Comité y mucho más aún con las veleidades de independencia del Comandante en Jefe, en las que veía una grave fuente de debilidad que los Aliados no dejaban de explotar. Finalmente, los acontecimientos de Italia le permitieron remediarlo: luego de la campaña

---

*   En cambio, los términos de la declaración soviética eran mucho más generosos: el Kremlin reconocía al Comité Francés de Liberación Nacional como "garante de los intereses de Estado de la República francesa" y como "único representante de los patriotas en lucha contra el hitlerismo". Esto explica en gran parte las declaraciones del general de Gaulle en el otoño, según las cuales Francia "tendrá que estar con Rusia en el futuro" (algo que causó mucha inquietud en Londres, en Washington y en Argel). El 20 de octubre de Gaulle le confió al representante de los Países Bajos en Argel que no creía que hubiese que temer a la Unión Soviética: "Estará muy absorbida por sus propios problemas de reconstrucción y por asuntos internos como para provocar la revolución en otros países. Además, el vino tinto de los rusos ya se convirtió en nuestro rosado".[34]

de Sicilia y de la caída de Mussolini, el mariscal Badoglio se puso secretamente en contacto con el cuartel general Aliado y el 4 de septiembre firmó el armisticio con el general Eisenhower. Pero una semana antes, el Alto Mando Aliado había dado a entender al general de Gaulle que sería invitado a enviar a un delegado para representar a Francia cuando se firmara el documento. En realidad, se lo informaron cuatro días *después* de la firma y el Alto Mando alegó, como excusa, que el general Giraud había estado al corriente durante todas las negociaciones del armisticio y que no había hecho ninguna observación. El general de Gaulle y el Comité, naturalmente, se asombraron de que Giraud no hubiese considerado que sus colegas también tenían que saberlo, pero éste declaró que no sabía nada del asunto. Las cosas quedaron ahí hasta que se enteraron, poco después de la insurrección corsa, de que los agentes del general Giraud armaban desde hacía meses a patriotas corsos con la ayuda de Gran Bretaña y sin que lo supiera el Comité.* Este asunto no quedó en el olvido. Un mes más tarde, Córcega fue liberada después de una campaña victoriosa del general Giraud en persona. Pero, un mes más tarde, el general Giraud dejó de ser copresidente del Comité Francés de Liberación Nacional.**

Aparentemente, este cambio se realizó con su acuerdo, ya que él mismo firmó la ordenanza que abolió la copresidencia. Pero claro, no era la primera vez que el general Giraud firmaba un documento sin haberlo leído. Al fin y al cabo, a comienzos de noviembre de Gaulle se había convertido en el único jefe del Comité Francés de Liberación Nacional. En esos momentos tuvo que enfrentar una crisis franco-británica sumamente grave que, como la mayoría de las precedentes, estalló a causa del Levante.

El general Catroux cedió a fuertes presiones británicas y terminó por aceptar que se organizaran las elecciones en el Levante. Éstas tuvieron lugar en julio de 1943, con los resultados espe-

---

* Lo que hizo más delicado el asunto fue que las armas fueron proporcionadas exclusivamente a la resistencia *comunista*.
** Giraud siguió siendo comandante en jefe durante algunos meses solamente.

rables: los franceses pusieron todo en marcha para influir en los electores sin vacilar en usar algunas personalidades dudosas para lograr sus fines.* [35]

Los británicos también intervinieron, con la pretensión de "avergonzar a los franceses y obligarlos a respetar en sus intervenciones un mínimo de decencia",[36] lo que, a su vez, permitió que los franceses acusaran a los británicos de hacer fraude en las elecciones y de comprar a los electores.[37] De todos modos, estas elecciones en Siria y en el Líbano tuvieron como resultado una victoria aplastante de los partidos nacionalistas y antifranceses. En el Líbano, Bishara el-Khoury se convirtió en presidente de la República y Riadh-es-Solh fue su primer ministro.

El 7 de octubre, en una sesión extraordinaria del Parlamento libanés, el Primer Ministro anunció que su gobierno tenía la intención de plantear algunas enmiendas constitucionales para convertir al Líbano en un país totalmente independiente. El embajador Helley, delegado general de Francia en el Levante, protestó inmediatamente contra este proyecto de abrogación unilateral del mandato y advirtió a los parlamentarios libaneses que la adopción de esas enmiendas acarrearía "graves consecuencias". Pero el 8 de noviembre, cuando el Delegado General estaba en Argel para recibir nuevas instrucciones, el Parlamento libanés se reunió y votó la reforma constitucional por 48 votos contra 5. El general Spears, que se sentía cada vez más cómodo en su papel de Lawrence de Arabia, sin duda empujó la rueda pero, por supuesto, no era el responsable del nacionalismo libanés.

* El asunto Mokaddem es un caso típico: Mokaddem, gángster muy conocido, fue arrestado el 21 de abril de 1943 por la policía militar británica que había encontrado en su poder una gran cantidad de droga que estaba por pasar a Egipto después de haber sobornado a los soldados británicos. Fue remitido a las autoridades francesas y juzgado por una corte marcial que lo liberó, no porque fuera inocente (no lo era), sino porque era candidato a las elecciones de Trípoli y porque era pro francés. En el mando británico se indignaron por estos procedimientos y el embajador Helleu confió que "si Mokaddem no vuelve a Trípoli para las elecciones, Helleu, por razones políticas, tendrá que arrestar a Camille Chaumon, el candidato rival". Era difícil ser más claro.[38]

Se ignora cuál fue exactamente el tenor de las instrucciones que se le dieron al embajador Helleu en Argel, pero podemos suponer que de Gaulle le ordenó que se mostrara firme, que Catroux y Massigli aconsejaron más moderación y que el resto del Comité quedó fuera del asunto.[39] Pero, según parece, cuando volvió a Beirut, el embajador Helleu quiso dar pruebas de su iniciativa personal: en la mañana del 11 de noviembre, la policía, apoyada por tropas francesas, senegalesas y libanesas arrestó en sus domicilios al presidente libanés, al primer ministro y a los ministros del Interior, de Asuntos Exteriores y de Aprovisionamiento. En ese mismo momento, el embajador Helleu decretó la disolución de la Cámara, suspendió la Constitución y nombró a Émile Eddé como jefe de Estado y de Gobierno.

Al encarcelar a los miembros del único gobierno regularmente elegido que el Líbano había tenido desde hacía un cuarto de siglo, el embajador Helleu desencadenó una temible tormenta: hubo manifestaciones en Beirut, Trípoli y Saida, que fueron severamente reprimidas con muchos muertos entre la población civil. La opinión pública libanesa en su conjunto denunció la iniciativa de los franceses y Émile Eddé no pudo formar su gobierno. El general Spears protestó en términos bastante poco diplomáticos, los gobiernos norteamericano y soviético enviaron notas de protesta más formales y todos los países árabes vecinos exigieron un retorno inmediato al *statu quo ante*.

El general de Gaulle reaccionó de una manera sorprendente: se negó categóricamente a desaprobar al embajador Helleu y le envió este telegrama: "Las medidas de fuerza que creyó que tenía que tomar eran probablemente necesarias. En todo caso, considero que lo eran ya que las tomó".[40] Más aún, el general denunció todo el asunto como una provocación de los *británicos* para expulsar a Francia del Levante. Sin embargo, al Comité de Argel no le resultó muy fácil seguir su razonamiento y terminó por prevalecer la moderación: el 13 de noviembre se decidió enviar al general Catroux a Beirut con plenos poderes para arreglar la cuestión de manera pacífica. Pero el 19 de noviembre, los británicos, que reaccionaron un poco tarde, le enviaron al general Catroux una nota en la que le exigían la libera-

ción de todas las personalidades libanesas antes del 22 de noviembre, sin lo cual, las tropas británicas procederían a esta liberación y se proclamaría la ley marcial. Para de Gaulle, era
una violación flagrante de la soberanía francesa; para Catroux,
"otro Fachoda" y ambos se pusieron de acuerdo para decir que
la pérfida Albión una vez más había intentado humillar a Francia. De Gaulle, naturalmente, se enfrentó con todas las ovejas
negras: el general Spears, el *War Office*, el *Colonial Office*, la
"*Intelligence*" y, por supuesto, Winston Churchill, que, seguramente, estaba detrás de esto.*

Finalmente, el general Catroux se dio cuenta de que el mejor
medio de restablecer la calma en el Líbano era liberar a todos los
ministros encarcelados y restablecer al Presidente en sus funciones. Mientras tanto, también pudo comprobar que el embajador
Helleu "no estaba muy lúcido a ciertas horas del día";** [41] algo un
tanto molesto para cualquiera que ejerciera las funciones de Delegado General de la Francia Combatiente en el Levante. Se lo
llamó a Argel y todo volvió al orden (al menos aparentemente,
pues, a partir de ese momento, los gobiernos sirio y libanés, con
el apoyo de la inmensa mayoría de la opinión pública, se negaron
categóricamente a reconocer el mandato francés y a firmar un
tratado con Francia).

---

*   Durante los tres meses anteriores, de Gaulle había recibido varios
ecos de la gaullofobia persistente del Primer Ministro. Por ejemplo, el 10
de octubre, Anthony Eden declaró a René Massigli: "El Primer Ministro
no logró superar sus prejuicios con el general de Gaulle: ama mucho a
Francia, hará cualquier cosa por ella, pero no hará nada por el general". [42]
Sin embargo, las acusaciones del general de Gaulle contra las autoridades
británicas en esta crisis libanesa parecen no tener fundamentos, aunque
el conjunto del Gabinete británico haya estado en contra de la iniciativa
francesa y Anthony Eden, por más francófilo que haya sido, haya estado
de acuerdo en que Gran Bretaña tenía que intervenir en un asunto de este tipo.
**   La alusión puede parecer un tanto vaga. Un informe enviado el 19 de
noviembre por el Encargado de Asuntos de los Países Bajos al Ministro de
Asuntos Exteriores, Van Kleffen, permitía ver un poco más claro: "El embajador Helleu bebe constantemente impresionantes cantidades de alcohol". [43] No está prohibido pensar que esto fue lo que hizo que Helleu orde-
nara el arresto del presidente y de los ministros libaneses.

No obstante, en Argel no se daban muy bien cuenta de todo esto, pues el general de Gaulle seguía considerando la situación en el Levante desde el ángulo restrictivo de la soberanía francesa y de la perfidia inglesa. Mientras tanto, la guerra arrasaba con todo lo que encontraba a su paso y este prejuicio inalterable no permitía esperar buenos augurios para el futuro de las relaciones franco-británicas.

13

¿AMGOT O GPRF?

A fines de 1943, fue evidente que la posición del general de Gaulle había cambiado por completo. Hacía todavía un año, contaba por completo con el apoyo y la hospitalidad británicos, tenía al menos cien mil hombres a sus órdenes y había visto cómo África del Norte había sido liberada por los norteamericanos, administrada por el general Darlan y recuperada por una facción francesa hostil a su propio movimiento. En diciembre de 1943, en cambio, la Francia Combatiente contaba con cuatrocientos mil hombres, rearmados y reequipados por Estados Unidos, que habían luchado en todos los teatros de operaciones desde África hasta Italia. Es más, ahora en Francia había una organización de resistencia unificada, cuyo jefe indiscutible era el general de Gaulle, que contaba con una posición totalmente reforzada frente a los Aliados. Por otra parte, ahora estaba a la cabeza de un Imperio geográficamente ampliado por el agregado de África del Norte y estratégicamente consolidado por la anexión de Senegal, con su gran base de Dakar. Pero, sobre todo, a fines de 1943, el Comité Francés de Liberación Nacional tenía una sede permanente en territorio francés y un jefe único: el general de Gaulle.

Para el gran amigo de Francia, Winston Churchill, todos estos progresos eran muy alentadores, salvo, por supuesto, la abolición de la copresidencia, que no le gustaba para nada: "No era lo que queríamos con Roosevelt", le confió a su viejo amigo, el general Georges, en una corta escala en Argel.[1] El hecho de que el mismo general Georges hubiese juzgado conveniente renunciar al Comité no servía para arreglar las cosas. Churchill telegrafió a Roosevelt para decirle que no estaba de ningún modo satisfecho con los cambios que se habían producido en Argel. Pero en la conferencia de Teherán, Eden se dedicó a convencer al Primer Ministro de que el Comité de Argel se había vuelto "más democrático", más representativo de Francia y que estaba en mejores condiciones de controlar las actuaciones del general de Gaulle.[2] Churchill terminó por dejarse convencer pero, poco después, recibió un golpe todavía más fuerte, cuando se enteró del arresto del Presidente libanés y de los miembros de su gobierno.

Al otro día, le escribió al presidente Roosevelt: "Supongo que se le ha informado de los lamentables excesos cometidos por los franceses en Siria. Invalidan por completo los acuerdos que habíamos establecido con los franceses, los sirios y los libaneses. No dudo de que aquí tenemos un adelanto de lo que será la administración de Gaulle en Francia. Esta acción está totalmente en contra de la Carta del Atlántico y de muchas declaraciones hechas por nosotros en el pasado (...). A causa de la toma del poder por de Gaulle, ya hemos asistido a una transformación radical de la administración que habíamos reconocido en la conferencia *Quadrant*. Los excesos cometidos en el Levante son de una naturaleza totalmente diferente y justifican ampliamente la ruptura con de Gaulle, mientras ponen a la opinión pública mundial de nuestro lado (...). Mientras tanto, me preocupo por el estado de nuestras fuerzas en el Levante. Si decidimos actuar, habrá que tomar algunas precauciones en África del Norte, pues le aseguro que este individuo no dará marcha atrás ante nada si tiene fuerzas armadas a su disposición".[3]

Por supuesto que la tormenta creada por la iniciativa del embajador Helleu terminó por tranquilizarse, pero Churchill no acababa de sorprenderse. A mediados de diciembre estuvo en Cartago, donde se repuso de un ataque de neumonía, cuando el CFLN anunció el arresto del gobernador Boisson, de Marcel Peyrouton y de Pierre-Étienne Flandin. Como el Primer Ministro tenía buenas relaciones con estos hombres, reaccionó violentamente. El 21 de diciembre le escribió a Anthony Eden: "Estoy escandalizado por el arresto de Boisson, de Peyrouton y de Flandin. Los dos primeros estaban bajo la jurisdicción de de Gaulle (...) por iniciativa norteamericana y, también, en gran parte, inglesa. A Boisson le debemos la anexión de Dakar, Peyrouton había sido invitado por Giraud y el Departamento de Estado había aprobado su llegada. Me encontré con estos hombres por sugerencia del general Eisenhower cuando estuve en Argel en febrero (...). Les dije: 'Marchen contra los alemanes y cuenten conmigo'. Tendré que hacer público esto si de Gaulle toma medidas extremas en su lugar. Con Flandin no tenemos obligaciones en especial. Pero, como me enteré personalmente del detalle de estas acciones durante los últimos diez años, considero que si el Comité francés tuviese que tomar medidas en su contra, se lo descalificaría por completo como garante de los intereses de Francia y así mostraría que sus miembros no son más que intrigantes mezquinos y ambiciosos que se esfuerzan por mejorar su imagen maltratando a personalidades poco populares".[4]

Una vez más, parece que la generosidad y la imaginación del Primer Ministro habían embotado sus facultades críticas. Pues la anexión de Dakar se realizó recién quince días después de la rendición del almirante Darlan en África del Norte, de manera que el gobernador general Boisson se unió a éste y no a los anglo-norteamericanos y ¡se precisa mucha imaginación para pensar que era un aliado de Inglaterra! Además, él fue quien dio la orden de abrir fuego sobre las tropas anglo-francesas en la expedición de Dakar en 1940 y el que maltrató cruelmente a los gaullistas y a los británicos internados en África occidental entre 1940 y 1942. De todos modos, Churchill también le escribió al presidente Roosevelt que sentía que tenía obligaciones con Peyrouton y Flandin y agregó: "Me parece que los norteamericanos tienen en este asunto obligaciones mayores todavía, ya que lo único que hacemos nosotros es seguir sus ideas. Espero, por lo tanto, que tome todas las medidas que pueda para hacerle comprender al Comité francés la locura de su actual iniciativa".[5]

En Washington, el presidente Roosevelt estaba dispuesto a actuar. Después de haberle declarado a Hull que "llegó el momento de eliminar a de Gaulle y de poner al Comité frente a sus responsabilidades",[6] telegrafió a Eisenhower y le pidió que hiciera saber al Comité que "dada la ayuda que aportaron a los ejércitos aliados Boisson, Peyrouton y Flandin en la campaña de África", el Comité "tiene orden de no tomar ninguna medida contra estas personalidades en este momento". Esto se parecía demasiado a un ultimátum, pero cuando, el 23 de diciembre, Churchill tomó conocimiento, le telegrafió de inmediato a Eden: "En mi opinión, es esencial que apoyemos al Presidente".[7]

El *Foreign Office* no pensaba lo mismo y le pidió a Macmillan que se contactara con el general Bedell Smith, jefe del Estado Mayor de Eisenhower, para convencerlo de que hiciera caso omiso de las instrucciones del Presidente: "El Comité seguramente se negará a obedecer esta orden. Nuestra impotencia será evidente, algo que no podemos permitirnos. Por consiguiente, estaríamos obligados a recurrir a la fuerza para apoyar nuestras reivindicaciones, lo que, ciertamente, implicaría la caída del Comité".[8] Eden también le hizo saber al Primer Ministro que no compartía para nada su opinión sobre los tres hombres encarcelados y que consideraba que las instrucciones enviadas a Eisenhower eran extremadamente peligrosas, en la medida en que podrían provocar la renuncia colectiva de los miembros del Comité. En ese caso, la nueva administración estaría dirigida por los generales Giraud y Georges, que se apoyarían en el ejército. Pero esto tendría un efecto desastroso en la moral de los franceses y, quizás, volvería imposible la consecución de la cooperación con las redes de resistencia francesa. Por otra parte, aumentaría considerablemente el peligro de una guerra civil en Francia después de la liberación y podría crear en África del Norte una situación que obligaría a las tropas norteamericanas y británicas a asegurar por sí mismas el mantenimiento del orden. Peor aún: "La opinión pública en Gran Bretaña estaría escandalizada y nos costaría mucho justificar la iniciativa del Presidente ante el Parlamento". Finalmente, Eden resaltó que los arrestos habían sido decididos por influencia de los jefes de la Resistencia que operaban, sin duda, en concordancia con las instrucciones del Consejo Nacional de la Resistencia. Ahora bien, el CNR representaba a la mayoría de los elementos activos en Francia y "no podemos permitirnos pelearnos con ellos".

"Tenemos que asegurar el apoyo de los moderados dentro del comité —concluyó Eden— y no empujarlos a alinearse con los extremistas".[9]

Churchill gruñó, se enojó, vociferó, le reprochó a Macmillan no haber sabido presentar al Comité "toda la gravedad del asunto", pero empezó a ceder. El 25 de diciembre, el general Bedell Smith le escribió al presidente Roosevelt: "Sepa, para su información personal, que el Primer Ministro primero estuvo furioso cuando se enteró del arresto de Boisson y que sigue exhortándonos con la mayor de las firmezas en este asunto. Pero, al mismo tiempo, sigue en contacto con el *Foreign Office*, que tiene una política mucho más moderada. Si sigue mostrando una gran combatividad, seguramente, no dejará de batirse en retirada frente a una oposición resuelta del *Foreign Office*, como lo hizo siempre en los enfrentamientos pasados. El resultado será que, en el caso de una ruptura brutal con el Comité, que pudiera comprometer nuestros planes militares, Estados Unidos tendría que cargar con lo esencial de la responsabilidad".[10]

Este argumento, unido a un informe del embajador Edwin Wilson que decía que los arrestos se habrían decidido bajo la presión de la Resistencia francesa, terminaron por decidir al Presidente a dar marcha atrás y a retirar la instrucción enviada a Eisenhower. Si bien Roosevelt tenía muchos deseos de eliminar al general de Gaulle en tanto fuerza política, no quería cargar solo con la responsabilidad. Como político hábil, estimaba que la opinión pública norteamericana no lo toleraría (y tenía razón).

Para gran alivio de Eden y de Macmillan, Churchill empezó a considerar las cosas con más sangre fría. El día de Navidad, escribió a Eden: "Es verdad que si las instrucciones se hubiesen ejecutado tal como estaban planteadas, quizás los resultados no hubiesen sido mejores, pero estaba seguro de que Bedell Smith y Wilson presentarían las cosas con todo el tacto necesario. En todo caso, no abandonaría al Presidente, ya que yo mismo lo llevé a esto. Sigo teniendo presente devolverle a Francia su grandeza y la manía de persecución que muestra el Comité no ayuda a este fin, como tampoco las iniciativas brutales destinadas a afirmar la dignidad de Francia. El odio del general de Gaulle hacia Gran

Bretaña y Estados Unidos tampoco le sirve a Francia. Para que el Comité comprenda bien el carácter poco razonable de su actitud presente y el mal que ocasionaría a su país y a sí mismo, quiero que se mantenga una presión muy firme de ahora en adelante. Esto tiene más posibilidades de llevarlos a la razón que las palabras afelpadas de la diplomacia. Como voy a tener que quedarme en la región durante casi un mes, me propongo volver a encontrarme con miembros del Comité y grupos de la Resistencia y, quizás, con el mismo de Gaulle, pero quiero que adoptemos una actitud más firme".[11]

No hubo actitud más firme, pero Churchill recuperó en parte su buen humor y se dispuso a considerar la posibilidad de encontrarse con el general de Gaulle. Algunos días más tarde, incluso, lo invitó a cenar y a pasar la noche en la residencia de Marrakesh el 3 de enero de 1944. Macmillan anotó en su diario: "Churchill tiene por de Gaulle los sentimientos de un padre que se peleó con su hijo. Está dispuesto a cortarle los víveres pero, en el fondo, estaría dispuesto a echar la casa por la ventana con tal de que el hijo pródigo reconozca sus errores".[12]

Pero, lamentablemente, el hijo pródigo no tenía para nada la intención de reconocer sus equivocaciones y, a diferencia de Churchill, el general de Gaulle era un rencoroso tenaz. A fines de 1943, por más que respetara al hombre, de Gaulle no tenía ninguna simpatía por el Primer Ministro. A mediados de noviembre, después de todo, Churchill había hecho escala en Argel sin siquiera pedir encontrarse con el Comité o con su Presidente* y, después, ni Churchill ni Roosevelt habían juzgado que tenían que informar qué había sucedido en Teherán. A su regreso a Teherán, el Primer Ministro estuvo en Túnez y en Marruecos sin que las autoridades francesas lo supieran y sin visitarlas, como si se encontrase en un país conquistado. Además, estaba el ultimátum británico en el asunto del Líbano, para no decir nada de la actitud anglo-norteamericana en el momento del armisticio italiano. El 17 de diciembre, de Gaulle le confió a

---

* El general de Gaulle había eliminado la presidencia algunos meses antes y Churchill, de este modo, marcaba su desaprobación.

François Coulet: "Roosevelt y Churchill pudrieron la guerra. Sí, es eso, eligieron el menor esfuerzo y eso es lo que nunca hay que hacer en la guerra. Ya vio: Pétain, Badoglio, von Papen y no se acabó".[13] Y el general, además, masticaba otros rencores más antiguos.

El día de año nuevo, de Gaulle recibió la invitación del Primer Ministro para la cena del 3 de enero. Difícilmente podía ser más amable y terminaba con estas palabras: "De este modo tendremos la ocasión de tener un encuentro cuya necesidad se hace sentir desde hace tiempo. Mi mujer está conmigo y si la señora de Gaulle quisiese aceptar acompañarlo, estaríamos ambos muy felices".[14]

Un hombre puede tener amigos, una nación, nunca. Por otra parte, ¿una invitación con tan poco tiempo de antelación era compatible con la dignidad de Francia? El Presidente del Comité Francés de Liberación Nacional declinó la invitación con el pretexto de otras obligaciones.

Churchill debe de haberse sentido mortificado, pero no se descorazonó y, como se enteró de que el general de Gaulle pasaría por Marrakesh el 12 de enero, le pidió a Macmillan que le transmitiera una nueva invitación. Así, el 3 de enero, Macmillan visitó al Presidente del CFLN.* Esa noche le envió este informe a Eden: "Después de dos conversaciones telefónicas con el coronel Warden,** visité esta mañana al general de Gaulle y le transmití la invitación para que fuera a Marrakesh lo más pronto posible, de modo que pudiese tener con el coronel Warden una tarde y una noche de útiles intercambios. Como esperaba, de Gaulle no se apresuró en aceptar. Es más, me recordó las numerosas afrentas que el Primer Ministro le había hecho y que, inclusive, había llegado a comunicar a la prensa inglesa y norteamericana un violento ataque en su contra. Le dije que todo esto no tenía que ver con el presente. El Primer Ministro había proyectado detenerse en Argel a su regreso de El Cairo y de Gaulle había aceptado. Si el Primer Ministro no había podido

---

* En sus *Memorias*, el general atribuye la iniciativa a Duff Cooper.
** Nombre en código de Churchill.

estar allí, era por problemas de salud. Ahora no podía desplazarse de Marrakesh a Argel y si el general de Gaulle rechazaba la invitación dejaría pasar una ocasión de oro, tanto para Francia como para Inglaterra (...). De Gaulle estaba de un humor más bien huraño, pero creo que era sobre todo para disimular y no quería aceptar de entrada. Tuve una entrevista privada con Massigli, quien estuvo de acuerdo conmigo en que el general tenía que ir. 'Nadie puede decir cuál va a ser el resultado del encuentro, pero convendrá conmigo en que ahora que la invitación se ha transmitido, tengo que hacer todo lo posible para que la acepte. Todavía no informé al coronel Warden, pues no quiero comunicarle otra cosa que la aceptación de de Gaulle y la fecha que elegirá. Todavía tengo esperanzas'".[15]

En el diario de Macmillan nos enteramos de los acontecimientos que siguieron: "Winston me llamó por teléfono todo el día. Estaba agitado y emocionado. Me dijo que anulara la invitación a de Gaulle, porque se negaba a esperar (era totalmente indigno, yo daba pruebas de una complacencia culpable con los franceses, etcétera). Le dije que iría a ver a de Gaulle para anular la invitación (...). Evidentemente, el Primer Ministro no quería realmente anular la visita. Sólo quería preservar su dignidad y dar libre curso a sus sentimientos por teléfono (que los franceses escuchaban, obviamente, todo el día). No ocultó su decepción cuando acepté anular la invitación y terminó todos sus llamados (tres, hoy, antes de la cena) diciendo que lo dejaría librado a mi discreción.

"Pero un poco más tarde, por la noche, el general de Gaulle le hizo saber a Macmillan que aceptaba con placer la invitación de Churchill. Llamé a Winston y le comuniqué el mensaje de de Gaulle. Expresó su estupefacción, su alivio y, también, un poco de hastío. Pero colgué antes de que siguiera diciendo cosas".[16]

El general de Gaulle aceptó la invitación, pero con dudas: "En territorio francés —señaló— la visita del Primer Ministro británico normalmente se debe al Presidente del gobierno francés. Sin embargo, dadas la persona y las circunstancias (...)".[17] El general, evidentemente, pensaba que Churchill estaba muy enfermo. El 11 de enero le confió a sus colegas del Comité: "No anda muy bien, no creo que pueda seguir haciéndose cargo de todo.

Va a hacerse 'reparar' en Marruecos. Me voy mañana. Lo encontraré en Marrakesh".[18]

El 10 de enero, Duff Cooper, nuevo representante de Gran Bretaña ante el Comité Francés de Liberación Nacional, llegó a Marrakesh con su esposa y fue conducido a la residencia de Churchill. Lady Diana Cooper escribió: "Nos encontramos al viejo bebé con su enterizo, su sombrero tejano y su bata oriental muy gastada. Respiraba salud y buen humor". Y Duff Cooper: "Tuve una larga conversación con Churchill antes de la cena (...). Sigue enojado con de Gaulle y tengo miedo de que la entrevista del miércoles no sea ningún éxito. No deja de hablar del general Georges, al que quiere hacer entrar al Comité. Se siente personalmente implicado por la suerte que le tocó a Boisson y Peyrouton y está favorablemente dispuesto hacia Flandin. Admite que Giraud es un incapaz, pero querría que se lo mantuviera como una figura importante. 'Una especie de duque de Cambridge —dijo— con Lattre en el papel de Wolseley'".[19]

Al día siguiente, 11 de enero, Churchill le escribió a Harry Hopkins: "De Gaulle va a venir a verme el 12 y voy a hacer todo lo posible para que comprenda que no le hace ningún favor a Francia mostrando su hostilidad hacia nuestros países, que son los únicos que pueden asegurarle la liberación y la reconstrucción".[20] En la cena de ese día, señala Duff Cooper, "estaba entre Winston y Colville y todo anduvo bien hasta que llegó un mensaje de Argel en el que nos informaban que el general Lattre de Tassigny, al que Winston había invitado a venir más tarde, durante la semana le había pedido autorización a de Gaulle y éste había respondido que no era necesaria esa visita en este momento. Esto causó una explosión de rabia. Winston quería enviar ahí mismo un telegrama para decirle que no viniera. Hice de todo para calmarlo y, al final, renunció a su proyecto".

Finalmente, llegó el 12 de enero y Duff Cooper prosigue de este modo:

"A las 8.15 horas me despertó el teléfono. El coronel Warden quería hablarme. Me dijo que lo había pensado bien, que las cosas no eran tan sencillas y que pedía que fuera a verlo. Media hora más tarde, estaba en su casa. Estaba en la cama y nuevamente enfurecido con de Gaulle. Me propuso que llevara al aeródromo un mensaje para el general en el que dijera que lamentaba mucho haberlo hecho venir desde tan lejos, pero que lo había considerado mejor y no podría recibirlo. Desaconsejé con fuerza algo así y le señalé que no sabíamos cuáles eran las razones que habían llevado a de Gaulle a impedir que Lattre viniera. Quizás tenía excelentes motivos para actuar de ese modo (...). Esto produjo su efecto, pero Winston luego decretó que recibiría a de Gaulle de un modo exclusivamente mundano, que le hablaría del tiempo y de la belleza del paisaje y que, luego, se retiraría. Esto ya era un progreso, pero le dije que Palewski (el secretario privado de de Gaulle) sin duda iba a preguntarme si habría conversaciones serias después del almuerzo. ¿Qué tenía que contestarle? Winston me dijo entonces que no veía inconvenientes en entrevistarse con de Gaulle sobre cosas serias si éste quería hacerlo, pero que él no tomaría la iniciativa. Tampoco quería una entrevista cara a cara, pues no dejaría de deformar luego el sentido de sus palabras. Yo tenía que estar presente y Max (Beaverbrook) también. De Gaulle podía llevar a quien quisiera".[21]

Lady Diana Cooper también recordó esa mañana: "Varias veces repitieron cómo sería presentado el general, la ubicación prevista para cada uno y las modalidades de la interpretación. Dadas las últimas novedades, durante la comida se intercambiarían banalidades y no habría 'conferencia'. Pero Clemmie* le dio un sermón a su esposo sobre la importancia de no pelear con de Gaulle y pensaba que eso daría frutos. Como de Gaulle no iba a dejar de decir algún insulto, todos esos preparativos eran, sin duda, inútiles. Por otra parte, *Flags* hizo fracasar por completo la entrada".** [22]

Churchill escribió: "El general llegó con excelentes disposiciones, saludó a la señora Churchill en inglés y usó esta lengua durante toda la comida. Para no ser menos, hablé francés".[23] Y Duff Cooper agregó: "Todo anduvo de lo más bien. Cuando llegó

---

*   Clementine Churchill.
**   *Flags* era uno de los oficiales asistentes de Churchill: hizo entrar a de Gaulle por la puerta que no correspondía (lady Diana Cooper, al autor, 17 de mayo de 1979).

de Gaulle, Churchill estaba de mal humor y no se mostró muy acogedor. Acababa de leer el resumen de la ejecución de Ciano, Bono, etcétera, que le había molestado. Pero durante la comida, Winston empezó a romper el hielo. A su lado estaban Diana y Palewski. Yo estaba al lado de Palewski y pude informarle subrepticiamente de lo delicado de la situación y de la irritación del Primer Ministro por el asunto de Lattre. De Gaulle estaba en frente, al lado de Clemmie. Una vez que se fueron las damas, Winston invitó a de Gaulle a sentarse a su lado, pero las relaciones todavía eran difíciles".[24]

"Después del almuerzo —anotó Churchill— las damas partieron a visitar los mercados y de Gaulle, los otros hombres y yo nos instalamos en el jardín para charlar. Tenía muchos temas desagradables para tratar y esperaba que, si hablábamos francés, le daríamos una apariencia menos severa a la entrevista". Nairn, que tomó algunas notas después de estas conversaciones, señaló: "Oí que Churchill cuchicheaba en inglés con Duff Cooper, lo suficientemente fuerte como para que lo oyéramos: 'Me las estoy arreglando bastante bien, ¿no? Ahora que el general habla tan bien inglés, comprende perfectamente mi francés'. Todo el mundo, empezando por de Gaulle, se echó a reír. El Primer Ministro siguió hablando en francés, pero el general, tan susceptible como siempre, estaba completamente desarmado y dispuesto a aceptar todas las observaciones de Churchill de la manera más amistosa y comprensiva".[25]

Parece que Duff Cooper no reparó en ese estado amistoso y comprensivo: "La conversación duró más o menos dos horas. Winston estuvo perfecto y de Gaulle muy difícil y muy poco cooperativo. Parecían Stalin y Roosevelt reunidos".[26] En cuanto a la conversación de Churchill, se redujo, según el interesado, a "recriminaciones interminables, acompañadas por una conferencia en mal francés sobre la importancia de las buenas costumbres y sobre las numerosas extravagancias del general".[27]

En todo caso, las primeras palabras de Churchill no sorprendieron a nadie: "El Primer Ministro explicó al general de Gaulle qué poco razonable era enajenarse las simpatías del Presidente de Estados Unidos y las de él, iniciando persecuciones contra los que, más allá de los hechos pasados, rindieron servicios a la causa Aliada y, por lo tanto, tienen derecho a contar con la protección del Primer Ministro y del Presidente. Es evidente que, si Boisson no hubiese liberado Dakar para los Aliados, se habría perdido un tiempo precioso y se habría vertido mucha sangre inglesa y norteamericana. Los gobiernos británico y norteamericano efectivamente alentaron a Peyrouton a que dejara la seguridad de su retiro para ir a África del Norte, donde rindió muchos servicios durante el tiempo que estuvo en funciones. El Primer Ministro se encontró con estos dos hombres en un almuerzo y cuando se despidió de ellos les dijo: 'Cuenten conmigo'.

"Los gobiernos británico y norteamericano no tienen las mismas obligaciones para con Flandin pero, ciertamente, es el menos culpable de los tres arrestados. (...) Si la línea de culpabilidad tuviese que situarse en un nivel tal que Flandin estuviese dentro de los culpables, Francia tendría un futuro trágico y la guerra civil sería inevitable".[28]

En la mesa que estaba al lado de los dos hombres había un ejemplar del periódico local: en la primera página se informaba sobre los debates del día anterior de la Asamblea consultiva. Gruesos títulos indicaban que todos los miembros de la Asamblea pidieron penas más severas para los que se declararon culpables de colaborar con el enemigo. El general de Gaulle mostró el diario con el dedo y declaró que su respuesta estaba allí: creó esa Asamblea con una preocupación democrática y ahora tenía el deber de escuchar sus opiniones y de tener en cuenta sus exigencias. "Durante mucho tiempo Francia sufrió, y todavía sufre —siguió el general—. El pueblo quiere castigar a los artesanos de la capitulación y si se quieren evitar disturbios revolucionarios, no hay que darle a la opinión pública la sensación de que hay una impunidad posible para los culpables.[29] (...) En todo caso, puedo asegurarle que los hombres arrestados no serán juzgados hasta la liberación de Francia y que, mientras tanto, no serán maltratados".[30]

El Primer Ministro estuvo de acuerdo en que Francia sufría, que sus jóvenes eran deportados o vivían en el *maquis* y declaró que sólo pensaba en su emancipación. Y como el general de Gaulle señaló que ya no recibían armas ni provisiones, el Primer

Ministro indicó que se podían dar órdenes para que se realizaran abastecimientos. "Estos detalles, como otros, pueden arreglarse con Duff Cooper."

"Entonces, el general de Gaulle indicó que estaba satisfecho al ver que el embajador de Inglaterra era un amigo comprobado de Francia.

"'Sí —dijo el Primer Ministro—, envié a Duff Cooper para limar los malentendidos entre nosotros, pero usted tiene que dar pruebas de tolerancia. Vamos a arriesgar a mucha gente, es mejor que sea con los menores gastos posibles'.

"El general de Gaulle estuvo de acuerdo, pero a condición de que la política adoptada no creara una agitación revolucionaria.

"El Primer Ministro volvió al pasado, se afligió por los conflictos que se habían producido entre él y el que, en la entrevista de Tours, había reconocido como 'el Hombre del Destino'. 'Sin embargo —agregó— la amistad entre los dos pueblos debe sobrevivir a esta guerra y prolongarse en la posguerra'.

"El general de Gaulle declaró que, en efecto, Inglaterra y Francia tenían que terminar la guerra unidas, como verdaderas camaradas de lucha.

"Churchill preguntó si para el general de Gaulle la amistad franco-británica tenía que prolongarse solamente hasta el fin de la guerra o si debía sobrevivir a ella."

De Gaulle: Francia, desdichada y cansada después de esta dura prueba, necesitará la ayuda de todos y, especialmente, de Estados Unidos y de Inglaterra, para volver a levantarse.

Churchill: Si es así, tenemos que trabajar con consideración. Lord Beaverbrook le dirá que durante toda esta guerra siempre me preocupé por tener buen trato con Roosevelt y con Stalin y, sin embargo, tengo en juego un ejército poderoso y un vasto imperio.

"El general de Gaulle indicó que, aunque aportó la cooperación francesa cuando Inglaterra estaba aislada y acechada por la derrota, nunca gozó del buen trato del que hablaba el Primer Ministro. Recordó que el asunto de África del Norte había sido decidido no sólo sin él, sino sin que le hubieran avisado antes.

"El Primer Ministro remarcó que se trataba, ante todo, de

una operación norteamericana y que él mismo sólo había sido
(...) el lugarteniente del Presidente y que no podía hacer que nadie se enterara del secreto sin el consentimiento del Presidente.
'Además —agregó— Darlan rindió sus dividendos'.

"'Otra dificultad entre nosotros —siguió Churchill— fue el
asunto del Líbano. Allí actuó con una brutalidad peligrosa. Tuvimos cuidado en no encarcelar a Ghandi, salvo cuando su acción
nos pareció francamente con segundas intenciones hacia Japón.
Tiene que tratar con consideración a la opinión pública de las
democracias'.

"El general de Gaulle señaló que ésa era la razón por la cual,
desde el primer momento, había enviado al general Catroux a
que arreglara las cosas. Y agregó: 'Por eso me pareció incomprensible su ultimátum. Tenía que saber que si mandaba a Catroux no era una solución forzada'.

"Entonces, el Primer Ministro observó que el telegrama del
ultimátum pudo haberse cruzado con otro cifrado, pero que Inglaterra no deseaba ni una migaja de territorio francés y no deseaba nada para ella en Siria ni en El Líbano.

"El Primer Ministro se quejó, por otra parte, de la partida del
general Georges, con el que no contaba para hacer la guerra, pero del que seguía siendo amigo (...) y al que había alentado para
que saliera de Francia. Ahora, el general Georges había sido excluido del Comité.

"El general de Gaulle respondió que él también tenía mucho
respeto por el general Georges, pero que no siempre era posible
encontrar un lugar en el gobierno para todas las personas a las
que se respetaba. Le ofreció el título de Gran Canciller de la Legión de Honor y todavía no le había respondido.

"Luego, el Primer Ministro se refirió al caso del general
Lattre de Tassigny, al que no conocía personalmente y del que no
había oído hablar hasta que sus consejeros le habían hecho saber
que era un eminente soldado y que le resultaría interesante cono-
cerlo. Entonces, le transmitió una invitación, pero luego supo que
el general de Gaulle le había prohibido que lo visitara.

"El general de Gaulle aseguró que no quiso hacer tal cosa.
Sabía que el general Lattre tenía tareas en otro lugar en la fecha
sugerida para la visita y por eso dijo que sería inoportuna.

"Para terminar, el Primer Ministro recordó al general de Gaulle que le había predicho que terminaría por ganar la partida en África del Norte y que estaba feliz de que su predicción se hubiese cumplido y que no dudaba de que iba a suceder lo mismo con Francia."

El general de Gaulle tomó la pelota al vuelo: "Razón de más para tomar ya mismo las disposiciones necesarias para que se reconozca que la administración de los territorios franceses es, a partir de ahora, resorte del Comité".

"En ese momento intervino Duff Cooper para decir que se 'trataba de una cuestión técnica muy complicada, que sería preferible debatir en Londres o en Washington, donde se podría consultar a expertos en derecho'."

La entrevista terminó y Duff Cooper escribió: "Aunque el Primer Ministro se expresó con total franqueza, la entrevista se desarrolló todo el tiempo en un clima cordial y en ningún momento estuvo la amenaza de que se transformara en una disputa".[31] Más aún, según el resumen francés, "la entrevista (...) se prolongó con una cordialidad que, en Churchill, tuvo todas las marcas de la emoción".[32]

No se podía esperar lo mismo de parte del general de Gaulle pero, de todos modos, éste hizo un gesto. Antes de retirarse le preguntó a Churchill: "¿Le gustaría pasar revista a las tropas francesas?".

Churchill: Mucho, no lo hago desde 1939.

De Gaulle: ¡Y bien! Pasemos juntos revista a las tropas.[33]

La entrevista terminó a las 17 y los dos hombres se despidieron en los mejores términos. Lady Diana Cooper anotó en su diario: "A las 17 horas todo había terminado. Empezaron a decir que la entrevista había sido buena y, después, que había sido un éxito. Enseguida se invirtieron los papeles entre Duff y su maestro. Duff alabó la paciencia de Winston y, al mismo tiempo, criticó el carácter y los modales abominables del general, en tanto que Winston hablaba de de Gaulle de la manera más indulgente".[34]

Luego de esta entrevista, de Gaulle también se inclinó por la tolerancia hacia el Primer Ministro. El Cónsul de Gran Bretaña escribió en su informe: "Durante una conversación con

Aveillé, presidente de la sección local del Frente Nacional de Liberación, me confió que había tenido dos entrevistas con el general de Gaulle, una el miércoles por la noche, poco después de que el general se hubiera despedido del Primer Ministro. El general le preguntó si sabía por qué había venido a Marrakesh y le respondió que suponía que era para encontrarse con Churchill. 'Sí —respondió el general—, pero vine a verlo para intentar una reconciliación entre nosotros y creo que lo logré'. Aveillé agregó que el general le había recordado la situación en la que estaban los ingleses en 1940, para luego subrayar que, a pesar del peligro mortal que los acechaba, habían seguido ayudando a los franceses. 'No hay que olvidar que los ingleses estaban en un agujero horrible y me pregunto si hubiésemos hecho lo mismo por ellos si hubiese sido a la inversa'. Aveillé me dijo que le habían impresionado el placer y la satisfacción que se leían en la cara del general; lo había encontrado varias veces antes, pero nunca lo había visto tan feliz".[35]

Y, una vez más, la historia se repitió sin que la entrevista entre estos dos hombres diera un resultado en concreto: Churchill había hecho, como mucho, vagas promesas sobre el armamento de la Resistencia francesa y había eludido por completo la cuestión crucial de la administración civil en los territorios franceses liberados. De Gaulle no había concedido nada en relación con la prisión de Boisson, Peyrouton y Flandin y ni siquiera se refirió a la posibilidad de reintegrar al general Georges al Comité. Esta vez, nuevamente, la admiración que tenían por el otro los hizo olvidar por un momento que no se habían hecho la menor concesión. Quizás se sintieron ligados por el amor que ambos tenían por Francia aunque, indudablemente, no se trataba del mismo amor ni, por cierto, de la misma Francia.

La revista de las tropas francesas del día siguiente se produjo de manera muy satisfactoria, tal como escribió Duff Cooper al *Foreign Office*. "El Primer Ministro y el general estaban lado a lado sobre el estrado y las tropas —francesas, marroquíes, argelinas y senegalesas— tenían un aspecto orgulloso. Era un espectáculo emocionante ver a esos pequeños contingentes esforzarse por encarnar del mejor modo la tradición del ejército francés. De la multitud provenían muchos gritos de 'Viva Churchill' y 'Viva de Gaulle'".[36]

"Gritan mucho 'Viva de Gaulle'", dijo Churchill.

"'¡Ah! Se dio cuenta', respondió de Gaulle".[37]

El general escribió: "La ceremonia se realizó con el mayor entusiasmo popular. Para la multitud de Marrakesh, como para los que en el mundo miraban las imágenes sin conocer el revés de la trama, Churchill y de Gaulle aparecieron lado a lado y esto significaba que, en poco tiempo, los ejércitos aliados marcharían juntos hacia la victoria, que era lo esencial. Le dije al Primer Ministro, y estuvimos de acuerdo en esto, que, después de todo, la multitud tenía razón".[38] "Después de la partida del Primer Ministro —prosigue Duff Cooper— el general hizo un corto discurso. Habló del renacimiento del ejército francés y de la renovación de la alianza franco-británica y se refirió al honor que les había hecho el Primer Ministro con su presencia en ese día histórico".[39]

Al día siguiente, el encantamiento de Marrakesh comenzó a deshacerse. En Argel, el general d'Astier, comisario del Interior, visitó al general de Gaulle, quien le habló de Churchill con estas palabras: "Está muy cansado. Es la decadencia… Sí, le hablé de armamento. Está de acuerdo, pero no podemos contar con él. ¿Cuál sería su interés?".[40] Luego, el general d'Astier fue a Marrakesh para intentar obtener compromisos más precisos sobre el armamento para la Resistencia. Churchill (al que el general d'Astier describió como "un viejo recién nacido") le dijo: "Gran personaje su de Gaulle. Siempre lo apoyé. ¿Pero cómo podemos entendernos? Detesta a Inglaterra".[41]

El Primer Ministro no pensaba en lo que había dicho, del mismo modo que no creía realmente que se pudiera comprar la docilidad política del Comité de Argel con la entrega de algunas armas a la Resistencia (pero no costaba nada intentarlo): "Sí, estoy de acuerdo. Hay que hacer la guerra. Los ayudaremos, pero manténganse tranquilos".[42]

Para el Primer Ministro, la mejor manera de mantenerse tranquilo era, por supuesto, liberar a Boisson, Peyrouton y Flandin: una idea que, enseguida, se convirtió en una obsesión. Sin embargo, Churchill realmente quería ayudar a Francia y reforzar la Resistencia francesa. A fines de ese mes dio las instrucciones necesarias y en la primera luna de febrero se lanzaron en paracaídas armas para dieciséis mil hombres de la Resistencia. El mes siguiente, esta cantidad se duplicó.[43] Asimismo, Churchill encontraba que el deseo de la Francia Combatiente de participar en la próxima batalla de Francia era totalmente legítimo y se preocupó por eliminar, uno tras otro, los múltiples obstáculos administrativos y materiales que se seguían oponiendo a que la División Leclerc se integrara al cuerpo expedicionario aliado.

En Argel, en ese fin de enero de 1944, el general tuvo que enfrentar varios problemas preocupantes. Por una parte, su salud dejaba que desear: sufría de un ataque de malaria y de problemas renales. En Francia, además, los alemanes y sus auxiliares franceses habían intensificado la campaña en contra de la Resistencia y muchas redes habían sido desmanteladas. Finalmente, dentro de la Resistencia, los elementos comunistas extendían su influencia y, en secreto, mantenían una política que no tenía nada en común con el Comité de Argel (y esto explica, en gran parte, por qué el general de Gaulle estaba interesado en que las tropas francesas, especialmente la División Leclerc, participaran del desembarco en Francia). Si bien de Gaulle no conocía cuál era la fecha prevista para la operación *Overlord*, sabía que era inminente y, también, que el éxito o el fracaso de la misión que había asumido en junio de 1940 dependería de la manera en que Francia fuese liberada. Ahí estaba, precisamente, la amenaza más grave para la autoridad del Comité Francés de Liberación Nacional y su implacable presidente.

El 9 de septiembre de 1943, el Comité de Argel hizo llegar a Washington y a Londres un proyecto de acuerdo sobre las condiciones en las que la administración francesa sería llevada a cooperar con las fuerzas aliadas en la próxima batalla de Francia. Esta administración francesa pertenecería, por supuesto, al CFLN y a sus representantes. En los términos del proyecto de acuerdo, cada gran unidad aliada estaría acompañada por oficiales franceses encargados de los vínculos administrativos con las autoridades locales. Éstos habían recibido un entrenamiento especial y estaban en Inglaterra bajo el mando de Hettier de Boislambert. Pero en la primavera de 1944, ni Londres ni Washington habían respondido a las propuestas francesas. Sin embargo, si no se entendían con el CFLN con respecto a la administración civil en Francia, tendrían que negociar con Vichy u organizar una administración aliada de los territorios ocupados siguiendo el modelo del AMGOT* instaurado en Italia.

Las propuestas francesas eran muy desconcertantes para las autoridades británicas, en la medida en que planteaban una cuestión que nadie en Londres se atrevía a enfrentar: la del reconocimiento del CFLN y su derecho a hacerse cargo de la administración de la Francia liberada. El *Foreign Office,* que seguía siendo favorable a de Gaulle, hubiese querido que el comando en jefe aliado fuese el responsable de la administración civil de la zona de combates. Pero ésta tendría un carácter francés, estaría asegurada por personal francés y pertenecería a una autoridad francesa (que no podía ser otra que el CFLN, ya que el *Foreign Office* no conocía ninguna otra que contara con el apoyo de la Resistencia francesa y de la opinión pública inglesa). Pero el *War Office* veía las cosas de otro modo: estaba considerando la creación de una administración militar compuesta por oficiales ingleses y norteamericanos encargados de los asuntos civiles, que seguirían en funciones seis meses después de la liberación de los territorios franceses.

Pero, como siempre, lo más importante seguía siendo la opinión del Primer Ministro y, por supuesto, éste estaba terriblemente influido por sus prejuicios personales: su animosidad por el general de Gaulle, su amor por Francia y su necesidad irreprimible de intervenir en los asuntos franceses. El 26 de enero de 1944 escribió a su Ministro de Asuntos Exteriores: "Por el momento no soy partidario de establecer acuerdos con el Comité Francés que le permitan hacerse cargo de la administración civil en las partes de Francia que pudiésemos liberar. Nada nos garantiza ahora que de Gaulle no ice la bandera de la Cruz de Lorena en cada municipio y que él y sus justicieros improvisados no intenten imponerse como únicos detentores del poder oficial. Esto es lo que el Presidente teme y yo también.

* Allied Military Government in Occupied Territories.

Quizás de aquí a dos o tres meses, el Comité Francés esté en otras disposiciones. Ya hay algunos proyectos al respecto. Mientras tanto, sería muy imprudente de nuestra parte ceder y abandonar así uno de los pocos medios que todavía nos quedan para dirigirlo y controlarlo".[44]

Por consiguiente, para el Primer Ministro era urgente esperar. Por curioso que pueda parecer, Churchill seguía muy interesado en la suerte de Boisson, Peyrouton y Flandin. Y, además, había otra cosa que lo preocupaba. El general d'Astier, que acababa de prevenirlo sobre los riesgos de un gobierno militar aliado en Francia, oyó la siguiente respuesta: "Hagan un gesto de amistad, envíen al general Georges a una misión. Sí, ya sé, ya me lo han dicho: no es un 'duro', es un vencido. Pero tiene metralla en el cuerpo y me hizo un gran favor. Es un amigo. Necesito amigos".[45]

Ese mismo día, Churchill escribió a Duff Cooper: "Ahora puede sondear a de Gaulle sobre el tema del envío del general Georges a Londres como oficial de enlace conmigo en mi calidad de Ministro de Defensa. Sin embargo, arrégleselas para presentar las cosas de modo de que no haya un rechazo".[46] Churchill siguió en buenos términos con el hombre al que detestaba y admiraba al mismo tiempo: "Acepte mis felicitaciones por la magnífica contribución de sus tropas a la batalla actual. Es muy reconfortante ver fuertes unidades francesas alineadas con los aliados británicos y norteamericanos. Nos recuerda el pasado, pero también anuncia los nuevos tiempos".[47]

Si consideramos el inmenso respeto del Primer Ministro por el ejército francés y su apego indefectible a la causa de Francia, es asombroso que siguiera siendo obstinadamente hostil al proyecto de acuerdo sobre la administración civil de los territorios liberados. Su animosidad por el general de Gaulle, su idea de que las cosas se alargaran para "dirigir" y "controlar" al Comité Francés no bastan para explicar su actitud en este asunto. La verdad es que Churchill estaba más decidido que nunca a evitar una pelea con el gobierno norteamericano sobre el general de Gaulle y a sostener la política del presidente Roosevelt en los asuntos franceses. Pero, lamentablemente, las iniciativas del Presidente en esta materia no siempre fueron de lo más felices y nada permitía esperar que fuese de otro modo en el futuro.

En su política frente a Francia, el presidente Roosevelt se guiaba por algunas líneas directrices inmutables: una hostilidad visceral por el general de Gaulle y su movimiento, un cierto apetito por una parte del Imperio Francés,[48] un desprecio completo por la soberanía francesa y una simpatía persistente por el viejo mariscal Pétain (todo disimulado bajo la apariencia de un respeto escrupuloso por "la verdadera elección" que los franceses recién podrían hacer cuando terminara la guerra y, si era posible, algún tiempo después). Todo esto se tuvo en cuenta en Washington cuando se examinó el problema de la administración civil a fines de 1943.

El presidente Roosevelt tenía algunas ideas fijas sobre esta cuestión, como había escrito en El Cairo, el 27 de noviembre de 1943, al secretario de Estado Cordell Hull: "Me parece evidente que no se debe hacer ningún plan ni tomar ninguna decisión ahora sobre la administración civil en Francia. (...) Cada vez más me inclino a ver la ocupación de Francia, cuando se produzca, como una ocupación puramente militar".[49] En la primavera de 1944, las concepciones del Presidente no habían cambiado para nada y ya se habían tomado algunas medidas para ponerlas en práctica. Así, se echaron las bases de un AMGOT para Francia, mientras se formaba a los futuros administradores civiles en Charlottesville, Virginia. En dos meses se les enseñaron las sutilezas de la lengua francesa y el arte de convertirse en prefectos y, de ahí, el sobrenombre de *Sixty Days Marvels* que les habían puesto. Finalmente, como no querían que el CFLN emitiera dinero en territorio liberado (esto implicaría el reconocimiento de los Aliados de la soberanía del Comité), el gobierno norteamericano decidió emitir francos militares que serían puestos en circulación cuando lo decidiera el mando militar aliado. Se preveía que los billetes tendrían de un lado la inscripción: "República Francesa" y, del otro, la leyenda: "Libertad, Igualdad, Fraternidad" y una bandera francesa. Pero el presidente Roosevelt se opuso a esto: sólo quería que figuraran dos palabras: *Francia*. Morgenthau y John Mac Cloy intentaron que cambiara de opinión, pero Roosevelt replicó:

—¿Cómo pueden saber con qué gobierno tendrán que entenderse después de la guerra? Quizás sea un imperio.

—Esto es justamente lo que queríamos evitar —objetó Morgenthau—. Me parece que si la inscripción es "República Francesa", no lo comprometerá para nada.

—Henry —dijo Roosevelt—, habla igual que el *Foreign Office*.

—Señor Presidente —respondió Morgenthau—, ¡es el insulto más grave que me han dicho en diez años!

Pero la discusión siguió y Morgenthau anotó en su diario: "FDR no dejaba de repetir que no quería que figurara nada en los billetes que pudiera indicar la naturaleza del gobierno. Puse objeciones y Mac Cloy también, pero el Presidente estaba con todos los humos y era imposible hacer que entrara en razones. Dijo: 'Ya oí todos esos argumentos. De Gaulle está declinando'. (...) Por lo tanto, sacamos '*Libertad, Igualdad, Fraternidad*' y también pidió que sacáramos '*Francia*'. Por lo tanto, sólo quedó la bandera y nada más".[50]

Finalmente, el 15 de marzo, Roosevelt redactó una directiva secreta para el general Eisenhower, futuro comandante en jefe de la Operación *Overlord*. "Una vez en Francia —escribió Roosevelt— el general Eisenhower podrá consultar al CFLN". Pero también podría tratar con cualquier otra autoridad francesa *de facto* si lo consideraba convincente, salvo "el gobierno de Vichy en tanto tal" (lo que, sin embargo, dejaba la puerta abierta a negociaciones con ciertos hombres de ese gobierno). El Presidente no estaba muy bien informado sobre cuál era la situación en Francia. Un mes antes, el almirante Lehay le había hecho saber que "cuando las tropas aliadas entren en Francia, la persona más segura para ayudarnos a unir a los franceses es el mariscal Pétain".[51]

La directiva secreta del Presidente no siguió siendo secreta durante mucho tiempo. Menos de una semana más tarde, se conoció en el Comité de Argel y Viénot fue a visitar a Eden para decirle que "estaba muy inquieto por informaciones que acababan de llegarle sobre el último proyecto de administración de Francia cuando los Aliados entraran a este país". Y agregó: "Si las cosas quedan como están y si todas las responsabilidades recaen en los hombros del Comandante en Jefe, ¿qué otro resultado puede haber que la anarquía o el AMGOT? Efectivamente, ¿qué sucedería en la práctica? En una ciudad, el Comandante en Jefe nombrará, por ejemplo, a un funcionario partidario del CFLN. En otro distrito, será un simpatizante de Vichy y en otro, un comunista. ¿Quién va a coordinar a estas distintas autoridades si no es el Comité Francés? Además, sería demasiada carga para el Comandante en Jefe y, al final, estaría obligado a administrar Francia".[52]

Eden estuvo totalmente de acuerdo y agregó que, en su opinión, la formulación: "El Comandante en Jefe podrá consultar" tendría que cambiarse por "consultará al CFLN".[53] "Estaba convencido —escribió más tarde Eden— de que la Resistencia francesa y la aplastante mayoría de la opinión pública en Francia apoyaban a de Gaulle y que, si faltábamos a nuestros deberes respecto del Comité de Liberación Nacional, comprometeríamos las relaciones franco-británicas en el preciso momento en que Francia iba a volver a comenzar a hacer sentir su influencia en el mundo".[54]

Por supuesto que había que convencer al Primer Ministro de que había que hacer enmiendas a la directiva y que había que enviar un telegrama en este sentido al presidente Roosevelt. No era fácil, y menos aún porque el CFLN acababa de tomar una medida que chocó profundamente a Churchill: Pierre Pucheu, el ex ministro del Interior de Vichy había sido fusilado cerca de Argel dos días antes. Por lo tanto, las iniciativas de Eden no dieron ningún resultado, pero el embajador Viénot decidió intentarlo y fue a visitar a Churchill el 4 de abril.

El Primer Ministro, visiblemente cansado, empezó diciéndole que "Francia seguirá durante mucho tiempo bajo la jurisdicción del comandante en jefe aliado y habrá grandes batallas en Francia". Pero como esto estaba fuera de la cuestión, Churchill pasó a argumentos más familiares: "El Comité Francés no logró ganar la confianza del Presidente. Yo mismo quedé profundamente herido por su actitud. Durante toda mi vida fui un amigo de Francia. Busco la Francia que amo y no la reconozco en el general de Gaulle. Me sigo esforzando por ayudar a los aliados de Gran Bretaña pero, en Marrakesh, el general de Gaulle no consideró que tuviese que dar pruebas de reciprocidad. Lejos de alimentar ideas preconcebidas en su contra, lo admiro en muchos aspectos, pero pienso que no es amigo de Inglaterra".

El embajador Viénot se esforzó por llevar la conversación hacia la directiva del Presidente. Convinieron en que hubo "graves malentendidos" y señaló que, fuera de Vichy, no existía en Francia otra autoridad que el Comité. Pero Churchill respondió que la formulación utilizada por el Presidente "no había sido elaborada a las apuradas. Fue objeto de un examen profundo. Sería difícil lograr modificarla, sobre todo después de la muerte de Pucheu".

Viénot aseguró que "el caso de Pucheu no constituirá un precedente" y el Primer Ministro aprovechó para dedicarse a su tema favorito: "Espero que no. Cuando estaba en Argel, Giraud me invitó a almorzar para que pudiese encontrarme con Flandin y Peyrouton. Sería muy desagradable que los ejecutaran".

Después, Churchill siguió con su diatriba: "En Québec, Eden y yo defendimos enérgicamente los intereses de Francia ante el Presidente. Pero la actitud del general de Gaulle redujo nuestros esfuerzos a la nada (...). A pesar de esto, las cosas se arreglaron. El general Georges, que es un viejo amigo, fue incluido en el Comité (pero luego lo excluyeron sin aviso previo). Incluso, en ese momento me tomé el trabajo de convencer a las autoridades soviéticas y al Presidente de que Francia tenía que estar representada en la comisión mediterránea. Hay que intentar comprender al Presidente y evitar provocarlo".[55]

Churchill prometió "reflexionar" sobre la directiva.

Todo esto no era nada alentador, tan poco que, después de haber leído el resumen de la conversación, Massigli consideró que era preferible no mostrárselo al general de Gaulle.[56] Y, sin embargo, no era nada al lado de las palabras del Primer Ministro cuando se enteró, poco después, de la decisión del Comité de quitarle al general Giraud su título de Comandante en Jefe.

A pesar de las injurias contra el Comité Francés y su irritable Presidente, Churchill se daba cuenta de que la directiva del Presidente norteamericano estaba mal hecha. Pero se "negaba a molestarlo por eso ahora".[57] Por ótro lado, era imposible no hacer nada, pues el día del desembarco se acercaba y la prensa británica empezaba a preocuparse seriamente por la ausencia de un acuerdo sobre la administración civil de los territorios liberados. A fines del mes de marzo, el *Manchester Guardian*, el *Observer* y el *Daily Herald* reclamaban a los gritos una cooperación mayor con el Comité Francés. El *Daily Herald* incluso reveló que de Gaulle había sometido hacía seis meses al gobierno británico propuestas sobre la administración civil. "¿Por qué las propuestas francesas siguen sin una respuesta desde hace seis meses? —preguntaba el periódico—. ¿Qué pasa con esa directiva al general Eisenhower que le otorga poder para tratar con la autoridad local que él elija?". "Evidentemente —concluía el diario— la cooperación entre aliados deja mucho que desear".[58] A comienzos de abril, el *Times* y el *Economist* llegaron mucho más lejos: pidieron que el CFLN fuera reconocido oficialmente como gobierno provisorio de Francia.[59] Hasta el *Daily Mirror*, que raramente se apasionaba por la política internacional, entró en el juego y exigió una cooperación franca y directa con el general de Gaulle y el Comité.[60] Finalmente, todo permitía prever que el Parlamento y la opinión pública no tardarían en seguirle el paso a la prensa.

Una vez más, Churchill se vio entre su fidelidad al Presidente y las preocupaciones de su opinión pública. Pero Francia, más allá de sus errores, seguía siendo Francia y Churchill terminó por ceder: le pidió al Roosevelt que modificara su directiva en el sentido indicado por Eden. Además, como quería atacar el mal de raíz, intentó organizar un encuentro entre de Gaulle y Roosevelt.

Churchill no logró que se modificara la directiva. El 17 de abril se enteró de que el Presidente se oponía a cualquier enmienda y se negó a reemplazar "podrá consultar" por "consultará", pues "el general Eisenhower debe tener toda la libertad en materia de administración civil".[61] Por supuesto que Churchill no insistió: "Sería un grave error —escribió a lord Cranborne— pelearse con el Presidente por estos detalles por cuenta de los franceses libres. El Presidente toma cada semana decisiones favorables para nosotros (...) y no se trata de comprometer nuestras relaciones".[62]

Las perspectivas de una entrevista entre de Gaulle y Roosevelt parecían mejores: el 13 de abril, éste le respondió: "No veo inconvenientes en que de Gaulle me visite".[63] Luego, Churchill le hizo saber al general, a través de Duff Cooper, que "pensaba poder convencer al Presidente de recibir al general de Gaulle, si éste daba su acuerdo", a lo que recibió una respuesta de una amabilidad desacostumbrada. "El general —relata Duff Cooper— declaró que estaría muy contento de aceptar en cualquier momento una invitación de este tipo (…) y me pidió que le transmitiera la expresión de su gratitud personal por esta sugerencia, en la que ve una prueba tangible de su simpatía por él, de la que se acordará siempre, inclusive si no se produce".[64]

Y no se produjo. Ese mismo día, el presidente Roosevelt, preocupado por cuidar su imagen política cerca de las elecciones, le escribió a Churchill. "No enviaré ninguna invitación oficial u oficiosa".[65] Pero Churchill no se desalentó y, el 6 de abril, le escribió a Duff Cooper: "Si de Gaulle puede rebajarse y pedir, a través de su Embajador en Washington, si se aceptara una visita de su parte (…) y siempre que me lo informe de antemano, haría lo necesario para asegurar una respuesta favorable antes de que se inicien las diligencias".[66]

Pero no era tan sencillo y de Gaulle no era un hombre para rebajarse, salvo por el bien de Francia, evidentemente. Churchill recibió el vía libre y, con un celo encomiable, inició su complicada diplomacia. El 20 de abril le escribió al Presidente: "El general de Gaulle desearía saber, a través de su intermediario en Washington, si resultaría agradable que realizara una visita (…). Usted podría aportarle mucho si lo tratara benévolamente, me parece que sería muy útil en muchos aspectos".[67] Roosevelt respondió secamente que la cuestión "tendrá que ser presentada dentro de un mes por los representantes franceses en Washington",[68] pero Churchill no se sintió derrotado. Al otro día le contestó al Presidente: "Esperaba que hiciera algo mejor que esto. Después de todo, este hombre, que no me inspira más confianza que a usted, está al mando de una cantidad importante de fuerzas, entre las que se encuentran fuerzas navales y el *Richelieu*, del que podemos disponer con libertad, y que están combatiendo o están dispuestas a hacerlo. Dirige un vasto imperio, cuyos puntos estratégicos fueron puestos a nuestra disposición".[69]

Pero el Presidente hizo oídos sordos, sin duda alentado por Cordell Hull, quien acababa de escribirle que "evidentemente, la intervención del Primer Ministro tiene como finalidad unirnos definitiva e irrevocablemente a de Gaulle antes del desembarco, para que nos comprometamos con él, aunque los acontecimientos no se desenvuelvan como tenemos previsto".[70] De modo que el Presidente volvió a enviarle una respuesta negativa a Churchill, que terminó por renunciar. "No insisto más", respondió el 24 de abril.[71]

Por lo tanto, no existía la menor perspectiva de una reconciliación entre de Gaulle y Roosevelt y muy pocas esperanzas de que se remitiera una directiva aceptable al Comandante en Jefe (y todo esto, solamente cinco semanas antes de la fecha prevista para el desembarco en Francia). Ya era una situación bastante delicada, pero no tardaría en agravarse más aún.

Por razones que se remontan a la expedición de Dakar de 1940, Roosevelt y Churchill decidieron que el CFLN no estaría al corriente de los preparativos del desembarco en Francia. La fecha también se mantendría en secreto, como sucedió con Madagascar y África del Norte. El 12 de abril, Churchill escribió a Roosevelt: "Estoy de acuerdo en que el CFLN no esté al corriente de las modalidades de *Overlord*. Intenté conceder el deseo de la participación de la División Blindada de Leclerc en la próxima batalla, pero su presencia no le dará en ningún caso derecho a estar al corriente de nuestros secretos".[72] Sin embargo, las cosas no eran tan simples, pues el CFLN tenía en Gran Bretaña un "delegado militar para el teatro de operaciones norte", que era el general Koenig, héroe de Bir Hakeim, quien tenía otro título que, para el cuartel general aliado era más importante que los demás: Comandante en Jefe de todas las fuerzas francesas del interior. De hecho, la Resistencia francesa tuvo un papel muy importante antes, durante y después del día D y, por consiguiente, era imposible no colaborar con el general Koenig y era muy difícil cooperar con él sin hacerlo con de Gaulle, su superior inmediato. Finalmente, se decidió que Koenig no supiera nada antes del día D.

Surgió una complicación adicional al mismo tiempo: el gobierno británico decidió prohibir, a partir del 17 de abril, todas las comunicaciones por telegramas cifrados, incluidas las comunicaciones diplomáticas entre Gran Bretaña y el mundo exterior y esto hasta el día del desembarco. Había pocos gobiernos exceptuados y, por supuesto, el CFLN no estaba incluido. Esta medida de prohibición, que era arriesgada porque podía atraer la atención del enemigo, provocó protestas indignadas por parte de los gobiernos en el exilio en Londres. De Gaulle estaba indignado: "esta precaución, tomada unilateralmente por los anglosajones con los franceses, cuyas fuerzas, como las de ellos, iban a jugar un papel esencial en las operaciones y cuyo territorio sería el campo de batalla, nos causó el efecto de un ultraje".[73] Y, por supuesto, el general de Gaulle no era un hombre que sufriera un ultraje sin replicar.

A comienzos de mayo, menos de cuatro semanas antes del desencadenamiento de la operación *Overlord*, seguía sin haber un acuerdo sobre la administración civil en Francia y el *Foreign Office* empezó a preocuparse seriamente. El 8 de mayo, Eden envió otro mensaje al Primer Ministro: "Tenemos que decidir si queremos establecer o no, conjuntamente con el Comité Francés, planes basados en el principio de que trataremos con él en tanto autoridad francesa cuando hayamos liberado territorios lo suficientemente extensos como para que una administración civil pueda funcionar en ellos. (...) No hay ninguna otra autoridad con la que podamos tratar. Por lo tanto, tenemos que intentar obtener el acuerdo de los jefes del Estado Mayor integrados para que se envíen las instrucciones necesarias al general Eisenhower (...). Parece que los jefes del Estado Mayor estaban dispuestos a dar su consentimiento, cuando el Presidente los llamó al orden". Al día siguiente, Eden repitió que "si el Presidente persiste en oponerse al establecimiento de un acuerdo, habrá una verdadera fosa entre nosotros y el Comité Francés. Esto no será bueno para nadie (salvo para los rusos) y la posición de nuestros amigos franceses frente al general de Gaulle quedará debilitada".[74]

De hecho, estaba a punto de convertirse en inextricable y nadie sabía quién sería realmente responsable de la administración civil en Francia después del desembarco. Se podría haber negociado un acuerdo entre el general Koenig y el general Eisenhower, pero el presidente Roosevelt se oponía. En cuanto al general Koenig, no podía negociar sin comunicarse con el Comité de Argel, lo que era imposible a causa de la prohibición del envío de correspondencia cifrada. Como represalia, de Gaulle les prohibió a Koenig y a Viénot que arreglaran el más mínimo asunto con los Aliados hasta nueva orden. También se negó a recibir a Duff Cooper y en Túnez pronunció una violenta acusación por la actitud de los Aliados respecto de la administración civil y agregó que los franceses querían ser "un aliado permanente del Este, es decir, de la querida y poderosa Rusia".[75] Por supuesto que esto provocó la furia del Primer Ministro, el único que habría podido interceder ante el Presidente para que se iniciaran negociaciones con el Comité sobre la cuestión de la administración civil. De golpe, Churchill le escribió a Eden el 10 de mayo que se negaba a pelearse con el Presidente por este tema y agregó: "De Gaulle, más allá de su grandeza, constituye el único obstáculo para que se establezcan relaciones armoniosas entre Gran Bretaña y América, por una parte, y lo que queda de Francia, por otra". Para él, el discurso de Túnez constituyó un antecedente de lo que de Gaulle haría una vez que se hubiese instalado en el poder. Agregó: "Será el peor enemigo que Estados Unidos y nosotros hayamos tenido jamás en Francia".[76]

Por interesante que fuera, esto no resolvía los problemas. Además, la prensa británica seguía atacando la política del gobierno frente al CFLN y la Cámara de los Comunes empezó a apurar el paso. En la sesión del 19 de abril, se escucharon las siguientes palabras:

"El señor Mander pregunta al Ministro de Asuntos Exteriores si se reconocerá la autoridad del CFLN a medida que se vaya liberando territorio francés y si esta cuestión se examinará en la comisión consultiva europea.

"Sir Richard Acland le pregunta al Ministro de Asuntos Exteriores si puede hacer una declaración sobre los poderes y deberes respectivos del CFLN y del comando en jefe de las fuerzas aliadas en relación con la administración civil de los territorios franceses que se recuperarán.

"*Graham White*: ¿Puedo pedirle a mi honorable colega que no olvide en las próximas discusiones que el reconocimiento de diferentes autoridades en diferentes partes de Francia será, seguramente, un medio para desencadenar la guerra civil?

"*Law*: Espero que no olvidemos nada.

"*Granville*: ¿Mi muy honorable colega quiere decir que ninguna de estas cuestiones fue examinada por la comisión consultiva europea? ¿Es eso lo que quiere decir?".[77]

Y el 3 de mayo:

"El señor Martin le pregunta al Ministro de Asuntos Exteriores si se celebró un acuerdo con el CFLN para la administración del territorio de la Francia metropolitana a medida que sea liberada de la ocupación alemana.

"*Eden*: Se mantienen actualmente conversaciones entre el Comando en Jefe aliado y la misión militar francesa que dirige Koenig.

"*Martin*: ¿O sea que la autoridad con la que trataremos en la Francia liberada será el CFLN?

Eden: Sí, señor".[78]

Las dos últimas respuestas son muy ambiguas y Eden lo sabía mejor que nadie. Las discusiones entre representantes militares franceses y militares norteamericanos no se llevaban a cabo porque ninguna de las partes contaba con el mandato para establecer un acuerdo. La respuesta a la segunda pregunta expresaba más una esperanza que una realidad. Pero el gobierno británico y, especialmente, el Ministro de Asuntos Exteriores, estaban sometidos a una presión importante. El 8 de mayo, Duff Cooper escribió desde Argel para proponer un medio para salir del callejón sin salida en el que estaban: invitar a de Gaulle a Londres para que pudiera participar de las negociaciones. El 11 de mayo, a la salida de una conversación cara a cara tormentosa y agotadora que terminó a las 3 de la mañana, Eden logró persuadir al Primer Ministro de que adoptara esa solución y de que le escribiera al presidente Roosevelt. Al otro día, Churchill le escribió: "A medida que se acerca el día decisivo, nos parece indispensable lograr un acuerdo de algún tipo con el Comité Nacional Francés (...). Ahora tenemos que contar con la opinión pública, que se indigna porque no hemos llegado a ningún acuerdo con él para la utilización de las fuerzas francesas en Francia y fuera de ella. Podríamos abstenernos de contar con la ayuda de los franceses del exterior en el momento de la operación, (...) pero el general Eisenhower le otorga mucha importancia a la acción de las redes de la Resistencia francesa durante y después del día D y, evidentemente, tenemos que actuar de modo que nuestras tropas no sufran pérdidas más severas por nuestra incapacidad para llegar a un acuerdo sobre la utilización de los grupos de Resistencia francesa (...). Por lo tanto, le propongo que invite al general de Gaulle y a uno o dos miembros de su Comité a que vengan aquí en el mayor de los secretos, el 18 de mayo, por ejemplo. Además, le propongo que confíe la representación de sus intereses al general Eisenhower o que envíe a otro expresamente para el encuentro. El Ministro de Asuntos Exteriores y yo mismo conduciremos las negociaciones con de Gaulle y el representante que usted designe. Les haremos las mejores propuestas posibles, sin dar nuestro acuerdo antes de haber recibido su respuesta. Es posible que no lleguemos a ponernos de acuerdo con ellos porque se muestren poco razonables pero, en ese caso, habremos hecho lo mejor posible y él (de Gaulle) se habrá equivocado. De todos modos, habremos cumplido con nuestro deber con los soldados y ustedes tendrán la oportunidad de examinar sin apuros el mejor plan que podamos presentarles".[79]

El Presidente respondió al otro día que no veía ningún inconveniente en que el general fuese invitado a Inglaterra para discutir sobre "sus intereses comunes en materia política y militar", pero que no habría participación norteamericana. "Por razones de seguridad —agregaba— sin duda ustedes juzgarán acertado retener al general en Gran Bretaña hasta el día siguiente al día D".[80]

Esto no conducía a ninguna parte a Churchill y a Eden. MacKenzie King, de visita en Londres, anotó en su diario: "Churchill está realmente muy preocupado y tiene miedo de meter la pata".[81] De hecho, el Primer Ministro escribió a Eden: "Me parece evidente que de Gaulle no aceptará venir si no puede volver a irse hasta el otro día del día D y si no puede comunicarse con el exterior (...). Esto dará lugar a interminables disputas y (...) no veo cómo podríamos impedirle que se comunique libremente con su gobierno que, después de todo, está al frente del

Imperio Francés. Ciertamente no podría quedar fuera de la conducción de sus tareas más de algunos días, como máximo una semana, y se volvería absolutamente insoportable si lo obligamos a quedarse aquí. No se trata tampoco de que venga y que vuelva a Argel antes del día D. No vendría solo y no dejaría de traer a colegas y a varios asistentes, ayuda de campo, personal doméstico, etcétera. Lo que sepa por boca de los miembros de su movimiento podría divulgarse, llegar a Argel, de ahí pasar a España vía Orán y, vía España, llegar a Alemania".[82]

En suma, había una sola solución: esperar el día D y, luego, "enviarle al general de Gaulle una cordial invitación para que venga aquí en cuanto quiera". Para Churchill, era totalmente satisfactoria: "Estoy convencido —le escribió a Eden el 16 de mayo— de que durante la primera semana, mientras la batalla siga su curso y no se haya conquistado ninguna parcela de terreno lo suficientemente importante como para ser sometida a la administración civil, podemos llegar a un acuerdo sobre el tema de la administración civil. Quizás lleguemos a ponerlo en una buena disposición".[83]

Tal vez fuese pedir demasiado. Pero, a partir de ese momento, se puso todo en marcha para que el proyecto tuviera buen fin y de Gaulle aceptara la invitación. Ésta tenía que ser "cordial" y el Primer Ministro envió su avión personal a Argel. Eden sugirió, además, que "sería bueno precisar que el gobierno de su Majestad espera que el general y su comitiva consientan en ser sus huéspedes durante la estadía en este país".[84] Mientras tanto, Churchill le envió al general sus mayores felicitaciones por la conducta de las tropas francesas en Italia. Finalmente, Duff Cooper le informó al general, con un lujo de precauciones, que el gobierno de Su Majestad desearía invitarlo a Londres "para arreglar allí la cuestión del reconocimiento y de la colaboración administrativa en Francia".[85]

Para gran alivio de todos, el general "estaba con la mejor disposición"[86] y aceptó la invitación, no sin plantear algunas condiciones: tenía que recibir la seguridad de que le permitirían comunicarse cifradamente con el gobierno de Argel. Pero, además, había otra cosa: "En cuanto a concluir un acuerdo con un alcance político, tenía que hacer todas las reservas del caso. (…)

No nos interesaba el reconocimiento. Le anuncié que, por otra parte, el Comité de Liberación tomaría el nombre de Gobierno de la República, más allá de la opinión que tuvieran los Aliados. En cuanto a las condiciones de nuestra colaboración con el mando militar, las habíamos precisado hacía tiempo en un memorándum al que no habían dado respuesta. Quizás ahora el gobierno británico estuviese dispuesto a suscribirlo. Pero el gobierno norteamericano no lo estaba. ¿Para qué, entonces, establecer medidas entre franceses e ingleses que no podrían aplicarse por la falta de acuerdo de Roosevelt? Por supuesto que estábamos dispuestos a negociar las modalidades prácticas de la cooperación, pero tenía que ser de a tres y no de a dos".[87]

Churchill también sabía que no podía haber ningún acuerdo sin la presencia de un representante norteamericano. Además, tuvo que recibir sin ningún placer la perspectiva de ver al Comité tomar el nombre de "Gobierno provisorio de la República Francesa". Pero no había tiempo para recriminaciones. En menos de dos semanas iba a iniciarse la operación *Overlord* y era imposible liberar Francia sin la participación de los franceses. Además, los soldados de la Francia Combatiente habían probado su valor durante la campaña de Italia y todos los ingleses, con su Primer Ministro a la cabeza, habían quedado muy impresionados. Churchill intentó seguir la mayor cantidad de tiempo y con la mayor de las fidelidades la línea del presidente Roosevelt, pero la situación se había vuelto insostenible. En Gran Bretaña, la prensa, de manera prácticamente unánime, pedía a los gritos un cambio de política. El *Times* pidió "un acuerdo total con la administración de Gaulle",[88] el *Manchester Guardian* exigió "el reconocimiento completo del Comité"[89] y el *Daily Mail* tronó en contra de la política dilatoria del gobierno británico en los asuntos franceses.[90]

El 24 de mayo, Churchill pronunció un largo discurso en la Cámara de los Comunes. Dio cuenta de las relaciones de Gran Bretaña con cada uno de los países de Europa y habló del general Franco en términos calurosos. Cuando llegó a Francia dijo: "No hay dudas de que (...) el Comité Francés de Liberación Nacional dirige actualmente las fuerzas que le dan el cuarto lugar en la gran alianza en lucha contra Hitler en Europa. Si Estados

Unidos y Gran Bretaña todavía no pueden reconocerlo como gobierno provisorio de Francia es porque no estamos seguros de que represente a la nación francesa del mismo modo que Gran Bretaña, Estados Unidos y la Unión Soviética representan al conjunto de sus pueblos. Por supuesto que el Comité estará a cargo del establecimiento de la ley y del orden en las regiones liberadas de Francia, bajo la supervisión del comando supremo aliado durante la duración de los combates. Pero en este momento no queremos tomar la responsabilidad de imponer el gobierno del Comité Francés a todas las regiones de Francia que puedan caer en nuestras manos hasta que sepamos mejor cuáles son las condiciones en Francia. Al mismo tiempo, tengo que precisar que, en ningún caso, tendremos tratativas con el gobierno de Vichy, o con ninguna otra persona comprometida con él, porque tomaron el camino de la colaboración con nuestros enemigos. Muchos se pronunciaron manifiestamente a favor y se comprometieron con la victoria de Alemania. (...) Con la entera aprobación del Presidente de Estados Unidos, invité al general de Gaulle a que nos visitara en un futuro próximo y mi honorable colega, el Ministro de Asuntos Exteriores, acaba de mostrarme un telegrama de Duff Cooper en el que nos comunica desde Argel que de Gaulle estará muy feliz de venir. No hay nada que no valga una franca explicación para allanar el terreno. Espero que lo acompañen algunos miembros de su gobierno, para que podamos estudiar el conjunto de la cuestión".[91]

Indudablemente, era un discurso brillante. Pero esta vez, los honorables diputados no estuvieron satisfechos. El diputado de West Leicester, Harold Nicolson, tomó la palabra inmediatamente después del Primer Ministro: "No puedo entender por completo, ni explicarle a los demás, la verdadera naturaleza de la política adoptada por el gobierno de Su Majestad en relación con Francia (...). Como muchos franceses, tengo la impresión de que el gobierno de Estados Unidos, seguido en esto por el gobierno de Su Majestad, lejos de asistir a los franceses, se las ingenia para oponerse a ellos cada vez que puede (...). El gobierno de Estados Unidos se muestra débil, poco sagaz y nada informado, cuando se niega a reconocer al Comité Nacional o al gobierno provisorio. Estoy convencido de que es un gran error. Esta política no es solamente injusta e inoportuna, sino que, además, es riesgosa, porque podemos meternos en una situación absurda. Espero todo el tiempo leer en mi diario que el gobierno soviético reconoció al Comité de de Gaulle como gobierno provisorio de Francia. Y nosotros llegaremos después de la batalla, reticentes, mezquinos, incomprendidos, entraremos a último momento por la puerta de servicio, sin haber expresado el respeto y la admiración que sentimos aquí por la obra del Comité Nacional. Nos negamos a reconocerlo (...). Quizás haya razones para esto que escapan a nuestro control. Pero vamos más lejos todavía: nos negamos, en un momento crucial, a dejar que los franceses se comuniquen con su gobierno en Argel. Les negamos cualquier tipo de participación en el consejo europeo y esto parece grotesco. Tenemos un organismo aliado que debate el futuro de Europa y Francia no tiene representación. Es grotesco. No adoptaríamos una actitud tan descortés con un país neutro, mucho menos con un aliado que se levantó y que recuperó su jerarquía entre las naciones del mundo (...). Estoy seguro de que los miembros de los otros partidos están tan desconcertados como yo y quiero creer que cuando mi honorable colega los haya oído, se dará cuenta de las graves confusiones que provoca en todas partes este asunto".[92]

En efecto, había graves agitaciones. Poco después, el honorable capitán Grey se levantó y solicitó "reconocer al CFLN como gobierno provisorio de Francia y, si es preciso, hacerlo solos".[93] Luego le llegó el turno al honorable John Dugdale: "Querría solicitarles al Primer Ministro y al Ministro de Asuntos Exteriores si no podrían mostrar más firmeza cuando le piden al gobierno norteamericano que se ponga de acuerdo con nosotros para reconocer al gobierno de de Gaulle lo más pronto posible. Se le pueden reprochar muchas cosas a de Gaulle pero, como el Primer Ministro, se enfrentó al enemigo en 1940 y esto no hay que olvidarlo. (...) No veo por qué pondríamos en duda la buena fe del general de Gaulle y de su gobierno provisorio".[94]

Y el honorable Vernon Batlett agregó: "Lamenté profundamente oír al Primer Ministro decirnos hoy que no puede hacer más en este asunto. Como dijo el honorable diputado de West Leicester (H. Nicolson) durante su admirable intervención, creo que evidentemente llegamos al momento en el que el general de Gaulle representa a Francia, igual que cualquier otro estadista de cualquier otro país aliado. Sé que no es un hombre fácil. La primera vez que lo vi fue en febrero de 1940, detrás de la línea Maginot. Tuve que estar parado en la nieve durante dos horas, mirando sus endemoniados tanques subir y bajar una colina. Vestía solamente un traje y un sobretodo comunes y él tenía una guerrera de cuero y botas altas y en ningún momento dejé de mirarlo sin cierto rencor. No, no es un hombre fácil, pero cada vez que diferimos el reconocimiento total del Comité de Argel, sin lugar a dudas le hacemos el juego a los elementos extremistas del movimiento de liberación francés. Y el caso de Francia es solamente un ejemplo de la política exterior que seguimos en otras partes".[95]

Durante los tres días siguientes, el *Times*, el *Manchester Guardian*, el *Daily Mail* y el *Economist* repitieron sin cesar las palabras de los honorables diputados.[96] El Primer Ministro sin duda recibió una cantidad importante de cartas sobre este tema. En todo caso, era evidente que si seguía la línea fijada por el presidente Roosevelt, perdía el apoyo del Parlamento y de la opinión pública. El 27 de mayo, superando finalmente sus reticencias, le escribió al Presidente: "Puede ver el resumen de nuestras deliberaciones sobre la visita de de Gaulle y lo que dije en el Parlamento sobre este tema. La popularidad de los franceses aumentó aquí como consecuencia de los combates recientes en Italia. Vamos a liberar Francia pagando con vidas inglesas y norteamericanas y aquí pensamos que él tiene que estar con nosotros en esa prueba. Pero ¿quién es ese 'él'? Cuando nos damos cuenta de que es de Gaulle, aparecen todos los problemas que usted y yo conocemos bien. Sin embargo, creo que nos encontraríamos en una situación difícil si pareciera que sacrificamos más soldados ingleses y norteamericanos porque no contamos con el apoyo de la nación francesa. Existe un poderoso movimiento francés cuyos miembros ignoran los errores y las extravagancias del general de Gaulle y no tenemos por qué ponerlos al corriente. Una razón más para que nos consultemos en un futuro próximo. Por supuesto que lo voy a mantener informado cada día de las conversaciones con de Gaulle. Se mostró un poco más cooperativo en estos últimos tiempos y, después de todo, es muy difícil mantener a los franceses apartados de la liberación de Francia. Le agradecería me comunicara cuáles son sus sentimientos al respecto".[97]

Para hacer mejor las cosas, Churchill envió luego un segundo telegrama: "Le solicito que envíe inmediatamente a alguien que tenga al menos el rango de Stettinius para expresar su punto de vista. Aquí, la opinión pública empieza a ponerse muy irritada y piensa que es preciso que los franceses estén con nosotros cuando liberemos Francia. Por supuesto que hay un entusiasmo muy vivo por Francia, por la bravura y el éxito de las tropas francesas (…) en los combates en Italia. También tienen la sensación de que tienen que ocupar un lugar en nuestro proyecto. Nadie comprenderá que se los deje de lado".[98]

A pedido de Churchill, el embajador Harriman, de paso por Londres, envió también un telegrama al presidente Roosevelt: "El Primer Ministro promete seguir fielmente la política que usted proponga con de Gaulle, pero quiere avisarle que el *Foreign Office* y algunos miembros de su Gabinete insisten en que se haga más. Por otra parte, los apoya la Cámara de los Comunes y la opinión pública británica. El Primer Ministro realmente necesita ayuda para enfrentársele* y para resistir la presión de sus propios colegas y espera que usted consienta en enviarle a Stettinius o a alguien con el mismo rango".[99]

Evidentemente, Churchill sentía que la situación se le iba de las manos, lo que explica el tono patético y el curioso servilismo que se expresan en sus mensajes. Pero Roosevelt no quería saber nada y el 27 de mayo respondió: "Espero que sus encuentros con el general de Gaulle lo persuadan de contribuir con la liberación de Francia sin que impongamos su autoridad al pueblo francés. Pues la autodeterminación es, ante todo, la ausencia de coerción".[100] Cuatro días más tarde mandó otro mensaje, más explícito y más categórico: "Sólo puedo repetirle que no me es posible

---

*　A de Gaulle, probablemente.

enviar a nadie para que me represente en las conversaciones con de Gaulle".[101]

Churchill estaba como nunca entre dos fuegos: el Presidente estaba firmemente decidido a ignorar a de Gaulle y, éste, más resuelto que nunca a imponer la autoridad del Comité en Francia en el momento de la liberación. La opinión pública británica estaba manifiestamente del lado de de Gaulle. Churchill se había comprometido explícitamente a seguir la política del Presidente, pero empezaba a darse cuenta de que no era la mejor. Sin embargo, el Primer Ministro estaba más decidido que nunca a "no cometer desatinos", aunque estaba en una situación perfectamente imposible.

El general de Gaulle, en cambio, no tenía preocupaciones con este tema. Consideraba que su posición era inatacable y se lo comunicó al embajador Viénot el 25 de mayo: "Sobre mi viaje a Londres, respondí afirmativamente, pues no veo razón para que no participemos de conversaciones que se nos ofrecen el día anterior de la batalla decisiva (…). En cuanto a las conversaciones futuras, esto es lo que le dije a Duff Cooper: 'No solicitamos nada en ningún punto. Las fórmulas de reconocimiento del gobierno francés por los de Londres y Washington nos importan muy poco a partir de este momento. (…) Lo esencial para nosotros es el reconocimiento que nos hace el pueblo francés y esto es un hecho. (…) Hemos decidido satisfacer, en el momento en que lo juzguemos oportuno, el deseo unánime de la Asamblea consultiva y del Consejo Nacional de la Resistencia en cuanto a nuestro cambio de denominación. Éste es un asunto de nuestra única incumbencia y para el que solamente tenemos en cuenta los deseos y los intereses del pueblo francés (…)'.

"En lo que respecta a la atribución y al ejercicio de la administración francesa en territorio metropolitano liberado, tampoco hay ninguna cuestión. Somos la administración francesa. (…) Y en esto, tampoco pedimos nada. Somos nosotros o el caos. Si los aliados occidentales provocan el caos en Francia, serán responsables por ello y, en definitiva, creemos que serán los perdedores. (…) Pero lo que es seguro es que no aceptaremos ninguna supervisión, ni ninguna intrusión en el ejercicio de nuestros poderes. En especial, no admitiremos la pretensión de Washington de que el comando extranjero pueda acuñar moneda en Francia. Más que consentir, preferimos no llegar a ningún acuerdo. Por otra parte, le dije a Duff Cooper que solamente firmaríamos un acuerdo directa y simultáneamente con Inglaterra y Estados Unidos y que nos abstendríamos si el acto tuviese que contar, luego, con la aprobación de Roosevelt.

"Es posible que la invitación que me hizo llegar el gobierno británico proceda en parte, como usted piensa, de su deseo de un acercamiento real a Francia. Sin embargo, en este punto soy más reservado que usted. A menudo tuve testimonios de buena voluntad del lado inglés que tenían como resultado, si no fue como objeto, una ventaja concreta a expensas nuestras o una facilidad para una maniobra de Roosevelt frente a la opinión pública, que no tendía a favorecernos. (...) Mi reserva quedó confirmada con el discurso del Primer Ministro a los Comunes en el que hay varios puntos que me parecen de mal augurio, especialmente cuando se refirió a un control del general Eisenhower de la acción del gobierno en Francia.

"El gobierno estudiará tranquilamente, en su sesión del 26 de mayo, el conjunto de esta cuestión y precisará las posiciones que se tomarán en las negociaciones con Londres (...)".[102]

El 26 de mayo, el Comité de Liberación, que ese día tomó el nombre de Gobierno Provisorio de la República Francesa, aprobó oficialmente la posición del general de Gaulle. También se convino en esa sesión que ningún ministro acompañaría a de Gaulle a Inglaterra para mostrar claramente que el general había ido a asistir al comienzo de las operaciones y, quizás, visitar la zona de los combates en Francia.[103] Para que no existiera ningún malentendido sobre este punto, de Gaulle se lo repitió a Duff Cooper al día siguiente.

El 27 de mayo, Duff Cooper recibió un telegrama de Londres en el que le pedían que retransmitiera al general de Gaulle la invitación del gobierno de Su Majestad y le precisara que tendría toda la libertad para comunicarse en código con Argel durante su estadía. Sin embargo, todavía no se había fijado la fecha de la visita y Duff Cooper anotó en su diario personal: "Fui a ver a de Gaulle esta tarde para informarle de la invitación en las condiciones que había recibido por la mañana. Esperaba que lo pusie-

ra contento, pero no dio señales y se mostró tan moroso y cara
larga como siempre. Se quejó amargamente de la intención del
gobierno norteamericano de emitir sus propios francos cuando
entrara en Francia".[104] En Londres, las discusiones para fijar la
fecha de la llegada del general seguían. Eden escribió: "Durante
un consejo de Gabinete en la tarde del 30 de mayo, el Primer Ministro nos explicó que enviaría la invitación para el día D. Dije
que no me parecía bien, porque cuando los norteamericanos y
nosotros desembarcáramos en Francia, el general haría una declaración. Si tenía que hacerla en Argel, sin habernos consultado
previamente, el contenido podría ser sujeto de caución y tendríamos que considerar las repercusiones de dicha eventualidad en
nuestras futuras relaciones con Francia. Por consiguiente, de
Gaulle tendría que llegar antes del día D. El Primer Ministro ha
invitado a los jefes del Estado Mayor a que examinen las implicaciones militares de mi propuesta".[105]

La opinión de los jefes del Estado Mayor fue decididamente
negativa, de modo que Mack informó a Alexander Cadogan al
día siguiente por la mañana: "Me enteré de que, durante la reunión de esta mañana, los jefes del Estado Mayor se mostraron
aún más miopes y testarudos que de costumbre. Groseramente,
su posición fue que no querían ni siquiera que de Gaulle viniera
aquí (los tres se detestan cordialmente) y que, en todo caso, con
seguridad no tenía que venir antes del día D (…). No creo que
hayan dado una razón valedera, fuera de la animosidad personal
por este personaje antipático (…). El general Ismay se pronunció
a favor de la llegada del general de Gaulle el día D-2, pero los tres
jefes del Estado Mayor no le prestaron atención. Supongo que el
asunto va a ser considerado por el *War Cabinet*".[106]

No fue necesario, pues Anthony Eden tenía mucha más influencia sobre Churchill que los jefes del Estado Mayor y, finalmente, el 31 de mayo se tomó la decisión. "Hablé con el Primer
Ministro —escribió Eden— y convino en que de Gaulle tenía que
conocer el secreto de *Overlord* antes del comienzo de las operaciones. Evidentemente, es más seguro informarle en Inglaterra
que en Argel. De modo que, finalmente, se envió la invitación".[107]
Era breve y de una cortesía impecable: "Venga ahora, por favor,
con sus colegas, lo más pronto posible y en el mayor de los secre-

tos. Le aseguro personalmente que es en interés de Francia. Le envío mi propio *York* y otro *York* para el resto".[108]

Durante los tres días siguientes, Duff Cooper se dedicó a convencer a de Gaulle de que aceptara la invitación. El general empezó diciendo que no tenía ninguna razón para ir a Inglaterra si las negociaciones no eran tripartitas y que todo esto no era más que "una maquinación para llevarlo a pronunciar un discurso que hiciera creer a los franceses que estaba de acuerdo con los ingleses y los norteamericanos, cuando, en realidad, no lo estaba".[109] Pero a Duff Cooper lo apoyaban Massigli y varios otros miembros del gobierno provisorio. Después de dos animadas reuniones, durante las cuales Massigli amenazó con renunciar, el general terminó por decidirse. Y Duff Cooper anotó en su diario el 3 de junio: "Esta mañana estaba muy inquieto y me sentí muy aliviado cuando Palewski llegó con una carta de de Gaulle en la que me anunciaba que aceptaba partir. (…) Después, hubo que organizar todo en tiempo récord (…). Llegamos al campo de aviación hacia las 15 horas. Los dos *York* estaban ahí y también la mayoría de los pasajeros. De Gaulle llegó último y me tranquilicé cuando se ubicó en el avión".[110]

De Gaulle, más intransigente que nunca, voló hacia una Inglaterra en la que Churchill esperaba el día decisivo. Nadie dudaba, en Londres o en Argel, que las próximas setenta y dos horas serían extremadamente agitadas. Y, sin embargo, nadie podía imaginar el drama que se iba a desarrollar en la víspera de la mayor operación anfibia de la historia del mundo. Porque en la madrugada del 6 de junio, los combates no se limitaron a las playas de Normandía; la batalla, aunque menos sangrienta pero no menos feroz, también se dio en Londres. Y, por supuesto, no existe la menor duda en cuanto a la identidad de sus dos protagonistas.

14

LA NOCHE MÁS LARGA

En Londres, todo estaba preparado y nada había sido dejado librado a la improvisación. El general de Gaulle tenía que llegar el 4 de junio, el día D-1. Luego sería conducido al cuartel general de Eisenhower, donde se le informarían los detalles del desembarco y el papel que tenía asignado. Cuando la operación se pusiera en marcha, pronunciaría una alocución por radio inmediatamente después del general Eisenhower. Churchill no dudaba de que todo saldría muy bien: "Estoy seguro —escribió al presidente Roosevelt— de que podremos llevar a de Gaulle a decir lo que se necesita que diga. Después, el día D + 3 o 4, mantendremos conversaciones en Londres con él y su gente y le explicaré que durante varios días no habrá, hablando con propiedad, territorio francés, sino solamente algunas playas devastadas. Lo ocuparé lo mejor posible la semana que va del día D + 2 al D + 8 o 9 y le diré que, si le escribe para preguntarle si está dispuesto a encontrarse con él, le contestará inmediata y cordialmente con una respuesta afirmativa. Mientras tanto, intentaré tener con él la mayor cantidad posible de conversaciones exploratorias".[1]

De este modo, todos los graves problemas del momento, la falta de acuerdo sobre la administración civil, la discusión sobre la emisión de moneda en Francia por parte de los Aliados, la intransigencia del general de Gaulle, la francofilia de la prensa y del Parlamento, la gaullofobia del presidente Roosevelt, todo pasó a segundo plano en el momento en que se desencadenó la operación *Overlord*. ¡Formen sus batallones! ¡Marchemos!

El aspecto militar de la operación fue organizado con una amplitud y una minucia que desafiaban la imaginación: todo el sur de Inglaterra se convirtió en un campo militar: 8 divisiones, 150 mil hombres, 11 mil aviones de primera línea y 4000 buques estaban dispuestos a atravesar la Mancha para librar el primer asalto. Los precedieron unidades especializadas en camuflaje, sabotaje e intoxicación y los siguió un ejército de dos millones de hombres. Sin embargo, un elemento escapó a la planificación: el 4 de junio, las condiciones meteorológicas eran desfavorables y se esperaba que fueran peores al día siguiente, lo que causó una gran aprensión en los responsables políticos y militares durante las cuarenta y ocho horas siguientes. Pero sin que los meteorólogos lo supieran, otra tormenta estalló en Londres el día anterior al día D.

El general de Gaulle aterrizó cerca de Londres en la mañana del 4 de junio. En el aeropuerto, una orquesta tocaba la *Marsellesa* y cuando llegó a Londres se encontró con una carta del Primer Ministro: "Mi querido general de Gaulle: ¡Bienvenido a estas costas! Se producirán grandes acontecimientos militares. Estaría muy feliz si pudiera verme aquí, en mi tren, que está cerca del cuartel general del general Eisenhower y si viniera acompañado por una o dos personas de su grupo. El general Eisenhower espera su visita y le expondrá la situación militar, que es sumamente importante e inminente. Si puede estar aquí a las 13.30 me encantará invitarlo a almorzar. Luego iríamos al cuartel general de Eisenhower. Hágame llegar enseguida un mensaje por teléfono, de manera que sepa si esto es conveniente para usted o no. Sinceramente suyo".[2]

Para acercarse al teatro de operaciones, el Primer Ministro había establecido su cuartel general en un tren estacionado cerca de la estación de Portsmouth. "Churchill —comentó Anthony Eden— había dado pruebas de imaginación, pero la comodidad se resintió notablemente. Había muy poco lugar, un solo baño situado cerca de su compartimento privado, y un solo teléfono. Aparentemente, Churchill estaba todo el tiempo en el baño y el general Ismay siempre en el teléfono, de manera que si bien estábamos físicamente cerca del teatro de operaciones, era prácticamente imposible hacer cualquier cosa".[3] Y Duff Cooper agregó:

"El entorno del Primer Ministro se quejaba con amargura de la exigüidad y de la falta de comodidad de los lugares. Alguien me confió que tenía la intención de cambiar su manera de actuar en el futuro, porque acababa de comprender a qué se parecía el infierno".[4]

Churchill estaba totalmente satisfecho con la comodidad de las instalaciones. Estaba en compañía de Bevin, el general Ismay y el mariscal Smuts y se disponía a recibir al general de Gaulle. Eden se les unió enseguida y escribió: "Llegué a tiempo para acompañar a de Gaulle por la vía del ferrocarril. El Primer Ministro, sin duda movido por su sentido de la historia, había bajado para recibir al general con los brazos abiertos. Lamentablemente, de Gaulle no se prestaba para nada a este tipo de manifestación".[5] Pero esta vez, la rigidez del general no se debía necesariamente a la presencia del general Smuts:* de Gaulle, simplemente, consideraba que se encontraba ahí como representante de un Estado y un Estado no debe tener efusiones, especialmente cuando sus intereses están gravemente amenazados, en el preciso momento de su inminente liberación. De todos modos, la conferencia en el vagón-salón del Primer Ministro comenzó con los mejores auspicios.

Churchill estaba sentado en el lugar central de una gran mesa con un mantel verde, entre Eden y Duff Cooper. De Gaulle se ubicó frente a él, entre el embajador Viénot y el general Béthouart. Éste señaló que "Churchill parecía cansado. Estaba evidentemente emocionado, sus manos temblaban".[6] Enseguida, el Primer Ministro tomó la palabra y las anotaciones de la entrevista nos permite reconstituir con bastante precisión lo que sucedió:

"Churchill expresa su deseo de ver al general de Gaulle para ponerlo al corriente de la operación que se iniciaría, algo que no podía hacer por telegrama. Consideraba que hubiese tenido un efecto desfavorable en la historia de nuestros dos países que una operación cuya meta era liberar Francia hubiese sido lan-

---

*   En un discurso pronunciado hacía poco, el mariscal Smuts había declarado que Francia nunca volvería a encontrar su grandeza pasada y que, sin duda, no tendría otra opción que entrar al Commonwealth.

zada por las fuerzas norteamericanas y británicas sin haber informado a los franceses. El Primer Ministro explicó luego los objetivos precisos de la operación. Se enviarían unidades importantes para tomar las bases, los puertos y las cabezas de puente. Muchas partirían de Inglaterra, pero otras vendrían directamente de Estados Unidos. No había muchas esperanzas de comenzar la operación antes del día D + 3, pero la situación sería reexaminada cada veinticuatro horas. El Primer Ministro se responsabilizó de que el general de Gaulle se enterara del secreto. El general Eisenhower podría encargarse de los aspectos técnicos de la operación.

"El general de Gaulle agradece al Primer Ministro por lo que acaba de decir. Evidentemente, es excepcionalmente importante. El general también había considerado que había llegado el momento de iniciar esta acción. Por supuesto que no había sido informado de la fecha con antelación, pero creía que era su deber hacerle saber que los servicios de Argel que escuchan los mensajes franceses transmitidos por la BBC habían notado que eran muchos más y habían deducido que la operación era inminente.

"El Primer Ministro declara que siempre había considerado imprudentes esos mensajes. En todo caso, se han tomado numerosas iniciativas en el campo de la intoxicación y cuando la flota invasora deje sus puertos, están previstas una serie de alocuciones del general Eisenhower y de los dirigentes de los países en los que el enemigo pueda temer una invasión, como por ejemplo, la reina Guillermina y el rey Haakon. Y Churchill espera que el general de Gaulle consienta en hacerlo. Inicialmente se había previsto que estas alocuciones se produjeran esa noche, pero ahora el general tendrá uno o dos días para preparar la suya. No es necesario que sea larga, pero sería bueno que fuese alentadora y que creara inquietud en el enemigo.

"El general de Gaulle se declara totalmente dispuesto a pronunciar un discurso por dos razones. Por una parte, considera que esta operación es muy importante y que está muy bien preparada. Por otra, está feliz de que el Primer Ministro lo haya invitado a Inglaterra para informarle sobre la operación. Con respecto a las alocuciones, no habrá problemas. El general presume que una vez que se haya lanzado la operación, quedará libre para volver a Argel.

"El Ministro de Asuntos Exteriores declara que si la gran operación cuyo inicio es inminente retuvo hasta aquí nuestra atención, nos parece, en cambio, que podría ser útil tratar ciertas cuestiones políticas cuando se haya lanzado.

"El general de Gaulle se felicita por estar en Inglaterra en este momento y agradece al Primer Ministro por haberlo invitado. Es importante para el futuro de ambos países que estemos juntos cuando empiece la operación. Por eso se preocupó por ser el primero en expresar su agradecimiento".[7]

"Sinceramente —escribió más tarde el general de Gaulle— le expresé al Primer Ministro mi admiración por este desenlace. Que Gran Bretaña, después de tantas pruebas soportadas con tanta valentía, gracias a las cuales salvó a Europa, sea hoy la base de ataque del continente y que allí estén las fuerzas de ataque es la justificación aplastante de la política valiente que personificó en los días más sombríos. Aunque los acontecimientos futuros todavía signifiquen un costo para Francia, está orgullosa de estar en la línea, a pesar de todo, al lado de los Aliados, para la liberación de Europa. En este momento de la historia, todos los franceses y todas las francesas que están aquí sienten la misma estima y amistad".[8]

A las 14.15, pasaron al vagón vecino para almorzar y todo siguió sin problemas. Pero en el momento del postre, Churchill volvió a hablar de la falta de certeza sobre la fecha y dijo: "Mientras tanto, podríamos hablar de política". De Gaulle movió la cabeza, miró al Primer Ministro y respondió con un tono muy seco: "¿Política? ¿Por qué?".[9]

Levemente desconcertado, Churchill siguió: "Hace tiempo que mantengo correspondencia con el Presidente, quien habría deseado que el general de Gaulle lo visitara en Estados Unidos, pero que no quería invitarlo oficialmente. Sus últimos telegramas parecen mostrar que esta visita le interesa menos ahora, lo que, en parte, puede explicarse por el tratamiento que sufrió el general Giraud. No hay que olvidar que el Presidente había conversado con él sobre el equipamiento de las tropas francesas. Pero Giraud ya no está.

El general de Gaulle contestó que no importaba y que en ese momento era mejor estar ahí que en Washington.[10]

El Primer Ministro respondió que "es verdad, salvo en lo que respecta a la fase inicial de la batalla. Pero mientras tanto, podríamos hablar de la administración de los territorios liberados. Es preciso que el general sepa que en un primer momento, la parte liberada del territorio francés quizás sea demasiado exigua, sólo tenga algunos habitantes y se encuentre bajo el fuego de los cañones. El Presidente dijo que el general Marshall sería libre de discutir con el general de Gaulle todas las cuestiones militares, pero se negó en dos ocasiones a que hubiese conversaciones políticas entre representantes de los tres países. Estoy dispuesto a mantener conversaciones de a dos. Pero estoy convencido de que si el general de Gaulle expresara su deseo de visitar al Presidente, su pedido sería muy bien recibido".

El general de Gaulle respondió que no había apuro y agregó con un tono glacial: "Esto es la guerra, háganla, luego veremos".[11]

Churchill estaba visiblemente decepcionado, pero continuó: "Después de la batalla, el general podría ir a Estados Unidos para discutir con el Presidente o podría volver a Argel y no mantener ninguna entrevista ni con Gran Bretaña ni con Estados Unidos, dos potencias que sacrifican a sus soldados por la liberación de Francia (...). El que tiene que decidir qué quiere hacer es el general de Gaulle, pero sería bueno que fuese a Estados Unidos y si, mientras esto sucede, podemos iniciar las discusiones aquí, sería mucho mejor. Por ejemplo, podríamos discutir la cuestión de los billetes. Es posible convencer al Presidente (...). El general podría entenderse con él. Es verdad que podría perder el poder en 1945, pero hasta ese momento es todopoderoso y todas mis informaciones indican que va a ser reelegido por otros cuatro años. Francia necesita su amistad y el general de Gaulle tiene el deber de conseguirla, del mismo modo que, como soldado, tiene el deber de tomar por asalto una batería enemiga".[12]

De Gaulle, impasible, repitió: "Es la guerra, hagan la guerra". Entonces, intervino Anthony Eden: "Tengo razones para creer que, aunque el general de Gaulle se declare dispuesto a partir a Estados Unidos, esto no excluye que mantengamos conversaciones políticas aquí antes, en presencia del Embajador de Estados Unidos.[13] No hay que olvidar que Gran Bretaña también tiene interés en este asunto. Hemos ofrecido al general de Gaulle iniciar las conversaciones. Si esta oferta es rechazada, no podremos hacer nada, pero lo lamentaremos".[14]

Bevin consideró que era bueno agregar que "el partido laborista se sentiría ofendido".

Fue una palabra de más. De Gaulle se volvió, lo fusiló con la mirada y explotó: "¡Pero, cómo! Hemos enviado propuestas desde septiembre. Nunca nos contestaron. No sirve para nada decir que el partido laborista se ofenderá. La batalla va a empezar y hablaré por radio. Pero en cuanto a discutir cuestiones de administración civil, es evidente que el Presidente nunca quiso verme y ¿ahora resulta que quiere que vaya a hablarle?[15] ¿Por qué parece que ustedes creen que tengo que plantear ante Roosevelt el tema de mi candidatura al poder en Francia? El gobierno francés existe. Sobre este tema no tengo nada que pedirle a Estados Unidos de América ni a Gran Bretaña. Acordado esto, es importante para todos los Aliados que se organicen las relaciones entre la administración francesa y el mando militar. Hace nueve meses que lo propusimos. Como mañana van a desembarcar los ejércitos, entiendo el apuro por ver arreglada la cuestión. Nosotros también estamos dispuestos. Pero, ¿dónde está el representante norteamericano? Sin él, lo saben, no podemos llegar a ningún acuerdo en este tema. Por otra parte, me doy cuenta de que los gobiernos de Washington y de Londres tomaron disposiciones para obviar un acuerdo con nosotros. Acabo de enterarme, por ejemplo, de que a pesar de nuestras advertencias, las tropas y los servicios que se disponen a desembarcar están provistos de una moneda supuestamente francesa, fabricada en el extranjero, a la que el gobierno de la República no reconoce y que, según las órdenes del comando interaliado, será de curso legal en el territorio francés. Estoy esperando que, mañana, el general Eisenhower, de acuerdo con las instrucciones de Estados Unidos y con el acuerdo de ustedes, proclame que pone a Francia bajo su autoridad. ¿Cómo quieren que iniciemos tratativas sobre estas bases? ¡Vamos![16] ¡Hagan la guerra, con su falsa moneda!".[17]

Hubo un pesado silencio y, luego, Churchill retomó, cada vez más exasperado: "Si el general de Gaulle va o no a visitar al Presidente, es un asunto suyo, pero le aconsejo con fuerza... —y, luego, con un tono mucho más irritado—: Francamente, tengo que decirle que si todos los esfuerzos de conciliación fuesen vanos y si el Presidente se encontrara de un lado y el Comité Nacional Francés de otro, muy probablemente me alinearía junto al Presidente y, en todo caso, no habrá ninguna disputa entre Estados Unidos e Inglaterra a causa de Francia".

El general de Gaulle respondió muy fríamente que "tomaba buena nota del hecho de que en caso de desacuerdo entre Estados Unidos y Francia, Gran Bretaña tomaría partido por Estados Unidos".[18]

A Churchill le costaba cada vez más controlarse y repetía, a los gritos: "¡Sépalo! Cada vez que tengamos que elegir entre Europa y alta mar, elegiré siempre alta mar. Cada vez que tenga que elegir entre Roosevelt y usted, elegiré a Roosevelt".[19] Y agregó que "expresaba su opinión personal, pero que no dudaba de que sería apoyado por la Cámara de los Comunes".[20]

Nada menos seguro. Eden movió la cabeza, como dudando, y Bevin intervino para decirle al general: "El Primer Ministro le dijo que, en cualquier caso, tomaría partido por el Presidente de Estados Unidos. Sepa que habló por cuenta propia y de ningún modo en nombre del Gabinete británico".[21]

Con esto, terminó la conferencia y también el almuerzo. Sin embargo, antes de separarse, Churchill, melancólico, levantó su vaso y dijo: "¡Por de Gaulle, que nunca aceptó la derrota". Y de Gaulle respondió: "¡Por Inglaterra, por la victoria, por Europa!"[22].

Un encuentro poco común y dos personajes que, evidentemente, salían de lo común.

Esa tarde, Churchill y Eden llevaron a de Gaulle al cuartel general de Eisenhower, situado en un bosque vecino. "Eisenhower y Bedell Smith lo recibieron muy ceremoniosa y cortésmente —escribió Churchill—. Luego, Ike lo llevó a la sala de mapas para ponerlo al corriente de lo que iba a suceder".[23]

De Gaulle escribió: "...El comandante en jefe nos expuso, con mucha claridad y dominio de sí, su plan para el desembarco y el estado de los preparativos. Los buques ya podían dejar los puertos en cualquier momento. Los aviones podían estar en el aire a la primera indicación. Las tropas habían desembarcado hacía varios días (...). Comprobé que, en este arriesgado y complejo asunto, la aptitud de los anglosajones para establecer lo que ellos llamaban el 'planning' se había desplegado al máximo. Sin embargo, el Comando en Jefe todavía tenía que fijar el día y la hora y, en este punto, se enfrentaba con difíciles perplejidades. Todo había sido calculado para que el desembarco se produjera entre el 3 y el 7 de junio. Después de esa fecha, las condiciones de marea y de luna exigirían que la operación se atrasara casi un mes. Pero había muy mal tiempo. Para las chalanas, los pontones, las chalupas, el estado del mar volvía aleatorias la navegación y el abordaje. Sin embargo, era preciso que la orden de comenzar o de dar marcha atrás se diera como mucho al día siguiente".[24]

A diferencia de sus homólogos británicos, Eisenhower sabía apreciar lo que pensaba el general de Gaulle en materia estratégica. Por otra parte, el Jefe del Comando en Jefe aliado era un diplomático nato. Por lo tanto, le preguntó la opinión a de Gaulle y éste, halagado, le respondió: "Le diré solamente que, en su lugar, no lo diferiría. Los riesgos del clima me parecen mucho menores que los inconvenientes de un aplazamiento de varias semanas que prolongaría la tensión moral de los ejecutantes y comprometería el secreto".[25]

Pero, lamentablemente, el problema no era solamente militar. Cuando de Gaulle estaba por retirarse, Eisenhower le dijo, incómodo: "Mi general, el día del desembarco dirigiré una proclama a la población francesa y le pediré que haga lo mismo.

"*De Gaulle*: ¿Usted? ¿Una proclama al pueblo francés? ¿Con qué derecho? ¿Y para decirles qué?".[26]

El comandante en jefe le tendió un texto dactilografiado que de Gaulle recorrió con la vista y que no aprobó: "Según ese texto —escribió— primero el Comandante en Jefe habla a los pueblos noruego, holandés, belga y luxemburgués en su calidad de soldado encargado de una tarea militar y que no tiene nada que ver con su destino político. Pero, luego, con un tono muy diferente, se dirige a la nación francesa. La invita a 'ejecutar sus órdenes'. Decide que 'en la administración todos seguirán ejerciendo sus funciones, salvo que haya instrucciones en contrario', que una vez que Francia sea liberada, 'los franceses elegirán a sus representantes y a su gobierno'. En resumen, se hace cargo de nuestro país cuando no es más que un general aliado habilitado para dirigir tropas, pero sin ningún título para intervenir en su gobierno y que, además, estaría incómodo por tener que hacerlo".[27]

Para de Gaulle esta declaración tenía otro defecto más grave todavía: de acuerdo con las instrucciones del presidente Roosevelt, Eisenhower no hacía ni una sola mención del general de Gaulle ni de su movimiento. Eso era inaceptable y de Gaulle lo dijo bien fuerte. Aparentemente, Eisenhower respondió, con mucho tacto, que era solamente un proyecto y que estaba dispuesto a modificarlo para tener en cuenta las consideraciones del general.* Y se convino que de Gaulle le informaría al otro día a Eisenhower sobre las modificaciones que consideraba necesarias.[28] Luego, el Presidente del gobierno provisorio de la República Francesa volvió al tren especial en compañía de Churchill, al que no le ocultó su descontento. "Después de esto —escribió Churchill— esperaba que de Gaulle se quedara a cenar con nosotros y que volviera a Londres en el tren, el medio más cómodo, pero se levantó y dijo que prefería volver en auto con sus oficiales".[29]

"Estoy pasmado", le confió a su Ministro de Asuntos Exteriores.

En la mañana del 5 de junio, de Gaulle envió a Eisenhower una versión corregida del llamado a los franceses. "Como esperaba —escribió— me respondieron que era demasiado tarde, pues la proclama, que ya estaba impresa (lo estaba desde hacía ocho días), iba a ser lanzada de un momento a otro sobre Francia. El desembarco empezaría la noche siguiente".[30] El desem-

---

* El general de Gaulle recordaba que Eisenhower había propuesto modificar la proclama. Duff Cooper lo confirmó.[31] Anthony Eden habló de un "malentendido" y, según el general Béthouart, Eisenhower habría dicho que el texto del llamamiento "había sido aprobado por su gobierno y que él no podía introducir cambios".[32]

barco en Francia se realizó sin que hubiese el menor acuerdo sobre la administración civil, la emisión de moneda o una proclama al pueblo de Francia. De este modo, Francia no sería realmente liberada, sino ocupada, al igual que Italia. Por supuesto que de Gaulle estaba furioso. El general Eisenhower le había asegurado que, en la práctica, siempre trataría con el Comité, pero esto no satisfacía al Presidente del GPRF. Evidentemente, la Francia Combatiente (es decir, Francia) acababa de recibir una afrenta y, como vimos, el general de Gaulle no era una persona que sufriera afrentas sin reaccionar.

A las cuatro de la mañana del 5 de junio, el general Eisenhower finalmente tomó la decisión crucial: el gran ataque se lanzaría en las primeras horas del 6 de junio. En ese momento, se puso en movimiento un gran aparato y esa tarde, Charles Peake, que representaba al *Foreign Office* ante el SHAEF, le informó al general de Gaulle lo que se esperaba de él: el día siguiente, a la madrugada, los jefes de Estado en el exilio lanzarían llamamientos a sus pueblos: primero el Rey de Noruega, luego la Reina de los Países Bajos, la Gran Duquesa de Luxemburgo, el Primer Ministro de Bélgica. Luego, el general Eisenhower leería su declaración y, finalmente, de Gaulle podría dirigirse al pueblo francés. Eso significaba, evidentemente, desconocer la personalidad del general y su humor en ese momento: se negó de plano. "Si hablaba inmediatamente después del Comandante en Jefe —escribió— parecería que avalaba lo que había dicho, y que yo desaprobaba, y tomaría en la serie un lugar que no me convenía. Si pronunciaba un discurso, tendría que ser a una hora diferente y fuera de la sucesión de alocuciones".[33]

Hacía veinticuatro horas que Churchill estaba en un estado de tensión nerviosa excepcional. Más que cualquier otro, medía los riesgos que implicaba un desembarco en una costa poderosamente fortificada, esperaba que el cuerpo expedicionario aliado sufriera pérdidas de gran importancia y, además, estaban las condiciones meteorológicas desfavorables que se agregaban a su ansiedad. En este estado se enteró de la noticia en la tarde del 5 de junio: el general, le dijeron, se negaba a dirigirse al pueblo francés. Esta noticia, que no era totalmente exacta,* tuvo un efecto devastador. Todavía cargaba con la entrevista del día anterior y esto confirmó sus peores sospechas. En la reunión del Gabinete de la tarde, Churchill le dio piedra libre a su rabia y sir Alexander Cadogan escribió: "Consejo de Gabinete a las 18.30. Esta vez, nuevamente, escuchamos una arenga apasionada del Primer Ministro contra el general de Gaulle. Cada vez que este tema aparece nos alejamos de la política, de la diplomacia y hasta del sentido común. Es chismorreo de pensionado de jovencitas. Roosevelt, el Primer Ministro (y, también, de Gaulle, tenemos que reconocerlo) se conducen como niñas en la pubertad. No hay nada que hacer".[34]

En medio del Consejo de Gabinete se enteraron de que el general también se negaba a que partieran doscientos oficiales franceses de enlace, ya que no se había llegado a ningún acuerdo sobre sus atribuciones. Churchill volaba de rabia.

Las horas siguientes fueron dramáticas. A las 21, se le informó a Churchill que había habido un malentendido: de Gaulle no se negaba a hablar por la BBC, solamente a hacerlo después de Eisenhower. Pero el Primer Ministro ya había bebido una impresionante cantidad de whisky y estaba fuera de sí: "De Gaulle tiene que ceder y hablar a la hora y en el lugar que se le asignan".[35]

A las 22.30, cuando la flota de la invasión ya había zarpado para Francia, el embajador Viénot fue convocado al *Foreign Office* y le repitió a Eden que hubo un malentendido sobre la alocución, pero que al mismo tiempo confirmaba que los oficiales de enlace permanecerían en Inglaterra. Eden le pidió que intercediera ante el general para que reviera su decisión y el embajador aceptó.

A las 23.30, Viénot se entrevistó con el general de Gaulle en un salón del hotel Connaught. El general declaró que nunca se había negado a hablar por radio y lanzó una violenta diatriba contra Churchill, Eden, Inglaterra y los ingleses. En un ataque de rabia, insultó a Viénot. "Nunca en mi vida me habían maltratado así", confió luego el embajador.[36]

A la una de la madrugada, cuando los primeros paracaidis-

---

* Evidentemente, Charles Peake no entendió bien las palabras del general.

tas aliados se lanzaron sobre Francia, Viénot volvió al *Foreign Office* donde encontró a Eden en compañía del Primer Ministro y les confirmó que, si bien el general de Gaulle no se había negado a hablar por radio, en cambio, mantenía su decisión sobre los oficiales de enlace. Churchill explotó, bramó, mugió, pataleó de rabia".[37] "El Primer Ministro —informó Eden en una descripción atenuada de la escena— expresó su falta total de confianza en de Gaulle y su convicción de que, mientras el general siguiera a cargo de los asuntos franceses, no habría buenas relaciones entre Francia, Gran Bretaña y Estados Unidos. Dijo que el general era un enemigo y muchas otras cosas del mismo tipo".[38] Una vez más, Viénot fue llamado aparte con violencia y se retiró en señal de protesta. Churchill hizo venir a Desmond Morton y le dijo: "Vaya a decirle a Bedell Smith que ponga a de Gaulle en un avión y lo mande a Argel, encadenado si es preciso. No hay que dejar que vuelva a Francia".[39]

A las 3 de la mañana, el infortunado Viénot volvió al hotel Connaught, donde el general estaba un poco más tranquilo. Mientras tanto, Desmond Morton había informado a Eden sobre las últimas instrucciones del Primer Ministro y el Ministro de Asuntos Exteriores volvió a la casa de Churchill para intentar que razonara. Llegó cuando terminaba de dictar una carta en la que ordenaba que el general abandonara inmediatamente Inglaterra.[40]

Eden le confió a Bruche Lockhart al otro día: "¡Y bien! Pasamos una noche agitada".[41] La expresión era más bien suave, pero Francia (y Gran Bretaña) le deben mucho a Eden pues, en la madrugada del 6 de junio, la carta del Primer Ministro estaba quemada y la orden de expulsar al general, demorada.[42] Había terminado la noche más larga; el día más largo acababa de empezar.

A medida que avanzaba la mañana, las novedades del desembarco empezaron a llegar y, en general, eran buenas: tres divisiones ya habían desembarcado y las pérdidas eran más leves que lo previsto. En Londres, todo el mundo respiraba, pero en el *Foreign Office* estaban demasiado preocupados como para echar a vuelo las campanas. Esa mañana, Eisenhower se había dirigido solo a los franceses e, indudablemente, el pueblo francés se asombraría de no oír al general de Gaulle. Por lo tanto, el Ministro de Asuntos Exteriores le encargó a Charles Peake que persuadiera al general: de Gaulle tenía que pronunciar su alocución lo más pronto posible. Cuando, finalmente, el general aceptó hablar por la BBC, los diplomáticos aún no habían resuelto todas sus dificultades: quedaba por resolver el espinoso problema del contenido del discurso. Por supuesto que de Gaulle se negó a someter el texto a un examen previo y, por otra parte, el embajador Viénot prefería no pedírselo.[43] Pero en el *Foreign Office* temían que el general denunciara a Gran Bretaña y a Estados Unidos por la BBC, el mismo día del desembarco. Sir Alexander Cadogan escribió en su diario: "Hice venir a Duff a las 11.15 y le dije que fuera a ver a de Gaulle para intentar obtener el texto de su discurso y decirle que no se hiciera el tonto con su historia de los oficiales de enlace. Pero Duff no pudo obtener la audiencia para antes de la tarde y, finalmente, nos pusimos de acuerdo en verificar la grabación e impedir su difusión si era demasiado inconveniente".[44]

El general de Gaulle llegó hacia el mediodía a los estudios de Bush House, donde pronunció uno de sus mejores discursos: "Empezó la batalla suprema. Por supuesto que es la batalla de Francia, ¡es la batalla de Francia! Para los hijos de Francia, estén donde estén, sean quienes sean, el deber simple y sagrado es combatir al enemigo con todos los medios de que dispongan. Las consignas del gobierno francés y de los jefes franceses tienen que ser seguidas con exactitud. ¡Detrás de la pesada nube de nuestra sangre y de nuestras lágrimas reaparece el sol de nuestra grandeza!".[45]

"*Las consignas dadas por el gobierno francés.*" ¡Ya ni siquiera hablaba de gobierno provisional! Bruce Lockhart, que había venido a recoger la transcripción de la grabación, escribió luego: "Me fui corriendo al *Foreign Office* para obtener el vía libre de Eden. Cuando llegué, estaba reunido y Duff Cooper lo esperaba en el despacho de los secretarios privados. Pero ese día la prioridad era mía y me recibió enseguida. Le di el texto del discurso y le indiqué que se había omitido la palabra 'provisorio'. Leyó el texto desde el principio hasta el final, remarcó el párrafo en cuestión y me dijo sonriendo: 'El Primer Ministro me va a plantear problemas con esto, pero dejémoslo así'".[46]

Luego de haber pasado una noche difícil, Eden trabajó toda la mañana sin interrupciones y siguió presionando al Primer Ministro, al que le escribió la siguiente nota: "Le propongo que me autorice a repetirle a Viénot que estamos dispuestos a discutir estas cuestiones de la administración civil con el Comité francés (...). Pero también espero que encuentre el medio de enviarle un mensaje al Presidente para incitarlo a que autorice a Winant a integrar nuestras discusiones. La política actual pone al gobierno de Su Majestad en una enojosa situación y constituye un peligro para las relaciones anglo-norteamericanas".[47]

Pero no habían terminado las dificultades para el Ministro de Asuntos Exteriores, como se observa en su diario: "*6 de junio*: Un breve descanso por la tarde. Winston llamó por teléfono a eso de las 19 y hubo una larga discusión sobre de Gaulle y los franceses. Poco después de medianoche volvió a llamarme. Estaba furioso porque Bevin y Attlee pensaban lo mismo que yo. La discusión siguió durante cuarenta y cinco minutos, tal vez más. Me acusó de sembrar la discordia dentro del gobierno, de impulsar a la prensa a que explote el asunto. Declaró que no cedería por nada del mundo, que había que lograr que de Gaulle se fuera. Habría una reunión de Gabinete mañana. La Cámara de los Comunes lo apoyaría en contra de de Gaulle, en mi contra y en contra de todos los miembros del Gabinete que tomaran partido por mí, etcétera. Roosevelt lo apoyaría ante el mundo. Le dije que, según lo que acababa de enterarme, el almirante Fénard (agregado naval francés en Estados Unidos) era portador de un mensaje personal de Roosevelt para de Gaulle. No le gustó. No me enojé y creo que devolví golpe por golpe. En todo caso, no hice la menor concesión. Dos horas más tarde, Brendan (Bracken) me telefoneó para decirme que (Winston) lo había tratado de lacayo en el *Foreign Office*, etcétera, pero que, en medio de la discusión, se habían enterado de que Roosevelt invitaba a de Gaulle a Estados Unidos".[48]

El ministro de Asuntos Exteriores tampoco durmió esa noche. Durante varias horas todavía, le explicó a Churchill: "O bien rompemos con de Gaulle (lo que significaría romper con Francia) o bien llegamos a un acuerdo con él. No hay un camino intermedio. Tenemos que explicarle esto al Presidente y decirle que hay que apoyar a de Gaulle".[49]

De acuerdo con las instrucciones de Eden, Duff Cooper se ocupó del general de Gaulle durante toda la tarde. La tarea fue dura, como se observa en el informe del Embajador:

"Vi al general de Gaulle esta tarde. Estaba tranquilo pero deprimido. Tenía la sensación de que lo habían traído aquí únicamente para hacerle creer al pueblo francés que él y el Comité estaban plenamente de acuerdo con Estados Unidos y Gran Bretaña y que, si se prestaba a esta puesta en escena, estaría engañando al pueblo francés (...). Luego planteé la cuestión de los oficiales de enlace a los que se negaba a dejar ir con nuestras tropas. Le señalé que la conclusión que sacaríamos es que no estaba dispuesto a ayudarnos en la batalla y que esto traería grandes perjuicios a la causa (...). Después de un tiempo de discusión, aceptó reconsiderar su decisión y dijo que vería con el general Koenig cuántos oficiales se podrían enviar (...). Sentía que con esto estaba haciendo una concesión y un 'gesto'. Me dijo que no dejaba de hacer concesiones, pero que nadie se las hacía nunca a él".[50]

Al día siguiente, por la noche, Eden tomó el relevo con el general. El Ministro de Asuntos Exteriores acababa de pasar una nueva noche en vela discutiendo los asuntos franceses con Churchill y la discusión siguió por teléfono entre las 8.30 y las 10 y entre las 11.20 y las 11.40 y, finalmente, en el Consejo de Gabinete a las 18. Sin embargo, Eden estaba fresco y dispuesto a ocuparse del general de Gaulle a la hora de la cena.

Esa noche, Duff Cooper, Charles Peake, Pierre Viénot, Gaston Palewski y Leon Teyssot estaban presentes en la cena, a la que el último describió de este modo: "Tempestuoso. De Gaulle regañó a Eden. 'Es vergonzoso', le dijo, 'que los ingleses estén a la zaga de los norteamericanos y que hayan aceptado su famosa moneda'".[51]

El general raramente hacía más fáciles las cosas, hasta a sus amigos, pero Eden no se dejaba impresionar: "Le dije al general que nos gustaría discutir el problema de la administración civil en Francia con el Comité Francés. Mantendríamos al corriente al gobierno norteamericano de las negociaciones y haríamos todo lo posible para que participaran de ellas (...).

"El general de Gaulle hizo largas recriminaciones. Dijo que

nunca había estado tan descontento como hoy del estado de nuestras relaciones. Por supuesto que sentía reconocimiento porque el Primer Ministro lo había recibido a su llegada y por haberle informado el plan de batalla. Pero eso no significaba que se hubiera solucionado algo respecto de la administración civil de Francia.

"Le dije al general que nuestra intención era precisamente examinar este problema con él. Pasarían días, tal vez semanas, antes de que controláramos otros territorios que no fueran las playas. ¿Por qué no reunirnos y elaborar conjuntamente un plan mientras tanto?

"El general preguntó cuánto valdría este plan si los norteamericanos no se asociaban a él y volvió a lanzar recriminaciones (…). Le repetí que todo lo que pedíamos era colaborar con nosotros para organizar la administración civil en Francia (…).

"El general declaró que comprendía perfectamente bien, pero siguió quejándose de nuestra dependencia de la política norteamericana. Repliqué que, a nivel de la política nacional, era un error fatal ser demasiado orgulloso. 'She stoops to conquer'* era un principio en el que nos convendría meditar cada tanto".

Hubo un largo momento de dudas, en el que todos los ingleses presentes se esforzaron por encontrar un equivalente francés satisfactorio de "she stoops to conquer".

"Habiendo considerado esto, el general repitió que le resultaba un tanto difícil comprometer a portavoces que no tendrían mucho vuelo. Esto haría creer, equivocadamente, que había habido un acuerdo mientras el mando supremo emitía decretos que afectaban el futuro de Francia.

"En ese momento intervino Viénot y defendió el principio de las conversaciones sobre la administración civil. El general de Gaulle respondió que Viénot era libre de conducir él mismo estas negociaciones".[52]

Ésta no era una gran concesión por parte de de Gaulle: el embajador Viénot podía entenderse con los ingleses, pero recha-

---

* Ella se rebaja para conquistar.

zaba de antemano cualquier acuerdo que tuviese que ser sometido a la aprobación de los norteamericanos. Además, los que estaban calificados para negociar y firmar un acuerdo por parte de los franceses estaban en Argel y de Gaulle no tenía la menor intención de que fueran a Londres. Por otra parte, el general estaba más preocupado en este momento por la situación interna de Francia, por la actitud de los comunistas dentro de la Resistencia y, por supuesto, por la emisión de francos militares aliados (los "billetes falsos").

Además, ¿cómo lo iban a recibir en Francia? En medio de todas estas incertidumbres, había algunos temas satisfactorios: la Resistencia luchaba muy bien y el general Eisenhower le rindió homenaje con palabras de lo más halagadoras; además, se habían restablecido las comunicaciones telefónicas entre Argel y Londres. Finalmente, y por sobre todas las cosas, de Gaulle se había dado cuenta de que había serias divergencias dentro del Gabinete y de que Bevin y Eden se oponían resueltamente a la política pro norteamericana de Churchill en los asuntos franceses. Además, la mayor parte de la opinión pública y del Parlamento parecían seguirles los pasos. Pero, como les escribió a los comisarios que estaban en Argel, las personalidades inglesas que estaban a favor de la Francia Combatiente "eran impotentes para torcerle el brazo a Winston Churchill, que se volvió ciego y sordo".[53]

Tal vez el Primer Ministro estuviese un poco ciego, pero seguramente no estaba sordo: el 7 de junio se rindió ante los argumentos de Eden y le pidió al presidente Roosevelt que autorizara al embajador Winant a participar en las negociaciones sobre la administración civil. Además, nuevamente volvió a hablar de un encuentro entre de Gaulle y Roosevelt: "Creo que sería muy lamentable que no se encontraran. No veo por qué yo tendría todo el placer".[54]

Pero la rabia de Churchill con de Gaulle no había desaparecido, sino que estallaba nuevamente en cada discusión con Eden y en cada carta al presidente Roosevelt. El 9 de junio Oliver Harvey anotó: "El Primer Ministro, en algunos momentos, tiene un odio casi patológico por de Gaulle".[55] ¿De Gaulle había consentido que se iniciaran negociaciones sobre la administración civil con el embajador Viénot? "¡Está fuera de cuestión!", exclamó Churchill. ¿De Gaulle había expresado el deseo de ir a Normandía? "Esperemos a ver cómo se porta", respondió el Primer Ministro.[56] "No olvide —le escribió a Eden— que este individuo no tiene ni un pelo de magnánimo y que lo único que busca en esta operación es hacerse pasar por el salvador de Francia, sin tener ni un solo soldado francés detrás de él".[57] El propio Churchill visitó las playas del desembarco con el mariscal Smuts el 12 de junio.

Como siempre, el Primer Ministro era incapaz de persistir durante mucho tiempo en su venganza y después de algunas homéricas disputas con Eden en las primeras horas de la madrugada, terminó por autorizar la apertura de las negociaciones con el embajador Viénot. Después de muchas dudas, también permitió que el general de Gaulle visitara Bayeux, aunque hizo muchas reservas.* [58]

Pero todas estas concesiones llegaron demasiado tarde y no lograron prevenir un verdadero diluvio de protestas por parte de la prensa, del Parlamento y de la opinión pública británicos. El *Daily Mail*, el *Times*, el *Economist*, el *Manchester Guardian* pidieron el inmediato reconocimiento del Comité, se indignaron por la introducción de moneda militar aliada en Francia y denunciaron la política de Washington y el servilismo del gobierno británico. Finalmente, protestaron violentamente contra la visita de Churchill a Normandía sin el general de Gaulle. Sin embargo, todo esto no era nada al lado de la tormenta que acababa de estallar en el Parlamento.

Se esperaba que la sesión de la Cámara de los Comunes del 14 de junio, dedicada a estas cuestiones, fuese muy animada:

---

* "De Gaulle no podrá mantener allí reuniones públicas, ni reunir gente en la calle. Seguramente le encantaría que hubiese manifestaciones, para aparecer como el futuro presidente de la República Francesa. Sugiero que atraviese lentamente la ciudad en un auto y que estreche algunas manos antes de volver y que haga solamente las declaraciones que considere necesarias. Por otro lado, habrá que tratarlo con la mayor de las cortesías".[59]

"El señor Boothby le pregunta al Ministro de Asuntos Exteriores:

"1° Si el gobierno se propone reconocer al Comité Nacional como gobierno provisorio de Francia.

"2° Si puede hacer una declaración sobre las negociaciones con el general de Gaulle y si se concluyó un acuerdo sobre la administración de los territorios franceses ocupados.

"3° Si las tropas que combaten en Francia recibieron divisas francesas y, si la respuesta es afirmativa, quién es el garante.

"El señor Martin le pregunta al Ministro de Asuntos Exteriores si se realizaron conversaciones sobre las relaciones entre el CFLN y el gobierno británico y, más especialmente, sobre la administración civil en Francia.

"El señor G. Strauss le solicita al Ministro de Asuntos Exteriores si es capaz de hacer una declaración sobre la emisión de una gran cantidad de billetes franceses impresos en Estados Unidos para el uso de los soldados aliados en Francia, si esto se realizó con el acuerdo de las autoridades francesas y si se previó que incumbiera la responsabilidad de reembolsar los billetes".

Cooks: ¿Está dispuesto el gobierno a pedirle enérgicamente a los norteamericanos que nombren un representante político que pueda discutir este asunto de la administración civil con mi muy honorable colega y con el general de Gaulle?

Churchill: Además de nuestras relaciones con el Comité Francés de Liberación Nacional, también tenemos que considerar nuestras relaciones con Estados Unidos y las relaciones de Estados Unidos con el Comité (...). Le pido, por lo tanto, a la Cámara, que tenga en cuenta mis opiniones.

Edgar Granville: ¿Se da cuenta mi muy honorable colega de que durante los últimos debates la Cámara se pronunció sin ambigüedades sobre esta cuestión y, de este modo, reflejó una opinión muy extendida en el país? ¿Se da cuenta de que, aunque la Cámara tuviese que abstenerse de tratar este asunto, la prensa de Estados Unidos y del país lo debaten ampliamente? Mi muy honorable colega también tiene que darse cuenta de que muchos de nosotros estamos sometidos a una presión por parte de sus electores... (*interrupción*)... a muchos de nosotros nos preguntan si podemos asegurarles que nada impedirá al general de Gaulle ir a Francia si lo desea.

Churchill: Espero que seamos capaces de darle una solución a esta última cuestión.

Conde Winterton: ¿Puedo solicitarle al Primer Ministro que tenga en cuenta que algunos de nosotros, si bien no pedimos un debate sobre la cuestión, no dejamos de estar extremadamente perturbados por la situación en la que se encuentra el general de Gaulle...?[60]

Para Churchill, que había hecho tanto por la Francia Libre y el general de Gaulle, era especialmente penoso ser acusado de no considerar los intereses de Francia en el momento de su liberación. Además, ni siquiera tenía el consuelo de ver cómo se verificaban las previsiones del presidente Roosevelt, pues los oficiales de informaciones norteamericanos y británicos que penetraban en el territorio liberado describían todos en los mismos términos la actitud de la población francesa: "Hay un nombre y solamente un nombre en los labios de todo el mundo: de Gaulle. No hay ambigüedades en este tema. Los testimonios son unánimes".[61]

Estas informaciones no se le comunicaron al general de Gaulle, que se embarcó hacia Francia en la mañana del 14 de junio. Como no sabía qué recepción le reservaban en Normandía, estaba con un humor sombrío. Algunos días antes, había visto la película de la visita a París del mariscal Pétain, que había sido recibido triunfalmente y aclamado por doscientos mil parisinos.[62] De Gaulle también esperaba una lucha firme con los Aliados sobre el tema de la administración de la pequeña parcela de territorio francés liberado y sus predisposiciones con respecto a Roosevelt y a Churchill no eran para nada amigables. El día anterior, Anthony Eden dio una cena en el *Foreign Office* en su honor. Como buen diplomático que era, le dijo al general Béthouart mientras comían: "Conozco bien al Primer Ministro. Sé cuán sensible es. Estoy seguro de que si, cuando visiten mañana su país, el general de Gaulle enviara un telegrama de agradecimiento y de simpatía, el malentendido actual se disiparía enseguida. ¿Puedo pedirle el favor de que intente obtenerlo?

"*Béthouart*: Sería lo mejor, pero es mucho más que un malentendido. Es una cuestión política de importancia capital y sería mejor que primero se lo preguntara a nuestro embajador Viénot, ya que se trata de su área".

Entonces, Eden se dirigió a Viénot, al que le expuso el pedido. El general Béthouart apuntó: "En frente, de Gaulle observaba la escena, quizás oía. Le hizo un gesto a Viénot, se levantó y lo llevó a un rincón. La mesa quedó en silencio. Los invitados se preguntaban qué pasaba, miraban intrigados cuando no estupefactos, oyeron un 'no' seco y miraron sus platos, mientras de Gaulle y Viénot volvían a sus lugares".[63]

Evidentemente la ausencia del Primer Ministro en la cena no había pasado inadvertida. Pero Churchill también se manifestó en esta ocasión, como lo recuerda de Gaulle en sus *Memorias*: "...Cuando estaba cenando en el *Foreign Office*, en compañía de los ministros ingleses, excepto el Primer Ministro, y me felicitaban porque iba a pisar el suelo de la metrópolis francesa, una carta de Churchill, que le había llegado a Eden durante la comida planteaba objeciones últimas a mi proyecto. Pero Eden, que había consultado a sus colegas, especialmente a Clement Attlee, me anunció que el conjunto del Gabinete decidía mantener las disposiciones establecidas por el lado británico".[64]

En ese momento, en el puente del contratorpedero *La Combattante*, el general de Gaulle estaba calmo y concentrado. El almirante d'Argenlieu, Palewski y Viénot estaban con él en la pasarela. El embajador Viénot rompió el silencio y señaló: "¿Se da cuenta, mi general, de que hace cuatro años, día tras día, los alemanes entraban en París?". La respuesta fue breve y seca: "¡Y bien, se equivocaron!".[65]

El desembarco se hizo cerca de las 14, en una playa cerca de Courseulles. Primero fueron a ver al general Montgomery pero, por supuesto, de Gaulle no había llegado a Francia solamente para verlo. Se dirigió hacia Bayeux, con dos objetivos principales: supervisar la entrada en funciones de François Coulet, que acababa de ser nombrado Comisario de la República para el territorio normando liberado y la del coronel de Chevigné, encargado de las subdivisiones militares. Lo importante era tomar a los norteamericanos por sorpresa y se logró. El segundo objetivo, tan importante como el primero para el general, era establecer un primer contacto personal con el pueblo francés. También en este caso fue un éxito, como él mismo lo describió, emocionado: "Íbamos a pie, calle por calle. Cuando veían al general de Gaulle, los habitantes mostraban una especie de estupor y, luego, estallaban los vivas o bien se ponían a llorar. Salían de las casas y me acompañaban en medio de una extraordinaria emoción. Los niños me rodeaban. Las mujeres sonreían y sollozaban. Los hombres me tendían la mano. Íbamos así, todos juntos, perturbados y fraternales, sentíamos que la alegría, el orgullo y la esperanza nacional volvían del fondo de los abismos".[66]

El general se dirigió a la población de Bayeux reunida en la plaza del Castillo, luego fue a Isigny, cuyas ruinas recorrió largamente. Finalmente, a la noche, los visitantes volvieron a *La Combattante*. Para el general, la visita fue un éxito total. Los habitantes de Bayeux y de Isigny reaccionaron como esperaba: ubicaron su esperanza y su fe en de Gaulle. Mañana, sin ninguna duda, toda Francia haría lo mismo. Finalmente, parecía que el AMGOT había empezado a tomar velocidad. Durante el viaje de regreso, de Gaulle, de excelente humor, le confió al general Béthouart: "Ves, había que poner a los Aliados frente al hecho consumado. Nuestras nuevas autoridades ya están en su lugar, verás que no dirán nada".[67]

Efectivamente, no dijeron nada, pero porque no entendieron el significado de la instalación de François Coulet en Bayeux. Por el contrario, quedaron fuertemente impresionados por la recepción que la población francesa le había hecho al general de Gaulle y los informes fueron unánimes: "Manifiestamente, la población conocía el nombre del general de Gaulle, estaba encantada de verlo. Cientos de hombres y de mujeres salían de sus casas y tiraban flores a los jeeps".[68] Otro informe, dirigido al *Foreign Office* describía "la actitud bastante poco cooperativa de las autoridades militares británicas", y agregaba: "Parecía que se consideraba a los visitantes como a un grupo molesto de turistas que hacían una excursión inútil. Aparentemente, la significación histórica del acontecimiento ha escapado por completo a las autoridades militares, que no parecían hacer un gran esfuerzo para facilitar la visita del general de Gaulle". Y el informe terminaba con este comentario: "Después de todo este desorden y de la falta de consideraciones por él, es sorprendente que el general de Gaulle haya vuelto de Normandía con tan buen humor".[69]

Pero no era sorprendente, pues de Gaulle no le prestó ninguna atención a la frialdad de la recepción británica. Lo único que lo impresionó fue la calidez de la recepción de los franceses. Cuando volvió a Inglaterra, se dio cuenta de que la noticia de este recibimiento ya había dado la vuelta al mundo y, también, vio en la prensa los resúmenes de los debates del día anterior en la Cámara de los Comunes. Por otra parte, entre el 8 y el 20 de junio, los gobiernos en el exilio de Checoslovaquia, Polonia, Bélgica, Luxemburgo, Noruega y Yugoslavia, pasando por encima las objeciones norteamericanas y británicas, reconocieron oficialmente al Gobierno Provisorio de la República Francesa. Finalmente, parece que se había logrado conjurar la amenaza del AMGOT. Si la adversidad volvía insoportable a de Gaulle, el éxito lo hacía magnánimo. Eden se dio cuenta de esto con sorpresa cuando lo visitó para despedirse en la tarde del 16 de junio: "Fui a ver al general de Gaulle en Carlton Gardens. Nunca había ido allí antes. Me recibieron un tanto ceremoniosamente: había una guardia de honor ante el edificio y oficiales ubicados a intervalos regulares a lo largo de la escalera. De Gaulle me habló sin enojo durante veinte minutos. Como declaré en ese momento: 'Se siente mejor cuando está en el papel de anfitrión'".[70]

En su informe, Eden escribió: "El general expresó su reconocimiento por la hospitalidad y la cortesía que había encontrado en Inglaterra durante su visita. Aunque nuestras discusiones a veces hayan sido difíciles, estaba feliz de haber venido y pensaba que se habían realizado progresos. En su opinión, sólo quedaban dos cuestiones importantes a resolver y la primera se relacionaba con la administración de Francia".[71]

"Eden —escribió el general— ahora propone establecer con Viénot un proyecto que él mismo comunicará a Washington y que, finalmente, será firmado por los franceses, los ingleses y los norteamericanos. Me parece un camino aceptable y se lo dije".[72]

"En relación con el reconocimiento —anotó Eden— el general me dijo que ya no le prestaba importancia. Declaré que había notado que el Comité no había pedido el reconocimiento como gobierno provisorio y, por lo tanto, había concluido que se trataba de una cuestión secundaria. El general confirmó mis dichos y declaró que la segunda cuestión que había quedado en suspenso era la de la moneda. Esperaba enérgicamente que se encontrara una solución (…). Luego habló de la Resistencia. Pensaba que hacía un buen trabajo y se había enterado de que se habían retirado del frente algunas divisiones alemanas para que lucharan contra la Resistencia (…). El general, al que nunca había visto tan bien predispuesto, subrayó que, a pesar de las dificultades pasadas, deseaba cooperar estrechamente con nosotros y con los norteamericanos".[73]

"Luego —consignó de Gaulle— le escribí a Churchill para poner paños fríos en las heridas que él mismo se había producido".[74] Efectivamente, el general le escribió al Primer Ministro, por quien mantenía la estima y el respeto, una carta tranquilizadora. Además, cuando la fortuna empezaba a sonreírle, Francia podía ser magnánima.

"Señor Primer Ministro:

"Al dejar el territorio de Gran Bretaña, adonde me ha invitado en un momento de una importancia decisiva para el final victorioso de esta guerra, me dirijo a usted para expresarle mis más sinceros agradecimientos por el recibimiento que me ha reservado el gobierno de Su Majestad británica.

"Después de un año desde mi última estancia en su noble y valiente país, he podido ver y sentir que el coraje y la fuerza del pueblo de Gran Bretaña están en su grado más elevado y que sus sentimientos de amistad por Francia son más fuertes que nunca. Puedo asegurarle, recíprocamente, la confianza profunda y el afecto indisoluble de Francia por Gran Bretaña.

"En mi visita también me fue posible medir el magnífico esfuerzo que están llevando a cabo la Marina, el Ejército y la Aviación británicos en la acción que los Aliados despliegan en suelo francés y por Francia y que, estoy seguro, llevará a la victoria en común. Para su país, que fue en esta guerra incomparable el último e indomable bastión de Europa y que es, ahora, uno de sus liberadores principales, como para usted, que no ha dejado y no deja de dirigir y animar este inmenso esfuerzo, se trata, permítame decírselo, de un honor inmortal.

"Sin otro particular, me despido de usted, señor Primer Ministro, con la expresión de mi mayor consideración".[75]

Si de Gaulle era un vencedor magnánimo, Churchill era un mal perdedor. Su respuesta fue mucho más fría:

"Querido general de Gaulle:

"Le agradezco su carta del 16 y las halagadoras expresiones que contiene. Cuando usted llegó, tenía grandes esperanzas en que podríamos establecer una base de colaboración y que yo podría ayudar al Comité Francés de Liberación Nacional a que estuviera en los mejores términos con el gobierno de Estados Unidos. Lamento que las esperanzas no se hayan realizado. Puede ser que las discusiones de los expertos logren un mejoramiento del callejón sin salida actual.

"Desde 1907, en los días malos y en los buenos, he sido un amigo sincero de Francia, como se ve en mis palabras y en mis actos. De manera que para mí es una gran pena que no se hayan eliminado los obstáculos para una asociación que me era muy querida. Aquí, gracias a su visita, que organicé personalmente, esperaba que hubiese una posibilidad de entendimiento. Ahora sólo queda esperar que no haya sido la última oportunidad.

"Sin embargo, si puedo permitirme darle un consejo, haga la visita prevista al presidente Roosevelt e intente que Francia establezca buenas relaciones con Estados Unidos, una parte preciosa de su herencia. Puede contar con todo el apoyo que pueda darle en esta materia, que es muy importante para el futuro de Francia.

"Créame.

"Suyo".[76]

Duff Cooper escribió: "Estaba con él cuando dictó la carta. Cuando terminó me dijo: 'Lo lamento mucho. Pero no puedo hacer otra cosa'".[77] En una carta dirigida a Eden, el embajador Duff Cooper expresó todavía mejor los sentimientos de Churchill por el general de Gaulle: "El Primer Ministro declaró que lo denunciaría como enemigo mortal de Inglaterra".[78]

Esa noche, el general de Gaulle dejó el Reino Unido: en Argel y, luego, en París, lo esperaban muchas batallas y no todas eran contra Alemania.

15

LIBERACIÓN

En junio de 1944, el presidente Roosevelt siguió manteniendo una línea prudente y muy compleja en los asuntos franceses, cada vez más influida por consideraciones de política interna. Efectivamente, en el despiadado clima de competencia
que caracteriza la política electoral norteamericana, es tan desastroso no apostar por un ganador como apostar por un perdedor. En los asuntos franceses, Roosevelt ya había apostado por
varios perdedores y no lograba considerar a de Gaulle como a
un ganador. Sin embargo, tampoco podía permitirse asumir
riesgos y, a fines del mes de mayo, encargó al jefe de la misión
naval francesa en Washington, el almirante Fénard, que le
transmitiera un mensaje al general de Gaulle. Era tan complicado como la política que reflejaba: "Si (de Gaulle) me preguntara si lo recibiría en el caso que viniera a Estados Unidos, res-
pondería afirmativamente".[1] Estaba claro que no se trataría de
una invitación oficial: para un político norteamericano sería
mucho más desastroso reconocer un error que no apostar por
un ganador.

En Argelia, de Gaulle recibió el mensaje un tanto sorprendido y con muchas sospechas. En varias ocasiones le habían hecho esperar una invitación de Washington y nunca había llegado. Por otra parte, estaba muy bien informado sobre el juego
político en Estados Unidos y no le interesaba presentarse en
Washington en una posición demandante. Por eso respondió
poco antes de su partida hacia Inglaterra que tomaba nota de la
invitación y que la cuestión volvería a ser examinada más tarde.

Sin embargo, el 6 de junio llegó a Londres otro mensaje de Roosevelt. Esta vez, el Presidente fijaba una fecha para la visita del general y era evidente que le atribuía cierta importancia. Al darse cuenta, de Gaulle mostró poco entusiasmo y respondió con prudencia, el 14 de junio, que "esperaba sinceramente que las circunstancias le permitieran emprender el viaje".[2] De hecho, después de algunas dudas, decidió que la visita estaría de acuerdo con los intereses de Francia, ya que durante los meses venideros habría gigantescas ofensivas aliadas sobre el suelo francés y quizás todavía era tiempo de arrancarle al gobierno norteamericano un acuerdo *de facto* sobre la administración civil en Francia. Por supuesto que el general no iría a Washington a negociar, pero indudablemente su visita mejoraría las relaciones en la cima y esto tal vez permitiría desbloquear las negociaciones diplomáticas normales. El 26 de junio le hizo saber al presidente Roosevelt que aceptaba su invitación.[3]

Roosevelt respondió cortésmente y no sin hipocresía que "se alegraba de que el general hubiese expresado el deseo de ir a Estados Unidos para mantener conversaciones con el Presidente".[4] Por supuesto que seguía teniendo una pobre opinión del general de Gaulle: "Un francés fanático, de mente estrecha, devorado por la ambición y que tiene una concepción más bien sospechosa de la democracia".[5] El 14 de junio, Stimson también escribió en su diario: "FDR (...) piensa que de Gaulle va a caer y que los ingleses que lo sostienen quedarán apabullados por el giro de los acontecimientos (...). Piensa que aparecerán otros partidos a medida que progrese la liberación y que de Gaulle se convertirá en una figura sin relieve. Dijo que ya conocía a algunos de estos partidos".[6] Cinco días antes de la llegada del general de Gaulle a Washington, Roosevelt resumió en tres palabras su opinión sobre el Presidente del Gobierno Provisional de la República Francesa: "Es un loco".[7]

A pesar de todo, la visita se desarrolló en las mejores condiciones. Acompañado por el general Béthouart, Gaston Palewski y el coronel Rancourt, desembarcó en Washington el 6 de julio y fue muy cordialmente recibido en la Casa Blanca. Las conversaciones con el Presidente fueron amistosas: Roosevelt le explicó a de Gaulle de qué modo Estados Unidos participaría a partir de ese momento en los asuntos mundiales: políticamente, por intermedio de las Naciones Unidas y militarmente, gracias a un conjunto de bases en todo el mundo (incluido el territorio francés). De Gaulle, un tanto desconcertado, se limitó a hacer referencia al peligro que representaría para el mundo de la posguerra una Europa debilitada en general y una Francia debilitada en particular. El general también se entrevistó con numerosas personalidades norteamericanas, entre las que estaban el general Marshall, el almirante King, Henry Morgenthay, Henry Wallace y, por supuesto, Cordell Hull, a quien, inclusive, encontró simpático.[8] El alcalde de Nueva York, Fiorello La Guardia, le preparó una recepción triunfal en esta ciudad y en Canadá recibió emotivas manifestaciones de apoyo y de afecto. El 13 de julio volvió a Argel y, al llegar, se enteró de que el gobierno norteamericano acababa de reconocer al Comité Francés de Liberación Nacional como autoridad *de facto* para la administración civil en Francia.

En Londres, donde se negociaba con tranquilidad un acuerdo sobre la administración civil en Francia entre el *Foreign Office* y el embajador Viénot, la decisión abrupta del Presidente tomó por sorpresa a todos. Oliver Harvey escribió en su diario: "Este cambio súbito y sin preaviso fue recibido con alguna amargura por el Primer Ministro y por Anthony Eden. Como le dijo el primero al segundo: 'El Presidente lo trató mal a usted'. Efectivamente, quiso hacer como si fuera él y ningún otro quien había solucionado el problema, cuando fue él quien lo había creado para luego tener la gloria de resolverlo. ¡Qué político retorcido! Viénot, nuestro amigo, estaba muy indignado cuando se enteró de la iniciativa del Presidente. Vino a verme de inmediato y declaró que había que difundir comunicados por la radio y por la prensa para poner las cosas en su lugar, de otro modo la opinión francesa, a la que se mantuvo deliberadamente en la ignorancia de las largas discusiones anglo-norteamericanas, se imaginaría realmente que todo el trabajo había sido hecho por los norteamericanos y no por nosotros. 'Tengo miedo de que usted sea un cornudo', aclaró. Nos reímos y después de haberle agradecido, agregamos que, en nuestra opinión, los franceses y los demás no se dejarían abusar por estas maniobras electorales en Estados Unidos. Anthony Eden estaba seriamente irritado".[9]

El Ministro de Asuntos Exteriores tenía razones para estarlo: una vez más la diplomacia inglesa había quedado al remolque de Washington. "¿No podríamos tener nuestra propia política exterior?",[10] preguntó. Y, de hecho, presionó al Primer Ministro para obtener más que el reconocimiento *de facto* del CFLN: un reconocimiento completo del Gobierno Provisional de la República Francesa que se anunciaría, de ser posible, el 14 de julio. Pero Churchill no quería ni oír hablar de eso: "El Presidente —respondió— ya hizo un gran esfuerzo y no estoy dispuesto, por el momento, a adoptar otra terminología que la de él".[11]

Al seguir pasivamente el ejemplo del Presidente en materia diplomática, Churchill esperaba incitar a que siguieran sus concepciones en materia estratégica. Después de todo, los norteamericanos ya se habían inclinado en varias ocasiones ante las concepciones estratégicas del Estado Mayor inglés: habían adoptado *Torch* y *Husky* y habían aceptado abandonar *Sledgehammer*. Esta vez, el Primer Ministro quería llevarlos a modificar la estrategia adoptada en Teherán: el proyecto *Anvil* preveía un desembarco en el sur de Francia a mediados de agosto, pero ahora pensaba que estaba superado. Otras operaciones ofrecían perspectivas mucho más atractivas: en Italia, Roma había caído el 4 de junio y el ejército Kesselring estaba en plena retirada. ¿Acaso el general Alexander no tendría que usar su ventaja avanzando hacia el norte por el valle del Po y la falla de Liubliana, para llegar luego a Viena, Budapest, y más allá todavía? De este modo, los ejércitos británico, norteamericano y francés sacarían a muchas divisiones alemanas del frente occidental y, al mismo tiempo, penetrarían en los Balcanes antes que las tropas soviéticas. Esto era muy tentador, pero imposible de realizar si los norteamericanos persistían en querer poner en práctica la operación *Anvil*, pues había que movilizar tres divisiones norteamericanas y cuatro francesas que estaban en Italia. Ahora bien, el general Eisenhower contaba con *Anvil* para asegurar el éxito definitivo de *Overlord*. Únicamente el presidente Roosevelt podía anular el proyecto y se negó, porque quería mantener todas las promesas que le había hecho a Stalin en

Teherán. Churchill terminó por ceder y el desembarco en la Provenza, bautizado *Dragoon*, quedó previsto para el 15 de agosto. Pero el Primer Ministro siguió poniendo en duda la utilidad de esta operación y, además, tenía otras preocupaciones. En el Levante, el general Spears había intervenido en una discusión franco-siria sobre las "tropas especiales" y había ofrecido proporcionar armas a la Gendarmería siria. Eden se había indignado, pero no tanto como de Gaulle, quien le hizo saber a Duff Cooper que, en su opinión, las relaciones franco-británicas nunca podrían mejorar si Gran Bretaña persistía en su política actual en el Levante.[12]

A pesar de todas estas dificultades —o, quizás, a causa de ellas— a Churchill, muy alentado por Eden, le interesaba mejorar sus relaciones con el Gobierno Provisorio y su intratable Presidente. El 2 de agosto, en el discurso en la Cámara de los Comunes sobre la situación militar, declaró: "El mejoramiento sustancial de las relaciones entre el Comité francés y el gobierno de Estados Unidos se debe, por una parte, al meticuloso trabajo de acercamiento que llevó a cabo mi honorable colega, el Ministro de Asuntos Exteriores, y al gran éxito de la visita del general de Gaulle a Estados Unidos. Estos cuatro últimos años tuve muchas dificultades con el general de Gaulle, pero nunca olvidé y no lo olvidaré nunca, que fue el primer francés eminente que se levantó en contra del enemigo en común, en un momento en que su país parecía reducido a la nada y el nuestro parecía que iba a sufrir una suerte idéntica. Por lo tanto, es justo que se encuentre en el primer lugar cuando Francia recupere el sitio que le corresponde en el concierto de las grandes potencias europeas y mundiales (...). Nuestro desembarco en Normandía, la evolución de la guerra, el curso de los acontecimientos en general, evidentemente muestran que vamos a volver a encontrarnos con el problema de la vecindad franco-alemana de un lado y otro del Rin y que Francia, de ningún modo, puede quedar excluida de las discusiones sobre este tema. No necesito decirles que deseo con la mayor de las fuerzas la asociación más estrecha posible entre los representantes del Imperio Británico, de Estados Unidos, de Rusia y de Francia, para llegar a un acuerdo sobre estos importantes problemas".[13]

Una semana más tarde, Churchill le informó al embajador Duff Cooper que iba a hacer escala en Argel en camino a Roma y que le gustaría aprovechar la ocasión para entrevistarse con el general de Gaulle. Duff Cooper escribió en su diario: "Me parecía (...) que la visita del Primer Ministro llegaba en el momento justo para permitir una reconciliación entre él y el general. Fui a ver a de Gaulle a las 18 y le comuniqué la noticia. Me dijo que le parecía que no era relevante en ese momento una entrevista con el Primer Ministro. Hice lo .nás que pude para convencerlo de lo contrario, le recordé las palabras extremadamente cálidas que el Primer Ministro había tenido para él en la Cámara de los Comunes y agregué que sería una cortesía elemental encontrarse con un viajero tan distinguido cuando hacía una parada en territorio francés. Pasé tres cuartos de hora con él, pero no logré convencerlo. En cambio, pude hacer que le enviara una carta cordial para decirle que no quería molestarlo en su corta escala en Argel (...). Durante la cena me dije que sería bueno hacer un nuevo intento y le escribí una carta al general para hacerle notar que había prometido escribirle al Primer Ministro (...) y que si estaba dispuesto a hacer ese gesto, ¿por qué no ir más lejos y visitarlo, que sería más útil? Me respondió que ya había escrito la carta y que Palewski la enviaría al otro día. No pude hacer otra cosa".[14]

"No tengo nada que decirle", declaró de Gaulle al embajador.[15] Ignoramos si el general tenía algún viejo rencor con Churchill o si quiso expresar su descontento por los recientes acontecimientos del Levante. En cualquier caso, el Primer Ministro aterrizó de incógnito en el aeropuerto de Casablanca en la mañana del 11 de agosto y le entregaron el siguiente mensaje: "Considerándolo bien, creo que es preferible que no nos encontremos esta vez, para que pueda descansar entre los dos vuelos".[16]

"Esto me pareció inútilmente arrogante", escribió Churchill en sus *Memorias*.[17] De hecho, el Primer Ministro quedó muy molesto con esta afrenta y le escribió a Eden al día siguiente: "Aquí tenemos un buen ejemplo del tipo de relaciones que tendremos con este individuo cuando haya alcanzado el poder supremo en Francia gracias a nosotros. Es verdad que fue un pesado error haberle proporcionado la oportunidad de realizar esta afrenta al jefe del gobierno que envió 750 mil soldados a liberar Francia, con grandes pérdidas. Le encargo tratar oficialmente esta cuestión con Massigli y hacerlo de modo de que se informe a de Gaulle. Le solicito que actúe realmente".[18]

Unos días más tarde, Churchill se arrepintió y le escribió una nueva carta a Eden: "A menos que ya haya tomado medidas, creo que no vale la pena mencionar ante Massigli el incidente con de Gaulle, oficial u oficiosamente".[19] Pero el incidente de Argel dejó un humillante recuerdo en el Primer Ministro, como puede observarse en el testimonio de Diana Cooper, que cenó con él el 20 de agosto en la embajada de Gran Bretaña en Roma: "Fracaso completo de mis relaciones con *Duckling*,* porque cuando me vio pensó inmediatamente en de Gaulle (lo que le provocó una crisis de apoplejía). Entonces me volteé hacia el embajador Kirk y, luego, hacia *Duckling*, para hablarle de otra cosa, pero una vez más, cuando me vio se acordó de de Gaulle y volvió la apoplejía. Esto arruinó nuestro encuentro".[20]

En Argel, el clima no era más distendido. El 15 de agosto, de Gaulle se enteró de que Churchill había ido a Córcega sin un aviso previo a las autoridades francesas. Después de las explosiones de uso, le pidió a Massigli que presentara el problema a Duff Cooper. Era una reacción un poco infantil, pero el general estaba muy tenso: la operación *Dragoon* estaba en su punto culminante y la avanzada del Primer Ejército francés y del Cuarto Cuerpo norteamericano ya habían desembarcado en la costa mediterránea; en Normandía, el frente alemán hacía agua por todas partes y la ruta a París finalmente se abría ante los ejércitos norteamericanos y la Segunda División blindada del general Lecler; en la ciudad de París la insurrección era inminente y huelgas masivas paralizaban la capital. Sin embargo, aunque la victoria estaba a la vista, de Gaulle seguía inquieto: en efecto, acababa de enterarse de que dos facciones opuestas intentaban tomar el poder en París antes de la llegada de los ejércitos aliados. La primera estaba dirigida por Pierre Laval, quien quería obtener que el viejo jefe radical, Édouard Herriot,

---

* Churchill.

convocara a la Asamblea Nacional de 1940 para legalizar la constitución de un gobierno de "unidad nacional"; la segunda estaba dirigida por los elementos comunistas de la Resistencia, que buscaban tomar el poder en la capital para producir una insurrección antialemana.

Para de Gaulle, el segundo complot era más peligroso. Para triunfar, el primero precisaba de la ayuda de los norteamericanos. La maniobra estratégica norteamericana que consistía en rodear París avivaba las sospechas del general. El 18 de agosto dejó Argel y después de hacer escala en Casablanca y en Gibraltar, aterrizó en Maupertius en la mañana del 20 de agosto. Ahí se enteró de que la insurrección acababa de desatarse en París: por lo tanto, no había tiempo que perder. De Gaulle ejerció una enérgica presión sobre el general Eisenhower y amenazó con ordenarle al general Leclerc que avanzara únicamente sobre París si los norteamericanos persistían en querer retrasar el ataque final. El 22 de agosto, Eisenhower otorgó el permiso y la Segunda División blindada, apoyada por la Cuarta División norteamericana se adentró en la ruta a París. Mientras tanto, los planes de Laval quedaron desbaratados por la reticencia de Édouard Herriot (y por orden explícita de Hitler). El 25 de agosto, la entrada triunfal del general de Gaulle en París también comprometió los planes de los elementos "progresistas" de la Resistencia. Finalmente, la afirmación del general de Gaulle se verificó: la Francia Libre se convirtió en Francia. Le quedaba consolidar su autoridad en el país y movilizar todos sus recursos para la liberación completa del territorio y el asalto final contra Alemania.

En Gran Bretaña, la liberación de París fue recibida con extraordinarias manifestaciones de entusiasmo. En la noche del 23 de agosto, la BBC anunció (un poco prematuramente) que París estaba en manos de las Fuerzas Francesas del Interior; al día siguiente, mientras los combates proseguían en la capital, el rey Jorge VI envió al general de Gaulle un cálido telegrama de felicitaciones. Churchill, aunque estaba muy satisfecho con el sesgo que tomaban los acontecimientos, desconfiaba intensamente del nuevo señor de Francia. Dos semanas más tarde, en la conferencia de Québec, Churchill y Roosevelt examinaron juntos los serios problemas de la posguerra (sin aportar la seriedad necesaria)*. En todo caso, muchas veces se habló del general de Gaulle y el Primer Ministro canadiense, que también estaba presente, anotó alguno de estos intercambios:

"Québec, 11 de septiembre de 1944. Es evidente que Churchill sigue enojado con de Gaulle. El Presidente hizo notar que él y de Gaulle ahora eran amigos. La princesa Alice** y yo también defendimos a de Gaulle y contamos la impresión favorable que había hecho aquí. Finalmente, la señora Churchill (creo que era ella) dijo: 'Todos estamos en tu contra'. El Presidente declaró que estaba convencido de que, de aquí a un año, de Gaulle estaría en la presidencia o en la Bastilla".[21]

"12 de septiembre: Churchill (…) teme mucho que haya una guerra civil en Francia. El Presidente también. Hoy Churchill mostró más benevolencia por de Gaulle".[22]

"17 de septiembre, en la cena: Churchill habló como lo haría un padre en la mesa familiar. Se refirió a la guerra y también habló mucho de de Gaulle, del que desconfía enormemente. Conversó de los problemas que se habían planteado porque de Gaulle había decidido autorizar a algunos hombres a ir a Francia en el momento de la invasión; dijo que el general era un enemigo visceral de Inglaterra y un ingrato (…). Admitió con mucha franqueza que de Gaulle era mucho más capaz que Giraud en todos los aspectos, (…) y que ejercía un ascendiente sobre las masas. Según él, el general tendrá que enfrentarse con una situación muy grave en Francia de aquí a un año".[23]

Evidentemente, Churchill quedó fragmentado entre su admiración por el hombre, su odio por el político, sus inquietudes por el futuro de Francia y su subordinación a la política norteamericana. Eden se dio cuenta enseguida, cuando intentó persuadir a los dos hombres de Estado para que reconocieran al Gobierno Provisional: "Una discusión totalmente vana, anotó el 15 de septiembre. Cada uno con su cantinela contra de Gaulle. Sin

---

* De este modo, los dos hombres pusieron su firma en un "programa (…) con el objetivo de convertir a Alemania en un país con características principalmente agrícolas y pastoriles".[24]

** Tía del rey Jorge VI y esposa del Conde de Athlone, gobernador general de Canadá.

embargo, Winston aceptó decir que preferiría una Francia gaullista que una Francia comunista. ¡Ya es un progreso!".[25] Cuatro
días más tarde, Roosevelt le escribió a Cordell Hull: "Tuve largas
discusiones con el Primer Ministro sobre el reconocimiento del
Gobierno Provisorio en Francia. Por el momento, él y yo nos
oponemos resueltamente. El Gobierno Provisorio no cuenta con
ningún mandato del pueblo".[26]

Pero la última palabra no había sido dicha. En Gran Bretaña, las presiones a favor de un reconocimiento del GPRF no dejaban de incrementarse. El 28 de septiembre, Churchill anunció
a los Comunes que los Aliados iban a reconocer al gobierno italiano. Cuando habló de Francia, declaró: "Naturalmente, deseamos mucho que se constituya una entidad que pueda realmente
hablar en nombre del pueblo francés (del conjunto del pueblo
francés) y pienso que Estados Unidos y la Unión Soviética piensan como nosotros (...). En un primer momento, la Asamblea
Legislativa se convertiría en un cuerpo electivo (...) y el Comité
Francés de Liberación Nacional sería responsable ante ella. Una
vez que se haya tomado esta medida, con el asentimiento del
pueblo francés, quedará considerablemente reforzada la posición de Francia y será posible reconocer al Gobierno Provisorio
(...) lo más pronto posible".[27]

Pero los honorables parlamentarios se negaron a que les
tomaran el pelo y sir Edward Grigg respondió: "Creo (...) que
tenemos derecho a seguir nuestra propia política más allá de la
opinión de nuestros grandes aliados en la materia. Espero que
(...) no dudaremos en reconocer inmediatamente al Gobierno
Provisorio". Le siguió sir Percy Harris, quien declaró: "Sería un
buen gesto de nuestro país reconocer al gobierno provisorio.
Nuestro reconocimiento del gobierno italiano es una humillación para los franceses".[28] La prensa británica, naturalmente, se
hizo eco de estas palabras, y la francesa también. Desde París,
Duff Cooper, que había reabierto la embajada de Gran Bretaña
un mes antes, le escribió al diputado Harold Nicolson: "Mis dificultades se incrementaron con las palabras del Primer Ministro sobre Francia en su último discurso. Los franceses no ven
cómo puede importarnos si tienen una Asamblea consultiva
grande o pequeña. Y preguntan con amargura qué diríamos si

de Gaulle, en un discurso público, se animara a declarar que es tiempo de que organicemos elecciones generales. Tengo mucho miedo de que nunca haya una reconciliación entre Winston y el 'gran Charles', y el Presidente, cuya mala fe es mayor, pero que sabe disimular sus sentimientos en público, seguirá sintiendo rencor por de Gaulle porque, a pesar de lo que hizo, triunfó. Todos estos conflictos personales son verdaderamente deplorables, pues se corre el riesgo de arruinar la excelente oportunidad que se presenta actualmente de sellar una amistad sólida y duradera entre ambos países. Nunca como hoy los ingleses fueron tan populares en Francia y el más popular de todos es el Primer Ministro, que sería recibido triunfalmente si viniera. Pero no podrá venir si no es como amigo del general de Gaulle y tendrían que mostrarse juntos. Bastaría con que bajaran por los Campos Elíseos. El público no dudará ni un minuto de que son los mejores amigos del mundo. Pero Winston no puede venir antes de que hayamos reconocido su gobierno y cuanto más tardemos, más ridículos pareceremos y menos nos agradecerán el día en que nos decidamos a hacerlo".[29]

De hecho, la posición anormal de Duff Cooper como embajador ante un gobierno no reconocido desencadenó una nueva ola de ataques contra la política exterior del gobierno de Su Majestad. El 18 de octubre, en la Cámara de los Comunes, Boothby le formuló la siguiente pregunta al Ministro de Asuntos Exteriores: "¿No encuentra ridículo, mi muy honorable colega, darle a alguien el estatus y el rango de embajador y, al mismo tiempo, negarse a reconocer al gobierno ante el cual está acreditado?".[30]

El honorable Boothby gastaba saliva en balde. Menos de una semana antes, Eden había estado en Moscú con el Primer Ministro y entre dos sesiones de regateos interminables con Stalin sobre las zonas de influencia en Europa del Este, volvió a plantear una vez más la cuestión del reconocimiento. El 12 de octubre anotó en su diario: "Una vez más discusiones con Winston sobre Francia (sin grandes resultados)".[31] Pero no fue así, porque dos días después, Churchill escribió a Roosevelt: "Reflexioné sobre la cuestión del reconocimiento del Gobierno Provisional francés. Me parece que las cosas llegaron a un punto en el que ahora podemos tomar una decisión conforme a la política que usted sustenta y a mis últimas declaraciones en la Cámara de los Comunes (…). No hay duda de que los franceses cooperaron con el gran cuartel general y que su Gobierno Provisorio está apoyado por la mayoría del pueblo francés. Por consiguiente, propongo que reconozcamos a la administración del general de Gaulle como gobierno provisorio de Francia".[32]

Pero el Presidente se hizo rogar. El 20 de octubre le informó a Churchill que no había que hacer ningún reconocimiento antes de que los franceses hubieran establecido una "verdadera" zona interior.[33] Pero el Primer Ministro, que estaba en El Cairo, conocía el estado de la opinión pública en Gran Bretaña y los informes que recibía eran categóricos. El 20 de octubre, sir Alexander Cadogan le escribió al Ministro de Asuntos Exteriores: "Como sabe, el atraso del reconocimiento provoca asombro y críticas, sin que esto se limite al círculo francés (…). Esta prórroga prolongada lo único que hace es contaminar la situación y no puede explicarse o justificarse con ningún argumento de los que escuché hasta ahora. ¿El Primer Ministro no podría decirle al Presidente que un nuevo atraso lo único que haría es trabar la reanudación de relaciones plenamente cordiales; que, de algún modo, nuestra seguridad futura se verá afectada y que, en su opinión, un reconocimiento hecho lo más pronto posible implicaría pocos riesgos y presentaría muchas ventajas? Personalmente, me gustaría que se hiciera de aquí a una semana, más o menos, y que el Presidente fuese informado, para que podamos observar sus reacciones. Pero supongo que será inoportuno poco antes de las elecciones, aunque su inminencia podría hacerlo dudar si se viese aislado en este asunto".[34]

Este último argumento era justo: en efecto, el Presidente no tenía ninguna gana de perder los votos de muchos norteamericanos partidarios del general de Gaulle (lo que se produciría inevitablemente si el gobierno norteamericano quedaba rezagado, mientras los británicos procedían al reconocimiento del GPRF, que es lo que parecía que Churchill se disponía hacer). Por consiguiente, Roosevelt decidió actuar y el Departamento de Estado no se mostró excesivamente escrupuloso con la elección de los medios. El 21 de octubre, sir Alexander Cado-

gan anotó en su diario: "Me despertó esta mañana el funcionario del servicio que me anunció que, en París, Cafferey había recibido la instrucción del Departamento de Estado de decir que
el gobierno norteamericano estaba 'dispuesto' a proponer el reconocimiento. ¡Por Dios! ¿Era simplemente ineficacia y un
error de transmisión o los norteamericanos estaban intentando
pasarnos por arriba? En todo caso, pensé que había que decirle
la verdad a Massigli". Y el día siguiente, 22 de octubre: "Mensaje esta mañana de la embajada de Estados Unidos, según el cual
su embajada en París recibió la instrucción de 'reconocer' mañana por la tarde. ¡Telegrafié inmediatamente a Duff para decirle que haga lo mismo! ¡Estos norteamericanos tienen métodos
extraordinarios! No sé si es una iniciativa del Departamento de
Estado o del Presidente, pero poco importa. Esta vez, no nos
van a agarrar. Telegrama de Anthony que me pide que le expli-
que a Massigli lo que pasó. ¡Le contesté que era algo que se había hecho ayer por la mañana! Almuerzo en casa. Cuando volví
al *Foreign Office* a las 15.30 envié un mensaje al Primer Ministro al aeródromo, para ponerlo al corriente. Volví a eso de las
18.30. El Primer Ministro me llamó a Chequers. Parecía satisfecho, pero me dijo que los rusos estarían descontentos. Le contesté que era muy probable, pero que los habíamos mantenido
al corriente durante toda la comedia y que comprenderían que
no era nuestra culpa".[35]

Churchill quedó estupefacto con la iniciativa norteamericana. Evidentemente, no concebía de este modo una colaboración
franca y leal. Pero le escribió diplomáticamente al Presidente, el
23 de octubre: "Por supuesto que quedé un poco sorprendido
con el súbito giro de 180 grados del Departamento de Estado y,
cuando llegué aquí, me enteré de que mañana se haría el anuncio
del reconocimiento. Naturalmente, haremos lo mismo y al mismo tiempo. Me parece probable que los rusos se ofendan. Durante una conversación, Molotov me dijo que esperaba que se
acusara a los soviéticos de obstruir, cuando, en realidad, estaban
dispuestos al reconocimiento desde hacía tiempo y se habían
abstenido a pedido de los norteamericanos y de los británicos.
Por lo tanto, espero que hayan podido notificarles".[36]

Ese mismo día, sir Alexander Cadogan anotó en su diario:

"El Primer Ministro llamó a las 9.30. Acaba de recibir un mensaje del Presidente que dice: 'Retomaré contacto con usted (sobre el reconocimiento del Gobierno Provisorio francés) cuando Eisenhower anuncie la creación de una zona interior, sin duda de aquí a uno o dos días'. ¡Pero ya estaba hecho! No parecía estar al tanto. El Primer Ministro dijo que sería bueno, quizás, retrasar el reconocimiento uno o dos días. Dije que era posible, pero que, mientras tanto, la embajada de Estados Unidos había recibido instrucciones y que se disponía a ejecutarlas. Evidentemente, sólo se podía arreglar la cuestión con Washington. Por lo tanto, llamé a Winant, quien prometió telefonear. Lamentablemente, eran las 5 de la madrugada en Washington. Obviamente, no podíamos retener a Duff y dejar que los norteamericanos procedieran al reconocimiento antes que nosotros. Ninguna novedad de Winant a la hora del almuerzo. Le envié un mensaje al Primer Ministro (...) para explicarle la situación (...). 15.30: Winant telefoneó para decir, en inglés americano: 'Está todo arreglado. Nos atenemos al programa anunciado'. Transmití al 10 de Downing Street y, gracias a Dios, todos, los norteamericanos, los británicos y los rusos, reconocimos a de Gaulle".[37]

El alivio de sir Alexander Cadogan fue compartido por muchas personalidades de ambos lados de la Mancha. Pero el general de Gaulle no se encontraba entre ellas (o, si lo estaba, no hizo nada para mostrarlo). El 25 de octubre declaró a los representantes de la prensa: "El gobierno está satisfecho de que quieran llamarlo por su nombre". De hecho, el general de Gaulle tenía muchas otras preocupaciones (y la principal era el armamento de sus tropas). Pues había previsto poner en pie diez divisiones suplementarias antes de la primavera de 1945, para que el ejército francés tuviera un papel importante en la liberación del territorio nacional y en el ataque final a Alemania (con todas sus consecuencias políticas y estratégicas). Pero de Gaulle sospechaba que los norteamericanos intentaban contrariar sus planes y esto se reflejaba claramente en sus respuestas a los periodistas aliados: "Puedo decir que, desde el comienzo de la batalla de Francia, no hemos recibido de nuestros aliados nada con que armar una sola gran unidad francesa. Por otra parte, hay que darse cuenta de las dificultades considerables que se han presentado hasta ahora en el mando aliado. La batalla implica un gran trabajo de acondicionamiento de los puertos destruidos y de las comunicaciones, de reaprovisionamiento de las fuerzas en línea y esto puede explicar, en cierta medida, que hasta ahora, el tonelaje de armamento necesario para armar las grandes unidades francesas nuevas no haya llegado.

"Pregunta: ¿Dijo, mi general, en cierta medida?

"Respuesta: Sí, dije, en cierta medida".[38]

En este fin de octubre de 1944, otra cuestión importante se estudiaba en las cancillerías de Londres y de París: la posibilidad de una visita de Winston Churchill el 11 de noviembre de 1944. Los diplomáticos ingleses y franceses no tenían razones para pensar que esta visita contribuiría a mejorar las relaciones entre Churchill y de Gaulle. Es más, tenían muchas razones para pensar lo contrario: durante los últimos meses había habido enfrentamientos repetidos entre los dos hombres sobre el Levante y, luego, sobre el desembarco; la afrenta a Churchill del mes de agosto, la conferencia de Québec de la que Francia había sido excluida, la visita de Churchill y de Eden a Moscú en octubre sin que los franceses fueran siquiera informados de los resultados, las reuniones de la Comisión Consultiva Europea y la conferencia de Dumbarton Oaks, a la que Francia ni siquiera fue invitada, las interminables demoras del reconocimiento del Gobierno Provisional y, finalmente, la evidente reticencia de los Aliados a continuar equipando al ejército francés. En resumen, sería difícil imaginar un peor telón de fondo para una visita oficial. Por otra parte, de Gaulle no tenía la menor intención de invitar a Churchill para el día de la fiesta nacional: "¡Me va a robar mi 11 de noviembre!", tronó. Pero Duff Cooper logró convencer a Massigli y éste al nuevo Ministro de Asuntos Exteriores, Georges Bidault, quien, a su vez, asedió al general: "De Gaulle habría preferido otro día —escribió Bidault—. Me las arreglé para que fuera ése. Está bien honrar a los viejos luchadores en su gran momento. Pero es conveniente marcar el reconocimiento merecido al día siguiente de los servicios rendidos. En esta reflexión no hay ningún sentimentalismo beato. Pero la ingratitud, como la rabia, no es una actitud política".[39]

Churchill le dijo a Duff Cooper que iría a Francia aunque no tuviera la invitación, "para visitar a Eisenhower". El Embajador le respondió que "sería el golpe de gracia para las relaciones con de Gaulle",[40] y luego se dedicó a convencer a Massigli de que se imponía una invitación (con los resultados que ya relatamos). Lo menos que podemos decir es que la base para la reconciliación era muy frágil.

Una vez que se transmitió y aceptó la invitación, el desarrollo de los preparativos presagiaban que el encuentro saldría mal: Churchill hizo saber que su mujer no lo acompañaría; además, lo habían invitado a que se alojara en el Quai d'Orsay durante su estadía, pero en Londres consideraron que la Embajada de Gran Bretaña sería "más cómoda".[41] Finalmente, estaba el programa de la visita, que era irreprochable, excepto por un detalle: los franceses habían previsto que se "hablarían ciertas cuestiones políticas" durante la visita. Si recordamos los problemas y la atmósfera de las últimas conversaciones políticas entre los dos, era imposible no tener alguna aprehensión. Bidault previno a su homólogo inglés que "en ausencia de conversaciones que permitan un acercamiento de puntos de vista, las relaciones entre el Primer Ministro y el general podrían degradarse más".[42] No parecía posible, pero en Londres y en París nadie quería correr el riesgo.

Para colmo, los servicios de seguridad británicos pidieron que se difiriera la visita, pues temían que agentes alemanes que todavía estuvieran en París intentaran asesinar al Primer Ministro. Por eso, el 9 de noviembre todavía no se sabía nada de la visita de Churchill a París. En cambio, no había ninguna incertidumbre sobre su opinión sobre el general de Gaulle: "El Primer Ministro sigue siendo un feroz antigaullista", anotó Oliver Harvey en su diario. Y agregó: "Pensamos que de Gaulle (...) está de muy mal humor (...) y todo el mundo tiembla ante la idea de lo que va a pasar".[43]

El 10 de noviembre, Churchill y Eden volaron hacia París. Naturalmente, el Primer Ministro estaba acompañado por la señora Churchill y hasta por su hija Mary. "Los recibimos del mejor modo —escribió de Gaulle—. Con Bidault y varios ministros fui a recibirlos a Orly y condujimos al Primer Ministro al Quai d'Orsay, donde lo instalamos".[44] Efectivamente, pusieron a disposición de los visitantes todo el primer piso del Quai d'Orsay y el Primer Ministro no se quejó. "La organización y el servicio eran suntuosos —escribió— y dentro del palacio me costaba creer que el último encuentro que había tenido con el gobierno de Reynaud y el general Gamelin en mayo de 1940 no hubiese sido un mal sueño".[45] El embajador Duff Cooper agregó: "El Primer Ministro se dio cuenta, encantado, de que tenía una bañadera de oro, que debía haber sido de Goering, y mucho más cuando supo que Eden tenía una de plata. Diana y yo cenamos con ellos. Éramos doce a la mesa y la velada fue muy alegre".[46]

El día siguiente, 11 de noviembre, fue una jornada memorable: "A las 11 de la mañana —escribió Churchill—, de Gaulle me hizo cruzar el Sena y la Plaza de la Concordia en un auto descubierto, acompañado por una espléndida escolta de guardias republicanos con uniforme de gala, con sus cascos. Había varias centenas y era magnífico verlos, brillantes bajo el sol. La famosa avenida de los Campos Elíseos estaba repleta de una multitud compacta y bordeada de tropas a todo lo largo. Las ventanas estaban adornadas con espectadores y forradas con banderas".[47] "Había que verlo para creerlo —agregó Duff Cooper—. Nunca había visto nada tan fantástico. Había una multitud en cada ventana, incluso en los pisos más altos de los edificios y en los techos. Las aclamaciones eran extraordinariamente ruidosas y espontáneas".[48] Y el general Ismay: "Nunca oí un trueno de aclamaciones tan sostenido como el que saludó su llegada".[49]

Churchill, en uniforme de la RAF, con un gorro azul con hojas de roble doradas, estaba parado en un auto descapotable, saludaba con la mano y hacía su famoso signo de la victoria. La multitud, deliraba y gritaba: "¡Viva de Gaulle! ¡Viva Churchill!". El Primer Ministro escribió: "Avanzamos entre la multitud que nos aclamaba frenéticamente, hasta el Arco de Triunfo, donde ambos depositamos coronas en la tumba del soldado desconocido. Luego de esta ceremonia, el general y yo, seguidos por un grupo numeroso que comprendía a los principales personajes de la vida pública francesa, descendimos a pie, durante casi 800 metros, esa avenida que yo conocía tan bien".[50]

Fue una procesión imponente la que bajó por los Campos Elíseos hasta la Plaza de la Concordia. De Gaulle, Churchill, Bidault y Eden marchaban a la cabeza, seguidos por Cadogan, Duff Cooper y el general Ismay, que relató: "Caminamos hasta una tribuna situada aproximadamente a 800 metros de allí. Una vez más, el entusiasmo contenido de medio millón de parisinos rompió en una ola irresistible. Algunos lanzaban vivas; otros reían; otros estallaban en sollozos; todos estaban en un estado de ánimo especial: ¡Viva Churchill! ¡Viva de Gaulle! ¡Viva Inglaterra! ¡Viva Francia!".[51] Desde la tribuna, los invitados y sus anfitriones asistieron luego a un desfile de las tropas francesas y británicas que duró una hora. "En cada momento muerto del desfile —señaló Duff Cooper— se podía oír cómo la multitud gritaba: '¡Churchill!'".[52]

El Primer Ministro relató: "Cuando terminó, fui a colocar una corona al pie de la estatua de Clemenceau, hacia quien iban muchos de mis pensamientos en esas horas emocionantes".[53] "A mi orden —agregó de Gaulle— la música tocaba: *Le père de la victoire*. 'For you', le dije. Era justo. Y, luego, me acordé de que en Chequers, la noche de un mal día, me había cantado la antigua canción de Paulus sin olvidar ni una palabra".[54] Ese día, el general de Gaulle fue un anfitrión perfecto.

Luego fueron a los Inválidos, donde ambos se inclinaron ante la tumba de Napoleón. Después, los visitantes fueron recibidos en el Ministerio de Guerra, sede de la Presidencia, donde se sirvió un almuerzo en su honor. El general pronunció un discurso:

"Señor Primer Ministro de Gran Bretaña

"Señor Secretario de Estado

"Señores

"Una vez más están en París Winston Churchill y Anthony Eden. Si bien el gobierno francés, si bien París, si bien toda Francia están profundamente felices, puedo atestiguar que no están asombrados. A decir verdad, después de la última visita que nos hiciera el Primer Ministro de Gran Bretaña, Francia, París y el gobierno tuvieron que atravesar algunos momentos bastante difíciles. Pero nunca habían dudado de que los días crueles pasarían y que llegaría un 11 de noviembre en el que se podría ver lo que vimos hoy.

"Es verdad que no lo veríamos si nuestra vieja y brava aliada, Inglaterra, y todos los dominios británicos, no hubiesen sabido desplegar, precisamente bajo el impulso y la inspiración de los hombres a los que saludamos hoy aquí, la extraordinaria voluntad de vencer y el magnífico coraje que salvó la libertad del mundo. Esto penetra las fibras más profundas de la mente y del corazón de todos los franceses y todas las francesas. Hitler decía que construía un sistema para mil años. No sé qué quedará de su sistema dentro de mil años, pero sé que en mil años, Francia, que tiene alguna experiencia en combates, trabajos y sufrimientos, no habrá olvidado lo que hizo en esta guerra, a fuerza de combates, trabajos y sufrimientos, el noble pueblo al que el muy honorable Winston Churchill lleva con él hacia las cimas de una de las mayores glorias del mundo (…).

"Señores, levantemos nuestras copas en honor de Winston Churchill, Primer Ministro de Gran Bretaña, de Anthony Eden, Secretario de Estado en el *Foreign Office* y de las altas personalidades que los acompañan, en honor del gobierno de Su Majestad británica, en honor de Inglaterra, nuestra aliada de ayer, de hoy y de mañana".[55]

Con lágrimas en los ojos, Churchill le respondió:

"Me resulta difícil tomar la palabra en un día tan emocionante. Durante más de treinta y cinco años defendí la causa de la amistad, de la camaradería y de la alianza de Francia y Gran Bretaña. Nunca me desvié de esta línea política en el curso de mi vida.

"Dos naciones comparten las glorias de Europa occidental desde hace tantos años que se han vuelto indispensables la una para la otra. Es un principio fundamental de la política británica que la alianza con Francia sea inquebrantable, constante y eficaz. Esta mañana he podido comprobar que en el corazón del pueblo francés estaba el sentimiento de marchar codo a codo con el pueblo británico. ¡Me dio tanto placer volver a estar en París! En este París luminoso, brillante, esta estrella centelleante en la superficie del mundo. Antes de la guerra había visto al ejército francés desfilar en los Campos Elíseos. Desde entonces, ¡cuántos sacrificios!, ¡cuántos sufrimientos! ¡cuántos buenos amigos perdidos! Todos estos recuerdos nos oprimen el pecho.

"En este día feliz, es para mí un privilegio estar al lado del general de Gaulle. A pesar de todas las situaciones críticas, hemos luchado juntos, pensado juntos la derrota del enemigo y, en común, hemos llevado muchos proyectos a su fin.

"Una noche de octubre de 1940, en lo más fuerte de un bombardeo a Londres, no temí dirigirme en francés a los franceses para predecir el día en que Francia retomaría, a la cabeza de las grandes naciones, su papel de campeón de la libertad y de la independencia. Al agradecerle al general de Gaulle por las palabras que acaba de pronunciar, faltaría a la verdad y a la gratitud si no le rindiera homenaje por el papel capital que desempeñó en esta transformación y que nos llevó al momento de la Historia en que sólo nos resta ser dignos de nuestro destino para convertirnos en los inspiradores de una nueva era de claridad y de grandeza".[56]

Churchill habló en inglés, pero no pudo resistir el placer de decir algunas palabras en francés: "El general de Gaulle y yo nos hemos conocido en todos los tiempos. Quiero decir, en todas las temperaturas".[57]

De Gaulle escribió: "Después de la comida, Winston Churchill me dijo que estaba muy emocionado por lo que acababa de ver y de oír. '¿Querría indicarme —le pregunté— lo que más lo emocionó?' 'Ah —me dijo—, la unanimidad. Después de estos acontecimientos en los que hemos estado, usted y yo, tan atacados y ultrajados en Francia por tantos escritos y palabras, comprobé que lo único que surgía mientras pasábamos era entusiasmo. Por lo tanto, quiere decir que en el fondo del alma, el pueblo francés estaba con usted y que usted le rindió un servicio conmigo, que lo ayudé'. Churchill agregó que estaba impresionado por el buen orden de la ceremonia. Me confesó que el Gabinete británico había deliberado largamente antes de aprobar su viaje, porque tenía mucho temor de un tumulto en París. Y él había podido ver a cada uno en su lugar, a la multitud que respetaba las barreras y que sabía perfectamente gritar o callarse de acuerdo con lo que convenía y, finalmente, las hermosas tropas —los FFI de ayer— que desfilaron en orden. 'Creía que asistía a una resurrección'".[58]

Luego fueron al piso superior, a la sala de conferencias. La siguiente es la descripción de Duff Cooper: "De Gaulle, Coulet, Massigli, Chauvel y Palewski estaban sentados de un lado de la mesa y Winston, Anthony, Alec Cadogan y yo enfrente. Hablamos durante casi dos horas, Winston lo hacía la mayoría del tiempo en un francés tan atrevido como aproximado, pero suficientemente claro. Lo habla muy bien pero no entiende demasiado. Él y de Gaulle estaban de excelente humor. Todo esto no se parecía en nada a la entrevista de Marrakesh. Aunque abordamos todos los temas, incluido el de Siria, no oí ninguna palabra desagradable".[59]

Las minutas de la entrevista confirman ampliamente las palabras del Embajador:

"El general de Gaulle se dirigió a Churchill y abrió la entrevista al preguntar por el rearme de Francia. ¿Le interesaba a Gran Bretaña la presencia de un ejército francés fuerte en el continente?

"*Churchill*: El restablecimiento del ejército francés está en la base de nuestra política. Sin el ejército francés no pueden existir arreglos europeos sólidos. Gran Bretaña no dispone de los elementos de un gran ejército. Por lo tanto, tiene un interés primordial en favorecer el renacimiento de un gran ejército francés. Es una política sobre la que mi opinión no varió nunca. Por consiguiente, lo que está en cuestión son las etapas del rearme de Francia y no sus principios. Al respecto, el problema depende esencialmente de la duración de las operaciones (...). Si admitimos que la guerra durará todavía seis meses, no será posible, en un lapso tan corto, poner de pie muchas otras divisiones nuevas aptas para las batallas modernas.

"*De Gaulle*: Sin embargo, hay que empezar. Hasta ahora no hemos recibido nada de armamento o de equipamiento desde que se lucha en Francia. Hace algunas semanas algunos pensaban que la guerra estaba prácticamente terminada. Debo decir que ni usted ni yo compartíamos esta opinión. Hoy las cosas parecen diferentes. ¿Qué piensan los Aliados? Tenemos que saberlo.

"*Churchill*: Voy a explorar nuestras disponibilidades y hacer un informe. Tal vez podríamos cederles material de segunda clase, quizás un poco venido a menos, pero útil para la instrucción.

"*De Gaulle*: Ya sería algo. No pretendemos crear de entrada grandes unidades totalmente de acuerdo con los cuadros de dotación más recientes de los británicos y los norteamericanos.

"*Churchill*: ¿Cuántas divisiones tendrán en primavera?

"*De Gaulle*: Además de nuestras ocho divisiones de línea actuales, tendremos ocho nuevas. Disponemos de los hombres y de los jefes necesarios. Nos falta el material de transporte, las armas pesadas, el equipamiento de radio. Tenemos fusiles, fusiles ametralladoras, ametralladoras. Lo que nos falta son tanques, cañones, camiones, medios de transmisión.

"*Churchill*: Los norteamericanos piensan terminar la guerra antes de que ninguna división en formación pueda ponerse a luchar. Por lo tanto, quieren reservar todo el tonelaje posible para las unidades ya constituidas.

"*De Gaulle*: Quizás Estados Unidos se equivoque. Además, Gran Bretaña, mucho más que Estados Unidos, tiene que pensar en los acontecimientos que se producirán en Europa en el futuro inmediato. Una victoria sobre Alemania sin el ejército francés sería difícil de explotar políticamente. El ejército francés tiene que formar parte de la batalla para que el pueblo francés tenga, como sus aliados, conciencia de haber vencido a Alemania.

....

"*Churchill*: Vamos a estudiar la cuestión con los norteamericanos. Subrayaré la importancia de que Francia participe de la victoria (...). (...)

"*De Gaulle*: Los norteamericanos sólo piensan en armar a nuestros efectivos para convertirlos en guardavías. Estamos pensando en otra cosa. En todo caso, me quedo con lo que ha dicho sobre la posible contribución británica a nuestro rearme.

....

"*Bidault*: Hay dos cosas que no hay que olvidar. Si Francia no participa de las operaciones de la victoria, las tropas de ocupación francesas no tendrán un espíritu combatiente. Los alemanes no las considerarán como vencedoras. Ahora bien, los franceses no quieren ser solamente los herederos de los vencedores.

"Por otra parte, no olviden que el nuevo ejército francés está compuesto por voluntarios. Los hombres que han visto desfilar esta mañana forman parte de los 500 mil soldados franceses que, sin instrucción militar, sin armamento y sin uniforme, lucharon heroicamente. Estos hombres no tienen un solo enemigo que vencer. Tienen que ejercer una revancha contra el pasado. En seis meses, pueden convertirse en soldados de elite.

"*De Gaulle*: Bidault tiene razón. Todo esto es muy importante desde el punto de vista psicológico.

"*Churchill*: Lo que también es esencial es el papel que tendrá el ejército francés luego, dentro de algunos años.

"*De Gaulle*: Éste es otro problema. Habíamos creído comprender que habían hecho un acuerdo con los rusos y los norteamericanos para dividir a Alemania en zonas de ocupación.

"*Churchill*: Es verdad, al menos provisoriamente.

"*De Gaulle*: ¿Puedo preguntar qué se ha previsto?

"*Churchill*: Habrá dos zonas de ocupación: una zona rusa y una zona occidental en la que el norte será ocupado por los británicos y el sur por los norteamericanos.

"*Eden:* ¿No han recibido las indicaciones sobre esto cuando fueron invitados a discutir problemas alemanes con la Comisión Europea en Londres?

"*Massigli*: No todavía.

"*Eden*: Tenemos la intención de apartar para ustedes una parte de nuestra zona.

"*De Gaulle*: ¿Cuál?

"*Churchill*: Hay que discutirlo. No va a haber problemas entre amigos.

"*De Gaulle*: ¿No precisaron nada con los demás sobre este tema?

"*Churchill*: En Québec no se decidió nada. No se hablaba todavía de la participación francesa en la ocupación. Estamos a favor y los norteamericanos también.

"*De Gaulle*: La ocupación de Alemania no abre una perspectiva agradable, pero consideramos necesario que, durante un tiempo, toda Alemania esté ocupada. Si prevalece este punto de vista, nos interesa tener una zona. Primero, por razones de conveniencia y, luego, porque nunca más podremos desinteresarnos por la protección de nuestro territorio en el este. Acabamos de pasar por una experiencia demasiado cruel y por un juego demasiado peligroso. No nos pueden invadir otra vez.

"*Churchill*: Esta tarde, a las 6, se anunciará oficialmente el ingreso de Francia a la Comisión Consultiva de Londres. Dentro de este organismo se debatirá su tesis.

"*Eden*: Lo que ya hemos solicitado a los Aliados es lo siguiente:

"a) que ustedes se hagan cargo de una parte de nuestra zona;

"b) que se les atribuya una zona propia. La Comisión Consultiva tiene que examinar esta propuesta.

"Por otra parte, las potencias representadas en la comisión están de acuerdo con asociar a pequeños aliados a la ocupación.

"*Bidault*: Se puede efectuar la cesión de las subdivisiones de los belgas y de los holandeses. Los franceses tienen que tener su propia zona.

"*Churchill y Eden*: Totalmente de acuerdo. Tiene que haber una zona francesa.

"*De Gaulle*: ¿Qué posición común podríamos adoptar, de acuerdo con los rusos y los norteamericanos, sobre la manera de tratar a Alemania?

"*Churchill*: Tenemos que tener una posición común. Ustedes son los principales interesados.

"*De Gaulle*: ¿Qué piensa Stalin?

"*Churchill*: En Moscú, sobre todo hablamos de la guerra, de Polonia y de los Balcanes. Se convino en que Grecia sería una zona de influencia inglesa, Rumania y Hungría zonas de influencia rusa, Yugoslavia y Bulgaria, zonas de interés común.

....

"*De Gaulle*: En suma, sobre Alemania todavía no hay una doctrina definida.

"*Churchill*: Los militares quieren conservar en Alemania puntos de apoyo donde mantendrían guarniciones, ocuparían los aeródromos y desde donde se irradiarían columnas móviles dotadas de armamento ligero. Los alemanes dispondrían de una policía local. Serán responsables del mantenimiento del orden y del aprovisionamiento de la población. Las formaciones aliadas de ocupación no serán, necesariamente, grandes unidades".

También se habló de la cuestión polaca y Churchill declaró: "Estamos resueltos a darle a Polonia un espacio vital equivalente a su territorio de antes de la guerra. Pero no nos comprometeremos a restaurar sus antiguas fronteras". A lo que el general respondió: "Estoy feliz de comprobar que la postura de ustedes con respecto a Polonia es prácticamente igual a la nuestra. Polonia debe poder vivir y vivir independiente".

Luego se abordó la cuestión italiana:

"*De Gaulle*: Y bien, ¿han aceptado a Bonomi?

"*Churchill*: Hubiese preferido a Badoglio.

"*De Gaulle*: Lo sé, por eso le hice esta pregunta.

"*Churchill*: El nuevo régimen es débil. Sin embargo, los italianos aceptan luchar. Habrá disturbios en Italia. Los hay en Grecia. En Yugoslavia, Tito da que hablar, pero combate a nuestros enemigos. Éste es el criterio que, en todos lados, determina nuestra línea de conducta.

"*De Gaulle*: En suma, en Italia, ¿qué esperan?

"*Churchill*: Nuestro ejército tiene que organizar sus retaguardias en Italia. Italia está muy arruinada.

"*De Gaulle a Eden*: ¿Dijo en los Comunes que Italia no recuperaría sus colonias?

"*Eden*: Sí. Nuestra posición es que Italia no puede plantear ninguna pretensión en el terreno colonial.

"*Churchill*: Nuestra posición siempre fue la siguiente: nada de cambios territoriales hasta la paz, salvo a través de acuerdos amistosos. Ésta es la posición que tomamos con los rusos sobre la cuestión polaca. Es la que tomamos con los italianos.

"*Eden*: Nuestra posición es que no tienen derechos que hacer valer. No hemos dejado de lado esta actitud de principios.

"*Churchill*: No tenemos ninguna ambición territorial. Saldremos de la guerra debilitados económicamente por algún tiempo, pero no presentaremos ninguna reivindicación en detrimento de nadie, especialmente de Francia, nuestra nación hermana. En ninguna parte del mundo buscamos minar las posiciones de ustedes, ni siquiera en Siria.

"*De Gaulle*: ¿En Québec, el Presidente habló del proyecto sobre las bases?

"*Churchill*: ¿Dakar?

"*De Gaulle*: Sí, y Singapur. En Washington, el Presidente me expuso su posición según la cual se ve como el *trustee* del continente americano, cuya seguridad se basa en poder recurrir a puntos de apoyo franceses, ingleses, holandeses, especialmente en el Pacífico. También mencionó a Dakar. Le respondí: 'Si está hablando de cesión de bases: ¡no! Si, en cambio, está proponiendo un sistema internacional en el que las bases tengan un estatus idéntico y respeten en todos los lugares la soberanía de cada uno, entonces, podemos discutirlo'.

"*Churchill*: ¿Piensan que estas bases tendrían que ubicarse bajo la salvaguardia de las Naciones Unidas?

"*De Gaulle*: No. Sólo se puede tratar de un derecho de uso.

"*Churchill*: Sin embargo, habrá que instituir una organización internacional de seguridad en la que se reservarán prerrogativas en ciertas partes del mundo. Para mí, los norteamericanos podrán conservar las bases japonesas que conquistaron en el Pacífico. Gran Bretaña le concedió a Estados Unidos facilidades extraordinarias en las Antillas a cambio de 50 viejos torpederos en desuso. Los barcos no nos interesaban. El objeto de la transacción era unir a Estados Unidos a la marcha de los acontecimientos. Así, hemos hecho grandes concesiones a la causa común. Me felicito de la posición que han tomado ustedes. Tampoco estamos dispuestos a abandonar nuestros derechos soberanos.

"*De Gaulle*: Sí. Ustedes son los únicos capaces de administrar sus bases. Y nosotros, los únicos que tenemos derecho a administrar las nuestras.

"*Churchill*: Quizás haya consejos regionales".

Luego, el general de Gaulle habló del problema de Indochina, pero Churchill se limitó a responder que "habrá que hablar con los norteamericanos". Y después, el general empalmó con lo siguiente:

"*De Gaulle*: Nosotros, los franceses, no tenemos otra intención que recuperarnos y mantener la alianza con ustedes, la alianza rusa y, también, por supuesto, la amistad con los norteamericanos. Por otra parte, es un favor que tenemos que hacerles el prevenirlos de la tentación de perturbar lo que existe. Ustedes y nosotros estamos instalados hace mucho tiempo en la India, en Indochina o en Extremo Oriente. Conocemos muy bien estos países. Sabemos que no hay que actuar por reorganizaciones desconsideradas. Queremos que Siria y el Líbano tengan una independencia real. Actuamos como lo han hecho en Irak y en Egipto. No pensamos que nuestra influencia dominante en el Levante pueda hacerles mal. No hacemos nada, y no lo haremos, en contra de ustedes en Irak, en Palestina o en Egipto. Por otra parte, ya hemos llegado a acuerdos sobre las cuestiones orientales en 1904 y, luego, en 1916. ¿Por qué no habríamos de hacerlo hoy?

"*Churchill*: Los grandes imperios coloniales tienen, por supuesto, muchas concepciones comunes. Es más fácil que los rusos o los norteamericanos se hagan los desinteresados.

"*De Gaulle*: Evidentemente, por eso tenemos que evitar pelearnos sobre problemas secundarios.

"*Churchill*: Los acontecimientos en el mundo evolucionaron tan rápido en el sentido que esperaban y ahora pueden ser pacientes y confiar en el futuro. No dramaticemos. Sigamos nuestras conversaciones. Al atravesar Egipto les pregunté a los militares británicos por qué construían instalaciones en el Levante. Me respondieron que el Levante se prestaba mejor que los desiertos de Egipto y de Palestina para la organización de bases de instrucción. Les pregunté por qué las barracas se construían con piedras. Me contestaron que no había mucha madera en el Levante y que la piedra era abundante. Sin embargo, les aseguro que no queremos reemplazarlos en Siria y en el Líbano.

"*De Gaulle*: Entonces, ¿por qué insisten tanto en que renunciemos al mando de las tropas especiales? Las necesitamos para mantener el orden, del que somos responsables hasta el final del mandato.

"*Eden*: Creía que se habían comprometido a transferir las tropas especiales a los Estados sin esperar el fin de las hostilidades.

"*De Gaulle*: No. Queremos hacerlo cuando la guerra haya terminado. Hasta ese momento, somos responsables del orden en los Estados. Lo saben.

"*Massigli*: No.

"*Bidault*: No se ha previsto ningún término.

"*De Gaulle*: Un día tendremos que ocuparnos del conjunto del problema de Cercano Oriente.

"*Churchill*: Cuando han prometido la independencia a los Estados, la situación del Mediterráneo era muy crítica. Hemos garantizado su compromiso.

"*De Gaulle*: No volveremos sobre ese compromiso.

"*Churchill*: No negamos el lugar que los tratados le darán a Francia en el Levante. No les disputaremos una posición análoga a la que tenemos en Irak. Es una posición que no es perfecta, pero que es tolerable. Por lo tanto, aparten de sus mentes cualquier idea de ambición de nuestra parte en Siria y en el Líbano.

"*Bidault*: No pensábamos que los ingleses tuvieran el oscuro intento de suplantarnos en el Levante. Pero nuestros representantes locales creen, a veces, que los de ustedes estarían a gusto con nuestra pura y simple eliminación y esperan que dejemos el terreno libre. Lo que queremos es estar presentes en los Estados con las ventajas que los tratados nos conceden.

"*Churchill*: Los Estados están preocupados por su independencia. Ustedes corren el riesgo de provocar disturbios.

"*Eden*: Dijimos a los sirios y a los libaneses que éramos partidarios de establecer tratados. No me asombraría que los rusos y los norteamericanos hubiesen utilizado otro lenguaje.

"*Bidault*: Nuestra presencia en Siria y en el Líbano, donde los franceses se enfrentaron entre sí, constituye para nosotros un patrimonio sagrado. Nuestra discusión sobre este punto es una espina que hay que extraer por el bien de nuestras relaciones.

"*Churchill*: En la conferencia de paz apoyaré sus demandas sobre Siria y el Líbano. No, sin embargo, al punto de que volvamos a comenzar la guerra.

"*De Gaulle*: En todo caso, les interesará informarnos en la mayor medida posible de la evolución de los problemas en los que nuestros respectivos intereses están comprometidos. De este modo evitaremos malentendidos. Haremos lo mismo con ustedes.

"*Churchill*: Las colonias hoy no son una prenda de felicidad ni un signo de poder. La India es una carga muy pesada para nosotros. Las escuadrillas modernas cuentan más que los territorios de ultramar.

"*De Gaulle*: Tiene razón. Sin embargo, no cambiarían a Singapur por escuadrillas.

"*Churchill*: Tuvimos un intercambio de puntos de vista muy amistoso que habrá que retomar dentro de poco. Lo esencial es reconstruir una Francia fuerte. Pero será difícil ayudarlos ahora, por falta de tonelaje. Sin embargo, es su tarea esencial. Déjenme felicitarlos por la estabilidad que han sabido introducir en el país. Esta mañana, la demostración de fuerza francesa era impresionante. Antes de mi partida, la gente en Inglaterra tenía miedo.

"*De Gaulle*: ¿De las FFI?

"*Churchill*: Sí. Pero anduvo todo bien.

"*De Gaulle*: Siempre se tiene razón cuando se confía en Francia".[60]

Con estas solemnes palabras terminó el encuentro y cada uno estuvo de acuerdo en decir que fue un éxito total. En todo caso, según las palabras de Churchill, tuvieron "un intercambio de puntos de vista muy amistoso", lo que, si consideramos algunos discursos del pasado, no es para dejar de tener en consideración. La presencia de Massigli, Bidault y Eden, indiscutiblemente, ejerció una influencia moderadora en ambos interlocutores. Además, las discusiones se limitaron a generalidades y el intercambio de puntos de vista sobre el Levante se abandonó en cuanto empezó a volverse menos amistoso. Sobre otras cuestiones, como la del rearme del ejército francés, ambos hablaban la misma lengua. Además, los dos estaban en la mejor disposición por las extraordinarias manifestaciones de entusiasmo popular que los habían saludado esa mañana. Finalmente y, quizás, sobre todo, no era un encuentro entre el Primer Ministro de Gran Bretaña y el jefe solitario de un movimiento en el exilio, sino, más bien, una entrevista oficial entre dos jefes de Estado reconocidos. Esto no pudo dejar de influir en el ambiente de la discusión y en la actitud de los interlocutores.

Esa noche, el general ofreció una cena en Neuilly en honor

de sus invitados y las cosas anduvieron muy bien. Al final de la velada, ya no había huellas de los antiguos antagonismos: "Ese día, al terminar la ceremonia, sir Winston dijo a uno de sus allegados: 'Su amigo de Gaulle es muy amable. Está empezando a gustarme'. Y el amigo respondió: 'Ya era tiempo de que se diera cuenta, sir'. Al mismo amigo en común, después de la misma ceremonia, de Gaulle, por su parte, le dijo: 'Estuvo muy amable su amigo Churchill'".[61]

Al otro día, las cosas siguieron marchando bien. Por la mañana hubo una reunión de los ministros de Asuntos Exteriores en la que nuevamente se abordó la espinosa cuestión del Levante (sin mayor éxito que antes). Churchill visitó el Club del Cuerpo de Expedicionarios aliado. Por la tarde fue recibido en una gran ceremonia en el Ayuntamiento por el Alcalde, el Consejo Municipal, el Comité Parisino de Liberación, el Consejo de la Resistencia y muchos "veteranos" de los combates del mes de agosto. El Primer Ministro había pedido encontrarse con los "hombres de la rebelión" y para él fue un momento muy emocionante. Georges Bidault recordó más tarde que "un joven comunista llamado Tollet, que estaba al mando de una municipalidad provisoria, le dio al Primer Ministro inglés un emblema con la cruz gamada que había sido tomado en la liberación de París. Churchill agradeció en francés, en esa lengua en la que inventaba palabras y expresiones, de un modo en que todos lo entendían y a todos emocionaba".[62] Y Anthony Eden le dijo a un amigo: "Winston no dejó de llorar ni un momento y con un diluvio de lágrimas recibió la ciudadanía de honor de la ciudad de París".[63]

Efectivamente, con una profunda emoción y en un francés aproximado, el Primer Ministro agradeció al Comité Parisino de Liberación:

"Señor Prefecto del Sena

"Señor Presidente del Comité Parisino de la Resistencia

"Señores, Señoras:

"Con sentimientos muy fuertes me encuentro aquí esta tarde. Y voy a prevenirlos: tengan cuidado, porque voy a hablar —intentar hablar— en francés (*risas*). Ejercicio formidable y que hará que se hagan preguntas sobre su amistad por Gran Bretaña (*risas*). Aquí, en París, es una realización extraordinaria para mí... Nunca perdí la fe en los ciudadanos de París. En los años duros, cuando estaban bajo el yugo de los alemanes y nosotros teníamos el Blitz, que era un mal menor en comparación... Durante todos esos años, siempre tuve el sentimiento de unidad con el pueblo de París (*aplausos*). Nunca perdí mi fe en el ejército francés, ¡nunca! Es muy posible que haya asuntos mecánicos que el enemigo pueda capturar y que no le den a la gente las posibilidades de mostrar su coraje, su devoción, su... su... habilidad en los asuntos militares. Pasaban estas cosas y nosotros también, si no hubiese sido por la Mancha, habrá tenido que pasar por una dura prueba. Si éramos atacados por 2000 carros de asalto sin los cañones que los pueden matar y sin otros carros de asalto... Entonces, estoy seguro de que si hubiese una oportunidad de combate en igualdad, el ejército francés habría mostrado... e iba a mostrar sus cualidades que (¿son?) que su renombre siga siendo imperecedero en las páginas de la historia. Los grandes hombres del pasado, Clemenceau, Foch y Napoleón... Ayer estuve cerca de la tumba de Napoleón. Quédense tranquilos, el poder del ejército francés... Hablo aquí no solamente a ustedes, sino que explico los sentimientos de Inglaterra y, también, la política de su gobierno... El ejército francés, un ejército fuerte, un ejército fuerte lo más rápido posible, es absolutamente necesario... (*aplausos*) para restablecer el equiposo* de Europa y dar los elementos de estabilidad y de virilidad que son tan deseados por este mundo tan terriblemente ...golpeado. Les he dicho, cuando hice un discurso en francés en Londres, hace casi cuatro años, he dicho que siempre he tenido la certeza de que Francia retomaría su lugar con las mayores naciones del mundo y que aporta su influencia sobre toda, eh... el desarrollo cultural, progresivo y militar de las naciones del mundo. Entonces me estremecí de alegría cuando estaba en el frente de Italia, cuando llegó la noticia de la rebelión en París y me alegro con ustedes de que París haya sido liberada, liberada por un esfuerzo vehemente, vigoroso, audaz, del pueblo de París, y guiado por muchos

---

* El equilibrio.

hombres y mujeres que veo aquí en este momento... (*aplausos*). Es una gran cosa y la división Leclerc... yo hice lo más que pude para que esta división estuviese en Francia... (*aplausos*). No podía profetizar lo que iba a suceder, pero hice lo más que pude para tener transporte por mar y equipos, armas pesadas, arreglar esta división. Y qué suerte preciosa que la trajo aquí, a París, en el momento en el que podía ayudar al movimiento vigoroso y vehemente hecho por los ciudadanos para liberar ellos mismos la gran ciudad de la historia. Ahora, la mayoría de Francia está liberada, las grandes batallas comienzan, comprendo muy bien cómo quieren tomar parte en las batallas, es necesario que sean ayudados lo más posible por los Aliados. Sus soldados ya dieron prueba en Italia de su habilidad, que dieron golpes serios a los alemanes ahí. Pero acá, en el frente quieren que los representen el elemento más poderoso que es posible poner en marcha. Pero les aseguro que no es posible hacer prolongar la guerra (*risas*) porque es posible que en seis meses nuestro encarnizado enemigo sea eliminado de la tierra y que la necesidad de tener una línea de divisiones modernas haya pasado. Entonces haremos lo mejor que podamos para la fuerza de Francia para comprometerse con los alemanes en los meses que nos quedan de esta guerra terrible (...). Es un momento cuando toda la fuerza de la nación esté dirigida para fundar inquebrantablemente la grandeza y la autoridad de la gran nación francesa. Y, felizmente, en este momento tienen a su indiscutible jefe, al general de Gaulle (*aplausos*). Ehh... Tuve mis discusiones bastante fuertes cada tanto con él... (*risas*) en los asuntos de esta guerra difícil y obstinada. Pero estoy absolutamente seguro de que tendrían que unirse alrededor de su jefe y hacer lo más posible para tener la fuerza una e indivisible y es el momento de olvidar muchas cosas y de recordar las grandes cosas y es el momento en que Francia retoma su lugar con las potencias, eh... las otras grandes potencias, y marchar con ellas no sólo a barrer a los prusianos de su territorio, no sólo a su aplastamiento de la (¿libro de honor?), no sólo a arreglar las cosas como tienen que arreglarse para protegernos de una repetición de este horror que hemos sufrido dos veces en mi vida. No es solamente esto, sino también para que la gloria de Francia en tantas esferas esté concentrada y contribuya al gran movimiento de progreso que pasa en los corazones de los hombres y de las mujeres generosos en tantas partes del mundo (*aplausos, vivas*)".[64]

Antes de irse del Hotel de Ville, Churchill murmuró a Emmanuel d'Astier: "Vamos, hay que seguir a de Gaulle, no hay otro camino".[65]

Esa noche, el Primer Ministro le confió al general de Gaulle: "Esperaba encontrarme en medio de insurgentes ruidosos y tumultuosos. Pero fui recibido por un cortejo de parlamentarios y de gente con estilo, fui saludado por la guardia republicana, de gala, me introdujeron en una sala llena de una multitud ardiente pero razonable, arengada por oradores que, con seguridad, preparaban su candidatura a las elecciones. Sus revolucionarios parecen laboristas. Es mucho mejor para el orden público. Pero es malo para lo pintoresco".[66]

Después de haber cenado en la Embajada de Gran Bretaña, los dos se fueron de París: de Gaulle llevó a Churchill a visitar al Primer Ejército del general Lattre. "Toda la jornada del 13 de noviembre —escribió de Gaulle— bajo la nieve que caía sin cesar, Churchill vio al renaciente ejército francés, a sus grandes unidades, a sus servicios en funcionamiento, a sus Estados Mayores trabajando, a sus generales, seguros. Todo estaba listo para el ataque que se lanzaría, precisamente, al día siguiente. Pareció impresionado y declaró que, más que nunca, se sentía justificado por haber confiado en Francia".[67] Es verdad que para Churchill fue muy importante haber hecho ese viaje: "Para este viaje se habían tomado todas las disposiciones con mucho cuidado. Lo realizamos en un lujoso tren especial y llegamos con el tiempo suficiente como para asistir a la batalla. Teníamos que llegar a un lugar de observación situado en la montaña, pero la nieve y el frío habían cerrado las rutas y hubo que modificar toda la operación. Pasé el día en un auto con de Gaulle y los temas de conversación no nos faltaron durante esta excursión larga y dura, cortada por la inspección de las tropas. El programa se prolongó mucho después de la caída de la noche. El ánimo de los soldados franceses parecía muy alto. Desfilaron con gran estilo, cantando las conocidas canciones con un entusiasmo emocionante. Mis acompañantes (mi hija

Mary y mi ayuda de campo naval, Tommy) temían que volviera a pescarme una neumonía, pues nos quedamos afuera al menos diez horas, con un tiempo terrible. Pero todo anduvo bien y, en el tren, la cena fue agradable e interesante. Me llamó la atención el respeto, es más, el temor, que media docena de generales de alta graduación sienten por de Gaulle, aunque no tenga ni una estrella en el uniforme y ellos, muchas. Nuestro tren se dividió durante la noche. De Gaulle volvió a París y nosotros fuimos a Reims, adonde llegamos al otro día por la mañana. Fui al cuartel general de Ike y, luego, tomé el avión hacia Northolt a la tarde".[68]

Para el pueblo francés, esta visita fue un éxito sin precedentes. Los diplomáticos franceses y británicos, más prudentes, concordaron en que no había provocado nada malo. De Gaulle pensaba que había sido un fracaso. Por supuesto que estaba contento porque había podido mostrarle al Primer Ministro que el pueblo francés estaba sólidamente detrás de él. Pero detrás de las numerosas atenciones brindadas, de Gaulle seguía considerando a Churchill con desconfianza y el informe que hizo de las conversaciones del 11 de noviembre no es exactamente un modelo de imparcialidad. Su suposición de que Churchill fue a ver a los "hombres de la rebelión" con la idea de "encontrar entre ellos a sus opositores" es, también, típica e, indudablemente, gratuita.

Pero de Gaulle tenía razones más serias para estar descontento con la visita. En efecto, Churchill y él tuvieron algunos encuentros a solas, menos espectaculares pero más profundos. Churchill le propuso establecer un tratado de alianza franco-británica, a lo que respondió: "Si Inglaterra y Francia se ponen de acuerdo y actúan en conjunto en los acuerdos de mañana, tendrán el suficiente peso como para que no se haga nada sin que ellas lo hayan aceptado o decidido. Esta voluntad común debe ser la base de la alianza que me propone. De otro modo, ¿para qué firmar un documento que sea ambiguo? El equilibrio de Europa, la paz garantizada en el Rin, la independencia de los Estados de la Vístula, del Danubio, de los Balcanes, el mantenimiento a nuestro lado, con la forma de asociaciones, de pueblos a los que hemos abierto a la civilización en todo el mundo, una organización de las naciones que no sea el campo de las discusiones entre Estados Unidos y Rusia; finalmente, la primacía reconocida en la política de una determinada concepción del hombre a pesar de la progresiva mecanización de las sociedades. Todo esto está bien, ¿es cierto? Son los grandes intereses del universo que se anuncian. Pongámonos de acuerdo para apoyar estos intereses de común acuerdo. Si así lo desea, estoy dispuesto. Nuestros dos países nos seguirán. Norteamérica y Rusia, trabadas por su rivalidad, no podrán abstenerse. Por otra parte, contaremos con el apoyo de muchos Estados y de la opinión mundial que, instintivamente, teme a los colosos. Al final de cuentas, Inglaterra y Francia le darán forma al conjunto de la paz, como dos veces, en treinta años, juntas enfrentaron la guerra".[69]

Esto es lo que pensaba el general de Gaulle sobre el mundo de la posguerra. Durante el próximo cuarto de siglo, no se modificaría en nada. En todo caso, fue la primera vez que el general de Gaulle ofreció a una potencia europea el papel de socio privilegiado. También sería la última vez que se la ofrecería a Gran Bretaña.

Pero Churchill tenía una concepción muy diferente del papel de Inglaterra: "No pienso de ningún modo, créame, que Francia e Inglaterra vayan a separarse. Usted es el testigo y la prueba de lo que hice para impedirlo en los momentos más difíciles. Hoy, inclusive, le propongo que hagamos una alianza de principios. Pero, en la política, como en la estrategia, más vale persuadir a los más fuertes que marchar en su contra. Es lo que intento lograr. Los norteamericanos tienen muchos recursos. No los usan todos en el momento oportuno. Intento clarificarlos, sin olvidar, naturalmente, que tengo que ser útil a mi país. Establecí relaciones personales estrechas con Roosevelt. Con él, procedo a través de sugerencias, para dirigir las cosas en el sentido en que quiero. Rusia es un animal enorme que ha tenido hambre durante mucho tiempo. No es posible hoy impedirle que coma, tanto más cuanto que llegó justo en el medio de la manada de víctimas. Pero no tiene que comerse todo. Intento moderar a Stalin que, por otra parte, si bien tiene mucho apetito, no carece de sentido práctico. Y, además, después de la comida, está la digestión. Cuando llegue la hora de digerir de los rusos, que estarán adormecidos, será el momento de las dificultades. Quizás en ese momento San Nicolás pueda hacer resucitar a los pobres niños a los que el ogro puso en el saladero. Mientras tanto, estoy siempre presente, no consiento nada por nada y cobro algunos dividendos".[70]

Fue un rechazo educado y de Gaulle lo interpretó sin indulgencias: "De lo que nos había expuesto surgía que Inglaterra estaba de acuerdo con la reaparición política de Francia, que lo estaría cada vez más por razones de equilibrio, de tradición y de seguridad, que desearía una alianza formal con nosotros, pero que no consentiría en ligar su juego al nuestro, porque se consideraba capaz de jugar el propio entre Moscú y Washington, limitar sus exigencias y sacar provecho. Los ingleses juzgaban que la paz que nosotros, los franceses, queríamos ayudar a construir según lo que nos parecía lógico y justo había que tratarla expeditivamente según las recetas del empirismo y del término medio. Mientras tanto, seguirían apuntando a ciertos objetivos precisos en aquellos lugares en los que la situación de los Estados y las situaciones adquiridas, como todavía no estaban fijadas, ofrecían posibilidades de maniobra y de extensión para la ambición británica. Éste era el caso, para el Mediterráneo, de Atenas, Belgrado, Beirut, Damasco, Trípoli, que mañana, según los planes de Londres, tendrían que completar, con diversas fórmulas, la preponderancia británica que se sustentaba en Gibraltar, Malta, Chipre, El Cairo, Ammán y Bagdad. De este modo encontrarían su contrapartida las concesiones que Gran Bretaña no podía evitar hacer a la voracidad de los rusos y a la ideología capitalista de los norteamericanos. Ninguna prueba cambia la naturaleza del hombre; ninguna crisis la de los Estados".[71]

De modo que no hubo un acercamiento real entre Francia y Gran Bretaña en el otoño de 1944. Sin embargo, el pueblo francés tenía razón: la visita de Churchill sirvió para una asombrosa manifestación de solidaridad franco-británica. Los diplomáticos también tenían razón: esta visita no había hecho mal. Tampoco de Gaulle se equivocaba: "Un Estado es el más frío de los monstruos fríos".

16

UN ENEMIGO MORTAL DE INGLATERRA

Churchill había quedado muy impresionado por todo lo que había oído y visto durante su estadía en París y volvió a Inglaterra mucho mejor dispuesto con el general de Gaulle. En noviembre le escribió a Roosevelt: "Hay que reconocer que fui recibido extraordinariamente por medio millón de franceses en los Campos Elíseos (...). Restablecí relaciones personales amistosas con de Gaulle, que mejoró después de haber perdido su complejo de inferioridad (...). En general, tuve la impresión de encontrarme frente a un gobierno organizado, con una gran base y que toma fuerza rápidamente. Estoy seguro de que sería sumamente imprudente hacer cualquier cosa para debilitarlo ante Francia en este momento difícil y crítico. Percibí una gran estabilidad, a pesar de las amenazas comunistas, y me pareció que podríamos, sin peligro, confiar más en él en el futuro. Espero que no piense, al leer esto, que me puse las botas francesas".[1]

A comienzos del mes de diciembre, la nueva simpatía de Churchill por de Gaulle todavía se mantenía. El 8 de diciembre declaró en la Cámara de los Comunes: "De Gaulle es un hombre de honor y nunca faltó a su palabra".[2] El Primer Ministro no hubiese dicho esto un mes antes (y, tampoco, un mes después). Una de las víctimas de este brusco ataque de gaullofilia fue el general Spears, que recibió un telegrama de Churchill en el que le "sugería" que renunciara el 15 de diciembre.* [3]

---

* Desde hacía ya varios meses, Eden, Duff Cooper y Cadogan habían solicitado que se relevara al general Spears en el Levante. Massigli, a su

La situación se complicó todavía más cuando otro Lawrence de Arabia, el Embajador de Gran Bretaña en Irak, presionó a los sirios en el otoño de 1944 para que adoptaran "su" proyecto: el de una "Gran Siria" bajo la autoridad del emir hachemita Abdallah, ante lo cual el embajador Cornwallis amenazó con "abandonar Siria a los franceses".[4] Como sabía que el *Foreign Office* y Churchill defendían otra posición, el presidente sirio, Kouatli, tan ligado a la república y a la independencia, quedó perplejo: "Tenemos que conocer cuál es exactamente la posición británica",[5] dijo, no sin justicia.

En esa época, Churchill estaba muy preocupado por la situación militar. En Italia, los Aliados seguían estancados en el sur del valle del Po; en el norte de Francia, avanzaban sobre un frente muy ancho que se extendía desde Holanda hasta la frontera suiza, pero seguían contenidos al oeste del Rin. La precariedad de esta posición apareció plenamente cuando, el 16 de diciembre, los alemanes lanzaron una vigorosa contraofensiva en las Ardenas con diez divisiones blindadas y catorce divisiones de infantería. Sin embargo, el Primer Ministro tenía preocupaciones más graves todavía: a mediados de noviembre los alemanes habían evacuado Grecia y los elementos comunistas, agrupados en los movimientos EAM y ELAS, estaban intentando tomar el poder por las armas. En Atenas se enfrentaron con las tropas británicas del general Scobie, al que Churchill apoyó personalmente

---

vez, le había declarado a Duff Cooper: "Más allá de la solemnidad, no podremos tener ninguna seguridad valedera mientras el general Spears siga en Beirut".[6] Pero antes de su visita a Francia, Churchill se había negado categóricamente a llamar a su Ministro en el Levante (lo que era asombroso, en la medida en que las actividades de Spears, desde 1943, contradecían totalmente la política de Churchill y de Eden). Por ejemplo, el general Spears le había propuesto al Ministro de Asuntos Exteriores sirio que "Gran Bretaña protegería la independencia siria" y que proporcionaría expertos a cambio de los cuales Siria "pondría los esfuerzos en independizarse definitivamente" y "concluiría un tratado con Gran Bretaña únicamente".[7] Por otra parte, es interesante señalar que, desde 1943, los generales Wilson y Holmes intrigaban con firmeza con los franceses, para obtener la partida de Spears.[8]

durante toda la confrontación, sin considerar los gritos de la opinión pública "progresista" en Gran Bretaña y en el resto del mundo. Sir John Colville escribió, en diciembre de 1944: "Churchill estaba preocupado por la situación en Grecia, para decirlo de algún modo, con exclusión de cualquier otra".[9] El 25 de diciembre llegó en secreto a Atenas para observar la situación de cerca y, para él, estaba claro que el comunismo estaba extendiendo su espectro sobre Europa, antes de que el nazismo hubiese sido vencido por completo.

En Francia, en el mismo momento, de Gaulle llegaba lentamente a la misma conclusión. Es verdad que al proceder a la disolución de las milicias patrióticas y al hacer entrar a varios ministros comunistas al gobierno alejó por un tiempo la amenaza comunista en Francia. Pero su visita a Moscú a comienzos de diciembre le hizo comprender claramente que Stalin no mantendría sus reivindicaciones sobre la orilla izquierda del Rin, sino que el dictador actuaría a sus anchas en Europa central y en los Balcanes. Ni la falsa cordialidad de la recepción en Moscú, ni la fachada engañosa del acuerdo franco-soviético que se firmó en esa ocasión pudieron ocultarle al general la despiadada política del Kremlin y sus consecuencias para todos los países occidentales. Lejos de poder contar con el apoyo de los soviéticos para tratar con los anglosajones, de Gaulle se dio cuenta de que habría que contar con la ayuda de los anglosajones para enfrentar a la Unión Soviética.

Por el momento, esta ayuda la necesitaba para liberar territorio francés y, a fines de diciembre de 1944, no había progresos en este campo. Peor aún, la contraofensiva alemana en las Ardenas, apoyada por los aviones a reacción y los nuevos carros Panther, amenazaba seriamente con atravesar el frente aliado. El 1º de enero, el general Eisenhower ordenó que las tropas norteamericanas se replegaran a los Vosgos y dejó Estrasburgo a merced del ataque enemigo. Pero la ciudad acababa de ser liberada y, si los nazis volvían a ocuparla, para Francia sería un desastre político y una tragedia humana sin precedentes. Para de Gaulle era imposible que esto sucediera: había ordenado a las tropas francesas que defendieran Estrasburgo a cualquier precio y le escribió a Eisenhower para que diera marcha atrás con su decisión. Al mismo tiempo, telegrafió a Roosevelt y a Churchill, para solicitarles apoyo en este asunto. Roosevelt, naturalmente, se negó a intervenir. Churchill, naturalmente, de inmediato se decidió por Francia. Y cuando, en la tarde del 3 de enero, de Gaulle llegó al cuartel general de Eisenhower en Versalles, se dio cuenta de que Churchill ya estaba allí.

Escribió en sus *Memorias* que enseguida intentó persuadir a Eisenhower de que modificara su estrategia y que Churchill se conformó con apoyar su pedido. Pero esto, indudablemente, es inexacto: el jefe de Estado Mayor británico escribió en su diario que Churchill ya había convencido a Eisenhower de cambiar su decisión *antes* de la llegada de de Gaulle.[10] Churchill, con modestia, escribió: "En ese momento, casualmente me encontraba en el cuartel general de Eisenhower. Bedell Smith y él escuchaban atentamente mi pedido". Y agregó: "Eisenhower anuló sus instrucciones y la necesidad militar que hubiese hecho inevitable la evacuación de Estrasburgo no apareció nunca. De Gaulle expresó su agradecimiento".[11] El general Alphonse Juin, que acompañaba a de Gaulle ese día, confirmó por completo la versión de Churchill (excepto la gratitud del general de Gaulle): "En cuanto llegamos, Churchill nos hizo saber que todo se había arreglado, que no se abandonaría Estrasburgo, lo que fue confirmado por Eisenhower. Ni siquiera hubo discusión* (…). Antes de irse, Churchill le pidió a de Gaulle que fuese con él a una pequeña habitación, al lado del despacho de Eisenhower. El general me indicó que lo siguiera y asistí a la siguiente conversación. Churchill, para entrar en la materia, le explicó que Eisenhower seguía sin ver las consecuencias políticas de sus decisiones, pero que, en el fondo, era un excelente comandante supremo y que era todo corazón (acababa de dar pruebas de ello). Pero de Gaulle, todavía bajo el efecto de las dos terribles jornadas que había pasado, se quedó callado, de modo que Churchill ya no sabía qué decir. Finalmente, se decidió por una frase amable:

---

* No es seguro. Ver la versión del general de Gaulle en sus *Memorias de guerra*.[12]

"—¿Y? Mi general, finalmente se acabó Spears.

"El mismo mutismo de de Gaulle.

"—¿Y ahora espera sus funerales?

"Un simple gesto de negación de de Gaulle, antes de abrir la boca para preguntarle a Churchill sobre el viaje a Grecia que acababa de hacer. Aliviado al escuchar, finalmente, la voz de su interlocutor:

"—*Oh! Yes* —exclamó Churchill, con la cara más luminosa—, *very interesting, it was good sport, indeed!*

"—¡Pero le tiraron!

"—Sí, y lo peor es que me tiraron con las armas que les había dado.

"—Eso pasa —concluyó de Gaulle, y se separaron.

"Cuando volvimos a subir al automóvil, no pude dejar de decirle que Churchill tenía derecho a esperar algún agradecimiento de su parte: 'Bah', me dijo, y volvió a caer con una actitud sombría en sus meditaciones".[13]

Meditaciones muy sombrías, es verdad: la amenaza nazi todavía no había desaparecido, la amenaza soviética ya había reaparecido y los aliados anglosajones parecían más reticentes que nunca a equipar al ejército francés. Y, sin embargo, de Gaulle estaba firmemente resuelto a obtener que el ejército atravesase el Rin para contribuir a la derrota y a la ocupación de Alemania. En el campo de la diplomacia, además, los Aliados no se mostraban nada cooperativos: cuando el general de Gaulle estaba en Moscú, Churchill había telegrafiado a Stalin para proponerle la firma de un pacto tripartito entre Francia, Gran Bretaña y la Unión Soviética. Por supuesto que de Gaulle había visto en esto un intento por impedir que firmaran un pacto franco-soviético. Pero había mucho más: a comienzos de enero, la prensa anglosajona había anunciado que Roosevelt, Churchill y Stalin iban a reunirse en poco tiempo para discutir sobre la suerte de Alemania, el futuro de Europa central y la creación de las Naciones Unidas. Como siempre, nadie se preocupó por invitar a de Gaulle. Se enteraron de fuentes oficiosas que el que se oponía era el presidente Roosevelt, pero de Gaulle sospechaba que ni Churchill ni Stalin habían puesto objeciones. Pues, si bien el general de Gaulle consideraba que no podía firmarse ningún acuerdo duradero sin la presencia de Francia, los tres Grandes, en cambio, pensaban que no había que firmar ningún acuerdo con la presencia del general de Gaulle.

Por eso, el embajador Duff Cooper pudo escribir, con una moderación muy británica, que "el general no estaba muy bien dispuesto en los primeros meses de 1945".[14] Él lo sabía mejor que nadie: durante semanas intentó convencerlo de la utilidad de un tratado franco-británico que pudiera hacer juego con la alianza franco-soviética. Pero de Gaulle no quería ni oír hablar: un tratado supondría que todos los diferendos entre ambos países se habrían solucionado previamente (incluido, por supuesto, el Levante y la cuestión de la orilla izquierda del Rin). Georges Bidault estaba a favor de la firma de un tratado franco-británico, pero el embajador Duff Cooper no ignoraba que el Ministro de Asuntos Exteriores del general de Gaulle sólo tenía un papel muy subordinado en la elaboración de la política exterior francesa.

Al trabajar en la firma de un tratado franco-británico, Duff Cooper estaba siguiendo fielmente la política del *Foreign Office*. Eden, que no ignoraba que los norteamericanos tenían la intención de retirar sus tropas de Europa poco después de la derrota de Alemania,[15] quería poder contar con Francia en los años de la posguerra. Después de todo, habría que impedir el renacimiento de nuevos aventureros alemanes y, por otra parte, Eden no quería que Inglaterra "quedara sola compartiendo la jaula del oso soviético". Si bien Churchill no era insensible a estos argumentos, tampoco estaba muy apurado por firmar un tratado con Francia. Pensaba que Gran Bretaña no tenía nada que ganar, que el presidente Roosevelt lo desaprobaría y que de Gaulle plantearía condiciones inaceptables. Por otra parte, las buenas disposiciones de Churchill para con de Gaulle habían desaparecido, como se puede ver en una carta que le envió el 19 de enero a Anthony Eden: "No hay nada más desagradable y más insoportable que tener que relacionarse con este individuo intratable y amenazador, que constantemente se esfuerza por mejorar su imagen ante sus compatriotas al reivindicar para Francia una posición superior a la que realmente ocupa y al maltratar a los Aliados, que son los que hacen el trabajo".[16] Una semana antes también le había dicho al Ministro de Asuntos Exteriores: "Como lo repetí mil veces, de Gaulle en el futuro será un gran peligro para la paz y para Gran Bretaña".[17]

Sin embargo, Eden, cuya paciencia decididamente era asombrosa, empezó a asediar al Primer Ministro. Y cuando Churchill llegó a Yalta el 3 de febrero, su gaullofobia quizás no se había atenuado, pero su francofilia había reaparecido por completo (por suerte, porque Stalin y Roosevelt habían ido a la conferencia con la firme intención de dejar de lado los intereses franceses). El primer encuentro entre Roosevelt y Stalin en el Palacio Livadia fue muy edificante: "El Presidente (...) preguntó cómo se había entendido el mariscal Stalin con de Gaulle. Éste respondió que no había encontrado demasiado complicado a de Gaulle pero que, para él, al general le faltaba realismo. De hecho, Francia no había luchado demasiado en la guerra y, sin embargo, reivindicaba los mismos derechos que los norteamericanos, los británicos y los rusos, que habían cargado con el peso principal de la guerra.

"Luego el Presidente describió la conversación que había tenido con de Gaulle dos años antes en Casablanca, cuando había dicho que era Juana de Arco (...) y Clemenceau.

"El mariscal Stalin respondió que de Gaulle no parecía darse cuenta de la situación en Francia, ni del hecho de que la contribución francesa a las operaciones militares en el frente occidental era muy reducida en ese momento y que, en 1940, ni siquiera habían luchado.

"Al Presidente le gustaría compartir con el Mariscal una cosa confidencial, que no podrá mencionar en presencia del primer ministro Churchill. Durante los últimos dos años, los británicos acariciaron la idea de convertir a Francia en una gran potencia, que podría agrupar a 200 mil hombres en las fronteras orientales de Francia, de modo de contener al enemigo durante el tiempo necesario para la constitución de un fuerte ejército británico. Agregó que los británicos eran gente rara, que querían ganar en todos los tableros. Luego declaró que parecía que estaban de acuerdo con las zonas tripartitas en la ocupación de Alemania. El mariscal Stalin pareció estar de acuerdo, pero precisó que la cuestión de una zona francesa de ocupación no estaba solucionada. El Presidente respondió que tuvo muchos problemas con los británicos por el tema de las zonas de ocupación (...).

"El mariscal Stalin preguntó si el Presidente consideraba que Francia tenía que tener una zona de ocupación y, si era así, por qué razones.

"El Presidente respondió que no era una mala idea, pero agregó que era por bondad.

"El mariscal Stalin y Molotov se expresaron duramente y subrayaron que era la única razón que se podía invocar para otorgarle una zona a Francia. Stalin declaró que había que estudiar esta cuestión durante la conferencia".[18]

En los días siguientes, las discusiones sobre el papel de Francia en la Europa de posguerra fueron muy animadas. Churchill y Eden fueron los únicos que defendieron los intereses franceses y lo hicieron con energía:

Churchill: Los franceses quieren una zona de ocupación y creo que hay que dárselas. Por otra parte, estoy totalmente dispuesto a cederles una parte de la zona británica (...) y esto no afectará la zona soviética. ¿Nuestros aliados rusos están de acuerdo en que los británicos y los norteamericanos resuelvan confiar una zona a los franceses? Podría seguir la línea del Mosela. Los franceses no tienen medios para ocupar una gran zona.

Stalin: ¿Esto no sería un precedente para otros Estados? ¿Los franceses se convertirían en una cuarta potencia dentro de la comisión de control de Alemania, donde somos tres?

Churchill: Francia debe entrar en esa comisión y asumir un papel cada vez más importante en la ocupación de Alemania, a medida que su ejército vaya creciendo.

Stalin: Pienso que nuestro trabajo podría complicarse con la introducción de un cuarto miembro. Propongo otra cosa: que Francia, Holanda o Bélgica ayuden a los británicos en las tareas de ocupación, pero sin ningún derecho de participación en la comisión de control. Por nuestra parte, podríamos invitar a otros Estados a participar de la ocupación de nuestra zona, pero sin que tengan un lugar en la comisión de control.

Churchill: Por ahora estamos hablando de Francia. Los

franceses ya tienen una larga experiencia de ocupación en Alemania. Lo hacen muy bien y no hay riesgo de que sean demasiado indulgentes. Queremos ver cómo se refuerza su poder, para que puedan ayudarnos a mantener a Alemania a raya. Ignoro cuánto tiempo va a ocupar Alemania Estados Unidos (el Presidente: Dos años), por eso es preciso que Francia adquiera fuerzas y nos ayude con esta carga. Si Rusia desea introducir otra potencia en su zona, no vemos inconvenientes.

Roosevelt: Preferiría limitar la cantidad de participantes en la comisión de control. De hecho, me gustaría que los franceses no participaran.

Stalin: Querría repetir que si hacemos entrar a los franceses en la comisión de control, será difícil negarle el acceso a otros Estados. Quiero que Francia vuelva a ser grande y fuerte, pero no hay que olvidar que en esta guerra, fue Francia quien dejó pasar al enemigo. Es un hecho. No habríamos tenido tantas pérdidas y devastaciones si los franceses no hubiesen dejado pasar al enemigo. El control de la administración de Alemania tendría que reservarse a las potencias que se le enfrentaron firmemente desde el comienzo y, hasta ahora, Francia no forma parte de ellas.

Churchill: Todos sabemos cuáles fueron las dificultades a comienzos de la guerra y Francia fue vencida por los nuevos tanques. Admito que los franceses no nos ayudaron durante esta guerra, pero eso no significa que Francia no sea vecina de Alemania (es más, es su vecina más importante). La opinión pública británica no comprendería que se tomaran decisiones sobre Alemania, que tienen una importancia vital para Francia, en ausencia de los franceses. Por lo tanto, espero que decidamos no excluir a Francia para siempre. Me oponía a que el general de Gaulle viniera aquí y el Presidente compartía mi sentimiento. Parece que el mariscal Stalin tiene la misma opinión. Pero eso no significa que Francia no tenga que ocupar el lugar que le corresponde. Necesitaremos defensas para enfrentar a Alemania. Hemos sufrido cruelmente con las máquinas-robots alemanas y si Alemania nuevamente llegara cerca de la Mancha, volveríamos a sufrir. Tengo que pensar seriamente en el momento en que los norteamericanos vuelvan a su casa. Propongo ofrecer a los franceses una zona extraída de las zonas de los norteamericanos y los ingleses y someter a un estudio técnico la cuestión de la posición francesa dentro de la comisión de control.

Stalin: Me sigo oponiendo a que Francia forme parte de la comisión de control.

Roosevelt (basándose en una nota de Hopkins): Me parece que no hemos considerado la posición francesa dentro de la comisión consultiva europea. Propongo darle una zona de ocupación a Francia, pero pasar para más tarde la discusión sobre la comisión de control. Otros países, como Holanda y Austria podrían querer entrar.

Stalin: Estoy de acuerdo.

Eden: Si los franceses tienen una zona, ¿cómo pueden quedar fuera de la comisión de control? Y si no forman parte, ¿cómo podríamos controlar la manera en que administran su zona?

Stalin: Podría controlarlo la potencia que les confió esa zona.

Churchill y Eden: No podemos comprometernos a hacerlo y los franceses no lo aceptarían.[19]

Como no hubo acuerdo, la cuestión fue remitida a los ministros de Asuntos Exteriores para "exámenes complementarios". Cuando se reunieron, dos días más tarde, Eden se dio cuenta de que Molotov y Stettinius seguían oponiéndose a la presencia de Francia en la comisión de control. Pero Eden y Churchill no estaban desanimados y el 7 de febrero, en la cuarta reunión plenaria, el Primer Ministro declaró: "Si los franceses vieran que les atribuimos una zona sin participación en la comisión, nos causarán problemas infinitos". Y agregó, en un tono un tanto excedido: "Toda esta discusión me parece fútil. Estoy seguro de que los franceses se negarán a tomar una zona si no se los admite en la comisión de control. Y me parece que tienen razón".[20] Cuatro días más tarde, en la octava reunión plenaria, los dos interlocutores de Churchill, finalmente, cedieron.

"El Presidente declaró que había cambiado de opinión con respecto a la participación francesa en la comisión de control. Ahora está de acuerdo con el Primer Ministro en que es imposible darle a Francia una zona para que la administre, sin admitirla también en la comisión de control. Considera que será más fácil tratar con los franceses si están en la comisión que si quedan afuera.*

"Stalin declaró que no tenía objeciones que presentar y que estaba de acuerdo".[21]

Una vez que se solucionó el problema, los tres Grandes estudiaron algunos asuntos importantes, como la creación de las Naciones Unidas, la cuestión polaca y la participación de la Unión Soviética en la guerra contra Japón. Los británicos, además, consiguieron que Francia figurara entre las potencias invitadas a la conferencia de San Francisco.

Indudablemente, el general de Gaulle estuvo informado de los esfuerzos desplegados a favor de Francia en esta conferencia, pero consideró superfluo agradecer a sus defensores. Además, consideraba que la participación de Francia en la comisión de control era algo evidente y, por otra parte, el hecho de que de Gaulle no hubiese sido invitado a Yalta constituía una afrenta manifiesta a la soberanía francesa. En cuanto a las declaraciones públicas hechas cuando terminó la conferencia, no le acordaban a Francia un lugar suficiente. Finalmente, tenía la impresión (totalmente fundada) de que los anglosajones le habían hecho demasiadas concesiones a Stalin en Europa del Este. Por todas estas razones el general se negaba a hacer lugar a la invitación del presidente Roosevelt, que había propuesto que se encontraran en Argel después de la conferencia. Además, ¿cómo podía el Presidente invitarlo a que se encontraran en territorio francés? Era algo en contra de todas las costumbres y el hecho de que Roosevelt hubiese invitado al mismo tiempo al Négus no ayudaba demasiado.

En los dos meses siguientes no se registraron mejoras en el clima de las relaciones franco-británicas. El embajador Duff Cooper redobló los esfuerzos para que ambas partes aceptaran un tratado franco-británico, Bidault y Eden lo apoyaban y

---

* Fue Harry Hopkins quien convenció al Presidente de que se alineara con Churchill.

Churchill y de Gaulle se hacían los sordos. Tampoco las relaciones franco-norteamericanas eran cordiales: cuando, en marzo, los japoneses invadieron Indochina, el presidente Roosevelt le negó la ayuda de la aviación norteamericana al cuerpo expedicionario francés. En abril, las tropas francesas que habían penetrado en Alemania ocuparon Sttutgart, que no formaba parte de la zona francesa. Pero como Francia había sido mantenida aparte de las negociaciones sobre la ocupación de Alemania, de Gaulle se negó a ordenar la evacuación de la ciudad (lo que le causó bastantes contrariedades a Estados Unidos). Ese mes, murió el presidente Roosevelt y lo sucedió Harry Truman. Pero el clima de las relaciones franco-norteamericanas no mejoró para nada. A comienzos de mayo, las tropas francesas ocuparon varios enclaves italianos en los Alpes y los cantones de Tende, de la Brigue y de Vintimille. Los norteamericanos exigieron la inmediata evacuación de esos territorios, pero el general Doyen, que obedecía órdenes superiores, les hizo saber que "llevaría su rechazo hasta las últimas consecuencias".

De modo que, cuando las tropas norteamericanas, soviéticas, británicas y francesas apretaban inexorablemente el cerrojo sobre la capital del Reich, cuando en Europa del Este los soviéticos imponían su dictadura desde Polonia hasta Rumania, la tensión no dejaba de aumentar entre franceses y norteamericanos. Finalmente, el 8 de mayo el Reich capituló, pero estalló una nueva crisis entre los Aliados occidentales y, por supuesto, otra vez se trataba del Levante.

Para el general de Gaulle no había ninguna razón para que estallara una crisis en Siria. La Francia Libre había declarado la independencia del país en 1941 y, desde ese momento, la administración, la economía, las finanzas, la diplomacia y la seguridad habían sido transferidas gradualmente al gobierno sirio. Las tropas francesas quedaron en el Levante y la Francia Libre mantuvo el mando de las tropas especiales sirias, porque Francia, en tanto potencia mandataria, era responsable del orden y de la defensa. Finalmente, de Gaulle y Catroux se comprometieron a abolir el mandato y a darle la independencia total a Siria y al Líbano cuando se constituyeran las Naciones Unidas y cuando ambos Estados hubiesen firmado tratados económicos, culturales y militares que le otorgaran a Francia una posición privilegiada en el Levante.[22]

Sin embargo, no todo andaba bien en el mejor de los mundos, pues el general Beynet, delegado general francés en el Levante, seguía ejerciendo un poder importante y sus subordinados habían mantenido una tendencia a tratar a Siria como un país conquistado y a los sirios como individuos indisciplinados. Como en el pasado, los franceses siguieron interviniendo en la política siria e, inclusive, sus tropas impidieron que la Gendarmería local persiguiera a los cómplices de Suleiman Murchid, un temible bandido, como Mokaddem. Por eso, el gobierno sirio empezó a solicitar, pero sin ningún éxito, que las tropas francesas evacuaran Siria y que el mando de las tropas especiales fuera cedido a los sirios.

Por todas estas razones, y por algunas otras, Francia seguía siendo muy impopular en Siria a comienzos de 1945. En enero, estallaron violentas manifestaciones antifrancesas en Damasco y en muchas otras ciudades del país. Los franceses hicieron intervenir a la policía, las tropas y las unidades blindadas, lo que agravó la tensión. Terence Shone, el nuevo ministro británico en el Levante, observó que, en Damasco, "los contactos personales entre las autoridades locales francesas y los miembros del gobierno sirio virtualmente cesaron. Lo único que hacen es intercambiar lacónicos mensajes".[23] Todo esto condujo a una degradación rápida de las relaciones franco-sirias y los ministros sirios y sus homólogos libaneses se negaron a considerar cualquier propuesta de tratado cultural, económico, político o militar que le diera a Francia una posición privilegiada en el Levante antes de la expiración del mandato. Inclusive, el Presidente sirio le dijo al Ministro británico que "preferiría cortarse la mano derecha antes que firmar un tratado con los franceses".[24] Aun cuando consideráramos la tendencia tradicional de los mediterráneos a la exageración, era evidente que la opinión pública del Levante estaba muy furiosa con los franceses. A comienzos de abril la situación se agravó considerablemente cuando se enteraron de que el Delegado General en el Levante, que tenía que abrir las negociaciones con las autoridades sirias, todavía no había vuelto de París. Peor aún, circulaban rumores que decían que Francia se disponía a enviar refuerzos para sus tropas en el Levante.

Parece inconcebible que el general de Gaulle no haya medido la fuerza de los sentimientos antifranceses de la población siria,* ni la oposición decidida del gobierno sirio al mantenimiento de los privilegios de Francia en ese país. Sin embargo, en sus discursos, en su correspondencia y en sus *Memorias*, el general no menciona nada de esto. Por el contrario, atribuye todas las dificultades de Francia en Siria a las siniestras maquinaciones de la pérfida Albión. Y como se puede leer en sus *Memorias*, no cambiará nunca de opinión al respecto: "Entre las ambiciones nacionales que se encubrían en el conflicto mundial, estaba la de los británicos, que apuntaban a dominar Oriente. ¡Cuántas veces me había encontrado con esta ambición apasionada, dispuesta a romper cualquier barrera! Con el final de la guerra en Europa, llegó la oportunidad. En la Francia agotada, la invasión y sus consecuencias limitaban su antiguo poder. En cuanto a los árabes, se había hecho un trabajo tan hábil cuanto oneroso con muchos de sus dirigentes, que se habían vuelto accesibles a la influencia inglesa. Sobre todo, la organización económica creada por Inglaterra para el bloqueo, para el dominio del mar y para el monopolio de los transportes, ponía los intercambios económicos a su discreción, es decir, la existencia de los Estados orientales, mientras 700 mil soldados británicos y muchas escuadras aéreas dominaban la tierra y el cielo. Finalmente, en el mercado de Yalta, Churchill había obtenido que Roosevelt y Stalin le dejaran las manos libres en Damasco y Beirut".[25]

En resumen, el general de Gaulle no dudó ni un solo instante de que el gobierno británico intrigaba para echar a Francia del Levante y tomar su lugar.** Por otra parte, el general

---

* Es cierto que en sus visitas al Levante, el general de Gaulle siempre fue recibido como un triunfador por la población, que parecía admirarlo tanto como detestaba a los franceses.

** Muchos franceses del Levante compartían esta convicción y suponemos que el general de Gaulle debe de haber recibido de sus agentes locales muchos informes muy desfavorables a los ingleses.

acababa de enterarse de que una división británica con sede en Palestina iba a unirse al IX ejército en el Levante y esto agravó más sus sospechas. A fines del mes de abril, decidió enviar un refuerzo de tres batallones que serían llevados al lugar en los cruceros *Montcalm* y *Jean d'Arc*, lo que intimidaría a los sirios (y a los ingleses).

Es cierto que en Francia algunos archivos siguen estando obstinadamente cerrados para la investigación histórica. Sin embargo, después de un examen minucioso de los documentos actualmente disponibles, es posible pensar que, una vez más, el general de Gaulle se engañaba sobre los objetivos de la política británica en el Levante. En efecto, ésta era exactamente la política que Churchill y Eden le describieron al general Spears en junio y diciembre de 1943: "Todos los argumentos y los medios de presión utilizados por las poblaciones del Levante contra los franceses podrían volverse un día en nuestra contra. Con todas las fachadas que tenemos en la región, es mejor disuadir a la gente de recurrir a tirar piedras y pedirles moderación, sin lo cual estaríamos frente a graves inconvenientes. No es cuestión de tomar el lugar de los franceses en el Levante".[26]

Spears no tuvo para nada en cuenta estas instrucciones, pero su sucesor, Terence Shone, un diplomático de carrera, las siguió puntillosamente. Cuando volvieron de Yalta, Churchill y Eden se entrevistaron con el presidente sirio, Chukri-al-Kouatly. No hay dudas sobre el sentido de sus palabras:

Eden: ¿Está seguro de haber cumplido con sus obligaciones con Francia?

Kouatly: Queremos llegar al Congreso de la Paz en compañía de otros Estados árabes, libres y sin ataduras. Hay diplomáticos británicos que comprendieron con exactitud la cuestión siria.

Eden: ¿Quizás esté aludiendo al general Spears?

Kouatly: Sí, se dio cuenta de la legitimidad de nuestras reivindicaciones.

Eden: Spears es ciudadano damasquino y libanés.

Churchill: No hay que olvidar que Francia es nuestra aliada y nuestra amiga y que no podemos hacer cosas que la pongan descontenta. Por lo tanto, estamos de acuerdo en que tenga una posición privilegiada.

Kouatly: Siria no está dispuesta a reconocerle una posición privilegiada a Francia.

Churchill: Le aconsejo que inicie negociaciones con los franceses (…). Francia no puede ser echada de las posiciones que ocupa.

Eden: Aconsejamos a los sirios que bajen el carácter violento de sus manifestaciones.* [27]

Pero, como de costumbre, las cosas no eran nada sencillas: si los franceses se obstinaban en negarse a la independencia completa de los Estados del Levante, los árabes de Egipto, de Irak, de Palestina y de otras partes no dejarían de hacer responsable de esto a Gran Bretaña. Y, como escribió el ministro Terence Shone: "Seríamos muy criticados en nuestro país, en el Commonwealth y en el Imperio, si nuestra incapacidad para que los franceses respetaran sus compromisos daba como resultado que pusiéramos en peligro las posiciones británicas en Oriente Medio, que tanto nos costó preservar. Tenemos derecho a esperar que los franceses no nos pongan en esta situación".[28] El 26 de enero, Eden le escribió a Duff Cooper: "Los franceses tienen que entender que, pasado un cierto punto, no podremos comprometer nuestra posición en Oriente Medio para ayudarlos".[29]

El Primer Ministro, el Ministro de Asuntos Exteriores y el nuevo representante de Gran Bretaña en el Levante se pusieron de acuerdo en la política a seguir: habría que presionar a los franceses para que acordaran la independencia completa a los Estados del Levante, para que firmaran con Siria y el Líbano tratados equitativos y para que, mientras tanto, se abstuvieran de recurrir a la provocación armada. También deberían presionar a los gobiernos sirio y libanés para que aceptaran ne-

---

* Quince días antes, Churchill le había declarado al rey Ibn Séoud que quería "ayudar sinceramente a los pueblos de Siria y del Líbano, pero que su amigo, el general Spears, se extralimitó con ellos y llegó a olvidar las obligaciones de Gran Bretaña con su aliada Francia". Y agregó: "Los franceses nos acusan desde hace mucho tiempo de haberles sacado Norteamérica, Canadá, las Indias y dicen que queremos tomar también Siria (…). Francia goza de una posición de supremacía en Siria".[30]

gociar con los franceses y para que pusieran un freno a la agitación antifrancesa en su país. Evidentemente, era una tarea delicada. Francia acusaría a Inglaterra de usurpar sus prerrogativas como potencia mandataria (con el siniestro propósito de suplantarla en la región) en tanto que los árabes le reprocharían que estaba apoyando a los franceses. A pesar de esto, los británicos persistieron en su política, lo que provocó un gran resentimiento en las autoridades sirias. El Ministro de Asuntos Exteriores sirio viajó a El Cairo a pedir el apoyo del embajador de Gran Bretaña, lord Killearn,* y recibió la siguiente respuesta: "Gran Bretaña, que declaró varias veces que no desea inmiscuirse en los asuntos sirios, no puede contradecir sus palabras y sus actos.

"*Djamil Mardam*: ¿Pero por qué el general Spears nos engañó?

"*Lord Killearn*: Yo no soy el general Spears".[31]

El Ministro sirio no estaba nada contento con el sucesor del general Spears, como le escribió al presidente Kouatly: "Shone me hizo comprender claramente que le sería imposible apoyar nuestra actitud si nos enfrentamos a los franceses y si intentamos que se produzca una crisis aguda en el país (...). Creo que esta opinión tiene su razón. No nos corresponde provocar el mal antes de que se produzca".[32]

En cuanto a Churchill, declaró en la Cámara de los Comunes: "Tengo que decir que no somos los únicos que tenemos que defender la independencia siria y libanesa o los privilegios de Francia en estos países. Estamos a favor de uno y del otro y, para nosotros, no son incompatibles".[33] Pero no era así, pues los franceses se negaban a otorgarles la independencia total a Siria y al Líbano y los sirios y libaneses se oponían rotundamente al mantenimiento de los privilegios franceses en el Levante.

En estas condiciones, el papel de mediador era muy ingrato. Sin embargo, a comienzos del mes de mayo, Churchill no había renunciado a él. Más aún, estaba dispuesto a olvidar por un tiempo su rencor por el general de Gaulle y a encontrarse

---

* El nuevo título de sir Miles Lampson.

con él para hablar de este delicado asunto. El 8 de mayo le escribió a Duff Cooper: "Es posible que vaya a verlo discretamente uno de estos días, en un viaje a Francia. Pero tendría que asegurarme antes de que no me voy a encontrar con la puerta cerrada".[34] Y, dos días más tarde: "Me gustaría encontrar una ocasión para hablar del Levante con de Gaulle. Estaría dispuesto a encontrarme con él aquí, pero no sé cuándo podremos recibirlo como corresponde".[35] El general no era hostil a discutir este asunto con Churchill, pero la iniciativa francesa de enviar refuerzos al Levante volvió a poner todo en cuestión y provocó una reacción en cadena.

Terence Shone escribió luego: "El gobierno de Su Majestad y el de Estados Unidos habían llamado expresamente la atención del gobierno francés sobre el hecho de que el envío de tropas y de buques de guerra al Levante en este momento no podría dejar de interpretarse como una provocación o como un intento de intimidación a las autoridades sirias y libanesas, justamente cuando se disponían a negociar con los franceses. Nos parecía evidente que si no lográbamos detener este movimiento, los gobiernos sirio y libanés perderían toda confianza en nosotros, para no decir nada de las consecuencias lamentables para nuestros intereses en el conjunto del mundo árabe (…). Pero el gobierno francés siguió sordo a lo que le decíamos. El 30 de abril, en un encuentro con el Embajador de Gran Bretaña en París, el general de Gaulle declaró que no llegaba a comprender por qué este asunto concernía al Comandante en Jefe de las fuerzas de Oriente Medio (…). Insistió en el hecho de que, en los términos de los acuerdos Lyttelton-de Gaulle, Francia era responsable del mantenimiento del orden en los Estados del Levante y que no podía ceder las tropas especiales a los gobiernos locales sin aumentar los efectivos de las tropas regulares francesas. Agregó que no habría desórdenes en el Levante, salvo que fuesen fomentados por los mismos ingleses. Duff Cooper protestó violentamente y señaló que, lejos de fomentar disturbios, habíamos hecho, y seguíamos haciendo, todo lo que estaba en nuestro poder para mejorar las relaciones entre Francia y los Estados del Levante. El general de Gaulle no se dejó convencer y, a pesar de todas las seguridades que le brindamos, si-

guió convencido de que el gobierno de Su Majestad se esforzaba por debilitar la posición de Francia en el Levante".[36]

El 4 de mayo, Churchill envió un mensaje personal al general de Gaulle para decirle que "lamentaba que el general pareciera considerar la situación desde el punto de vista del prestigio de
Francia y de Gran Bretaña". Agregó que estaba dispuesto a retirar a las tropas inglesas del Levante en cuanto los franceses hubieran firmado los tratados con Siria y con el Líbano, y concluyó:
"Si refuerzan sus tropas en este momento, los Estados del Levante, que esperan desde hace un cierto tiempo propuestas de tratado, pueden deducir que se aprestan a imponer un arreglo por la
fuerza. Esto podría causarles un gran perjuicio en sus relaciones
con ellos y también en las nuestras y corrompería desde el comienzo el clima de las negociaciones. Espero, por lo tanto, que
pueda ayudarme, evitando agregar otros a nuestros problemas
actuales. Suyo".[37]

Como no hubo reacción por parte de París, las autoridades
británicas dieron un paso más y propusieron transportar tropas
francesas en buques mercantes ingleses que iban a Alejandría.
Pero todo esto hubiese sido incompatible con la soberanía francesa. Por lo tanto, los refuerzos llegaron a Beirut en cruceros
franceses. El delegado general Beynet volvió a París con nuevas
propuestas de tratados que no eran especialmente generosos: los
franceses querían conservar las bases militares en Siria y no se
contemplaba la transferencia de las tropas especiales a la autoridad siria. Su regreso coincidió con el desembarco de los refuerzos en Beirut y fue imposible considerarlo un hecho azaroso. Los
gobiernos sirio y libanés se negaron categóricamente a negociar
bajo amenaza y estallaron huelgas seguidas por grandes manifestaciones en todo el Levante.*

En Siria se produjeron los hechos de violencia más graves.
El 20 de mayo, en Alepo, manifestantes armados con piedras

---

* El 19 de mayo, el general Beynet recibió esta carta: "Los delegados de
la Federación de la Francia Combatiente en el Levante comprueban con
pesar que la llegada de nuevos contingentes de tropas francesas al Levante (…) perturbó el clima de distensión que permitía presagiar la feliz conclusión de las negociaciones".[38]

atacaron varias guarniciones francesas, asesinaron a dos oficiales y a un soldado. Los franceses abrieron el fuego y enviaron tanques para descongestionar las calles. Durante los días siguientes, estallaron impresionantes manifestaciones también en Damasco y en las regiones druzas y aluitas, donde franceses aislados fueron atacados por la multitud. El general Beynet le planteó al Comandante en Jefe británico la posibilidad de "efectuar una operación quirúrgica".[39] El 25 de mayo, en un último esfuerzo por evitar la explosión, los británicos lanzaron un llamamiento en el que presionaban al gobierno sirio para que "mantuviera el control de la situación". El día siguiente, en París, el embajador Duff Cooper transmitió al general de Gaulle una nota británica que proponía la inmediata apertura de las conversaciones sobre el Levante, en Londres o en París. "Todo iba bien —informó Cooper—, de Gaulle ya casi había aceptado la apertura de discusiones (...) y también aceptaba declarar públicamente que, mientras tanto, no se enviarían tropas francesas al Levante, cuando mencioné que los norteamericanos formarían parte de las conversaciones. Ahí se dejó llevar y declaró que los norteamericanos no tenían nada que ver con esto y que no permitiría que Francia figurara como acusada. Intenté en vano que razonara durante un largo tiempo y, cuando me fui, todavía estaba de muy mal humor".[40]

Esa tarde, Duff Cooper visitó al Ministro de Asuntos Exteriores, Georges Bidault: "Hablaba de renunciar si no lograba convencer a de Gaulle —escribió en su informe— y me indicó que el general Beynet no había ejecutado las órdenes que él le había dado. Sin duda, el general de Gaulle luego le había dado otras diferentes".[41] No sabemos exactamente de qué instrucciones se trata, pero de seguro fueron tomadas al pie de la letra. El día siguiente, 27 de mayo, el gobierno sirio fue informado de la existencia de un proyecto de proclamación redactado por el general Oliva-Roget, delegado en Damasco. Este documento hablaba de la inminencia de una "gran gresca".[42] Los acontecimientos que se sucedieron demostraron que no era una exageración. En sus *Memorias*, el general de Gaulle describió la situación en estos términos:

"...El 27 de mayo, las fuerzas francesas y las tropas especiales habían dominado los desórdenes en todas las regiones del país, salvo la montaña de Druze, donde todavía había algunos aislados. Entonces, los ministros sirio y libanés y sus consejeros británicos, como vieron que el juego se les volvía en contra, tiraron los dados sobre la mesa. El 28 de mayo, Damasco y todos nuestros puestos fueron atacados por bandas de perturbadores y por unidades constituidas por gendarmes sirios, todos armados con metralletas, ametralladoras y granadas inglesas. Durante veinticuatro horas, los fusiles crepitaron en Damasco. Pero el 29, fue evidente que los nuestros habían soportado el embate. Por el contrario, los insurgentes, afectados, habían tenido que refugiarse en edificios públicos: el Parlamento Municipal, la Dirección de Policía, el Palacio, el Banco de Siria, etcétera. Para terminar con esto, el general Oliva-Roget, delegado francés en Siria, dio la orden de reducir estos centros de insurrección. Nuestros senegaleses y algunas compañías sirias lo hicieron en veinticuatro horas; se usaron dos cañones y un avión. En la noche del 30 de mayo, la autoridad francesa dominaba la situación y los ministros sirios se habían retirado prudentemente de la capital en automóviles de la Embajada británica".[43]

Esta versión de los acontecimientos tiene aspectos al menos extraños. Por ejemplo, nadie en Damasco parece haber visto u oído los ataques del 28 de mayo contra los puestos franceses de la ciudad y, sin embargo, parece que duraron veinticuatro horas. Por el contrario, muchos testigos concuerdan en que en la mañana del 29 de mayo, "una calma poco habitual reinaba en Damasco" (algo nada asombroso, ya que el mismo general Oliva-Roget declaró que recién había atacado el 29 de mayo a las 19.15 y que inmediatamente después había empezado el bombardeo).[44] Es más, el 29 de mayo por la noche, los extranjeros que estaban en Damasco no vieron a ninguna de estas "bandas de perturbadores y unidades constituidas por la gendarmería siria" que, se supone, atacaron a los franceses. En cuanto al edificio de la delegación general, sobre el que se habría concentrado el grueso del ataque, luego de los combates se dieron cuenta de que la fachada "no tenía prácticamente impactos de bala".[45] Más extraña todavía es la afirmación de que "los ministros sirios y sus consejeros británicos" habrían organizado y dirigido la insurrección: la personalidad de estos ministros y del Presidente vuelven inverosímil esta hipótesis. Además, nadie vio realmente a estos consejeros británicos, cuyos consejos serían totalmente incompatibles con la política de su gobierno y la de Terence Shone. Finalmente, el general escribió: "En la noche del 30 de mayo, la autoridad francesa dominaba la situación (...)". Se trata de una afirmación arriesgada: en esa fecha, en efecto, los franceses *no* dominaban la situación; es más, ni siquiera dominaban a sus tropas, que bombardearon la ciudad hasta el 31 de mayo y siguieron luego tirando indiscriminadamente sobre los civiles, los edificios públicos, las ambulancias, los hoteles, la escuela norteamericana y hasta un tren de la Cruz Roja británica. Nadie discute tampoco el hecho de que las tropas francesas, senegalesas y las tropas especiales se hayan dedicado al pillaje en esos días e, inclusive, luego".[46] Finalmente, de Gaulle no dice nada de la afirmación del general Catroux de que el general Oliva-Roget, que dirigía las tropas francesas, estaba en un "estado de emotividad malsana".[47]

Esto, nada tranquilizador, había sido confirmado por sus superiores y sus subordinados: el general Beynet lo consideraba un "inepto"; el coronel Valluy decía que "entraba en pánico en cuanto oía un disparo" y el conde Lagarde, delegado adjunto, lo describió así: "Era un hombre nervioso, sin envergadura, primario".[48] Pero el 26 de mayo fue él quien convocó a un consejo de guerra para preparar el bombardeo de Damasco. El conde Lagarde, que asistió, escribió: "Durante este consejo (...), que fue, por otra parte, muy superficial (...), todos los oficiales, salvo Oliva-Roget, decidieron hacer caso omiso y declararon que el primer incidente que estalle en Damasco proporcionará el pretexto para bombardear la ciudad".[49]

He aquí un punto de vista diferente sobre el inicio de las hostilidades (tres días después) y sobre los dramáticos acontecimientos que se sucedieron. Pero no hay huella de estos hechos en las *Memorias* del general de Gaulle que, ciertamente, juzgó que esta versión era incompatible con el prestigio de Francia y, por lo tanto, indigna de quedar en la Historia. Evidentemente, la tesis de un complot británico le parecía mucho más presentable. Dejemos que siga con su relato:

"Durante tres semanas de disturbios, los ingleses ni se habían movido. En El Cairo, sir Edward Grigg, ministro de Estado encargado de los Negocios de Oriente, y el general Paget, su comandante en jefe, seguían impasibles. En el Levante, el general Pilleau, comandante del IX Ejército, en ningún momento había hecho ningún esfuerzo para poner en marcha las importantes fuerzas de que disponía en todas partes. En Londres reinaba el silencio (...). En el fondo, parecía que nuestros 'aliados' se limitaban a marcar los golpes, mientras pensaban que las tropas especiales se negarían a obedecernos y que perderíamos el control de los acontecimientos. Durante veintitrés días, las razones que, según Churchill, los habrían justificado a detener el conflicto (...) no los determinaron a salir de su pasividad. No se lo pedíamos, por otra parte. Pero, en cuanto vieron que los disturbios finalizaban, su actitud cambió de golpe. La Inglaterra amenazadora se levantó ante Francia. En la noche del 30 de mayo, Massigli, nuestro embajador, fue convocado por Churchill en presencia de Eden. Era para recibir una grave comunicación. A través del Primer Ministro, el gobierno británico le pedía al gobierno francés que cesara el fuego en Damasco y anunciaba que, si el combate seguía, las fuerzas de Su Majestad no podrían seguir siendo pasivas".[50]

Todo esto podía parecer bastante pérfido por parte de los ingleses. Pero no era nada en comparación con lo que siguió:

"Me avisaron enseguida —continúa el general—, y me di cuenta de que los nuestros, que podían ser atacados tanto por las tropas británicas cuanto por los insurgentes sirios, se encontraban en una situación que no podrían sostener (...). Por lo tanto, nuestra acción militar tenía que alcanzar su objetivo. Más allá de los sentimientos que bullían en mi alma, juzgué que había que prescribir la suspensión de las armas aun cuando todavía hubiese tiroteos y que, sin dejar de mantener las posiciones adquiridas, no había que oponerse a los movimientos que iniciaran las tropas británicas. Georges Bidault (...) telegrafió para informarle a Beynet, el 30 de mayo a las 23, con mi consentimiento. Se informó a la embajada británica y Massigli recibió la instrucción de avisarle también a Eden.

"Si, del lado británico, lo único que querían obtener era un cese del fuego, se hubiesen detenido allí. Pero querían otra cosa. Por eso, Londres, al enterarse de que los franceses habían decidido suspender el uso de las armas, se apuró a desplegar una puesta en escena preparada de antemano para infligir una humillación pública a Francia.

"Churchill, evidentemente informado del fin de los combates en Damasco, iba a lanzar un amenazador ultimátum, seguro de que no podríamos responder con los medios apropiados, para aparecer como protector de los árabes y esperando que, en Francia, la sacudida implicara un debilitamiento político de de Gaulle y, tal vez, la pérdida del poder.

"El 31 de mayo, a las 4, Eden leyó en la Cámara de los Comunes el texto de un mensaje que, según él, yo había recibido del Primer Ministro. Sin embargo, el secretario de Estado sabía que, a esa hora, no había recibido nada de nada".[51]

El mensaje de Churchill que se leyó en los Comunes (y que el general de Gaulle recibió una hora más tarde) decía: "Dada la grave situación que se creó entre sus tropas y los Estados del Levante y los duros combates que estallaron, con profunda pena tuvimos que ordenar a los comandantes en jefe de Oriente Medio que intervengan para impedir nuevas efusiones de sangre, por la seguridad del conjunto de Oriente Medio y de las comunicaciones en la guerra con el Japón. Para evitar cualquier colisión entre las fuerzas británicas y las fuerzas francesas, los invitamos a ordenar inmediatamente a las fuerzas francesas un cese del fuego y el retiro de sus acantonamientos. Cuando haya cesado el fuego y se haya restablecido el orden, estaremos dispuestos a iniciar conversaciones tripartitas en Londres".[52]

Este mensaje, más el retraso con el que fue enviado, provocaron la ira del general: "Esta demora, que agregaba a la insolencia del texto un ataque a todos los usos, no podía tener otra meta que evitar que pudiese hacer saber, a tiempo, que los combates habían cesado en Damasco y, de este modo, eliminar cualquier pretexto para el ultimátum inglés".[53]

No podemos dejar de admirar el extraordinario maquiavelismo de que hizo gala Churchill en este asunto salvo, por supuesto, que demos cuenta de todas las inexactitudes del relato del general. Por ejemplo, nada permite decir que los británicos intervinieron porque los franceses habían superado a los sirios; después de un violento bombardeo que causó cerca de mil víctimas en Damasco (algunas de las cuales eran súbditos británicos) no era poco razonable suponer que los ingleses, que tenían todo un ejército en el Levante, se hayan visto obligados a intervenir por razones humanitarias y políticas. Por otra parte, todo indica que Churchill estaba menos dispuesto que nunca a verse inserto en una crisis en el Levante. En la noche del 30 de mayo, declaró ante los miembros del gabinete: "Queremos evitar el uso de la fuerza en contra de nuestros aliados —y agregó—: A ningún precio tenemos que encontrarnos en una situación en la que tengamos que cargar, solos, con la responsabilidad de solucionar este asunto"; pero, por otro lado: "El mundo árabe no tiene que tener la impresión de que el gobierno británico no hizo nada para apoyar a Siria y al Líbano frente a la agresión francesa".[54] Esa noche, Churchill redactó el mensaje que le dirigiría al otro día al general de Gaulle, con los resultados que ya conocemos. Esa misma noche, Churchill consideró ordenarle al Comandante en Jefe para Oriente Medio que entrara en Damasco para restablecer el orden pero, al final, decidió no hacer nada antes de consultar al presidente Truman. Evidentemente, dio pruebas de la mayor moderación.

Esta denuncia del general de Gaulle era todavía más dudosa: "Londres, al enterarse de que los franceses habían decidido suspender el uso de las armas, se apuró por desplegar una puesta en escena preparada de antemano para infligir una humillación pública a Francia". Lamentablemente, nada permite afirmar que el *Foreign Office* haya estado informado de la orden del cese del fuego del 31 de mayo (y ciertas indicaciones permiten suponer lo contrario). Además, el mando francés en Damasco quizás tampoco haya sido informado, ya que la ciudad estaba sometida a un intenso bombardeo esa mañana, lo que, por otra parte, le da otra luz a la siguiente frase del general de Gaulle: "Churchill, obviamente informado del fin de la lucha en Damasco, iba a lanzar, enseguida después, un amenazador ultimátum". Churchill no había sido informado del fin de la lucha en Damasco antes de lanzar su "ultimátum" ya que, en ese momento, los combates *no* habían cesado en Damasco. Los bombardeos de la artillería y de la aviación se interrumpieron hacia el mediodía. Por lo tanto, es muy difícil admitir el argumento de que habría lanzado su mensaje con la forma de ultimátum con la intención expresa de "infligir a Francia una humillación pública" después del fin de los combates en Damasco.*

Lo que no sabemos es cuándo se dio realmente la orden de cese del fuego. Los archivos del general Beynet nos permiten responder: el 31 de mayo a las 23.25 y fue transmitida a los diversos centros de defensa en Damasco el 1º de junio a la una de la madrugada, es decir, nueve horas *después* de la lectura del mensaje de Churchill a los Comunes. Además, la orden estaba redactada de este modo: "Como consecuencia de la intervención británica, los comandantes de los centros deben tomar todas las medidas para que no se dispare más sin una orden".[55]

El 1º de junio, de Gaulle envió instrucciones detalladas al general Beynet: sus tropas tenían que mantener las posiciones que ocupaban y no ejecutar, en ningún caso, las órdenes británicas. Ese mismo día, el general Paget, comandante en jefe británico, entró en Beirut, y el general de Gaulle escribió: "El general Paget vino a Beirut y sometió un ultimátum detallado al general Beynet. Según los términos de este documento, el inglés, cuyo cargo era 'Comandante Supremo en el teatro de Oriente', aunque a diez mil kilómetros a la redonda de este 'teatro' no hubiera ni un enemigo que combatir, declaraba 'que había recibido de su gobierno la orden de tomar el mando en Siria y en el Líbano'. En este sentido, conminaba a las autoridades francesas 'a ejecutar sin discusiones todas las órdenes que les diera'. Para empezar, ordenaba a nuestras tropas 'cesar el combate y retirarse a sus casernas'.

"El general Paget había desplegado, durante su visita, un provocador desfile militar. Varias escuadrillas de caza escoltaban al avión que lo había traído a Beirut. Para ir del aeródromo hasta la residencia del Delegado General francés había hecho que lo

---

*   También hay que considerar el inexplicable atraso en el envío del mensaje de Churchill al general de Gaulle en la tarde del 31 de mayo. Pero, de todos modos, es insuficiente para dar crédito a la tesis de un complot antifrancés.

precediera una columna de tanques y que lo siguiera una fila de vehículos de combate cuyos ocupantes, al atravesar la ciudad y al pasar ante nuestros puestos, apuntaban sus armas.

"El general Beynet no olvidó decirle al general Paget que del único que recibiría órdenes era del general de Gaulle y de su gobierno. Remarcó que la imposición de cesar el combate no tenía, por el momento, ningún objeto, ya que se había hecho siguiendo las órdenes que él mismo había dado de acuerdo con mis instrucciones. En ese momento, nuestras tropas se quedarían donde estaban. En cuanto a las fuerzas británicas, podían, hoy como ayer, ir y venir a gusto. No nos oponíamos. El Delegado General agregó que esperaba que Paget y sus tropas se abstuvieran de intentar oponerse a las nuestras y de responsabilizarse por un deplorable enfrentamiento. Por su parte, como en otros tiempos, estaba dispuesto a solucionar con el Comandante inglés las cuestiones de acantonamiento, aprovisionamiento y circulación comunes a los dos ejércitos. El general Paget, sus tanques, sus vehículos de combate, sus escuadrillas, se retiraron sin hacer ruido".[56]

El lector de estas líneas, inevitablemente, tendrá la impresión de que los ingleses hicieron un despliegue superfluo de fuerzas militares desproporcionadas cuando reinaba un perfecto orden en todo el Levante. Francia, escudada en su dignidad, le dio una buena lección a toda esa soldadesca que se retiró atemorizada y confusa. Lamentablemente, todo esto es demasiado hermoso como para ser totalmente verídico. En Damasco, las columnas blindadas inglesas llegaron en el momento en que las tropas francesas prácticamente habían dejado de matar a los gendarmes y civiles sirios, pero seguían cometiendo pillajes en la ciudad, en tanto que los sirios, locos de ira, empezaban a asesinar franceses aislados y a apoderarse de todo lo que les pertenecía a los franceses. En estas condiciones, nadie en Damasco y en las otras ciudades sirias deploraba la intervención británica (ni siquiera los civiles franceses, que tenían que protegerse de la venganza popular con los carros del general Paget). Y cuando los escuadrones de camellos de las tropas especiales se amotinaron contra los oficiales franceses, muchos debieron su salvación a la intervención británica, tal como lo expusieron en sus informes.[57] Durante las semanas siguientes, las tropas del general Paget formaron una verdadera pantalla entre franceses y sirios y escoltaron a los civiles franceses fuera de las ciudades, a donde pudieran estar seguros.*

Para de Gaulle, todo esto no importaba. Desde el punto de vista del prestigio y de la soberanía franceses —lo único que le importaba—, no podría haber sentimientos antifranceses en el Levante. Los desórdenes solamente provenían de agitadores pagados por Londres y la intervención de los militares británicos a partir del 1º de junio era un nuevo Fachoda, una grave afrenta a un aliado debilitado y la culminación de una diabólica operación con el objetivo de suplantar a los franceses en el Levante. En todo caso, es lo que dejó entender en su conferencia de prensa del 2 de junio. Dos días más tarde recibió al embajador Duff Cooper y, sin preámbulos, declaró: "Reconozco que no podemos hacerles la guerra actualmente. Pero han ultrajado a Francia y traicionado a Occidente. Esto no se olvidará".[58] Y Duff Cooper anotó: "Una entrevista tempestuosa. No hubiese podido estar más tenso si nos declaraba la guerra. Me dijo que los soldados franceses del Levante habían recibido la orden de quedarse en sus posiciones y de abrir el fuego sobre las tropas

---

*   En este sentido, las notas de la entrevista del general Beynet con el general Paget el 22 de agosto de 1945, convencen a cualquier escéptico:
General Paget: Recibí instrucciones para establecer un plan de retirada de las tropas inglesas en el Levante.
General Beynet: Planteo la siguiente pregunta: ¿quién protegerá nuestros intereses después de su partida, ya que no tenemos más relaciones normales con Siria?
(…)
General Beynet: Me parece que habría que haber pedido el acuerdo previo del gobierno francés antes de dar estas instrucciones.
General Paget: Espero que no tenga dificultades en Alepo.
General Beynet: No veo qué dificultades podría tener. Si los sirios no se mueven, tanto mejor. Si se mueven, los responsables son ustedes.
General Paget: Pero, ¿cómo se puede salir de esta situación?
(…)
General Beynet: Remarco (…) que si retiran las tropas de Djezireh, habrá un gran riesgo de masacre.
General Paget: No nos retiraremos mientras el riesgo siga existiendo.[59]

sirias o británicas en caso de que recurrieran a la fuerza. Nos acaloramos un poco. Está realmente convencido de que los británicos crearon este incidente para echar a los franceses del Levante y tomar su lugar".[60]

La ira del general de Gaulle estaba exacerbada porque los franceses no lo apoyaban en su política de "firmeza" en el Levante. La guerra en Europa se había terminado y nadie quería entrar en un nuevo conflicto por una cuestión de prestigio (y menos todavía contra Gran Bretaña, muy popular en Francia en ese momento). Por lo tanto, con un despecho mal disimulado, de Gaulle observaba la anglofilia de la prensa, de la Asamblea y de sus propios ministros.[61] Por ejemplo, Bidault se oponía formalmente a cualquier nueva iniciativa, como el bombardeo de Beirut,[62] y se pronunció a favor de un acercamiento franco-británico.* El general Beynet, indignado por la desastrosa iniciativa de Oliva-Roget, amenazó con renunciar si de Gaulle denunciaba el *modus vivendi* que acababa de establecer con el general Paget. En París, por otra parte, nadie había estado realmente al tanto de los acontecimientos del Levante. Georges Bidault declaró: "Cuando (de Gaulle) se dignaba a hablarnos, hacía un lío. El único que se atrevió a mencionar el tema del Levante en el verano de 1945 era Massigli. El general le respondió: 'iOcúpese de sus cosas!'".[63]

El general siguió con su cruzada solitaria contra Gran Bretaña, su Embajador y su Primer Ministro. Inclusive vio la mano de Churchill detrás de sus dificultades con Estados Unidos por la ocupación de los cantones italianos: "En el Levante, Inglaterra preparaba la maniobra decisiva. Para Londres era en buena lid incitar a Washington a que buscara problemas con París".[64] La desconfianza instintiva del general de Gaulle por los británicos, a veces, estaba lejos de la realidad; además, parecía profundamente incapaz de considerar objetivamente la situación en el Levante. Y cuando se trataba de las actividades de los *británicos en el Levante*, entonces, el general perdía totalmente el sentido de las

---

* El embajador de los Países Bajos, de With, escribió en su informe a La Haya: "Bidault me dijo que él podría arreglar fácilmente el problema del Levante si lo dejaran hacerlo, es decir, si de Gaulle no se metiera".[65]

proporciones. Ignoramos si alguna vez le perdonó a Churchill su intervención en Siria y en el Líbano en ese verano, pero no creemos que así haya sido.

De Gaulle se habría sorprendido si hubiese podido ver las instrucciones del Primer Ministro que recibió el general Paget: el 3 de junio le había escrito: "En cuanto haya dominado la situación, tendrá que ser muy cuidadoso con los franceses. Estamos íntimamente asociados a Francia en Europa y su triunfo mayor será establecer una paz sin rencores. No dude en pedir todos los consejos que necesite fuera del campo de las operaciones militares. Nos dijeron que habían matado a soldados franceses, por favor, haga todo lo necesario para protegerlos".[66]

La gran moderación de Churchill también se reflejó en el discurso que pronunció en la Cámara de los Comunes el 5 de junio: "Cuando se producen incidentes lamentables como los de Siria, entre dos naciones tan estrechamente ligadas por el sentimiento y los destinos como Francia y Gran Bretaña, comprobamos que 'cuanto menos se habla, mejor' (…). En su discurso del 2 de junio, el general de Gaulle dejó entender que la crisis del Levante se debía enteramente a la intervención de los británicos. Me parece que (…) lejos de haber provocado la agitación en el Levante (…) hemos hecho todo lo que podíamos para poder mantener allí la calma, prevenir los malentendidos y llevar a las dos partes a ponerse de acuerdo".[67]

Churchill escribió en sus *Memorias* que "me importaba mucho no causar a los franceses más disgustos de los necesarios", pero no dijo nada de sus sentimientos por de Gaulle (mejor así). Davies, el enviado especial del presidente Truman, escribió a su regreso de Londres que Churchill "está harto del general de Gaulle".[68] Hay que decir que, una vez más, las acusaciones demasiado injustas de de Gaulle despertaron la gaullofobia latente del Primer Ministro. Además, el 2 de junio, en plena discusión franco-norteamericana por los cantones italianos, el general Doyen envió una nota amenazadora a su homólogo norteamericano, el general Grittenberger: "Recibí la orden de impedir por todos los medios necesarios, sin excepción, la instalación de un gobierno militar aliado en los territorios ocupados por nuestras tropas y administrados por nosotros". Cuando Churchill se enteró de esto escribió inmediatamente al presidente Truman: "¿No es bastante desagradable oír hablar con este tono al general de Gaulle, al que hemos instalado en Francia, al precio de sacrificios nada desdeñables en vidas humanas y en recursos norteamericanos y británicos? Y sin embargo, tenemos una política amistosa con Francia". Este telegrama aparece en sus *Memorias*, pero omite la primera frase: "El que tiene que corregirse es de Gaulle".[69]

Evidentemente, Churchill estaba dispuesto a administrar él mismo este correctivo y, entonces, le recomendó al presidente Truman que hiciera pública la carta que acababa de escribirle a de Gaulle para avisarle que no se entregarían armas ni material norteamericano a Francia si podían ser utilizados en contra de soldados norteamericanos.[70] De hecho, la inteligencia triunfó y el presidente Truman decidió no hacer pública esta carta, pero Churchill le escribió al día siguiente: "Me parece cierto que la publicación de su mensaje podría haber causado la caída de de Gaulle. Sin embargo, como lo conocí durante cinco largos años, estoy convencido de que es el peor enemigo que Francia puede tener en medio de sus desgracias. Considero que constituye uno de los peligros que amenazan la paz europea. Gran Bretaña necesita más que cualquiera la amistad de Francia, pero estoy seguro de que, a largo plazo, no será posible ningún acuerdo con de Gaulle".[71] Tres días más tarde, agregó: "De Gaulle siempre será un obstáculo para el acercamiento entre nosotros y Francia (...). La política de provocación y desprecio que tiene con Gran Bretaña y Estados Unidos (...) sólo puede causar desastres incalculables".[72]

Mientras tanto, en el *Foreign Office* y en el Quai d'Orsay algunos diplomáticos seguían esforzándose por convencer a ambos jefes de Estado de la necesidad de un tratado franco-británico, negociaciones tripartitas sobre el Levante y una conferencia de a cinco sobre Cercano Oriente. Pero de Gaulle no quería negociación tripartita, Churchill rechazaba la idea de una conferencia de a cinco y ni uno ni otro querían oír hablar de un tratado franco-británico. A mediados de junio, de Gaulle seguía emanando rencor por la intervención británica en el Levante y Churchill clamaba ante quien quisiera oírlo su hostilidad por de Gaulle. El 23 de junio, el Primer Ministro le escribió a Alexander

Cadogan, quien una vez más se había pronunciado a favor de las negociaciones franco-británicas: "No hay apuro. Los franceses no tienen todavía ni armas ni las bases de un gobierno democrático. Además, la personalidad de de Gaulle constituye un obstáculo mayor (...). No soy partidario de una alianza con Francia ahora. No tengo intenciones de encontrarme con de Gaulle ni aquí ni en París".[73]

De hecho, Churchill fue el primero en abandonar la actitud belicosa (después de muchas dudas, por cierto): el 28 de junio, menos de un mes antes de la conferencia de Postdam, el embajador Duff Cooper recibió del *Foreign Office* el siguiente telegrama: "Dado el clima de incertidumbre de las actuales relaciones con Francia, el Primer Ministro desearía, antes de tomar una decisión definitiva sobre las vacaciones que espera pasar en Francia a partir de la semana próxima, que obtenga una confirmación del gobierno francés de que su visita no será indeseable".[74] El 12 de julio Churchill estaba en Hendaye, descansando merecidamente en compañía de algunos amigos. Entre ellos estaba el cónsul de Gran Bretaña Bryce Nairne y un canadiense, el general Brutinel, que intentaban que retomara contacto con de Gaulle. En su diario, lord Moran registró la reacción del Primer Ministro: "De Gaulle estaría fascinado si pudiera infligirle un nuevo desaire. Además, el momento se presta mejor que nunca para esto: estamos en los días previos a la conferencia de Postdam, a la que de Gaulle no fue invitado. El general Brutinel esperó pacientemente que Churchill se hubiera calmado y luego explicó que él solamente quería proponerle a de Gaulle que viniera a encontrarse con Churchill. Winston no quiso ni oír hablar de eso. De Gaulle, dijo, había enviado un telegrama a Roosevelt para pedirle su ayuda. Confiaba en que Norteamérica no se apoderaría de las colonias francesas, pero no en Gran Bretaña. Y eso, agregó Winston despreciativamente, en un momento en que enviábamos tantos hombres a ayudar a Francia. No, decididamente, no quería encontrarse con él. El general Brutinel se quedó pasmado. Después de todo, era el Primer Ministro el que había empezado esta historia: era él quien había propuesto detenerse en París de camino a Berlín para encontrarse con de Gaulle. Luego reflexionó y se dijo que corría el riesgo de recibir una afrenta. Si los papeles hubieran sido a la inversa, refunfuñaba el Primer Ministro, si, por ejemplo, de Gaulle hubiese estado en Escocia, él le habría enviado un telegrama para desearle la bienvenida y preguntarle qué podía hacer por él. De Gaulle no había hecho nada de eso. Después de muchas dudas y de interminables digresiones, decidió no hacer nada hasta que llegara Duff Cooper (...)".[75]

El Embajador, que llegó esa tarde, apuntó en su diario: "El Primer Ministro quería consultarme sobre la oportunidad de hacer alguna gestión con de Gaulle. Se trataría de que yo sugiriera que tuvieran un encuentro el domingo, si el Primer Ministro hacía escala en París en viaje a Berlín. Yo estaba decididamente a favor del proyecto. Los franceses ahora habían ubicado a las tropas especiales bajo la autoridad siria y, si llegábamos a un acuerdo sobre la evacuación simultánea del Levante de los ingleses y de los franceses, todo el asunto podría solucionarse sin los plazos y las dificultades de una conferencia internacional. Le dimos varias veces vueltas al asunto antes de la cena y el Primer Ministro cambió de opinión muchas veces hasta que nos fuimos a dormir a las 2 de la madrugada. Lo había convencido y había obtenido el permiso para iniciar las gestiones en París.

"Había que irse temprano pues no tenía tiempo que perder si quería que mi misión llegara a buen término (...). Me fui del aeródromo de Parma* a las 10 de la mañana y llegué a París a las 12.30. Me esperaba un mensaje del Primer Ministro en la Embajada. Decía que no tenía nada que iniciar en el sentido de lo que habíamos hablado el día anterior".[76]

De modo que los dos hombres de Estado no se encontraron antes de la conferencia de Postdam. El mal no fue demasiado importante, porque su encuentro quizás hubiera degenerado en una nueva confrontación por el Levante y algunos problemas anexos. Y, sin embargo, en la conferencia de Postdam de dos días más tarde, mientras Stalin y Truman declaraban que habían ido "para hablar de los asuntos del mundo" y no "para oír a Tito, a de

---

* Sin duda, era Pau.

Gaulle y a Franco",[77] el defensor encarnizado de Francia fue Winston Churchill. Y cuando los soviéticos presentaron un proyecto de resolución que atacaba los intereses de Francia en el Levante, nadie se levantó para protestar, salvo el Primer Ministro de Gran Bretaña, el mismo que, según el general de Gaulle, se había esforzado desde 1941 por expulsar a Francia del Levante.

"*Churchill*: Dados los vínculos históricos que unen desde larga data a Francia con Siria y con el Líbano, no tenemos objeciones a que Francia obtenga una posición de privilegio en estos países, a condición de que sea con el acuerdo de los gobiernos sirio y libanés. Le hemos hecho saber al general de Gaulle que retiraríamos las tropas del Levante en cuanto se hubiese firmado un tratado con Siria y con el Líbano. El retiro de nuestras tropas en este momento implicaría seguramente la masacre de los civiles y de los militares franceses en el Levante. Deploraríamos que esto sucediera. Crearía una efervescencia en el mundo árabe y complicaría seriamente la tarea de mantenimiento del orden en Palestina y en Irak. También podría afectar a Egipto. Todo esto no podría suceder en peor momento: las líneas de comunicación que pasan por el canal de Suez se verían amenazadas y por ahí va el aprovisionamiento inglés y norteamericano para la guerra contra Japón. El general de Gaulle no fue prudente en su actuación en esta región, a pesar de nuestros consejos y de nuestras exhortaciones. Los 500 soldados llevados en el buque son los que causaron la explosión. Fue la chispa que incendió la pólvora. Pero, últimamente, de Gaulle aceptó devolver las tropas especiales al gobierno sirio y pienso que podríamos firmar con él, quizás no un acuerdo, pero al menos un arreglo de algún tipo que garantizara la independencia de Siria y del Líbano y que, al mismo tiempo, reconociera los intereses culturales y comerciales de que Francia dispone, desde hace tanto tiempo en esos países.

"Repito que Gran Bretaña no se quedará ahí un día más de lo necesario. Estaremos muy contentos cuando no tengamos más la tarea ingrata que asumimos en interés de nuestros aliados y, también, en el nuestro. Teniendo en cuenta cuáles son los países implicados, no estamos a favor de la idea de una conferencia que reúna a Estados Unidos, la Unión Soviética, Gran Bretaña y Francia. Después de todo, nos hicimos cargo sin ayuda.

"*Eden* (interrumpiéndolo): Bueno, contamos con el impulso diplomático de Estados Unidos.

"*Churchill* (retomando): Si Estados Unidos quiere tomar nuestro lugar, es otro asunto.

"*Truman*: No, gracias, señor Churchill. Sin embargo, hay un punto en el que tenemos un ligero desacuerdo con el Primer Ministro. Pensamos que en esta región, cada Estado tendría que tener un tratamiento idéntico, sin que uno de ellos pudiera hacer prevalecer un estatus privilegiado.

"*Stalin*: ¿Y esto valdría para Francia?

"*Truman*: Sí.

"*Stalin*: ¿Tengo que deducir que mis colegas no le reconocen a Francia privilegios especiales en la región?

"*Truman*: En lo que a mí respecta, con seguridad no.

"*Churchill*: En cuanto a nosotros, nos gustaría que Francia gozara de una posición privilegiada. Hemos consentido a ello cuando éramos débiles. No podemos volver atrás con la palabra dada. Sin embargo, ese acuerdo sólo comprometía al Reino Unido. No tomaremos ninguna medida concreta para ayudar a Francia a obtener estos privilegios. Si lo logra, estaremos muy contentos.

"*Stalin*: ¿Y de quién obtendría Francia esos privilegios?

"*Churchill*: De Siria y del Líbano.

"*Stalin*: ¿Únicamente de Siria y del Líbano?

"*Churchill*: Únicamente. Los franceses tienen intereses importantes allí. Incluso tienen una canción que dice. 'Parte (¿partiendo?) para Siria' (*risas*). Sus intereses allí se remontan a las Cruzadas.

"*Truman*: Estados Unidos considera que hay que dar los mismos derechos a todos los Estados.

"*Churchill*: ¿Impediría que Siria le otorgara privilegios a Francia?

"*Truman*: No, pero no estamos seguros de que lo hagan.

"*Stalin*: Los sirios muestran alguna reticencia a hacerlo (*risas*). Le agradezco al señor Churchill la completa explicación que nos dio sobre este tema y, con placer, retiro mi propuesta."[78]

No se sabe si de Gaulle se enteró de esta intervención del Primer Ministro a favor de Francia. Si lo hizo, no debe de haberlo creído o, tal vez, consideró que era una nueva trampa que le tendía la pérfida Albión a la Francia desamparada. No lo mencionó para nada en sus *Memorias*. Durante este tiempo, en Postdam, los tres Grandes seguían sus conversaciones sobre los futuros tratados de paz, la delimitación de las fronteras alemanas y polacas, el tratamiento que se le iba a dar a Alemania y la guerra contra Japón. En esta ocasión se le hicieron muchas concesiones a la Unión Soviética; algunas eran inevitables, otras no y todas provocaron lamentaciones tiempo después. Winston Churchill no asistió al fin de la conferencia: el 25 de julio de 1945 los electores británicos le dieron una aplastante mayoría al partido laborista y, al otro día, dejó sus funciones.

El general de Gaulle no se mostró sorprendido por esta desautorización inesperada: "Para los espíritus a los que transporta la ilusión de los sentimientos, esta desgracia que la nación británica le inflige al gran hombre que la había llevado a la salvación y a la victoria podría parecer sorprendente. Sin embargo, en esto no hay implicancias humanas. Pues, en cuanto cesa la guerra, la opinión y la política desnudan la psicología de la unión, del arrebato, del sacrificio, para escuchar a los intereses, los prejuicios, los antagonismos. Winston Churchill no perdió su aureola ni su popularidad, sino más bien la adhesión general que había obtenido como guía y como símbolo de la patria en peligro. Su naturaleza, identificada con un gran proyecto, su figura, esculpida por los fríos y los fuegos de los grandes acontecimientos, eran inadecuadas para los tiempos de la mediocridad".[79]

Pero esta máscara de impasibilidad disimulaba sentimientos contradictorios: "Esta partida facilitaba, en ciertos aspectos, algunos asuntos franceses. Es verdad que dentro de la alianza Churchill no era amistoso. En último término, en el tema del Levante su comportamiento había sido el de un adversario. En suma, me había apoyado mientras me consideraba el jefe de una fracción francesa favorable a él y al que podía utilizar. Por otra parte, este gran político seguía convencido de que Francia era necesaria y este excepcional artista seguramente era sensible al carácter de mi dramática empresa. Pero, cuando vio en mí a Francia como un Estado ambicioso que parecía que quería recuperar su poder en Europa y más allá de los mares, naturalmente sintió que por su alma pasaba el soplo del alma de Pitt. A pesar de todo, lo esencial y lo imborrable es que, sin él, mi intento hubiese sido vano desde el comienzo y que, al darme una mano fuerte y segura, había sido el primero en ayudar a Francia.

"Como lo frecuenté mucho, lo admiré mucho, pero también lo envidié con frecuencia. Pues, si bien su tarea era gigantesca, al menos estaba investido por las instancias regulares del Estado, estaba revestido con todo el poder y provisto de todas las palancas de la autoridad legal, a la cabeza de un pueblo unánime, de un territorio intacto, de un vasto Imperio, de ejércitos temibles (…). Sin embargo, por diferentes que hayan sido las condiciones en las que Churchill y de Gaulle tuvieron que llevar a cabo su obra, por vivas que estuvieran sus disputas, no habían dejado de navegar durante cinco años lado a lado, guiándose por las mismas estrellas en el mar encrespado de la Historia.

"La nave que conducía Churchill ahora estaba amarrada. La que yo timoneaba navegaba a vista de puerto. Al enterarme de que Inglaterra invitaba a desembarcar al capitán al que había llamado cuando se desató la tormenta, preví el momento en que dejaría el gobierno de Francia, pero por mí mismo, como lo había tomado".[80]

Todavía no había llegado ese momento. Ese verano, de Gaulle fue a Alemania para inspeccionar las tropas francesas y supervisar la instalación de una zona francesa de ocupación. A mediados del mes de agosto, Japón dejó la lucha mientras, en Europa, la precariedad de la paz se notaba cada día más. Un mes antes, el general de Gaulle había aceptado viajar a Washington por invitación del presidente Truman: "Era natural que el presidente Truman se preocupara por consultar a Francia",[81] escribió sin demasiada modestia. La visita empezó el 22 de agosto y en los encuentros entre los dos hombres de Estado se trataron muchos temas: la internacionalización del Rhur, la amenaza soviética, la posición francesa en Indochina, el futuro de las colonias francesas y, por supuesto, la cuestión del Levante (de Gaulle aprovechó para señalar "el carácter deplorable de la intervención británica").[82] Ambos se separaron en los mejores términos después de explicaciones francas y cordiales que no terminaron en nada en concreto, ya que el presidente Truman no tenía la menor intención de tratar a Francia como a una gran potencia.

Luego, el general de Gaulle fue a Canadá, donde la población y las autoridades le hicieron un recibimiento triunfal. El 28 de agosto tuvo una larga entrevista a solas con el primer ministro canadiense MacKenzie King, quien anotó en su diario: "De Gaulle me hizo comprender claramente (...) que, según él, Churchill y el Presidente habían sido demasiado generosos con Rusia en la conferencia de Postdam (...). Cuando hablé de Churchill, se conformó con decir 'pobre Churchill', con lo que quería decir que se compadecía por su derrota, pero que se cuidaba de expresar un juicio sobre él".[83]

Mientras tanto, en Gran Bretaña un nuevo equipo manejaba las riendas del poder: en el *Foreign Office*, Ernest Bevin expuso su política sobre Francia y Oliver Harvey escribió el 13 de agosto: "Expuso la rivalidad personal que oponía a Churchill y a de Gaulle, pero dijo que no tenía ni *amour-propre* ni prejuicios de ese tipo y que se proponía establecer mejores relaciones con Francia y con los otros Estados de Europa occidental. Se dedicaría especialmente a promover intercambios con Francia y a mantener buenas relaciones con los diversos ministros franceses. Se esforzaría por reforzar su posición, para que pudieran ser un contrapeso de la política personal de de Gaulle".[84] No podemos decir que fuera una política nueva; finalmente, era lo que había tratado de hacer Churchill durante los últimos cinco años, con los resultados que conocemos.

Winston Churchill se convirtió en un simple ciudadano (poco común, es verdad). Desde su banca en los Comunes siguió otorgándoles un interés vigilante a los asuntos exteriores: como francófilo impenitente mantuvo muchos contactos del otro lado de la Mancha. El 25 de octubre, el embajador Duff Cooper le escribió al nuevo Primer Ministro, Clement Attlee, que Churchill iría a Bruselas el 15 de noviembre para recibir la distinción de ciudadano ilustre de la ciudad. Pero el ex primer ministro también tenía la intención de detenerse en París para encontrarse con "algunos de sus viejos amigos" (en esta oportunidad, Édouard Herriot y Léon Blum).* Duff Cooper se apresuró a agregar que no se trataba de un encuentro con otro "viejo amigo": "En mi opinión, sería inútil, es más, dañino. Por otra parte, dudo de que los dos grandes hombres quieran encontrarse".[85]

Por una vez, el embajador Duff Cooper se equivocaba por completo, pues a ambos les interesaba encontrarse y lo hicieron el 13 de noviembre de 1945. Ese día, en París, la Asamblea Constituyente tenía que elegir al presidente del gobierno. El general de Gaulle se mantuvo expresamente apartado de los debates previos, no presentó programa y ni siquiera presentó su candidatura: "O me elegían como era o no me elegían".[86] De modo que no estaba preocupado por los resultados de la votación y recibió a Churchill como un anfitrión sonriente y distendido: "Almorzamos con el general de Gaulle —registró Duff Cooper en su diario—. Llevaba un traje azul oscuro que le quedaba mucho mejor que el uniforme. Nunca lo admiré y lo quise tanto. Estaba sonriente y trató a Winston más cuidadosamente que cuando era primer ministro. Y aunque prácticamente todo su futuro se jugaba ese día y a esa hora, (...) estaba totalmente distendido. Más aún, uno podía tomarlo por un campesino agradable que vivía a mil leguas de la capital. No hubo ninguna interrupción, ninguna llamada telefónica, ningún mensaje, ninguna ida y venida de secretarias, nada que permitiera indicar que pasaba algo extraordinario. Winston se quedó hasta las 15.30 aunque la Asamblea se reunía a las 15. Cuando se fue, el general lo acompañó hasta la puerta de entrada y se inclinó en el momento en que partió el auto".[87]

Esa tarde, el general de Gaulle fue elegido presidente del gobierno por unanimidad en la Asamblea.

---

* Churchill también tuvo que ocupar su asiento en la Academia de Ciencias Morales y Políticas, donde acababa de ser elegido.

17

CORDIAL ACUERDO

En la tarde del 13 de noviembre de 1945, Winston Churchill se enteró de los resultados de las elecciones y le envió al general de Gaulle una carta entusiasta. Recordó la frase de Plutarco: "La ingratitud hacia los grandes hombres es la marca de los pueblos fuertes", y escribió: "Plutarco mintió". Pero el general siguió siendo escéptico: "Sabía que la votación era una reverencia a mi acción pasada y no una promesa que comprometiera el futuro".[1] Error: el general todavía no había terminado de formar su gobierno cuando tuvo que enfrentarse a la hostilidad de los socialistas, las ambiciones de los comunistas, la desconfianza de los radicales, la pasividad de la derecha, las intrigas de la Asamblea y la agitación de los sindicatos. Con un despecho mal disimulado, asistió al regreso de las prácticas desastrosas del pasado: como había ejercido la autoridad sin compartirla con nadie en los momentos de peligro, no se sentía muy cómodo en medio de las peleas políticas mezquinas y de los interminables problemas administrativos de la Francia de la posguerra. "No salvé a Francia para ocuparme de la ración de macarrones", le dijo a Georges Bidault.[2] Y había algo más: la Asamblea había sido elegida para preparar una Constitución y el proyecto que estaba redactando estaba muy alejado de lo que esperaba el general: habría una Asamblea todopoderosa, un Ejecutivo totalmente subordinado a ella y un presidente reducido a una figura sin poder. Este proyecto tenía que someterse a un referéndum popular en abril de 1946, pero de Gaulle, como presidente del gobierno, no podía modificarlo ni atacarlo. En cambio, si renunciaba, retomaba su libertad de acción y podía explicar lo que pensaba al pueblo francés. El 1º de enero se produjo un debate especialmente penoso en la Asamblea. Algunas horas antes de la votación final del presupuesto para 1946, los socialistas pidieron una disminución del 20 por ciento de los créditos previstos para la defensa nacional. El general, descorazonado, comprendió que no podía seguir al frente de los destinos de una Cuarta República que cada día que pasaba se volvía más una réplica de la Tercera. Después de haber pensado en ella, rechazó la solución del golpe de Estado* y decidió renunciar el 20 de enero de 1946.**

Después de haber renunciado, un gigantesco movimiento popular le solicitó que volviera al poder. Pero no pasó nada y el general se lanzó a una cruzada solitaria contra las instituciones defectuosas de la Cuarta República (que duró doce años). Tuvo un éxito inicial cuando el pueblo francés rechazó el primer proyecto de Constitución en mayo de 1946, pero cinco meses más tarde se adoptó el segundo, que no era esencialmente diferente del primero. A pesar de todo, de Gaulle esperaba que lo volvieran a llamar al poder en cuanto se produjera un nuevo conflicto mundial. La proclamación de la Doctrina Truman, el fracaso de la Conferencia de Ministros de Asuntos Exteriores en Moscú en abril de 1947 y el de la Conferencia de Londres ocho meses más tarde, la creación de la *Cominform* y, finalmente, el comienzo del bloqueo de Berlín en julio de 1948 parecían indicar que no estaba muy lejos. Mientras, de Gaulle había lanzado la agrupación

---

* En abril de 1946, el coronel Passy confió a un diplomático norteamericano lo siguiente: "Si el general hubiese podido reunir diez mil hombres fieles y decididos —como lo habían hecho los comunistas— habría tomado el poder con un golpe de Estado. Pero las dudas y la reticencia del general habían vuelto imposible el proyecto".[3]
** En diciembre y, luego, a comienzos de enero de 1946, de Gaulle se había opuesto violentamente a su Ministro de Asuntos Exteriores por el Levante. El 15 de diciembre, los diplomáticos franceses y británicos habían firmado un acuerdo preliminar que preveía la evacuación simultánea de Siria. El 4 de enero, de Gaulle denunció este "acuerdo", que "es un engaño".[4]

Reunión del Pueblo Francés, un movimiento de masas concebido para oponerse al régimen de partidos (y para llevar a de Gaulle al poder). Sin embargo el RPF y su jefe prestigioso no lograron unir a los franceses bajo el signo de la Cruz de Lorena: la derecha le reprochaba su política de nacionalizaciones, la izquierda lo acusaba de tener puntos de vista fascistas y también se enfrentaba a la coalición "Tercera Fuerza", que unía a socialistas, radicales y al MRP, cuya posición se vio reforzada por los efectos económicos del Plan Marshall. Finalmente, el RPF quedó debilitado por cuestiones intestinas y por la adhesión de elementos más bien dudosos.

Por todas estas razones, de Gaulle estaba cada vez más aislado en su cruzada contra las instituciones de la Cuarta República. Sin embargo, no dejaba de denunciar el poder absoluto de la Asamblea, la parálisis del Ejecutivo, la tragicomedia de los gobiernos que se formaban y se desarmaban con una cadencia acelerada y las políticas inconsistentes que surgían de la confusión general. Como podía esperarse, sus ataques más virulentos eran a la política exterior del régimen, a la que consideraba incompatible con la seguridad y la soberanía de la nación francesa. Así, denunció las posiciones de los sucesivos gobiernos con respecto a Indochina, Alemania, el Consejo de Europa, la OTAN, el plan Schuman y la Comunidad Europea de Defensa. Pero después de haber atacado con fuerza la política de los Aliados, que consistía en crear una administración central alemana que pudiera convertirse en el "núcleo de un nuevo Reich", de Gaulle terminó por aceptar la idea de una nueva Europa que se formaría en torno a Francia y Alemania. Así, cuando el nuevo canciller alemán Konrad Adenauer propuso, a comienzos de 1950, la creación de una unión franco-alemana, de Gaulle reaccionó con entusiasmo frente a la idea de "reconstruir el imperio de Carlomagno".

El general atacó especialmente el proyecto de la Comunidad Europea de Defensa, que privaría a Francia de uno de los atributos esenciales de la soberanía: su ejército, que desaparecería dentro de una cohorte multinacional sin ninguna autoridad (o, peor, subordinada a la de Estados Unidos). Como los norteamericanos y los británicos en ese momento se esforzaban por promover este proyecto por todos los medios posibles, se volvieron enseguida el blanco privilegiado de sus ataques y de su sarcasmo, del mismo modo que las instituciones y los hombres de la Cuarta República. El 12 de noviembre de 1953, de Gaulle lanzó uno de sus ataques más violentos contra la Comunidad Europea de Defensa y contra los "anglosajones": "No hay nada tan curioso como las intervenciones públicas o disimuladas de Estados Unidos para obligar a nuestro país a ratificar un tratado que lo condena a la decadencia (...). Sacrificar la soberanía, entregar a los soldados a la discreción de otros, perder dominios, es bueno para París, pero no para Londres (...). Lo que pasa es que Inglaterra no quiere asumir compromisos en el continente, salvo con algunas divisiones y algunas escuadrillas. Como ve que Estados Unidos también se compromete limitadamente, no tiene ninguna confianza en lo que va a suceder en caso de conflicto en el suelo de lo que Churchill llama 'el infortunado continente'. (...) Indudablemente, dejará algunas fuerzas en Alemania. Indudablemente, tendrá observadores atentos en la 'Comunidad de Defensa'. Es bueno estar informado, sobre todo cuando esto no compromete a gran cosa, no es desagradable tomar lugar como invitado de honor en el banquete de una sociedad de la que uno no es accionista (...). Si Francia piensa que tiene que separar su suerte de la de los territorios de ultramar, ¡y bien! ¡que lo haga! En una crisis mundial, podrían surgir situaciones en las que a lord Mountatten, comandante en jefe del Mediterráneo occidental, y a lord Alexander, vizconde de Túnez, se les presenten algunas posibilidades muy aceptables, más que si lo hubiéramos hecho adrede".[5]

Pero en ese momento, el movimiento del general de Gaulle prácticamente se desintegró. En marzo de 1952, veintisiete miembros del RPF votaron la investidura de Antoine Pinay. Un año más tarde, las elecciones municipales fueron catastróficas para el RPF, que tuvo resultados insignificantes. Los diputados gaullistas, reunidos dentro de la Unión Republicana de Acción Social, entraron en el juego político y se unieron a coaliciones e, inclusive, a varios gobiernos de la Cuarta República. El general de Gaulle estaba más aislado que nunca y no parecía tener la menor posibilidad de acceder algún día al poder.

En Gran Bretaña, Winston Churchill había ingresado a la oposición mucho antes que el general de Gaulle, y también saldría antes. Pero cuando estaba alejado del poder, hablaba más como consejero que como detractor. Por ejemplo, en el famoso discurso de Fulton, en la primavera de 1946, previno a sus compatriotas sobre el peligro mortal del expansionismo soviético. Seis meses más tarde, en Zurich, declaró: "Tenemos que edificar de algún modo los Estados Unidos de Europa —y agregó—: Voy a decir algo que va a asombrarlos. La primera etapa de la reconstitución de una familia de naciones europeas tiene que ser el advenimiento de un acuerdo franco-alemán. Sólo de este modo Francia podría ejercer nuevamente su autoridad moral en Europa. Y Europa no podrá reconstituirse sin la proyección espiritual de Francia y de Alemania".[6]

De este modo, veinte años después de haber declarado: "Tenemos que utilizar nuestra influencia para reducir el antagonismo secular (...) que separa a Francia de Alemania",[7] Churchill se pronunciaba una vez más a favor de una reconciliación franco-alemana y, como en otros tiempos, defendía esta idea con una fogosidad y una elocuencia notables. El 14 de mayo de 1947, declaró en el Albert Hall: "Hoy, Alemania está postrada y hambreada en medio de las ruinas. Evidentemente, no puede tomar ninguna iniciativa. Francia y Gran Bretaña tienen que dar el ejemplo. Ellas deben tenderle una mano amistosa al pueblo alemán y volver a traerlo a la familia de las naciones europeas".[8] Y en octubre del año siguiente repitió: "Espero que Francia, actualmente confundida y debilitada políticamente, encuentre una solución a sus problemas y asuma un papel dirigente en Europa, al tenderle la mano a su enemigo milenario".[9] Finalmente, el 28 de marzo de 1950, declaró en la Cámara de los Comunes. "El Consejo de Europa se reunirá próximamente en Estrasburgo (...). Me gustaría hacer una recomendación frente a esta Cámara: tenemos que hacer todo lo que podamos para alentar y promover una reconciliación franco-alemana, que será el primer paso hacia la unidad o, quizás, hacia una cierta forma de unión. Francia y Gran Bretaña pasaron por duras pruebas y pueden unirse y encontrar la fuerza para llevar a Alemania, que todavía fue más devastada, a asociarse de manera duradera con ellas, como un socio en igualdad de condiciones".[10]

Doce días más tarde, ya lo vimos, el general de Gaulle recibía cálidamente el llamado del canciller Adenauer a favor de una unión franco-alemana. A Churchill no se le escapó esto: "El general de Gaulle (...) acaba de pronunciarse en el tema de las relaciones franco-alemanas. Mis colegas de la Cámara saben perfectamente que no siempre estuve de acuerdo con este gran patriota francés que encarnó, más que nadie durante esta guerra, el alma de Francia y su voluntad de vivir. No hay nadie en Francia que pueda oponerse como él con mayor fuerza y más exitosamente a una reconciliación entre los pueblos francés y alemán (...). En lugar de hacerlo, ¿qué declaró? Se pronunció a favor de la propuesta de una unión económica hecha por Adenauer y voy a leer sus palabras: 'Hace treinta años, puedo decirlo, sigo con interés y consideración los actos y las palabras de Konrad Adenauer. En varias ocasiones me pareció percibir en lo que se dice de este buen alemán una especie de eco a la llamada de Europa, arruinada, dislocada, sangrante y que pide que sus hijos se unan.'

"Quizás algunos digan que la propuesta del doctor Adenauer de instauración de una unión económica entre Alemania y Francia es prematura, poco segura y que todavía no se la ha estudiado lo suficiente. Sin embargo, es un paso en la buena dirección. Es verdad que queremos más, pero eso no significa que los discursos de Adenauer y del general de Gaulle no tengan una dimensión histórica".[11]

Así, mientras de Gaulle y Churchill estaban en completo desacuerdo sobre la Comunidad Europea de Defensa, el Consejo de Europa, la OTAN, el plan Schuman* y muchas otras cosas más, al menos concordaban en reconocer la necesidad de una participación de Alemania en una Europa nueva. A fines del año siguiente, Winston Churchill volvió a ser primer ministro y vol-

---

* Como jefe de la oposición conservadora, Churchill se pronunció a favor de una participación británica en las negociaciones de la CED y en el plan Schuman.

vió a esforzarse por reanudar los vínculos privilegiados que había tenido con Estados Unidos durante la guerra. Siguió en funciones hasta 1955. Simultáneamente, el general de Gaulle, decepcionado por el fracaso del RPF, disgustado por la actitud de los diputados gaullistas, asqueado por la política inconsistente de gobiernos efímeros, se retiró a Colombey-les-Deux-Églises a escribir sus *Memorias* y a esperar impacientemente el momento de su retorno a los asuntos públicos. Pero, en 1955 ese momento parecía más lejano que nunca y el general ya no esperaba cumplir un papel en la vida política de su país (salvo, como decía, "en una crisis muy violenta").

Siguió escribiéndose regularmente con Churchill durante esta larga travesía por el desierto. Además, se instaló durante bastante tiempo una especie de diálogo por interpósita persona y el pasado ocupó un lugar más importante que el presente. Así, cuando alguien le dijo que Churchill había reconocido que el general era una gran persona, simplemente respondió: "¡Ah! ¿Dice eso el monstruo de Downing Street?".* [12] También le contaron estas palabras de Churchill: "Durante la guerra, mi cruz más pesada fue la Cruz de Lorena" y el general contestó orgullosamente: "Si consideramos que las otras cruces que Churchill tuvo que cargar eran el ejército alemán, la guerra submarina, el bombardeo a Gran Bretaña y la amenaza de destrucción; si, después de todo eso, sigue considerando que la más pesada de todos fue la de de Gaulle, entonces es un gran honor que le hace a un hombre solitario, sin ejército, sin patria, con solamente algunos seguidores".[13]

Aunque no se encontraron en este período, Churchill, en una visita privada al sur de Francia, oyó uno de los memorables discursos del general en el marco de la campaña del RPF. Fue en Niza, el 12 de septiembre de 1948. Desde un balcón sobre la plaza Masséna, asistió a la escena en compañía de Alexander Korda, que le preguntó: "Winston, ¿es verdad que dijo que de todas las cruces que cargó, la más pesada fue la de Lorena? 'No', gruñó.

---

* En 1943, a De Gaulle le habían referido las palabras de Churchill sobre el "monstruo de Hampstead"[14] y no las había olvidado.

'No lo dije. Lo lamento, porque era una buena frase. Y entre nosotros, verdadera'".[15]

Si bien no se encontraron, no por eso dejaron de escribirse. En octubre de 1948, Churchill, que acababa de terminar el segundo tomo de sus *Memorias de guerra*, le escribió al jubilado de Colombay para pedirle precisiones sobre la fecha de su primer encuentro en Londres en junio de 1940 (en presencia de Jean Monnet) y de la llegada del general a Inglaterra después de la renuncia de Paul Reynaud. En una carta del 3 de noviembre, de Gaulle le proporcionó todas las indicaciones solicitadas.[16] Hubo otras cartas, en las que comentaban los últimos acontecimientos del mundo. Así, el 22 de agosto de 1950, poco después del desencadenamiento de la guerra de Corea, Churchill le escribió: "¡Qué lamentable que todo lo que hicimos ahora esté librado al mayor peligro que nunca conocí, lo que no es decir poco!".[17]

En junio de 1955, alguien mencionó el nombre de Churchill ante el general, quien le dijo: "Churchill está demasiado viejo. Y no se encuentra cómodo en la mediocridad de la época. Además, fue más un luchador que un estadista".[18] El propio Churchill no habría desautorizado este juicio: algunas semanas antes, el indomable Primer Ministro había renunciado y había dejado a Anthony Eden, su *alter ego*, la tarea de proseguir su obra.

Pasaron tres años desde su retiro de Colombey y el general seguía observando el escenario político francés con una mezcla de diversión y melancolía. Había visto a incapaces rivalizar para acceder al poder, a políticos mediocres barridos por el furor de los acontecimientos, a hombres serios paralizados por las condiciones efímeras y las instituciones defectuosas. Había asistido a la pérdida de Indochina, al abandono del proyecto de la Comunidad Europea de Defensa, al reconocimiento de la "autonomía interna" de Túnez, a la independencia de Marruecos, a los comienzos de la rebelión de Argelia, al fracaso de la expedición de Suez. "No tengo muchas posibilidades de volver al poder", confió a un amigo, "salvo que estos imbéciles sigan practicando una política idiota".[19]

Finalmente, la crisis argelina le dio el golpe de gracia a los gobiernos vacilantes de la Cuarta República. Todo el tiempo a merced de las coaliciones cambiantes de la Asamblea, eran demasiado débiles para negociar y demasiado indecisos para combatir eficazmente. Una nueva crisis ministerial y una conspiración de la extrema derecha desencadenaron los acontecimientos del 13 de mayo en Argel y provocaron esa violenta crisis en la que pensaba el general de Gaulle. Ni los actores ni los inspiradores de la insurrección tenían la menor intención de que volviera al poder pero, en París y en Argel, algunos hombres enérgicos recuperaron el movimiento para el general y los hombres de la Cuarta República, obligados a elegir entre un golpe de Estado militar y el regreso al poder de de Gaulle, optaron por el mal menor: a comienzos de junio de 1958 de Gaulle recibió la investidura de la Asamblea Nacional y los plenos poderes para establecer una nueva Constitución.

Dos meses antes, el nuevo Primer Ministro, Harold Macmillan, le había escrito a Churchill para preguntarle si no tenía inconvenientes en que los norteamericanos publicaran en su selección de documentos diplomáticos cinco telegramas sobre de Gaulle que Churchill le había enviado a Roosevelt en 1943. El jubilado de Chartwell respondió: "Me parece inoportuno atraer la atención sobre nuestras sospechas de esa época sobre de Gaulle, justo en el momento en que todavía podría rendir servicios a Francia. ¿Se puede esperar un poco?".[20] A fines de mayo, un entusiasta Churchill le declaró a lord Moran: "De Gaulle tiene una oportunidad única, tomó la delantera. Todos dependen de él. Va a poder arreglar las cosas en la política francesa".[21] No había mejor gaullista que Winston Churchill.

El último presidente del Consejo de la Cuarta República tenía una terrible tarea: que se redactara una Constitución totalmente diferente de las anteriores en su espíritu y en su letra. En Argelia, tenía que restablecer el orden, tranquilizar al ejército, aplacar a los ultras e intentar negociar con los rebeldes. En Francia, había que reorganizar el aparato gubernamental y preparar las elecciones legislativas. Pero en medio de todo esto, el general todavía tenía tiempo para tomar una medida que le parecía necesaria e importante: el 6 de noviembre, en el Hotel Matignon, sir Winston Churchill recibió la Cruz de la Liberación.

Fue una ceremonia emocionante. En presencia de todos

los Compañeros de la Liberación, el general de Gaulle conde-
coró al luchador implacable, al ilustre estadista y al fiel amigo
de Francia.* "Me importa que Winston Churchill sepa esto
—declaró en un corto discurso—: la ceremonia de hoy significa
que Francia sabe lo que le debe. Me importa que sepa esto: el
que acaba de tener el honor de condecorarlo lo estima y lo ad-
mira más que nunca".[22]

Churchill, visiblemente emocionado, respondió: "Hoy voy a
dirigirme a ustedes en inglés. Es verdad que muchas veces pronuncié discursos en francés, pero eran tiempos de guerra y prefiero que se ahorren las duras pruebas de entonces. Estoy especialmente feliz de que sea mi viejo compañero y amigo, el general
de Gaulle, quien hoy me rinda este homenaje. Seguirá siendo por
siempre el alma de Francia y de su firmeza inquebrantable frente
a la adversidad. Recuerdo que, en los sombríos días de junio de
1940, dije: 'Aquí está el condestable de Francia'. Es un título que
mereció después. (...) Creo poder decir que siempre he sido un
amigo de Francia. Es verdad que durante todos estos hechos y
los graves acontecimientos en los que hemos estado inmersos
durante este último medio siglo, su gran nación y su valiente pueblo ocuparon en mis pensamientos y en mi afecto un lugar privilegiado (...). Nadie sabe qué nos reserva el futuro, pero es seguro
que si Gran Bretaña y Francia, que desde hace tanto tiempo están a la vanguardia de la civilización occidental, siguen unidas,
con sus imperios, sus amigos norteamericanos y sus otros aliados, entonces podemos tener esperanzas. Les agradezco el honor que me han concedido. ¡Viva Francia!".[23]

Pierre Lefranc, que había organizado toda la ceremonia,
contó la continuación: "La música tocó *Dios salve a la Reina* y la
Marsellesa y Churchill pasó revista a las tropas a la manera británica, es decir, extremadamente lenta. El general, de uniforme, lo
acompañaba. Churchill se detenía a cada paso y nos preguntába-
mos si iba a volver a andar. Miraba a cada soldado a los ojos. El

---

* Es curioso que Anthony Eden, al que la Francia Libre le debía tanto,
no haya sido condecorado nunca. Pero fue recibido frecuentemente en el
Elíseo durante los años venideros.

general parecía encontrar el paseo un tanto largo. Luego, llevamos al gran inglés al ascensor. Ese aparato era ciertamente de
época, es decir, había sido construido en el siglo dieciocho. Sólo
podía llevar a dos personas muy flacas y ningún técnico podía
asegurar que llegaría al primer piso. Churchill llegó a buen puerto
y se instaló en un sólido sillón, tomó un cigarro y se sirvió champán. En la mesa, instalada frente al general, empezó a animarse y
contó en francés una o dos historias de la guerra. Hablaba más
lentamente todavía de lo que caminaba y todos sufríamos por el
silencio que se abatía sobre los invitados entre cada palabra de un
francés fantasioso. El general hacía esfuerzos para animar la conversación, pero Churchill volvía con otro relato y recomenzaba la
espera ansiosa de la nueva palabra.

”Si mis recuerdos son exactos, hablaba de 1940: 'Pobre gran
Francia', comprobó. Luego relató un confuso episodio de la Gran
Guerra. Se trataba de Foch. De nuevo Reynaud entró en escena.
'Pétain. ¡Una desgracia!'. Luego, el desembarco: 'Había viento,
mucho. Soldados magníficos. El rey no podía estar allí. Entonces
yo tampoco. Todavía lo lamento'. Finalmente, me parece que siguió con Inglaterra.

”Lo escoltamos hasta el Rolls Royce del Embajador al pie de
la escalinata de entrada. En el jardín, se dio vuelta hacia de Gaulle y lo saludó un buen tiempo con el sombrero.

”'¡Qué tristeza!', me dijo de Gaulle en el ascensor".[24]

Antes de fines de 1958, el último presidente del Consejo de
la Cuarta República fue elegido presidente de la Quinta. Su tarea más urgente era encontrar una solución a la crisis argelina.
En 1959 propuso una asociación de Argelia con Francia, prece-
dida de la "autodeterminación del pueblo argelino". Pero tuvo
que maniobrar con mucha prudencia para desarmar a los partidarios de una Argelia francesa y, al mismo tiempo, proseguir la
lucha a ultranza contra los rebeldes argelinos (dos empresas
extraordinariamente difíciles, ninguna de las cuales fue un éxito completo). En medio de este tenso clima político, otro viejo
compañero de los tiempos de guerra fue a París, donde se lo recibió con una gran ceremonia: era el general Eisenhower, ex
comandante supremo de las fuerzas aliadas en Europa, convertido en presidente de Estados Unidos. En sus encuentros exa-

minaron juntos todos los grandes problemas de ese momento, pero también hablaron del pasado. El general Vernon Walters dio cuenta de las siguientes palabras del general de Gaulle: "Roosevelt pensaba que yo creía que era Juana de Arco. Se equivoca. Yo, simplemente, pensaba que era el general de Gaulle (...). Churchill había dicho durante la guerra que la cruz más pesada que había cargado era la (...) Cruz de Lorena pero, a pesar de eso, no sólo yo, sino Francia y el mundo libre están en deuda con él". Y agregó, con cierta ironía: "Yo sabía cuánto le gustaban las medallas. Cuando volví al poder, le otorgué la Orden de la Liberación, y lo hice bajo el ojo vigilante de Napoleón. Cuando lo condecoré, le dije: 'Sir Winston, Francia le otorga esta distinción para que sepa que no ignora lo que le debe'. ¡Cómo lloró! ¡Qué artista!".[25]

Pasaron seis meses. A comienzos de abril de 1960, por primera vez en quince años, el general de Gaulle volvió al país que lo había recibido en los sombríos días de la derrota. El jefe de la Francia Libre, ahora presidente de toda Francia, tuvo un recibimiento triunfal en Londres. Pero reservó una de sus primeras visitas a su viejo compañero de la guerra, que lo acogió con todos los signos de una inmensa emoción. "Sir Winston, distendido, con la cara rosada, en chaqué negro, con un nudo mariposa de terciopelo negro, esperó en el vano de la puerta y lo recibió en francés:

"—Es bienvenido en mi casa. Hasta el fin de mi vida será bienvenido.

""Y cuando de Gaulle se fue, dijo, haciendo una reverencia:

"—*Good bye*, sir Winston.[26]

"Y Churchill:

"—¡Viva Francia!"

Fueron las últimas palabras que escuché de él, escribió el general en sus *Memorias*.*[27]

El 7 de abril, en Westminster, de Gaulle se dirigió a las dos

---

* No es totalmente exacto. Se encontraron otra vez seis meses más tarde en el sur de Francia y tuvieron una larga entrevista en el edificio de la Prefectura de Niza.

Cámaras del Parlamento reunidas. Louis Kirby, periodista del *Daily Mail*, describió ese momento solemne: "Rodeados por la rutilante hilera de honor de los *Yeomen* de la Guardia y por los gentilhombres en armas, sir Winston Churchill y el Presidente de la República Francesa todavía no se habían visto. Cuando sus ojos se encontraron, la música de la Guardia en uniforme rojo escarlata finalmente terminaba de tocar la *Marsellesa*. Después de los himnos, el general, en chaqué negro, tomó la palabra para dirigirse a las dos Cámaras reunidas. Cuando vio a sir Winston, sentado en la primera fila, de Gaulle tuvo un escalofrío, su cara enrojeció, sus ojos se humedecieron".[28]

Lenta, gravemente, de Gaulle se puso a evocar el pasado: "Winston Churchill, en la mayor prueba por la que haya pasado Inglaterra, fue su jefe, su inspirador y el de muchos otros". Y en un resumen sorprendente agregó: "Si, en esos días de junio de 1944, no estuve constante y enteramente de acuerdo con los puntos de vista particulares de mi muy ilustre amigo, fue porque el éxito, ahora seguro, nos llevaba a alguna intransigencia. Cuatro años antes, nuestras discusiones habían sido menos obstinadas. Pero ven cómo el tiempo se encarga de poner de relieve lo que cuenta y borrar lo que importa poco. Hoy, mi presencia ante ustedes le dice al pueblo de Gran Bretaña que el pueblo de Francia les debe, para siempre, su amistad y su admiración".[29]

Cuando terminó su discurso, según cuenta un testigo, "los asistentes estaban muy emocionados (...). Bajó los escalones de piedra, como una silueta exaltada y un tanto mística. Se detuvo algunos instantes para cambiar unas palabras con Macmillan y, luego, avanzó con paso firme por la alfombra roja (...) hasta las grandes puertas por donde se sale de la Historia para entrar al mundo agitado de hoy".[30]

Si bien no volvieron a verse después de 1960, los dos estadistas siguieron en contacto estrecho. "Churchill y de Gaulle —dijo Randolph Churchill— intercambiaron cartas, telegramas (...). La mayoría de las del general estaban escritas a mano. Es la correspondencia de dos gigantes de la Historia. Las de Churchill contienen su aprobación y su aliento (...), especialmente en el momento de los referéndum". Y concluye: "Mi padre tenía una tarea delicada: apoyar a de Gaulle ante los norteamericanos, sobre todo en la segunda fase de la guerra, cuando Estados Unidos empezó a hacerle sentir a Inglaterra que era el Aliado mayor".[31]

Randolph Churchill habría podido agregar que Eden y el *Foreign Office* tuvieron, en algunos momentos, una tarea más delicada todavía: apoyar a de Gaulle ante Churchill, cuando se ponía de parte de los norteamericanos. Pero todo esto ya no tenía importancia: entre los dos grandes hombres solamente quedaba amistad y respeto mutuo. Durante los dos años siguientes, Churchill, retirado de la vida política, siguió con interés y admiración los esfuerzos desmedidos que desplegó el general de Gaulle para sacar a su país del atolladero del conflicto argelino. Y éste nunca dejó de tener noticias de su aliado en tiempos de guerra y su amigo en tiempos de paz.

A pesar de todas las manifestaciones de amistad franco-británica, el general de Gaulle se opuso terminantemente a la entrada de Gran Bretaña en el Mercado Común a comienzos de 1963. Los que vieron en este rechazo una especie de revancha por las exacciones pasadas de la pérfida Albión se engañaron tanto como los que lo acusaron de traicionar a sus amigos británicos. En realidad, consideraba que, en las condiciones del momento, la participación de Gran Bretaña no era buena para los intereses de Europa y, sobre todo, de Francia (en definitiva, la única consideración importante). "Un hombre puede tener amigos, una nación, nunca."

El general de Gaulle le había ofrecido a su amigo, Winston Churchill, un gran gallo galo de cristal, que el ex Primer Ministro guardó celosamente hasta el día de su muerte.[32] Ese día llegó el 24 de enero de 1965. A los muchos homenajes que se hicieron en su memoria, de Gaulle agregó un simple mensaje: "Veo desaparecer en la persona de este gran hombre a mi compañero de guerra y a mi amigo". Antes de ir a las exequias, escribió a la reina Elizabeth: "En este gran drama, fue el más grande".[33]

El 24 de enero de 1966, la señora Churchill recibió la siguiente carta, escrita a mano por el general: "Llega el triste momento del aniversario. Permítame decirle que cuando pienso en la gran memoria de sir Winston Churchill, experimento, más que nunca, la grandeza de su obra, la fuerza y la calidad de los vínculos que me unían a él y que, a través de nosotros, unían a Francia y a Inglaterra. Querría que supiera que mi mujer y yo compartimos de todo corazón la pena que provocó en usted y en los suyos la desaparición de su querido y glorioso marido".[34]

Cuando, luego de su derrota en el referéndum de abril de 1969, puso término a sus funciones, recibió una carta de apoyo de lady Churchill, a la que respondió así: "No hay mensaje que me haya emocionado más que el suyo. Y, al recibirlo de su parte, me pareció que procedía, al mismo tiempo, del gran y querido Winston Churchill. Se lo agradezco de todo corazón".[35] El 24 de enero siguiente, con el regreso del "triste y emocionante aniversario", Clementine Churchill recibió una nueva carta manuscrita del general. Fue la última: diez meses más tarde Charles de Gaulle murió.

En Francia, la gigantesca estatura del general de Gaulle inspiró a sus continuadores (y también a sus opositores) durante un cuarto de siglo. Para los británicos, en todo caso, de Gaulle siguió siendo el gran general que había ido a compartir su suerte en 1940 y el estadista que sabía decir no (y que no se privaba de hacerlo). En Gran Bretaña, por supuesto, nadie se olvidaba de Winston Churchill: se lo raleaba, a veces se lo criticaba, pero sus compatriotas no dejaban de sentir respeto, afecto y admiración por él. Los franceses no lo olvidaron tampoco, quizás porque, para ellos, era el símbolo de la libertad y la imagen de la liberación; quizás, también, porque se dirigía a ellos en un francés tan cariñoso como irreal; quizás, finalmente, porque adoraba Francia y los franceses lo sabían muy bien.

Llegamos al fin del viaje. Y después de todo esto, todavía podemos preguntarnos lo que el general de Gaulle realmente pensaba de Winston Churchill.

"¿Churchill? ¡Un gran artista!"

Y lo que Winston Churchill realmente pensaba del general de Gaulle.

"¿De Gaulle? ¡Ah! ¡El Hombre de Francia!"

NOTAS

INTRODUCCIÓN

1. M. Gilbert, *W. S. Churchill* (Heinemann, Londres, 1971), vol. 3, p. 535.
2. *Idem,* vol. 3, p. 561.
3. Captain X, *With Winston Churchill at the Front* (Gowans, Londres, 1924), p. 69; O. Lyttelton, *Memoirs of Lord Chandos* (Bodley Head, Londres, 1962), p. 51.
4. *Debates parlamentarios*, House of Commons, 29 de junio de 1931.
5. *Idem,* 23 de marzo de 1933.
6. *Idem,* 7 de noviembre de 1933.
7. W. Churchill, *The Second World War* (Cassell, Londres, 1948), vol. 1, I, p. 80.
8. House of Commons, 11 de noviembre de 1936.
9. P. Guedalla, *Mr Churchill* (Hodder & Stoughton, Londres, 1945), p. 266.
10. R. W. Thompson, *Churchill and Morton* (Hodder & Stoughton, Londres, 1976), p. 148.
11. M. Gilbert, *op. cit.,* vol. 4, p. 609.
12. House of Commons, 23 de noviembre de 1932.
13. R. W. Thompson, *op. cit.,* p. 21.
14. M. Gilbert, *op. cit.,* vol. 5, p. 735.
15. *Idem,* vol. 5, p. 654.
16. *Idem,* vol. 5, pp. 861, 943 y 1075.
17. R. W. Thompson, *op. cit.,* p. 22.
18. A Gilbert, *op. cit.,* vol. 5, p. 687.
19. *Idem,* vol. 5, p. 296.

20. K. Feiling, *N. Chamberlain* (Macmillan, Londres, 1946), p. 406.
21. M. Gilbert, *op. cit.*, vol. 5, p. 1065.
22. J. Lacouture, *De Gaulle* (Seuil, Paris, 1965), p. 13.
23. Ch. de Gaulle, *Mémoires de guerre*, T. 1: *L'Appel* (Plon, Paris, 1954), p. 2.
24. L. Nachin, *Charles de Gaulle, General de France* (Berger-Levrault, Paris, 1971), p. 33.
25. Ch. de Gaulle, *L'Appel, op. cit.*, pp. 3-4.
26. Ch. de Gaulle, *Vers l'armée de métier* (Berger-Levrault, Paris, 1934).
27. *Idem*, p. 31.
28. R. Bouscat, *De Gaulle-Giraud* (Flammarion, Paris, 1976), p. 40.
29. J. Vendroux, *Cette chance que j'ai eue* (Plon, Paris, 1974), p. 58.
30. G. Bonheur, *Charles de Gaulle* (Gallimard, Paris, 1958), p. 80.
31. J.-R. Tournoux, *Pétain et de Gaulle* (Paris, Plon, 1964), p. 98.
32. Ch. de Gaulle, *L'Appel, op. cit.*, p. 2.

CAPÍTULO 1

1. W. Churchill, *My early life* (Thornton and Butterworth, Londres, 1930), p. 13.
2. W. Churchill, *Complete Speeches,* R. R. James, editor (Chelsea House, Londres, 1974), vol. 7, p. 7357.
3. *Ibidem*.
4. Ch. de Gaulle, *Mémoires de guerre*, T. II: *L'Unité* (Plon, Paris, 1956), p. 647.
5. W. Churchill, *Great Contemporaries* (Odhams, Londres, 1948), p. 146.
6. *Idem*, p. 237.
7. *Idem*, p. 236.
8. M. Gilbert, *W. Churchill, op. cit.*, vol. 4, p. 608.
9. W. Churchill, *Complete Speeches, op. cit.*, vol. 4, p. 3387.
10. *Idem*, vol. 4, p. 3767.

11. *Idem*, vol. 5, p. 5059.

12. *Idem*, p. 5058.

13. House of Commons, vol. 276, 14 de marzo de 1933, col. 1819.

14. W. Churchill, *Complete Speeches, op. cit.*, vol. 5, p. 5238.

15. *Idem*, p. 5916.

16. R. S. Churchill, *Winston S. Churchill* (Heinemann, Londres, 1978), vol. 2, p. 531.

17. W. Churchill, *Complete Speeches, op. cit.*, vol. 6, p. 5814.

18. Ce mois-là, l'Autriche est annexée à l'Allemagne.

19. House of Commons, vol. 333, 24 de marzo de 1938, p. 1443.

20. *Daily Telegraph*, 14 de abril de 1938.

21. W. Churchill, *Complete Speeches, op. cit.*, vol. 6, p. 6069.

22. *Idem*, p. 6125.

23. M. Gilbert, *op. cit.*, vol. 5, p. 786.

24. B. Liddell-Hart, *Memoirs* (Cassell, Londres, 1965), vol. 2, p. 303.

25. W. Churchill, *Complete Speeches, op. cit.*, vol. 6, p. 5916.

26. R. W. Thompson, *Churchill and Morton, op. cit.*, p. 72.

27. Chips, *Diaries of Sir H. Channon* (Weidenfeld, Londres, 1967), p. 381.

28. M. Gilbert, *op. cit.*, vol. 5, p. 929.

29. *Idem*, p. 928.

30. *Idem*, p. 978.

31. L. Blum, *Mémoires* (Albin Michel, Paris, 1965), T. IV, 2, p. 390.

32. W. Churchill, *The Second World War*, vol. 1, p. 220.

33. *Ibidem*, vol. 5, p. 862.

34. M. Gilbert, *op. cit.*, vol. 5, p. 862.

35. E. Spears, *Assignment to catastrophe* (Heinemann, Londres, 1954), vol. 1, pp. 6-7.

36. W. Churchill, *Complete Speeches, op. cit.*, vol. 6, p. 6126.

37. M. Gilbert, *op. cit.*, vol. 5, p. 1075.

38. J.-R. Tournoux, *Pétain et de Gaulle* (Plon, Paris, 1964), p. 19.

39. Ch. de Gaulle, *L'Appel, op. cit.*, p. 2.

40. Entrevista del general Billotte con el autor, 5 de abril de 1979.

41. Ch. de Gaulle, *Lettres, notes et carnets*, 41-43 (Plon, Paris, 1982), p. 225.
42. Ch. de Gaulle, *Mémoires de guerre*, T. III: *Le Salut* (Plon, Paris, 1959), p. 45.
43. Entrevista del general Billotte con el autor, 5 de abril de 1979.
44. Ch. de Gaulle, *L'Appel*, op. cit., p. 3.
45. Ch. de Gaulle, Vers *l'armée de métier*, op. cit., p. 18.
46. Ch. de Gaulle, *L'Appel*, op. cit., p. 3.
47. J. Vendroux, *Cette chance que j'ai eue*, op. cit., p. 58.

CAPÍTULO 2

1. J. Marin, *De Gaulle* (Hachette, Paris, 1973), p. 53.
2. W. Churchill, *The Second World War*, op. cit., vol. 1, p. 527.
3. W. H. Thompson, Sixty *Minutes with Churchill* (C. Johnson, Londres, 1953), p. 45.
4. P. de Villelume, *Journal d'une défaite* (Fayard, Paris, 1976), p. 337.
5. W. Churchill, op. cit., vol. 2, pp. 38-39.
6. D. Dilks, *Cadogan Diaries* (Cassell, Londres, 1971), p. 286.
7. H. Ismay, *Memoirs* (Heinemann, Londres, 1960), p. 126; W. Churchill, op. cit., vol. 2, p. 41.
8. W. Churchill, op. cit., vol. 2, p. 42.
9. H. Ismay, op. cit., p. 127.
10. *Ibidem*.
11. W. Churchill, op. cit., vol. 2, p. 42.
12. *Idem*, p. 43.
13. CAB 99/3, Supreme War Council, 11th meeting, 16/5/40.
14. D. Dilks, op. cit., p. 285.
15. W. Churchill, op. cit., vol. 2, pp. 45-46.
16. P. Baudouin, 9 *mois au gouvernement* (La Table Ronde, Paris, 1948), p. 87.
17. H. Guderian, *Erinnerungen eines Soldaten* (Vowinckel, Heidelberg, 1951), p. 99.
18. CAB 99/3, SWC, 12th meeting, 11/10/40.
19. CAB 99/3, SWC, 13th meeting, 31/10/40.

CAPÍTULO 3

1. House of Commons, 4 de junio de 1940.
2. W. Churchill, *The Second World War, op. cit.*, vol. 2, p. 46.
3. W. Churchill, *Complete Speeches, op. cit.*, vol. 6, p. 6221.
4. Véase p. 40.
5. E. Spears, *Assignment, op. cit.*, vol. 1, p. 165.
6. *Idem*, vol. 1, p. 167.
7. E. Spears, *op. cit.*, vol. 2, p. 70.
8. W Churchill, *The Second World War, op. cit.*, vol. 2, p. 128.
9. Ch. de Gaulle, *L'Appel, op. cit.*, pp. 43-44.
10. *Idem*, p. 44.
11. *Ibidem*.
12. R. Reynaud, *Mémoires* (Flammarion, Paris, 1963), t. 2, p. 389.
13. Véase p. 35.
14. *The Times*, 7 de junio de 1940.
15. Ch. de Gaulle, *L'Appel, op. cit.*, pp. 47-48.
16. *Idem*, pp. 46-47.
17. *A. E. Dossier Dejean 1*. E2, 11/6/1940, Londres.
18. Ch. de Gaulle, *L'Appel, op. cit.*, p. 52.
19. W. Churchill, *The Second World War, op. cit.*, vol. 2, p. 136.
20. P. Reynaud, *Au cœur de la mêlée* (Flammarion, Paris, 1951), p. 304; CAB 99/3, SWC, 11/6/40, así como E. Spears, *op. cit.*, vol. 2, pp. 140-141.
21. P. de Villelume, *Journal d'une défaite, op. cit.*, p. 407.
22. H. Ismay, *Memoirs, op. cit.*, p. 140; W. Churchill, *The Second World War, op. cit.*, vol. 2, p. 137.
23. E. Spears, *op. cit.*, vol. 2, p. 146; CAB 99/3, SWC, 11/6/40; P. Reynaud, *op. cit.*, p. 304.
24. *Ibidem*, así como Villelume, *op. cit.*, p. 410.
25. H. Ismay, *op. cit.*, p. 140; W. Churchill, *op. cit.*, vol. 2, p. 139.
26. E. Spears, *op. cit.*, vol. 2, p. 150.
27. A. Eden, *Memoirs. The Reckoning* (Cassell, Londres, 1965), p. 116.
28. L. Spears, *op. cit.*, vol. 2, pp. 150-170; Villelume, *op. cit.*, p. 411; Winston Churchill, *op. cit.*, vol. 2, p. 137.

29. *Idem*, p. 171.
30. Ch. de Gaulle, *L'Appel, op. cit.*, p. 54.
31. W. Churchill, *The Second World War, op. cit.*, vol. 2, p. 136.
32. E. Spears, *op. cit.*, vol. 2, p. 139.
33. A. Eden, *op. cit.*, p. 116.
34. W. Churchill, *The Second World War, op. cit.*, vol. 2, p. 142.
35. Ch. de Gaulle, *L'Appel, op. cit.*, p. 54.
36. W. Churchill, *The Second World War, op. cit.*, vol. 2, p. 142.
37. E. Loewenheim *et al.*, *Roosevelt and Churchill* (Duton, New York, 1975), p. 99.
38. E. Spears, *op. cit.*, vol. 2, p. 170.
39. P. Baudouin, 9 *mois au Gouvernement, op. cit.*, p. 150; P. Reynaud, *Mémoires, op. cit.*, vol. 2, p. 401; Spears, *op. cit.*, vol. 2, p. 224.
40. W. Churchill, *The Second World War, op. cit.*, vol. 2, p. 158.
41. E. Spears, *op. cit.*, p. 201; CAB 99/3, SWC, 13/6/40.
42. W. Churchill, *The Second World War, op. cit.*, vol. 2, p. 158.
43. E. Spears, *op. cit.*, vol. 2, p. 203; CAB 99/3.
44. P. Baudouin, *op. cit.*, p. 155.
45. H. Ismay, *op. cit.*, p. 144.
46. D. Dilks, *Cadogan Diaries, op. cit.*, p. 298.
47. W. Churchill, *The Second World War, op. cit.*, vol. 2, p. 163.
48. E. Spears, *op. cit.*, vol. 2, pp. 205-207; P. Baudouin, *op. cit.*, p. 102; CAB 99/3, SWC.
49. P. Reynaud, *Au cœur de la mêlée, op. cit.*, p. 770.
50. E. Spears, *op. cit.*, vol. 2, p. 207; W. Churchill, *The Second World War, op. cit.*, vol. 2, p. 160; P. Reynaud, *Au cœur...*, *op. cit.*, p. 771.
51. E. Spears, *op. cit.*, vol. 2, p. 210; P. Reynaud, *op. cit.*, p. 771.
52. P. Reynaud, *Mémoires, op. cit.*, t. 2, p. 403; CAB 99/3.
53. E. Spears, *op. cit.*, vol. 2, p. 210; CAB 99/3 SWC; P. Reynaud, *Au cœur...*, *op. cit.*, p. 771; W. Churchill, *The Second World War, op. cit.*, vol. 2, p. 161; P. Baudouin, *op. cit.*, p. 156.
54. Ch. de Gaulle, *L'Appel, op. cit.*, pp. 56-57.
55. *Idem*, p. 57.
56. E. Spears, *op. cit.*, vol. 2, p. 216; P. Reynaud, *Au cœur...*, *op. cit.*, p. 773.

57. CPA., MG. 26J. 13; *MacKenzie King diaries*, 1944, p. 653, 11/7/1944.
58. P. Reynaud, *Au cœur...*, *op. cit.*, pp. 773-774.
59. E. Spears, *op. cit.*, vol. 2, p. 162.
60. W. Churchill, *The Second World War, op. cit.*, vol. 2, p. 162.
61. Entrevista de M. Geoffroy de Courcel con el autor, 24 de abril de 1979.
62. H. Amouroux, *Le 18 juin 1940* (Fayard, Paris, 1964), p. 325.
63. E. Spears, *op. cit.*, vol. 2, pp. 218-219.
64. Ch. de Gaulle, *L'Appel, op. cit.*, p. 58.
65. *Idem*, pp. 58-59.
66. *Idem*, p. 59.
67. R. Benoist-Méchin, *Soixante jours qui ébranlèrent l'Occident* (Albin Michel, Paris, 1956), t. 3, p. 234.
68. Ch. de Gaulle, *L'Appel, op. cit.*, p. 62.
69. *Idem*, pp. 62-63.
70. H. Ismay, *op. cit.*, p. 142.
71. W. Churchill, *The Second World War, op. cit.*, vol. 2, p. 165.
72. *Idem*, p. 163.
73. J. Colville, *Footprints in time* (Collins, Londres, 1976), p. 86.
74. W. Churchill, *The Second World War, op. cit.*, vol. 2, p. 180.
75. J. Colville, *op. cit.*, pp. 86-87.
76. *Idem*, p. 87.
77. W. Churchill, *The Second World War, op. cit.*, vol. 2, p. 181.
78. J. Colville, *op. cit.*, p. 88.
79. Ch. de Gaulle, *L'Appel, op. cit.*, p. 64.
80. P. Reynaud en *Churchill by his contemporaries* (Hutchinson, Londres, 1953), p. 321.
81. Ch. de Gaulle, *L'Appel, op. cit.*, p. 64.
82. W. Churchill, *The Second World War, op. cit.*, vol. 2, p. 183.
83. J. Colville, *op. cit.*, p. 88.
84. W. Churchill, *op. cit.*, vol. 2, p. 183.
85. L.-L. Woodward, *British Foreign Policy in the Second World War* (HMSO, Londres, 1970), vol. 1, p. 280.
86. Ch. de Gaulle, *L'Appel, op. cit.*, pp. 64-65.
87. W. Churchill, *op. cit.*, vol. 2, p. 189.
88. Ch. de Gaulle, *L'Appel, op. cit.*, p. 65.
89. J. Auburtin, *Le Colonel de Gaulle* (Plon, Paris, 1965), p. 174.

90. Ch. de Gaulle, *L'Appel, op. cit.*, p. 65.

91. *Ibídem.*

92. *Ibidem.*

93. W. Churchill, *op. cit.*, pp. 191-192.

94. H. Amouroux, *op. cit.*, p. 353.

95. E. Spears, *op. cit.*, vol. 2, p. 193.

96. J. Leasor, *War at the top, op. cit.*, p. 92.

97. E. Spears, *op. cit.*, vol. 2, p. 323.

98. Ch. de Gaulle, *Le Salut, op. cit.*, p. 204.

99. Ch. de Gaulle, *L'Appel, op. cit.*, p. 70.

100. Ch. de Gaulle, *Le Salut, op. cit.*, p. 204.

CAPÍTULO 4

1. CAB 65/7, WM 171 (40) 11, 18/6/1940,

2. *Ibidem.*

3. Ch. de Gaulle, *L'Appel, op. cit.*, p. 71.

4. A. Gillois, *Histoire secrète des Français à Londres* (Hachette, Paris, 1973), p. 59.

5. *Cadogan Diaries*, pp. 304-306.

6. CCAC, SPRS, 1/136-2, Vansittart Committee.

7. Lord Gladwyn, *De Gaulle,* in *The History makers* (Sidgwick & Jackson, Londres, 1973), p. 364.

8. *Idem*, SPRS 1/137-2b. Véanse también: Ch. de Gaulle, *L'Appel, op. cit.*, pp. 75-76; L. Spears (L.), *Two Men who saved France* (Eyre & Spottiswoode, Londres, 1966), p. 157; A. Weil-Curiel, *Le jour se lève à Londres* (Myrte, Paris, 1945), p. 289; Passy, *Souvenirs, op. cit.*, t. 1, p. 24.

9. CCAC, SPRS 1/1 37-2b, 2/7/1940.

10. Passy, *Souvenirs* (Solar, Monte Carlo, 1947), t. 1, p. 41.

11. Ch. de Gaulle, *L'Appel, op. cit.*, p. 275.

12. Ch. Fouchet, *Au service du général de Gaulle* (Plon, Paris, 1971), p. 21.

13. R. Cassin, *Les Hommes partis de rien* (Plon, Paris, 1975), p. 77.

14. Ch. de Gaulle, *L'Appel, op. cit.*, p. 270.

15. W. Churchill, *The Second World War, op. cit.*, vol. 2, p. 172.

16. CAB 65/7, Winston Churchill 177 (40) 8, 23/6/40.
17. Ch. de Gaulle, *L'Appel, op. cit.*, p. 270.
18. CAB 65/7.
19. *Idem*, WM 178 (40) 8, 24/6140.
20. R. Cassin, *op. cit.*, p. 76.
21. CAB 65/8, 28/6140.
22. W. Churchill, *The Second World War, op. cit.*, vol. 2, p. 206.
23. J.-R. Tournoux, *Pétain et de Gaulle, op. cit.*, p. 229.
24. E. Spears, *Two men who saved France, op. cit.*, p. 164; OCAC, SPRS 1/136/1.
25. Ch. de Gaulle, *L'Appel, op. cit.*, pp. 275-276.
26. CCAC, SORS 1/134/1 De Gaulle.
27. J.-R. Tournoux, *op. cit.*, p. 230.
28. FO 371/24340, Richmond Temple Report, 24/9/40.
29. R. Mengin, *De Gaulle à Londres* (La Table ronde, Paris, 1965), p. 31.
30. Ch. de Gaulle, *L'Appel, op. cit.*, pp. 86-87.
31. *Debates parlamentarios*, House of Commons, vol. 364, col. 1169, 20/8/40.
32. W. Churchill, *The Second World War, op. cit.*, vol. 2, p. 566.
33. *Idem*, vol. 2, p. 569.
34. *Idem*, vol. 2, p. 579.
35. CAB 65/14, WM (40) 219th concl. conf. Annex, 5/8/40.
36. W. Churchill, *The Second World War, op. cit.*, vol. 2, p. 577.
37. CCAC, SPRS 1/134/3, "D. Morton to H. Dalton", 18/8740.
38. W. Churchill, *op. cit.*, vol. 2, p. 588.
39. E. Spears, *op. cit.*, p. 145.
40. Ch. de Gaulle, *L'Appel, op. cit.*, pp. 279-281.
41. R. Cassin, *op. cit.*, p. 105.
42. Ch. de Gaulle, *L'Appel, op. cit.*, p. 80.
43. *Idem*, pp. 278, 282 y 283.
44. C. Bouchinet-Serreulles, *Nous étions faits pour être libres* (Grasset, Paris, 2000), p. 98.
45. *Idem*, p. 88.
46. *Idem*, p. 97.
47. *Ibidem*.
48. PREM 3/276, Consul General, Dakar to FO, 4/7/40.
49. CAB 80/15, COS (40) 585, 29/7/40.

50. A. Marder, *Operation Menace* (OUP, Londres, 1976), pp. 16-17.
51. Ch. de Gaulle, *L'Appel, op. cit.*, p. 97.
52. M. Gilbert, *W. S. Churchill, op. cit.*, vol. 5, p. 297.
53. ADM 199/907, "Winston Churchill to General Ismay for COSC", 8/8/40. También en Winston Churchill, *The Second World War, op. cit.*, vol. 2, p. 422.
54. A. Marder, *op. cit.*, p. 25.
55. E. Spears, *op. cit.*, p. 185.
56. W. Churchill, *The Second World War, op. cit.*, vol. 2, p. 424.
57. CCAC, SPRS 1/136/1, Dakar, 9/8/40.
58. L.E.H. Maund, *Assault from the Sea* (Methuen, Londres 1949), p. 72.
59. J.R.M. Butler, *Grand Strategy* (HMSO, Londres, 1957), vol. 2, p. 316.
60. *Ibidem*; así como en Passy, *op. cit.*, vol. 1.
61. GCAC, SPRS 1/136/5 "Hollis to Spears", 28/8/40.
62. ADM 199/1931, "Lieutenant R.T. Paget to A. V. Alexander", FLA 29/8/40.
63. E. Spears, *Two Men...*, *op. cit.*, p. 183; A. Marder, *op. cit.*, pp. 47-48.
64. G. Catroux, *Dans la bataille de Méditerranée* (Julliard, Paris, 1949), pp. 33-35.
65. W. Churchill, *The Second World War, op. cit.*, vol. 2, p. 428.
66. CCAC, SPRS 2/6, *Spears Diaries*, 25/9/40.
67. J.-R. Tournoux, *op. cit.*, p. 127.
68. CCAC, SP RS 2/6, *op. cit.*, n° 25, 26/9/40.
69. *Idem*, 1/10/40.
70. *Daily Mirror*, 27/9/40.
71. House of Commons, *Debates parlamentarios*, vol. 365, col. 298-301, 8/10/40.
72. CPA, RG-25-D.I., vol. 779, p. 378, "High Commissioner for UK to Canadian Prime Minister", 25/9/40.
73. R. Murphy, *Diplomat among Warriors* (Doubleday, New York, 1964), p. 69.

CAPÍTULO 5

1. W. Churchill, *The Second World War, op. cit.*, vol. 2, p. 450.
2. LSE, *Dalton Diaries*, vol. 23, 3/9/40.
3. G. Catroux, *Dans la bataille de Méditerranée, op. cit.*, p. 20.
4. *Idem*, p. 21.
5. Ch. de Gaulle, *L'Appel, op. cit.*, p. 113.
6. G. Catroux, *op. cit.*, p. 20.
7. L. Woodward, *British Foreigh Policy, op. cit.*, vol. 1, p. 410.
8. CCAC, SPRS 1/136, "WC to C. de G.", n° 1256, 2/10/40.
9. *Ibidem*.
10. *Ibidem*. "Tel. from Governor of Nigeria to Colonial Office", n° 1321, 3/10/40.
11. Ch. de Gaulle, *L'Appel, op. cit.*, p. 302.
12. *Ibidem*.
13. W. Churchill, *The Second World War, op. cit.*, vol. 2, p. 454.
14. H. Ismay, *Memoirs, op. cit.*, p. 175.
15. W. Churchill, *The Second World War, op. cit.*, vol. 2, p. 451.
16. W. Churchill, *Complete Speeches, op. cit.*, vol. 6, pp. 6296-6298. Así como W. Churchill, *The Second World War, op. cit.*, vol. 2, p. 453.
17. FO 371/24361, "Minutes of conversation between PM, SS. and Prof. Rougier", 25/10/40. Véase también L. Rougier, *Mission secrète à Londres* (Beauchemin, Montréal, 1946), pp. 68-72.
18. CAB 65/9, WM (40) 277, 25/10/40.
19. CAB 84/21, JP (40) 577 (E), 24/10/40.
20. L. Rougier, *op. cit.*, p. 72.
21. *Idem*, p. 76.
22. *Ibidem*.
23. *Idem*, pp. 81-82.
24. Ch. de Gaulle, *L'Appel, op. cit.*, p. 307.
25. *Idem*, pp. 309-3 10.
26. FO 371/24302, *Cabinet War Room*, 31/10/40.
27. *Ibidem*.
28. Ch. de Gaulle, *L'Appel, op. cit.*, p. 303.
29. *Cadogan Diaries, op. cit.*, p. 336.
30. W. Churchill, *The Second World War, op. cit.*, vol. 2, p. 451.

31. *Idem*, p. 457.

32. LSE, *Dalton Diaries*, vol. 23, 14/12/40.

33. *Cadogan Diaries, op. cit.*, p. 337.

34. NA 851.01/203, "Memo of conversation between Ray Atherton and N.M. Butler, British Chargé d'Affaires ad interim", 14/11/40.

35. FO 371/24361, "Rougier to W.C. and Lord Halifax", 5/12/40.

36. CCAC, SPRS 1/136/8, "FO Minute", 19/12/40.

37. NA 740.0011 EW 39/6923, "Dupuy, Canad. Chargé d'Affaires for Mr Strang, Foreign Office. Relayed to US Secretary of State by F. Matthews, US chargé d'Affaires", tel. n° 1045, 27/11/40.

38. CPA, MG26, J4, "Memo and Notes", vol. 327, p. 3452; *Ralston Diary*, 21/12/40.

39. *Ibidem*.

40. Ch. de Gaulle, *L'Appel, op. cit.*, p. 123.

41. R. Cassin, *Les Hommes partis de rien, op. cit.*, p. 236.

42. MEC Spears Box 1/2, *"Muselier"*.

43. *Cadogan Diaries, op. cit.*, p. 347.

44. BM, *Harvey Diary*/56397, 2/1/41.

45. *Cadogan Diaries, op. cit.*, p. 347.

46. *Idem*, p. 348.

47. Passy, *Souvenirs, op. cit.*, t. 1, p. 121.

48. FO 954/8, "Memo of conversation between General de Gaulle and Winston Churchill", 9/1/41.

49. Ch. de Gaulle, *L'Appel, op. cit.*, p. 126.

50. MEC Spears, Bx 1/2, *"Muselier"*.

51. Ch. de Gaulle, *Lettres, notes et carnets* (Plon, Paris, 1981), p. 219.

52. CCAC, SPRS 1/137/2C, "Gen. Spears to Sir A. Cadogan", 17/2/41.

53. E. Spears, *Fulfilment of a mission* (Leo Cooper, Londres, 1977), pp. 27-28.

54. *Idem*, p. 27.

55. *Idem*, p. 26.

56. A. Eden, *Reckoning, op. cit.*, p. 244.

57. *Idem*, p. 245.

58. *Ibidem.*
59. E. Spears, *op. cit.*, p. 62.
60. Ch. de Gaulle, *L'Appel, op. cit.*, p. 396.
61. Passy, *op. cit.*, t. 1, pp. 136 y 145.
62. Entrevista de P.-O. Lapie con el autor, 5 de abril de 1979.
63. CCAC, SPRS 1/137/2, "The Free French, Vichy and Ourselves", s/d.
64. *Ibidem.*
65. SPRS 1/137/1, "Spears to Somerville-Smith", 21/4/41, Brazzaville.
66. *Ibidem.*
67. T.E. Evans, *Killearn Diaries* (Sidgwick and Jackson, Londres 1972), pp. 154 y 162.
68. Ch. de Gaulle, *L'Appel, op. cit.*, p. 398.
69. FO 954/8, n° 182, 14/5/41, Brazzaville.
70. W. Churchill, *The Second World War, op. cit.*, vol. 3, p. 650.
71. *Idem,* p. 651.
72. *Idem,* p. 653.
73. *Idem,* p. 657.
74. Ch. de Gaulle, *L'Appel, op. cit.*, pp. 141-142.
75. PREM 3 120/10 **A**, "W.C. to C. de Gaulle (Cairo)", 3/4/41.
76. *Ibidem.*
77. *Idem,* "W.C. to C. de Gaulle (Brazzaville)", 22/4/41.
78. W. Churchill, *The Second World War, op. cit.*, vol. 3, p. 77.
79. *Idem,* vol. 3, p. 289.
80. *Ibidem.*
81. *Idem,* vol. 3, p. 290.
82. Ch. de Gaulle, *L'Appel, op. cit.*, p. 405.
83. *Idem,* p. 404.
84. *Idem,* p. 408.
85. *Killearn Diaries,* op. cit., pp. 174, 21/5/41
86. W. Churchill, *The Second World War, op. cit.*, vol. 3, p. 292.
87. E. Spears, *op. cit.*, p. 84.
88. W. Churchill, *The Second World War, op. cit.*, vol. 3, p. 292.
89. MEC Spears, IA, "W.C. to C. de Gaulle", n° 1911, 6/6/41.
90. *Idem,* "C. de Gaulle to W.C.", n° 1744, 7/6/41.

CAPÍTULO 6

1. E. Muselier, *De Gaulle contre le gaullisme* (Chêne, Paris, 1946), p. 218.
2. J.R. M. Butler, *Grand Strategy, op. cit.*, vol. 2, p. 520.
3. FO 371/28545, "Minute by H.B. Mack", 4/9/41.
4. Ch. de Gaulle, *L'Appel, op. cit.*, pp. 425-426.
5. *Idem*, p. 427.
6. *Idem*, p. 162.
7. MEC, SPRS II/5, "Somerville-Smith à Spears", 5/7/41.
8. E. Spears, *Fulfilment of a mission, op. cit.*, p. 121.
9. Ch. de Gaulle, *L'Appel, op. cit.*, p. 432.
10. O. Lyttelton, *Memoirs of Lord Chandos, op. cit.*, p. 247; MEC *Spears Papers*, by IB/J, 25/7/41; L. Spears, *op. cit.*, p. 127.
11. *Idem*, p. 123.
12. O. Lyttelton, *op. cit.*, p. 246.
13. Ch. de Gaulle, *L'Appel, op. cit.*, p. 164.
14. *Idem*, p. 165.
15. E. Spears, *op. cit.*, p. 127.
16. Ch. de Gaulle, *L'Appel, op. cit.*, p. 165.
17. O. Lyttelton, *op. cit.*, p. 247.
18. Ch. de Gaulle, *L'Appel, op. cit.*, p. 446.
19. O. Lyttelton, *op. cit.*, p. 247.
20. E. Spears, *op. cit.*, p. 134.
21. O. Lyttelton, *op. cit.*, p. 248.
22. E. Spears, *op. cit.*, p. 136; Ch. de Gaulle, *L'Appel, op. cit.*, p. 168.
23. Ch. de Gaulle, *L'Appel, op. cit.*, p. 169.
24. *Killearn diaries, op. cit.*, 22 de julio de 1941.
25. E. Spears, *op. cit.*, pp. 143-145; Ch. de Gaulle, *L'Appel, op. cit.*, p. 169.
26. Ch. de Gaulle, *L'Appel, op. cit.*, p. 453.
27. *Idem*, p. 172.
28. FO 371/28545, "Minute by H.B. Mack", 4/9/41.
29. *Ibidem*.
30. Ch. de Gaulle, *L'Appel, op. cit.*, p. 175.
31. *Idem*, pp. 172-173.

32. *Idem*, pp. 446-447.

33. *Idem*, p. 173.

34. PREM 3 120/2, "Cairo to FO", n° 2661, 25/8/41, Tel. Mission Spears n° 70, 17/8/41 (Beirut).

35. *Chicago Daily News*, 27/8/41.

36. A. Eden, *Reckoning, op. cit.*, p. 249.

37. CAB 65/19, WM 87 (41) 2, 28/8/41.

38. W. Churchill, *The Second World War, op. cit.*, vol. 2, p. 298.

39. AE, CNF/37, "Dejean à de Gaulle", n° 472.

40. PREM 3 121/5, WP (43) 341, 7/8/43.

41. L. Spears, *op. cit.*, pp. 135-136.

42. R. Cassin, *Les hommes partis de rien, op. cit.*, p. 358.

43. PREM 3 121/5. WP (43) 341, 7/8/43.

44. *Ibidem*.

45. FO 371/28545, "From C. in C., Middle East to WO 88526", 4/8/41.

46. *Idem*, 20/8/41.

47. Véase p. 166.

48. PREM 3 120/2, 1/9/41.

49. *Ibidem*.

50. Passy, *Souvenirs, op. cit.*, t. 1, p. 216.

51. CPA, MG 26 J. 13, *King Diaries*, 24/8/41.

52. PREM 3 120/5; 27/8/41.

53. *Ibidem*, "P.M. to Sec. Of State", 27/8/41.

54. CAB 65/19, WM 87 (41) 2, 28/8/41.

55. FO 371/28545, "D. Morton", 28/8/41.

56. *Idem*, "Minute by H.B. Mack", 30/8/41.

57. *Ibidem*.

58. *Idem*, "Minute by D. Morton", 1/9/41.

59. *Idem*, "Eden to W. Churchill, Note on C. de Gaulle", 1/9/41.

60. FO 371/28545, 29/8/41.

61. F. Coulet, *Vertu des temps difficiles* (Plon, Paris, 1967), p. 160.

62. *Ibidem*.

63. CAB 65/19, WM 88 (41) 7, 1/9/41.

64. PREM 3120/5, "W. Churchill to C. de Gaulle", 2/9/41.

65. A.J. Liebling, *The road back to Paris* (M. Joseph, Londres, 1944), p. 137.

66. H. Alphand, *L'Étonnement d'être*, p. 137.
67. A.J. Liebling, *op. cit.*, p. 138.
68. PREM 3120/5. Entrevista de Gaulle-Morton, 2/9/41.
69. FO 371/28545, "Minute de H.B. Mack", 4/9/41.
70. PREM 3120/5, *op. cit.*, 3/9/41.
71. *Ibidem*. "C. de Gaulle to W. Churchill", 3/9/41.
72. H. Alphand, *op. cit.*, p. 89.
73. PREM 3120/2, "Complaints against C. de Gaulle", 2/9/41.
74. House of Commons, *Debates parlamentarios*, vol. 374, 9/9/41.
75. J. Colville, *Footprints, op. cit.*, pp. 113-114.
76. PREM 3120/2, "Record of meeting between the Prime Minister and C. de Gaulle", n° 10, 12/9/41.
77. J. Colville, *op. cit.*, pp. 114-115.
78. PREM 3120/2, *op. cit.*

CAPÍTULO 7

1. PREM 3120/5, "D. Morton to W.C.", 9/9/41.
2. *Idem*, "D. Morton to W.C.", 1/9/41.
3. Véase p. 137.
4. MEC, "Spears II/5, note by Somerville-Smith, Spears Mission", 20/9/41.
5. FO 371/28545, "D. Morton to H.B. Mack", 17/9/41.
6. MEC, Spears II/5.
7. *Ibidem*.
8. E. Muselier, *De Gaulle contre le gaullisme, op. cit.*, pp. 227-228.
9. MEC, Spears II/5, *op. cit.*, 20/9/41.
10. *Ibidem*.
11. FO 371/28545, "Note by H.B. Mack", 20/9/41.
12. E. Muselier, *op. cit.*, p. 231; MEC Spears II/5, "Note by Somerville-Smith, Spears Mission", 25/9/41.
13. Ch. de Gaulle, *L'Appel, op. cit.*, p. 221.
14. E. Muselier, *op. cit.*, p. 231.
15. MEC 25/9/41.
16. FO 371/28545; E. Muselier, *op. cit.*, pp. 232-233.
17. MEC 25/9/41.

18. *Ibidem*.
19. E. Muselier, *op. cit.*, p. 234.
20. MEC 25/9/41.
21. PREM 3-120/4, "W.C. to A. Eden", 26/9/41.
22. *Ibidem*, "D. Morton to W.C.", 24/9/41.
23. Passy, *Souvenirs, op. cit.*, t. 1, p. 218.
24. CCAC, SPRS 2/6, "Ch. de Gaulle à Muselier et Fontaine", 18/9/41.
25. FO 371/28240, "Ch. de Gaulle à Garreau-Dombasle", n° 107, 2/2/41.
26. Ch. de Gaulle, *L'Appel, op. cit.*, pp. 486-487.
27. *Idem*, pp. 182-183.
28. FDR/PSF, Diplomatic, Biddle, Box 34, memorándum 26/5/41.
29. Véase p. 131.
30. A. Berle, *Navigating the Rapids*, p. 388.
31. P. Billotte, *Le temps des armes* (Plon, Paris, 1972), p. 187.
32. Passy, *op. cit.*, t. 1, p. 236.
33. Ch. de Gaulle, *L'Appel, op. cit.*, p. 490.
34. FO 371/31873, "Saint-Pierre et Miquelon, diary of events".
35. Juego de palabras intraducible: *muselière* es bozal. (N. del T.)
36. *Ibidem*.
37. FDR/PSF, "Safe file, France, Cont. 4, Saint-Pierre et Miquelon".
38. *Ibidem*.
39. CPA, RG-25-D.I., vol. 778, p. 374, "Memo for Prime Minister on Saint-Pierre et Miquelon", 3/12/41.
40. *Idem*, "Secr. of State for Ext. Affairs to Canadian Minister in Washington", n° 543, 19/12/41.
41. FO 371/31873, *op. cit.*
42. *Ibidem*.
43. Ch. de Gaulle, *L'Appel, op. cit.*, p. 185.
44. *Idem*, pp. 494 y 500.
45. PSF, "Safe file France, Cont. 4, Saint-Pierre et Miquelon".
46. C. Hull, *Memoirs* (Hodder & Stoughton, Londres, 1948), vol. 2, p. 1130.
47. *Ibidem*.

48. CPA, MG26, J. 13, *MacKenzie King Diaries*, 1941, p. 1193, 25/12/41.

49. C. Hull, *op. cit.*, vol. 2, p. 1132.

50. *Ibidem*.

51. W. Churchill, *The Second World War, op. cit.*, vol. 3, p. 591.

52. *Ibidem*.

53. R. Sherwood, *Roosevelt and Hopkins* (Harper, New York, 1948), p. 483.

54. Ch. de Gaulle, *L'Appel, op. cit.*, p. 503.

55. W. Churchill, *Complete Speeches, op. cit.*, vol. 6, p. 6543, 30/12/41.

56. BBC, "Speech by General de Gaulle", 31/12/41.

57. PREM 3120/10 A, 31/12/41.

58. Ch. de Gaulle, *L'Appel, op. cit.*, p. 505.

59. J.P. Lash, *Roosevelt and Churchill* (Norton, New York, 1976), pp. 15-16.

60. C. Hull, *op. cit.*, vol. 2, p. 1135.

61. E. Roosevelt (ed.), *FDR: His Personal Letters* (Duell, New York, 1950), 1/1/42.

62. R. Sherwood, *op. cit.*, p. 489.

63. CPA, RG-25-D.I., vol. 778, p. 375, "W.C. to A. Eden", n° 25, 13/1/42.

64. Ch. de Gaulle, *L'Appel, op. cit.*, pp. 186-187.

65. FO 371/31873, 14/1/42.

66. *Idem*, 15/1/42.

67. Ch. de Gaulle, *L'Appel, op. cit.*, pp. 519-520.

68. MEC, SPRS 1/137/2, "Somerville-Smith to Spears", 24/1/42; F.O. 371/31873, "Note of a conversation between General de Gaulle and the Prime Minister", 22/1/42.

69. CCAC, SPRS 1/137/2, "A.V. Alexander to Spears", 16/2/42.

70. CAB 65/25, WM 29 (42) 2, 5/3/42.

71. FO 954/8, "Secretary of State and General de Gaulle at FO", 6/3/42.

72. CCAC, SPRS 1/137/2, "Peake to FO", n° 16, 6/3/42.

73. C. Bouchinet-Serreulles, *Nous étions faits, op. cit.*, pp. 189-190.

74. Ch. de Gaulle, *L'Appel, op. cit.*, p. 223.

75. CAB 65/25, WM 34 (42) 4, 16/5/42.

CAPÍTULO 8

1. J.-R. Tournoux, *Pétain et de Gaulle, op. cit.*, p. 94.
2. Entrevistas al general Billotte (5/4/79), a M. Dejean (16/1/79) y a M. G. Palewski (4/4/79).
3. Passy, *Souvenirs, op. cit.*, t. 2, p. 149.
4. W. Churchill, *The Second World War, op. cit.*, vol. 4, p. 199.
5. L. Grafftey-Smith, *Hands to Play* (Routledge, Londres, 1975), p. 38.
6. AE, CNF/93, Madagascar. "Entretiens Eden-de-Gaulle", 11/5/42; FO 954/8, "Eden to Peake", n° 183, 11/5/42.
7. G. Catroux, *Dans la Bataille..., op. cit.*, p. 276; H. Alphand, *L'Etonnement d'être, op. cit.*, p. 114.
8. PREM 3120/7, "Eden to W.C.", 27/5/42.
9. *Idem*, "W.C. to Eden", 30/5/42.
10. PREM 3120/10a, "Minister of State, Cairo, to FO", n° 797, 10/6/42.
11. Ch. de Gaulle, *L'Appel, op. cit.*, p. 605.
12. FO 371/32097; Ch. de Gaulle, *L'Appel, op. cit.*, p. 604.
13. *Ibidem.*
14. FO 371/31949, "Eden to Peake", 26/6/42, 29/6/42, etc.; H. Alphand, *op. cit.*, p. 117.
15. FO 371/31949, "Minister of State, Cairo, to FO", n° 907, 24/6/42.
16. *Idem*, "C. Peake to FO", n° 92, 17/6/42.
17. PREM 3120/7. "De Gaulle avec M. Churchill", 29/7/42.
18. PREM 3120/7, 29/7/42.
19. Véase, pp. 159-160.
20. MEC, Spears Bx II/6, "Spears to A.V. Alexander", 2/2/42; II/5, "Report by Somerville-Smith on Spears Mission", 29/7/42.
21. *Idem*, Bx IA/1, "W.C. to C. de G.", n° 1911, 6/6/41.
22. *Idem*, Bx II/4, "Note of a meeting between PM and General de Gaulle", 1/10/41.
23. *Idem*, Bx II/6, "Spears to J. Hamilton", 29/1/42.
24. *Idem*, "Spears to Minister of State", n° 696, 4/3/42.

25. *Idem*, Bx IA, "Spears to WO", 8/7/41; "Minister of State to FO", n° 42, 14/8/41.
26. Passy, *op. cit.*, t. 2, p. 214; J. Soustelle, *Envers et contre tout* (Robert Laffont, Paris, 2 vol., 1947-1950), t. 1, pp. 340 ss.
27. MEC, Spears, 11/5, "Hamilton to Minister of State, Cairo", 25/12/41; "Organization of Administration in Syria and Lebanon", *Annex to War Cabinet Committee on Foreign (Allied) Resistance CFR (CEP)*.
28. MEC, Spears IA; IB; 1/1; 11/4; 11/5; 11/6; G. Catroux, *op. cit.*; Ch. de Gaulle, *L'Appel* y *l'Unité*; S. Longrigg, *The French Mandate*; N.A. Ziadeh, *Syria and Lebanon* (E. Benn, Londres, 1957), etcétera.
29. Entrevista de M. Maurice Dejean con el autor.
30. Ch. de Gaulle, *L'Unité, op. cit.*, p. 15.
31. Casey, *op. cit.*, p. 126.
32. Ch. de Gaulle, *L'Unité, op. cit.*, p. 16.
33. Casey, *op. cit.*, p. 126.
34. G. Catroux, *op. cit.*, p. 282.
35. AE, CNF/40, "Ch. de Gaulle à Pleven pour W.C.", 14/8/42.
36. MEC, *Spears Diary* 1/1, 23/8/42.
37. *Ibidem*.
38. *Idem*, 25/8/42.
39. *Idem*, 23/8/42; WP (43) 341, 7/8/43: "Outline of relations between HM's Government and General de Gaulle between June 1940 and June 1943".
40. *Idem*, 3/9/42.
41. Véase pp. 216-217.
42. AE, CNF/93, "Dejean à Ch. de Gaulle", 7/9/42; Passy, *op. cit.*, vol. 2, p. 215.
43. G. Catroux, *op. cit.*, p. 287.
44. AE, CNF/38, "Ch. de Gaulle à R. Pleven", n° 1170, 5/9/42.
45. BM, *Harvey Diaries*/56399, 22/9/42; J. Harvey, *War diaries of Oliver Harvey, 1941-1945* (Collins, Londres, 1978), p. 159.
46. Ch. de Gaulle, *L'Unité, op. cit.*, p. 32.
47. FO 371/31950, "Record of a meeting between the P.M., the SSFA and General de Gaulle on 30 september 1942".
48. Ch. de Gaulle, *L'Unité, op. cit.*, p. 33.
49. FO 371/31950.

50. BM, *Harvey Diaries*/56399, 1/10/42; J. Harvey, *op. cit.*, p. 164.
51. *Ibidem.*
52. J. Soustelle, *op. cit.*, t. 1, p. 365; Passy, *op. cit.*, t. 2, p. 249.
53. *Ibidem.*
54. FO 371/31950, "Admiral Dickens to First Lord", 2/10/42.
55. *Idem*, "D. Morton to Lawford", 19/10/42; BM, *Harvey Diaries*/56399, 1/10/42.
56. H. Nicolson, *Diaries, op. cit.*, p. 249.
57. Entrevista del general Billotte con el autor, 5/4/79.
58. C. Bouchinet-Serreulles, *Nous étions faits, op. cit.*, p. 240.
59. A. Gillois, *Histoire secrète des Français à Londres, op. cit.*, p. 251.

CAPÍTULO 9

1. J. Soustelle, *Envers et contre tout, op. cit.*, t. 1, pp. 365-367; UD U25-1/2, "Connversation entre Trygve Lie (ministre des Affaires étrangères de Norvège) et Maurice Dejean", 3/11/42; FO 371/31997, 20/10/421; FO 371/31950, "C. Peake to FO", n° 148, 4/10/42.
2. FO 371/31997, "Minute by A. Eden", 22/10/42.
3. Ch. de Gaulle, *L'Unité, op. cit.*, p. 380.
4. FO 371/31950, "C. Peake to W. Strang", 31/10/42.
5. M. Clark, *Calculated Risk* (Harper, New York, 1950), p. 53.
6. *Ibidem.*
7. O. Loewenheim, *Roosevelt and Churchill, op. cit.*, p. 251.
8. NA, ABC 336, ABC 384; OPD 336 France, sec. I, c. 53; NA 851.01/627a, "Memo of conversation Léger-Welles", 13/8/42; FO/954, "Halifax to FO", n° 573, 11/9/42; Leahy, *I was there*; R. Murphy, "Diplomat among warriors"; Mc Gregor Burns, *Roosevelt, soldier of freedom, op. cit.*, p. 287.
9. W. Churchill, *The Second World War, op. cit.*, vol. 4, p. 545.
10. R. Gosset, *Algiers 1941-43* (J. Cape, Londres, 1945), p. 52.
11. J. Soustelle, *op. cit.*, t. 1, p. 441.
12. Mc Gregor Burns, *op. cit.*, p. 290.
13. M. Clark, *op. cit.*, 17/10/42.
14. W. Churchill, *The Second World War, op. cit.*, vol. 4, p. 542.

15. BM, *Harvey Diaries*/56399, 5/11/42; J. Harvey, *War diaries...*, *op. cit.*, p. 177.

16. Voir H. Giraud, *Un seul but, la victoire* (Julliard, Paris, 1949), pp. 16-28; Passy, *Souvenirs, op. cit.*, t. 2, pp. 354-355.

17. P. Billotte, *Le Temps des armes, op. cit.*, p. 239.

18. FDR, *Morgenthau Diaries*, vol. 5, 12/11/42.

19. FO 371/31950, 8/11/42.

20. Ch. de Gaulle, *L'Unité, op. cit.*, pp. 41-43.

21. *Idem*, p. 392.

22. J. Soustelle, *op. cit.*, t. 1, p. 452.

23. AE, CNF/191 (Gran Bretaña), n° 815, 10/11/42.

24. H. Nicolson, *Diaries, op. cit.*, p. 393.

25. Ch. de Gaulle, *L'Unité, op. cit.*, p. 393.

26. M. Clark, *op. cit.*, p. 107.

27. R. Gosset, *op. cit.*, p. 223.

28. FDR, *Morgenthau Diaries*, vol. 5, 12/11/42; C. Hull, *Memoirs, op. cit.*, p. 1198.

29. J. Soustelle, *op. cit.*, t. 2, p. 12.

30. Ch. de Gaulle, *L'Unité, op. cit.*, pp. 403-405.

31. *Idem*, p. 52.

32. *Idem*, p. 405.

33. *Ibidem*.

34. W. Churchill, *The Second World War, op. cit.*, vol. 4, p. 568.

35. S. Sherwood, *Roosevelt and Hopkins, op. cit.*, pp. 653-654.

36. AE, CFLN/1463, "A. Philip à AE", n° 964, 20/11/42; FO 954/8, "Eden minute", n° 374, 20/11/42; FDR, *Morgenthau Diaries*, vol. 5, 17/11/42.

37. M.R.D. Foote, *SOE in France* (HMSO, London, 1966), p. 221.

38. *Ibidem*.

39. PREM 3120/8, "W.C. to F.D.R.", n° 205, 22/11/42.

40. W. Churchill, *The Second World War, op. cit.*, vol. 4, p. 567.

41. BM, *Harvey Diaries*/56399, 26/11/42; J. Harvey, *op. cit.*, pp. 192-193.

42. Idem, 28/11/42; J. Harvey, *op. cit.*, p. 193.

43. Archivo privado.

44. UD U25-1/2, *Notat av Utenriksminister Trygve Lie*, 9/12/42.

45. *The Times*, 17/12/42.

46. A. Eden, *The Reckoning, op. cit.*, p. 359.

CAPÍTULO 10

1. W. Churchill, *The Second World War, op. cit.*, vol. 4, p. 578.
2. *Ibidem.*
3. *Ibidem.*
4. A. Eden, *The Reckoning, op. cit.*, p. 359.
5. Ch. de Gaulle, *L'Unité, op. cit.*, p. 71; W. Churchill, *op. cit.*, vol. 4, p. 579.
6. J. Soustelle, *Envers et contre tout, op. cit.*, p. 87.
7. Ch. de Gaulle, *L'Unité, op. cit.*, p. 72.
8. *Idem*, p. 432; J. Soustelle, *op. cit.*, p. 103.
9. FO 954/8, "Enclosure I to tel. n° 42 from State Dept.", 5/1/43.
10. *Idem*, "Enclosure 2".
11. C. Hull, *Memoirs, op. cit.*, p. 1207.
12. FO 954/8, "Eden to Vansittart", 8/1/43; "Randolph Churchill to W.S.C.", 28/12/42.
13. A. Eden, *op. cit.*, p. 361.
14. FO 954/8, "Eden to Halifax", n° 42, 8/1/43.
15. D.D. Eisenhower, *Crusade in Europe* (Heinemann, Londres, 1948), p. 151.
16. R. Murphy, *Diplomat among Warriors, op. cit.*, p. 165.
17. S. Sherwood, *Roosevelt and Hopkins, op. cit.*, p. 678.
18. S. Rosemann, *Public Papers and Addresses of F.D. Roosevelt, 1943*, p. 83.
19. W. S. Thompson, *Sixty minutes with Churchill, op. cit.*, p. 71.
20. Ch. de Gaulle, *L'Unité, op. cit.*, p. 437.
21. M. Clark, *Calculated Risk, op. cit.*, p. 148.
22. E. Roosevelt, *A rendez-vous with destiny*, p. 330.
23. H. Giraud, *Un seul but, la victoire, op. cit.*, pp. 91-93.
24. H. Alphand, *L'Étonnement d'être, op. cit.*, p. 133.
25. FO 954/8, "Minutes of Conversation Eden-de Gaulle", 17/1/43.
26. Ch. de Gaulle, *L'Unite, op. cit.*, p. 75.
27. FRUS, Casablanca, 1943, p. 815.
28. A. Eden, *op. cit.*, p, 363.
29. R. Murphy, *op. cit.*, p. 172.
30. E. Roosevelt, *op. cit.*, p. 327.

31. W. Leahy, *I was there, op. cit.*, p. 173; C. Hull, *op. cit.*, vol. 2, p. 1208.

32. FRUS, Casablanca, 1943, p. 816.

33. H. Giraud, *Un seul but...*, *op. cit.*, pp. 98-99,

34. W. Churchill, *The Second World War, op. cit.*, vol. 4, p. 610.

35. BM, *Harvey Diaries*/56399, 19/1/43; J. Harvey, *War diaries...*, *op. cit.*, p. 211.

36. W. Churchill, *The Second World War, op. cit.*, vol. 4, p. 610.

37. BM, *Harvey Diaries, op. cit.*, 20/1/43; D. Dilks, *Cadogan Diaries, op. cit.*, p. 505; J. Harvey, *op. cit.*, p. 211.

38. Ch. de Gaulle, *L'Unité, op. cit.*, p. 70.

39. J. Soustelle, *op. cit.*, t. 2, p. 119.

40. Passy, *Souvenirs, op. cit.*, t. 2, p. 374.

41. J. Soustelle, *op. cit.*, t. 2, p. 119.

42. Ch. de Gaulle, *L'Unité, op. cit.*, pp. 339-340.

43. E. Roosevelt, *op. cit.*, p. 330.

44. Ch. de Gaulle, *L'Unité, op. cit.*, p. 77.

45. M. Peyrouton, *Du service public à la prison commune* (Plon, Paris, 1950), p. 224.

46. Ch. de Gaulle, *L'Unité, op. cit.*, p. 77.

47. Cl. Hettier de Boislambert, *Les Fers de l'espoir* (Plon, Paris, 1973), p. 380.

48. Ch. de Gaulle, *L'Unité, op. cit.*, p. 77; AE, CFLN/1517, "Compte rendu de la conférence d'Anfa", 29/1/43.

49. H. Giraud, *op. cit.*, p. 99.

50. W. Churchill, *The Second World War, op. cit.*, vol. 4, p. 611.

51. Ch. de Gaulle, *L'Unité, op. cit.*, p. 78.

52. W. Churchill, *The Second World War, op. cit.*, vol. 4, p. 611.

53, Ch. de Gaulle, *L'Unité, op. cit.*, p. 79.

54. Lord Moran, *Struggle for survival* (Constable, Londres, 1966), p. 81.

55. R. Sherwood, *op. cit.*, p. 690.

56. *Idem*, p. 685.

57. E. Roosevelt, *op. cit.*, p. 331.

58. Cl. Hettier de Boislambert, *op. cit.*, p. 381.

59. Ch. de Gaulle, *L'Unité, op. cit.*, p. 80.

60. *Idem*, p. 79.

61. E. Roosevelt, *op. cit.*, pp. 331-332.

62. FRUS, "Casablanca Conference", 1943, p. 694.
63. *Idem*, pp. 695-696.
64. Ch. de Gaulle, *L'Unité*, *op. cit.*, p. 84.
65. Cl. Hettier de Boislambert, *op. cit.*, p. 383.
66. *Ibidem*.
67. H. Hopkins, *Le Mémorial de Roosevelt*, p. 223.
68. Ch. de Gaulle, *L'Unité*, *op. cit.*, p. 80.
69. *Ibidem;* C. Hull, *op. cit.*, vol. 2, p. 1209.
70. Ch. de Gaulle, *L'Unité*, *op. cit.*, pp. 84-85.
71. J. Soustelle, *op. cit.*, t. 2, p. 124.
72. Ch. de Gaulle, *L'Unité*, *op. cit.*, p. 85.
73. R. Sherwood, *op. cit.*, p. 693.
74. Ch. de Gaulle, *L'Unité*, *op. cit.*, p. 85.
75. R. Sherwood, *op. cit.*, p. 693.
76. Ch. de Gaulle, *L'Unité*, *op. cit.*, p. 85.
77. R. Murphy, *op. cit.*, p. 175.
78. Ch. de Gaulle, *L'Unité*, *op. cit.*, p. 85.
79. R. Sherwood, *op. cit.*, p. 693.
80. Ch. de Gaulle, *L'Unité*, *op. cit.*, p. 86.
81. C. Hull, *op. cit.*, vol. 2, p. 1208.
82. Bullit, *For the President, secret and personal*, p. 568.
83. R. Sherwood, *op. cit.*, p. 686.
84. K. Pendar, *Adventures in Diplomacy* (Cassell, Londres, 1966), p. 141.
85. AE, CNF/131. Pol. ext/43, 28/1/43.
86. H. Macmillan, *Blast of War, op. cit.*, p. 265; R. Murphy, *op. cit.*, p. 176.
87. K. Pendar, *op. cit.*, p. 148.
88. *Ibidem*.
89. Lord Moran, *op. cit.*, p. 81.
90. FO 954/8, "Eden to Peake", 28/1/43.

CAPÍTULO 11

1. *France*, 10/2/43.
2. *Ibidem*.
3. *Ibidem*.

4. BM, *Harvey Diaries*/56399, 9/2/43; J. Harvey, *War Diaries...*, *op. cit.*, p. 218.

5. J. W. Wheeler-Bennett, *King George VI* (Macmillan, Londres, 1958), p. 560.

6. FO 371/36047, 10/2/43.

7. A. Eden, *The Reckoning, op. cit.*, p. 367.

8. W. Churchill, *The Second World War, op. cit.*, vol. 4, p. 657.

9. FO 371/36064, 5/3/43.

10. BM, *Harvey Diaries*/56399, 28/2/43; J. Harvey, *op. cit.*, p. 224.

11. *Idem*, 3/3/43.

12. Ch. de Gaulle, *L'Unité, op, cit.*, pp. 450-451.

13. H. Nicolson, *Diaries, op. cit.*, p. 284, 12/3/43.

14. FO 954/8, "Eden to Halifax", n° 135, 4/2/43.

15. NA 741.51/2.1343, "W.C. to F.D.R.", 12/2/43.

16. A. Eden, *op. cit.*, p. 372.

17. C. Hull, *Memoirs, op. cit.*, vol. 2, p. 1213.

18. *Idem*, p. 1215.

19. R. Sherwood, *Roosevelt and Hopkins, op. cit.*, p. 720.

21. FO 954/8, "W.C. to Eden", n° 2077, 30/3/43.

22. FO 371/36047, "C. Peake to H. B. Mack", 23/3/43.

23. Birkenhead, *Halifax* (H. Hamilton, Londres, 1965), p. 537.

24. AE, CFLN/1463, "Massigli, Notes sur une conversation de Gaulle/Churchill", 2/4/43, Woodward, BFPH, p. 427; Ch. de Gaulle, *L'Unité*, p. 96.

25. Ch. de Gaulle, *L'Unité, op. cit.*, p. 96.

26. A.L. Funk, *The crucial years*, p. 115.

27. W. Churchill, *Complete Speeches, op. cit.*, vol. 7, p. 6767, 7/4/43.

28. AR CFLN/1463, "Tixier, Washington à Massigli, Londres", n° 1576, 914/43.

29. LSE, *Dalton Diaries*, vol. 28, 1943, p. 99, 6/4/43.

30. R. Bouscat, *De Gaulle-Giraud, dossiers d'une mission* (Flammarion, Paris, 1967), pp. 93-94.

31. *Idem*, p. 115.

32. *Idem*, pp. 127-128.

33. *Ibidem*.

34. BM *Harvey Diaries*/56399, 30/4/43; J. Harvey, *op. cit.*, p. 252.

35. Ch. de Gaulle, *L'Unité, op. cit.*, p. 99.

36. C. Hull, *op. cit.*, vol. 2, pp. 1217-1218.
37. Birkenhead, *op. cit.*, p. 537.
38. FO 371/36047, "Memo for W.S.C.", 8/5/43.
39. C. Hull, *op. cit.*, vol. 2, pp. 1218-1219.
40. CPA, *MacKenzie King Diaries*, 19/5/43.
41. J.-M. Blum, *Diary of H. Wallace* (Houghton, Boston, 1973), p. 202.
42. FO 371/36047, "Winant to S.S. Wash", n° 3413, 17/5/43.
43. C. Hull, *op. cit.*, vol. 2, p. 1219.
44. FO 371/36047, "PM to Dep. PM & FS", n° 166, 21/5/43.
45. *Idem*, "PM to FS", n° 181, 21/5/43.
46. Ch. de Gaulle, *Discours et Messages* (Plon, Paris, 1970), t. 1, pp. 284-290.
47. Ch. de Gaulle, *L'Unité, op. cit.*, p. 101.
48. CAB 65/38, "WM (43/) 75th Concl. Minute 1, Conf. Annex", 23/5/43.
49. A. Eden, *op. cit.*, p. 386.
50. CAB 65/38, "Telgr. Alcove 370, For PM from Dep. PM & FS", 23/5/43.
51. *Idem*, "Alcove 371", 23/5/43.
52. *Idem*, "Alcove 372", 23/5/43.
53. FO 371/36047, "PM to Dep. PM & FS", n° 227, 24/5/43.
54. W. Churchill, *The Second World War, op. cit.*, vol. 4, p. 716.
55. Ch. de Gaulle, *L'Unité, op. cit.*, p. 101-102.
56. *Idem*, p. 102.
57. W. Churchill, *The Second World War, op. cit.*, vol. 4, p. 729.
58. FDR/MR Special File FNC/sect. 1 For President from Murphy n° 996, 30/5/43, version censurée dans FRUS 1943, vol. 2, p. 127.
59. Cl. Paillat, *L'Échiquier d'Alger* (Laffont, Paris, 1967), p. 250.

CAPÍTULO 12

1. Ch. de Gaulle, *L'Unité, op. cit.*, p. 108.
2. *Idem*, p. 110.
3. Loewenheim, *Roosevelt and Churchill, op. cit.*, p. 338; "W.C. to F.D.R.", n° 300, 6/6/43.

4. AE, CFLN/1464, "Conversation Massigli-Eden", 17/7/43.

5. PREM 3121/1, "Circular signed W.S.C.", 12/6/43.

6. *The Observer*, 13/6/43.

7. AE, CFLN/1463, "Rapport de M. Viénot", 20/6/43.

8. *Cadogan Diaries*, p. 536, 15/6/43.

9. PREM 3181/2, "F.D.R. to W.C.", n° 288, 17/6/43.

10. FDR/MR, "Secret File FNC 1 sect 1, FDR to Eisenhower", n° 493, 17/6/43.

11. *Idem*, "Special Files FNC Bx 13, sect. 1, FDR to Eisenhower", 17/6/43.

12. *Idem*, "Secret File, FDR to Eisenhower", n° 511, 17/6/43.

13. A. Eden, *The Reckoning, op. cit.*, pp. 397-398.

14. L. Woodward, *British Foreign Policy, op. cit.*, vol. 2, p. 452.

15. A. Eden, *op. cit.*, p. 398.

16. W. Churchill, *The Second World War, op. cit.*, vol. 5, pp. 159-160.

17. PREM 3181/2, "W.C. to FDR", n° 373, 21/7/43.

18. W. Churchill, *op. cit.*, vol. 5, pp. 160-161.

19. House of Commons, *Debates parlamentarios*, vol. 391, col. 170, 14/7/43.

20. *Idem*, "W.C. to Macmillan", n° 20, 23/7/43.

21. *Idem*, 21/7/43, col. 870.

22. *Idem*, col. 1553.

23. *Idem*, col. 2272, 4/8/43.

24. CPA, MG26 J. 13, *MacKenzie King Diaries*, 10/8/43, p. 629.

25. A. Eden, *op. cit.*, p. 402.

26. AE, CFLN/1464, "Viénot à Massigli", n° 963, 2/9/43.

27. A. Eden, *op. cit.*, p. 402.

28. FRUS, Quebec, 1943, pp. 916-917.

29. C. Hull, *Memoirs, op. cit.*, vol. 2, p. 1241.

30. W. Churchill, *The Second World War, op. cit.*, vol. 5, p. 80.

31. C. Hull, *op. cit.*, vol. 2, p. 1241.

32. FRUS, Québec, 1943, p. 1170-1171.

33. FO 954/8, "Eden to Macmillan", 11/10/43.

34. MVBZ, "Londens Archief, Politieke Rapporten/Algiers, chargé d'affaires néerlandais, Algers, au ministre des Affaires étrangères Van Kleffens", n° 91/30, 21/10/43.

35. AE, CNF/Londres, *dossier* 44, "Helleu à CNF", n° 986,

22/6/43; n° 422, 26/6/43; MEC Spears 11/4.

36. MEC, Spears 111/3, "Memorandum on elections", 25/10/43.

37. *L'Unité, op. cit.*, p. 194.

38. AE, "Syrie-Liban, Ingérences britanniques au Levant", 3/7/1943.

39. AE, CNF/1480, "Massigli à Viénot", 20/11/43.

40. AE, X, "Général de Gaulle à ambassadeur Helleu", n° 610/ Cab., 13/11/43.

41. AE, CFLN/1464, "Rapport de M. Massigli sur l'entrevue avec Eden", 10/10/43.

42. AE, 1468, "Syrie-Liban 43-44, Catroux à de Gaulle", n° 1614, 23/11/43.

43. MVBZ, "Londens Archief, G 11, Syrie en Libanon, Doos 47, chargé d'Affaires Bentinck à ministre des Affaires étrangères Van Kleffens", n° 3738, 19/11/43.

CAPÍTULO 13

1. Cl. Paillat, *L'Échiquier d'Alger, op. cit.*, p. 355.

2. L. Woodward, *British Foreign Policy, op. cit.*, vol. 3, p. 2.

3. FDR/MR, "Special File FNC, 1 sect. 3, W.C. to FDR", n° 504, 13/11/43.

4. PREM 3182/3, "W.C. to Foreign Secretary", n° 779, 21/12/43.

5. *Idem*, "W.C. to FDR", n° 513, 21/12/43.

6. NA 851.01/12. 2243, "Secret memorandum by H.F. Matthews", 22/12/43.

7. L. Woodward, *op. cit.*, vol. 3, p. 6.

8. FO 954/8, "Macmillan to A. Eden", n° 2784, 23/12/43.

9. L. Woodward, *op. cit.*, vol. 3, pp. 6-7.

10. FDR/MR Special File, "Memo by General Bedell-Smith to FDR", 5/12/43.

11. PREM 3182/3, "W.C. to FS", 25/12/43.

12. H. Macmillan, *Blast of War, op. cit.*, p. 441.

13. F. Coulet, *Vertu..., op. cit.*, p. 215.

14. W. Churchill, *The Second World War, op. cit.*, vol. 5, p. 401.

15. FO 954/9, "Resident Minister, Algiers to FS", n° 24, 3/1/44.

16. H. Macmillan, *op. cit.*, pp. 447-448.

17. Ch. de Gaulle, *L'Unité, op. cit.*, p. 214.

18. E. d'Astier, *Les Dieux et les hommes* (Julliard, Paris 1952), p. 28.

19. Diana Cooper, *Trumpets from the Steep* (R.H. Davis, Londres, 1960), p. 178; Duff Cooper, *Old Men Forget, op. cit.*, pp. 318-319.

20. FDR/MR Bx 13, Hopkins 44, "W.C. to H. Hopkins", 11/1/44.

21. Duff Cooper, *op. cit.*, p. 319.

22. Diana Cooper, *op. cit.*, p. 179.

23. W. Churchill, *The Second World War, op. cit.*, vol. 5, p. 401.

24. Duff Cooper, *op. cit.*, p. 319.

25. W. Churchill, *op. cit.*, vol. 5, p. 401.

26. Duff Cooper, *op. cit.*, p. 319.

27. PREM 3181/10, "W.C. to FDR", n° 559, 30/1/44.

28. *Idem*, "Duff Cooper to FS", n° 19, 16/1/44.

29. AE, CFLN/1464, "Compte rendu de l'entretien entre le général de Gaulle et W. Churchill à Marrakech", 12/1/44.

30. PREM 3181/10, "Duff Cooper to FS".

31. *Idem*; AE, CFLN/1464.

32. *Ibidem*.

33. E. d'Astier, *Sept jois sept jours* (Gallimard, Paris, 1961), p. 167.

34. Duff Cooper, *op. cit.*, p. 179.

35. PREM 3181/10, "HM's Consul to Mr. A.N.W. Napier", n° 4, 15/1/41.

36. "Duff Cooper to FS", 16/1/44.

37. L. Joxe, *Victoires sur la nuit* (Flammarion, Paris, 1981), p. 246.

38. Ch. de Gaulle, *L'Unité, op. cit.*, pp. 115-216.

39. PREM 3181/10.

40. E. d'Astier, *op. cit.*, p. 167.

41. *Idem*, p. 171.

42. *Idem*, p. 172.

43. J. Soustelle, *Envers et contre tout, op. cit.*, p. 356.

44. PREM 3 177/6, 26/1/44.

45. E. d'Astier, *Les Dieux et les hommes, op. cit.*, p. 56.

46. PREM 3177/6, "W.C. to FS", 26/1/44.

47. AE, CFLN/1483, "W.C. à Ch. de Gaulle et Gén. Giraud", 2/2/44.

48. NA 851.01/3-2444, "Memo of conversation between the President and the Hon. Edwin C. Wilson".

49. *Idem*, "Memo for S.S. Hull from FDR, Cairo", 27/11/43.

50. M. Blum, *Morgenthau Diaries, op. cit.*, p. 168.

51. FO 954/9, "Halifax to FS", n° 550, 3/2/44.

52. *Idem*, "FS to Duff Cooper", n° 119, 30/3/44.

53. AE, CFLN/1464, "Viénot a Ch. de Gaulle", n° 1696, 31/3/44.

54. A. Eden, *The Reckoning, op. cit.*, p. 447.

55. AE, CFLN/1480, 4/4/44; *Harold Nicolson's diaries, op. cit.*, p. 359.

56. AE, CFLN/1464, "Massigli à Duff Cooper", 19/4/44.

57. C. Hull, *Memoirs, op. cit.*, vol. 2, p. 1429.

58. *Daily Herald*, 29/3/44.

59. *Times*, 5-6/4/44.

60. *Daily Mirror*, 5/4/44.

61. C. Hull, *op. cit.*, vol. 2, p. 1430.

62. L. Woodward, *op. cit.*, vol. 3, pp. 33-34.

63. FDR/MR, Bx 31, "French Civil Affairs. FDR to W.C.", n° 52, 13/4/44.

64 FO 954/9, "Duff Cooper to W.C.", n° 438, 4/4/44.

65. *Idem*, "W.C. to Duff Cooper", 14/4/44.

66. Idem, "W.C. to Duff Cooper", n° 353, 16/4/44.

67. *Idem*, "W.C. to FDR", 20/4/44.

68. *Idem*, "FDR to W.C.", n° 527, 21/4/44.

69. *Idem*, "W.C. to FDR", n° 656, 22/4/44.

70. FDR/MR, *op. cit.*, "French Civil Affairs, memo for FDR from S.S. Hull", 24/4/44.

71. FO 954/9/, "W.C. to FDR", n° 67, 24/4/44.

72. FDR/MR, *op. cit.*, "W.C. to FDR", n° 643; 12/4/44.

73. Ch. de Gaulle, *L'Unité, op. cit.*, p. 220.

74. L. Woodward, *op. cit.*, vol. 3, pp. 40-41.

75. Ch. de Gaulle, *Discours et Messages, op. cit.*, t. 1, p. 405.

76. L. Woodward, *op. cit.*, vol. 3, p. 42.

77. House of Commons, *Debates parlamentarios*, vol. 399, col. 179, 19/4/44.

78. *Idem*, col. 1295, 3/5/44.

79. FDR/MR, "W.C. to FDR", n° 674, 15/5/44.

80. L. Woodward, *op. cit.*, vol. 3, p. 43.

81. CPA, MG 26J.13, *MacKenzie King Diaries*, 13/5/44.

82. FO 371/41992, "W.C. to FS", 14/5/44.

83. *Idem*, "W.C. to FS, Eisenhower, Ismay", 16/5/44.

84. *Idem*, "FS to W.C.".

85. Ch. de Gaulle, *L'Unité, op. cit.*, p. 221.

86. FO 371/41/992, *op. cit.*, n° 615, 23/5/44.

87. Ch. de Gaulle, *L'Unité, op. cit.*, p. 221.

88. *Times*, 15/5/44.

89. *Manchester Guardian*, 16/5/44.

90. *Daily Mail*, 23/5/44.

91. House of Commons, *Debates parlamentarios*, vol. 400, col. 780-1, 24/5/44.

92. *Idem*, col. 790-1.

93. *Idem*, col. 830.

94. *Idem*, col. 860.

95. *Idem*, col. 885-6.

96. *Times, Manchester Guardian, Daily Mail*, 25/5/44; *Economist*, 27/5/44.

97. FDR/MR, Bx 31, *op. cit.*, "W.C. to FDR", n° 682, 27/5/44.

98. FO 371/41992, "W.C. to FDR", n° 684, 27/5/44.

99. FDR/MR, Bx 31, *op. cit.*, "Ambassador Harriman to FDR", n° M18773, 29/5/44.

100. *Idem*, "FDR to W.C.", n° 544, 27/5/44.

101. *Idem;* FRUS 1944, vol. III, pp. 693-694, "FDR to W.C.", n° 546, 31/5/44.

102. Ch. de Gaulle, *L'Unité, op. cit.*, p. 36.

103. *Ibidem*.

104. Duff Cooper, *op. cit.*, p. 327.

105. A. Eden, *op. cit.*, p. 452.

106. FO 371/41993, "H.B. Mack to A. Cadogan", 31/5/44.

107. A. Eden, *op. cit.*, p. 452.

108. Ch. de Gaulle, *L'Unité, op. cit.*, p. 640.

109. Duff Cooper, *op. cit.*, pp. 328-329.

110. *Idem*, p. 329.

CAPÍTULO 14

1. FDR/MR, Bx 31, "W.C. to FDR", n° 688, 1/6/44.
2. Ch. de Gaulle, *L'Unité, op. cit.*, p. 640.
3. A. Eden, *The Reckoning, op. cit.*, p. 453.
4. Duff Cooper, *Old Men Forget, op. cit.*, p. 330.
5. A. Eden, *op. cit.*, p. 453.
6. E. Béthouart, *Cinq années d'espérance* (Plon, Paris, 1968), p. 241.
7. CAB 66/50, "Record of a conversation between the PM and C. de Gaulle", 4/6/44.
8. Ch. de Gaulle, *L'Unité, op. cit.*, p. 223.
9. E. Béthouart, *op. cit.*, p. 243.
10. CAB 66/50.
11. E. Béthouart, *op. cit.*, p. 243.
12. FO 954/9, "PM and C. de Gaulle", 4/6/44.
13. CAB 66/50.
14. FO 954/9.
15. *Ibidem.*
16. Ch. de Gaulle, *L'Unité, op. cit.*, pp. 223-224.
17. E. Béthouart, *op. cit.*, p. 243.
18. CAB 66/50.
19. Ch. de Gaulle, *L'Unité, op. cit.*, p. 224.
20. CAB 66/50.
21. Ch. de Gaulle, *L'Unité, op. cit.*, p. 224.
22. E. Béthouart, *op. cit.*, p. 243.
23. W. Churchill, *The Second World War, op. cit.*, vol. 5, p. 556.
24. Ch. de Gaulle, *L'Unité, op. cit.*, pp. 224-225.
25. *Idem*, p. 25.
26. E. Béthouart, *op. cit.*, p. 244.
27. Ch. de Gaulle, *L'Unité, op. cit.*, pp. 225-226.
28. Ch. de Gaulle, *L'Unité, op. cit.*, p. 225.
29. W. Churchill, *op. cit.*, vol. 5, p. 556.
30. Ch. de Gaulle, *L'Unité, op. cit.*, p. 116.
31. Duff Cooper, *op. cit.*, p. 330.
32. E. Béthouart, *op. cit.*, p. 244.
33. *Ibidem.*
34. *Cadogan Diaries, op. cit.*, p. 634.

35. A. Gillois, *Histoire secrète des Français à Londres, op. cit.*, p. 23.
36. E. d'Astier, *Les Dieux et les hommes, op. cit.*, p. 146; E. Béthouart, *op. cit.*, p. 245.
37. E. d'Astier, *op. cit.*, p. 146.
38. FO 954/9, "Report of conversation by M. Eden", 6/6/44.
39. A. Gillois, *op. cit.*, p. 24.
40. Duff Cooper, *op. cit.*, p. 331; D'Astier, *op. cit.*, p. 147.
41. B. Lockhart, *Comes the Reckoning* (Putnam's, Londres, 1947), p. 301.
42. FO 954/9, "Note to Foreign Secretary", 6/6/44.
43. *Cadogan Diaries, op. cit.*, p. 635.
44. *Ibidem.*
45. Ch. de Gaulle, *L'Unité, op. cit.*, p. 227.
46. B. Lockhart, *op. cit.*, p. 635.
47. A. Eden, *op. cit.*, p. 454.
48. *Idem*, p. 455.
49. BM, *Harvey Diaries*/56400, 7/6/44; J. Harvey, *War diaries..., op. cit.*, p. 343.
50. FO 371/41993, "Record by Duff Cooper of a conversation with General de Gaulle", 6/6/44.
51. A. Gillois, *op. cit.*, p. 30.
52. A. Eden, *op. cit.*, pp. 454-455.
53. AE, CFLN/1465, "Général de Gaulle à Queuille, Massigli, Pleven, etc.", n° 2932, 6/6/44.
54. E.D. Loewenheim, *Roosevelt and Churchill, op. cit.*, p. 523, doc. 372, "W.C. to FDR", 7/6/42.
55. BM, *Harvey Diaries*/56400, 9/6/44; J. Harvey, *op. cit.*, p. 343.
56. *Ibidem.*
57. FO 371/41994, "W.C. to Eden", 1774/D, 13/6/44.
58. *Ibidem.*
59. "Churchill à Eden", 13/6/44.
60. House of Commons, *Debates parlamentarios*, vol. 400, cols. 1950-1957, 14/6/44.
61. FO 954/9, "Summary of a report by an officer of the British Intelligence", 14/6/44.
62. J.-R. Tournoux, *Pétain et de Gaulle, op. cit.*, p. 316.
63. E. Béthouart, *op. cit.*, p. 247.
64 Ch. de Gaulle, *L'Unité, op. cit.*, p. 229.

65. R. Aron, *Histoire de la libération de la France* (Fayard, Paris, 1959), p. 78.

66. Ch. de Gaulle, *L'Unite, op. cit.*, p. 230.

67. E. Béthouart, *op. cit.*, p. 251.

68. FO 371/41994, "Report on General de Gaulle's visit to Normandy, by Commander Pinks", 14/6/44.

69. *Ibidem.*

70. A. Eden, *op. cit.*, p. 457.

71. FO 371/41993, "Mr Eden to Mr Holman", n° 235, 16/6/44.

72. Ch. de Gaulle, *L'Unité, op. cit.*, p. 231.

73. FO 371/41993.

74. Ch. de Gaulle, *L'Unité, op. cit.*, p. 231.

75. *Idem*, pp. 640-647.

76. *Idem*, pp. 647-648.

77. Duff Cooper, *op. cit.*, p. 334.

78. FO 954/9, "Duff Cooper to Eden", 16/6/44.

CAPÍTULO 15

1. FDR/MR, Bx 31, "FRD to W.C.", n° 552, 4/6/44.

2. FD/PSF, Dipl. France, 44-5, Bx 42, "C. de Gaulle to FRD", 14/6/44.

3. *Idem*, Cont. 34 France 44/45, "C. de Gaulle to FRD", 26/6/44.

4. *Idem*, Box 42, "Memo for C. de Gaulle, from FRD", 27/6/44.

5. H.L. Stimson, *One active service, op. cit.*, p. 546.

6. *Idem*, p. 551.

7. W.D. Hassett, *Off the record*, p. 257.

8. CPA, MG 26 J, 13, *MacKenzie King Diaries*, 1/7/44.

9. BM, *Harvey Diaries*/56400, 15/7/44.

10. *Ibidem.*

11. L. Woodward, *British Foreign Policy, op. cit.*, vol. 4, p. 76.

12. Duff Cooper, *Old Men Forget, op. cit.*, p. 334.

13. House of Commons, *Debates parlamentarios*, vol. 402, cols. 1479-1480, 2/8/44.

14 Duff Cooper, *op. cit.*, pp. 335-336.

15. E. d'Astier, *Les Dieux..., op. cit.*, p. 160.

16. PREM 3121/3, "C. de Gaulle to P.M. (Col. Kent)", 11/8/44.
17. W. Churchill, *The Second World War, op. cit.*, vol. 4, p. 79.
18. PREM 3121/3, "W.C. to Eden", 12/8/44.
19. *Idem*, "W.C. to Eden", n° 105, 18/8/44.
20. Diana Cooper, *Trumpets..., op. cit.*, p. 212
21. CPA, MG 26 J.13, *MacKenzie King Diaries*, 11/9/44, p. 811.
22. *Idem*, p. 818.
23. *Idem*, p. 862.
24. FDR/Morgenthau, vol. 6, p. 1453, Québec, 15/6/44.
25. A. Eden, *Reckoning, op. cit.*, p. 477.
26. FDR/PSF Dipl. France 44-5, Box 42, "Memo for SS from FDR", 19/9/44.
27. House of Commons, *Debates parlamentarios*, vol. 403, col. 495, 28/9/45.
28, *Idem*, cols. 620 y 625, 29/9/44.
29. *Harold Nicolson's Diaries*, p. 403.
30. House of Commons, *Debates parlamentarios*, vol. 403, col. 2350, 18/10/44.
31. A. Eden, *op. cit.*, p. 483, 12/10/44.
32. W. Churchill, *The Second World War, op cit.*, vol. 6, p. 215; E. Loewenheim, *Roosevelt and Churchill, op. cit.*, p. 585.
33. PREM 3177/7, "FDR to W.C. Drastic", n° 180, 20/10/44.
34. FO 951/9, "A. Cadogan to SSFA", n° 1589, 20/10/44.
35. *Cadogan Diaries, op. cit.*, p. 674.
36. E. Loewenheim, *op. cit.*, p. 593, n° 803, 23/10/44.
37. *Cadogan Diaries, op. cit.*, pp. 674-675.
38. Ch. de Gaulle, *Mémoires de guerre*, T. III: *Le Salut* (Plon, Paris, 1959), p. 338.
39. G. Bidault, *D'une résistance* à *l'autre* (Presses du Siècle, Paris, 1965), p. 72.
40. Duff Cooper, *op. cit.*, p. 340.
41. FO 951/9, "Duff Cooper to W.C.", n° 355, 2/11/44.
42. L. Woodward, *British Foreign Policy, op. cit.*, vol. 3, p. 86.
43. BM, *Harvey Diaries*/56400, 11/11/44; J. Harvey, *War Diaries..., op. cit.*, p. 365.
44. Ch. de Gaulle, *Le Salut, op. cit.*, p. 49.
45. W. Churchill, *The Second World War, op. cit.*, vol. 6, p. 218.
46. Duff Cooper, *op. cit.*, p. 340.

47. W. Churchill, *op. cit.*, vol. 6, p. 218.
48. Duff Cooper, *op. cit.*, p. 341.
49. H. Ismay, *Memoirs, op. cit.*, p. 381.
50. W. Churchill, *op. cit.*, vol. 6, p. 218.
51. H. Ismay, *op. cit.*, p. 387.
52. Duff Cooper, *op. cit.*, p. 341.
53. W. Churchill, *op. cit.*, vol. 6, p. 218.
54. Ch. de Gaulle, *Le Salut, op. cit.*, p. 49.
55. *Idem*, pp. 359-360.
56. W. Churchill, *Speeches, op. cit.*, vol. 7, p. 7031.
57. L. Joxe, *Victoires sur la nuit, op. cit.*, p. 247.
58. Ch. de Gaulle, *Le Salut, op. cit.*, pp. 49-50.
59. Duff Cooper, *op. cit.*, p. 341.
60. Ch. de Gaulle, *Le Salut, op. cit.*, pp. 350-359; FO 95119, 11/11/1944.
61. R Galante, *Le Général* (Presses de la Cité, Paris, 1968), p. 129.
62. G. Bidault, *op. cit.*, p. 72.
63. H. Nicolson, *Diaries*, vol. 2, p. 412.
64. BBC, LP 8284, "Mr W. Churchill", 12/11/44.
65. E. d'Astier, *Les Dieux...*, *op. cit.*, p. 164.
66. Ch. de Gaulle, *Le Salut, op. cit.*, p. 51.
67. *Ibidem*.
68. W. Churchill, *op. cit.*, vol. 6, p. 219.
69. Ch. de Gaulle, *Le Salut, op. cit.*, p. 51.
70. *Idem*, p. 52.
71. *Idem*, pp. 52-53.
72. *Idem*, pp. 53-54.

CAPÍTULO 16

1. FO 371/42117, "W.C. to FDR", n° 822, 15/11/44.
2. House of Commons, *Debates parlamentarios*, 8/12/44.
3. MEC, Spears Papers, Box 1/1, 15/12/44.
4. AE, X, "Syrie-Liban, Président Kouatli au roi Saoud", 21/9/1944.
5. AE, X, "Syrie-Liban, Rapport du président Kouatli", n° 38/a, 24/9/1944.

6. AE, CFLN/1468, "Syrie-Liban, Entretien Massigli-Duff Cooper", 22/6/44.

7. AE, X, "Syrie-Liban, Propositions britanniques transmises officieusement par Riadh el-Solh à Saad Jabri", 5/8/1944

8. AE, X, "Syrie-Liban, Général Delavalade à CFLN", n° 2268/2, 14/11/1943.

9. J. Colville, en *Action this day* (Macmillan, Londres, 1968), p. 51.

10. Ch. de Gaulle, *Le Salut, op. cit.*, p. 149; A. Bryant, *Triumph in the West* (Collins, Londres, 1959), p. 374.

11. W. Churchill, *The Second World War, op. cit.*, vol. 6, p. 245.

12. Ch. de Gaulle, *Le Salut, op. cit.*, pp. 147-149.

13. A. Juin, *Mémoires* (Fayard, Paris, 1960), t. 2, p. 5.

14. Duff Cooper, *Old Men Forget, op. cit.*, p. 348.

15. FRUS, "Yalta and Malta", p. 286.

16. FO 951/9, "Winston Churchill to A. Eden", 19/1/45.

17. *Idem*, 11/1/45.

18. FRUS, "Yalta and Malta", 1945, p. 573.

19. *Idem*, p. 629.

20. *Idem*, pp. 710 y 718.

21. *Idem*, p. 899.

22. Ch. de Gaulle, *Le Salut, op. cit.*, p. 184.

23. MEC, *Shone Papers,* "British Legation, Beirut, to FO", n° 69, 30/4/45.

24. *Idem,* Spears 11/6, "Spears to A.E.", 28/8/44; L. Woodward, *British Foreign Policy, op. cit.*, vol. 4, p. 301.

25. Ch. de Gaulle, *Le Salut*, p. 185.

26. MEC, Spears, 11/6.

27. AE, X, "Syrie-Liban, Rapport établi par le président de la République syrienne", n° 21/945, 17/2/1945.

28. MEC, *Shone Papers,* "British Legat. to FO", n° 69, 30/4/45.

29. *Idem*, p. 3.

30. AE, X, "Syrie-Liban, Résumé d'une conversation du roi Ibn Séoud avec MM. Churchill et Eden", 1/2/1945.

31. AE, X, "Syrie-Liban, Djamil Mardam Bey au président de la République syrienne", n° 83, 3/3/1945.

32. AE, X, "Syrie-Liban, Note verbale. Djamil Mardam Bey au président de la République syrienne. Rapports généraux", n° 512, 10/4/1945.

33. House of Commons, *Debates parlamentarios*, 27/2/45.
34. FO 954/9, "Winston Churchill to Duff Cooper", 8/5/45.
35. *Idem*, 10/5/45.
36. MEC, *Shone Papers*, "T. Shone to A.E.", 25/8/45.
37. L. Woodward, *op. cit.*, vol. 4, p. 332.
38. AE, X, "Syrie-Liban, Fédération de la France Combattante au Levant à S.E. le général d'Armée Paul Beynet", 19/5/45.
39. MEC, *Shone Papers*.
40. Duff Cooper, *op. cit.*, p. 353.
41. MEC, *Shone Papers*, p. 10; J. Chauvel, *Commentaire* (Fayard, Paris, 1972), t. 2, p. 103.
42. *Ibidem*.
43. Ch. de Gaulle, *Le Salut, op. cit.*, pp. 189-190.
44. MEC, *Shone Papers*, pp. 12-13; Woodward, BFP, vol. 4, p. 334; AE, X, "Syrie-Liban, Note sur les événements de mai 1945 à Damas", 8/611945.
45. MEC, *Shone Papers*, pp. 12-13; FRUS, 1945, vol. 8 (Near East), p. 115.
46. *Shone Papers, Ibidem*.
47. C. Catroux, *Dans la bataille...*, *op. cit.*, p. 211.
48. Entrevistas del autor con el conde de Lagarde (9/7 y 17/7/82) y con el coronel Valluy (26/4/82).
49. Entrevistas del autor con el conde de Lagarde (9/7 y 17/7/82).
50. Ch. de Gaulle, *Le Salut, op. cit.*, p. 190.
51. Idem, p. 191.
52. W. Churchill, *The Second World War, op. cit.*, vol. 6, p. 491.
53. Ch. de Gaulle, *Le Salut, op. cit.*, p. 192.
54. L. Woodward, *op. cit.*, vol. 4, p. 335.
55. SHAT 230/KI, "C.R. du général Oliva-Roget, général cdt. sup. à cdt. RTSS, 31/5/45, 23 h 35, et BPM 2, n° 14095/3, 1/6/45, 1h".
56. Ch. de Gaulle, *Le Salut, op. cit.*, pp. 193-194.
57. MEC, *Shone Papers, op. cit.*, pp. 17-19; FRUS, 1945, vol. 8, pp. 1131-1133, "Report by Minister Wadsworth to the US Secretary of State", 2/6/45; AE, X, "Syrie-Liban (Dêpêches du général Beynet), les très nombreux rapports de civils et de militaires français qui n'ont eu la vie sauve que grâce â la protection britannique".

58. Ch. de Gaulle, *Le Salut, op. cit.*, p. 194.
59. AE, X, "Syrie-Liban, Procès-verbal de la reunión franco-britannique tenue le 21 août 1945 à Alep", 22/8/45.
60. Duff Cooper, *op. cit.*, p. 354.
61. J. Vendroux, *Cette chance que j'ai eue, op. cit.*, p. 124.
62. G. Bidault, *D'une résistance à l'autre, op. cit.*, p. 105.
63. Declaraciones de Georges Bidault al autor, 6/5/1982.
64. Ch. de Gaulle, *Le Salut, op. cit.*, p. 181.
65. MVBZ, Londres, Archivo G 11, "Syrië en Libanon, Doos 47, Ambassadeur de With à Ministre des Affaires étrangères Van Kleffens", n° 3-197, 30/6/45.
66. W. Churchill, *The Second World War, op. cit.*, vol. 6, p. 492.
67. House of Commons, *Debates parlamentarios*, 5/6145.
68. W. Leahy, *I was there, op. cit.*, p. 441.
69. PREM 3121/5, "Winston Churchill to H. Truman", 3/6/45.
70. PREM 3121/5, "Truman to Winston Churchill", n° 60, 6/6/45.
71. *Idem*, "Winston Churchill to Truman", n° 7/6/45.
72. FO 954/9, "Winston Churchill to Law", 10/6/45.
73. FO 954/9, "Winston Churchill to Sir A. Cadogan", 23/6/45.
74. *Ibidem*, "FO to Ambassador", Paris, n° 1182, 28/6/45.
75. Lord Moran, *Struggle for survival, op. cit.*, p. 263.
76. Duff Cooper, *op. cit.*, p. 357.
77. FRUS, "Potsdam", 1945, vol. 3, p. 136.
78. *Idem*, pp. 315-319.
79. Ch. de Gaulle, *Le Salut, op. cit.*, pp. 203-204.
80. *Idem*, pp. 204-205.
81. *Idem*, p. 208.
82. *Idem*, p. 554.
83. CPA, MG26 J. 13, *MacKenzie King Diaries*, 28/8/45, p. 827.
84. BM, *Harvey Diaries*/56400, 13/8/45.
85. BDL, Attlee Papers, Bx 4 (Churchill), "D. Cooper to C. Attlee", 25/10/45.
86. Ch. de Gaulle, *Le Salut, op. cit.*, p. 273.
87. Duff Cooper, *op. cit.*, p. 358.

CAPÍTULO 17

1. Ch. de Gaulle, *Le Salut, op. cit.*, p. 274.
2. G. Bidault, *D'une résistance* à *l'autre, op. cit.*, p. 80.
3. NA, Office of European Affairs, Bx 13, Chipman, abril de 1946.
4. Ch. de Gaulle, *Le Salut, op. cit.*, p. 645.
5. *Le Monde*, 1-2/11/53.
6. W. Churchill, *Complete Speeches, op. cit.*, vol. 7, p. 7381.
7. Véase pp. 30-31.
8. W. Churchill, *op. cit.*, vol. 7, p. 7485.
9. *Idem*, vol. 7, p. 7726.
10. *Ibidem*; véase vol. 8, p. 7981.
11. *Idem*, vol. 8, p. 7982.
12. P. Galante, *Le Général, op. cit.*, p. 1322.
13. R. Gary, *Life,* diciembre de 1958.
14. Véase p. 305.
15. Rémy, *Dix ans avec de Gaulle* (Paris, France-Empire, 1971), p. 338.
16. Ch. de Gaulle, *Lettres, notes et carnets, 45-51* (Plon, Paris, 1983), pp. 318-319.
17. M. Gilbert, *Never despair* (Heinemann, Londres, 1988), p. 545.
18. J.-R. Tournoux, *La Tragédie du Général* (Plon, Paris, 1967), p. 191.
19. *Idem*, p. 218.
20. M. Gilbert, *op. cit.*, p. 1264.
21. C. Moran, *The Struggle for survival, op. cit.*, p. 741.
22. Ch. de Gaulle, *Discours et Messages,* T. III: *Avec le Renouveau* (Plon, Paris, 1970), p. 60.
23. W. Churchill, *Complete Speeches, op. cit.*, vol. 8, p. 8687.
24. P. Lefranc, *Avec qui vous savez* (Plon, Paris, 1979), pp. 50-51.
25. V Walters, *Services discrets* (Plon, Paris, 1979), p. 254.
26. P. Galante, *op. cit.*, p. 130.
27. Ch. de Gaulle, *Mémoires d'espoir,* T. 1: *Le Renouveau* (Plon, Paris, 1970), p. 250.
28. P. Galante, *op. cit.*, p. 130.

29. Ch. de Gaulle, *Discours et Messages, op. cit.*, t. III, p. 180.
30. *Daily Mail*, 8/4/1960.
31. P. Galante, *op. cit.*, p. 135.
32. Entrevista de sir John Colville con el autor, 8/3/79.
33. *Le Monde*, 26/1/65.
34. M. Soames, *Clementine Churchill*, Penguin, Londres, 1981, p. 732.
35. *Ibid.*

ARCHIVOS

CANADÁ

CPA   Canadian Public Archives, Ottawa
CPA/RG25 series A 12 Canada House
CPA/MG26 ... J13 *Mackenzie King Diaries*
CPA/MG26 ... J4 Vol. 327, *Ralston Diaries*

ESTADOS UNIDOS

NA   National Archives, Washington DC
Departamento de Estado, War, OSS
FDR   Franklin D. Roosevelt Library, Hyde Park, New York
PSF Diplomatic, France
Map Room/Special File

FRANCIA

AE   Affaires étrangères, Paris
AE, CNF (1941-1943)
AE, CFLN (1943-1944)
AE, Dossiers Dejean et Massigli
AE, X, Dossiers du Ministère
FNSP   Fondation Nationale des Sciences Politiques
Archive Daladier (1939-1940)

SHAT   Service Historique de l'armée de Terre
        Estado Mayor, Servicio T.O.E. (1939-1940)
X   Archivos privados

GRAN BRETAÑA

BBC   British Broadcasting Corporation
        Archivos sonoros
CAB   Cabinet Papers, Londres
        CAB 99/3, Supreme War Council, CAB 65, CAB
          66, CAB 84
FO   Foreign Office
        FO 371 Political/France
        FO 954 Eden Papers
LHCMA   Liddel Hart Centre for Military Archives
        Alanbrooke and Ismay Papers
PREM   Prime Minister's Papers
        PREM 3
BDL   Bodleian Library, Oxford
        Attlee Papers
ADM   Admiralty
        ADM 199
BUL   Birmingham University Library
        Chamberlain Papers
BM   British Museum
        Harvey Diaries
LSE   London School of Economics
        Dalton Diaries
CCAC   Churchill College Archive Centre, Cambridge
        Spears Papers 1940
MEC   Middle East Centre, Oxford
        Spears Papers 1941-1945
        Shone Papers

NORUEGA

UD   Utenriksdepartementet, Oslo
Utenriksminister Trygve Lies Arkiv, UD u-25,
    1940-1945

PAÍSES BAJOS

MVBZ   Ministerie Van Buitenlandse Zaken, La Haya
Londens Archief, Politieke Rapporten
Londens Archief, Geheim Archief G2
Londens Archief, Brandkastdossiers
Londens Archief, Ned. Gezantschap te Londen
    1937-1945

BIBLIOGRAFÍA

Béthouart, E., *Cinq années d'espérance*, Plon, Paris, 1968).

Bidault, G., *D'une résistance* à *l'autre*, Presses du Siècle, Paris, 1965).

Billotte, P., *Le Temps des armes*, Plon, Paris, 1972).

Bouchinet-Serreulles, C., Nous *étions faits pour être libres*, Grasset, Paris, 2000).

Bouscat, R., *De Gaulle-Giraud, dossiers d'une mission*, Flammarion, Paris, 1967).

Bryant, *The Turn of the tide* et *Triumph in the West*, Collins, Londres, 1957-1959.

Cassin, R., *Les Hommes partis de rien*,Plon, Paris, 1975).

Catroux, G., *Dans la bataille de Méditerranée*, Julliard, Paris, 1949).

Clark, M., *Calculated risk*, Harper, New York, 1950).

Colville, J., *Footprints in Time*,Collins, Londres, 1976.

– *Downing Street Diaries*, Hodder, Londres, 1985.

Cooper, A.-D., *Old Men forget*, RH Davis, Londres, 1953.

Coulet, F., *Vertu des temps difficiles*, Plon, Paris, 1967).

Crémieux-Brilhac, J.-L., *La France libre*, Gallimard, Paris, 1996).

Chandos, L., *Memoirs*, Bodley Head, Londres, 1962.

Churchill, W. S., *The Second World War*, vols. 1-6, Cassell, Londres, 1948-1954).

d'Argenlieu, T., *Souvenirs de guerre*, Plon, Paris, 1973.

d'Astier, E., *Sept fois sept jours*, Gallimard, Paris, 1961).

de Boislambert, Hettier, *Les Fers de l'espoir*,Plon, Paris, 1973).

de Gaulle, Ch., *Mémoires de Guerre,* tomos I, II y III, Plon, París, 1954-1959.

de Kérillis, H., *De Gaulle Dictateur,* Beauchemin, Montréal, 1945.

Dilks, D. (ed.), *Diaries of Sir Alexander Cadogan, 1938-1945,* Cassel, Londres, 1971.

Eden, A., *The Reckoning,* Cassell, Londres, 1965.

Eisenhower, D., *Crusade in Europe,* Heinemann, Londres, 1948).

Gillois, A., *Histoire secrète des Français à Londres,* Hachette, Paris, 1973).

Giraud, H., *Un seul but, la victoire,* Julliard, Paris, 1949.

Harvey, J. (ed.), *War diaries of'Oliver Harvey, 1941-1945,* Collins, Londres, 1978.

Hull, C., *Memoirs,* Hodder & Stoughton, Londres, 1948).

Ismay, H., *Memoirs,* Heinemann, Londres, 1960.

Juin, A., *Mémoires,* vol. 2, Fayard, Paris, 1960).

Larminat, E., *Chroniques irrévérencieuses,* Plon, Paris, 1972).

Leahy, W., *I was there,* Gollancz, London, 1950).

Lefranc, P., *Avec qui vous savez,* Plon, Paris, 1979).

Macmillan, H., *The Blast of War 1939-1945,* Macmillan, Londres, 1967.

Moran, C., *The Struggle for Survival,* Constable, Londres, 1966.

Murphy, R., *Diplomats among Warriors,* Doubleday, New York, 1964).

Muselier, E., *De Gaulle contre le Gaullisme,* Chêne, Paris, 1946.

Passy, *Souvenirs,* vols. 1 y 2, Solar, Monte Carlo, 1947.

Pendar, K., *Adventures in Diplomacy,* Cassell, Londres, 1966.

Rémy, *Dix ans avec de Gaulle,* France Empire, Paris, 1971).

Revue de la France Libre, "De Gaulle-Churchill", nº 226, 1979.

Reynaud, P., *Mémoires,* vol. 2, Flammarion, Paris, 1963).

Sherwood, R., *Roosevelt and Hopkins,* Harper, New York, 1948).

Soustelle, J., *Envers et contre tout,* vols. 1 y 2, R. Laffont, Paris, 1947-1950.

Spears, E.-L., *Assignment to Catastrophe,* vols. 1 y 2, Heinemann, Londres, 1954.

– *Two Men who saved France,* Eyre and Spottiswoode, Londres, 1966.
– *Fulfilment of a mission,* Leo Cooper, Londres, 1977.
Thompson, R.W., *Churchill and Morton,* Hodder & Stoughton, Londres, 1976.
Vendroux, J., *Cette chance que j'ai eue,* Plon, Paris, 1974).
Woodward, L.L., *British Foreign Policy in the Second World War,* HMSO, 1970; *Foreign Relations of the United States, 1942-1945;* Departamento de Estado, Washington, y House of Commons, *Debates parlamentarios,* 1930-1950.

ÍNDICE ONOMÁSTICO